普通高等教育精品教材

普通高等教育"十一五"国家级规划教材

高等师范院校公共课心理学教材

心理学基础 第2版

全国十二所重点师范大学联合编写

教育科学出版社

·北京·

ⓒ 教育科学出版社
版权所有　违者必究

责任编辑　祖　晶
版式设计　杨玲玲
责任校对　徐　虹
责任印制　叶小峰

图书在版编目(CIP)数据

心理学基础/ 全国十二所重点师范大学编写．—2版．—北京：教育科学出版社，2012.12（2022.1重印）
ISBN 978-7-5041-7240-2

Ⅰ.①心… Ⅱ.①全… Ⅲ.①心理学—师范大学—教材 Ⅳ.①B84

中国版本图书馆 CIP 数据核字（2012）第 303464 号

出版发行	教育科学出版社			
社　　址	北京·朝阳区安慧北里安园甲9号	市场部电话	010-64989009
邮　　编	100101	编辑部电话	010-64989438
传　　真	010-64891796	网　　址	http://www.esph.com.cn
经　　销	各地新华书店		
制　　作	北京金奥都图文制作中心	版　　次	2002年7月第1版 2008年6月第2版
印　　刷	保定市中画美凯印刷有限公司		
开　　本	720毫米×1020毫米　1/16	印　　次	2022年1月第39次印刷
印　　张	25.75	印　　数	720 001— 740 000 册
字　　数	540千	定　　价	38.00元(含光盘)

如有印装质量问题，请到所购图书销售部门联系调换。

编 委 会

编　　委：
北京师范大学心理学院院长、教授	车宏生
华东师范大学教育科学学院院长、教授	丁钢／陈玉琨
东北师范大学教育科学学院院长、教授	马云鹏
华中师范大学教育科学学院院长、教授	范先佐
西南师范大学教育科学学院院长、教授	张诗亚
陕西师范大学教育科学学院院长、教授	李国庆
西北师范大学教育科学学院院长、教授	万明钢
南京师范大学教育科学学院院长、教授	吴康宁
福建师范大学副校长、教授	黄汉升
湖南师范大学教育科学学院院长、教授	彭运石／周庆元
山东师范大学副校长、教授	戚万学
广西师范大学教育科学学院院长、教授	陈时见

编写人员：
北京师范大学心理系教授	刘儒德
华东师范大学心理系教授	桑　标
东北师范大学心理系教授	路海东
华中师范大学心理系教授	郭永玉
西南师范大学心理系教授	朱德全
陕西师范大学心理系副教授	冯建新
西北师范大学心理系教授	杨　玲
南京师范大学心理系教授	李小平
福建师范大学心理系教授	连　榕
湖南师范大学心理系教授	燕良轼
山东师范大学心理系教授	高峰强
广西师范大学心理系副教授	邓　健

策　　划：
中央教育科学研究所研究员	曾天山
教育科学出版社编审	祖　晶

编写说明

教材建设是教学改革的核心,在高等师范院校(教育学院)开设公共课心理学,是提高师范生(进修教师)自身素质,进而适应教师专业化发展需要的根本措施之一。但据一些院校的调查,学生普遍对公共课心理学缺乏兴趣,其主要原因之一就是:教材陈旧,跟不上时代的步伐;内容枯燥,激不起学习动机;学科本位思想严重,脱离学生实际和社会发展的需求。因此,编写出真正受学生、教师欢迎的优秀心理学公共课教材,是心理学公共课教学改革的当务之急。

有鉴于此,全国十二所重点师范大学教育科学学院根据教育部高教司有关高师课程改革的精神,结合公共课心理学的调查研究情况,于2000年底开始策划组织高等师范院校公共课教材的编写工作。2001年6月,全国十二所重点师范大学的心理学专家、教师在北京举行了"高等师范院校公共课心理学教材"研讨会。会上,大家认真交流了各校心理学公共课教材的使用现状,深刻分析了现有高等师范院校公共课心理学教材的特色与不足,在充分汲取现有一些优秀教材营养的基础上,初步拟订了《心理学基础》的编写提纲和编写体例。会后,在广泛听取专家学者意见的基础上,又对编写提纲和体例进行了反复修改和完善,力图使教材体系新颖、结构合理,内容充分反映时代特点及国外同类教材之优点,科学性、研究性、应用性、实用性和趣味性有机结合,有助于提升心理学学科的公众形象。

《心理学基础》由各大学教育科学学院院长或主管教学的副校长任编委,参与教材编写者均为各大学心理系优秀的中青年学者。全书共12章,即第一章"现代心理学的研究与发展"(由北京师范大学教授刘儒德撰写)、第二章"脑与心理"(由山东师范大学教授高峰强撰写)、第三章"行为动力"(由湖南师范大学教授燕良轼撰写)、第四章"认知过程"(由陕西师范大学副教授冯建新撰写)、第五章"情绪"(由西南师范大学教授朱德全撰写)、第六章"智力与创造力"(由南京师范大学教授李小平撰写)、第七章"人格"(由华中师范大学教授郭永玉撰写)、第八章"个体心理发展"(由华东师范大学教授桑标撰写)、第九章"学习心理"(由福建师范大学教授连榕撰写)、第十章"教学心理"(由东北师范大学教授路海东撰写)、第十一章"人际交往心理"(由广西师范大学教授邓健撰写)、第十二章"学校心理健康与辅导"(由西北师范大学教授杨玲撰写)。

每一章的写作体例为【内容摘要】、【学习目标】、【关键词】、【正文】、【主要结论与应用】、【学习评价】、【学术动态】、【参考文献】。其中,【内容摘要】旨在让学生对本章内容有概观了解,并与之前所学内容相衔接。【学习目标】旨在说明本章学习所要达到的基本指标。【关键词】旨在提炼出反映本章写作脉络的重要词语。【正文】注意内容的科学性、语言的通俗性。在具体行文过程中,兼顾学科、学生发展、社会需求三者的和谐统一,注意理论性和应用性相结合,基本理论与经典实验相呼应。另外,注意吸收国内外一些最新的研究成果,以体现教材的时代性。除文字形式外,还引证一些相关的数据、图表等,以增加教材的可读性。【主要结论与应用】旨在概括出本章的精华,强化学生对重点内容的掌握,并学会学以致用。【学习评价】旨在帮助学生消化理解本章的主要内容,明确不同教学目标的教学要求,确定重点。【学术动态】旨在提出本领域内正在研究的热点问题及现状,体现研究性学习的特点,以培养大学生自主学习的意识和主动探究的能力。【参考文献】列出了与有关章节相关的有影响的中外图书及文章,以满足大学生拓宽学习视野、深入研究的愿望。

我们期待着这本由全国十二所重点师范大学心理学教学、科研骨干力量共同完成的心理学公共课教材,能较好地反映国内心理学教学、研究的先进水平,满足国内高等师范院校师生对优秀公共课心理学教材的需求,给国内高等师范院校心理学公共课教学带来新的气息与活力。当然,我们也深知,要使教材达到这样的水平难度是相当大的。所以,我们竭尽全力完成的这一成果,能否得到读者的认可和喜爱,还有待于实践的检验。在此,我们真诚地欢迎所有使用本教材的老师、学生提出您的宝贵意见,我们将本着虚心学习、合理吸收的原则,不断改进,最终使这一凝聚着国内十二所重点师范大学教育科学学院集体智慧的教材,能够成为优秀之作,为提高高等师范院校公共课心理学的教学质量作出贡献。

本书不仅可以作为高等师范院校学生的教材,也可作为各级各类教育学院、教师进修学校接受继续教育的中小学教师,以及接受研究生课程班、心理学函授班培训的学员的教材。

2002年,本书已被确定为"普通高等教育'十五'国家级规划教材"。2006年,本书被确定为"普通高等教育'十一五'国家级规划教材"。2009年11月,本书被确定为"普通高等教育精品教材"。

尤其令人欣慰的是,本书自2002年出版以来,先后有上百所高校选用,已累计发行近70万册,成为同类教材中的佼佼者。为了不辜负广大高校师生对该教材的厚爱,更好地满足教学的需求,本着"突出特色,改进不足,打造精品"的精神,我们对教材进行了科学严谨的修订。修订后的教材,力图体系更合理,表述更精准,更全面地吸纳当代心理学教学与研究领域的新近成果。为此,我们恳请所有使用该教材的师生提出宝贵意见,对此,我们将予以高度重视,合理采纳,以期进一步提高教材质量。

应广大高等师范院校的要求,在保留纯纸质教材的前提下,增加了含电子版的教材。电子版内容包括专家解读、各章内容讲解、拓展资料、模拟试题及近年来研究生考试试题。它作为教材的辅助工具,既直观呈现了教材内容,又拓展了学习、探究的空间。

编　者

目 录

第一章 现代心理学的研究与发展　　1
- 第一节　心理与心理学 …… 2
- 第二节　心理学的源流 …… 9
- 第三节　心理学的研究 …… 20

第二章 脑与心理　　31
- 第一节　周围神经系统与心理 …… 31
- 第二节　脑的结构与功能 …… 33
- 第三节　脑与心理活动 …… 41
- 第四节　脑功能开发 …… 55

第三章 行为动力　　65
- 第一节　需要 …… 66
- 第二节　动机 …… 72
- 第三节　动机理论 …… 81
- 第四节　学习动机的激发 …… 92

第四章 认知过程　　106
- 第一节　注意 …… 108
- 第二节　感知觉 …… 111
- 第三节　记忆 …… 124
- 第四节　思维 …… 131
- 第五节　言语 …… 140

第五章 情绪　　146
- 第一节　情绪与认知 …… 146
- 第二节　情绪与行为 …… 152
- 第三节　情绪的调控 …… 157

第六章 智力与创造力　　177
- 第一节　智力及其理论 …… 178
- 第二节　智力测验 …… 187

第三节　智力开发 …………………………………………………… 194
　　第四节　创造力的培养 ………………………………………………… 202

第七章　人格　210

　　第一节　人格及其结构 ………………………………………………… 211
　　第二节　人格的形成 …………………………………………………… 216
　　第三节　人格理论 ……………………………………………………… 222
　　第四节　人格测验 ……………………………………………………… 234

第八章　个体心理发展　242

　　第一节　心理的发展及其主要观点 …………………………………… 243
　　第二节　认知和语言的发展 …………………………………………… 252
　　第三节　情绪和社会性的发展 ………………………………………… 259
　　第四节　影响心理发展的遗传与环境因素 …………………………… 266

第九章　学习心理　275

　　第一节　学习与学习理论 ……………………………………………… 275
　　第二节　学习迁移 ……………………………………………………… 284
　　第三节　学习策略 ……………………………………………………… 287
　　第四节　学习风格 ……………………………………………………… 295

第十章　教学心理　306

　　第一节　教学设计的心理学基础 ……………………………………… 307
　　第二节　教学策略的心理学研究 ……………………………………… 321
　　第三节　教师心理 ……………………………………………………… 327
　　第四节　课堂心理气氛 ………………………………………………… 335

第十一章　人际交往心理　341

　　第一节　人际沟通 ……………………………………………………… 342
　　第二节　人际认知 ……………………………………………………… 349
　　第三节　人际关系 ……………………………………………………… 358
　　第四节　人际互动 ……………………………………………………… 365

第十二章　学校心理健康与辅导　376

　　第一节　心理健康的含义 ……………………………………………… 377
　　第二节　学校心理辅导 ………………………………………………… 382
　　第三节　学生常见的心理问题与辅导 ………………………………… 387

第一章 现代心理学的研究与发展

【内容摘要】

本章属于心理学的绪论,对现代心理学的研究和发展进行一个整体性的介绍,为心理学随后各章建立一个总体框架,并为随后各章中所共同涉及的一般性专业知识和术语(如有关研究对象、研究目的、学术流派和研究方法方面的概念)预先做出交待和铺垫。在现代心理学的研究部分简介心理学的研究对象、研究目的和方法;在现代心理学的发展部分简介心理学的学派演化简史与心理学的分支学科。本章旨在帮助读者建立对现代科学心理学的整体印象,为登堂入室心理学获得一些入门性知识。

【学习目标】

1. 说出心理学的界定及其具体研究对象。
2. 解释行为与心理之间的关系。
3. 记住心理学诞生的年代、奠基人和标志性事件。
4. 列举心理学的流派及其主要代表人物。
5. 用自己的话说说格式塔学派、行为主义、精神分析学派、认知心理学和人本主义心理学的基本理念。
6. 知道心理学的未来发展趋势。
7. 了解心理学的学科性质和地位。
8. 列举基础心理学和应用心理学领域的一些心理学的分支学科至少各5个。
9. 用自己的话说明心理学的研究目的。
10. 叙述心理学的研究类型及研究程序。
11. 记住心理学研究方法中的一些基本术语:被试、自变量、因变量、无关变量、样本、抽样、相关关系、因果关系、实验组、控制组。
12. 简要说说心理学以下四种主要研究方法:观察法、调查法、个案研究法与实验法。

【关 键 词】

心理学对象　心理学流派　心理学分支　心理学研究目的　心理学研究方法

在交际场合里,当我们知道有心理学家在场时,我们往往觉得跟这样一个人交谈或在他面前的举止动作都要特别小心留意,否则,因为心理学家"善于察言观色、揣摩他人心理",很可能看穿我们的心事,洞悉我们的动机。一般人以为研究心理学就是认识自己、认识别人。诚然,心理学的研究是要通过人的言谈、举止行动来推知人的内部心理活动,从而认识人的内心世界和个性品质。但是，心理学是一门内容广泛、分支众多的科学，其范围并不只限于对人际关系或个性的探讨，大凡我们日常生活中的大小行为经验都是心理学家关心的对象，心理学在日常生活、教育、生产、商业等领域中有着广泛的应用。有人说，凡是有人参与的地方，就有心理学。这话并不十分夸张，只要看一看由心理学家提出的以下几个问题，我们对现代心理学论及的广泛内容就有一个大致的印象了。

1. 为什么说心理活动的主要器官是脑，而不是心脏？
2. 学习动机越强，学习效果越好吗？
3. 我们眼睛所看见的一切都是真实的吗？
4. 喜、怒、哀、乐是怎样产生的？
5. 你了解你的智商吗？
6. 为什么同卵双生子比异卵双生子的人格更相似？
7. 心理发展有关键期吗？
8. 你会使用学习策略吗？
9. 你知道什么是最近发展区吗？
10. 为什么在人际印象形成中第一印象很重要？
11. 怎样判断心理健康？

......

现代的科学心理学以各种科学研究方法对诸如此类的众多问题进行了深入的研究，心理学家们对心理学的研究内容和方法也进行了广泛的争鸣和探索，形成了丰富的理论认识，对人的心理现象和奥秘做出了颇有见地的解释和说明，也建构起完整的研究范式和方法论体系，指导着人们进行持续深入的研究和实践活动。本章的目的就是简要地介绍现代心理学的研究（包括研究对象、目的和方法）和发展（包括学派演化和学科分支），帮助大家从整体上了解和认识心理学的真面目。

第一节　心理与心理学

心理学，其英文为"psychology"，是由两个希腊文字："psyche"和"logos"组成的。前者的含义是"心灵"、"灵魂"；后者的含义是"讲述"或"解说"。两者合起来就是"对心灵或灵魂的解说"。这可以说是心理学的最早定义，但历史上心理学长期隶属于哲学，该定义只具有哲学意义，并不具备科学内涵。心理学成为一门独立学科后，其发展经历了一百多年，其界定随着发展的各个时期而有所变更。直到20世纪80年代，人们对心理学的界定才演变成这样一个共识："心理学是研究人的行为与心理活动规律的科学"。

> **专栏1-1**
>
> **心理学作为一种职业**
>
> 作为大学的一个学科,心理学的声望正稳步提高。具有心理学学位的毕业生能够从广泛的职业中进行选择。
>
> 临床心理学家——从与学习困难儿童打交道到对艾滋病患者的咨询,临床心理学家运用各种技术手段对情绪和行为问题进行诊断和治疗。这通常是社区医生或医疗部门工作的一部分。
>
> 咨询心理学家——可能与个人或团体打交道。他们运用心理学理论帮助人们克服自己的问题和控制自己的生活。他们可能受雇于一般的医疗从业者、大型组织或企业,也可能自己开业。
>
> 教育心理学家——受聘于学校、医院、幼儿园和其他单位,诊断和解决学习困难以及社会情绪问题。他们或独立工作,或在当地机构工作。
>
> 健康心理学家——应用心理学原理促进更健康的生活。受聘于医院、健康研究机构、主管健康的当局和大学的院系。
>
> 职业或工业心理学家——在产业内工作,帮助选拔合适的应聘人员,开发培训项目,研究功效学,开发健康与安全策略及程序。
>
> [资料来源] M. 艾森克. 心理学——一条整合的途径[M]. 阎巩固,译. 上海:华东师范大学出版社,2000:2.

一、心理学的任务

心理学研究的基本任务都是探索心理现象的事实、本质、机制和规律。具体来说,包括描述和测量、解释和说明、预测和控制三个方面。

(一)描述和测量

心理学研究的最起码的一项工作是在质和量上确定心理生活的具体事实,也就是要解决"是什么"的问题。每一种心理事实都具有质和量上的特点。例如,在研究中学生的成就动机时,就要确定成就动机具有哪些质的和量的特点。学生的成就动机包含回避失败倾向、趋向成功倾向、克服困难倾向和社会竞争倾向,这四种倾向的组合就表现为成就动机的质的特点;而表示每种倾向强弱的分数则表现为成就动机的量的特点。这意味着,心理学家的大量工作是描述和测量心理现象和行为。如果心理学家要研究什么行为,就必须告诉人们这是一个什么行为、如何加以测量。一种现象若不能加以描述和测量,就不能加以理解和控制。

因此,心理学的一个主要目的是给一个概念下操作定义,并且发展测量用的测验和技术。每一种测量工具必须考虑信度和效度两方面的要求。信度(reliability)指一个测量工具的可靠程度。利用测量工具所测得的数据不应在重复测验时有大的变化。一台磅秤,如果在人每次站上去称时它显示的重量都不一样,也就没有价值了。但是,一种测量工具单有可靠性还不够,还必须有效,这就是效度问题。效度(validity)指一个测量工具测量到了所需要测量的东西。如果一个心理学家用皮尺量头围来测量智商,他可以每次得到同一的数据(可信度),但是,这个测量技术和智商并无多大关系,所以这样的测量是无效的。描述和测量的信度与效度问题,心理学家不仅在编制纸笔测验时要加以考虑,在发展所有的行为鉴定技术时也要加以考虑。

(二) 解释和说明

心理学研究不能只限于对心理现象的描述和测量,而应当从描述和测量中进而探求其规律,也就是要解决"为什么"的问题。因此,心理学研究的另一方面是解释和说明心理现象和行为,找出产生所观察到的心理现象的原因。这需要心理学家们把已知事实组织起来进行概括总结,对事件之间的关系提出假设,并通过一定的方法证明假设,最终形成与事实相符的理论。

心理现象存在不同层次的规律。一般来说,人们可以从生理、心理、行为和社会文化等四个层次来探究心理发生和发展过程及其特点。以学习为例,在生理层次上,可以探究学习时大脑内部的活动部位和过程、神经活动方式以及生化物质变化状况;在心理层次上,可以探究学习者认知结构的演变过程,学习者对信息的接收、存储、转换以及提取过程,对学习过程的自我管理过程,学习者的学习需要、动机、情感以及价值观对学习的影响;在行为层次上,可以调查学习者的阅读行为习惯、记忆行为等;在社会层次上,可以探究师生关系、班级气氛、社会文化对学习的影响。

对人心理规律的解释和说明有赖于这四个层面理论的整合。因为,人的心理活动是一个系统,具有生态学特性,对任何一个层面的解释都离不开其他层面的影响。例如,后进生学习成绩不好,其原因可能是:在生理上,大脑内部缺少某一种物质,引起认知功能失调(这是从神经生物角度的解释);在心理上,缺乏成就动机和需要或者对学习持有错误的看法(这是从人本主义角度的解释),学习方法不恰当(这是从认知心理学角度的解释),童年受到过重大精神打击(这是从精神分析学说角度的解释);在行为上,其学习行为从来没有受到过奖励和鼓励(这是从行为主义角度的解释);在社会文化方面,学校学习风气不好,教师对后进生存在歧视等(这是从社会文化环境角度的解释)。

(三) 预测和控制

心理学研究的第三方面就是能够预测因而也能控制行为,也就是要解决"怎么做"的问题。这方面努力的成功很大程度上靠测量工具和相关理论。心理学家们往往通过测量一个人现在或过去的行为,作为预测他将做什么的主要依据。一个心理学家如果知道一个学生的一般智力、学习策略和学习动机,就能更准确地预测这个学生在学校学业成绩的表现。

行为预测必然伴随行为的改变和控制。假设心理学家能够描述和测量考试焦虑,根据这些测量对一个人发生考试焦虑的可能性做出预测,但这当然不够,心理学家希望能有办法改变具有考试焦虑的人的行为,从而帮助他。因此,心理学家还需要根据一定的行为矫正理论,干预和改变这个人的行为以防止考试焦虑发生。实际上,改变行为常常是应用心理学家的基本目的。

二、心理学的对象

(一) 个体行为与个体心理

心理学研究人的行为规律,同时也要研究人的心理活动规律,因为人的行为与人的心理活动是密不可分的,对人的心理活动的探知必须开始于对人的外显行为的观察。

行为(behavior)指机体的任何外显的、可观察的反应动作或活动,如说话、攻击、散步等,广义上说,行为还包括机体的生理现象,如任何部位肌肉的活动,甚至神经系统的电活动。有些行为很容易被观察到,如写字、驾车等,有些行为则需要很复杂的方法和装置才能被观察,如通过脑电仪观察脑电波。各种类型的心理学家们是在不同的水平上研究行为,有的关注神经细胞的行为或汗腺的行为;有的则关注更高水平的行为,如攻击性或解决问题的行为。

人的行为是受其内隐心理活动支配的。人的心理活动是在头脑内部进行的,不能加以直接观察或度量,但往往有一定的外部表现。例如,一个人的哭或笑的行为是由其悲伤或快乐的心理活动支配产生的。所以,通过对人的行为的观察和描述使我们可能探讨其内部心理活动。反过来,人的心理活动是在行为中产生,又在行为中得到表现的。一个人哭,是因为受到了打击或失去了所爱而产生了悲伤心理;一个人笑,是因为他在学习中取得了成功或得到了满足而产生了快乐心理。所以通过在一定条件下对人的行为的系统观察和分析,我们可以探讨人的心理活动的原因。

人的行为是非常复杂的,人的行为的复杂性正是由心理活动的复杂性引起的。具有不同生理条件和社会条件的人,其心理活动有很大的不同,对同一件事情的行为反应也就不一样。例如,两人看见桌上的半瓶酒,一人说:"只有半瓶了!"另一人却说:"还有半瓶呢!"显然,前者心理具有悲观倾向,后者心理具有乐观倾向。即使是同一个人在不同的时间对同一件事情的行为反应也可能不同。例如,同一个人,无论其一贯是悲观的或乐观的,在不同时机对桌上半瓶酒可能做出不同反应。如果他正与老友共饮,正在酒兴之时,面对所剩的半瓶美酒,他可能会说:"只有半瓶了!"从而倍加珍惜这半瓶酒,细细地品味这半瓶酒。但是,如果他在酒席宴上,被人劝酒而喝得半醉,面对必须喝完的半瓶残酒,他可能面有难色地说:"还有半瓶酒!"但他们的心理活动及其外显行为都受多种共同规律制约,例如,都存在相同的对酒以及喝酒情境的感知、理解过程;情绪体验的引发过程;根据认识和情绪体验做出反应的过程等。由于人的内在心理与外显行为之间存在相互依存、相互影响的关系,所以通过对人的外显行为进行系统的观察、描述、测量以及分析,我们可以揭示人的心理活动的规律。在这个意义上,心理学有时也被认为是研究行为的科学。

(二) 个体心理与社会心理

人的心理活动可以分为个体心理与社会心理两个方面。

1. 个体心理

人是作为个体而存在的,个人所具有的心理现象称个体心理。个体心理现象异常复杂,心理学通常从两个方面加以研究(见图1-1):一是共同的心理过程,即个体心理活动形成及其行为表现的一般过程;二是个性差异,即人与人之间在心理活动倾向性与稳定的心理活动特性上的差异。

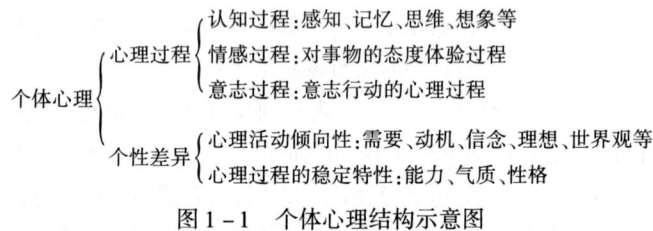

图1-1 个体心理结构示意图

个体心理过程包括认知过程、情感过程与意志过程三个方面。假如你与一位同学初次见面,认知过程就是你在认识该同学的过程中的心理活动。你对同学的认识过程开始于对他(她)的感觉和知觉,感觉是对该同学个别特性(如肤色、明暗、声调、胖瘦、高矮等)的认识,知觉是对该同学的诸多个别特性之间关系的整体认识,如将脸部的肤色、胖瘦、高矮等个别特性加以综合,就可看到一个具体的人。当通过感知觉所获得的经验在该同学离开以后并没有马上消失,还停留在你的头脑中,并在需要时能再现出来,这种累积并保存个体经验的心理过程就叫记忆。你还可能会根据自己听他(她)说的话、看他(她)的举止行为,推想他(她)的兴趣爱好、过去的经历等。像这样在感知觉与记忆的基础上,间接、概括性地认识客观对象,进行推理和判断,解决面临的各种问题的过程,就是思维。你还可能对头脑中保存的有关他(她)的具体形象加以改造,使他(她)变得更美,这就是想象。你还能够用语言将自己的感知觉、记忆以及思维与他(她)或其他同学进行交流,这就是语言活动。同时,人非草木,孰能无情,你在认识他(她)时,还会产生对他(她)的态度,引起满意或不满意、喜欢或厌恶、愿意接近或者避之唯恐不及等主观体验,这就是情绪或情感过程。而且,对于他(她),你通常并不只是停留在认识和感受体验上,还需要进一步采取行动。你会根据自己的认识和体验,产生一定的需要和动机,如邀请他(她)看电影、聊天、打羽毛球等,拟定行动目的和计划,并执行行动计划,达到所预期的目的,这些心理活动就是意志过程。从这个例子中可以看出,你的认知过程、情感过程和意志过程相互联系、相互影响,构成了你的整个心理过程。

个性差异是指个体在心理过程的发展与进程中经常表现出来的比较稳定的心理活动倾向与心理过程特点。在复杂的现实生活中,由于环境和所受教育的差异,以及自身各种因素的不同,人们在形成需要、动机、兴趣、信念、理想和价值观等方面,总会有这样或那样的差异,这些方面的差异表现为不同的心理活动倾向,影响人们的决策和行为,例如,不同的人对心理学持不同的价值观,影响了他们对心理学的学习。一个人觉得心理学有价值,就在课上认真学习它,课后还找其他相关的书刊来看;而另一个人觉得心理学没有什么用,只是为了混个学分,上课就看其他书。另一方面,个体在心理过程中还会形成稳定的心理特性。例如,有人记得快,有人记得慢;有人擅长想象,有人擅长思考,像这些表现在认知及其活动效率方面的不同特点就是能力的差异。有人性情暴烈、易于激动,有人性情温和,不易发脾气;有人情感深沉、动作有力,有人心境易变、行动不定。像这些表现在情感、情绪等心理活动动力方面的不同特点就是气质的差异。有人主动进去,有人被动不前;有人机制果断,有人优柔寡断,像这些表现在态度和行为方式上的不同特点就是性格的差异。个体的心理活动倾向性与心理过程特性综合在一起,构成了个体完整的个性心理,或简称个性和人格(personality)。值得一提的是,我们在日常生活中也经常使用"气质"、"个性"、"人格"等概念,例如,我们在日常生活中说一个人有"气质"是指一个人外形美、举止优雅;说一个人有"个性"是指一个人独特、有主见;说一个人有"人格"是指一个人具有品位和尊严,其意义显然与心理学中的科学概念是不完全一样的。

心理过程与个性心理这两个方面是相互制约、相互影响的,个性心理是在心理过程的基础上逐渐形成和发展的,并总是在各种心理过程中表现出来;反过来,已形成的个性心理又影响着心理过程,使个体的心理过程总是带有个性色彩。心理过程与个性心理的这种相互关系从整体上反映着人的心理活动的共同规律和差异规律的辩证统一,心理学就是要研究并揭示这些心理现象及其规律。

2. 社会心理

人是社会关系的总和,个人作为社会的成员,总是生活在各种社会团体之中,并与其他人结成各种关系,如亲属关系、朋友关系、师生关系、民族关系、国家关系等,马克思指出:"人的本质并不是单个人所固有的抽象物,在其现实性上,它是一切社会关系的总和。"① 有关人际关系、人际互动、团体的动力与特征、个体社会化等方面的心理现象称为社会心理。社会心理包括群体共同的心理现象和个体各种社会心理现象(见图1-2)。但是,社会心理不是个体心理的简单相加,它是人们在共同生活环境中产生的,是社会群体内个体心理的典型表现。因此,社会心理及其与个体心理的关系,也是心理学的研究对象。

社会心理 { 群体共同的心理现象:如从众、模仿、暗示、舆论、感染、风气、对比、牢骚、气氛、时髦、谣言、风俗、传统等
个体各种社会心理现象:如社会需要、社会动机、社会知觉、态度、顺从、服从、威望、侵犯、暴行及个性在社会化过程中的其他心理现象

图1-2 社会心理结构示意图

(三) 个体意识与个体无意识

意识(consciousness)是人类所独有的一种高级水平的心理活动,一般被定义为对外部和内部刺激的觉知(awareness)。人的意识活动包括:①对外部事物的觉知,觉察到外部正在发生的事情,如老师正在向你提问;②对内部刺激的觉知,感觉到自身内部发生的事,如

---

① 马克思. 关于费尔巴哈的提纲. 马克思恩格斯选集:第1卷[M],北京:人民教育出版社,1972:18.

由于不会回答老师的提问,而感到心跳加快、面部发烧;③对自身的觉知,觉知到自己正是上述各种体验的主体,觉察到自我,感到羞愧,这时将自己当作一个客体来认识,即所谓的自我意识;④对内部心理活动的觉知,觉知自己正在下决心认真学习,争取下一次成功;觉知自己了解哪些事物,不了解哪些事物,自己能否了解还未了解的事物。人的意识使得人得以能动地认识世界、改造世界,尤其是人的自我意识使得人能够对自己的所作所为进行自我分析、自我评价、自我调节和控制。意识对事物和活动的指向和集中表现为注意,注意出现在人的各种认知活动和行为中。

人的心理活动除了意识外,还存在**无意识**(unconsciousness)现象。这是人在正常情况下觉察不到、也不能自我调节和控制的现象。人在梦境中的心理现象主要是在无意识情况下产生的,人不能预先计划梦境的内容,也无法支配梦境的进程。在多数情况下,人难以准确回忆梦境的内容。人在清醒的时候,有些心理现象也是无意识的。人能意识到自己听到或看到了什么,但对听觉和视觉的过程却意识不到;人能有意识地记住自己工作的地点,也能无意识地记住大街上看见的一些建筑物。人的某些动作方式如写字起初可能受到意识的调节,但在多次反复后,便可转化为自动化的、无意识现象,这时,人只觉知到自己写的内容,而觉知不到每个字笔画书写动作本身。在人际交往中,某种意识不到的、潜移默化的影响也是存在的。

在人的正常生活中,大多数心理活动是在意识的支配下进行的,也存在无意识现象,它对人的行为也有重要作用。只有精神错乱、大脑损伤的病人,他们的行为才失去意识控制,而完全为无意识的欲望所支配。无意识现象也是心理学的重要研究对象。

三、心理学的学科性质

(一) 心理学是一门中间科学

在科学分类学中,通常将科学分成自然科学和社会科学两大门类。我们知道,每一门科学性质都是由它的对象特殊质的规定性决定的。心理学要研究心理现象的物质本质,即心理的神经生物学基础(心理现象的脑机制);同时,心理学还研究人工智能,即在计算机上模拟人类的行为。从这个意义上讲,心理学的研究目标和手段与自然科学一样,具有自然科学的性质。

但是,人又是社会实体,心理的发生发展不能离开社会环境。离开了人与人之间的交往和社会互动,就不会有语言和思维能力的发展,即使是人的感知觉(如敏锐的观察力和音乐感觉)也是在社会实践中发展起来的。而人类的群体社会心理更是社会生活的产物。从这个意义上说,心理学又具有社会科学的性质。因此,心理学是一门既具有自然科学性质又具有社会科学性质的中间或交叉科学,也有学者称之为边缘科学。

心理学是介于自然科学和社会科学之间的中间科学,这已是心理学界的共识,我们在实践中应正确理解并加以运用。其一,心理学的范畴和学科性质决定了它的研究领域既有属于自然科学方面的,也有属于社会科学方面的。传统的观点侧重于强调心理学的自然科学方面。其二,科学地理解和对待人类心理的实质,是正确认识和把握心理学的性质的关键。人的心理、意识不是与生俱来的,而是人们在生活实践中获得的。人是社会化的自然实体,人的本质是一切社会关系的总和。即使从自然科学角度对人的心理、意识进行研究,也不可能脱离其社会性方面。其三,心理学的自然科学研究与社会科学研究是相辅相成、相互促进的。

(二)心理学的学科地位

心理学的学科性质也决定了它的学科地位,苏联科学分类学家凯达洛夫院士认为,心理学在迄今已拥有2500多门学科的整个科学系统中占中心位置。他把心理学定位于他们所绘制的"科学三角形"的中心,而三角形的三个顶角分别是自然科学、社会科学和思维科学。后来,随着科学技术的发展,凯达洛夫对科学三角形做了补充,改为科学锥体形(见图1-3)。

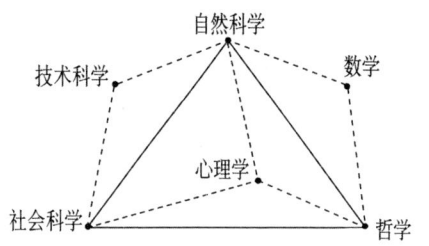

图1-3 心理学在"科学三角形"中的位置

他在自然科学和哲学之间(更接近于自然科学)加了一个数学,在自然科学和社会科学之间加了一个技术科学,哲学和社会科学共同构成了人文科学,数学和哲学共同构成了思维科学。这一科学锥体形,详细揭示了心理学同其他科学在一般科学系统中的接触点,说明心理学确实处于许多科学系统的核心地位。

第二节 心理学的源流

科学心理学的发展经历一百多年的时间。在发展的过程中,一方面,人们对心理学的研究对象与理论体系进行了数十年的争鸣,形成了各种不同的理论流派,最终在20世纪50年代达成基本的共识,使心理学不断走向繁荣。另一方面,随着心理学研究的深入和拓展,心理学自身不断分化,衍生出了众多的心理学分支学科,使得心理学的地位越来越重要。下面就从这两个方面简单介绍一下心理学的发展源流。

一、心理学的流派

1879年,德国著名心理学家冯特(Wilhelm Wundt, 1832—1920)在德国莱比锡大学创建了世界上第一个心理学实验室,开始对心理现象进行系统的实验室研究,使心理学从哲学中脱离出来,成为一门独立的科学。这一事件标志着科学心理学的诞生,冯特因此被称为心理学之父。

冯特的实验心理学研究取向明显受到当时以实验为研究基础的化学与物理学的影响。特别是化学研究主要探究物质的结构成分,并以分析与合成的方法来控制物质的变化。冯特试图通过类似化学研究中的元素分析与合成的方法来探究人的心理实质,分析人的心理结

冯特
(Wilhelm Wundt,
1832—1920)

构。冯特的这一思想体系被人们称为构造主义(structuralism)。构造主义提出后,受到了心理学界的普遍反对,其结果使得构造主义衰落了,但同时因为反对者的主张各有不同,演变成了百家争鸣、学派林立的局面。大凡一门独立科学的形成,都要经过一段不同思想认知之间的争论才能逐步达到统一。

冯特建立世界上第一个心理学实验室(右一为冯特)

(一)构造主义

构造主义的奠基人为冯特,著名的代表人物为冯特的学生铁钦纳(Edward Bradford Titchener, 1867—1927)。构造主义学派主张,心理学应该研究人们的意识,即人对直接经验的觉知。其方法就是内省法,即在精确的实验条件下,准确地观察并描述经验到的心理状态。例如,研究者控制节拍器发出有节律的嘀嗒声,并使其做出快慢、强弱等方面的系统变化,让被研究者说出自己的主观感受来,如愉快—不愉快、紧张—轻松、兴奋—抑郁。经过研究,他们把人的经验分为感觉、意象和激情三种元素。感觉是知觉的元素,意象是观念的元素,激情是情绪的元素。这些元素通过联想和统觉就构成了所有的复杂的意识经验。心理学的目的就是通过内省而了解在不同刺激情境下各种元素之间的结构。

铁钦纳
(Edward Bradford Titchener, 1867—1927)

构造主义学派直到20世纪20年代,随着铁钦纳的去世而逐渐衰落,对后来的心理学的发展影响也不大。但是,其他一些学派正是以它为攻击标靶而兴起的,因此,它在心理学发展史上功不可没。

(二)机能主义

机能主义(functionalism)是由美国著名心理学家詹姆斯(William James, 1842—1910)在20世纪初创立的。詹姆斯受达尔文进化论思想的影响,提出任何物种的特性必定是为某种目的服务的,人类的意识是人类的最重要的一个特性,只有通过研究它的功能才能了解它。因此,心理学应该研究意识的功能和目的,而不是它的结构。以思维为例,构造主义关心什么是思维,而机能主义则关心思维在人类适应行为中的作用。而且,詹姆斯批评构造主义只静态地研究意识的元素,而忽视了意识像流水一样有其动态的连续性,即他所谓的"意识流"。此外,詹姆斯认为心理学的研究工作不应局限在实验室内,还可采用观察、测验以及问卷调查等方法,考察人是如何调整行为以适

詹姆斯
(William James, 1842—1910)

应环境不断提出的要求的。

机能主义的主张推动了美国心理学面向实际生活的发展进程,20世纪以来,美国心理学一直比较重视心理学在教育领域和其他领域的应用,这和机能主义的思潮是分不开的。

(三)格式塔心理学

构造主义被铁钦纳带到美国去发展的同时,在自己的发源地——德国却受到一定的批判。1912年在德国出现了另一个心理学派别,称为"格式塔心理学"或"完形心理学"(gestalt psychology),主要研究知觉和意识的组织过程。其主要代表人物有韦特海默(Max Wertheimer,1880—1943)、苛勒(Wolfgang Köhler,1887—1941)和考夫卡(Kurt Koffka,1886—1941)。

韦特海默
(Max Wertheimer,
1880—1943)

"格式塔"是德文"gestalt"的译音,其含义是整体或完形。格式塔心理学明确指出:构造主义把心理活动分割成一个个独立的元素进行研究并不合理,因为人对事物的认识具有整体性。人的知觉经验虽然起源于分离零散的外在刺激,但人所得到的知觉却是有组织的。以四条直线构成的矩形为例,人对它的知觉不是对边相等的两条横线和两条直线,而是一个完整的矩形,这是因为人在集四条直线而成意识时另加了一层"完形"心理组织。这说明,人的知觉和意识不等于、也不能还原为感觉元素的机械总和,整体大于部分之和、先于部分而存在,并制约着部分的性质和意义。

格式塔心理学在知觉、学习、思维等方面开展了大量的实验研究,至今有关知觉的实验中还包括很多格式塔规律。格式塔心理学的研究为后来认知心理学的发展奠定了基础。

(四)行为主义

20世纪初,在美国正当构造主义学派与机能主义学派争论不休时,出现了另外一个学派——行为主义(behaviorism),从根本上改变了心理学的发展进程。1913年,美国心理学家华生(John Broadus Watson,1878—1958)发表了一篇题为《一个行为主义者眼中的心理学》的论文,宣告了行为主义的诞生。

行为主义反对研究意识,认为意识带有主观的性质,是看不见、摸不着的,无法对它进行可重复性的、客观的研究,主张科学心理学应当研究可观察的外显的行为,应当把人的意识当作一个黑箱,不管里面装的是什么,只需考察在刺激影响下的反应活动,行为就是由这些反应活动构成的。同时,行为主义反对内省法,认为心理学作为一门科学,应当只限于以客观的方法处理客观的资料,用内省法得到的资料不是客观资料,主张科学心理学应当采用实验法。此外,华生强调环境决定论,认为人的一切行为都是在后天环境影响下形成的,他曾经说过一段偏激的话:你给我一打儿童,在良好的、由我做主的环境中,不管他们的天资、能力、父母的职业和种族如何,我可以任意地

华生
(John Broadus Watson,
1878—1958)

把他们培养成医生、律师、艺术家、大商人,甚至乞丐或小偷。

行为主义后期的另一著名代表人物是美国心理学家斯金纳(Burrhus Frederick Skinner,1904—1990),由于他发展了行为主义,被称为新行为主义。斯金纳坚持行为主义的基本宗旨,并明确指出,任何机体当前的行为结果改变了未来的行为。例如,当一个学生在课堂上积极举手发言,获得了老师的当众表扬,他以后积极举手发言的行为就越来越多了。这一原理不仅适于动物训练,也适于人类的各种行为包括社会行为的塑造和矫正。行为主义能够解决一些实际问题,因此实用主义思想在美国很快盛行起来,被广泛地应用于工厂、学校和医院,直到现在,在行为矫正、心理治疗以及教学设计方面仍然发挥着重要作用。

斯金纳
(Burrhus Frederick Skinner,1904—1990)

行为主义在心理学的发展史上占有重要地位,其影响深远。它锐意研究可观察的行为,强调严格的科学研究方法,这对心理学走上客观研究的科学道路起到了积极的作用,致使心理学在社会科学各学科中形象突出,影响了当时的行为科学(Behavioral science)的兴起。但是,由于它极端排斥研究心理的内部结构和过程,否定意识研究的重要性,窄化了心理学的内涵,因此又限制了心理学的发展,故在20世纪50年代逐渐衰落。

(五)精神分析学派

精神分析学说(psychoanalysis)是由奥地利精神病医生弗洛伊德(Sigmund Freud,1856—1939)于19世纪末20世纪初创立。弗洛伊德的代表作有《精神分析引论》、《梦的解析》等。弗洛伊德是从治疗精神病的需要出发,从变态心理的角度研究正常人的心理。在弗洛伊德之前,人们相信,精神病人的变态行为是由魔鬼附体引起,治疗疾病的适当方式是让病人尽量痛苦地生活,如饱受饥寒、遭受鞭笞或浸泡在开水之中等,以对付魔鬼。弗洛伊德指出,变态行为应当被看作心理疾病,是由心理功能失调所致,只有研究病人心理障碍的原因后才能治好病人。通过长期的精神病治疗实践,并依据对自己的焦虑、冲突和愿望等内心活动的观察,弗洛伊德认为,人在童年时期的

弗洛伊德
(Sigmund Freud,1856—1939)

潜意识经验及其导致的内心冲突是心理障碍的根源。所谓潜意识,就是一些因受环境的要求与社会文化限制而不能表现出来的想法、记忆和愿望,尤其是与性本能有关的欲望,它们由于长期被压抑,因而处于不被知觉的意识下层,常常会在梦中、口误以及心理防御行为中表现出来,对意识也有很大的影响。人对潜意识尤其是在性方面的潜意识压抑过度或不当,就会导致多种心理障碍。弗洛伊德提倡用精神分析的方法来寻找病人的病根。所谓精神分析,是指这样一种临床技术,就是通过释梦和自由联想等手段,发现病人潜意识中存在的动机,使所受到的压抑得到宣泄,从而治疗疾病。

精神分析学说对心理学的影响很大,不仅在精神病治疗中继续得到应用,而且对个性、

动机心理学的研究产生了积极作用,有些概念,如潜意识、自我等也都渗透到了心理学研究的主流之中。但是,弗洛伊德是根据自己多年对病人的观察和记录而对正常人的心理进行推论、解释的,难免以偏概全。而且,弗洛伊德宣扬泛性论,把性欲看作支配人的一切行为的动机,过分夸大了性欲的作用,忽视了社会文化的影响,这一点遭到了广泛的批评,其后继者对此加以修正,出现了新弗洛伊德学派。

值得一提的是,精神分析学说不仅是当时心理学领域内影响最大的理论之一,而且也是20世纪影响人类文化最大的理论之一,对哲学、文学以及其他社会科学都产生了重要影响。精神分析学说的提出被认为是对人类自尊心的第三次重大的精神打击。第一次打击是发现人不是宇宙的中心;第二次打击是发现人是由猿猴演化而来的;第三次打击就是弗洛伊德认为,人基本上是由许多冲动支配的,这些冲动许多是潜藏在觉知不到的无意识状态之中。人作为有意识控制自己行为的理性形象受到了挑战。

(六)认知心理学

认知心理学(cognitive psychology)与其他学派不同,不是由某个心理学家提出来的一套理论体系,而是在很多学者研究的基础上产生的。1967年,美国心理学家奈瑟(U. Neisser)将当时的各种研究成果加以总结,写出了《认知心理学》一书,使得认知心理学明确成为一种思潮。

认知心理学是受多种因素的影响逐渐演变而成的。首先是20世纪中期计算机科学的影响,计算机科学的发展要求了解人是怎样在头脑中加工信息的,以及人是怎样认识外界的。只有把人的认识活动规律了解清楚后,计算机才能模拟运算,认知心理学由此应运而生。其次是心理学自身发展中积累了一些成果,例如,瑞士著名心理学家皮亚杰(Jean Paul Piajet, 1896—1980)在儿童研究中,揭示出在儿童发展的不同阶段思维表现有不同水平等等,这些成果证明内部心理活动规律是可以研究的。此外,某些行为主义心理学家在自身的研究过程中,受格式塔学派的影响,逐步引入了一些与心理活动有关的概念和术语,也推动了心理学研究从行为主义向认知心理学的转变。

所谓认知,是指人在认识事物的过程中所进行的各种心理活动,主要包括知觉、注意、记忆、言语、思维等。例如,在解答一道数学应用题时,从感知文句、理解题意、寻找已知条件、推导解答、实际运算到验证结果等一系列活动就是认知活动。认知心理学家坚信,要想充分了解一个人的行为必须研究其内部心理活动,内部认知过程是可以运用科学的方法加以研究的。他们在研究推理、决策以及问题解决等复杂的认知过程时采用口语报告的方法,获得了很大成功。口语报告法也称"出声思维",即经过一定训练后,让被研究者在解决某个问题时,大声说出头脑内进行的活动,事后由研究者对其进行分析。口语报告法不同于内省法,它是在行为主义研究方法之上所运用的一种客观的科学研究方法。认知心理学的发展使得人的心理、意识又被带回到了心理学的研究之中。

值得一提的是,人们在使用认知心理学这一术语时,存在广义和狭义两种含义。在广义上,凡是用人的知觉、注意、记忆、学习、理解、想象以及思维等认知过程来解释人的心理现象的研究,都属于认知心理学,泛称认知理论(cognitive theory)。在狭义上,认知心理学与旨在解释人接收、存储和利用信息的过程的信息加工论(information-processing theory)等同,受计算机科学的影响较大,其主要代表人物为美国著名的心理学家西蒙(Herbert Alexander Simon,1916—2001)。

西蒙
(Herbert Alexander Simon,1916—2001)

认知心理学虽然顾名思义只是与认知过程有关,但由于人的认知过程与人的动机、情感等心理现象是密不可分的,认知心理学实际上并未忽视对动机、情感等方面的研究,它超越单纯的认知研究,已经成为一种思潮,延伸到了教育心理学、社会心理学等领域。目前,认知心理学的研究越来越深入,逐渐与神经心理学和脑科学结合,产生了认知神经心理学。

(七)人本主义心理学

人本主义心理学(humanistic psychology)是由美国心理学家马斯洛(Abraham H. Maslow,1908—1970)和罗杰斯(Carl Rogers,1902—1987)在20世纪50年代创立的。因为人本主义心理学兴起的年代较精神分析学说与行为主义晚,故而被称为现代心理学上的第三势力。

人本主义心理学反对精神分析学说与行为主义的偏激观点和决定论。人本主义心理学批评精神分析学说只是以精神病人的心理现象为基础,抨击其有关行为受原始性冲动支配的观点;批评行为主义只是以动物和儿童的心理现象为基础,指责行为主义只研究由零碎的、片面的反应构成的行为,而不是表现行为的整个人,抨击其环境决定论。在人本主义心理学看来,这两种理论都没有把人看作是自己命运的主人,失掉了人的最重要特性。

马斯洛
(Abraham H. Maslow,1908—1970)

人本主义心理学主张,心理学的研究应当以正常人为对象,研究人类有别于动物的一些复杂的经验——诸如动机、需要、价值观、情感、生活责任、自我意识等真正属于人性各种层面的问题。人本主义注重人的独特性和社会性,强调人是一种自由的、有理想的生物,其行为主要受自我意识支配;人具有个人发展的潜能和自我成长的需要。人本主义心理学的研究不只是了解人的这些本性,而且要寻求改善环境以利于人性的充分发展,使其达到自我实现(self-actualization)的境界。

罗杰斯
(Carl Rogers,1902—1987)

人本主义心理学强调人的社会性特点,主张以人的需要出发去研究人性,给人的心理本质做出了新的描绘,为教育心理学、发展心理学、心理咨询和治疗领域指明了一条新的路线和方法。但是,人本主义理论不能用实验加以证明,主要依靠理论上的思辨和推测,其风格与自然科学研究截然不同,难免使人感到人本主义的理论方向是正确的,但从事实际研究时在方法上却很困难。这也是心理学发展上普遍存在的一个两难问题,心理学研究越是涉及人的复杂的、高层次的心理,对研究方法就越是一个挑战。

专栏 1-2

各派心理学的视角与局限

心理学流派比喻图

一个由四位知识渊博的心理学家组成的小组来看一只大象。他们的方法都是盲目的。一位精神分析学信徒径直来到大象的身后,看着这个选定的部位,解释大象的行为。行为主义者去敲大象的膝盖骨,被踢得老远。她坐在那里,为小象设计一个建设性的强化方案。认知心理学家开始哄大象做点儿什么,好确定它的发展阶段。人本主义者抚摸大象的耳朵,试图让大象相信它会飞。

[资料来源] Ed Labinowicz. 思维、学习与教学[M]. 杭生, 译. 北京: 人民教育出版社. 1985: 163—164.

二、心理学的谱系

一百多年以来,科学心理学由于实际生活的需求(如生产、交通、商业、企业管理、教育、心理健康等)与临近学科的发展(如生物学、生理学、社会学、教育学以及其他技术科学等)的影响,研究领域越来越广,逐渐演变出了众多的分支学科。图1-4反映出了心理学与临近学科和社会生活实践的密切关系。[①]

---

① 彭聃龄. 普通心理学[M]. 北京: 北京师范大学出版社, 2001: 12.

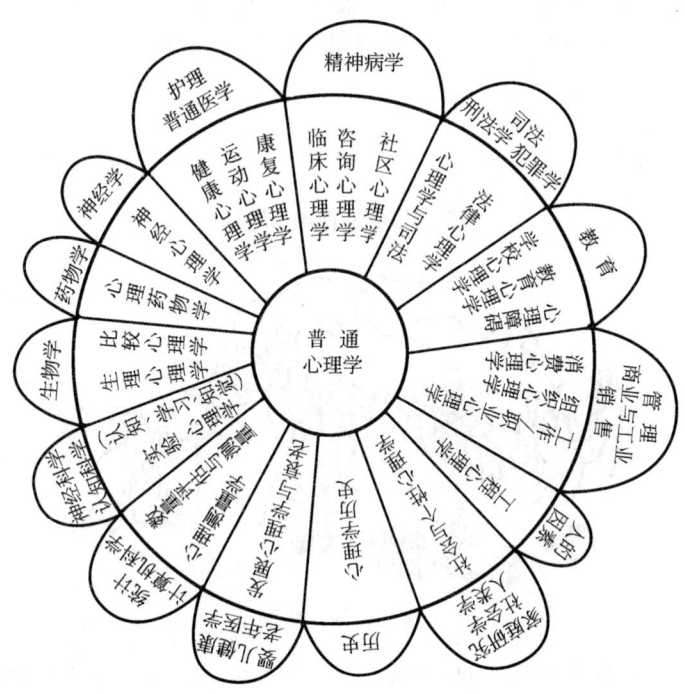

图 1-4 心理学的研究领域

在这些分支学科中,有些继续着重基础的实验研究和理论探讨;有些则走向实际应用,在社会实践的不同方面发挥重要作用。

(一) 基础心理学

1. 普通心理学(general psychology) 普通心理学是科学心理学的基础,研究心理现象产生和发展的一般规律,如感知觉、记忆、思维的一般规律;人的需要、动机以及各种心理特性的一般规律等。普通心理学还研究心理学的最一般的理论,如心理与客观现实的关系、心理与脑的关系、各种心理现象之间的相互联系及其在人的整个心理结构中的地位与作用、心理学的一般研究方法等。

2. 实验心理学(experimental psychology) 实验心理学是通过科学的实验研究方法,研究人类及动物的各种行为及心理变化,其研究主要围绕科学心理学发展初期的那些传统课题,如感觉、知觉、学习、动机和情绪等方面的问题。所谓科学的实验方法,是指在严格的条件下用某种刺激引发所期望的行为,然后观察这些行为,并对结果进行统计分析。值得注意的是,实验心理学是沿用传统的名称,并不意味着其他领域的心理学研究不做实验。

3. 生理心理学(physiological psychology) 生理心理学研究个体行为及其心理过程与其身体及生理功能的关系,主要包括各种感官的机制、神经系统特别是脑的机制、内分泌系统对行为的调节机制、遗传在行为中的作用等。其具体研究方法是在脑的各种不同形态和功能下观察人的行为或心理活动的变化,例如,刺激人脑皮层的某个部位使人回忆起童年的事情等;或者在人从事某种行为或心理活动时观察脑内的神经活动过程和方式。

4. 发展心理学(developmental psychology)　发展心理学研究个体生命全程中身心变化与其年龄之间的关系,主要探究各个年龄阶段的心理特征,揭示个体心理从一个年龄阶段发展到另一个年龄阶段的规律,具体包括婴幼儿心理学、儿童心理学、少年心理学、青年心理学、中年心理学和老年心理学。

5. 社会心理学(social psychology)　社会心理学研究人际间的关系和交互影响,研究团体力量对个体行为的控制和影响。典型的研究课题有社会认知,亲密关系,态度的形成和变化,偏见、顺从、攻击行为以及集体行为等。

6. 认知心理学(cognitive psychology)　认知心理学研究人的高级心理过程,如记忆、推理、信息加工、语言、问题解决、决策以及创造性活动等。

7. 人格心理学(personality psychology)　人格心理学描述和了解个人独特的心理特征和个体行为的稳定性特征,同时也探讨人格形成的影响因素,并对人格特征进行测量和评估。

8. 变态心理学(abnormal psychology)　变态心理学研究行为异常的类别和成因,从而建立系统理论,作为心理诊断和治疗的依据。

9. 动物心理学(animal psychology)　动物心理学研究动物行为变化的规律,以建立可解释动物行为的系统理论,并从动物行为研究所得结果推论、解释人的行为。

10. 心理测量学(psychometrics)　心理测量学研究心理测验的理论,编制心理测量的方法和工具,发展心理统计方法。包括设计评估人格、智力和多种能力的测验。

(二) 应用心理学

1. 教育心理学(educational psychology)　教育心理学是应用心理学中出现最早的学科。它研究在教育情境中学生学习与教师教学的交互过程的规律,以便解决教学中的实际问题。它具体涉及学习心理、教学心理、教师心理、课堂管理心理、教学评定等内容。与教育心理学相关的还有学校心理学(school psychology),主要偏重鉴定并测量学生的智力和学习能力,诊断学生在动机、人格、社会或学业上的困难,为学校老师提供这方面的咨询服务。

2. 临床心理学(clinical psychology)　临床心理学对具有心理障碍的人进行评估、诊断和治疗,同时也对轻度行为和情绪问题进行处理,主要工作方式包括与病人谈话、实施心理测验和提供集体或个人的心理治疗。

3. 咨询心理学(counseling psychology)　咨询心理学帮助具有轻度心理异常和适应问题的人了解自己、认识环境、澄清观念、解除困惑,进而消除不良习惯,重建积极人生。对职业、家庭、教育等方面问题也给以帮助。

4. 工业心理学(industrial psychology)　工业心理学研究工作人员的士气、选拔训练与升迁;工作环境的改善;劳资双方的协调等。其中,人事心理学(personal psychology)研究如何安置合适的人做合适的工作;工程心理学(engineering psychology)研究人与机器的关系,使之协调、有效。

5. 管理心理学(managerial psychology) 管理心理学研究团体组织中的人事问题,包括人员的个别差异、人际关系与团体效能等,目的是促进组织发展,提高工作绩效。

6. 广告心理学(advertising psychology) 广告心理学研究如何将产品的信息提供给社会大众,引起消费者的购买意愿和行为。

7. 消费心理学(consumer psychology) 消费心理学研究社会大众的消费行为,主要探究消费动机、购买行为、消费信息来源以及影响消费决策的因素等。

8. 环境心理学(environmental psychology) 环境心理学研究环境对行为的影响,包括热、声响、拥挤等对个人感受、行动甚至健康可能产生的影响。

9. 法律心理学(forensic psychology) 法律心理学探究司法程序中犯罪动机、犯罪证据的信度与效度等。

三、心理学的未来发展

(一)适应实践需要,继续分化

社会现代化的进程,使人们的实践活动领域日益分化、日益开拓,因而关于人类心理与行为的专门化研究也必然增多,随着资料的积累和研究的深入,必将产生更多的应用心理学分支。例如,在人类没有进入太空的时代,谈不上什么宇航心理学。在人类进入太空后,一段时间内科学家还没有意识到心理学的重要性,结果有的宇航员产生了心理障碍,随之关于宇航的心理学研究也就应运而生了。

心理学的学科分化动力还不仅仅在于实际的应用。另一个重要的动力在于人们对心理现象的本质和规律探索的深入。心理,是世界中最复杂的现象之一,人不借助镜子很难看到自己的脸,同样人虽然靠着心理生活,但不借助科学也很难揭示它的奥秘。根据系统论的思想,心理现象是多量度的、多水平的、多特性的、动态的。许多关于心理的局部问题的研究,正形成着心理学的重要分支,如个性(人格)心理学、气质心理学等。由于心理学处在自然科学、社会科学、思维科学的结合部,所以新的交叉科学也在不断产生着。据统计,心理学的分支学科目前已有一百多个。这是科学认识深入发展的必然结果,也是心理学广泛应用的自然产物。因此,面向社会实践,大力加强应用研究将是未来发展的极为重要的走向,也是未来心理学发展的生命力所在。

(二)提高理论水平,高度整合

心理虽然具有质的多重性,但心理又是一种完整的、整合的体系,不可分割为"碎块",以实证主义为哲学方法的传统心理学,给心理学带来两个明显的负面倾向:一是对理论建构的轻视;二是对其他心理学理论传统的排斥,使心理学的发展缺乏较高层次上的整合。其实,心理本质就表现在它的一般机能上,既是客观现实的主观反映,同时又完成着行为的调节机能。所以,不论由于实践的需要如何使心理科学分化,但对于心理的最一般的理论的全面整体的认识是心理学发展永恒的主题。否则就难以对大量的科学实验成果或积累的大量资料做出科学的概括,难以对心身关系这样一系列基本理论问题做出科学的回答。时至今日,心理学的一些重大理论问题尚未很好解决,没有形成一个统一的理论范式,没有一个理论能够贯穿人的整个心理活动,缺乏一套独创的公认的理论和范畴。理论水平有待于进一步提高,其途径就是对已取得的规模庞大的资料不断地整合,通过高度整合,促使心理学理论水平不断提高。这是心理学未来发展中的一项重大任务。

(三) 树立大心理学观

心理学诞生一百多年来,主流心理学一直沿循自然科学传统,坚持生物还原论,崇尚客观主义和实验主义,使心理学研究脱离了人的现实社会生活。因此,变革传统的心理学观,树立大心理学观成为未来心理学发展的又一趋势。其基本特征是:坚持心理学的人学性质,强调现实社会中活生生的人的心理生活的整体研究,既要研究人的一般心理过程,更要把人性、人格、价值、潜能、创造力和自我实现提到心理学研究的重要地位;坚持心理学的中间科学定向,把心理学视为自然科学与社会科学之间的一门中间科学,但要突出心理学的人文科学和精神科学的特性;坚持心理学的大研究对象观,心理学既要研究个体(自我和超自我)与群体,又要研究心理(意识与潜意识)与行为,特别强调在群体及其关系中研究个体的心理与行为;进一步拓展心理学的研究领域,在以科学心理学为主体和指导的原则下,突出多学科交叉研究的特点,既要丰富科学心理学的内涵,又要运用哲学心理学和心理学哲学来深化对科学心理学的理解。

(四) 开展心理学本土化的研究

建立科学本土心理学(indigenous psychology),也是未来心理学发展的一个趋势。本来任何心理学都是以本土文化圈中的心理文化来理解、解释和干预人的心理生活的。但是,在世界心理学系统中占有支配和权威性地位的西方心理学(主要是美国心理学)则依循自然科学传统,认为其研究成果是超越文化界限普遍适用的,是发展各国科学心理学的普遍模式,这是一个严重的认识误区。其实,西方心理学包括其学派和理论都深深根植于西方文化之中,他们以西方人为研究对象,采取适用于西方人的研究方法的技术,特别是以个人主义价值取向和种族中心主义为核心的西方文化制约着心理学全部研究定向及其理论建构。不难看出其适用范围有局限性。为此,近十多年许多发展中国家包括一些西方发达国家,出现了心理学研究本土化的趋势,以建立不同于美国心理学的心理学。可见,现代心理学的本土化是由科学主义、人本主义和文化主义三种走向统合的历史必然性所决定的。未来心理学将是呈现出本土化和世界化相统一的发展趋势。

(五) 心理学研究取向的多元与综合

心理学研究对象是世界上复杂的现象,至今尚未形成一个统一的心理学研究取向。阿特金森(R. L. Atkinson,1990)等在美国著名教科书《心理学导论》中指出,取向多元、日趋综合是当代世界心理学发展的一大趋向。从理论多元化的视角看,现代心理学主要有五种研究取向,即神经生物学、行为主义、精神分析、人本主义心理学和认知心理学。综合运用几种观点解析人的心理及其行为形成的机制成为心理学研究的必然取向。可见,今天学习心理学,不是同意或不同意某一流派,而是从各派的研究中得到最为有益的东西。这样才能使我们对人类心理历程的知识有所继承、有所发展。21世纪心理学在促进实验(客观)范式与经验(主观)范式的统合、科学主义研究取向与人本研究取向的统合,建构一种统一的心理学理论模式方面将会做出重大的贡献。

(六) 心理教育的兴起

人类认识世界的目的,就是改造世界,那么人类认识自己心理机能的目的也在于改造和提高自己的心理机能,这应该是心理科学发展的根本路线。体现这一路线的最新发展就是心理教育的兴起。

心理教育(psychological education)是一类针对人类心理机能进行的特殊教育活动,目标是全面提高人类的心理机能,开发人类心理潜能,促进心理全面发展,维护人类心理健康。它已成为现代社会各国心理学界、教育学界以及全社会普遍关注的事情。无论是美、英、日等发达国家,还是委内瑞拉、以色列等发展中国家,以及国内心理学界都开展了心理教育研究,并积累了大量的宝贵经验。

概括起来看,已有心理教育的实践分为以下九个方面:(1)以思维训练为中心的智力与创造力教育;(2)学习能力和技能教育;(3)适应能力教育(包括人格的完善教育和各种生活技能的训练);(4)个人与社会教育;(5)心理学教学的改革,开设新型心理学课程;(6)人本主义教育研究;(7)心理咨询与治疗技术的扩展应用;(8)大众心理教育;(9)各种专门用途的心理训练等。心理教育有广阔的应用领域,很可能成为未来心理学的主流。

第三节 心理学的研究

一、心理学研究的类型

(一) 纵向研究和横向研究

从研究时间的延续性上划分,心理学研究有纵向研究和横向研究。

纵向研究(longitudinal method),也称追踪研究,它是在比较长的时间内,对人的心理发展进行系统、定期的研究。科学儿童心理学家普莱尔(W. Preyer)就是最早运用系统追踪研究观察法研究儿童心理发展的心理学家,他所采用的方法是"儿童传记"。皮亚杰也大量采用纵向研究的方法观察儿童智慧发展的进程。纵向研究要求在规定的时期内对同样对象的心理活动及其特点进行反复测查,因而能系统、详尽地了解心理发展的连续过程和量变质变规律。但其缺点是周期长、易受社会环境变动影响以及样本的自然减少等。

横向研究(coss-sectional method),也叫横断研究,它是在同一时间内对不同年龄组被试的心理发展进行测查并进行比较研究。比如,要研究10—16岁儿童思维发展的特点,可以同时对10岁、12岁、14岁、16岁四个年龄组进行测试,比较研究。这种研究类型省时、高效,但是缺乏系统连续性,难以确定因果关系,取样程序也较复杂。

实践中往往将纵向研究和横向研究结合起来进行,称之为"动态研究"。它的科学性、实用性很强,能更好地揭示心理发展的规律。

(二)个案研究和成组研究

从研究对象的选取上划分,心理学研究有个案研究和成组研究。

个案研究(case study method),是对一个或少数几个被试进行的研究。这种研究一般采用纵向的追踪研究方式,能对被试进行详尽、系统、深入的考察,但被试太少,影响研究的代表性和典型性(另有专述)。

成组研究(group study method),是对一批被试进行研究。从统计学的角度看,成组研究取样多,可以作量化处理,科学性较强,代表性也较好,但是深入研究不够。

一般情况下,把两种研究类型结合起来使用,能够使研究既深入细致,又全面系统。

(三)相关研究和因果研究

从研究变量之间的关联程度上划分,心理学研究有相关研究和因果研究。

相关研究(correlational study),是心理学中一类重要的研究类型,其目的是探索两个事件、特质或行为之间的关联程度。如父母与子女智商之间、外貌与受社会欢迎程度之间、焦虑和学业成绩之间、某种人格特质与行为之间的关系等。但是,相关并不能代表因果关系,两个事件的表面相关并不能说明其间一定存在因果关系。要想找出深层次的原因,还需进行因果研究。

因果研究(cause and effect study),是心理学中又一类重要的研究类型,其目的是要揭示心理现象的因果关系。在心理现象和外界刺激、心理现象和大脑的活动间存在着广泛的因果联系,比如光波的长度决定了颜色的色调,声音的频率决定了声调的高低,正常语言环境决定了儿童语言发展的水平,词的熟悉度决定了对词的识别速度等,都是因果研究的范例。但是,由于因果研究对条件控制要求很高,研究者应注意两个方面:一是要创设某种实验情境,使之能引起某种心理现象,同时要控制可能影响这种心理现象的其他因素;二是当一种情境引起了某种心理现象时,我们只能说是此种情境下的因果关系,脱离特定条件谈因果关系是没有意义的。

二、心理学研究的程序

(一)确定问题并提出假设

从事科学研究的第一步就是构想出一个明确而具体的问题。科学上研究的问题至少要探究两个或两个事项之间的关系,例如,小学生的学习成绩与发现教学法之间的关系,小学生的学习成绩与其智力水平之间的关系。通过大量的文献研究和理论研究,了解和认识两个事项之间可能存在某种关系。在没有获得研究结果之前,研究先要提出一种暂时性的或推测性的解答,这就是所谓的假设。

对两个事项之间的关系的假设存在两种类型:一种是因果关系假设,假设两个事项之间存在因果关系,即一个事项对另一个因素有影响,一个事项的变化是另一个事项变化的原因。例如,学生的学习动机高低是影响学习的努力程度高低的原因,这两者之间存在因果关系。另一种是相关关系假设,假设两个事项之间存在相关关系,即两个事项倾向于一起变化。例如,学生的智力水平与创造力水平之间存在相关关系,智力水平高的人其创造力水平倾向于高,智力水平低的人其创造力水平倾向于低。但智力水平的高低并不决定创造力水平的高低,也就是说,智力水平高的人其创造力水平并不一定高,智力水平中等的人其创造力水平反而有可能高。因此,这两者之间存在相关关系,而非因果关系。

所提假设的类型关系到研究方法的选择,因果关系假设与相关关系假设需要采用不同的研究方法加以验证。因此,在实际进行研究之前先提出假设对事先准备与实际研究过程具有导向作用。

(二) 确定研究对象

心理学的研究对象大多是人,有时也用动物。心理学的研究对象通常被称为被试(subject)。心理学的研究常常试图根据对部分被试行为的研究结果,推论解释与被试同类的全体对象的同样的行为。例如,要研究某地区小学生的学习成绩与其智力水平之间的关系,研究者不可能对该地区的所有小学生进行研究,只能从中选出少数作为被试进行研究,研究者的研究目的是想从这少数小学生的研究结果推测我国所有小学生的情况。像这样,所选出来的少数被试只是样本(sample),所有的与样本同类的对象就是总体(population)。根据样本的研究结果去推论解释总体,其可靠与否,要看所选出的样本是否具有代表性。为了确保研究结果的适用范围,研究者自然要考虑如何从总体中抽取出具有代表性的样本,这一过程称为抽样(sampling)。抽样的理论和方法很多,最简单的方法就是随机抽样(random sampling)。随机抽样就是使总体中的每一个对象被抽到的机会均等,抽签或摇奖就是一种随机抽样的方法。

(三) 界定概念及其测量工具

心理学研究的对象是被试,但真正关注的是被试的行为和心理过程的变化。如果把行为或心理过程的变化——如学习行为和学习成绩,看成是一些事项,这些事项被称为变量(variable);被试的行为和心理过程的变化常常是由其他事项——如教学方法所引起或影响的,这些事项也被称为变量。心理学的研究就是要探究心理变量之间或与其他变量之间的关系。

心理学所研究的变量是各种各样的。按变量本身的性质划分有三种:①刺激变量(stimulus variable),指能够引起被试反应的刺激的种类、特征或强度,如教学方法的类型、时间长短等;②属性变量(attribute variable),指被试自身的特征,如性别、年龄、身体状况、智力水平、性格、需要、动机、价值观等;③反应变量(response variable),指被试由刺激引起或影响所致的行为变化的种类、特征或强度,如学习成绩等。按变量之间的关系划分主要有两种:①自变量(independent variable),指假定为原因的变量,如果要探究发现教学法是否能够提高学习成绩,那么,教学方法的类型就是自变量;②因变量(dependent variable),指假定为结果的、因另一个变量的变化而产生变化的变量,如因教学方法的不同而产生变化的学习成绩。此外,还有一种变量,介于原因和结果之间起间接作用,而本身又不外显出来,这种变量称为中介变量(intervening variable),例如,教学方法的变化因促进学生学习动机的提高而导致学习成绩的提高,这时,学习动机就是一种中介变量。

心理学研究者在确定问题并提出假设后,需要明确界定问题和假设中所涉及的概念和变量,使之具有可操作性,即明确说明这些概念或变量具体指什么,用什么样的测量手段来测量它们的变化量。如果某研究者要研究教学方法对小学生学习成绩的影响,就必须明确确定研究对象是小学几年级学生,学习成绩是哪一科的、用什么标准评判,教学方法具体指什么,有什么特征等。对于小学生学习成绩与智力水平、创造力水平之间的关系,研究者必须对其中所涉及的重要概念或变量分别给以操作性界定,例如,将"小学生"界定为小学四年级学生,男女生各半,将"学业成绩"界定为四年级上学期语文和数学成绩,将"智力"和"创造力"分别界定为某两种测验的结果。

(四) 选择研究方法

当确定问题、提出假设并界定了变量之后,研究者就要根据所研究问题的特点和所提假设的类型选择适当的研究方法。由于心理学的研究方法有很多种,因此将在后面作专门介绍。

(五) 解释结果并做出推论

研究者通过某种研究方法获得研究结果后,要对结果进行数据统计、分析,根据严格的统计原理,看看结果是否验证了假设,并做出解释。在解释时要注意,所得结果可能属于事实性的表面现象,未必等于原假设中的理想状况。例如,在有关小学生学习成绩与创造力关系的研究中,测查学生创造力水平的测验中有些题目是学生们在语文课上遇到过的,比较熟悉,那么,所得到的有关语文成绩与创造力水平之间关系的结果就与理想状态不太相符。

当研究者根据样本研究结果推论总体时更要谨慎。例如,样本研究结果表明,发现教学法比传统教学法更能提高学生的学习成绩,证实了研究假设,但是,研究所采用的两个班级是两个四年级成绩较好的班,这一研究结论就不能推广到小学低年级,也不能推广到四年级的后进班,因为低年级学生与四年级后进班学生比四年级好班学生的自学能力要低,发现教学法未必比讲演教学法更能提高他们的成绩。

三、心理学研究的方法

心理学的研究方法很多,主要包括观察法、调查法、个案研究法与实验法四种主要研究方法。

(一) 观察法

心理学探讨人的行为和心理过程,而心理及其行为现象表现为可观察的活动。研究被试各种行为的最直接的方法就是顺着可观察的活动来追踪和记录其现象和变化。由研究者直接观察记录被试的行为活动,从而探究两个或多个变量之间存在何种关系的方法称为观察法(observational method)。例如,研究者要比较离异家庭与正常家庭儿童的攻击性行为的差异，首先要建立对攻击性行为的分类系统和程度等级表，并界定出记录方法。"攻击性行为"可分为"言语攻击"和"行动攻击"两类，"言语攻击"又可分为"骂人"、"讽刺挖苦"……"行动攻击"又可分为"推人"、"打人"……并对攻击的严重性定出等级。这样的观察记录就比较客观，有利于研究攻击性行为与家庭环境之间的关系。

心理学家们在进行观察时，有时是在自然情境中，对人或动物的行为直接观察、记录，然后分析解释，从而获得有关行为变化的规律，这种观察属于**自然观察法**。如心理学家在自然状态或人类和动物生存的典型环境中进行行为观察。珍妮·古德尔的工作就是这类研究的一个很好的例子。她和助手从1960年起一直在坦桑尼亚观察黑猩猩。这里摘引她在《黑猩猩在召唤》(In the Shadow of Man)一书中的一段话，这段话体现了一种科学发现的兴奋：

"很快地调好双筒望远镜，我发现那是一只黑猩猩，而恰在此时它转向了我……它正蹲在一个红土白蚁窝的土墩旁，我看见它小心地把一根长草梗插进土墩上的一个洞，过了一会儿，抽出来，并用嘴从草梗的末端舔食一些东西。我离得太远，看不清它吃的是什么东西，但是很明显，它把草梗当作工具了（见图1-5）。"

古德尔的工作也证明了黑猩猩家族中母亲和后代长期的感情联系的重要性，以及黑猩猩之间在行为和"个性"上的惊人的个体差异。

图1-5 把草梗当作工具的黑猩猩

心理学家们有时则是在预先设置的情境中进行观察，这种观察属于**控制观察法**。在心理学研究中，观察法多用于对婴幼儿、儿童游戏、学校教师活动、市场交易以及动物行为等方面的研究中。

观察法还可根据观察者的身份分为参与观察与非参与观察。在参与观察中，观察者参与被观察者的活动，作为被观察者的一员，将所见所闻随时加以观察记录，这种观察通常可用于对成年人社会活动（如投票行为）的研究。在非参与观察中，观察者以旁观者的身份随时观察并记录其所见所闻，这种观察通常被用于对儿童、动物的研究。在实施非参与观察时，为了避免被观察者受到干扰，常在实验室设置单向玻璃观察墙，观察者可在玻璃墙的一边观察另一边被观察者的活动，而被观察者看不见观察者在观察自己。无论参与观察还是非参与观察，原则上要尽量客观，不宜使被观察者发现自己被别人观察而影响观察的效果，为此，一些观察室或教室都安装有监视摄像头来暗中记录被观察者的活动。

观察法的主要优点是被观察者在自然条件下的行为反应真实自然；其主要缺点是观察资料的质量容易受观察者能力和其他心理因素的影响，而且，它只能有助于研究者了解事实现象，而不能解释其原因是什么。即只能回答"是什么"的问题，不能回答"为什么"的问题。当然，观察研究作为一种科学研究的前期研究，可以先用来发现问题和现象，可供研究者以此为基础采用其他方法进行深入的研究,因此仍然具有重要的使用价值。

(二)调查法

调查法(survey method)就是以被调查者所了解或关心的问题为范围,预先拟就问题,让被调查者自由表达其态度或意见的一种方法。根据研究的需要,调查者可以向被研究者本人(如学生)进行调查,也可以向熟悉被研究者的人(如老师、父母等)进行调查。

调查法可采用两种不同方式进行,一种方式是**问卷调查**,也称**问卷法**(questionnaire method),这种调查是调查者事先拟好问卷,由被调查者在问卷上回答问题,发放问卷的方式可以是邮寄,也可以是集体发放或个人发放,因此可以同时调查很多人。另一种方式是**访谈调查**,也称**访谈法**(interview method),这种调查是调查者对被调查者进行面对面的提问,然后随时记录被调查者的回答或反应。

调查问卷由两部分构成。一部分是有关个人资料的问题,即个人属性变量,其中的项目一般包括性别、年龄、受教育程度、职业等。为了增强调查结果的真实性,一般社会调查不填写姓名,项目的具体名称和数量也要根据研究目的而定。另一部分是所要填写的问题,被调查者的答题方式有是非法、选择法、简答法等,被调查者在各个问题上的回答就是其反应变量。调查研究的主要目的之一就是研究分析被研究者的属性变量与反应变量之间的关系,即在问卷中各种问题上,不同性别、年龄、受教育程度、职业等各类人员在态度或意见上是否存在显著差异。

调查法的优点是能够收集到大量的资料,使用方便,并且效率高,故而被广泛应用于教育心理学或社会心理学研究中。调查法的缺点是研究结果难以排除某些主、客观因素的干扰。为了进行科学的调查,得出恰当的解释,必须有经过预先检验过的问卷,有受过培训的调查者,有能够反映总体的样本,还要采用正确的资料分析方法。调查法与观察法一样,只能有助于了解事实现象是什么,不能解释为什么,因此,还需要采用其他方法(如实验法)来弥补其不足。

(三)个案研究法

个案研究法(case study)是收集单个被试的资料以分析其心理特征的方法。收集的资料通常包括个人的背景资料、生活史、家庭关系、生活环境、人际关系以及心理特征等。根据需要,研究者也常对被试作智力测验和人格测验,从熟悉被试的亲近者处了解情况,或从被试的书信、日记、自传或他人为被试所写的资料(如传记、病历)等方面进行分析。个案研究的研究对象可以是单个被试,也可以是由个人组成的团体(如一个家庭、班级或工厂)。

个案研究法的优点是能加深对特定个人的了解。其缺点是所收集的资料往往缺乏可靠性。例如,个人写的日记、自传往往因自我防卫而缺乏真实性。此外,个案研究的结论不能简单地推广到其他个人或团体,但在经过多次同类性质的个案研究之后,可为研究者设计实验研究假设提供参考。

(四)实验法

实验法(experimental method)是在控制的条件下系统地操纵某种变量的变化,来研究这种变量的变化对其他变量所产生的影响。由实验者操纵变化的变量即前文所说的**自变量**,或称**实验变量**(experimental variable),由自变量而引起的某种特定反应即前文所说的**因变量**。实验需要在控制的条件下进行,其目的在于排除自变量以外的一切可能影响实验结果的**无关变量**(irrelevant variable)。为了控制无关变量,实验者必须设立**实验组**(experimental group)和**控制组**(control group),并使两个组除了在自变量的变化上存在差异外,其他各个方面的条件大致相同。至于系统的操纵则指实验者对自变量变化(如强度、时间等)的控制是周密而严谨的。在实验中,实验者系统控制和变化自变量,客观地观测这两组的反应(即因变量)是否不同,以确定因变量受自变量影响的情况,从而探究自变量与因变量之间的因果关系。因此,实验法不仅能够有助于研究者揭示"是什么"的问题,而且能进一步探究问题的根源"为什么"。一旦揭示了变量之间的因果关系,以后对同类现象进行处理时,根据其前因就能预测其后果,根据其结果也可了解其原因,甚至可以根据原因制造出结果。所以,通过实验法可以实现心理学描述、解释、预测及控制行为等科学研究的目的。图1-6表明了一个有关学习过程中听音乐对学习成绩是否有影响的心理学实验及其中所包含的因素,说明了实验法严密的控制性及其变量间的内在关系。

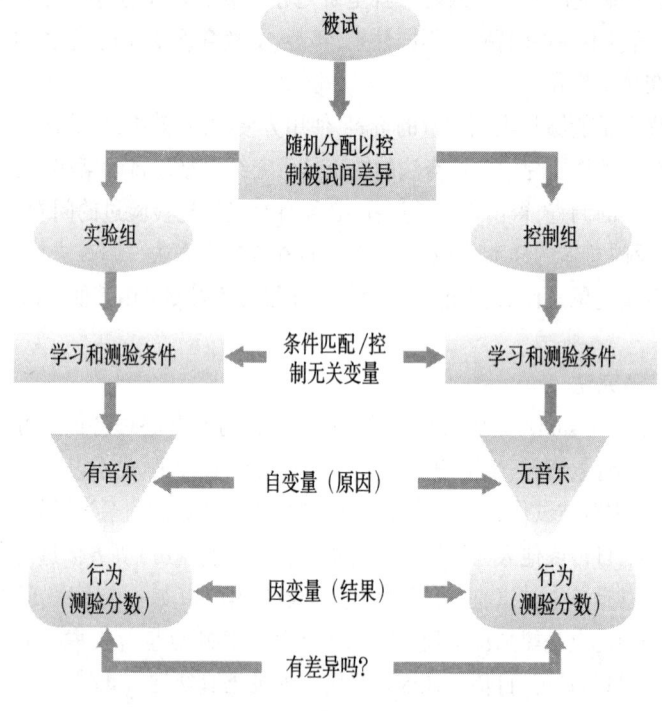

图1-6 实验法研究模型

实验法可分为现场实验和实验室实验。**现场实验**(field experiment)是在学校或工厂等实际生活情境中对实验条件作适当控制所进行的实验。例如,要研究发现教学法对初中二年级学生物理成绩的影响,实验者在一个班进行发现法教学,在另一个对等的班进行常规教学,对两个班物理成绩进行比较分析,就可以找到教学法与学习效果之间的因果关系。现场实验的优点是把心理学研究与平时的业务工作结合起来,研究的问题来自现实,具有直接的实践意义。其缺点是容易受无关因素的影响,不容易严密控制实验条件。

实验室实验(laboratory experiment)是在严密控制实验条件下借助一定仪器所进行的实验。例如,为了研究人对视觉和听觉刺激的简单反应时间的差异,实验者在实验中布置好电秒表、光、声刺激、电键等仪器,让被试将一只手放在电键上,要求他当看到或听到信号时立即按下电键,经过多次实验,实验者可以统计分析出人对视觉和听觉刺激的简单反应时间是否存在显著差异。实验室实验的最大优点是,对无关变量进行了严格控制,对自变量和因变量作了精确测定,精确度高。其主要缺点是研究情境是人为的,脱离实际情境,难以将结论推广到日常生活中去。

【主要结论与应用】

1. 心理学是研究人的行为与心理活动规律的科学,是通过对人的外显行为进行系统的观察、描述、测量以及分析,来揭示人的心理活动的规律。心理现象可分为个体心理和社会心理,个体心理包括心理过程与个性差异两个方面;心理现象还可分为个体意识和无意识。

2. 心理学派别的基本情况总览。

学派名称与年代	主要人物	研究对象	基本观点
构造主义 1879—1900	冯特、铁钦纳	意识的结构	意识内容可以分解为感觉、意向、激情三要素。
机能主义 1890—1930	詹姆斯	意识的功能	意识体验的适应性目的要比结构更重要。
格式塔心理学 1912—1940	韦特海默、考夫卡、苛勒	意识的组织	意识体验和知觉大于部分之和。
行为主义 1913—至今	华生、斯金纳	环境对人和动物、外显行为的影响	心理学只研究可观察的外显行为。
精神分析学派 1900—至今	弗洛伊德	决定行为的无意识因素	儿童时期的无意识经验是人格特征与心理障碍的根源。
认知心理学 1950—至今	奈瑟、西蒙、皮亚杰	思维等复杂的心理过程	心理学需要了解人是如何获取、储存和加工信息的。
人本主义心理学 1950—至今	罗杰斯、马斯洛	人类所独有的特殊经验	人是自主的理性的动物,具有自我发展的潜能,与动物有本质的区别。

3. 心理学是介于自然科学和社会科学之间的中间科学,在科学系统中居于核心位置。在心理学的诸多分支学科中,属于基础研究趋向的学科有普通心理学、实验心理学、生理心

理学、发展心理学、社会心理学、认知心理学、人格心理学等;属于应用研究趋向的学科有教育心理学、临床心理学、咨询心理学、工业心理学、管理心理学等。

4. 心理学研究的基本任务是探索心理现象的事实、本质、机制和规律。具体来说,包括描述和测量、解释和说明、预测和控制三个方面。心理学的研究类型包括纵向研究和横向研究;个案研究和成组研究;相关研究和因果研究等。心理学的研究程序包括确定问题并提出假设;确定研究对象;界定概念及其测量工具;选择研究方法;解释结果并做出推论。心理学的研究方法包括观察法、调查法、个案研究法以及实验法。前三者重在探究有关"是什么"的问题,后者重在解决"为什么"的问题。

【学习评价】

1. 心理学研究什么?人的心理现象包括哪些方面?
2. 心理学为什么必须研究人的行为?
3. 科学的心理学是何人、何时、何地建立的?
4. 现代心理学的流派有哪些?其主要代表人物分别是谁?
5. 格式塔学派、行为主义、精神分析学派、认知心理学和人本主义学派的基本主张分别是什么?
6. 心理学的未来发展趋势如何?
7. 心理学的学科性质与学科地位是什么?
8. 基础心理学和应用心理学领域分别有哪些心理学分支学科?
9. 心理学的研究目的是什么?
10. 心理学有哪些研究类型?
11. 心理学的研究包括哪些环节?
12. 用自己的话说说什么是被试、自变量、因变量、无关变量、样本、抽样、相关关系、因果关系、实验组以及控制组?
13. 简要说说观察法、调查法、个案研究法与实验法的基本方法及其优缺点。

【学术动态】

20世纪80年代之后,随着人们对心理实质看法的全面与深入,随着大量高、精、尖的科学设备运用到心理学研究领域,由此带来心理学研究视角、研究手段和具体研究方法的突破,从而使西方心理学在诸多领域又取得了一些突破性的进展。伴随新世纪的到来,心理学似乎呈现出几种主导趋势。

1. 认知研究势头强劲

目前,认知心理学在实验心理学中居于主导地位。在实验心理学中,信息加工的心理学以计算机为工具,研究感觉、知觉、记忆、思维、语言和想象等传统心理学所研究的问题,对诸如决断、问题解决、图形辨认、语言获得等问题提出各种理论模型;在教育心理学领域、社会心理学、发展心理学等领域中也占据着重要的地位。目前,认知的研究已经渗透到心理学的各个领域。

2. 生物神经学取向

虽然心理学的概念基础源于哲学，但作为一门独立的科学，心理学的灵感却是由生物学激发来的。毕竟，大脑是我们思考和知觉的最重要器官。神经科学研究始于亚历山大·鲁利亚，随后由怀尔德·潘菲尔德、卡尔·普里布拉姆等将其发展。持有生物神经学取向的心理学家着重从人脑的活动、神经系统和内分泌系统等方面探讨人的心理现象的生理机制，认为人类和动物都有其内在生理、化学及生物的过程。进入21世纪，脑科学、遗传学、社会生物学、习性学等学科的发展，重新将脑结构、脑功能、神经、遗传和基因的作用予以突出，并对人类心理的探索产生了巨大影响。20世纪70年代至今，认知神经科学成为心理学最有希望的发展方向。心理学的神经学化似乎是必然的。

3. 文化心理学理论取向

20世纪中叶以后，人们开始思考心理学和文化之间的关系，于是出现了跨文化心理学、文化心理学、本土心理学等有代表的心理学。当代心理学发展的文化转向体现在关注人的心理和行为的文化特性，重视心理科学的文化性质，揭示文化与人的心理发展的相互关系上。表现出对人存在的终极关怀，具有很强的人文主义精神。

4. 进化心理学理论取向

进化心理学是近十年来在心理学中出现的新的研究取向，它运用进化论对人的心理的起源和本质进行了深入的研究。进化心理学认为，人是由心理和生理两部分构成的有机整体，人的心理和生理机制都应受进化规律的制约。心理是人类在解决生存和繁殖问题的过程中演化形成的，科学的进化论应该成为心理学研究的重要理论依据。进化观点寻求把当代心理学与进化论联系起来。进化心理学与其他观点最基本的不同在于，它把极长的进化过程作为中心解释原则。

5. 积极心理学取向

积极心理学是20世纪90年代在美国兴起的一个新的心理学研究领域。积极心理学是利用心理学目前已经比较完善和有效的实验方法与测量手段，来看待正常人性，关注人类美德、力量等积极品质，研究人的积极情绪体验、积极的认知过程、积极的人格特征以及创造力和人才培养等。积极心理学以积极的价值观来解读人的心理，试图激发人类内在的积极力量和优秀品质，帮助个体最大限度的挖掘自己的潜力并获得美好的生活。

6. 学科多元化、综合化

科学心理学独立后，经过一个多世纪的发展，心理学取得了巨大的成就，心理学家的目光就开始关注社会中的一些实际问题。在信息化飞速发展的社会中，人们面临越来越多的心理压力和社会需求，迫切需要心理学的参与。在科技文化多元化统合的背景下，心理学与社会科学结合，研究社会、政治、经济、文化的影响，以及人际交往中的社会心理现象。心理学的发展也由学院心理学向跨学科交叉发展、渗透、衍化。目前，心理学已经发展成为一门分支众多、边界模糊的科学。

【参考文献】

1. 张春兴. 现代心理学[M]. 上海:上海人民出版社,1994.
2. 彭聃龄. 普通心理学[M]. 北京:北京师范大学出版社,2001.
3. 张厚粲. 大学心理学[M]. 北京:北京师范大学出版社,2001.
4. 黄希庭. 心理学[M]. 上海:上海教育出版社,1997.
5. 高尚仁. 心理学新论[M]. 北京:商务印书馆,1996.
6. 艾森克. 心理学——一条整合的途径[M]. 阎巩固,译. 上海:华东师范大学出版社,2001.
7. 布恩·埃克斯特兰德. 心理学原理和应用[M]. 韩敬之,吴福元,张湛,等,译. 北京:知识出版社,1985.
8. 理查德·格里格,菲利普·津巴多. 心理学与生活[M]. 王垒,等,译. 北京:人民邮电出版社,2003.
9. Dennis Coon. 心理学导论——思想与行为的认识之路[M]. 郑钢,等,译. 北京:中国轻工业出版社,2004.
10. 张积家. 普通心理学[M]. 广州:广东高等教育出版社,2004.
11. 叶奕乾等. 普通心理学[M]. 上海:华东师范大学出版社,2004.
12. Weiten, W. Psychology. Themes and variations(3rd ed.). Brooks/Cole Publishing Company. 1995.
13. Atkinson, T. L., Atkinson, R. C., Smith, E. E., Bem, D. J., & Hoeksema, S. N. Hilgard's introductions to psychology(12th ed.). Harcourt Brace College Publishers. 1996.

第二章 脑与心理

【内容摘要】

心理是脑的机能,脑是心理活动赖以产生的物质基础。本章主要探讨了脑与心理活动的关系,力图为下面几章:人的认识过程、情意过程、个性心理特征等内容的学习打下坚实的基础。本章与第一章共同构成全书的入门和背景知识,通过本章的教学和学习,使学生能基本掌握神经系统的结构与功能;清楚脑发展与心理发展的密切关系;明确大脑活动对人的认知、情绪、行为和人格等所具有的重要作用;知晓脑功能开发的理论依据和途径;真正领悟心理的实质:心理是脑的机能、是人脑对客观现实的反映。

【学习目标】

1. 知道神经系统的基本结构。
2. 了解神经系统的发生与进化过程。
3. 能举例说明脑与认知、脑与情绪、脑与人格以及脑与行为之间的关系。
4. 能结合所学知识,分析锻炼、睡眠、营养、烟酒、疾病、学习与记忆在保护和利用大脑中的正副方面的作用。

【关 键 词】

脑　脑结构　脑功能　脑科学　脑开发

由于受到科学技术(特别是生理解剖方面)发展水平的制约,无论是东方还是西方,早期的思想家、科学家,包括平民百姓都素朴地以为人的心脏是心理活动的器官,因为人喜怒哀乐、忧思惧愁之时,都有特殊的心脏反应发生,所以也就有了"心花怒放"、"心急火燎"、"心惊胆战"、"心领神会"这些成语的出现。后来,随着科学技术的发展,终于正确地认识到心理是神经系统的功能,脑是心理活动的主要器官。

第一节　周围神经系统与心理

周围神经系统包括脊神经、脑神经和植物性神经三部分。

一、脊　神　经

脊神经发自脊髓,穿椎间孔外出,共31对。依脊柱走向,分为颈神经8对,胸神经12对,腰神经5对,骶神经5对,尾神经1对(见图2-1)。脊神经中的神经元有两种,一种为感觉神经元,与感受器相连,其功能是将外界刺激所引起神经冲动通过传入神经纤维,传送至中枢神经系统。另一种为运动神经元,与反应器相连,其功能在于将中枢神经系统的命令向外传导,传送至效应器官,从而引起骨骼肌相应的运动。它们在神经活动的反射过程中起着使中枢神经系统与外部世界相联系的作用。

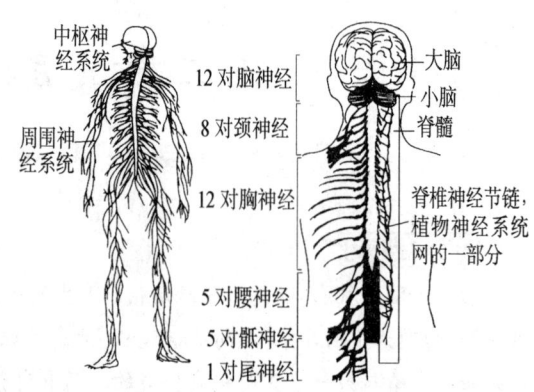

图 2-1　中枢神经系统和周围神经系统

脊神经具有四种不同的机能成分:一般躯体感觉纤维,分布于皮肤、骨骼肌、腱和关节;一般内脏感觉纤维,分布于内脏、心血管和腺体;一般躯体运动纤维,支配骨骼肌的运动;一般内脏运动纤维,支配平滑肌、心肌和腺体。

二、脑　神　经

脑神经由脑部发出,共 12 对。按顺序分别为:1. 嗅神经;2. 视神经;3. 动眼神经;4. 滑车神经;5. 三叉神经;6. 外展神经;7. 面神经;8. 听神经;9. 舌咽神经;10. 迷走神经;11. 副神经;12. 舌下神经。其中第 1、第 2 和第 8 对为感觉神经,分别传递嗅觉、视觉、听觉和平衡觉的感觉信息。第 3、第 4、第 6、第 11 和第 12 对为运动神经,分别支配眼球运动、颈部和面部的肌肉运动以及舌的运动。第 5、第 7、第 9 和第 10 对为混合神经,其中第 5 对负责面部感觉和咀嚼肌的运动;第 7 对支配面部表情、舌下腺、泪腺及鼻黏膜腺的分泌,并接受味觉的部分信息;第 9 对负责味觉和唾腺分泌等;第 10 对支配颈部、躯体脏器的活动,还负责一般内脏感觉的输入。

三、植物神经系统

植物神经系统由分布于内脏器官、心血管、平滑肌和腺体等器官的运动神经元所构成。下丘脑是植物神经系统的主要管制中枢。

"植物神经系统"一词是 19 世纪德国学者莱尔最先提出来的,后来英国科学家兰格莱将植物性神经系统分成交感神经系统与副交感神经系统两部分。这两类神经都几乎向所有的腺体和内脏发放神经冲动。交感神经系统从脊髓的全部胸髓和上三节腰髓的灰质侧角内发出,支配胸腹部的脏器和血管的活动。交感神经的功能主要是在机体应付紧急情况时产生兴奋以适应环境的变化。副交感神经系统发自中脑、桥脑、延脑及脊髓的骶部,一般位于脏器附近或脏器壁内。它具有保持安静时的生理平衡的作用,如协助营养消化的进行,保存身体的能量,协助生殖活动等。这两种系统在功能上存在着颉颃作用(见图 2-2)。

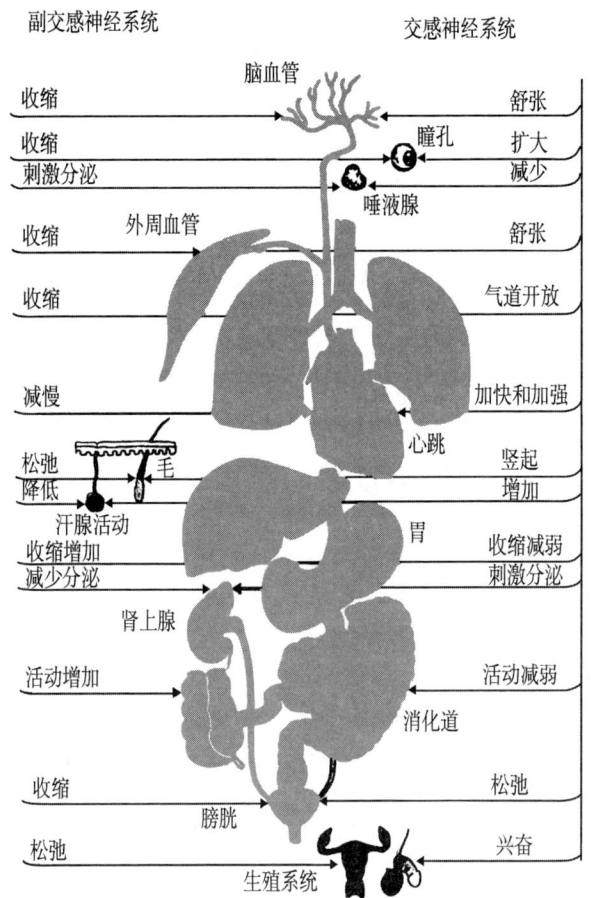

图 2-2 植物神经系统对内脏的支配

交感神经系统在唤醒时活动;副交感神经系统在安静时活动。例如:交感神经使心跳加快;副交感神经使心跳减慢。

第二节 脑的结构与功能

大脑是人的精神活动赖以实现的物质基础,无论结构上还是功能上,都是非常复杂的。伟大的俄国神经生理学家巴甫洛夫(Иван Петрович Павлов,1849—1936)将人脑称为"自然界的皇冠"。脑是指挥一切行为的最高司令部,人类登上万物之灵的神圣宝座,尊为大自然的主宰者,正是靠了这个高度发达的大脑。

一、脑 的 结 构

(一) 脑细胞

神经元,即神经细胞,是构成大脑的基本单位,它是由细胞体和由胞体发出的树突及轴突两部分组成的(见图2-3)。树突短而多,与树枝相似,轴突长而像轴,一个神经元通常有一个轴突、数百个树突,如果把所有神经元的树突连在一起,那么它的全长可达十万英里。

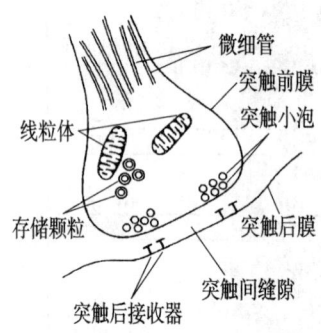

图2-4 突触的结构

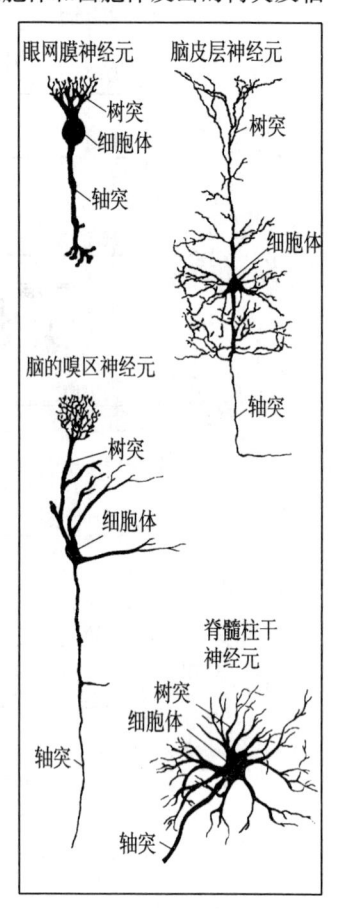

图2-3 神经元的形态

神经元的轴突末梢与另一些神经元的树突和胞体接触的区域叫做突触。它由突触前膜、突触后膜和突触间隙构成(见图2-4)。一个典型的神经元可能与其他的神经元有一到十万个突触联系,而且任一神经元只是拥有140亿个神经元的巨大神经网络中的一个,倘若用每秒一个的速度数神经元间的突触联系,则需用3 200万年。如此庞大的神经元系统给我们提供了丰富的脑资源。树突与细胞体一起组成神经元的感受区,接受来自四面八方的信号,如果信号相当强,并且是持续性的,那么它们就会沿着树突分枝传递到胞体。胞体像一个大型铁路站,在任何时刻都有几十、几百甚至几千个信号汇集到中央细胞体上,而且在任意时刻,这些信号都会影响细胞自身产生电信号的可能性。我们习惯上把上述过程叫做神经冲动或者神经兴奋,它是细胞内信号传递的方式,表现为一种电冲动,是沿着整个神经纤维从一点到另一点运行的一种短促兴奋波。

神经元间相互联系的突触存在间隙,神经冲动不能被直接传递给另一个神经元,于是,突触间神经冲动的传递改变为化学方式来进行。这样,电信号转变为化学信号,由乙酰胆碱或其他化学递质载着信号在突触间隙游动,向目标神经元靠近。这样,信息以神经冲动的形式在一个神经元中传导,又通过化学物质实现了在神经元间的传导,构成脑内信息传递的基本过程。这一过程虽然经过极为复杂的转变,但神经传导的速度却极快,它可以达到每小时352千米。

(二) 中枢神经系统

中枢神经系统由脊髓和脑组成。脑在颅腔内,脊髓在脊柱中,两者通常以椎体交叉的最下端和第一颈神经的最上端为界。

1. 脊髓

脊髓是中枢神经系统的低级部位,在脊管内,上接延髓,下端变细为丝。从横断面看,脊髓中间是"H"型的灰质,灰质外面是白质(见图2-5)。灰质的主要成分是神经元的胞体,白质的主要成分是聚集的神经纤维。脊髓的活动受高级神经中枢的调节,它的主要作用有两个:一是将脑和外周神经联系起来,成为脑神经传入和传出的中间站;二是可对一部分躯体运动进行调节,完成一些简单的反射活动。

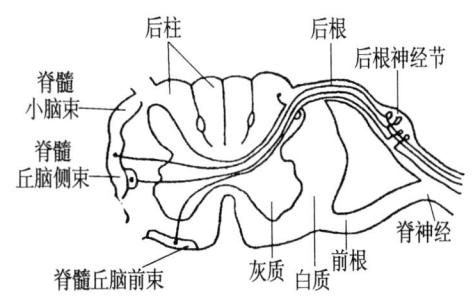

图2-5 脊髓横切面示意图

2. 脑

脑是中枢神经系统(见图2-6)的高级部位,位于颅骨内,由脑膜所包裹,并悬浮于脑脊液中,它由大脑、小脑、脑干、间脑和边缘系统组成。

大脑是盘旋在顶上的(粥样的)巨大部分,可以分成左、右两个大脑半球。大脑是高级心理过程的司令部,这些高级心理过程包括注意、感知、学习、记忆、思维、运动以及情绪等。

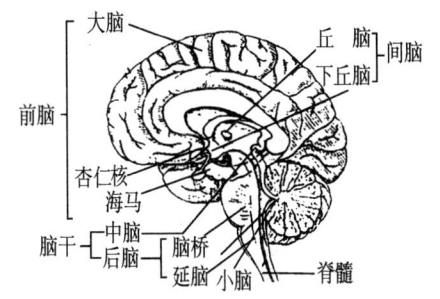

图2-6 中枢神经系统构造示意图

大脑后面小得很多而有点儿像球形或像两团羊毛球的部分是小脑,它俗称我们的"第二大脑",又被谑称为脑的"自动导航员",是脑结构中较为古老的部分。小脑的功能是协助大脑维持身体的平衡与协调动作。一些复杂的运动,如签名、走路、舞蹈等,一旦学会,似乎就编入小脑,并能自动进行。小脑损伤后会出现痉挛、运动失调,丧失简单的运动能力。

脑干是深藏在大脑下面的一个奇怪而显得很复杂的结构,它由延髓、桥脑、中脑组成,对于维持我们最基本的生命活动起着重要的作用。如在延髓、桥脑和中脑中有许多重要的神经中枢,具有调节呼吸、消化、血液循环等生理功能,这些中枢受到损伤将会危及生命,所以把它们叫做"生命中枢"。

间脑包括丘脑和下丘脑,丘脑是神经通路的"中转站",由身体传入到脑的信息和由脑传出到身体的信息都要经过这里;下丘脑是快乐、愤怒、害怕、沮丧和渴望的情感所在处。此外,下丘脑还控制摄食、饮水、体温、内分泌等活动,是内脏活动的调节中心。

边缘系统由下丘脑、一部分丘脑和大脑内侧的一些皮质结构所组成，包括杏仁核、海马、边缘皮层等。边缘系统与记忆、动机、行为、情绪等有关。在进化中，边缘系统是前脑中发育较早的部分。低等动物的边缘系统起着组织饮食、搏斗、逃跑、生殖等行为的作用；在人类这些功能逐渐集中到新皮质，边缘系统退居次要地位。但是，其中有些组织如海马（位于额叶内侧）对记忆保存极为重要，电刺激海马可以产生回忆或梦样体验。杏仁核协调与不同情绪相关的器官反应和内分泌反应。基底神经节主要包括豆状核、尾核、苍白球等，基底神经节参与运动的调节。

(三) 大脑结构

1. 大脑的构成

大脑分为左、右两个半球，由大脑皮层及其覆盖着的边缘系统和基底神经节组成。大脑皮层覆盖于半球表面，褶皱层叠，外形很像完整而饱满的核桃仁的部分。它从前到后可分为额叶、顶叶、颞叶和枕叶四个区域（见图2-7）。

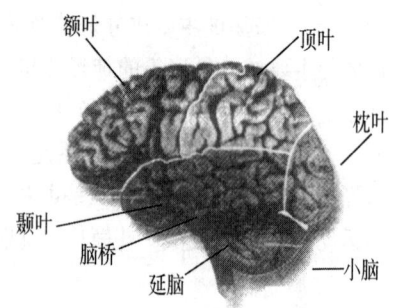

图2-7 人脑的主要结构

大脑约有140亿个神经元，其数量不存在个体差异。除神经元外，大脑还有数十亿其他细胞，称为神经胶质细胞，有人估计大脑内约有1 000亿个神经胶质细胞，其数量存在个体差异。那么，胶质细胞与神经元有哪些不同呢？首先，胶质细胞可分裂和繁殖。这不仅对维持胶质细胞的数量很重要，而且它的分裂也可能是学习过程的一部分。其次，胶质细胞没有轴突和树突，外形比较圆。它们填充在神经元之间，并覆盖了所有神经元的细胞体、轴突和树突。胶质细胞在血管和神经元的交界处，除负责营养神经元，还担负清除神经元间的废物的职责。胶质细胞又是围绕长神经纤维的髓磷质外套，在神经元间起着化学和电的隔离作用。

2. 大脑皮层的分区与机能

大脑皮层的不同部位与特定功能相连（见图2-8），揭开这一神秘面纱的是法国医生布洛卡（Paul Broca，1824—1880）。1861年他解剖尸体发现，身体右侧瘫痪的人大脑左半球发生病变，同时患有不能说话的"失语症"，这证明脑的左半球包含言语中枢。其位于额叶的后下部，后来人们把这一区域称为"布洛卡区"（Broca's area），又称运动性言语中枢。此外，温尔尼克区（Wernick's area）也是言语中枢，又称听觉性言语中枢，它位于颞叶的后下部。但这两个区域的功能不同，前者用来形成句子，损害它会影响表达能力，但不影响理解；后者则是用来理解语言，损害它讲话虽流利却不能理解语言的意义。两者由被称做弓状纤维束的神经束连接起来，当弓状纤维束受损时，理解力不会受到损害且言语仍流利，但是却不能把所理解到的讲出来。

视觉皮层处于枕叶内，在大脑的正后方，它与图像的接收和解释有关。令人奇怪的是左视觉皮层和右视野相关，而右视觉皮层和左视野有关。如果一侧视觉皮层受到伤害，那

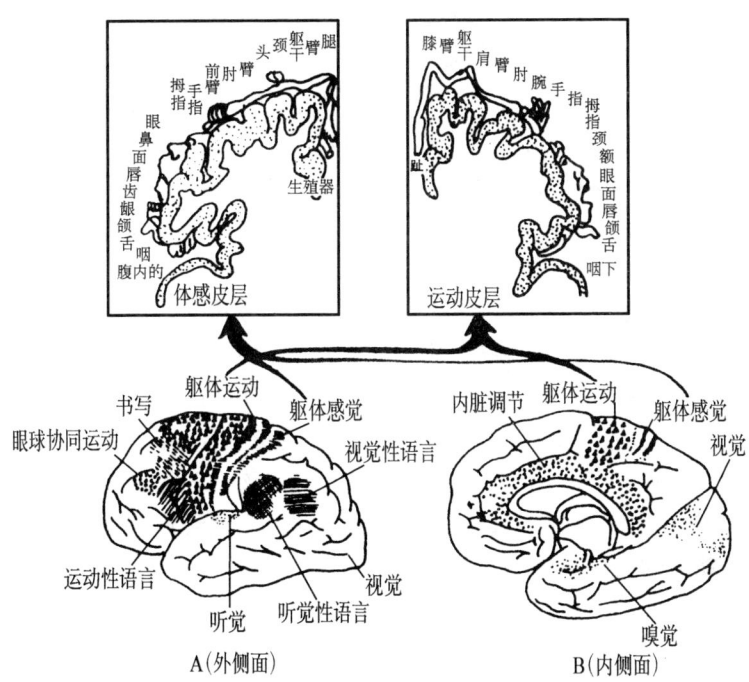

图2-8 大脑皮质感觉机能和运动机能定位

么眼睛将只会看到事物的一半,在历史上就曾出现过这样的病人。同样位于颞叶的听觉皮层,其左边处理来自右边的声音,右边则处理来自左边的声音。但嗅觉似乎是个例外,位于额叶的右嗅觉皮层处理来自右鼻孔的气味,而左边则处理左鼻孔的气味。

在顶叶和额叶分开的地方,是与顶叶相关的触觉皮层,身体表面和触觉皮层有一种非常特别的对应,即右触觉皮层处理来自身体左侧的信息,左触觉皮层处理来自身体右侧的信息。在额叶和顶叶交界处的正前方,是与额叶相关的运动皮层,它和激发身体不同部位的动作有关。身体肌肉和运动皮层也有非常特别的对应,即右运动皮层控制身体左侧,左运动皮层控制身体右侧。

大脑的视觉皮层、听觉皮层、嗅觉皮层、触觉皮层和运动皮层记录来自外部的信号,称作第一区域。额叶的主体部分负责分析记录数据,称作第二区域。当这些数据被完全理解时,就进入额叶的第三区域,形成一般的行动计划,再由第二区域负责具体执行行动计划,将头脑的活动变为身体的具体动作。

二、脑的功能

(一) 大脑的功能

大脑是神经活动的最高级部位,是神经活动的"最高司令部"。它的左右两半球也存在着机能的分工,不同的活动由不同的半球支配。一般认为,言语、阅读、书写、数学运算和逻辑推理等活动由左半球负责;而右半球则负责知觉物体的空间关系、情绪、欣赏音乐和艺术等活动。但实际上左右脑的功能也不是截然分开的,它们既相互联系又相互制约。有人这样描述大脑的协同工作:首先左脑定出由右脑完成的任务,尔后,左脑便不时地向右脑提供能量和愉快心情,提供没有根据的、但在最终取得效果时所必需的信心。当任务完成后,左脑便开动自己全部的逻辑机关,分析右脑的初步看法;同时右脑用其悲观、怀疑的态度和固有的担心告诉左脑不要高兴得忘乎所以、想入非非,不要慌里慌张地把玻璃片当做钻石,而应用最细致的方法推敲问题,做出关于此问题的最终结论。

大脑具有重新调整和代偿的功能。美国心理学家曾在费城建立了人脑潜力开发研究所,帮助那些因脑损伤而造成身体功能障碍的儿童。以前,医生认为这样的儿童很难克服他们的障碍。他们的方法是集中训练这些儿童的父母,教他们怎样更好地帮助孩子战胜残疾;对部分瘫痪孩子的父母,教他们怎样活动孩子的四肢,以帮助孩子的大脑学习如何更好地控制四肢。这种做法使许多孩子学会了爬行和走路,使有些哑巴孩子开始说话,使许多孩子的智商分数戏剧性地增加,还使一个缺乏整个脑半球的孩子,训练后达到了同龄孩子的水平。

(二)脑功能的各种学说

1. 颅相说

颅相说是关于颅骨外形特征与性格相关的一种学说。19世纪初德国医生、解剖学家加尔(Franz Joseph Gall,1758—1828)首先提出,之后他的弟子施普茨海姆(J. G. Spurzheim, 1776—1832)采用了颅相说一词。加尔专门从事于头盖骨和脑的研究。他认为颅骨的外部形状和内部脑的结构相关,并相信心理特征与颅骨形状之间有一定的相关。加尔通过观察周围熟悉的人的心理特征及颅骨外形特征,确定了由这些部位的脑组织支配的心理特征。如把友谊区定位于脑

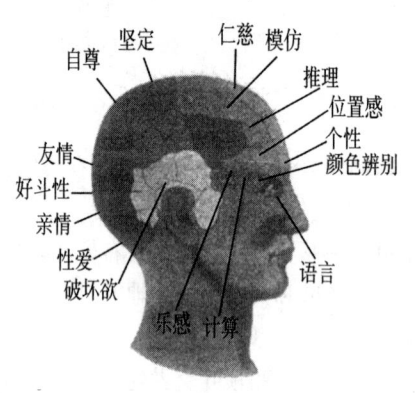

图 2-9 颅相说示意图

后的两边,他用这种方法在颅骨上划分出大大小小的 27 个功能区,并绘制成图。后来施普茨海姆加以修订,增补为 35 个功能区。比如破坏性、多情性、慈爱性等位于头后的下部和耳官之上的两侧;谨慎、仁爱、愉快、希望等位于头的后部、两侧及顶部等;而理智的心能都和前额有关(见图 2-9)。

颅相说虽然曾一度为常人所关注和赞同,然而,由于它仅仅是一种主观推断,所以,从未获得科学家的认同,现在已经被心理测量学所鄙弃。

2. 定位说

根据大量脑功能实验结果和临床观察的事实,尤其是脑损伤病人发生的许多难以解释的现象,大脑皮层机能的定位说逐步确立和扩展。该理论认为人的神经系统的不同部位各有其功能,并排列在不同的等级上。处于最高等级上的是大脑皮质,以下依次为基底节、间

脑、小脑、脑干、脊髓。18—19世纪,布洛卡言语中枢、温尔尼克区、运动中枢与感觉中枢等相继发现,启示人们:大脑的不同部位或区域各司其职。20世纪四五十年代,加拿大神经学家潘菲尔德(W. Penfield)用电刺激法研究颞叶时发现,微弱的电刺激会使病人回忆起以前经历的详尽细节,他突然开口:"噢,大夫,真奇怪,我仿佛又回到数年前的一段生活经历中去了……"。这说明记忆可能定位在颞叶。20世纪五六十年代美国著名脑科学家斯佩里(R. W. Sperry)等人的大脑两半球功能一侧化理论是一个多世纪以来大脑皮层定位说的延续和扩展。近年来,随着脑科学研究的进展,人们越来越清楚地认识到,将某种神经功能局限于界限截然分开的某个脑区,忽略神经系统各区之间相互联系又相互制约的关系,是不符合实际的。定位说应该也正在修改之中。

3. 整体说

在定位说风行之际,另一些学者提出了脑功能的整体说。法国生理学家弗卢龙(M. J. P. Flourens,1794—1867)是最重要的代表,19世纪中叶他采用部分毁除法对动物大脑的一部分进行切除,然后观察其行为的变化。凭借精确而又高明的手术,他不但分别研究测定了脑叶、小脑、延髓、四叠体等特殊部位都各有其特殊的机能,而且还发现神经系统具有统一性,任何部分的消除都可减少其他部分的能力;那些部分"它们的物质可以损失一部分,而其机能的行使不至于损伤",而且"它们完全损失了一个机能之后,复可获得这个机能"。弗卢龙发现了机能的统一性和差别性,强调脑功能的整体性,以反对颅相说和定位说。

20世纪初,整体说重新引起人们的注意,最著名的代表人物是美国拉什利(Karl S. Lashley,1890—1958)。拉什利采用脑毁除技术对白鼠进行了一系列走迷宫实验。实验发现,大脑损伤的动物的习惯形成会出现很大障碍,这种障碍与脑损伤的部位无关,却与损伤面积有密切关系(平均相关为0.75)。由此他得出均势原理和总体活动原理两条重要原理,认为大脑皮层的各个部位几乎以均等的程度对学习发生作用,而且大脑是以一个总体发生作用的,学习活动的效率与大脑受损伤的面积大小成正比,而与受损伤的部位无关。

4. 机能系统说

苏联著名神经心理学家鲁利亚(A. P. Jучря,1902—1977)在"二战"期间对战争中造成大脑损伤的病人进行机能恢复的工作时发现,脑特定部位的损伤,往往不是导致某一孤立的心理机能的丧失,而是引起一系列过程的障碍。由此他推断,某种心理机能的障碍,除受脑的特定损伤部位的直接影响之外,还受到其他脑区的影响。鲁利亚认为,脑是一个动态的结构,是一个复杂的机能系统。大脑皮层的机能定位也是动态的和系统的。鲁利亚把脑分成三个紧密相互联系的机能系统:

第一机能系统为调节激活与维持觉醒状态的机能系统,也称动力系统,由脑干的网状结构和边缘系统等组成。其基本功能是使大脑皮层处于一般觉醒状态,提高大脑的兴奋性和感受性,并实现对行为的自我调节。

第二机能系统是信息接收、加工、储存的系统。它位于大脑皮层的后部,包括皮层的枕叶、颞叶和顶叶以及相应的皮层下组织。它的基本作用是接受来自机体内、外的各种刺激

(包括听觉、视觉、一般机体感觉),对之进行分析、综合等加工并最终保存下来。第二机能区由许多脑区组成,如视觉区、听觉区、一般躯体感觉区等。每个脑区又可分成一级区、二级区、三级区等不同的等级。

第三机能系统也叫行为调节系统,负责编制行为程序、调节和控制行为,包括额叶的广大脑区。这一系统的脑区也分为三个不同的等级。一级区是皮层运动区,位于前中央回内。大脑发出的动作指令,通过此区域直接调节身体各部位的动作反应。二级区为运动前区,位于运动区的前方,主要功能是实现对行为的组织以及制定运动程序。三级区位于额叶的前面,主要作用是产生活动的意图,形成运动程序,实现对复杂行为形式的调节与控制。

鲁利亚认为,人的各种行为和心理活动是三个机能系统彼此作用、协同活动的结果,同时每个机能系统又各自发挥着不同的作用。

5. 模块说

1976年美国生理学家加查尼加(W. S. Gazzaniga)提出了脑认知功能的"模块(Module)说"。这种学说认为在结构和功能上,人脑是由高度专门化的、相对独立的模块组成的。模块之间复杂而巧妙的结合,是实现复杂而精细的认知功能的基础。模块理论认为人脑所形成的功能模块是一种快速、特异的信息过程。脑是由在神经系统的各个水平上进行活动的子系统以模块形式组织在一起的,复杂的心理能力是大脑中许多离散分布的特异区域功能的产物。同定位说相比,它揭示的是人脑的整体性;它不是对脑功能的静态、局部的描述,而是对脑运转状态的动态的全局性描述。截止到目前,已有许多认知神经科学的研究成果和大量用无创伤脑功能成像技术所获的科学事实支持和证明了这一理论。比如,在视觉研究领域发现,猴子的视觉与31个脑区有关;颜色、运动和形状知觉是两个大的功能模块,它们之间的精细分工与合作是视觉的神经基础。

6. 泛脑网络论

20世纪中叶以来,脑研究在各个领域都取得了突飞猛进的发展。在继承和扬弃原有脑功能学说的基础上,泛脑网络论认为机能定位既可以是相对隔离的结构,又可以是动态联系的体现,比如:左右脑半球有分工,但又必须合作,才能正确执行各种机能。同时机能定位会发生动态联系,如语言能力要涉及许多大脑皮质区,既有布洛卡区和温尔尼克区,又要联系躯体运动区,联系听觉区、视觉区角回等。机能定位还可以是分子结构序列的体现,一种神经递质与其几种受体亚型结合,则可分别产生不同的生理效应,此为不同的分子结构序列所决定。

泛脑网络论认为,人的大脑和脊髓可从宏观到微观分为回路、神经元群、神经元和分子序列四级层次的网络。"泛脑网络论主张从不同层次研究人的大脑,在相互联系中看待大脑,这就避免了只见树木、不见森林的倾向,以及那种只有宏观认识、没有细致分析的倾向。脑科学研究应遵循两条不同的路线,一条是自下而上,另一条是自上而下,这两条路线都不可荒废。泛脑网络论为这两条研究路线的互相参照、互相协作、互相促进提供了可能性。"[1]

---

[1] 沈德立.脑功能开发的理论与实践[M].北京:教育科学出版社,2001:9.

第三节 脑与心理活动

一、脑发展与心理发展

(一) 脑的进化

1. 神经系统的发生

当地球上最早出现生命现象时,单细胞构成的生命个体并不具有脑,它们的各种机能的协调主要由细胞核来完成。最低等的单细胞动物是原生动物,如草履虫、变形虫等。它们没有专门的神经系统,而是由一个细胞执行着各种机能。但它们的身体结构已有了初步的分化——有内浆和外浆之分。外浆在身体表面,与外界直接接触;内浆在身体里面,负责体内的功能。外浆与内浆的分化是神经系统产生的前奏。

由单细胞动物进化到多细胞动物,是进化史上的一次飞跃。为了适应生活环境的变化,多细胞动物体内的细胞有了机能的分化,不同的细胞分别担负起分泌、运动、营养、防御的机能。为了协调生物体的各种机能,出现了专门传递信息、协调机能的细胞结构,即神经元细胞,有了专门的感觉器官和运动器官,同时出现了协调身体各部分的神经系统。比如在原始的多细胞动物——腔肠动物(如水螅)体内,神经元细胞分布在身体各处,形成了最初的神经系统——网状神经系统,神经冲动在"网"内传播。但是在这种网状神经系统中,神经元之间没有突触联结,没有神经结,没有中枢,神经细胞的兴奋可以向任何方向传导。

2. 神经系统的进化

在动物进化的不同发展阶段,神经系统具有不同的发展水平(见图2-10)。以下便是神经系统进化的简要历程。

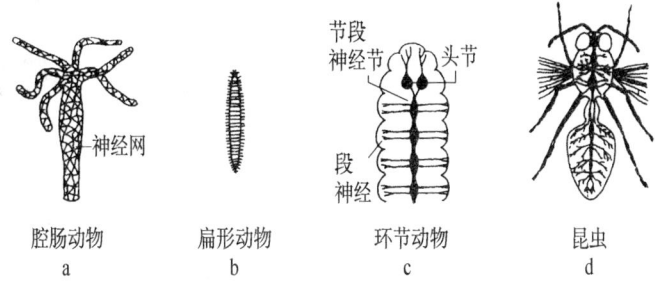

图 2-10 无脊椎动物的神经系统演化①
a. 神经网(水螅);b. 神经链(涡虫);c. 神经链(环节动物);
d. 神经链(昆虫)。注意中轴化与头节的脑化。

---

① 徐斌. 认识你的脑[M]. 南宁:广西教育出版社,1999:5.

当动物进化到环节动物如蚯蚓时,神经细胞开始聚集在一起形成许多小团,称为神经节。蚯蚓身体的每一个体节中央都有一个神经节,每个神经节所发出的神经分布到身体的各个部分,把全身连成一个整体。较为发达的头部神经节和纵贯腹部的腹神经索,形成了贯穿全身的链状神经系统。心理反应形式起始于环节动物。

从环节动物进化到节肢动物,神经系统进一步发展。比如昆虫,它们的神经细胞更趋集中,在头部、胸部和腹部共形成了三个大的神经节。其中头部神经节是脑的雏形,胸部和腹部的神经节形成一条神经索,这种神经系统称为节状神经系统。

低等脊椎动物——鱼类的神经组织位于体内的背侧,这种背式神经系统使动物的身体结构更复杂,为神经系统的进一步发展提供了条件。同时,脊椎动物的神经组织是空心的,这种管状空心的神经组织有利于兴奋的传递和神经组织与外界物质的交换,使神经系统有可能向更高级和更完善的方向发展。神经系统明显区分为中枢神经与周围神经,开始出现真正的脑,鱼类的脑包括前脑、间脑、中脑、延脑和小脑,已具有高等脊椎动物脑的雏形。两栖动物的大脑分成了左右两半球。爬行动物的脑出现了大脑皮层——虽然大脑皮层非常薄,只由一层细胞构成,但大脑皮层的出现是神经系统演化过程的新阶段。到最初的哺乳动物出现时,在大脑皮层的上部又长出一层新的细胞,即新皮层。

哺乳动物的大脑新皮层继续发展,其面积大大超过了大脑的面积,以至于折叠起来,形成大脑的沟回结构,大脑皮层成为整个神经系统的最高部位,使得哺乳动物的神经系统更加完善。

哺乳动物发展到高级阶段,出现了灵长类动物。它们的神经系统达到了相当完善的程度,连大脑的外形、细微结构及其机能也已经接近人脑了(见图2-11)。其大脑皮质有许多沟回,皮质细胞分层排列,投射区也比较精确,对外界刺激的分析综合能力也已经相当发达。有研究表明,类人猿的脑和人脑在形态结构上有396个共同点。

3. 人脑的进化

(1)脑量的变化

从猕猴到晚期猿人的脑容积增长情况是:猕猴的脑容积为100多毫升,黑猩猩是350~450毫升,南方古猿的脑容积约450~550毫升,包括南方古猿的进步类型的早期猿人的平均脑容积为700毫升左右,属于晚期猿人的北京猿人脑容积

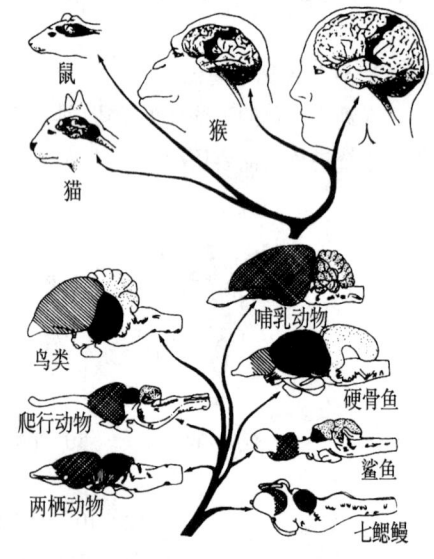

图2-11 脊椎动物脑的发展

为1 059毫升,生活于欧洲各地的早期猿人——尼安德特人的脑容积为1 555毫升,已达到现代人的水平,远大于猿人。晚期猿人的脑容积和现代人完全一样,为1 350毫升左右。

另外,脑量的变化还可以从脑重的变化反应出来,比如猩猩脑重300~400克,黑猩猩脑重395~400克,大猩猩脑重400~500克。它们的脑重量几乎相当于人脑的1/3,而人脑的平均重量为1 300~1 400克,女性脑的重量略轻于男性。从绝对重量看,大象脑比人脑重3倍,但从相对重量(脑重与体重的比值)来看,人脑比象脑重得多。下面是用脑指数(encephaligation quotient,EQ)标明的脊椎动物脑相对大小的变化(见表2-1)。

表2-1 常见的几个物种脑的大小的比较

物　种	脑容积(毫升)	脑　指　数
鼠	2.3	0.40
猫	25.3	1.01
罗猴	106.4	2.09
猩猩	440.0	2.48
人	1 350.0	6.30

从表中的数据来看,随着进化阶梯的上升,脑指数是逐渐上升的。

(2)皮层相对大小及结构的变化

在脊椎动物脑的进化中,新皮层大小的增加具有重要的意义。人类新皮层的容积是非人类灵长类动物新皮层容积的3.2倍,是具有相同体重的猩猩的新皮层容积的3倍。这说明,在从猿到人转变的过程中新皮层容积的增加大于灵长类内部其他动物中新皮层容积的增加。在不同的进化阶梯上,皮层区的发展水平有显著的区别。例如,松鼠有4个视觉区,猫有12个视觉区,人则可能有20个左右。也就是说,人类皮层的生长不仅表现为数量的增加,而且表现为功能的增加。

对人脑和灵长类动物的脑的比较研究发现,人类大脑皮层中额叶、颞叶和顶叶的面积,较类人猿和猩猩均有较大的发展,而枕叶却相对缩小。另外,人类脑细胞的体积比类人猿的更大,结构更复杂,细胞间隙也更大,神经胶质细胞的数量也随着脑体积的增大而增加,作为高级心理机能的基础的联合区在大脑皮层中所占的比例也越来越大。

(3)新机能区的出现

在劳动的过程中,大脑皮质发生了巨大的变化;而且由于语言的产生和发展,使得人类的大脑皮层产生了动物所没有的新机能区。比如,出现了言语中枢,包括言语听觉区(颞叶)和言语运动区(额叶);相应地,与言语活动有关的唇、舌、喉等发音部位在皮层中的相应投射区(额叶)也特别发达。同时躯体运动区(顶叶)也更为复杂和精细。

(二)个体发展

1. 脑重量的增加

个体自胎儿期到出生6个月,脑细胞数量的增长最为迅速。其中第一次脑激增是在妊娠第10—18周,这段时间要增长数十亿的神经细胞,这些细胞被称为神经母细胞。每个神经母细胞将发育成一个神经元。因此,这时形成的神经元的细胞数量将决定大脑中神经元的总数。第二次脑激增是从出生后开始,神经细胞便开始延伸,长出结点,形成突触,其速度之快可达每分钟5万个。婴儿脑内皮层细胞增生、长大和分化,神经纤维加长、分支加多,神经元之间联系增多等都会导致脑重的迅速增加,如表2-2所示。

表2-2 7岁前儿童脑重变化情况

时 期	脑 重	相当于成人脑重的比例
胎儿出生到6—7个月	200~300克	20%
出生时	300~390克	25%
6个月时	650克	50%
1岁时	800~900克	60%
2岁时	1 000~1 150克	80%
7岁时	1 280克	95%

※按成人平均脑重为1 350克计算。

2. 脑皮层结构复杂化

人的胚胎发育反映了动物种系发生的演化过程,一些在进化的阶梯上相差很大的动物(如鱼、鸡、兔、牛)胚胎与人类胚胎的外形在胚胎发育早期非常相似,只是发育到胚胎后期才能区分开来(见图2-12)。人脑结构各部分的发育有一定的顺序。一般说来,在种系发生中比较古老的结构先发育,在进化过程中出现较晚的结构后发育。胚胎发育到三周左右,胚盘沿中线的细胞变厚,先是顶端出现小神经板,然后卷成一个神经沟,沟缘相遇形成包合的神经管,神经管的一端封闭膨大,形成脑的雏形,有前、中、后三个脑泡;另一端形成脊髓。在胚胎发育到第五周时,神经管的顶端开始膨胀并弯曲得像个问号,开始出现端脑、间脑、后脑和末脑。胚胎后期大脑皮层各区域开始分化和形成,首先是中央沟和颞侧沟的出现。胎儿生长到6—7个月时,脑的基本结构已经具备,大脑

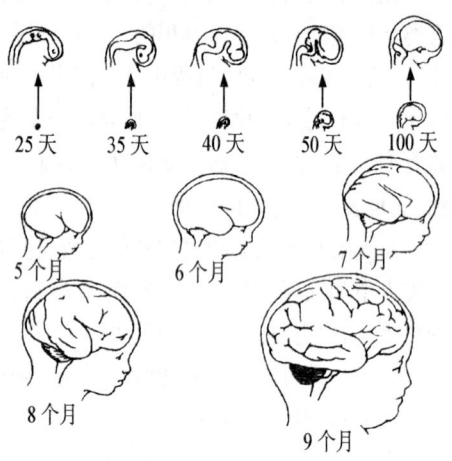

(前五图为胚胎阶段,后五图为胎儿阶段。请注意观察大脑表面的脑沟和脑回何时开始出现)

图2-12 胚胎和胎儿脑发育的外形

皮层的6层已经分化出来,皮层表面的沟、回、裂开始出现。婴儿出生后枕区、顶区和颞区的分化逐渐发展,并从一级区向二级区扩展。在三级联络区各区域的划分,如颞顶枕联合区、大顶区、额区、中颞区的划分在出生半年到一年内逐渐明显显露,但各区域内的分化和生成仍在进行。3岁左右小脑的发育基本完成,6岁左右完成大脑神经纤维的髓鞘化。

二、脑与认知

(一) 脑与记忆

许多科学研究已经证明,人的大脑的潜力是无穷的。大脑的容量可以与地球上的海洋相媲美,"脑海"一词就是对大脑容量最恰当的说明,而脑海中贮存的每一点一滴的信息都是大脑记忆的结果。国外一些科学家认为,大脑的功能相当于一台 10^{14} 的电子计算机,可以储存1 000万个信息单位,相当于5亿本书的知识总量。

记忆是一种再普通不过的心理现象,它是指人脑对过去经验的保存和回忆过程。从认知心理学的角度讲,记忆指的是获得的信息或经验在大脑中贮存和提取的神经作用过程。一般而言,记忆的基本过程可大致分为三个阶段,即信息的登录、巩固和再现。

登录(registration)是感知外界事物或接受外界信息的阶段,也就是通过感觉系统向大脑输入信息的阶段。在感受到的总信息量中只有很少的一部分真正被大脑获得并进一步加工处理。其中注意力对所获得的信息影响很大。从某种意义上讲,没有注意便没有记忆。注意负责着进入大脑的外界信息是否会产生印象,引起反应。如果没有注意的目标或对象,即使视觉、听觉或其他感觉器官将信息传递到大脑,也不会留下什么痕迹或者说印象,这便是古人所说的"心不在焉,视而不见,听而不闻,食而不知其味"的道理。

巩固(consolidation)是获得的信息在脑内编码贮存和保持的阶段。各种不同类型的信息有不同的脑内加工贮存方式及不同的神经环路结构基础。大脑皮层各脑叶在信息的加工、贮存和提取中所起的作用是不同的,其中额叶是一个广泛的皮质区,它又包含一些功能相互不同的次级区域,这些区域分别在精细编码、策略性提取、工作记忆及原始信息的回忆等认知过程中起着重要作用。顶叶、枕叶及颞叶内的某些特殊的区域,决定着对长时记忆不同方面或不同特征的贮存。这些皮质区域与大脑内部的若干皮层下结构如海马等密切合作,从而使我们能够对每时每刻发生着的经验加以记忆。

再现(reproduction)是指贮存于大脑的信息提取出来使之再现于意识之中的过程,也就是通常说的回忆过程。来自大脑皮层机能整合区的某些信号触动了那些已经发生相互联结的感觉信息片断,并使之处于活跃状态,就会构成一次回忆活动。被提取出来的回忆资料,正是大脑若干不同部位的活动的某种临时组合,它是由多种因素所决定的一个积极建构的产物。

内隐记忆是科学家近年来特别感兴趣而又研究比较集中的领域。人们在学习和工作中,有时需要有意识地或借助于一定的方法与手段来记住某些东西(即外显记忆),但不少时候人们能够在无意之中记住一些东西,这便是内隐记忆。研究发现,外显记忆和内隐记忆是与不同的脑区域相联系的。与外显记忆相联系的脑区主要有内侧颞叶,与内隐记忆有关的则是杏仁核和小脑。

谈到记忆,就不能不提起与之相反的一种现象:遗忘。遗忘一般可分为两种,一为遗忘症或失忆症,属于记忆障碍;一为生理性遗忘,即正常遗忘。遗忘症表现为严重的记忆障碍甚至记忆丧失,它包括多种不同的表现,既有记忆功能不同程度的变化,又有记忆性质特征的紊乱。前者包括记忆亢进和记忆减退以及记忆空白或遗忘；后者主要是记忆内容的混乱，表现出记忆错误，如错构症、虚构症、歪曲性记忆等。由于大脑的损伤或病变而引起的遗忘症，为我们理解记忆的诸多方面提供了一个十分有效的途径。遗忘症既可以产生于颞叶中央系统的受伤，也可以产生于间脑的受伤。这两个区域通过由海马分化出来的一个特殊结构而密切相连。正常遗忘是学习、工作与生活中无法避免的，就大脑信息加工的流程而言，瞬时记忆的内容基本上都会立即遗忘，其中只有少量信息受到注意而进入短时记忆，短时记忆的内容也只有一部分进入长时记忆。长时记忆的内容如果不经常再现(回忆)还会遗忘。

长期以来，人们普遍认为记忆力不好的主要原因在于遗忘，其实积极的遗忘对有效记忆而言有时也是十分必要的。遗忘不完全是一种消极的心理现象，尤其在我们面对当今浩瀚无边的信息海洋时，"忘记无关紧要的东西，记住极其必要的东西"，是非常有益而且必要的。难怪有思想家声称：不要一个充塞的大脑，而要一个开阔的大脑；不要一个无所不知的大脑，而要一个智力发达的大脑。积极遗忘是一种合理而有效的方法，是促成高效率记忆的一个极为重要的因素。

(二)脑与创造

1. 打破心理定势

人们旧有的经验对认识新事物起着很大的作用，有时它使人们很快地认清事物的本质，有时则影响人们对事物的正确认识。在心理学中，把由旧有知识和经验给人们造成的思维和行为上的限制，使人们在头脑中以一种固有的思维和行为方式去认识事物的现象，称为心理定势。心理定势常常妨碍人们进行创造性思维，从而阻碍人们从事创造性活动，因此，要想有所创新必须打破心理定势。

那么，怎样才能超脱日常种种思维定势的限制呢？有人认为自我反省是最好的"除锈剂"，它可以为人们的大脑"除锈"。

2. 超越线性思维

语言和文字是我们进行思维的主要工具，很容易使我们养成线性的思维方式。然而生活中，我们的大脑还无时无刻不在接受着非线性的信息。如果祛除线性思维对人类智慧的禁锢，我们就会发现，大脑有着惊人的创造能力，我们可以通过多种思维方式进行创造活动。科学家、艺术家的创造过程似乎并非完全由线性的思维来完成。线性思维寻求连续性和逻辑性，使人们的思想受到它们的约束，不利于创造活动的完成。世界万物的发展并不只沿着一个方向运转，这就要求我们的思想敢于突破线性思维的控制，按照它的本来面目进行创造活动。

3. 相信直觉

我们智慧的大脑不仅能以"立体的方式"接受环境的信息，还能以"直觉的方式"瞬间理解事物各部分的关系。也就是说，我们的大脑具有直接把握事物整体和透过现象抓本质的功能。科学史上凭借直觉做出重大发现的事例不胜枚举：古希腊的阿基米德在浴身时顿悟了浮力原理；文艺复兴时代的达·芬奇凭借物理直觉，预见到惯性原理；17、18世纪之交的牛顿在目击苹果坠地时领悟到万有引力；20世纪伟大的科学家爱因斯坦凭依直觉创立了相对论;……苏联哲学家凯德洛夫曾断言:任何创造活动都离不开直觉。直觉是在大脑功能处于最佳状态的时候,形成大脑皮层的优势兴奋中心,使出现的种种自然联想顺利而迅速地接通。我们应该争取把握稍纵即逝的灵感或直觉,以期获得成功。

(三) 脑与想象

想象指的是把原有表象加工改造为新的形象的思维方法。想象使外界的事物进入我们的脑海,使我们的大脑可以了解现在、洞悉过去和未来。想象能拓宽大脑的空间,这表现在三个方面:首先,再造想象帮助人们拓宽了思维空间,使人们可以超越时空的限制,形象地掌握无法看到的事物;其次,创造想象帮助人们超越了现有事物的限制,使人们可以充分利用其大脑潜能进行创造和发明;最后,幻想是引导个人开发潜能进行自我实现的一条途径。研究发现,人的大脑并不能完全区别现实与想象中的"现实",人的神经系统是根据它认为是真实的或想象的真实而做出行动和判断的。想象是"头脑中的实验",借助于它,我们就能制造新奇的产品,从而拓宽大脑的空间。

(四) 脑与语言

在人类探讨脑与认知关系的进程中,对语言功能一侧化的研究具有最悠久的历史,也产生了最广泛的影响。早在19世纪60年代,人们就发现左侧的前额叶区域在语言产生中的重要作用。整整一个世纪过后,Sperry等人对裂脑人的研究明确得出了两个半球具有功能分工的思想。这以后,运用双耳分听、半视野速示以及WADA测试等神经心理学研究手段,对半球功能一侧化的研究一直受到广泛的重视。在脑功能成像技术产生和发展起来以后,运用脑功能成像技术,研究者对正常人语言加工的一侧化特征进行了重新描述。当前西方的研究结果几乎一致地发现,多数右利手成人在完成语言任务时,左侧半球具有更强的激活。通过直接比较整个左右半球以及感兴趣区域内的激活量,都发现语言功能的优势半球在左侧。另一方面,对一些以往存在争议的结果,脑成像的方法也提供了新的更具说服力的证据。比如以前单视野速示研究发现中文单字词的加工存在右侧优势;而脑功能成像的结果则提示,同其他语言一样,中文加工优势半球在左脑。[1]

研究者关于大脑两半球在词汇语义加工中的作用的研究发现,词汇激活与加工的优势脑区在左半脑,左半脑可以很快地进行词汇加工和选择,并且对一些词语信息进行整合以帮助自己进行下一步的语言加工;而右半脑与广泛地激活与启动词语或者语段有关的信息有关,对强弱相关的词语间的激活没有差异,即其对词义的理解加工不是在明确的词义层面进行,对词类进行区分或者提取时利用的是非中心词义特征,并且右半脑在词语意义激活之后,并没有进行接下来的词语选择过程。在对语篇理解的两半球加工的研究中发现,左半脑能够对语篇进行比较快速的加工,然而右半脑参与了语篇加工的后期工作,在对前后信息的整合以及对前后不一致信息的处理上起着比较重要的作用。

---

[1] 董奇,薛贵,乔文达. 脑功能成像研究对语言功能一侧化的新认识[J]. 北京师范大学学报:社会科学版,2003(4):60-67.

总之，研究者比较一致地认为左右半脑都具有语言能力，而且在语言的较多方面，左半脑表现出加工优势。但研究者对右半脑的研究结论却存在争议：有研究者认为右半脑在语言加工中主要起辅助作用，可以帮助左半脑更好地进行语言加工；另外有研究者认为右半脑在某一些语言加工方面，如语言中的情绪加工和语调加工等，表现出了加工优势。

专栏 2-1

解析斯蒂芬·平克与杰里·福德的两种大脑与语言研究观（节选）

1997 年，哈佛大学斯蒂芬·平克（Steven Pinker）出版了《大脑是如何工作的?》一书。2000 年，新泽西州立大学杰里·福德（Jerry A. Fodor）出版了《大脑不是那样工作》一书。两位心理学专家围绕大脑是如何工作的问题展开了针锋相对的争论。2005 年 2 月，平克在心理学杂志《大脑与语言》发表了《那么大脑是如何工作的呢?》一文，对福德的观点进行了反驳。同期，福德也发表了《对斯蒂芬·平克"那么大脑是如何工作的呢"的答复》，就几个重要观点进行了进一步阐述。还是同期杂志，平克立即对福德的答复作了《再〈答复〉》。三篇文章观点鲜明，针锋相对。这对人类大脑与语言研究这一领域产生了巨大的震动，对推动认知语言学，计算心理语言学，认知心理学和进化心理学的多学科、交叉学科研究产生了积极的影响。

在《大脑是如何工作的?》一书中，平克对这一理论是这样下的定义：该理论是在计算理论、专门化理论和进化论的基础上建立起来的。该理论认为，大脑是计算器官的自然选择系统。而福德在《大脑不是那样工作的》一书中从以下三个方面对平克的观点提出挑战：第一，计算理论是把人的大脑等同为图灵机，而图灵机不能具备外展功能。第二，巨大的模数系统虽然具备外展功能但达不到真实程度。第三，进化论对了解大脑不起任何作用。针对挑战，平克从以下四方面对福德的观点进行了反驳：第一，认为大脑是一套计算系统并不等同于认为大脑具有图灵机的结构或者各部分不相联系的处理机制。图灵机在实践中的局限性与此理论无关。第二，外展理论研究是科学界几千年来积累的成果。外展与人类普通常识中的推理是有区别的。因此，福德所认为的人类认知同计算模式之间存在差距的观点有误导作用。第三，生物专门化同福德的压缩模数不同，所以福德所认为的模数理论与此理论无关。第四，福德否定进化论同心理学相关的观点是站不住脚的。人类认知并非一定要达到真实的理念。进化生物学同心理学的关系要比植物学同天文学的关系更加相关一些。没有自然选择法则的生物功能理论是不完整的理论。适应的复杂性还需要更完善的理论阐述。

两位心理语言学家的争论引发了一个很大的论题。尽管他们的争论尚未终结，但争论的意义远远超出解决孰是孰非。争论的本身对于人类大脑与语言研究，对于认知语言学，计算心理语言学，认知心理学和进化心理学的多学科、交叉学科研究起到了重要的催化作用并产生了积极的影响。

[资料来源] 郭翠,张相铭.解析斯蒂芬·平克与杰里·福德的两种大脑与语言研究观[J].东方论坛,2006(5):62—67.

(五)脑与思维

人类的心理与行为都是由人的高级活动中枢——大脑支配的。许多研究者认为人类的认知尽管发自于生物学因素,受制于固有的经验因素,但其直接的决策与支配者乃是人的大脑,是人的脑功能的表现。思维作为人的认知能力的一个方面,同样是脑功能和大脑活动特点的表现。

苏联学者鲁利亚归纳了大量临床经验提出了"三个机能系统",该理论把大脑分为三个基本系统,思维过程始终是在三个系统的共同参与下进行的。

第一机能系统即调节激活与维持觉醒状态的机能系统,也叫动力系统,由脑干网状结构和边缘系统等组成。其基本功能是保持大脑皮层的一般觉醒状态,提高它的兴奋性和感受性,并实现对行为的自我调节。第一机能系统并不对某个特定的信息进行加工,但却提供了各种活动的背景,属于思维前机构。当这个系统受到损伤时,大脑的激活水平或兴奋水平将普遍下降,并影响对外界信息的加工和对行为的调节。

第二机能系统是信息接受、加工和储存的系统。它位于大脑皮层的后部,包括皮层的枕叶、颞叶和顶叶以及相应的皮层下组织。其基本作用是接受来自机体内、外的各种刺激,对它们进行加工,并把它们保存下来。该系统内的神经元依功能不同分为三个等级。以视觉信息的处理为例,视网膜送来的信号首先到达由第Ⅳ层神经元组成的第一级区(称投射区),该区的神经元有严格的分工,信号的个别属性如颜色、方位、角度、运动、线条等分别引起该区中一些神经元的反应。经第一级区处理过的信号送至主要由第Ⅱ、Ⅲ层神经元构成的第二级区(称认知区),该区神经元大多是联络神经元,无明确分工,负责将视觉对象的个别特性综合成完整的图像,然后送达第三级区。第三级区位于颞、枕、顶叶交界处,完全由第Ⅱ、Ⅲ层神经元构成,这些神经元能对各种信号起反应,可使相继呈现的信号整合为同时性信号。

第三机能系统位于额叶,也叫行为调节系统,是编制行为程序、调节和控制行为的系统。其主要作用是直接调节身体各部位的动作反应,实现对运动的组织,制定运动的程序,产生活动的意图,形成行为的程序,调节与控制复杂行为形式,属于思维后范畴。虽然该机能系统与思维机制关系不很密切,但运动程序的制定,目的、计划的确立等等,属于思维的范畴。

此外,有些心理学家还提出了认知结构的图式理论,认为思维离不开大脑中既有的经验,一个空白的大脑是不能思维的。经验在大脑中的存在形式被称为认知结构,而图式被格式塔心理学派认为是一种"完形"的心理结构,可以填补问题缺口、出现顿悟。Fiske、Taylor等人将图式定义为:某种认知结构,它体现了由某一概念或某类刺激所构成的认识,这类认识可以来自其自身的构成要素,也可以来自这些要素之间的关系。

按照认知结构图示理论,经验是存在于大脑中的一些等级各不相同(等级是指限制和概括的程度比如碗和餐具)的图式,经验的细节(事物的属性)就是图式上的一条条的槽道,这种图式实际就是概念。人们碰上新事物,便将它和大脑中的图式进行"拟合优度评价"

(匹配),如果它的细节能够逐条填充进某一幅图示的槽道(即所谓变量约束),便实现了判断;如果它缺少某些细节,图式便将剩余的槽道赋予它(即所谓缺席赋值),这就是推理,思维就是图式的加工过程。

三、脑与情绪

(一)脑与人的七情六欲

心理学与生理学的研究表明,中枢神经系统的许多部分都涉及到情绪,如:前额叶、扣带回、海马等新旧皮质;以杏仁核为核心的基底神经节;背侧丘脑和下丘脑;中脑的中央灰质;延髓、桥脑中的植物神经中枢;脊髓的植物神经等。这些神经结构既调节情绪的面部表现(表情),又使内脏作相应的改变。以海马为核心的神经环路,是一个负责情绪的神经框架,以后扩展为边缘系统,又称内脏脑。以杏仁核为中心的杏仁复合体则与攻击行为、恐惧感密切相关。

人的大脑调控着人的情绪活动,不但如此,强烈的情绪活动对身体会起制约作用,使大脑处于空白状态,甚至还会引起大脑的死亡。在极端情绪状态下,人们会出现"大脑空白"的现象,就是情绪对脑反作用的一种表现。"大脑空白"就是在短促、强烈的情绪状态下脑活动受到抑制引起的思维停滞、精神衰竭现象。例如听到亲人或最心爱的人去世时,有些人会刹那间精神衰竭、发呆、晕倒、不省人事;在过马路时如果迎面冲来一辆汽车,有人可能会傻了一样呆立在马路中间,一动都不能动,事后还会心有余悸地讲:"吓死了,当时我什么都不知道了!"有的考生一进入考场便面如土色,什么也想不起来,大脑一片空白。所有这些现象都与人体自主神经系统和皮层神经活动有关。①

(二)快乐中枢与痛苦中枢

1954年,美国加州工学院年轻的生物学家欧兹及米勒在老鼠丘脑下部的不同区域进行了一系列实验。他们在老鼠的下丘脑背部埋上了电极,电极的另一端与电源开关的杠杆相连,老鼠只要压杠杆,电源即刻接通,在埋电源的脑部就受到微弱的电刺激。实验结果非常令人难以置信!老鼠不仅学会了通过按压杠杆获得电流对下丘脑的刺激,而且老鼠按压杠杆的频率每小时可达8 000多次,并能持续26—48小时,直至筋疲力尽、过度疲劳而倒下,然而,当它醒来后又立即以高频率投入"工作"(见图2-13)。老鼠为什么这么疯狂地压杠杆?是这种行为能引起老鼠的快乐和满足吗?带着这样的疑问,研究者在下丘脑的其他部位埋上电极,老鼠并没有表现上述情形。

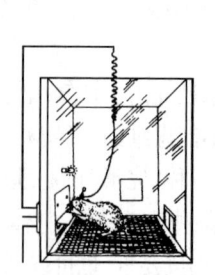

图2-13 鼠与猴的自我刺激实验装置

---

① 董奇等.脑与行为——21世纪的科学前沿[M].北京:北京师范大学出版社,2000:72—73.

于是,研究者认为在老鼠的下丘脑存在"快乐中枢",并且用同样的方法还找到了"痛苦中枢"。这一实验结果一出现,便在社会上引起了强烈的反应,人们开始思考:"人的下丘脑中是否也有快乐和痛苦中枢呢?"20世纪60年代,美国两位医生用电极刺激病人下丘脑的有关部位时,惊讶地看到,被刺激的病人面带微笑,表示感觉良好。这说明在人的下丘脑部位似乎也存在"快乐中枢",这一发现引起了人们对情绪的脑机制进行更深入的研究。

关于情绪中枢的著名研究还有如下几项:学者赫斯采用电极刺激猫的下丘脑的某一区域时,意外地发现猫表现出典型的假怒反应:弓腰、咆哮、嘶叫、张牙舞爪,然而并没有具体的目标对象。另一位研究者德尔加多将一个电极插在一头特别易怒、好斗的公牛的下丘脑中,当被激怒的公牛拼命向他冲过来时,他从容不迫地接通电极,公牛立刻变得出乎意料的驯服,并停止了冲撞。中国学者朱鹤年等从20世纪30年代起在实验研究中发现了与动物吼叫有关的脑中枢,即刺激中脑被盖某部位时引起猫的怒叫反应,同时出现伸爪、竖毛、血压升高、心跳加快等情绪反应。并发现,不仅刺激清醒状态的猫有怒叫表现,而且刺激深度麻醉动物的中脑特定部位也会引起叫声,从而确定有"怒叫中枢"。

四、脑 与 行 为

(一)脑与性别差异

经研究人们发现性别差异的基础是两性在脑结构和脑功能上存在着不同。

第一,男性和女性在成熟时间上存在差异。科学界公认,女性比男性成熟得更早。母亲怀孕五个月后,女性的胚胎发育比男性快了两周;出生时,女婴比男婴在发育上快了四周;女孩子比男孩子先学会说话、走路,并比男孩子提前两年至三年进入青春期,达到成长高峰。男孩子之所以发展比较缓慢,可能是因为他们需要较长的时间来完成神经系统的分化和建立左右半球各自的功能。

第二,男女两性在脑结构上存在差异。脑科学研究发现,在人脑中胼胝体成熟较晚。胼胝体是连接大脑两半球的神经纤维束,它们是两半球交流信息的桥梁。在胼胝体还未发育成熟时,女性的语言已经开始发展,结果两半球都发展了语言功能,从而使女性的语言能力较强、空间思维能力较弱。由于女性大脑一侧化程度较低,造成了女性当中尚未出现极端天才型的人物,在世界级哲学家、自然科学家、艺术家中鲜有女性的身影。对于解决通常水平的问题而言,女性可能在速度、流畅性和精确性方面占有一定优势。然而,对于解决较高水平的创造性问题来说,则需要直觉跳跃,而这可能是男性大脑的优势所在。

第三,男性和女性在智力方面各有优势与不足。科学家研究发现,男性在智力上的优势主要与空间能力、抽象记忆有关,男性在数学逻辑推理等方面更有优势。女性在智力上的优势主要与语言能力、形象记忆有关,并且在感知觉速度、算术计算、精细的动作能力等方面优于男性,特别在第六感觉能力上,女性要明显地优于男性。

第四,大脑左半球受损后,语言机能损失或出现障碍的,女性不如男性明显。而且儿童发生读字困难、发音困难以及婴儿孤独症等障碍也是女孩少见。一侧脑病变后,出现预期的行为—智力障碍,女性较男性也少。

(二)脑与智商

大脑是智慧的藏府、灵感的源泉,人的创造活动都由它来掌管。既然脑是智慧的器官,智慧的差异是否由脑的不同而造成的呢?那些拥有高智慧的科学巨匠、文坛巨星是否都有着高人一等的脑结构?

心理学家对爱因斯坦的大脑进行的系统研究发现,爱因斯坦的脑的确在某些方面与常人有些不同。如他的脑左侧后下顶叶的神经胶质细胞比常人多,神经细胞与神经胶质细胞的比率比常人低。

1995年,《科学》杂志报道了一项有趣的研究。科学家选取了30名专业的音乐工作者和另外30名年龄、性别等相仿的非音乐工作者。然后,对两组人的脑进行了核磁共振成像研究。结果发现:音乐家颞横回的左边非常明显地大于右边,而颞横回正是人脑中处理听觉信息的区域;非音乐家颞横回的左边也大于右边,但差别较小,音乐家的这种差别是非音乐家的两倍。后来,《科学》杂志又报道了一项新的研究成果:经研究科学家发现,小提琴家开始训练的时间早晚不同,他们的脑结构也不同,与13岁以后才开始训练的小提琴手相比,12岁前开始训练的小提琴手的神经网络较为复杂。这一研究给我们一个重要的启示:学习和训练可能影响脑的发育,但训练也有敏感期的问题。

从上面的两项研究,我们可以推测,天才的脑与常人的脑不同可能是后天训练或学习引起的。但是,我们也不能否认,天才的脑与常人的脑在先天基础上就可能存在差异。而人们比较赞同的观点认为,脑的先天结构为天才超人的智慧提供了基本的前提和基础,离开这一前提,天才的智慧就成了无本之木;而后天的学习和训练又塑造和形成了天才独特的脑结构,是其智慧形成的直接物质基础。

人们通常推测:头越大的人可能越聪明。但是直到目前,还没有一项研究能够证实这一点,法国著名小说家法郎士的头和脑重量大大小于平常男人的水平,但并没有妨碍他成为卓有成就的才华横溢的作家。在人类中,脑的大小、轻重与聪明与否之间并不存在简单的正比关系。但有人推测脑效(完成单位任务时脑中消耗的能量的大小,消耗小则脑效高)也许比脑的大小和工作的速度更能反映个体智慧能力的差异。

(三)脑与心身健康

脑是心理活动的主要器官,脑结构与功能正常与否直接影响到人的心身活动能否正常运转。大脑受到损伤(如外伤、脑震荡、脑溢血、脑萎缩)后,人的心理活动就要遭到严重破坏。如有的耳聪目明而变聋变哑,有的记忆丧失,有的言语、思维或随意运动受到损害。有时这些损害跟精神病患者的情况相似,精神病患者正是在心脏和其他器官的机能正常的情况下表现出神志不清的。

大脑在发育过程中如果受到各种物理因素、化学因素及生物因素等的危害,很有可能导致脑畸形,如脑小畸形(脑特别小)、裂脑空洞畸形(分裂脑)、平脑畸形(大脑表面平滑缺乏脑沟和脑回)、巨脑回畸形(脑回特别大)、小脑回畸形(脑回小而多)等。脑畸形造成的相关性疾病种类繁多,例如婴儿孤独症是一种特殊的行为异常综合征,常在两岁左右发病,语言及认知功能均异常。检查可发现患儿大脑皮质神经元体积变小,树突分支也减少;又如,大约10%～20%的小儿智力低下者未查出遗传或其他病因,但发现脑内神经元树突发育异常。脑损伤或脑发育异常所起的负面作用也是十分明显的:注意缺陷及多动障碍患者的右前额皮层、尾状核及小脑蚓部区较小,致使患者注意分散、协调运动与控制冲动的能力下降;老年性痴呆患者的脑组织有一定程度的萎缩,尤其额叶和颞叶最为明显。

五、脑 与 人 格

(一)神经活动类型与人的气质

在心理学中谈到气质,人们一般习惯上把它划分为四种类型:胆汁质、多血质、黏液质和抑郁质。四种气质类型的人各有自己的典型性情,有的科学家曾做过如下概括:胆汁质的人精力旺盛、表里如一、刚强勇猛、行动迅速、生气勃勃,但易于感情用事,脾气暴躁,如夏天的天气,动辄急风暴雨;多血质的人思维灵活、反应敏捷、活泼好动、为人热情,但做事不求甚解,好比春天,让人觉得愉快、温暖,但少几分沉稳;黏液质的人心境平和、情绪稳定、细致从容、不慌不忙,但有些死板、缺乏生气,恰似冬天宁静、安详,但有些沉闷;抑郁质的人非常敏感,能体察到一般人觉察不出来的事情,而且常有刻骨铭心的情绪体验,如秋天般萧瑟、伤感。

现实生活中大多数人都是属于其中几种类型的混合,而不是一定属于其中的某种类型。值得指出的是,一个人的气质类型很难改变。为什么气质难以改变呢?科学家研究发现,原来这是因为气质特征与人的神经活动类型有关。

人的高级神经活动过程主要包括兴奋过程和抑制过程,它们可由三个标准来衡量:第一,强度,指神经细胞的工作能力,如神经细胞在工作时是否可以经得起比较强的刺激。第二,平衡性,指神经细胞兴奋和抑制力量的对比,如果兴奋和抑制力量相当,那么就是平衡的;否则,就是不平衡的。第三,灵活性,指神经细胞由兴奋到抑制,或由抑制到兴奋的转换速度,如果速度快,那就是灵活的;否则,就是不灵活的。

人的四种气质类型正是建立在神经活动过程的基础之上。神经活动强而不平衡是胆汁质常有的神经类型;神经活动强、平衡而且灵活是多血质常有的神经类型;神经活动强、平衡而不灵活是黏液质常有的类型;神经活动弱而不平衡是抑郁质常有的类型。

这样,在人的气质特点和神经类型之间仿佛找到了一一对应的关系,人的脾气、秉性可以用脑的活动特点来说明。这一观点确实得到了一些研究的支持,但也有一些学者认为,人的气质类型与神经活动类型的关系并非一一对应这样简单,人的神经类型并非只是简单的四种,它们二者之间的关系还有待于进一步的探讨。

(二)脑与千奇百怪的人格

随着科学的发展,人们逐渐将注意力投向人体中最神秘、解释人格真正物质根源的地方——大脑。许多研究发现,无论儿童还是成人,面临不同类型的情感刺激时,额叶的脑电活动表现出不同的特点。有人推测,害羞、焦虑的人与活泼、开朗的人在额叶电活动的特点上会有所不同。实验结果表明:右额叶电活动较多的人更容易表现出害羞、忧郁等抑制性特点,左额叶电活动较多的人更容易表现出高兴、好奇等非抑制的特点。还有研究发现,罪犯的大脑皮层及皮质下的某些部位的葡萄糖代谢率比正常人低,说明在某些脑区其活动水平低于正常人。这些部位包括:双侧前额叶、顶叶后部、胼胝体。此外,还发现罪犯的左半球杏仁核、丘脑和海马的活动水平低于右半球。具有上述脑活动特点的人情感体验比较迟钝,缺乏同情心,自制力不足,富于攻击性,比较容易出现犯罪行为。

盖奇在经历了脑损伤以后,脾气、秉性、为人处世的风格等都发生了巨大的变化,与从前判若两人。从其身上,科学家们掌握了一些有关人格与脑功能之间的关系的知识。

专栏 2-2

盖奇事件

盖奇原来是铁路建筑工程队的一名领班,他的工作是在铁路铺设的沿途炸掉阻塞通道的障碍物。1848年9月13日,正当盖奇用一根铁撬把甘油炸药填塞到孔中的时候,一颗火星意外地点燃了炸药。当时他的头正歪向一边,提前引爆的甘油将他手中的铁撬从他的左颧骨下方穿入头部,然后从头顶飞出,落在身后二十几米的地方。

发生事故的那一年,盖奇只有25岁。当他被铁撬击倒后,尽管颅骨的左前部几乎完全被损坏了,但他并未失去知觉。在一位年轻的外科医生的精心治疗下,盖奇在十周后出院了。此后,他的体力逐渐恢复,又可以工作了。

盖奇的幸存是一个奇迹,他仍然可以说话、走路,严重的脑损伤似乎对他没有什么影响。但不久之后,人们发现盖奇的脾气与从前大不相同了。他本是一个非常有能力、有效率的领班,思维机敏、灵活,对人和气、彬彬有礼。但这次事故后,他变得粗俗无礼,对事情缺乏耐心,既顽固、任性,又反复无常、优柔寡断。他似乎总是无法计划和安排自己将要做的事情。正如他的朋友所说"他不再是盖奇了"。

盖奇事件发生后,引起科学家对脑与人格关系的强烈关注,进行了有关这一方面的大量研究,取得了一些令人信服的成果。

首先,人们发现,大脑内与人格最为密切的部位是额叶。额叶受到损伤,人的感知能力虽不会发生多大的变化,但是,人的脾气、秉性、待人接物的方式、看待周围事物的态度等都会发生巨大的变化,也就是人的性格会发生巨大的变化。

其次,额叶受到损伤后,病人一般无法对将来做出计划和安排,很难完成有组织、有目的的复杂任务,难以对自己做出正确的评价,常表现固执己见和行为不合时宜,有时甚至饮食结构也会发生变化。

再次,额叶损伤的病人通常表现为两类极端的人格。一种是情绪多变、易怒、异常兴奋、难以控制自己的冲动,表现为极强的攻击性。另一种人则表现为极度的冷漠,对什么事都漠不关心,毫无兴趣,不在乎自己的衣着、举止,做事马马虎虎,生活近乎一片空白。

从上面我们可以看出,人们千姿百态的人格与大脑是息息相关的。先天的神经类型特点为人的生活描绘了一种色彩背景,为人的生活风格定下了一种基调;以后,脑的各部位各司其职,又互相协作,共同谱写人格的交响曲,指挥着人们生动鲜活的性格与秉性。

第四节 脑功能开发

一、脑的分工与协调

(一)大脑两半球的一侧优势

科学家早已知道大脑分左右半球,却又不是截然分开,中间有称为"胼胝体"的约两亿神经纤维组成的束,使两个半球连接起来,得以沟通,并以每秒40亿个神经冲动的速度于两半球之间传递着信息,保证左、右两半球在功能上的统一。历史上,把因割断大脑联合部而使其成为具有"两个独立脑半球"的病人称之为"裂脑人"。美国著名脑科学家斯佩里(R.U.Sperry)博士长期潜心于"裂脑人"的实验研究,并于1981年获得了诺贝尔医学生理学奖。

斯佩里博士的实验是这样进行的:在"裂脑人"面前放置一块能映出文字和图像的屏幕,要求"裂脑人"正视屏幕中心。他的左手从眼前的屏幕下伸出去,由于屏幕的阻挡,他的两眼看不到这只手,而他的右手则放在桌子下,他的正前方备有幻灯放映机,以1/10秒的速度将文字和图像闪现在屏幕上,他左手的动作由电视摄影机拍录下来。斯佩里通过一系列的特殊实验,发现了"裂脑人"许多新奇的现象。

例如,让"裂脑人"用左眼注视着一个美元符号,而用右眼注视着一个问号。当要他用左手画出他看到的东西时,他很快地画出美元符号;但当问他看到什么时,他却立即回答说:"一个问号"。更有趣的是,斯佩里将一个年轻女子和一个小男孩的照片以鼻子为中线各取一半,拼成嵌合像,并正好使女子照片的一半置于"裂脑人"的左半视野,男孩照片的一半置于"裂脑人"的右半视野。当叫他用手指出他看到什么时,他会指向女子的照片;要他说出看见了什么,他会说看见了男孩的照片。

斯佩里又试验"裂脑人"用触觉再认物体的能力。当"裂脑人"把物体握在右手时,能叫出物体名称并描述物体;而当物体被放在左手时,他却不能用言语描述物体,但能够在非语言的测验中确认它,例如将它与各种物品组合中的同样物体配对。此外,斯佩里还对"裂脑人"进行了数学计算、空间感觉以及音乐鉴别等方面的实验,都取得了令人信服的新发现。

上述的研究证明人脑两半球存在功能上的高度分化(见图2-14),右脑比较沉默,长于辨认形体;左脑比较积极,长于言语功能。这一研究还证明了右脑事实上在许多方面比左脑优越,如在具体思维能力、对空间的认识能力以及对复杂关系的理解能力等方面都优于左脑,尤其是在音乐理解和情绪表达时更是如此。

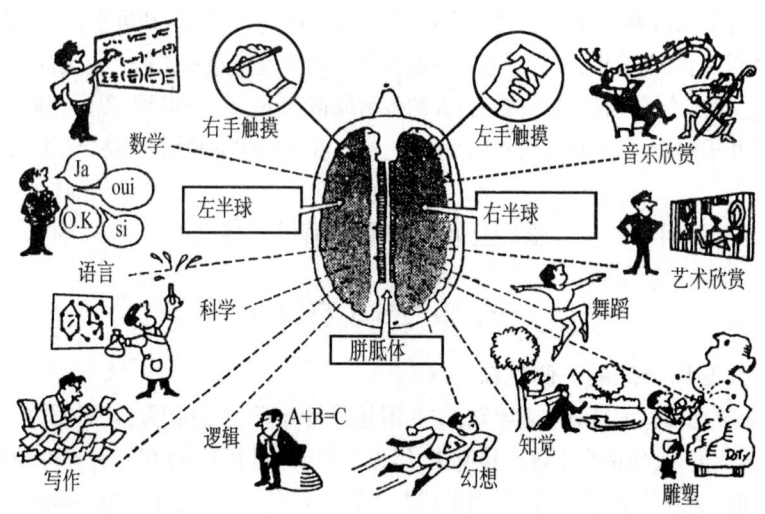

图 2-14 大脑两半球功能的一侧优势

自斯佩里博士开了研究大脑两半球功能的先河后,有关这一方面的研究发现层出不穷,人们越来越认识到左脑的功能是计算,是思想的大脑;而右脑的功能是模拟,是艺术的大脑。左脑有固定的职责分工,是意识的大脑;右脑从总体上发挥作用,没有固定的职责分工,是无意识的大脑。左脑着眼于未来,并越过现在,计划和预测将来的行动;右脑着眼于过去,注重形象形成的那一段时间,并运用现在和过去时间。左脑为数字型,担任着语言、计算、逻辑等思维方面的任务;而右脑则是负责欣赏音乐、绘画,从整体上接受事实、承担直感、预测的责任,也就是掌管着人们感情方面的事情。

(二)关于大脑功能的渐次认识

有学者认为,人脑产生后已经经历和正在经历四次革命。第一次为"左脑革命"。即在人类社会处于原始的石器时代时,曾以语言文字的发明来充实原来那种仅以"直接的、天然的方式对环境作超前反应"的非言语的、直觉式的思维方式的过程。在人类的早期历史中,人们仅仅凭借着非言语的、直觉式的思维方式战胜自然,但这种方式仅仅使人类能够保存个体、繁衍种族,却没能在长达几十万年的时间里,给社会历史进程带来革命性的进展。只有当人类开始以图画文字来唤起视觉表象,而不是直接依靠视觉表象进行直觉式思维来应对自然时,人类的历史才不断沿着日益抽象化、逻辑化的思维轨迹,赢得世代飞速进步。正是由于"左脑革命",即实现了人以逻辑的思维力量协同参与右脑活动那种直觉或反应过程后,才真正造就了人类社会几千年的文明史。第二次革命发生在20世纪50年代,即对人类能力开发又一次产生惊人影响的"计算机(电脑)革命",这次革命是在计算机科学、心理学、人工智能、神经生理学等众多学科学者的共同努力和参与下完成的,并对社会的进步起到了重大的推动作用,也向人类的智能提出了严峻的挑战。但这次革命只是"左脑革命"的进一步延伸,仅仅扩展了人类言语的、抽象的逻辑思维能力,而对人类右脑的开发涉及较少。

到了20世纪80、90年代,西方发达国家和中国,都曾掀起了一股"右脑革命"、"右脑开发"的热潮,这便是第三次革命。学者们认为右脑长期处于未开发和被忽略的状态,其实左脑思考的范围非常小,与整个脑子相比,不过是沧海一粟。如果把左脑比作一个人,右脑则教给我们10万个人的智慧。左脑是大多数人每时每刻都在运用着的,而右脑则往往被忽略。一段时间内,人们通常所说的脑潜能开发主要是指右脑革命,但至今没有从科学的角度讲清道理。最近几年,随着脑科学研究取得重大突破,"全脑革命"、"全脑开发"、"全脑教育"已经兴起,这是第四次革命。全脑革命、全脑开发、全脑教育是一项前沿性的系统工程,涉及许多学科,其中教育科学、心理科学、人体科学和脑科学等领域的研究成果都直接关系到这项工程的进展。有学者提出了"全面开发人脑"的三层含义:第一是指以人脑为核心的整个身心功能的全面开发,因为脑与整个身心密不可分;生理功能与心理功能应一起开发;生理功能与心理功能的开发在同一活动中完成。第二是指脑各个部分的全面开发(全脑开发),因为人脑的脑干和间脑等有着大脑不可替代的功能;大脑左半球和右半球不能某一侧单独开发,应该对左右两半球整体功能进行协调开发。第三是指人脑三个层次水平的全面开发,三个层次是指:现有水平(显能)、潜能水平(潜能)和自我调控水平("反思"功能)。[①]

二、脑潜能开发的途径

(一)保护和利用大脑

1. 锻炼与大脑

研究表明,运动不但和智慧能够互相协调,而且还是智慧发展的重要途径和方式。

首先,锻炼可以促进我们大脑的发展。如美国的一项研究表明,如果儿童每天都参加体育活动,将会有助于他们学习成绩的提高。科学家认为,运动有利于儿童视觉、听觉、嗅觉、前庭感觉等的发育,将感觉统和起来,从而促进脑功能的发展。

其次,锻炼是大脑的一种积极休息方式。在体育运动时,我们脑细胞的活动将转移到对身体的控制与对运动的有关信息加工上。这样,一方面,控制身体运动的脑细胞处于兴奋状态,使大脑中进行紧张思考的部分得到休息,有助于缓解大脑疲劳。另一方面,运动还能锻炼神经系统对疲劳的耐受能力,体育锻炼可以加强大脑中供应能量的高能磷酸化合物的再化合过程,从而保证了大脑的正常机能,并延缓出现大脑疲劳现象。

再次,锻炼还是一种良好而有效的健脑方法。研究发现,散步和慢跑都可以促使大脑思维活跃、改善大脑的机能。如古希腊哲学家亚里士多德、柏拉图都有一个习惯:他们在思考深刻的哲学问题和进行哲学辩论时,总是一边走着一边思考,即使在房间里思考和辩论也会不停地走动。法国大思想家卢梭的健脑办法也是走动。所以,曾有人说,足下生智。

最后,从保护大脑的角度看,有规律的锻炼也是十分宝贵的。从短期效应来看,运动能

---

① 朱法良,杨玉英."3·3·3"素质教育的理论与实践[M].北京:教育科学出版社,2001:19—22.

增加氧的供应;从长期效应来看,它可使动脉通畅。在加拿大,对300名在校儿童做了3年的研究,结果发现,那些每天进行身体锻炼的儿童不但身体健康,学习的分数也比较高。此外,体育锻炼还可直接影响人的性格。经常散步和锻炼身体的人,不但身体健康,而且情绪稳定、精力充沛、想象力丰富。

2. 睡眠与大脑

睡眠对大脑健康十分重要,睡眠到底有什么作用呢?科学家的研究证明,睡眠除与脑力、体力的恢复有关,它还具有如下作用:

第一,睡眠与人的创造有关。古今中外不少事例说明,睡眠中的梦可能是创造思维的源泉。英国一位心理学家认为,睡眠能帮助人把新得到的知识融入原有的知识中。人在睡眠时,整个头脑仿佛像电脑似的不断进行工作,这时候既不发出信息也不接受信息,只是忙于整理自己的记忆。而人感受到的梦,是脑把零星截取到的资料进行分类和过滤的结果,在这一过程中有可能会形成有创新意义的新观念、新思路。

第二,睡眠有助于人的记忆。心理学家做过这样的实验:让两组学生都熟记同一个内容,然后让一组学生"睡眠"进行休息;让另一组学生继续活动,从事其他的工作。隔一段时间重新给予测验,看一看哪一组记得多,保持得好。结果发现,睡眠组的学生的成绩好,这表明睡眠有帮助人们记忆的作用。

第三,睡眠对人的学习有重要作用。睡眠中,大脑还生产着思维所必要的生化物质,合成着生长所需要的生长激素。如果没有充足的睡眠,大脑分泌这些物质就受到影响,致使学习能力下降,学习效率降低,记忆力衰退。

第四,睡眠对大脑有重要的营养作用。现在已经知道,在睡眠期间,脑制造蛋白质的速度远远高于觉醒期。蛋白质是一种大分子,为维持结构所必需的,它又是体内所有细胞(包括神经元)功能的基础。睡眠还使我们有机会把对脑正常发挥功能至关重要的化学物质储存起来。

3. 营养与大脑

由于大脑负责我们全身心的活动,它的工作量相当巨大,即使在夜晚,身体休息了,大脑还在工作着。所以,大脑虽然不大,艰苦的劳动使它需要的养料与它的重量相比却是相当巨大。如脑重量约为1 000克左右,占体重的2%,但是,它所消耗的氧气量却占全身需要量的20%,它所接受的血流量占心脏排出量的20%。因此,只有不断地供给大脑充足的营养,它才能精神饱满地工作;如果大脑营养供应不良,它就会产生疲劳或受到损伤。

心理学家对这一问题曾做过大量的研究,并十分清晰地为我们揭示出营养对大脑的影响。他们研究发现,不但出生后儿童的营养状况影响脑的发展,而且其在母体内的营养状况也影响脑的发育。如在妊娠后10—18周发生第一次脑激增(在这一时期增长了数十亿的神经细胞),这段时间的营养非常关键。如果孕妇的营养条件较差,分娩出的新生儿体重在2 000克的较多,其脑重量要比对照组低15%。在第三世界已发现,如果母亲的营养不够,特别是缺乏某些氨基酸,那么第一次脑激增产生的神经细胞总数只有西方儿童的40%。

假如营养不良发生在妊娠的最后3个月至生后24个月,且持续时间较长,又不能及时纠正,对脑发育所造成的后果是严重而不可逆转的。

从大脑的形成到发育和发展,一刻也离不开良好的营养供应;而大脑为了保证它的正常活动、提高它的工作效率,同样也离不开充足的能量供应。营养不良或饮食不当,可导致注意力涣散、抑郁、惊恐甚至困倦。因此,我们要给大脑提供适宜的营养,首先,早餐一定要吃饱吃好;其次,要注意营养的平衡。一般来说,保障人的大脑正常运转需要的营养物质有水、氧、蛋白质、糖类、脂类、微量元素等。

4. 烟酒与大脑

科学家研究发现,我们大脑中的一些物质如脑膜、血管及神经胶质细胞对大脑起着营养、保护、支持等作用。由于各方面的巧妙配合,会在我们的脑中自然地构成一道"过滤"装置,医学上就叫它"血脑屏障"。它只让氧、葡萄糖等物质自由通过它进入脑组织,而其他物质则不能通过,从而保障脑工作环境的安全和稳定,使之正常运转。

烟酒中的一些有毒物质,能通过血脑屏障进入脑内,对脑产生破坏作用。如烟中的有毒物质进入脑组织后,会损坏大脑的细胞,引起脑血管的坏死,使大脑血液循环的正常状态遭到破坏,使大脑所需的营养物质得不到充分供应。而过多的酒精进入脑内,就会与脑中的物质发生反应,影响脑的神经细胞,从而影响人脑的正常活动。一些研究表明,经常饮酒的人大脑萎缩,体积减少;酒精抑制大脑皮层的活动,影响辨别力、记忆力、注意力、理解力和判断力。不仅如此,酒精还可能引起肝硬化、慢性胰腺炎、食道癌、高血压等病的发生。

香烟的主要成分是尼古丁,它是一种剧毒的生物碱。长时间吸烟会导致肺癌、肺结核、支气管炎和肺气肿、心血管病、脑血栓和脑溢血、胃溃疡或十二指肠溃疡、口腔癌、咽癌和喉癌、膀胱癌、视力减弱等疾病。在美国,每年有35万人因吸烟致病而死;在瑞典,因吸烟致病而死亡的人数占人口总死亡数的1/13。

此外,香烟中的一氧化碳也可以通过血脑屏障而进入脑内,使脑动脉毛细血管收缩,使血液流动速度减慢,脑供血量减少。供血减少又造成大脑缺氧和能量供应不足,从而导致大脑的运转速度减慢,思维变得迟钝,思维能力下降。而且,香烟中的另一些有毒物质还会降低血液中维生素的供应,影响大脑的功能。因为维生素是大脑制造神经递质所必需的物质,维生素的匮乏会影响神经生化物质的合成,使思维变得迟钝。

5. 疾病与大脑

大脑是一个娇嫩的器官,各种疾病都会使它受到伤害,它一旦受到伤害,人们的行为就会发生异常。如有的病人得了脑溢血后,言语活动发生了严重的障碍,形成了奇怪的失语症。他们可能变得突然不会说话,整天默默无语。之所以出现这种情况就是因为在病人左侧大脑的某个部位发生了病变。

大脑中有主管听觉的颞叶,有主管视觉的枕叶,有主管感觉的感觉区,有主管运动的运动区,甚至左手和右手都有自己的指挥中心,每个手指都有自己的主管脑区。在主管听觉和视觉的脑区中,也有明确的分工,有的只管接受信息,有的只管初级的信息处理,有的只管高级的信息处理。在大脑接受信息的三级分工过程中，由于疾病的影响使任一环节出现问题，都可能出现奇怪的病症。如神奇的失认症病人可能会表现得六亲不认，这种情况的出现是因为病人脑内负责视觉辨认的区域受到了损伤。此外，我们在生活中还会遇到"失忆症"病人，他们有的只记得过去发生的事情，而现在所经历的一切却转瞬即忘；有的则将原先发生的事情忘得一干二净，只能记住眼前的所见所闻。这两种"失忆症"病人的病因是由于不同的脑部位受到损伤而导致的，他们中有些人通过治疗和帮助可以恢复记忆，有些人则不可能，而失忆病人是否可以恢复记忆主要由大脑所受伤害的程度而决定。

各种疾病可以导致脑受到不同程度的伤害，脑受到伤害又可导致人们产生各种各样的行为失常。不仅如此，环境中有毒物质，如有机铅、有机汞、砷、锰、氰化物、放射性元素等，也可能损害大脑，成为大脑的隐形杀手。

6. 学习、记忆与大脑

我们知道人脑有140亿个神经细胞，人们之间并不存在什么太大的差异，但是，人们的大脑功能却存在着巨大的不同。这是什么原因造成的呢？科学研究表明，原来我们的大脑遵循着"用进废退"的原则，形成人们大脑内神经元细胞间所建立的联系系统的不同，由此导致了不同的大脑功能。其中学习、训练和勤于动脑起到了重要的作用。

学习与记忆能力是人类赖以生存的重要脑功能或高级神经活动，它在动物进化过程中不断发展和完善。对动物而言，学习与记忆是动物改变自身行为或产生新行为以便适应生活环境的必要条件。对人类而言，学习与记忆则是人们认识与改造客观世界以及参加社会实践活动的生理基础。脑的学习与记忆功能对人类智慧的形成、意识的产生、知识的积累以及科学文化的发展都起着至关重要的作用。学习会促进脑内神经元的生长，增加神经元的连接，从而可以改善大脑的结构，提高大脑的功能。人们可以通过学习开发自己的潜能、提升自己的脑力，学习成为大脑潜能开发的一条基本途径。

目前，关于学习与记忆神经机制的研究主要集中在两个领域，即分子和细胞水平的研究以及中枢神经系统突触可塑性的研究。与此同时，人们清楚地认识到，学习与记忆不只是单个细胞或突触的功能，而是整个人脑的功能。在深入到分子、细胞的微观世界的同时，运用宏观、整体水平的研究方法来探索人脑也是有必要的。微观与宏观研究方法的有机结合是揭开人脑之谜的重要途径。

脑内是否有专门的神经机构主管学习与记忆呢？或者说，脑内是否有专门的学习记忆中枢呢？回答是：学习记忆是高级复杂的脑功能，涉及多个脑区，并不是某一个神经结构单独主管学习与记忆活动，但是，已经发现，某些脑区确实与学习记忆的关系更密切。"从目前积累的各方面资料来看，大脑皮质、海马、'杏仁复合体'神经核群、小脑等是记忆痕迹形成的主要脑区，其中海马是与学习记忆关系最密切的脑区，在研究学习记忆的脑内神经机制时，人们的注意力多集中在海马。"[1]以上这些属于非描述性知识的学习与积累，除此以

---

[1] 吴馥梅.脑活动的内幕[M].南京：江苏科学技术出版社，2000：177.

外,人类还有一些知识是靠言语表达、理解或顿悟得到的,这种知识的学习与人类的语言功能密切相关,额叶、颞叶和许多皮层下结构都是此类学习记忆的脑结构。

(二)脑潜能的开发

1. 大脑潜能的发挥有无限的空间

科学研究已经向人们展示:大脑潜能具有超乎想象的丰富性与可开发性。据大脑研究方面的权威温·威格估计,人类只利用了不到1%的大脑功能。这说明对大多数人来说,大脑能量的很大部分还未来得及发挥。苏联对一些智力较高的人作过一些研究,指出人运用自己脑力的本领:"在正常情况下工作的人,一般人只使用了其能力的极小一部分。如果我们能迫使我们的大脑达到其一半的工作能力,我们就可以轻而易举地学会40种语言,将一本苏联大百科全书背得滚瓜烂熟,还能够学完数十所大学的课程"。

也有科学家认为,人脑记忆的方式与全息照相的方式相似,人类所经历过的事情全都存于脑中。人之所以能够记忆如此之多的信息,就是因为人脑像全息图片那样具有惊人的容量。1立方厘米的全息图片能储存100亿单位的信息。人脑的体积大概是全息图片的1 500倍,而所包含的蛋白质比全息图片上的银质颗粒小得多,人的记忆容量大概是它的数千倍,可以储存10^{15}的信息单位。假使所有这些信息都交给记忆的话,那么自人出生后,大脑每秒能记录1 000单位的新信息,而75岁以后仍只用了记忆潜力的一部分。虽然人类除了记忆还需要其他智力活动,但是即使其他智力活动占去脑容量的90%,你仍有每秒记录100条信息的容量,这个容量足以记住一生中绝大部分的经历。

因此,在《美国心理学会年度报告》中,心理学家曾这样说道:"任何一个大脑健康的人与伟大的科学家之间,并没有不可跨越的鸿沟,他们的差别只是用脑的程度和方式不同,这个鸿沟不但可以填平,还可以超越,因为从理论上讲,人脑的潜能几乎是无穷无尽的。"

2. 挖掘大脑潜力

科学家在进行开发大脑潜能的活动中发现,就神经系统的潜在发展来看,大脑也许还只是处于胚胎状态。因为在日常的认知活动和情感活动中,平均只有约5%的神经元在发挥着作用。因此,我们大多数人的脑仍处于营养不良的状态。那么,如何开发我们的智慧呢?

第一,敞开心灵的大门。有些心理学家认为,充分利用大脑的最可怕障碍也许莫过于通常所说的"心理封闭"。开发大脑潜能需要培养创新精神,鼓励人们大胆求异、质疑探索;需要培养表象想象能力和创造想象力,鼓励人们尝试新方法、解决新问题;需要培养创造动机和人格,鼓励人们养成思考、猜测、坚毅、好奇、冒险、挑战、自信等创造品质和个性。

第二,让心灵沐浴爱的阳光。临床心理学家研究发现,当安全、爱以及尊重得到满足时,机体的潜能就会更好地发挥:感觉更灵敏,智能开发更充分,思维更敏捷,大脑更灵活。因此,缺乏爱也是一种病,它使人们被孤独和恐惧所包围,不能有良好的心境去开发自己的潜能。脑功能开发的含义在于创造心身健康的良好环境,形成美好情操,促进情感活动对认知过程的激励作用。

第三,让学习为大脑持续充电,使大脑不断获得有益的刺激。脑高级功能发展的关键期(敏感期)现象提示教育工作者应在适宜的时间提供适宜的教育。抓住儿童脑功能发展与教育的最佳期,适时地丰富刺激、优化教育环境是十分必要的。相反,不良的环境刺激可能阻碍儿童脑高级功能的发展。学校学习是为青少年学生集中"充电"的一段黄金时期,但仅仅凭借这些,人们在生活中会明显地感到"电源"不足,所以我们走出学校后,还要不停地为大脑"充电",以保证大脑有充足的"电源"。人脑中无意识活动的容量是无限的,而意识活动的容量是有限的。因此,脑功能开发的科学内涵是开发无意识心理过程,多接触新事物、获取新知识、见识新经验、增加新阅历,提高无意识过程的蕴藏量,丰富无意识功能模块的神经效率。

第四,利用多种方法和手段开发大脑潜能。研究表明,肢体运动、音乐、绘画、书法、计算机操作、珠算和我国特有的汉语资源等,对个体脑高级功能的开发具有积极的促进作用,求学期间和日常生活中加强这方面的训练和活动,是很有益处的。此外,还可以利用特制的仪器或装置来诱发人脑的电波,使之产生 α 波。这样,可以提高大脑的工作效率,对学习的内容感到轻松容易,并会在学习时产生灵感,对学习内容产生顿悟,提高学习效率。

【主要结论与应用】

1. 关于脑功能的不同观点。颅相说是由科学家提出的关于颅骨外形与性格特征之间关系的一种新奇但不科学的观点;定位说是有关脑功能研究影响深远而又不全面的学说;整体说承前启后,有科学实验的依据;机能系统说是苏联专家对神经生理学最大的贡献;模块说与泛脑网络论则是当前关于脑功能的最新研究成果。

2. 关于脑与认知活动的关系。脑是人们进行认识活动的物质基础,它在人的记忆、思维、创造、想象等活动中起到了至关重要的作用,没有大脑的参与和正常运行,人们便不可能开展正常的认识活动;同时,随着人们的认识活动的深入开展和认识水平的不断提高,人的大脑也会越用越灵,体现了"用进废退"原理的真髓。

3. 如何保护和利用大脑资源。大脑尽管有着无限的开发空间和不可限量的潜能,但又是及其脆弱、娇嫩和难伺候的。适度的锻炼、充足的睡眠、合理的营养搭配、勤奋的学习和记忆,它会"感激不尽",而对烟酒和疾病则"敬而远之"、"反感透顶"。要想保护和利用大脑资源,就必须对大脑的"喜好"能够"投其所好"。

【学习评价】

1. 试根据图2-2分析交感神经与副交感神经的颉颃作用。
2. 试分析脑的进化过程。
3. 脑与情绪的关系是怎样的?
4. 可以通过什么途径来开发大脑潜能?

【学术动态】

"脑的十年"与脑的世纪

近年来,人们对脑研究的兴趣不断增强,美国神经科学学会1970年成立时只有几百个会员,到1997年飙增到29 000人,一跃成为美国实验生物科学方面最大的学会。诺贝尔生理医学奖获得者克里克指出:"对于人类来说,没有任何一种科学研究比研究人脑更重要。"著名神经生理学家、诺贝尔奖获得者爱克莱斯更是大胆预言:"在30年内,世界上最伟大的科学家将都是研究脑的。"

20世纪90年代被称为"脑的十年"。这一口号最初是由美国科学家提出的,其初衷是以此取得社会各界对脑科学的支持。

为了迎接这一挑战,欧共体在1991年成立了"欧洲脑的十年"委员会,1994年成立欧洲神经科学学会,1996年2月,欧美在瑞士"世界经济论坛"年会上正式宣布成立脑研究联盟。

进入20世纪90年代以来,世界各国对脑科学的重视达到了空前的高度。国际脑研究组织(IBRO)力促其成员机构请求本国政府支持这一活动,以使"脑的十年"成为全球大力促进脑研究的行动。1995年夏,在日本京都举办的第四届世界神经科学大会上提议把21世纪称为"脑的世纪"。世界著名科学家、诺贝尔奖获得者沃森在《脑》这本书的前言中称:"20世纪是基因的世纪,21世纪是脑的世纪"。

与国际发达国家脑科学蓬勃发展的趋势相适应,我国的脑科学也有所发展。1992年"脑功能及其细胞和分子基础"正式列为国家科委重大基础研究项目;1995年中国神经科学学会成立;1998年出版《中国神经科学杂志》;中科院、自然科学基金会和卫生部也把脑科学作为重点发展领域;由国家科委发起,中科院主办的"香山科学会议",曾于1997年、1998年、1999年三次召开以跨世纪的脑科学为主题的学术研讨会,对脑的复杂性和脑功能的问题进行探讨。其中1999年1月召开的第111次学术讨论会的主题是"脑高级功能与智力潜能的开发",国内著名的脑科学家、心理学家、教育学家对脑功能与智力活动、学习记忆的脑机制、脑与语言功能、脑发育与个体心理发展以及教育实践中脑的潜能开发等五个中心议题进行了跨学科的交流。1999年国务院有关领导召集专家分别就"脑科学与儿童智力发展"和"儿童认知发展的关键期与可塑性"进行探讨,之后国家启动了我国开展脑科学与教育的有关课题研究。

【参考文献】

1. 徐斌.认识你的脑[M].南宁:广西教育出版社,1999.
2. 彭聃龄.普通心理学[M].北京:北京师范大学出版社,2001.
3. 吴馥梅.脑活动的内幕[M].南宁:江苏科学技术出版社,2000.
4. 董奇,陶沙等.脑与行为[M].北京:北京师范大学出版社,2000.
5. 夏克特.找寻逝去的自我——大脑、心灵和往事的记忆[M].高申春,译.长春:吉林人民出版社,1998.
6. 左明雪,胡莹.探索脑的奥秘[M].武汉:湖北教育出版社,2000.
7. 杨雄里.脑科学的现代进展[M].上海:上海科技教育出版社,1998.

8. 吴希如.脑发育异常及发育中的脑损伤[M].上海:上海科技教育出版社,1998.
9. 沈德立.脑功能开发的理论与实践[M].北京:教育科学出版社,2001.
10. 朱法良,杨玉英."3·3·3"素质教育的理论与实践[M].北京:教育科学出版社,2001.
11. 卡尔文.大脑如何思维[M].杨雄里,译.上海:上海科学技术出版社,1996.
12. 付秋芳,修巧燕.大脑潜能与开发[M].济南:山东人民出版社,2001.
13. Damasio, A. R. Descartes' Error: Emotion, Reason and the Human Brain. New York: Grossset/Putnam. 1994.
14. Koslyn, S. M. Image and Brain. Cambridge, MA: MIT Press. 1994.
15. Llinas, R. R. (ed) The Biology of the Brain. New York: W. H. Freeman and Company. 1988.
16. Volpe, J. J. Neurology of the Newbron. Philaderphia: W. B. Saunders Company. 1995.

第三章 行为动力

【内容摘要】

本章对行为动力问题进行了比较系统的介绍。不仅介绍了需要与动机的基本含义与分类,而且有重点地介绍了有关需要和动机的各种理论。在需要理论中,着重介绍、分析、简要评价了马斯洛的需要层次论,对其他理论也以表格的形式为学习者提供了一个轮廓,以便引起学习者的兴趣,为进一步学习和研究提供有关信息。在动机理论方面,较详细地分析了强化动机理论、成就动机理论、归因动机理论、自我效能感动机理论等几种主要动机理论,同时对其他动机理论也以表格的形式勾画出轮廓,以便为学习者更深入学习提供线索。在此基础上,论述了动机激发的具体措施和方法。本章旨在帮助学生了解人类行为的动力产生、运行的基本规律。

【学习目标】

1. 了解行为动力在人类行为中的意义。
2. 掌握需要的基本含义,了解其特征、分类。
3. 记忆并叙述马斯洛需要层次论的内容及各层次关系并能做出简要评价。
4. 掌握动机的含义、功能和分类。
5. 理解并掌握耶基斯—多德森定律及动机与行为效果的关系。
6. 简要说明强化动机的理论的基本观点。
7. 简要说明成就动机理论的代表人物与基本观点。
8. 简要说明归因动机理论的代表人物与基本观点。
9. 简要说明自我效能感理论的代表人物与基本观点。
10. 掌握和运用激发动机的措施和方法。

【关 键 词】

行为动力　需要　动机　耶基斯—多德森定律　自我效能感理论

人类的行为,特别是那些有目的的行为一定是在某些动力的推动下完成的。例如,我们观察到"一个人正在努力学习",我们不禁要问,这个人为什么要这样刻苦努力呢?是什么力量使他如此废寝忘食呢?可能的推测是:(1)他对所学内容有特殊兴趣;(2)他想考一个好成绩以便将来进一步深造;(3)为获得奖学金;(4)为博得家长、老师的奖励、表扬;(5)为赢得同伴的认同、赞许;等等。那么究竟应是哪一种原因呢?这还要通过更具体的观察与分析才能判断。或许这五种原因兼而有之,甚至有更多的原因。我们从表面观察到的是"一个人正在努力学习",然而隐藏在"努力学习"背后的动力却可能是不一样的,而且这种动力是无法直接观察到,只能根据人们的行为表现间接地推知。动机是影响学习的最关键因素之一,也是最难测量的因素之一。由此可见,人们了解动机比了解行为更困难。但心理学家们并没有因为困难而阻碍其探索的触角,通过许多心理学家的不懈努力,使我们终于有幸一睹行为动力的庐山真面目。

第一节 需 要

心理学家已初步探明,人类行为一切动力都起源于需要,需要是人动力的源泉。所以要了解人类行为的动力必须从了解需要入手。

一、需要的含义

(一)什么是需要

什么是需要(need)呢?对此心理学家们有许多不同的观点。目前比较公认的观点是:**需要**是有机体感到某种缺乏而力求获得满足的心理倾向,它是有机体自身和外部生活条件的要求在头脑中的反映。

人作为生物体和社会成员就不能不完成两大任务:一是要生存;二是要发展。要生存既有个体的生存又有种族的延续。个体的生存要有必须的物质条件,如空气、阳光、食物、水等基本物质需要,要延续种族则还要有性与婚配的需要。要发展,人就需要求知、劳动、交往、建立社会组织等。总之,需要是有机体自身和社会生活条件的要求在人脑中的反映,这些要求是以对缺乏的感受体现出来的。例如,血液中血糖成分下降就会产生进食的需要;生命财产得不到保障就会产生安全的需要;孤独会产生交往的需要。一旦机体内部的某种缺乏或不平衡状态消除了,需要也就得到了满足。这时有机体又会产生某种新的欠缺或不平衡状态,因而产生新的需要。

与人类认识的多样性、复杂性一样,人的需要也是多样和复杂的。但无论多么复杂的需要一般都具有如下几个特征。

1. 对象性。需要总是指向一定对象的,因为有机体的某种"缺乏"总是特定对象的缺乏,这种特定对象或是物质的或是精神的,因此,也只有某种对象才能使其获得满足。比如人在饥饿时就会把"食物"作为对象而不会把"书本"作为对象。同时人感到知识缺乏时常常会把"书本"作为对象而不会把"食物"作为对象。当然这里的对象并不专指某一特定的事物,比如人饥饿时,既可以指向米饭,也可以指向水饺。这要视具体的爱好和可能满足需要的条件而定。

2. 动力性。需要是人从事各种活动的基本动力,是人的一切积极性的源泉。人的各种活动从饮食、学习工作,到创造发明,都是由于需要的推动。为什么会有这种动力性呢?因为人生在世要生存和发展就必须与环境保持平衡,一旦环境发生变化,机体就可能产生缺乏感,这种缺乏感就会促使人调动机体的力量去达到新的平衡,因而产生动力。所以,这种缺乏感越大人的动力越强。这里有必要指出的是缺乏感是指对缺乏的主观体验与感受,不等于实际的缺乏。如果一个人机体有了某种缺乏,但自己并没有主观体验到,也不会产生动力。比如,一些人因缺乏某种微量元素而不能正常发育和进行正常智力活动,可是本人并未意识到,因此他也不会积极设法从饮食中弥补或寻求药物治疗,只有当他意识到这种缺乏的危害时,他才能发动自己的力量去进行补偿。再如,世界上一些贫穷落后国家的居民,常常因为体内缺乏食盐而死亡,可是这些居民一直到死,也不知道自己是因缺乏食盐所致。因为这种"缺乏",他们并没有主观体验到,因而也就不能产生动力并加以满足。相反,在许多条件下并不一定实际"缺乏",只要能产生"缺乏感",也仍然可以产生动力。比如一个中学生不吸烟他并不感到缺乏,但发现周围几个朋友都吸烟时,他似乎感到自己在他们中缺少点儿什么,为了达到与朋友和谐一致,他就产生了吸烟的需要,于是恶习便形成了。

3. 社会性。人与动物都有需要,但人满足需要的对象和方式与动物有很大不同。人类满足需要的范围或内容要比动物大得多,特别是那些高层次的需要,如求知需要、审美需要都是动物不可能具有的。因为动物只是直接从自然界获取物质,人则通过有组织的生产劳动,通过创造和使用工具,以文明的方式来满足需要。同时人的需要还受理性和意志的调节和控制。

(二) 需要的种类

如前所述,人的需要是人对机体缺乏的主观体验,一种主观心理倾向。人的这种对缺乏的主观体验是极其复杂的,是一个多维度、多层次的结构系统。可以从不同角度进行分类。

1. 生物需要与社会需要

人类的需要按照需要起源的角度,可以划分为生物需要和社会需要。

生物需要。**生物需要**是指保持和维持有机体生命和延续种族的需要。例如对饮食、运动、睡眠、排泄和性的需要等。生物需要又称为生理性需要、原发性需要,这种需要是人与动物所共有的,但人的生物性需要与动物毕竟不同,因为人的生物性需要受到社会生活条件的制约,具有社会性。正是具有这种社会性,使人的生物需要的对象和满足方式上与动物有着根本区别。首先,满足需要的对象不同。动物只能依靠自然界中现成的物质满足需要,而人不仅可以通过自然界的存在物来满足需要,而且可以通过社会劳动产品来满足自己的需要。其次,人的生物需要要受社会文化的调节。例如,人在进食时,不仅受饥饿状态的支配,而且受各种社会习俗和礼仪的制约。正如马克思所作的精彩描述:饥饿虽然是饥饿,使用刀叉吃熟肉与用爪子啃肉有着本质的不同,前者是社会文明的表现,后者仅仅是生物本能的表达。

社会需要。**社会需要**是指与人的社会生活相联系的需要。生物需要往往带有明显的周期性,具有重要的生物学意义。生物需要不能得到满足,将严重影响个人的身心健康。在社会生活中,除了生物需要外,人还需要劳动、交往、求知、获得成就、做出奉献等,这些都是社会需要。社会需要是社会要求为个体或群体所必须时,社会要求就内化为个体或群体的社会需要。显然,社会需要本身来自社会要求,因而也要受到社会生活条件制约,具有社会历史性。所以生活在不同条件下,如不同的历史时期、不同阶级、不同民族的人们,其社会性需要亦会有所不同。对人类来说,社会需要也是必不可少的,因为它是社会生存和发展的必要条件,也是个人生活所必需的。如这类需要没能得到很好的满足,也同样会影响个体的身心健康。

2. 物质需要与精神需要

人类的需要按照所指向的对象不同,可以划分为物质需要和精神需要。

物质需要。人类的生存和发展离不开一定的物质条件,缺少必要的物质条件人类是无法生存的,更谈不上发展。我们把那些对维持个体和社会的生存和发展所需物质产品的需要称为**物质需要**。既包括与衣、食、住、行有关的物品,也包括劳动工具、文化用品和科研仪器,等等。

精神需要。人类的生活不仅需要物质供给,而且需要精神的家园,这是人类特有的需要。所谓**精神需要**就是个体参与社会精神文化生活的需要,它包括对交往的需要、认识的需要、审美的需要、道德的需要、创造的需要等。

二、马斯洛的需要层次论

(一) 马斯洛需要层次论的基本内容

人的需要是多种多样的,对此许多心理学家进行了研究,在众多的研究中,美国人本主义心理学家马斯洛(Abraham H. Maslow,1908—1970)的需要层次论可谓独树一帜,是最富影响力的需要理论。他将人类多种多样的需要归纳为七个基本的层次(见图3-1)。

1. 生理需要(physiological need) **生理需要**是指维持生存及延续种族的需要。如对食物、水分、氧气、性欲、排泄和睡眠等的需要。这是人类保存个体生命和群体生命的基本需要。如果没有这种需要,人类的生命都无法存在,更无法去谈其他需要。所以,这种需要是所有需要中最基本、最原始,也是最强有力的需要,是其他一切需要产生的基础。

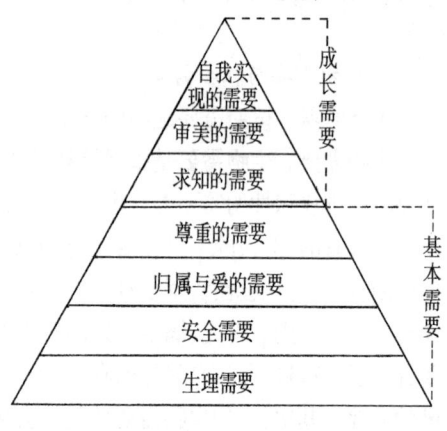

图3-1 马斯洛需要层次论图示

2. 安全需要(safety need) **安全需要**是指希求受保护与免遭威胁从而获得安全感的需要。典型的安全需要有:(1)生命安全。每个人都希望自己的生命不受到内外环境的威胁,或者说希望在一个安全的环境中生长、发育、成熟、发展。即使那些探险的人或铤而走险的人也都希图尽最大的努力脱险。一个人有了病痛之后去求助医生也是出于生命安全的需要。(2)财产安全。每个人都不希望自己的财产受到他人的破坏;一旦遭到他人的破坏能寻求保护。(3)职业安全。人们都希望自己所从事的职业有安全感,不固定的职业常常使人焦虑不安,等等。

3. 归属与爱的需要(belongingness and love need) **归属与爱的需要**是指每个人都有被他人或群体接纳、爱护、关注、鼓励及支持的需要。人是具有社会性的动物,因此均具有团体归属感,因为社会是以群体的方式划分的,所以每个人都希望能够找到自己所属的社会群体,如家庭、学校、工作单位等。不仅如此,人们还希望在自己所生活的群体中得到接纳、爱护、关注、鼓励、支持、建立和谐关系等。

4. 尊重的需要(esteem need) **尊重的需要**是在生理、安全、归属和爱的需要得到基本满足后产生的对自己社会价值追求的需要。尊重的需要包括自尊与他尊两个方面。自尊是指个人渴求力量、成就、自强、自信和自主等。自尊需要的满足会使人相信自己的力量与价值,使人在生活中变得更有能力,更富有创造性;相反,缺乏自尊会使人感到自卑,没有足够的信心去处理面临的问题。他尊是指个人希望别人尊重自己,希望自己的工作和才能得到别人的承认、赏识、重视和高度评价,即希望获得威信、实力、地位等。他尊需要的满足会使人相信自己的潜能与价值,从而进一步产生自我实现的需要;反之,缺乏他尊会使人丧失自信心,怀疑自己的能力和潜力,不可能产生更高层次需求,即自我实现的需要。

5. 求知的需要(need to know) **求知的需要**又称认知和理解的需要,是指个人对自身和周围世界的探索、理解及解决疑难问题的需要。马斯洛将其看成是克服障碍的工具,当认知需要受挫时,其他需要的满足也会受到威胁。如何找到食物,如何摆脱危险,怎样得到别人的好感等,都离不开认知。

6. 审美的需要(aesthetic need) **审美的需要**是指对对称、秩序、完整结构,以及对行为完美的需要。审美需要与其他需要是相互关联不可截然分开的,如对秩序的需要既是审美的需要,也是安全的需要,认知的需要(如数学、数量方面)。

7. 自我实现的需要(self-actualization need) 当上述几种需要都获得基本的满足之后,就会产生最高层次的需要——自我实现的需要。所谓**自我实现的需要**即指个人渴望自己的潜能能够得到充分的发挥,希望自己越来越成为所希望的人物,完成与自己能力相称的一切活动。一句话,人们的潜能得到了充分的发挥。具体地说,就是一个人能够成为什么,他就必须成为什么,一位诗人必须写诗,一位画家必须绘画,一位作曲家必须作曲,这样才能令他们感到最大的快乐。但满足自我实现需要所采取的途径却是因人而异的。

(二)马斯洛需要层次之间的关系

1. 出现的顺序由低到高。马斯洛认为,七个层次之间是由低到高依次出现的。只有当较低一层次的需要得到基本满足之后,高一层次的需要才会产生。例如,一个饥肠辘辘的人或者身处险境的人,其维持良好的自我形象的需要远不如获得食物或安全的需要强烈;但是,一旦这个人不再饥饿和恐慌,那么其自尊的需要又会变得极其重要。即是说,只有当生理需要得到基本的满足之后,才会产生安全需要;只有安全需要得到基本的满足之后,才会产生归属与爱的需要,以此类推,一直到自我实现的需要。这一观点与中国古代"衣食足而知荣辱,仓廪实而知礼节"、"糟糠不饱者,不务粱肉;短褐不完者,不待纹绣"不谋而合。这种关系早在"需要七层次"论产生之前的"需要五层次"论中,马斯洛就进行了表述。可用图3-2表示。

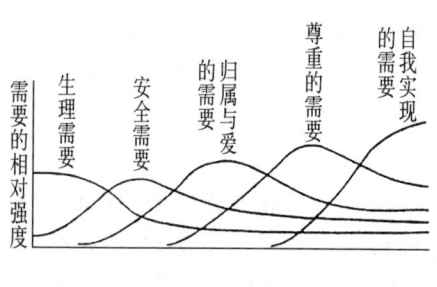

图3-2 需要层次的演进

2. 各层次需要在全人口中所占比例由大到小。马斯洛认为,在需要层次的金字塔中,越向下的层次在全人口中所占比例越大,越向上的层次在全人口中所占比例越小。马斯洛认为,真正达到自我实现的人在全人口中只占很少的一部分,而绝大多数人都停留于中间的某一层次。这就是他之所以要用一个金字塔的图形来描述七个层次及其关系的原因所在。

3. 七个层次可概括为两种水平。马斯洛认为,前四种需要即从生理需要到尊重的需要属于基本需要(basic needs),后三种即从求知的需要到自我实现的需要称为成长需要(growth needs)。

基本需要就是个体在生活中因身体上或心理上的某种缺失而产生的需要:因饥渴而求饮食,因恐惧而求安全,因孤独而求归属,因免于自卑而求自尊。马斯洛认为,基本需要直接关系到个体的生存,当基本需要得不到满足时,将直接危及个体的生命。此外,基本需要有一个共同特征,那就是一旦获得满足,其需要强度就会降低,因为个体在某一特定时刻所需要的目的物是有限的。无论个体饿到什么程度,两碗饭下肚之后,很快就解除了他的饥饿。

成长需要则不同,它虽然以基本需要为基础,但它同时对基本需要具有引导作用。成长需要不是维持个体生存所绝对必需的,但满足这种需要能促进人的健康成长;居于顶层的自我实现需要,对以下各层均具有潜在的影响力量。与基本需要不同的是:成长需要不但不随其满足而减弱,反而因获得满足而增强,也即在成长需要之下,个体所追求的目的物是无限的。无论是求知,还是审美,都是永无止境的。这是人类异于禽兽之处,这也是马斯洛需要理论的超越之处。

(三) 对马斯洛需要层次论的简要评价

马斯洛的需要层次论,迄今为止是心理学界最为推崇的需要理论。其积极意义主要表现在如下几方面。

1. 马斯洛的需要层次论注重社会正常人的需要,因此它具有普遍性。他的理论在各行各业中得到广泛的应用。但是对不同的人来说,各种需要的重要性是不同的,一些人需要不断证实自己是受人喜爱和赞赏的,而有的人则对生理上的舒适和安全有更强烈的需求。同样,在不同的情况下,同一个人也会有不同的需要,例如长跑之后比吃了四道菜之后有更强烈的喝水需要。

2. 马斯洛的需要层次论是一个有严格组织的层级系统。

3. 马斯洛的需要层次论比较客观、准确地揭示了人类需要产生的客观规律。

当然,马斯洛需要层次论的缺陷也是显而易见的。主要表现在以下三方面。

1. 马斯洛脱离现实社会生活实践和人类社会的发展历史去看待人性,将人的社会性需要也看成是与生俱来的潜能,将人类的一切需要都看成是由潜能决定的,因此降低了社会生活环境在人的需要发生发展中的重要作用。

2. 马斯洛强调低级需要向高级需要发展,但没有充分认识到高级需要对低级需要的调节作用。因为在某些特定的背景中,即使低层次的需要没有获得基本的满足也可能产生高层次的需要。

3. 马斯洛是一个人本主义者,他的许多概念是从抽象的人性论出发,而未能顾及这些概念的现实社会内容。

此外,还有一些其他有关需要的理论,如表 3-1 所示。

表 3-1 其他有关需要的理论

需要理论	基 本 观 点
默瑞(H. A. Murray)的需要理论	把需要作为个性的核心概念,认为需要是个体行为的动力源泉。指出每个人都有自己的需要层次,各种需要在重要性上都不一样。提出多种需要分类法,如分为基本(身体能量)需要与次要(心理能量)需要。列举了 20 种需要。
奥德费(C. P. Alderfer)的 ERG 理论	在大量调查研究的基础上将需要划分为三个层次,即生存需要(Existence)、关系需要(Relatedness)与成长需要(Growth)。取三种需要的第一个英文字母,简称 ERG 理论。
赫茨伯格(F. Herzbery)的双因素理论	根据不同需要的满足对人的情感效应不同这一标志,把人的需要分为两大类。第一类需要,如不满足会引起不满意,但满足也只能避免不满意。第二类需要,如不满足只会没有满意感,但满足则可令人满意,从而产生激励作用。
勒温(K. Lewin)的需要理论	认为个体与环境之间的平衡遭到破坏时,就会唤起人的需要,即引起个人身心不同程度的紧张,这种张力会引起人的行为,使人恢复到平衡状态。需要满足后,紧张便得以解除。环境中的事物对人所具有的价值叫效价,能满足需要或有吸引力的对象具有正效价。勒温还用数字上的矢量来表示对象吸引力的方向和强度。例如只有一个矢量作用于某人,某人就会沿着这一矢量所指的方向移动,假如有两个或更多的矢量以不同的方向驱动这个人,那这个人如何移动就取决于这些矢量的合力。
麦克兰德(D. C. McClelland)的需要理论	利用默瑞的主题统觉测验(TAT)及其他工具研究发现,在人的生理需要满足后就会出现三种心理需要:成就需要、权力需要、交往需要。在不同的人身上,三种需要排列层次及重要性是不同的。

续表

需要理论	基 本 观 点
弗洛姆(E. Fromm)的需要理论	从人与自然、他人的关系中探讨人的需要,认为人的基本需要除生理需要外,还有五种需要:(1)关联的需要,即希望与世界、他人建立联系;(2)超越的需要,即不甘心被动地活着,希望去生产和创造;(3)寻根的需要,即希望生活在母亲、自然、大地、家庭、民族、国家的怀抱中获得安全感的需要;(4)认同的需要,即寻找在社会中的独特个性或角色,以回答"我是谁"这一问题的需要;(5)定向的需要,即为自己确定一个目标,从而赋予生命一种意义的需要。

第二节 动 机

一、动机的含义

(一) 什么是动机

动机(motivation)一词,来源于拉丁文 Movere,意思是移动、推动或引起活动。现代心理学将**动机**定义为推动个体从事某种活动的内在原因。具体说,动机是引起、维持个体活动并使活动朝某一目标进行的内在动力。动机是用来说明个体为什么要从事某种活动,而不是用来说明某种活动本身是什么(what)或怎样进行的(how)。

动机是在需要的基础上产生的。如前所述,需要是一切行为动力的源泉,但并不等于说需要就是人现实的行为动力,需要成为人行为的动力必须要转化为动机。那么需要是怎样才能转化为动机的呢?心理学家的研究表明:需要本身是主体意识到的缺乏状态,但这种缺乏状态在没有诱因出现时,只是一种静止的、潜在的动机,表现为一种愿望、意向。只有当诱因出现时,需要才能被激活,而成为内驱力驱使个体去趋向或接近目标,这时需要才能转化为动机。所谓**诱因**是指所有能引起个体动机的刺激或情境。诱因按其性质可分为两种:凡能驱使个体去趋向接近目标者,称为正诱因。它可以是简单的,如食物、水等,也可以是复杂的,如名誉、地位等。凡是驱使个体逃离或回避目标者,称为负诱因,如躲避危险,逃离灾难等。显然,诱因有些时候与行为目标是相同的,有时它只是帮助达到行动目标的条件。

但人类动机的复杂性在于,在有些情况下,诱因或目标并未实际出现,因为过去习得经验所产生的诱因期待或目标期待,也能使人的需要转化为动机。所谓**期待**就是个体对所要达到目标的主观估计。当个体主观估计,自己的某种行为可能会导致某种诱因或目标出现时,也能产生行为动机。总之,一切动机,无论是简单的动机,还是复杂的动机都是在需要的基础上产生的。

动机是行为活动的内在原因,它不能直接观察到,只能根据刺激情境和行为反应去推测。因此,如何从个体外显的行为或活动中去推测这种内部原因,就成为现代心理学中的一个特别重要而又比较困难的课题。因为只有对隐藏在个体行为背后的原因有科学的了解,人们才能更有效地理解人的外显行为。

心理学家通过大量研究发现,动机对于个体活动具有三种基本功能。

1. 激活功能。动机能激发有机体产生某种活动。带着某种动机的有机体对某些刺激,特别对那些与动机有关的刺激反应特别敏感,从而激发有机体去从事某种反应或活动。例如,饥饿者对食物、干渴者对水特别敏感,因此也容易激起寻觅活动。

2. 引导功能。动机与需要的一个根本不同就是:需要是有机体因缺乏而产生的主观状态,这种主观状态是一种无目标状态。而动机不同,动机是针对一定目标(或诱因)的,是受目标引导的。也就是说需要一旦受到目标引导就变成了动机。由于动机种类不同,人们行为活动的方向和它所追求的目标也不同。例如在学习动机的支配下,学生的活动指向与学习有关的目标,如书本、课堂等;而在娱乐动机支配下,其活动指向的目标则是娱乐设施。

3. 维持和调整功能。当个体的某种活动产生以后,动机维持着这种活动针对一定目标,并调节着活动的强度和持续时间。如果达到了目标,动机就会促使有机体终止这种活动;如果尚未达到目标,动机将驱使有机体维持或加强这种活动,以达到目标。

(二) 动机分类

人的动机是复杂的,多样的,可以从不同的角度,用不同的标准对动机进行分类。从动机起源的角度可将动机分为生理性动机(或原发性、原始性、生物性动机)与社会性动机(或心理性、习得性、继发性动机);从动机对象的性质可以分为物质性动机和精神性动机;从动机影响范围和持续作用的时间可以分为近景性动机(或暂短性动机)和远景性动机(或长远性动机);从对动机内容的意识程度可分为无意识动机和有意识动机;从动机在活动中的地位与作用大小可分为主导性动机与辅助性动机。在此仅从动机起源的角度对生理性动机和社会性动机加以阐释,其余的分类见表3-2。

1. 生理性动机

如前所述,**生理性动机**又称原发性动机、原始性动机、生物性动机,它是以生物性需要为基础的动机,如饥饿、渴、睡眠、空气、性、躲避危险等动机。在此仅对饥饿、渴、性、睡眠等几个最基本生物性动机加以阐释。

饥饿 饥饿(hunger)是一种强大的动机,是由体内缺乏食物或营养引起的一种生理不平衡状态,它表现为一定程度的紧张不安,甚至是折磨和痛苦,从而形成个体内在的紧张压力,并使个体产生求食活动。体内缺乏食物或营养是引起饥饿的基本原因。此外,外在刺激也可以影响饥饿感和进食行为,即使在没有生理需要时,食物的气味或视觉刺激也可以引起饥饿感。对人类来说习惯和社会风俗也会影响饥饿感和进食行为。你习惯于每天在一定时候吃饭,而当你注意到已经是中午时,就可能突然感到饥饿。当你和一些贪吃的朋友共同进餐时,就会比你单独一人吃饭时吃得多。

生理学家研究表明,饥饿的生理机制与下丘脑关系密切。早在20世纪50年代生理学家们用电刺激法和局部损伤法发现下丘脑控制饮食是通过两个区域实现的:一是位于外侧下丘脑的"进食中枢";另一是位于腹内侧下丘脑的"厌食中枢"。前者是进食的"起点",后者是进食的"终点"。

研究表明,血糖水平、胃的充满和体温对即时食欲的下丘脑控制有重要影响。

血液中糖或葡萄糖的降低会使我们感到虚弱和饥饿。注射胰岛素(降低血糖水平)能增加进食;注射葡萄糖(提高血糖水平)就抑制进食。

空胃将产生胃壁肌肉的周期性收缩,因而产生饥饿的感觉。坎农(Cannon, 1934)在一项实验中,让被试把一个气球吞进胃里,然后给气球充气。结果发现,当气球充气引起胃壁收缩时,被试便出现饥饿的折磨。但沃根斯坦和卡尔森(Wangansteen & Carlson, 1931)则发现,外科手术将胃切除后,病人不能感受胃壁的收缩,但仍能体验到饥饿。这说明胃壁收缩是引起饥饿的原因之一,但还有其他原因。

温度也影响下丘脑对饥饿感的控制,在温暖的环境里生活的大多数动物和人比在寒冷的环境里吃得少。这些"温度感受器"的性质目前还不太清楚,但有证据表明,外侧下丘脑对于脑的降温起反应,而腹内侧下丘脑则对脑的升温起反应。

渴 渴(thirst)是由于体内水分不足而引起的一种生理不平衡状态。它能推动有机体产生找水的活动。渴是具有比饥饿更强的驱动力。我们可以几天不吃食物,但是几天没有水就难以存活。

在日常生活中,人们一般认为,渴是由于口腔和喉头干燥引起的。但实验研究却否认了这种观点。实验的具体操作是:把塑料管从狗的食管引到身体外部。让狗能正常喝水,但水不能到达胃里。配备了这种食管外引装置的口渴的狗,在喝完了正常数量的水以后就停止下来,显然是由于饮水本身而感到满足,尽管饮入的水并未入胃。然而,大约10分钟后,狗开始再次饮水,并喝完了同样数量的水。这种周期性活动继续下去,随着体内缺水程度的增加,狗也逐渐增加摄水量。

如果通过一根管子而不经口和咽喉直接进入干渴的狗的胃里,尽管水的数量与前面经由口和咽喉的完全相同,但情况却有很大不同。如果有5分钟、10分钟或者15分钟延迟,则随着延迟时间的增加,摄入数量也相应减少。延迟20分钟以后,狗就一点儿也不喝了。这些研究结果表明,一定量的水必须通过胃壁的吸收进入血液以后,狗的饮水反应机制才会停止作用。

渴的生理机制也可以追溯到下丘脑。研究表明,两种生理状态刺激下丘脑会引起渴而思饮:即细胞脱水和血容量减少。细胞脱水直接作用于下丘脑而引起有机体喝水。细胞脱水能够通过有机体的水剥夺造成,也能通过直接向脑注射食盐溶液造成。即使将微量的食盐溶液注入山羊下丘脑前视区,也将引起动物饮几加仑的水。血液容量的减少即使在没有细胞脱水的情况下也能引起口渴。一个大量失血的患者感到非常口渴,虽然体内血液浓度没有改变,因为血液容量的减少引起肾脏分泌高压蛋白酶原,它释放血管紧张素进入血管,当血管紧张素到达下丘脑时便引起喝水。

性 性(sex)是人与动物共有的一种强有力的动机或内驱力。性虽然不像食物和水那样对有机体的生存具有关键作用,但他对种族的生存是必须的。性驱力虽然在儿童身上就有某种表现,但强烈的性驱力只发生在性成熟的机体上。

研究表明,性的生理基础是脑垂体。雌性的垂体激素刺激卵巢生成雌性激素和孕激素;雄性的垂体刺激睾丸细胞生成一组雄性激素或雄性荷尔蒙,最重要的是睾丸素。在青春期这些激素的显著增加使青春期的主要的和次要的特征产生变化。

睡眠　睡眠(sleep)是由睡眠需要引起的动机即睡眠动机或睡眠驱力。睡眠驱力是一种按节律生物钟安排出现的动机,对于消除疲劳恢复体力具有重要作用。睡眠对人的心理活动有重要影响,如果一个人的睡眠被剥夺,那么,只需几天时间,人就不能忍受,以致出现精神错乱。

现代生理学已经能够对睡眠和梦发生的时间进行准确测量(见图3-3)。通过测量人们发现,人的睡眠可以分为快速眼动和非快速眼动睡眠(见图3-4)。梦境通常是出现在快速眼动睡眠阶段。

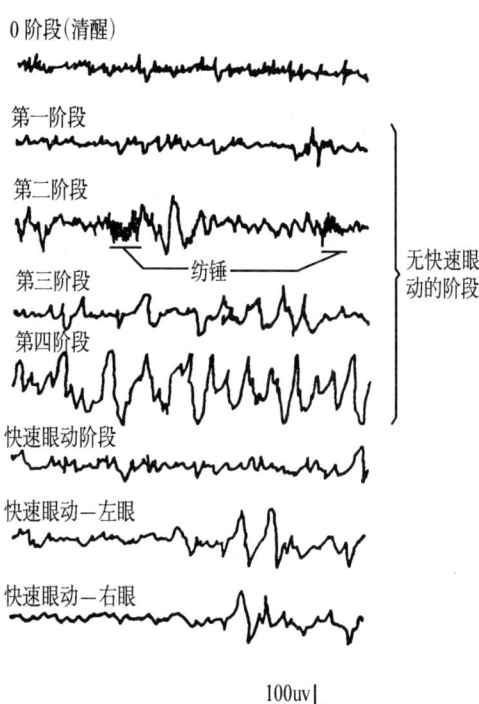

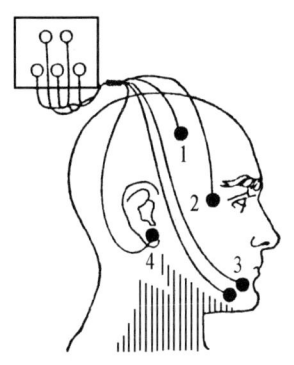

图3-3　记录睡眠的电生理学
　　　　所做的电极安排

梦的研究者用电极记录:
(1)从头皮来的电变化,脑电图或 EEG;
(2)快速眼动或 REM;(3)来自下巴肌肉的电脉冲、肌电图或 EMG,放在耳朵上的一个中性电极;(4)通过产生图解记录的放大器接通完整的电路。脑电图虽然是从头皮得出的测度,但是提供了明显的证据,证明电极下面的脑有自发活动。

图3-4　睡眠的阶段

图的上部表明从醒到睡眠的各阶段脑电图的变化,然后是快速眼动阶段。在快速眼动阶段,脑电图和第一阶段的相似,但出现了其他阶段基本上没有的快速眼动。下面两行是左、右眼的快速眼动记录。

睡眠动机是受生物节律,即生物钟控制,同时也受到意志和非意志的控制。但关于睡眠的更深层机制至今仍不清楚。有人认为血液内化学成分的变化是引起睡眠的重要原因,可是科学家们将一只正在打瞌睡的狗的血液抽去,注射到另一只清醒的狗身上,这只清醒的狗并没有表现睡眠倾向。连体双生子的血液是相通的,但当其中一个睡眠时,另一个却可以是清醒的。

2. 社会性动机

社会性动机又叫继发性动机、习得性动机和心理性动机,是以社会需要为基础的动机。社会性动机的内容十分丰富,如兴趣、成就动机、权力动机和交往动机均属于社会性动机。对成就动机的内容在第三节动机理论中有专门介绍,现仅对其他三种社会性动机略加介绍。

兴趣 兴趣(interest)是在探究反射基础上形成的对事物或活动的心理倾向,是推动人们认识事物、探求真理的重要动机。兴趣可以使人产生巨大的积极性,获得某种肯定的情绪体验。在学习和工作中,一旦有了浓厚的兴趣就会刻苦钻研、废寝忘食。

当兴趣不是指向认识的对象而是指向某种活动时,这种动机叫爱好。如对足球的爱好,对音乐、美术的爱好等。兴趣与爱好是和人的积极的情绪体验联系在一起的。

人的兴趣是多种多样的,可以分为直接兴趣和间接兴趣。所谓直接兴趣是由事物或活动本身引起的兴趣,如对看电影、小说的兴趣。间接兴趣是由认识事物的目的和结果所引起的兴趣,如对某项劳动将取得的成果或掌握某门知识后的作用所发生的兴趣。

人的兴趣具有不同品质。这些品质包括:(1)兴趣的倾向性,指兴趣所指向的内容。是指向物质的,还是指向精神的;是指向高尚的,还是指向卑劣的内容。(2)兴趣的广度,指兴趣的范围大小。有人兴趣广泛,有人兴趣狭窄。一般来说,兴趣广泛的人能获得广博的知识。(3)兴趣的稳定性,指兴趣长时间保持在某一或某些对象上。只有具备了稳定性,一个人才可能在兴趣广泛的背景上形成中心兴趣,使兴趣获得深度。(4)兴趣的效能,是指兴趣对活动发生作用的大小。凡对实际活动发生的作用大的兴趣其效能作用也大;反之,对实际活动发生作用小的其兴趣的效能作用也小。

权力动机 权力动机(power motive)是指人们具有某种支配和影响他人以及周围环境的动机。权力动机强者,常常表现为主动参与社会事业,并试图在其中起到支配和领导作用;权力动机弱者虽然也能参与社会事业,但主动性不强,也缺乏在群体中起支配、领导作用的欲望。

权力动机又可分为个人化权力动机(personalized power motive)和社会化权力动机(socialized power motive)。具有个人化权力动机的人,积极参与社会活动的目的是为表现自己,满足个人的私誉或利益;权力、地位被他们当成获利的手段。而具有社会化权力动机的人,他们寻求权力的目的是为他人;他们以个人的知识、智慧、才干、人格去影响他人,如作家以自己的作品或精神产品去影响他人,影响社会。总之,具有社会化权力动机的人,把权力看成是能更好为他人谋利、为人类作贡献的手段。

交往动机 交往动机(afficiation motive)是在交往需要基础上产生的社会性动机。交往需要表现为每个人都有团体归属感,每个人都希望得到别人的关心、支持、友谊、合作与奖赏。这种需要促使人们结交朋友,寻找支持,参加群体活动,因而形成交往动机。当交往动机能够正常实现时,人们就会获得安全感、归属感、增添生活的勇气;反之,当交往动机受到阻碍或剥夺时,人们就会感到孤独、寂寞,甚至焦虑和痛苦。

表3-2 按不同标准对动机的分类

分类标准	动机种类	含 义	举 例
根据动机起源	生理性动机(或原发性、原始性、生物性动机)	以生物性需要为基础的动机。	食物、水分、空气、躲避危险等。
	社会性动机(继发性、习得性、心理性动机)	以社会需要为基础的动机。	如劳动动机、成就动机、交往动机等。
根据对象性质	物质性动机	以物质性需要为基础的动机。	食品、服饰、用品等。
	精神性动机	以精神性需要为基础的动机。	成就、交往等。
根据影响范围和持续作用的时间	近景性动机(或暂短性动机)	与具体活动本身相联系,影响范围小,持续作用时间短的动机。	学生仅仅为考试得高分做出的应付性努力等。
	远景性动机(或长远性动机)	与活动的社会意义相联系,影响范围大,持续时间长的动机。	一个学生想在将来成为一名优秀教师而进行的努力等。
根据对动机内容的意识程度	无意识动机	行为者意识不到,但决定其活动倾向的动机。	定势、习惯等。
	有意识动机	行为者能觉察到,并对其内容明确的动机。	对某人某事的兴趣以及以道德感、义务感和社会责任感为内容的理想和信念等。
根据动机在活动中的地位与作用大小	主导性动机	在活动中处于支配地位,发挥主导作用的动机。	在学习活动中,可能有几种动机,如为祖国富强而学习,为获得奖励而学习,或为获得同伴赞许而学习,假如为祖国富强而学习的动机居于支配地位,其余几种动机就处于从属地位。
	辅助性动机	在活动中处于从属地位,只起辅助作用的动机。	
根据动机的起因	外在动机	由外在条件(即诱因)诱发出来的动机。	学生为获表扬和奖励而努力学习。
	内在动机	由内在条件(如好奇、兴趣等)引发出来的动机。	学生因对某门课有特殊兴趣而努力学习。
根据动机的正确性或社会性质	正确动机(或高尚动机)	符合某种社会要求或道德准则的动机。	在完成某项任务中所表现出的利他行为。
	错误动机(或卑劣动机)	违背某种社会要求和道德准则的动机。	在完成某项任务中所表现出的损人利己行为。

二、动机冲突与目标确立

在社会生活中,人的需要是多种多样的,因此也就形成了多种多样的动机。但是在某一特定的时空条件下,这些同时并存的动机不可能同时获得满足,人们不得不从众多的动机中选择某些动机而放弃其他动机。因此在人的心理上就产生了动机冲突或动机斗争。所谓**动机冲突**或动机斗争就是指在同一时间内出现的彼此不同或相互抵触的动机,因不可能都获得满足而产生的矛盾心理。动机冲突在每个人的日常生活中都是经常发生的。

动机冲突也可按不同标准划分为不同种类(见表3-3)。

表3-3 动机冲突的主要种类

分类标准	动机种类	含义	举例
按性质和内容	原则性动机冲突	个人愿望与社会道德标准相矛盾的动机冲突。	公与私,个人利益与集体利益的冲突。
	非原则性动机冲突	与社会道德标准不矛盾,只涉及个人兴趣、爱好舍取的动机冲突。	如周末既想去看电影,又想复习功课。
按表现形式	双趋动机冲突	同时面临两个具有同等吸引力的目标,又不能同时达到,必须选择其一时产生的动机冲突。	"鱼,我所欲也;熊掌,亦我所欲也,二者不可得兼,舍鱼而取熊掌者也。"
	双避动机冲突	同时面临两个具有威胁性的目标都想避开,但必须接受其一时而产生的动机冲突。	既怕学习辛苦,又怕老师批评,两者都想回避,但必须接受其一。
	趋避动机冲突	对同一目标,同时产生的既好而趋之,又恶而避之时产生的动机冲突。	既想当好学生干部,又怕耽误学习时间。

动机冲突与目标确立是同步进行的。动机冲突就是为选择目标而产生的,动机冲突的过程就是目标确立的过程。某人有动机冲突就因为在某人的心目中可能有两种或多种目标,动机冲突的过程就是对众多目标的利弊、优劣以及实现的可能性进行权衡,进而决定取舍的过程。由此可见,行动目标的确立不在动机冲突的开始,而在动机冲突的最后,动机冲突停止的同时,目标也就确立了,所以说目标确立是动机冲突的结果。目标一旦确立就可以拟定行动方案付诸实践了。

三、动机与行为效果

动机对人的行为效果或工作效率的影响是不容置疑的,但这种影响究竟有多大呢?这种影响是积极的还是消极的呢?研究表明这种影响取决于两个要素:一是取决于动机本身的强弱;二是取决于个体行为的质量。

首先，动机对行为效果或效率的影响取决于动机本身的强弱。一般来说，当动机过弱时，行为者对活动持漠然态度，行为效果或效率必然很低；当然在动机强度过大时，有机体处于高度的紧张、焦虑状态，其注意和知觉的范围变得过于狭窄，也会限制正常活动，从而使行为效率降低。例如在高考前作了充分准备的学生，以其实际能力和水平完全可以考出一个好成绩，但临场发挥时处于高度紧张、焦虑状态，唯恐考不好，结果限制了自己能力的发挥，反而降低了效率。这样的事是屡见不鲜的。所以，为了使行为卓有成效就应努力避免动机过强或过弱，使其处于最佳水平上，只有动机处于最佳状态时，在其他因素恒定的情况下，才能最大限度地提高行为效果或效率。

专栏 3－1

目标与反馈

学生在追求学习目标、完成学习任务的过程中，如果能及时得到反馈，即让他们及时知道自己学习的结果，能明显地激发学习动机调动学习的积极性。现以布克和诺凡尔（W. F. Book &L. Norvell, 1923）的实验材料为例，以说明反馈对激发学习动机的作用。其实验过程是，把124名大学生被试分为甲乙两组，要求他们以最快的速度正确地做同样的练习（减法、乘法、写字母、找课文中的外国字），连续实验75次，每次30秒钟。在前50次练习中，对甲组采取三项措施：(1) 知道每次实验得分；(2) 不断予以鼓励，督促他们努力地做；(3) 对发生的差错加以分析。对乙组则不采取上述的这些措施。在两组被试各练习50次后，把两组加以对换，即对乙组采取上述三项措施，而对甲组则予以取消。实验结果：在前50次练习中，甲组的成绩高于乙组；而在后25次练习中，则乙组的成绩高于甲组。（见图3－5）

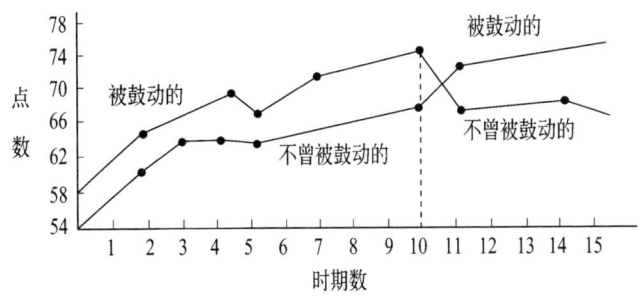

图3－5　了解结果与不了解结果的成绩比较图

[资料来源] 李伯黍,燕国材.教育心理学[M].上海:华东师范大学出版社,1993:251—252.

需要说明的是，学习动机强度的最佳水平不是固定不变的，它往往会因课题性质不同而不同。当学习比较容易的课题时，行为效率会因动机强度的增强而提高；当学习比较困难的课题时，行为效率会因动机强度的增强而下降；在一定范围内，动机增强有利于行为效

率的提高,特别在学习力所能及的课题时,其效率的提高更明显。这一规律早在1908年就被耶基斯(R. M. Yerkes)与多德森(H. D. Dodson)通过实验证实了,因此,被称为耶基斯-多德森定律。(见图3-6)

其次,动机对行为效果的影响还与个体行为的质量有关。因为动机必须以行为为中介对行为效果发生影响,所以行为质量对行为效果的影响至关重要。而行为又要受到一系列主客观因素制约,比如一个人的学习动机对学习效果有多大影响,不仅取决于动机的强弱,而且取决于学习行为

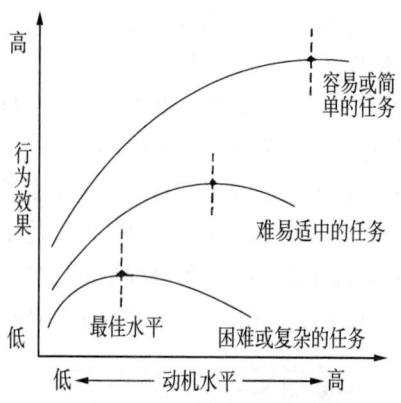

图3-6 耶基斯—多德森定律

本身的质量,也就是说学习动机只有通过学习行为才能发挥作用,影响学习效果。一个学习动机很弱的学生当然不会有高质量的学习行为发生,因此也不能获得很好的学习效果。但一个学习动机很强或达到最佳动机水平的学生,也不一定能表现出高质量的学习行为,从而获得好的学习效果。因为学习行为的质量不仅受动机影响,还受许多变量的影响,如学习基础、教师指导、学习方法、学习习惯、智力水平、个性特点、健康状况等的制约。因此,只有把动机、行为、效果三者联系起来,才能看出动机与行为效果之间既一致又不一致的关系。现以"M"代表动机,"B"代表行为,"E"代表行为效果,可以得到四种常见的M—E的关系类型(见表3-4)。其中,"+"表示好或积极;"-"代表坏或消极。

表3-4 动机与行为效果的关系

	正向一致	负向一致	正向不一致	负向不一致
M	+	-	-	+
B	+	-	+	-
E	+	-	+	-

从表3-4可以看出,在四种M—E关系类型中,有两种动机与效果的关系是一致的,另两种动机与效果不一致。一致的情况是学习动机强,积极性高,行为质量也高,则效果好,这是正向一致;相反,动机弱,积极性不高,行为也不好,则效果差,这是负向一致。不一致的情况是:动机强,积极性高,如果行为质量不高,其效果也不会好,这是负向不一致。相反,学习动机不强,如果行为质量高,其行为效果也可能好,这是正向不一致。据此,可以得出这样的结论:学习动机是影响学习行为、提高学习效果的一个重要因素,但却不是决定学习活动的唯一因素。在学习中,激发学习动机固然是重要的,但改善各种主客观条件以提高学习行为才是最关键的。只有抓住了这个关键,才能保持正向一致和正向不一致,消除负向一致与负向不一致,提高行为效果。

第三节 动机理论

一、强化动机理论

强化动机理论是由联结主义理论家提出来的。联结主义认为人类一切行为都是由刺激(S)—反应(R)构成的,也就是说联结主义认为在刺激和反应之间不存在任何中间过程或中介变量,既然不存在任何中间过程或中介变量,那也就不可能到中间过程或中介变量中去寻找行为的动力,只能到行为的外部去寻找。因此,他们把人类行为的动力归结到了强化。什么是强化呢?强化,理论认为凡是能增加反应概率的刺激或刺激情境均可称为强化。所以联结主义试图用强化来说明行为的引起与增强。在他们看来,人的某种行为倾向之所以发生,完全取决于先前的这种行为与刺激因强化而建立起来的稳固联系。当某种行为发生后给予强化,就可以增加该行为再次出现的可能性。比如,某学生在偶然一次考试中得了高分,家长、教师便及时进行表扬、奖励,就能够增加该生在下一次考试中取得好成绩的可能性。按照这种观点,人类做出任何良好的行为都是为了获得报偿。因此,在活动中,采用各种外部手段如奖赏、赞扬、评分、等级、竞赛等,是激发动机不可缺少的手段。强化既可以是外部强化,也可以是内部强化。前者是由外部或他人施予给行为者的强化,后者是自我强化,即行为者在活动中获得了成功而增强成功感与自信心,从而增加了行为动机。无论是外部强化还是内部强化都有着正强化与负强化之分,并与惩罚有着千丝万缕的联系。一般说来,正强化和负强化都起着增强学习动机的作用,如对取得优异成绩进行适当的表扬与奖励属于正强化,而取消讨厌的频繁考试等便是负强化。惩罚一般起着削弱动机的作用,但有时也会使人在失败中重新振作起来。

总之,强化动机理论就其主要倾向来说,是联结派的动机理论,因此,过分强调引起行为的外部力量,忽视甚至否定人的学习行为自觉性与主动性,因而这一理论有很大的局限性。

二、成就动机理论

成就动机的概念是在默瑞(H. A. Murray, 1938)于20世纪30年代提出的"成就需要"的基础上发展起来的。默瑞认为,人格的中心由一系列需要构成,其中之一即成就需要,这一需要使人表现出:追求较高的目标,完成困难的任务,竞争并超过别人。20世纪40、50年代,麦克兰德(D. C. McClelland)和阿特金森(J. W. Atkinson)接受默瑞的思想,并将其发展成为成就动机理论。

麦克兰德等人于1953年合著了《成就动机》一书,介绍了他们20世纪40年代末用主题统觉测验来测量成就动机,并对默瑞提出的"成就需要"进行了实验研究。麦克兰德发现,成就动机高的人,喜欢选择难度较大,有一定风险的开创性工作,喜欢对问题承担自己的责任,能从完成任务中获得满足感;成就动机低的人,倾向于选择风险较小、独立决策少的任务或职业。

阿特金森于1963年将麦克兰德的理论作了进一步深化,提出了具有广泛影响的成就动机模型。他认为成就动机的强度是由动机水平、期望和诱因的乘积来决定的。其关系可用下述公式表示：

$$动机强度 = F(动机水平 \times 期望 \times 诱因)$$

动机水平是一个人稳定的追求成就的个体倾向；期望是某人对某一课题是否成功的主观概率；诱因是成功时得到的满足感。

在此基础上,阿特金森又进一步将个体的成就动机分为两类：一类是力求成功的动机,即人们追求成功和由成功带来的积极情感的倾向性；另一类是避免失败的动机,即人们避免失败和由失败带来的消极情感的倾向性。根据这两类动机在个体的动机系统中所占的强度,可以将个体分为力求成功者和避免失败者。在力求成功者的动机成分中力求成功的成分多于避免失败的成分；在避免失败者的动机成分中避免失败的成分多于力求成功的成分。力求成功者将目标定位于获取成就,既然要获取成就,就不能不对任务的成功概率有所选择。研究表明,成功概率在50%的任务是最能调动力求成功者的积极性的,因为这种任务对他们能力最富挑战性。而那些根本不可能成功或稳操胜券的任务反而会降低他们的动机水平。对于力求避免失败者则相反,因为他们将心态定位在如何避免失败,因为要避免失败,所以他们往往倾向于选择大量非常容易或非常困难的任务,如果成功概率大约是50%时,他们会回避这项任务。因为选择容易的任务可以确保成功,避免失败,而选择非常困难的任务即使失败了也可以归因于任务的难度,得到他人的理解和原谅,从而减少失败感。因此,在教育活动中,要调动力求成功者的积极性,就应当提供新颖且有一定难度的任务,安排竞争的情境,严格评定分数等方式来激起他们的学习动机；而对于力求避免失败者,则要安排竞争少或竞争性不强的环境,如果小有成功便立刻给予奖励或强化,评定分数也要适当放宽,并尽量避免在公开场合指责其错误。应该说力求成功的动机比避免失败的动机具有较大的主动性。因此,对学生除了尽可能让他们避免失败之外,还应立足于增加他们力求成功的成分,使他们不以避免失败为满足,而应以获取成功为快乐,这样才能真正调动一个人的积极性。

专栏3-2

成就动机的改变

与动机有关的个性特征是可以改变的。当学生所处的环境发生改变时,其动机也会发生相应的变化。例如,一个学生的文化课学习很差,但他又具有某一特长。当他离开那个学得很差的普通中学、去接受某种职业技术培训并获得成功时,其动机也发生了变化。由于获得成功的新体验,该学生可能会抛弃长期以来形成的外控制点的归因模式,改变自己的低成就动机。大器晚成的学生,那些在早先的学习中经历失败、而后来取得成功的学生,他们与个性特征有关的动机也会产生持久的改变。同样,最初体验到成功、而后失败的学生,其动机也会发生变化。但是通过专门的训练程序,成就动机和归因方式都可以发生改变。

[资料来源] 罗伯特·斯莱文.教育心理学——理论与实践(第7版)[M].姚梅林,等,译.北京:人民邮电出版社,2004:245.

三、期望理论

美国心理学家弗罗姆在《工作与激发》(1964)一书中认为,激发力量等于预期目标的效价乘以对现实目标的期望概率所得的乘积。

激发力量 = 效价 × 期望概率($M = V \times E$)

(其中效价——达到目标对满足个人需要的价值。效价值为0,为负数,为正数。期望概率——个人对实现目标可能性的估计。概率为0,大于0,为1)

期待理论(expectancy theory of motivation)认为,个体动机依赖于他们对成功的机会和成功价值的估计。当成功的可能性处于中等水平时,动机最强。期待理论的一个重要意义是选择的任务既不能太难,也不能太简单。研究表明,教师的期待会对学生的动机和成绩产生显著影响。教师应向学生表达积极的期待,认为学生有能力学习。要激发学生的动机,教师给学生提供的任务就要确保他们成功,但也要付出努力。

四、归因理论

归因理论主要涉及的是对成功和失败的解释。其核心假设是,个体总是试图保持一个积极的自我形象。归因理论的最早提出者是美国社会心理学家海德(F. Heider, 1958)。他认为,人们都具有理解世界和控制环境这两种需要,使这两种需要得到满足的最根本的手段就是了解人们行为的原因,并预测人们将如何行为。他认为,对行为的归因有两种,一种是环境归因(situational attribution),即将行为原因归为环境,如将行为的原因归为他人的影响、奖励、运气、工作难易等都是环境归因。海德认为,如果把行为原因归为环境,则个人对其行为结果可以不负什么责任。另一种是个人归因(personal attribution),即将行为的影响归于个人,如将行为的原因归为人格、动机、情绪、态度、能力、努力等的影响。海德认为,如果把行为原因归于个人,则个人对其行为结果应当负责。

此后,美国社会心理学家罗特(T. B. Rotter, 1966)根据"控制点"(locus of control)把人划分为"内控型"和"外控型"。内控型的人认为自己可以控制周围的环境,不论成功还是失败,都是由于个人能力和努力等内部因素造成的;外控型的人感到自己无法控制周围的环境,不论成败都归因于他人的压力以及运气等外部因素。

美国心理学家韦纳(B. Weiner)在吸收海德和罗特理论的基础上对行为结果的归因进行了系统的探讨,并把归因分为三个维度:内部归因和外部归因,稳定性归因和非稳定性归因,可控归因和不可控归因。同时将人们活动成败的原因即行为责任归结为六个因素,即能力高低、努力程度、任务难易、运气(机遇)好坏、身心状态、外界环境等。三维度与六因素的结合,见表3-5。

表3-5 韦纳三维度六因素归因模式

维度 关系 因素	稳定性		内外在性		可控性	
	稳定	不稳定	内在	外在	可控	不可控
能力高低	+		+			+
努力程度		+	+		+	
任务难度	+			+		+
运气好坏		+		+		+
身心状态		+	+			+
外界环境		+		+		+

归因理论经过韦纳的反复修正成为一种解释动机最系统的理论,也是近年国内心理学家最感兴趣的理论之一。归因理论在实际应用中的价值主要有以下三方面。

1. 了解心理与行为的因果关系。归因理论告诉我们人类的任何行为都一定有其原因,人们会将自己在某种活动中的成功或失败自觉不自觉地归于某种原因。因此对这种因果关系的研究有助于对人的心理与行为进行更有效地把握。比如一个教师往往会将资质中等而成绩甲等的学生归因为努力,把聪明而成绩优异的学生归因为能力,把经常因病缺课而成绩低落的学生归因为身心状况的问题。教师只有了解到学生成败的原因后才能对症下药,改进教学,从而达到因材施教的目的。

2. 根据行为者当前的归因倾向预测他以后的动机。归因理论的一个重要价值就是人们可以根据某个行为者当前的归因倾向预测他未来在此方面的动机。以两个同样获得考试成绩优秀的学生为例,若甲生把自己的成绩归因于能力,而乙生归因于运气,那么就可以想见在以后的课业学习中甲生比乙生可能会有更强的学习动机。因为甲生将自己的成功归因于能力,能力虽然也是不可控的因素,但却能使他充满信心;乙生将成功的原因归于运气,运气是外在的不可控的因素,个人无能为力。乙生可能心存幻想,希望下次再碰上好运气。再如,两个同样失败的考生,若甲生将自己的失败归因于努力不够,而乙生却将之归因于试题太难,可以预测在随后学习中甲生的学习动机会强于乙生。因为甲生将失败的原因归为努力不够,努力是自己可以调节和控制的;而乙生将失败的原因归于试题太难,而这是外在的、不可控的因素,因此可以预测甲生在后来的学习中其动机可能远远大于乙生。

> **专栏 3-3**
>
> **教师通过教学帮助学生学会正确归因**
>
> 如果学生认为自己过去的失败是由于缺乏能力,那么他就会认为自己在其他类似的任务中也难以取得成功,因而也就不会付出太多的努力(Ethingon,1991)。显然,认为自己会失败的看法就会得到某种证实。由于持有这种观点,学生努力学习的动机就不会很强,而这反过来又导致再次的失败。教师由此传达给学生的最具毁灭性的评价就是"愚不可及"。
>
> 虽然很少有教师直接对学生这么说,但是教师的看法会通过此种方式传达给学生。一种方式就是使用竞争性的评分制度(如分数的正态分布),使分数公开化,使学生的名次变得很重要。这种做法将学生在学业成绩上的微小差距放大了许多,使那些分数低的学生感到自己永远也学不好。
>
> 相反,那些淡化分数和名次的教师会向学生传达这样一种期待(这种期待通常也是正确的):班上的所有学生都有能力学好。这样的教师更倾向于帮助学生认识到成功与否取决于自己的努力——一种内部、可变的因素,这种归因使学生产生这样的预期:如果自己尽最大努力,将来就会成功。
>
> 将成功归因于内部的稳定因素("因为我聪明,所以成功了")也不具有强的激励作用。有能力的学生也需要认识到,成功来自努力而不是能力。如果教师强调努力是成败的主要原因,并且对学生付出的努力进行奖励,那么与只强调能力、并对能力进行奖励相比,前者更有可能激发所有学生付出最大的努力(Resnick,1998)。
>
> 可以应用个别化教学的方式来奖励学生的努力而不是能力。个别化教学将成功定义为学生在原有水平上的进步;可以将学生的努力程度作为考虑因素计入总分中,也可以对学生的努力进行单独的评分;对成绩的改善进行奖励。
>
> **[资料来源]** 罗伯特·斯莱文. 教育心理学——理论与实践(第7版)[M]. 姚梅林,等,译. 北京:人民邮电出版社,2004:245.

3. 归因训练有助于提高自我认识。让学生学会正确而有积极意义的归因是对学生进行心理教育的一项重要内容。学生学会归因的过程也就是提高学生的自我认识的过程。通过归因训练"培养学生在从了解自己到认识别人的过程中,建立起明确的自我观念,所以无论学生自我归因正确与否,都是重要的。"(张春兴,1998)由此可见,归因训练首先在于培养学生自觉的归因意向,有了这种自觉归因意向的本身就表明学生有了自觉的自我意识。其次,重要的在于归因过程,通过这种过程培养学生的自我观念。再次,要培养学生正确而积极的归因,这样不仅在一项具体的活动中能够正确地认识自己与别人行为原因的关系,而且能形成正确的自我意识,从而更好地知己与知人,因此,教师有必要对学生不正确的、消极的归因进行心理辅导。如果一个学生长期处于消极的归因心态就会有碍于人格成长,比如惯于逃避失败的学生,他们对应付困难缺乏信心,将失败归因为能力不足,而将成功归因于运气或任务容易。长此以往,成为应付学业的一种习惯,就会演变成一种习得性无助感(learned helplessness)。

习得性无助感的概念最初是由美国学者塞利格曼等人(M. E. P. Seligman,1955)通过实验提出的。在实验中他们先将狗固定在架子上进行电击,狗无可奈何,因为它无法预料也无法控制这种电击。然后,再把狗放在一个中间用矮板墙隔开的实验室里,让它们学习回避电击。对于一般的狗来讲,是非常容易学会的,可是对于这些遭受过电击的狗来说,绝大部分却没有学会回避电击,它们先是乱抓乱叫,后来干脆趴在地板上甘心忍受电击,不进行任何反应。塞利格曼认为,这一实验结果表明,动物在有了"某些外部事件无法控制"的经验后,会产生一种叫做习得性无助感的心理状态,这种无助感会使动物表现出反应性降低等消极行为,妨碍新的学习。很多以人为被试的实验也得出了同样结论。人们发现,习得性无助感产生后有三方面表现:(1)动机降低:积极反应的要求降低,消极被动,对什么都不感兴趣。(2)认知出现障碍:形成外部事件无法控制的心理定势,在进行学习时表现出困难,本应学会的东西也难以学会。(3)情绪失调:最初烦躁,后来变得冷淡、悲观、颓丧,陷于抑郁状态。到了习得性无助感的状态,纵然轻易成功的机会摆在面前也鼓不起尝试的勇气。显然这对个体人格的成长是极为不利的。所以,帮助学生学会正确而积极的归因是每个教师应尽的责任。

专栏3-4

习得性无助与归因训练

避免失败的一种极端形式就是习得性无助(learned helplessness)。习得性无助的学生通常会认为不管自己做什么,都注定要失败或毫无意义:"做什么都无济于事"。就学习而言,习得性无助与个体对失败的内部、稳定的解释密切相关:"我失败了,是因为我笨。这意味着我总是要失败"(Diener & Dwek,1978)。不断经历失败的学生可能会形成一种"防御性悲观主义",以保护自己,避免否定反馈(Marsh & Debus,2001)。

习得性无助与儿童幼年接受的不恰当的教养方式有一定关系(Hokoda & Fincham,1995),也可能是由于教师给予的不一致、不可预测的奖惩引起的,使得学生形成这种观点:对于成功自己无能为力。教师要避免或减轻学生的习得性无助,可以通过:(1)将学习任务分成小步子,给学生提供成功的机会;(2)提供及时反馈;(3)最为重要的,对学生要有积极的、一贯的期待,也可以减少习得性无助,因为所有的学生都可以在某种程度上达到学习目标(Dweck,1986)。

帮助学生克服习得性无助

学生由于不断经历着来自教师、同伴、学校中的活动以及自身的否定反馈,逐步形成了条件反射,最终导致学业失败。大量的研究发现,如果学生总是失败,那么他们最终就会放弃努力,并使习得性无助成为条件反应(Seligman,1975)。

中小学教师可以采用各种方式来解决问题,如进行归因训练、目标重建、自尊感教程、确保成功、积极的反馈体系等。下面的几个原则对所有学生都会有所帮助,尤其是那些具有习得性无助倾向的学生。

发扬优点。首先了解学生的长处,然后以此为起点。每个学生都有所长,但要注意,这些长处必须都是真实的,而不是编造出来的。例如,一个学生长于言辞,但拙于写作。那么,就可以先让这个学生去做一些与言辞表达有关的活动,而不是让他去完成写作活动。在该生的自信心建立之后,再将重点逐步转移到写作上。

克服缺点。不要讥笑学生的弱点或缺点,要正视并帮助其克服,但也要讲究策略。在上述例子中,教师可以与学生交谈,共同讨论写作中的问题,让学生制订一个提高写作能力的计划,然后对计划进行讨论,并签订一个如何完成计划的合约。

运用先行组织者或指导发现法,温故知新。一些学生对不熟悉的概念、技能或观点会感到困难,而对那些与自己经验有关的课程,则通常学得较好。例如,数学教师可以通过给学生呈现实际生活中的问题来开始他的教学。例如,计算买一个CD的税值。教师还可以让学生把在校外遇到的数学问题拿到课堂中来。整个课都可以用来解决学生自己的数学问题。

创设挑战性的活动,让学生主动地提出问题,并用自己的知识和技能加以解决。

[资料来源] 罗伯特·斯莱文. 教育心理学——理论与实践(第7版)[M]. 姚梅林,等,译. 北京:人民邮电出版社,2004:249—250.

专栏 3-5

教师的反馈是影响学生归因的重要因素

虽然韦纳的归因理论是以认知论的观点建立的,但他在实际调查研究结果中却发现,教师在教学时给学生的反馈(尤其是在评定学生考试成绩时,对学生情绪的支持或拒绝)对学生的归因产生很大影响。在师生互动的教学过程中,教师的反馈如何影响到学生对自己的成败的归因,韦纳以下图的流程予以说明(见图3-7)。

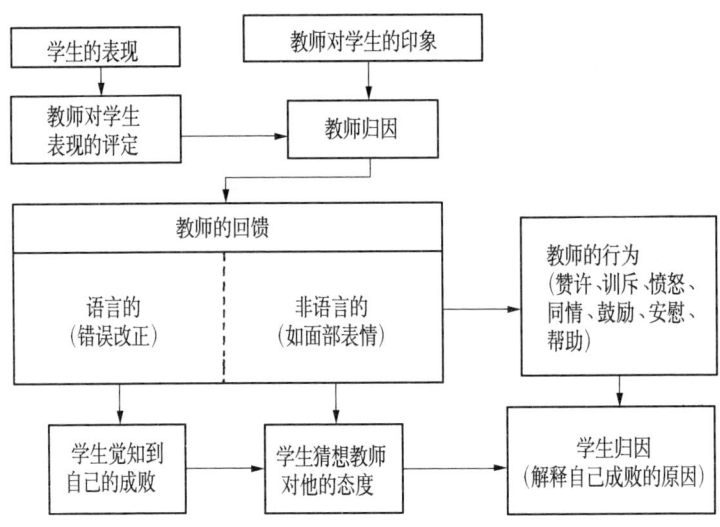

图3-7 师生互动中教师的回馈对学生归因的影响

> 从上图内容看,学生对自己成败的归因,并非完全以其考试分数的高低为基础,而是受到教师对他成绩表现所作的反馈影响。可以想象的是,对某些缺乏信心、个性依赖性较大的学生来说,要想维持他的学习动机,教师在反馈中给予鼓励和支持,很可能比其他方法更为有效。凡有经验的教师,都会体会到此点的重要……由此可见,身为教师除教学生知识之外,必须注意到自己的行为以及对学生的态度,随时随地都可能影响学生的学习动机。
>
> [资料来源] 张春兴.教育心理学[M].杭州:浙江教育出版社,1998:316—317.

五、自我效能感理论

自我效能感(self-efficacy)理论是美国心理学家班杜拉(Albert Bandura, 1925—)于1977年提出的。所谓**自我效能感**是指人对自己能否成功地进行某一成就行为的主观判断,它与自我能力感是同义语。自我效能感理论已经得到了大量实证研究的支持。

在班杜拉看来,人的行为是受两个因素影响或决定的:一个是行为的结果因素即强化,一个是行为的先行因素即期待。与传统行为主义不同的是,班杜拉没有将强化看成决定行为的唯一因素。他承认强化能够激发和维持行为动机以控制和调节人的行为,但他同时认为,没有强化也能够获取有关信息,形成新的行为模式。行为出现的原因不是随后出现的强化,而是人在认知之后产生的期待。

班杜拉将期待分为两种:一种是结果期待,是指人对自己的某一行为会导致某一结果的推测。如果个体预测到某一特定行为会导致某一特定的结果,那么这一行为就可能被激活和被选择。例如,学生认识到只要上课认真听讲,就会获得他所希望的好成绩,那他就很可能认真听课。另一种是效能期待,指个体对自己能否实施某种成就行为的能力判断,即人对自己行为能力的推测。当确信自己有能力进行某一活动,他就会产生高度的"自我效能感",并会去进行那一活动。例如,学生不仅知道注意听讲可以带来理想的成绩,而且还感到自己有能力听懂教师所讲的内容时,才会认真听课。显然,自我效能感产生于某一活动之前,是对自己能否有效地做出某一行为进行的主观推测。

以往的动机理论研究停留在强化的提供方面。在班杜拉看来,人们知道行为可能带来良好的结果后,也并不一定去从事某种活动或做出某种行为。比如,每个学生都知道好的成绩会获得好的结果,但当学生感到无能为力时,他就不会做出某种努力学习的行为。所以,当有了相应的知识、技能和目标时,自我效能感就成了行为的决定因素。

研究表明,影响自我效能感形成的因素主要有两个,一是个体成败的经验;二是个体的归因方式。

1. 个体成败的经验。个体成败的经验也有两类:一类是个体成败的亲身经验或直接经验。这是影响自我效能感形成的最主要因素。一般来说,成功的经验会提高自我效能感,反复的失败则会降低效能期待。不断成功会使人建立起稳定的自我效能感,这种效能感不会因一时的挫折而降低,而且还会泛化到类似的情境中去。另一类是个体成败的替代性经验。这类经验是行为者通过观察示范者的行为而获得的间接经验,它对自我效能感也具有重要影响。当一个人看到与自己能力水平差不多的示范者(榜样或范型)在某项活动中取得了成功,就会增强自我效能感,认为自己也有能力完成同样的任务;看到与自己能力不相上下的示范者遭遇了失败,就会降低自我效能感,觉得自己取得成功的可能性也很小。这种替代性成败经验对自我效能感的影响是通过两种认知过程实现的:一种是社会比较过程,即行为者采用与示范者比较的方式,参考其表现以判断自身的效能,当然这种比较有可能是客观的、准确的,也有可能是主观的、不准确的。比如,一个学生与另一个学生比较,认为自己的能力与他差不多,但实际的情况可能相差很远,这都无关紧要,只要该生主观上认为两人的能力相差不多就会影响他的主观效能感。另一种是提供信息的过程。行为者可能从示范者的表现中学到有效解决问题的策略或方法,了解解决问题的条件,这些都会对自我效能感产生一定影响。

2. 个体的归因方式。个体的归因方式也直接影响到自我效能感的形成。如果个体将成功的经验归因于外部的不可控的因素,如运气、任务难度等,就不会增强自我效能感,如果将失败归因于内部的可控的因素,如努力等,也不一定会降低自我效能感。

自我效能感是可以通过训练而提高的。舒克(1981)以算术成绩极差的小学高年级儿童为被试,对自我效能感进行了研究。他为这些差生安排了一个星期的训练,在每次训练中他先让儿童分别学习算术的自学教材,然后由榜样演示如何解题,榜样在解题时一面算一面大声地说出正确的解题过程,最后再让学生自己解题。在学生自己解题前,他让其把所有的题看一遍,并判断一下他们能有多大把握来解每一道题,以此来了解学生解题的自我效能感。结果发现,经过训练,儿童的自我效能感逐渐得到增强,与之相应,儿童解题的正确性和遇到难题时的坚持性也得到了提高。

专栏 3-6

关于动机的其他理论

1. 本能论的动机理论

动机最早就是由本能的概念引入心理学的,美国心理学家詹姆斯(W. James, 1842—1910)早在 1890 年就提出,人的行为依赖于本能的指引,人除了具有与动物一样的生物本能外,还具有社会本能,如爱、社交、同情、诚实等。本能论(instinct theory)的动机理论将个体行为的动力归因于与生俱来的遗传倾向。这种动机理论最著名的倡导者英国心理学家麦独孤(Mc Dougall,1908,1921)。他认为本能即遗传倾向是人行为的天生推动力,也是人的个性形成和发展的基础。他将本能区分为特殊的和普通的两大类。特殊本能主要有求食、逃避、好奇、拒绝、好斗、生殖、求知、自夸、自卑、父母之爱、建设等;普通本能主要有同情、暗示、模仿等,是一种原始的动态过程,它使个体的行为趋向特定的目的。本能的核心是情绪,如争斗本能以愤怒情绪为核心,逃避本能以恐惧情绪为核心,父母之爱的本能以柔情为核心。在后天生活中,本能虽受学习的影响而发生变化,但本能的核心不变。如争斗的对象或行为可以改变,但与之相伴的愤怒情绪则不变。若干本能以某一对象为中心结合起来,形成某种心理组织,就是情操(sentiment),它是人的复杂社会行为的动力,如爱情、爱国心等,都是由许多本能和相应情绪构成的。沿着这一思路,任何思维、任何行为都可能用本能解释,有多少种行为,就有多少种本能,实际上等于没有解释,所以这种理论受到很多批评。

本能论的又一代表人物是弗洛伊德(S. Freud,1856—1939)。他认为人的身心组织就是一个能量系统,这些能量可以被压抑,但不能被消除,它必须寻找释放的途径。这些能量就是本能。弗洛伊德早期把本能分为自我本能和性本能。自我本能是回避危险,使自我不受伤害的本能。性本能又称力比多(libido),弗洛伊德将其看成人类行为的最重要的动力,但往往受到压抑,那些被压抑的欲望通过做梦、玩笑、变态行为等释放出来。他甚至把艺术、科学等创造性活动都看成是性欲的升华。这就是所谓的"泛性论"。

第一次世界大战后,弗洛伊德修正了他的本能论。他将本能分为生的本能和死的本能。早期的性本能和自我本能统称为生的本能,生的本能使人倾向于爱和建设,死的本能使人倾向于恨和破坏,表现于内则可以是自嘲、自虐、自残甚至自杀。弗洛伊德的观点在世界范围内产生了广泛的影响,也受到了广泛的批评。

2. 驱力理论

驱力(drive)概念是由20世纪20年代武德沃斯(S. Wodd-worth,1869—1962)提出的。所谓驱力是个体由生理需要所引起的一种紧张状态,它能激发驱动个体行为以满足需要,消除紧张,恢复平衡状态。

后来心理学家赫尔(C. L. Hull,1884—1952)提出了驱力递减理论(drive reduction theory)。他认为驱力能使有机体产生满足需要的力量,一旦满足需要的行为发生,驱力随之递减。他认为驱力行为提供力量分为两种:即原始驱力(与生俱来的)和习得性驱力(通过学习获得)。

3. 唤醒理论

唤醒理论(arousal theory)是赫布(Hebb,1949)和柏林(Berlyne,1960)提出的。该理论基于三个原理:(1)人们偏好最佳唤醒水平。他们认为,人们总是被唤醒,并维持着生理激活的最佳水平。一般说来,个体偏好中等强度的刺激水平。(2)重复进行刺激能降低唤醒水平。例如,一首新的流行歌曲,大家很爱听,人人都唱它,它的唤醒水平是最佳的。以后,经过多次重复,人们就会厌烦它,由它引起的激活水平就降低了。(3)经验对偏好的影响。研究表明,经验丰富者比缺乏经验者更偏好复杂刺激。

4. 诱因理论

诱因(inducement)指能满足个体需要的刺激物,它具有激发或诱使个体朝向目标的作用。诱因可以是物质的,也可以是复杂的事件和情境,如名誉、地位等。凡是人们希望得到的、有吸引力的刺激都可能成为诱因。诱因有积极和消极之分,有吸引力的刺激物称为积极诱因;个体回避的刺激物(如痛苦、贫困、失败等)称为消极诱因。赫尔接受了诱因这一变量,并将其作为行为的决定因素之一。他认为诱因与驱力是分不开的,诱因是由外在目标所激发的,只有当它变成个体内在需要时,才能推动个体的行为,并有持久的推动力。

5. 期待价值理论

动机的期待价值理论(expectancy value theory)是新行为主义者托尔曼(E. C. Tolman, 1886—1959)提出的,认为行为的产生不是由于强化,而是由于个体对一个目标的期待(expectancy)。期待帮助个体获得目标。

6. 成就目标理论

在早期的动机研究中,目标(goal)被认为是影响行为的环境因素之一。直到20世纪80年代,才提出以目标结构为核心的目标理论(goal theory),1986年德韦克等(Dweck et al.)提出成就目标理论(achievement goal theory)。该理论为,不同个体对自己的能力有不同看法。这种对能力的潜在认知会直接影响到个体对成就目标的选择。

7. 认知失调论

认知失调论(cognitive dissonance theory)的提出者是费斯廷格(L. Festinger, 1957),他继承其老师勒温的思想,认为个体心理场中有种寻求平衡的倾向。如果心理上失去平衡,个体就会感到紧张和不适,这种张力驱使个体去恢复平衡。当个体对同一事件产生两种或多种彼此矛盾的认知时,就会产生认知失调。这种失调会推动人做出消除失调以恢复平衡的行为。如吸烟者一方面知道自己爱吸烟,一方面认为吸烟无害,这两种认知之间是协调的。如果得了病,医生说是吸烟造成的,这样吸烟有害与他爱吸烟二者之间出现了不协调。这时他就必须在戒烟与继续抽烟之间进行选择。如果他相信医生的话,改变原来的观点,他就会戒烟,认知失调感受消失。如果他不相信医生的话,仍然坚持吸烟无害,那么就继续吸烟,认知失调也会消失。

8. 个人作为论

个人作为论(personal causation theory)系由戴查姆斯(DeCharms, 1984)所提出。其基本观点是,个人之所以自愿从事某项工作,主要是自认为在能力上有所作为,而使工作的结果因其作为而产生预期的改变。个人对自己作为的评估要靠经验。成功多而失败少的经验,将有助于个人对自己从事某事是否有所作为的判断。多次失败而无成功的经验者,将会使人面对挑战情境时产生无能力之感。

9. 工作投入论

工作投入论(task involvement theory)系由尼可斯(Nichollos, 1984)所提出。其基本观点是:面对工作时,一般人不外乎两种心态:(1)工作投入(task involvement),指个人全心投入工作,志在发展个人能力,而不太计较结果的成败。所谓"为工作而工作",即属此种心态。(2)自我投入(ego involvement),指个人之所以工作,旨在从与别人竞争中获得的成就以炫耀自己的能力。按照尼可斯的说法,持工作投入心态的人,动机较强,而持自我投入心态的人,则时时考虑到成败,对求知活动倾向避难就易。

10. 个人专注论

个人专注论(personal investment theory)系由梅尔(Maehr, 1984)所提出。基本观点是,个人面对某项工作的动机强弱是相对的。例如,在学生的学习中有些学生对数学缺乏动机,是因为他未将心思专注于数学,很可能专注的是文化或艺术。梅尔认为,个人专注可以从五个方面预测:(1)选择方向;(2)持久性;(3)连续性;(4)活动量;(5)事后成就。

第四节　学习动机的激发

学习动机的激发是指在一定教学情境下,利用一定的诱因,使已形成的学习需要由潜在状态变为活动状态,形成学习的积极性。那么,在实际教学中,教师应如何激发学生的学习动机,使他们那种潜在的学习愿望变成实际的主动学习的行为呢?

专栏 3-7

教师要善于收集学生的需要信息

(1) 学生目前处于马斯洛需要层次的哪个水平上?

(2) 学生倾向于追求成功还是避免失败?

(3) 学生使用的归因是内部的还是外部的?稳定的还是不稳定的?可控的还是不可控的?

(4) 学生的目标是指向掌握、学习,还是指向于表现和分数?

[资料来源]　罗伯特·斯莱文. 教育心理学——理论与实践(第7版)[M]. 姚梅林,等,译. 北京:人民邮电出版社,2004:250.

一、设置合理目标

在课堂教学中,目标可用来激发学生的动机以改善他们的作业表现。一般来说,具体的、短期内能实现的、难度中等的目标可以有效激发学生动机,这是因为这类目标比较容易达到。为此,教师应当指导学生将相对宽泛的总体目标分成多个具体的子目标,将一个长远目标分成多个近期子目标。例如,学生要完成一个科研项目,可以先制订计划,再向老师征求建议,收集资料,做实验,作演示,向全班同学及老师进行解释,修改结果,最后提交研究报告。

此外,目标的可接受性也会影响到动机,如果学生接受教师或自己设定的目标,就能激发起学习动机,但如果学生拒绝他人设定的目标,又不愿自己设定目标,就无法激发学习动机。一般来说,如果目标是现实的、有一定难度且有意义,而且对目标的价值有合理的解释,学生就容易接受目标。如果与家人和同伴一道来设置目标,那么,目标的可接受性就更强。

> **专栏 3-8**
>
> **帮助学生设置目标**
>
> 心理学家就如何帮助学生设置目标提出了以下建议：
>
> 第一，尽可能让学生制定目标。因为学生自己制定目标有助于他们为实现目标而努力，实现个人价值并看到任务的用处。
>
> 第二，如果学生自己不能设置目标，那么要引导学生与教师共同制定目标。可以给出若干个目标让学生选择，或选择先达到哪一目标。一定要向学生解释清楚教师选择的目标是适宜的。
>
> 第三，使学生确信目标是可以达到的，为此，可以告诉学生其他人已达到此目标，并确保学生拥有达到该目标的资源，让学生知道别人相信他能成功。
>
> 第四，一定要给学生向目标迈进的反馈，最好是教会学生通过自我观察和自我表达来监控自己的进步情况。比如可以问"你觉得自己做了多少"，而不要说"你做得太毛糙了"，或者问"你觉得自己做得怎么样"，而不要说"很好，你已经大功告成"。
>
> [资料来源] 吴庆麟. 教育心理学——献给教师的书[M]. 上海：华东师范大学出版社，2003：317.

二、有效利用反馈与评价

对学习目标达到与否的反馈或评价有助于激发动机。如果反馈告诉学生目前的努力距离目标有多远，学生可以更加努力或尝试采用其他策略；如果反馈告诉学生目标已经达到或已超过，学生就会感到满意或有胜任感，从而设置更高的目标。强调进步的反馈比强调差距的反馈更有效。有研究表明，对成人的反馈可以强调他们已经完成了设定目标的75%，也可强调距离目标的完成还有25%，前者使被试的自信心、分析思维能力和成绩都得以提高。大量的研究表明，有无反馈对学习者动机的激发水平是不同的。

在布克(W. F. Book)和诺维尔(L. Norvell)的一项研究中，让学生又快又准地练习减法，每次练习30秒，共练习75次。在前50次练习中，让甲组学生知道每次练习的结果，不断鼓励和督促他们继续努力，并对所犯错误进行分析，而对乙组学生不进行反馈，结果甲组学生成绩比乙组学生好。在后25次练习中，给予乙组充分的反馈信息，而甲组学生不知道练习结果，结果乙组学生成绩优于甲组学生。这一实验说明，有关学习结果的反馈信息，对学习动机具有激发作用，有利于提高学习成绩。

教师对学生的评定也是一种必要的反馈，但是这种评定必须慎重，尤其要注意评定的方式。通过评定等级可以表明学生进步的大小，即评定的分数或等级并非表明个体的能力而是其进步快慢的指标。让学生明白等级评定的作用，并且教师在评定等级后再加上适当的评语，两者相结合，就会有良好的结果。

专栏 3-9

哈特与佩奇的实验

哈特(W. Harter)让四组学生猜谜,共给予四个等级的谜语。前两组的学生被告知这是游戏,不计分;另两组的学生被告知猜谜的结果要进行评定,而且与学业成绩有关。结果,前者选择适合于自己能力的谜语,即选择问题的难度水平恰当,而后者选择的谜语都比较简单,成功之后没有快乐的表情,相反显得较为焦虑。这说明,在有评定的竞争条件下,学生选择的任务都较简单。后来,哈特又对学生的作文进行研究。对前一组学生的作文给予实质性的评定;对后一组学生的作文只给予等级评定,却不指出存在的问题。结果发现前者状态下的学生一般对学习感兴趣,愿意写作文,获得成功时把成功归因于自己的努力;后者状态下的学生即使成功了,也难以归因于兴趣或努力,只是觉得教师给分高或题目太容易写了。虽然等级评定有其弊端,但完全废除它也是不实际的,因此,关键在于恰当地评定等级。

美国心理学家佩奇(E. B. Page)曾对 74 个班的 2 000 多名学生的作文进行过研究。他把每个班的学生分成三组,分别给予三种作文记分方式。第一组的作文只给甲、乙、丙、丁一类的等级,既无评语也不指出作文中存在的问题。第二组给予特殊评语,即不仅给予等级,而且给评语,但获得同一等级的作文的评语是一样的,不同等级的评语不一样。例如,对甲等成绩,评语为"好,坚持下去";对乙等成绩,评语为"良好,继续前进"等。第三组除评定等级外,还给予顺应性评语,即按照学生作文中存在的问题加以个别矫正。结果表明,三种不同的评语对学生后来的成绩有不同的影响。在开学时,学生作文水平差不多,但到期末时,发现作文水平的提高程度不一致。实验结果如图 3-8 所示。

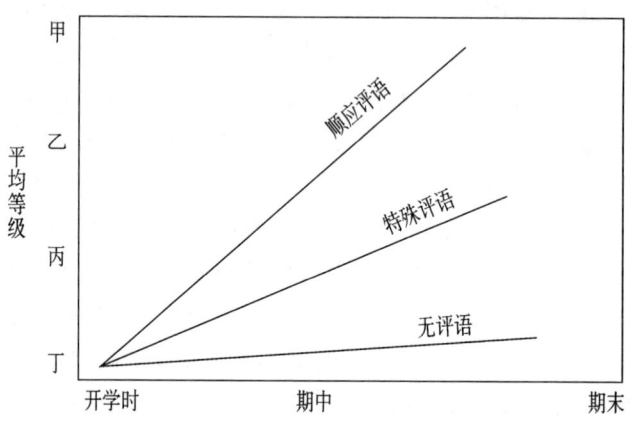

图 3-8 教师评语对学习成绩的影响

从图中可以看出,顺应性评语针对学生的个别差异,效果最好;特殊评语虽有激励作用,但由于未针对学生的个别特点,所以效果不如顺应性评语;而无评语的成绩则明显低于前两者。

[资料来源] 燕良轼. 高等教育心理学[M]. 长沙:湖南大学出版社,2007:371—373.

有学者认为,在教学中某些不恰当的评价方式常常令学习者丧失信心而导致动机下降。

最典型、最普遍的是:(1)绘制分数曲线。因为只有少部分学生位于曲线的顶端,大部分学生在该分数系统内与同伴进行比较时会认为自己是失败的。(2)强调标准化成就测验上的百分位数排名。并不是每个学生的分数都在平均水平以上,许多学生的分数低于平均水平。(3)将分数公布于众。由高分到低分分发试卷的做法,使许多学生公开经受失败的羞愧感。因此,教师应注意对学生的成功和失败采用不同的评价方法。如果不将学生与其他学生进行横向比较,而只将学生的表现进行纵向比较,并给予奖赏,其效果将会更好。

三、增加学习任务的趣味性

增强学习任务的趣味性是激发内部动机的有效策略之一。研究表明,增加学习任务的趣味性可以从两个方面着手:一是通过教师使任务本身发生变化。同样的学习任务,采取不同的呈现方式,所引起学生的兴趣是不同的。通过变化可以引起学生的好奇心和注意力。研究表明,没有一种教学方式是绝对优于其他方式的,所以教师可以大胆地改变任务呈现方式以保持学生的兴趣和注意力。这种改变很容易做到,有时略作改变就能产生明显的效果。事实表明,无论多么好的教学内容,多么有效的教学方法,如果日复一日、年复一年地重复,学生都会感到厌倦,克服这种厌倦的有效方式就是不断变化的任务与方法。二是注意选择能够吸引学生兴趣的材料。学习材料越有趣越能激发学生的内在动机。在内容的安排上,应包含学生容易识别的特征,例如在性别、年龄、宗教、种族和职业方面与学生相似的特征;从学生的认知需求出发,安排他们认为重要的生活事件以及一些令人感兴趣的轶事和例子。但应当注意,给学生呈现有趣任务,必须与教学(或学习)目标相一致,因为有些材料处置不当,将使学生习得的内容发生变化,从而违背了本来的教学意图。

一般来说,教师可以通过以下方式激发学生的学习积极性或内部动机。

1. 利用新颖的课程导入方式。例如,一位美国的小学教师是按照下列方式导入百分数学习的:

今天我们学习百分数。百分数在我们的日常生活中非常有用。例如,你在商店里买了一些东西,售货员用求百分数的方法计算你要交的税款。我们给服务员小费的时候用的也是百分数。我们经常听到类似的消息"去年的价格上升了百分之七",这也是百分数。几年之后,你们中的许多人可能会在暑假里做些勤工助学的工作。如果这些工作需要算钱,那么你们有可能用到百分数。

2. 列举与学生社会文化背景有关的例子。美国著名的数学教师贾米·埃斯卡兰特在洛杉矶一所中学教授正数与负数概念时是这样解释的:

当你挖个洞时,你可以把挖出来的土堆成+1,洞称为-1。当你把土放回到洞中时会得到什么数? 零。

将正数与负数这样抽象的概念与学生的实际经验联系起来,不仅能够激发学生对知识的兴趣,而且能够加深学生的理解。

3. 向学生提出具有挑战性的问题。作为一个教师要善于从学生的知识经验出发向学生提出对他们有意义而又用现有知识无法解答的问题,这也能够激发学生的学习兴趣。具体做法是:先让学生进入一个熟悉的情境,然后打破这种模式,使所有学生都兴奋起来,积极地投入。让学生先对自己的困惑进行思考,比一开始就单纯地教运算法则有效得多。惊讶、挑战学生现有的理解,能够使他们对以前没有考虑过的问题产生强烈的好奇心。

4. 运用变化的、有趣的呈现方式。除了选择有趣的材料外,材料的呈现方式的有趣变化也能提高学生对知识的兴趣或内部动机。教师可以通过使用录像、电影,邀请专家或相关人士做讲演,进行演示等方式,来维持学生的兴趣。但每种方式的使用都必须经过深思熟虑,以确保不偏离教学目标,并使各种方式相互补充。多媒体的使用可以大大提高大多数学生的学习兴趣。有研究认为,若要提高所用材料的有趣性,则可以考虑这样一些因素:如使用具有情感特色的材料,使用具体事例而不是抽象的事例,注意材料的因果联系,材料组织的清晰性等。

5. 使用模拟和游戏。模拟和游戏是提高学生学习兴趣的一种有效的方式。模拟通过角色扮演是让学生承担某种角色,并从事与角色相应的活动。一位教师用模拟方法让学生学习美国历史。有的学生扮演立法委员,与其他人就投票问题进行协商,以满足选举者的利益;有的学生扮演经济领域的角色(农民、商人、消费者),来模拟微观领域的运作过程。模拟的优点是,它能使学生从学科内部来学习该学科。

游戏也可以提高学生学习某个主题的动机。团队游戏竞赛是任何学科都可以采用的一种游戏方式。团队游戏的效果通常比个人游戏的效果好,因为它提供了团队成员之间相互帮助的机会,并且避免个人游戏中存在的问题,即通常只是能力较强的学生才有获胜机会。

专栏 3-10

鼓励学生参与设计学习任务

要鼓励学生参与设计学习任务,因为参与能使任务对个体本身具有意义。即使是采用讲授法,也应鼓励学生提问、回答、发表观点或交流个人经验。让学生表达自己的观点,可激发学生的兴趣。

比如,在历史和政治课上,让学生就某一问题进行辩论,充分表达自己的观点,这可以帮助学生理解事物的复杂性。在学习英格兰殖民时期的历史时,让学生就亲英派和独立派进行辩论,比阅读二者的分歧更能加深学生对该问题的理解。

还有些任务,由于需要综合运用多种能力并易产生成果,可使学生体验到自豪感,所以能更好地激励学生。比如,让学生出版一份报纸,这要求学生把数学(决定生产成本及报纸的定价)、社会学科(报道时事政治事件)、艺术(设计报头)和其他实践技能(如利用电脑进行文字处理)综合起来。

同时,还可通过角色扮演来学习社会学科。比如,让一个学生扮演在广场演讲"废除奴隶制度"的人,其他学生扮演市民,提出各种问题或反对意见。

在高年级学生中,任务的意义依然重要,比如教经济学原理,除了让学生阅读课文外,有许多方法可以使经济学更有趣,如给班级每位学生虚拟的1000元购买股票,然后全班围绕这一任务讨论中国的经济状况、贸易平衡、世界大事以及其他影响股票价格的因素。类似的任务还有很多,教师只要动脑筋,可以设计出许多能激发学生动机的任务。

[资料来源] 吴庆麟. 教育心理学——献给教师的书[M]. 上海:华东师范大学出版社,2003:320.

四、合理运用奖励与惩罚

奖赏或表扬可以满足学生的心理需要,进而增加学生出现某种行为的可能性,但如果使用不当,也可能降低其出现的可能性。因此,教师必须正确、恰当、适时地使用奖赏,尤其是对那些不需要奖赏就能得到自然强化的行为更要谨慎。研究表明,奖励和惩罚对于学生动机的激发具有不同的作用。一般而言,表扬与奖励比批评与指责能更有效地激发学生的学习动机,因为前者能使学生获得成就感,增强自信心,而后者恰恰起到相反的作用。

心理学家赫洛克(E. B. Hurlook)曾于1925年做过一个实验,他把106名四、五年级的学生分为四个等组,各组内学生的能力相当,在四种不同的情况下进行难度相等的加法练习,每天15分钟,共练习5天。控制组单独练习,不给任何评定,而且与其他三个组学生隔离。受表扬组、受训斥组和静听组在一起练习,每次练习之后,不管成绩如何,受表扬组始终受到表扬和鼓励,受训斥组始终受到批评和指责,静听组则不给予任何评定,只让他们静听其他两组受到表扬或批评。然后探讨不同的奖惩后果对学习成绩的影响。结果如图3-9所示。

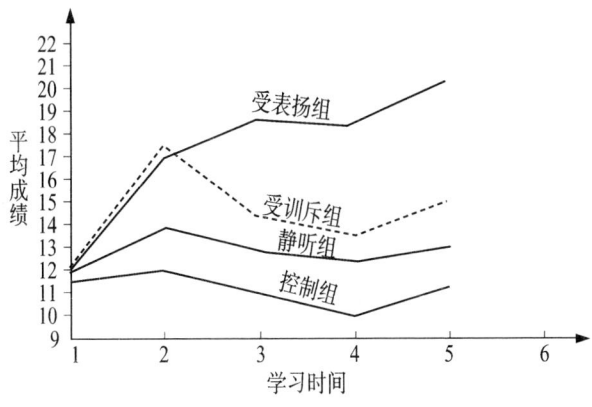

图3-9 奖励与惩罚对学习结果的影响

从练习的平均成绩来看,三个实验组的成绩都优于控制组,这是因为控制组未受到任何信息作用。静听组虽然未受到直接的评定,但它与受表扬组和受训斥组在一起,受到间接的评定,所以对动机的唤醒程度较低,平均成绩不仅大大低于受表扬组,而且劣于受训斥组。受表扬组的成绩优于其他组,而且一直不断地上升。这表明,对学习结果进行评价,能激发学生的学习动机,对学习有促进作用;适当表扬的效果优于批评,所以在教学中要给予学生表扬而非批评。

虽然表扬和奖励对学习具有促进作用,但使用过多或者使用不当,也会产生消极作用。有许多研究表明,如果滥用外部奖励,不仅不能促进学习,而且可能破坏学生的内在动机。但班杜拉(1982)认为,如果任务能提高个体的自我效能或自我价值感,则外在奖励不会影响内部动机。外部强化物究竟是提高还是降低内部动机,这取决于个体的感受与看法。摩根(Morgan,1984)认为个体如何看待奖励非常重要,当个体把奖励视为目标,而任务仅是达到目标的手段时,内部动机就会受损;而当奖励被看作是提供有关成功或自我效能的信息时,内部动机则会提高。

布洛菲(Brophy,1983,1986)总结了有关表扬的文献,提出了怎样使表扬具有最佳效果的建议。他认为有效的表扬应具备下列关键特征:(1)表扬应针对学生的良性行为;(2)教师应明确学生的何种行为值得表扬,应强调导致表扬的那种行为;(3)表扬应真诚,体现教师对学生成就的关心;(4)表扬应具有这样的意义,即如果学生投入适当的努力,则将来还有可能成功;(5)表扬应传递这样的信息,即学生努力并受到表扬,是因为他们喜欢这项任务,并想形成有关的能力。

但事实上,有效地进行表扬也确实不是一件容易的事。在课堂中有大量的表扬没有针对学生的正确行为,而经常给予了那些不值得表扬的行为,或者当学生有进步、值得表扬时,却未能得到表扬。有时,在竞争情境中,某些学生似乎永远得不到表扬,久而久之就会失去对学习的兴趣。另外,表扬是否具有内在价值,即是否为学生所期望、所看重,这都影响着表扬的效用。因此,如何适时地、恰当地给予表扬应引起高度重视。教师应根据学生的具体情况进行奖励,把奖励看成某种隐含着成功的信息,其本身并无价值,只是用它来吸引学生的注意力,促使学生由外部动机向内部动机转化,对信息任务本身产生兴趣。同时,对于那些在竞争中处于劣势的个体而言,教师应给予更多的关注与鼓励,设置情境使其有成功的体验,以免产生自暴自弃的心理。总之,教师应该尽量利用教学内容来激起学生的内部动机,避免使用不必要的物质奖励。但是,当确实需要使用外部奖励时,也不必回避使用。一般来讲,在学生刚开始从事一项学习活动时,需要使用外部奖励;当学生体验到活动的乐趣并取得成功时,可以逐渐停止外部奖励的使用。同时也应注意,在任何一个学生群体中都会有两类学生:有内部动机的学生和没有内部动机的学生。若要确保所有的学生都进行学习,那么使用内部和外部两种类型的激励策略都是必要的。

专栏 3-11

表扬与反馈的运用

表扬学生的方式决定了表扬能否激发学生的学习动机。但在实际课堂教学中很少见到有效的表扬,相反,表扬大多时候都与学生不值得表扬的行为联系在一起。教师给予的表扬基本上都没有说明学生的什么行为值得表扬;表扬的表述方式可能空洞、重复、信息性不强(如"做得好";"太好了";"不错";"好……好……好……"等)。有时候,受到表扬的行为实际上根本就不值得表扬,例如,许多教师仅仅表扬参与(如"我很高兴你参与了"),而不是表扬对教学过程的深入参与(如"你的确认真思考了这个问题")。

因此,有效的表扬应该:(1)发生在学生做出某种适宜合作型课堂结构激发以社会目标为中心的动机系统、良好的行为之后;(2)是有目的的,不应该是为了表扬而表扬。当表扬是真诚的、针对特定行为而且具体、可信的时候,表扬是最有效的;(3)应指出学生值得的行为,即将注意的重点放在学生获得表扬的行为上;(4)是真诚的、发自内心的,能反映出教师对学生所获得成就的关注;(5)隐含着学生如果付出努力,在将来就有可能获得成功等这样的信息。

提供明确、具体、及时的反馈

要使反馈成为一个有效的激励因素,它必须是明确的、具体的且及时的。如果要表扬学生某项任务完成得好,那就应该具体指明好在何处:

"干得不错!我很高兴你能用字典中的检字表来查找练习本上的生词。"

"我认为这个答案不错。这说明你对我讲的自由和责任的问题进行了思考。"

"这是一篇好文章,你首先陈述自己的观点,然后列举相关的事实来支持自己的观点。你在拼写和词汇选用方面也很仔细,我很高兴。"

具体的反馈兼具信息性和激发性。它告诉学生对在哪里,这样他们就知道以后应该怎么做。具体的反馈还可以帮助学生形成对成功努力的归因。相反,如果学生仅仅受到表扬或得到一个高分,而没有得到任何具体说明,那么他们就难以从中获知以后该如何做才有可能获得成功,并容易形成能力归因或外部归因。研究表明,只有努力归因才是产生持久动机的最有效因素。同样,对于错误或失败进行反馈时,如果反馈所强调的是成绩或行为表现本身(而不是学生的一般能力),如果能与成功的反馈交替使用,那么这样的反馈也能够提高学生的动机水平。

及时的反馈也很重要。如果学生星期一完成的作业一直拖到星期五才得到反馈,那么反馈的信息价值和激励价值都会降低。首先,如果学生出现了错误,而这种情况完全可以通过及时反馈加以避免。其次,行为和行为结果之间的时间间隔较长,学生难以将二者联系起来,对于年幼的学生来讲尤其如此。如果他们得到几天前的作业的成绩,他们也许根本就不清楚究竟做的什么作业得到这么一个分数。

研究还表明,不管奖励多么有效,如果奖励的次数不够频繁,那么奖励对改善行为没有多大作用。频繁地给予小奖励比偶尔地给予大奖励更能促进学生的学习。对考试频率的研究发现,经常性地用一些简短的测验对学生的进步进行测试,其效果要好于不经常的、较大的考试。研究还证明了课堂中提问的重要性,经常向学生提问,可以使学生获得自己理解程度的有关信息,并且因注意听讲而有可能受到强化(表扬,认可等)。

[资料来源] 罗伯特·斯莱文.教育心理学——理论与实践(第7版)[M].姚梅林,等,译.北京:人民邮电出版社,2004:254—255.

五、科学利用竞争与合作

竞争与合作的科学利用对学生动机的激发也有一定影响。多伊奇(M. Deutsch,1949)在勒温(Lewin,1942)群体动力学理论的基础上提出了三种类型的目标结构理论,即竞争型目标结构、合作型目标结构和个体化型目标结构。

多伊奇认为,在竞争型目标结构(competitive goal structures)中,团体成员之间的目标具有对抗性,只有其他人达不到目标时,某一个体才有可能达到目标,取得成功;如果其他人成功了,则降低了某一个体成功的可能性。在这种情境中,个体重视取胜、成功有时更甚于公平、诚实,因此同伴之间的关系是对抗、消极的。研究表明,竞争型课堂结构激发的是以表现目标为中心的动机系统。在这种竞争情境中,学生所关注的是自己的能力。竞争情境的最大特点是能力归因,学生认为获胜的机会与个人的能力直接相关。当一个人认识到自己有竞争能力时,就会积极活动,争取成功;当认为自己无竞争能力时,自尊就会受到威胁,因而会逃避竞争情境。在这种情况下,只有最有能力、最自信的学生动机得到了激发,而能力较低的学生明显感到将会在竞争中失败,他们通常回避这种情境。一般来说,他们所采取的回避竞争和社会比较的方式是,选择极为简单或极为困难的学习任务,而回避中等难度的学习任务。然而,在实际教学情境中,中等难度的学习(即具有挑战性的学习)是最恰当的学习任务,可以使学生在已经掌握的知识基础上提高更快。

虽然大量研究表明,竞争对学生的学习动机存在一定的消极影响,但完全取消竞争也是不现实的,关键是如何正确使用竞争手段。学习竞赛以竞赛中的名次或胜负为诱因,可以满足学生的自我提高的需要,从而在一定程度上可以提高其学习积极性,影响其学习效果。当然,学习竞赛对于不同水平的学习者的影响不同。对于成绩中上的学生影响最大,因为这种学生通过努力可以不断提高名次。而对成绩极优或极差者,学习竞赛的影响甚微。因为优等生每次都取得好名次,从而认为自己无须努力也能成功,故激励作用不大;而差等生从来没取得过好名次,认为自己根本没有成功的希望,故竞赛对他们也没有什么作用。并且,学习竞赛往往是对不合作的一种无形的鼓励,不利于团结协作的集体主义精神的建立。

总之,学习竞赛既有积极作用,也有消极影响,我们既不能简单地全盘肯定,也不能简单地全盘否定。如果在竞赛中不注意思想教育,把竞赛仅作为激励学生个人自尊心与荣誉感的措施,势必会产生消极影响;相反,如果能在竞赛中结合思想教育,使竞赛成为激励学生集体荣誉感与责任感的手段,则是可取的。当然,要想发挥其积极作用,在竞赛标准上应体现出鼓励进步和团结互助,尽量多用集体或小组竞赛,而少用个人竞赛,并鼓励学生开展"自我竞赛"。这样,有利于使先进更先进,后进变先进,团结友爱向前进;有利于防止自卑心理、骄傲情绪和个人主义等不良倾向。

在合作型目标结构(cooperative goal structures)中,合作型课堂结构所激发的是以社会目标为中心的动机系统。团体成员之间有着共同的目标,只有所有成员都达到目标时,某一个体才有可能达到目标,取得成功;如果团体中某一人达不到目标,则其他人也达不到目标。在这种情境中,个体会以一种既有利于自己成功也有利于同伴成功的方式活动,因此同伴之间的关系是促进、积极的。在合作情境中常常出现帮助行为。帮助既是援助他人,也是承担合作学习中的工作,帮助和合作是不可分的。研究发现,取得成功的合作小组成员,都认为同伴的帮助是取得成功的关键因素。

合作情境的另一明显特点是共同努力。学生之间存在着积极的相互依赖关系,他们共同努力,共享成功的奖励。在合作情境中,每个成员都尽全力为集体的成功而工作,积极承担集体义务。

个体化目标结构(individualistic goal structures)激发的是以掌握目标为中心的动机系统。个体化结构很少注重外部标准,而强调自我发展和自身进步。由于个体化结构强调的是完成学习活动本身,即个体对学习本身的兴趣,而不注重他人是否完成任务,因此它强调只要自己努力就会完成任务,获得自我的进步和水平的提高。在这种情况下,往往将成功归因于自己的努力,产生很强的自豪感;失败则会产生内疚感,但也不会认为自己无能,而是通过增加努力或寻找更好的学习方法来争取下次的成功。

由于个体化情境强调对学习任务的掌握,注重自己与自己比较,不在意别人的学习如何,因此学生坚信,只要自己努力就会成功。他们对自己表现出自信,相信自己的能力会不断提高。这种学生即使在遇到失败时,也不会否定自己的能力和水平,不会降低自我评价,而是认为自己努力不够或方法不对,坚持认为自己有能力获得成功。

总之,三种课堂结构都能在不同的方面激发学生的学习动机。但是大量的研究表明(Slavin,1995),合作型目标结构能最大限度地调动学习的积极性,更有利于激励学生的学习动机和改善同伴关系。不过,他认为,要使得合作学习有效,必须将小组奖励与个人责任相结合。也就是说,当合作小组达到规定的目标时,必须给予小组奖励。这样,才能使小组成员感到有共同的奋斗目标,从而激发学习动机,提高学习成绩。同时,小组的所有成员必须都对小组的成功作出贡献。当每一名小组成员对小组的成绩都负有责任时,所有成员才会积极地参与到小组的活动中去,使所有成员都有取得进步的机会。否则,极有可能产生责任扩散和"搭便车"现象。

> **专栏 3-12**
>
> **合作与竞争程度对学习积极性的影响**
>
> 近年来,研究者对课堂诱因系统给予广泛关注,其中课堂中的目标结构(goal structure)是关注的焦点之一。目标结构是指学生与他人合作和竞争程度。如果学生之间是相互竞争的,那么任何一个学生的成功就意味着他人的失败。例如,如果教师建立了这样一个体系,只有1/4的学生能够得A,那么学生之间就是竞争的。因为一个学生得A,就意味着另一个学生得不到A。合作恰恰相反,如果小组中的四个成员一起在实验室里做实验,他们则荣辱与共,共担成败。如果其中某个学生非常努力地工作,就会增加小组中其他人成功的机会。第三种目标结构是个人化的,个人的成败不对别人产生任何影响。例如,如果教师说:"所有测验的平均成绩在90分以上的同学都可以得到A",那么就会形成一种个人化的目标结构,因为任何一个学生的成功对其他同学的成功不会产生任何影响。
>
> **[资料来源]** 罗伯特·斯莱文. 教育心理学——理论与实践(第7版)[M]. 姚梅林,等,译. 北京:人民邮电出版社,2004:250.

六、向学生表达明确可行的期待

期待理论的意义在于,个体对成功的价值以及对成功可能性的估计决定了动机的强弱。那就意味着,对于学生来说,如果尽力了,就应该有机会得到奖励,但要想得到最大程度的奖励,也并非易事。在教学中,学生需要清楚地了解自己应该做什么,如何被评价以及成功之后会有什么收获。学生在某个任务上的失败通常是由于不知道到底做什么。所以,作为教师将期望传达给学生是很重要的。例如,教师可以这样布置写作任务:

今天我希望你们写这样一篇作文:如果托马斯·杰弗逊还活着的话,他会如何看待当今的美国政府。我希望文章的篇幅约两张纸左右。这篇作文要对国家缔造者制定的政府计划和现今政府实际实施的政策进行比较。我将对你描述两届政府机构及其运作异同的能力进行评分。这是你们平时成绩的组成部分,所以,我希望你们都能尽力完成。

从上面这名教师向学生布置作文任务的事例中可以看出,教师对学生的期待是可以具体操作的。这名教师将自己的期待转化为学生具体要写哪些内容,篇幅有多长,对作文如何评价以及这篇作文的重要性等。这就清楚地向学生表明,努力去写一篇好作文会有所收获——在这个例子中,收获主要表现为分数。如果教师只是说:"我希望你们写一篇作文。作文的内容:托马斯·杰弗逊对现今美国政府的看法。"学生的作文也许会跑题,不知所云;也可能写得过长,或过短;也许只强调如果托马斯·杰弗逊活着会出现什么情况,而不是对两届政府进行比较。学生可能并不清楚,教师强调的是文章的组织结构,还是文章的内容。最后,学生也可能不知道他们付出的努力是否值得,不知道这篇作文在总成绩中占有多大比例。从这个事例中我们可以体会到,教师的期望一定要通过具体的、可以实现的要求才能真正发挥效力。

七、增强自我效能感

增强学生的自我效能感,可以通过要求学生形成适当的预期来实现。为此,教师可以尝试让学生回答一些涉及"可能自我"(possible self)的观念性问题。设想可能自我,可引发学生更高的成就动机。有研究者曾设计了一项训练计划,促使学生了解将来他们有可能从事的工作,并知道要获得这些职位至少要有中学毕业证书;此外,还让学生学会如何应付否定的或消极的反馈和失败,包括受到不公平的待遇等。该研究设计的宗旨是通过训练,使学生逐渐坚定这一认识:自己可以控制将来的成功,只要有付出就会有回报。研究结果显示,与控制组(不接受训练)的学生比较,实验组的学生对将来成功可能性的期望更高,他们相信自己能获得比较好的工作和较高的社会地位,如法官或外科医生等,而且学业成绩也获得了中等程度的改善。

增强自我效能感,还可以通过提供挑战性任务来实现。虽然尝试容易的任务可能会较快取得进步,但学生较难从中了解自己解决挑战性任务的能力,反过来,如果尝试太难的任务,负面结果又会降低学生的自我效能感和长期动机。因此,只有当任务具有挑战性而又不很困难,并且学生能从任务操作中获得有关自己能力的信息时,才有可能增强自我效能感。

是否每次完成任务的反馈都会影响学生的自我效能感呢?这要视学生先前是否具备较强的自我效能感而定。例如,一位大学生在撰写学年论文方面已经取得成功,并且对该任务有较强的自我效能感。四年级时,一位新教授把他上交的第一篇论文仅评为"及格",这是否会影响该学生撰写论文的自我效能感呢?可能不会,或者即使有影响,也会通过另一种解释加以消除,如"我没弄清楚教授到底需要我在论文里写什么"。但是,在设置新目标或完成新任务时,有些反馈可能会对自我效能感和长期动机产生明显影响,如一位学生新近学习写诗,而第一首诗的成绩仅为"及格",这可能会使他觉得自己不适合写诗,从而不再写诗。

八、进行归因训练

归因理论告诉我们,不同的归因方式会影响到主体今后的行为。如果学生认为成功是由于运气或其他外部因素,那么他就不会努力学习;相反,如果学生认为成功和失败都是由于自己的努力程度决定的,那么他就会付出努力。实际上,在班级中能否获得成功,既取决于努力和能力(内部因素),又取决于运气、任务难度以及教师的行为(外部因素)。不过,最成功的学生往往倾向于将成功和失败更多归因于自身的因素。因此,教育可以通过改变主体的归因方式来改变主体今后的行为。这对于学校教育工作是有实际意义的,在学生完成某一学习任务后,教师应指导学生进行成败归因。一方面,要引导学生找出成功或失败的真正原因,即进行正确归因;另一方面,更重要的是,教师也应根据每个学生过去一贯的成绩的优劣差异,从有利于今后学习的角度进行积极归因,哪怕这时的归因并不真实。

积极归因训练对于后进生转变具有重要意义。由于后进生往往把失败归因为能力不足,导致产生习得性无助感,造成学习积极性降低。因此,有必要通过一定的归因训练,使他们学会将失败的原因归结为努力,从失望的状态中解脱出来。如维纳归因模式中,努力这一内部因素是可以控制的,是可以有意增加或减少的。因此,只要相信努力会带来成功,那么人们就会在今后的学习过程中坚持不懈地努力,并极有可能导致最终的成功。

德韦克(1973)曾对一些数学成绩差又缺乏自信的学生进行归因训练。在训练中,让他们解答一些数学题。当他们取得成功时,告诉他们这是努力的结果;而当他们失败时,告诉他们这是因为努力还不够。经过一段训练后,学生不仅形成了努力归因,而且增强了学习的信心,提高了学习成绩。再如,香克(D. Schunk,1984)的研究表明,在归因训练过程中,一方面使学生感觉到自己的努力不够,把失败的原因归结为努力因素;另一方面也应对学生努力的结果给予积极反馈,告诉他们努力获得了相应的结果,使他们不断感到自己的努力是有效的。这样,他们才能真正从无助感中解脱出来,从而坚持努力去取得成就。

总之,激发学生学习动机的方式和手段是多种多样的。只要教师有效地利用上述手段来调动学生学习的积极性,学生就有可能学得积极主动,并学有成效。值得注意的是,大多数学习困难的学生都将失败归因于不可控制的能力因素,并因此不再做出努力。教师必须让学生明白,他们学业的成功或失败取决于自己的努力程度。

【主要结论与应用】

1. 需要和动机是构成行为动力的两个最基本的要素。其中需要是一切行为动力的源泉,但需要作为一种内驱力,只有在诱因或目标的引导下才能变成行为动机,发挥其动力功能。

2. 无论是需要还是动机都形成了比较丰富的理论,表明在此领域的研究十分活跃。

3. 需要理论派别主要有默瑞的需要理论、奥德费的 ERG 理论、赫茨伯格的双因素理论、勒温的需要理论、麦克兰德的需要理论、弗洛姆的需要理论和马斯洛的需要层次理论。在众多理论中以马斯洛的需要层次理论影响最大。

4. 在教育中可以通过设置合理的目标、有效利用反馈与评价、增加学习任务的趣味性、合理运用奖励和惩罚、科学运用竞争与合作、向学生表达明确可行的期待、增强自我效能感和归因训练等激发学生的学习动力或行为动力。

【学习评价】

1. 什么是需要?需要有哪些分类?需要有哪些主要学说?其代表人物分别是谁?
2. 马斯洛需要层次理论的基本观点是什么?应如何评价?
3. 什么是动机?动机有哪些分类?
4. 什么是生理性动机?
5. 什么是社会性动机?

6. 强化动机理论的主要观点是什么？在教学中应如何利用该理论激发学生的动机？

7. 成就动机的主要代表人物是谁？成就动机的主要观点是什么？在教学中应如何激发学生的成就动机？

8. 归因理论的代表人物有哪些？三维度六因素归因理论的基本观点是什么？应如何引导学生做出积极而正确的归因？

9. 自我效能感理论是谁提出的？其基本观点是什么？在教学中应如何提高学生的自我效能感？

10. 如何激发学生的学习动机？

【学术动态】

- 动机理论的研究成果十分丰富，在国内外专业期刊上发表的论文数量十分可观。动机的研究有形成一门独立分支的趋势，像人格理论一样。
- 动机理论的研究越来越具有可操作性，理论探索与实证研究结合得越来越紧密，这样既发展了理论，又体现了实用价值。
- 近年来，对动机研究主要集中在成就动机、归因理论、期望理论和自我效能感几个方面，现已成为人们关注的热点。
- 有关中小学科研课题的选择有越来越多的人热心于动机研究，如培养中小学学生的学习动机问题，后进生的学习动力问题等。

【参考文献】

1. E. R. 希尔加德,R. L. 阿特金森,R. C. 阿特金森. 心理学导论(上册)[M].周先庚等,译. 林方,校. 北京:北京大学出版社,1987.
2. 彭聃龄. 普通心理学[M].北京:北京师范大学出版社,2001.
3. 黄希庭. 心理学[M].上海:上海教育出版社,1997.
4. 燕国材. 新编普通心理学概论[M].上海:东方出版中心,1998.
5. 张春兴. 现代心理学[M].上海:上海人民出版社,1994.
6. 张春兴. 教育心理学[M].杭州:浙江教育出版社,1998.
7. 张大均. 教育心理学[M].北京:人民教育出版社,1999.
8. 李伯黍,燕国材. 教育心理学[M].上海:华东师范大学出版社,1993.
9. 彭运石,燕良轼. 心理学原理与教育[M].北京:航空工业出版社,2000.
10. 孟昭兰. 普通心理学[M].北京:北京大学出版社,1994.
11. 叶奕乾,何存道,梁宁建. 普通心理学[M].上海:华东师范大学出版社,1997.
12. 罗伯特·斯莱文. 教育心理学——理论与实践(第7版)[M].姚梅林,等,译. 北京:人民邮电出版社,2004.
13. 汪凤炎,燕良轼. 教育心理学新编[M].长沙:湖南大学出版社,2007.
14. 燕良轼. 高等教育心理学[M].广州:暨南大学出版社,2007.
15. D. A. Bernstein et al. Psychology (4th ed.). Boston New York: Houghton Mifflin Company. 1997.

第四章　认知过程

【内容摘要】

认知过程包括感觉、知觉、注意、记忆等,它是人类其他心理活动的基础。注意作为心理活动的调节机制是心理活动对一定对象的指向和集中。感觉是一种最简单的心理现象,它是对直接作用于感觉器官的客观事物的个别属性的反应,是人类认识的起点。知觉则是将感觉信息组成有意义的对象,是对刺激的解释。知觉与人的知识经验是分不开的,是由多种分析器协同活动而产生的。记忆是一个复杂的心理过程,是人类最重要的信息贮存库。思维是对客观事物间接的、概括的反映,它所反映的是客观事物共同的、本质的特征和内在联系,人的思维属于认识的理性阶段,是更复杂、更高级的认识过程。

【学习目标】

1. 知道认知过程与信息加工的基本观点。
2. 能说出注意的概念及其基本特征。
3. 领会感觉的发生、基本规律及其应用。
4. 了解知觉的特性及其类型。
5. 能正确表述感觉与知觉的联系与区别。
6. 知道记忆的三级加工模型(感觉记忆、短时记忆、长时记忆)。
7. 理解艾宾浩斯遗忘曲线并能领会运用。
8. 知道影响遗忘的因素主要有哪些,并能明确说明遗忘的规律是什么。
9. 能有效运用学习中增进记忆的方法。
10. 能说出思维的概念及人类思维过程的表现形式。
11. 能清晰表述问题解决的过程以及影响解决问题的因素和问题解决策略。

【关　键　词】

认知过程　注意　感觉　知觉　记忆　思维　问题解决

认知与知识、智力等人类在自然界中生存的问题紧密相关,人类能够征服和改造自然、认识大千世界的千变万化,这都与人的感觉、知觉、记忆和思维是分不开的。我们可以对宇宙、人生、社会进行思考,可以将过去、现在、未来纳入自己的精神世界,这些都是依靠我们灵活的认知系统才成为现实,而我们因此成为了"万物之灵"。

认知过程是现代心理学中研究最多也是研究成果最丰富的一个心理学领域,它的研究成果在人工智能、教育与学习、模式识别、航空工业等领域都有大量的应用,同时它又从其他领域的研究成果中借鉴了大量的观点与方法,认知过程的研究因此而有了更大的空间,它给我们提供了大量的科学心理学的证据,使我们能更好地了解心理学。现代心理学研究认知过程主要基于以下几个观点。

一、信息加工观点

认知过程包括感知觉、注意、记忆、思维和言语等心理过程,现代心理学对认知过程的研究主要是在信息加工观点指导下进行的。所谓信息加工观点就是将人脑与计算机进行类比,将人脑看作类似于计算机的信息加工系统。但这种比较是在人脑与计算机的行为水平上的类比,而非其物质构成上的比较。通过人脑与计算机的比较,有可能对人的心理和计算机的行为做出统一的解释,发现一般的信息加工原理。

人脑和计算机都是一个智能系统,作为智能系统一定具有输入信息、输出信息、储存信息、复制信息、建立符号结构和条件性迁移的功能,同样具有这些功能的系统一定会表现出智能的行为。人类的认知过程在这一点上与计算机的信息加工过程是具有共性的,人脑和计算机的信息加工系统都是由感受器、效应器、记忆和加工器组成。感受器接受外界信息,效应器做出反应,记忆可以储存和提取各种信息,加工器则进行信息的各种处理活动,包括进行辨别、比较、整合信息等。

> **专栏 4-1**
>
> **认知心理学・认知科学・信息**
>
> 认知心理学:是20世纪60年代以来西方兴起的一种心理学思潮,用信息加工的观点看待人的心理活动,认为人的心理活动过程是一个主动地寻找信息、接受信息并在一定的心理结构中进行信息加工的过程,如图4-1所示。
>
> 认知科学:就像行为科学一样,是一个比较松散的、含义广泛的概念,综合了社会学、心理学、教育学、人工智能、计算机理论、语言学、生物工程学等多学科的知识,集中于认知问题的研究。
>
> 信息:既不是物质,也不是能量,必须以一定的物质作为载体,以一定的能量作为动力,可以被称作信息。它是事物的属性,事物内在的联系和含义的表征。
>
>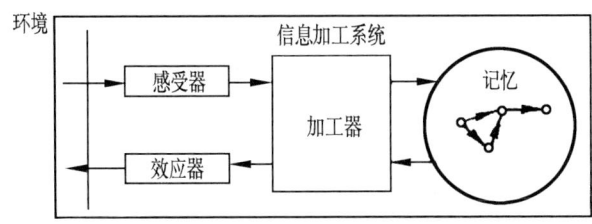
>
> 图4-1 信息加工的一般结构图

二、人脑与计算机比较

心理学家用计算机来模拟人的认知过程,是因为他们认为人脑与计算机在信息加工上有许多相似之处。但是现在这种看法招致了很多批评。计算机对输入的信息,只能按照全或无的规律进行保存或处理,而人脑则可以对信息进行不同程度的处理;计算机加工信息基本上不依赖于过去的经验,而人脑的信息加工则要大量地依赖于过去经验;计算机的操作要从具体指令出发,人脑则更多的是从整体角度出发。

人是有生命的有机体,人是社会生物,具有生物的基础和演化历史,与其他人、环境有着相互作用。人与纯粹的人工智能系统——计算机是不同的,人具有一个生物调节系统,并依靠这个系统来维持生命、从环境中取得食物、保护自身、繁衍和教育后代。人比计算机具有更强的适应性,因此,把人脑与计算机进行类比存在着局限性。这种局限性提示我们在进行人脑与计算机的类比时应当将结论限制在一定的范围内。人脑与计算机的类比只应当涉及软件而不涉及硬件,可以说明认知过程或心理过程。

第一节 注　意

注意不是一种独立的心理过程,但总是和心理过程紧密联系,作为心理活动的调节机制存在。**注意**(attention)是心理活动对一定对象的指向和集中,指向性和集中性是注意的两个基本特征。指向性是指心理活动有选择地反映一定的对象,而离开其余的对象。集中性则是指心理活动停留在被选择的对象上的强度或紧张度,它使心理活动离开一切无关的事物,多余的活动被抑制。

注意可以被分为无意注意和有意注意。**无意注意**(不随意注意)是指实现没有预定目的,也无需作意志努力的注意,引起无意注意的原因主要有:刺激物的特点,如刺激物的强度、刺激物之间的对比、刺激物的活动和变化、新异的刺激物等;人的主观状态,如人的需要和兴趣、情绪状态。**有意注意**(随意注意)指有预定目的,需要做一定意志努力的注意,有意注意主要是在社会实践中发生和发展起来的,是人所特有的一种心理现象,引起和保持有意注意的方法有:对活动做深入的理解、培养间接兴趣、合理组织活动等。

一、注意的特征

(一)注意的稳定性

注意的稳定性是注意在时间上的特征,是指在同一对象或同一活动上注意所能持续的时间。狭义的注意稳定性是指注意保持在同一对象上的时间,人很难长时间保持固定不变的感知某一事物。如人在夜晚仔细听一只表的滴答声时,会感觉表的声音一时强,一时弱。注意的这种周期性变化,被称为注意的起伏。一般每一次起伏的平均时间约为8~10秒。广义的注意稳定性则是指注意保持在同一活动上的时间,主要是从注意的总方向和总任务不变的角度来讲的,它与人的主观状态和对象特点有关。

(二) 注意的广度

注意的广度也叫注意的范围,是指同一时间能清楚把握的对象的数量。最早是在1830年由汉密尔顿(W. Hamilton)发现,在地上洒一把石子人们很不容易同时观察6个以上的石子。以后的研究发现,注意的广度受知觉对象的特点、个人知觉活动的任务和知识经验等的影响较大。

(三) 注意的分配

注意的分配是指在同一时间内把注意指向于不同的对象。日常生活中人能顺利地同时进行两种活动,这种现象使我们认为注意可以被看作人能用于执行任务的数量有限的能量和资源的分配,这种对注意解释的理论被称作中枢能量理论。影响注意分配的过程主要有两类:一是资源限制过程,即进行作业时受到所分配的资源的限制无法顺利进行,一旦得到较多的资源,作业即可顺利进行;二是材料限制过程,即作业本身的材料质量低劣或不适宜的记忆信息的限制,即使分配获得较多的资源也不能顺利完成作业。

(四) 注意的转移

注意的转移是指注意的中心根据新的任务,主动地从一个对象或一种活动转移到另一个对象或另一种活动上去。注意转移的快慢和难易取决于原来注意的紧张程度和引起注意转移的新对象(新活动)的性质。如果原来事物的注意紧张程度高,或对新事物不感兴趣,注意转移就较困难、缓慢。同时注意的转移还与个体的神经过程的灵活性有关。注意的转移不同于注意的分散、注意的分配。

二、注意的机制

(一) 过滤器模型

过滤器模型是由英国心理学家布鲁德本特(Broadbent,1958)根据双耳分听的一系列实验结果提出的注意模型。它认为来自外界的信息是大量的,但人的神经系统高级中枢的加工能力极其有限,于是出现瓶颈。为了避免系统超载,需要过滤器加以调节,选择一些信息进入高级分析阶段,而其余信息可能暂存于某种记忆之中,然后迅速衰退。通过过滤器的信息受到进一步的加工而被识别和存储。这种过滤器类似波段开关,可以接通一个通道,使该通道的信息通过,而其余的通道的信息则不能通过。

(二) 衰减模型

特瑞斯曼(Treisman,1964)对过滤器模型进行改进,提出衰减模型。他认为过滤器不是按照"全或无"的方式工作,所有的信息被允许通过,只不过被注意的信息可以得到高级加工,未被注意信息受到衰减,强度减弱了。在记忆中贮存的信息在高级分析水平有不同的兴奋阈限。受到注意的信息通过过滤器时没有受到衰减,保持原来的强度,可以顺利激活有关的字词,从而得到识别。未被注意的信号由于受到衰减而强度减弱,一般不能激活相应的字词,因而不能得到识别,但是对接受信息的人特别有意义的项目如自己的名字等则有较低的阈限,可以受到激活而被识别。如图 4-2 所示。

三、注意品质的培养

许多同学都有因注意力不能集中而苦恼的经历。学生注意力涣散是影响学生学习成绩的重要心理因素。青年人由于好奇、好动等特点,易造成注意力不集中,既影响学习效果,又影响个人情绪。学习不良的学生大多伴随着注意力不能集中的心理和行为问题。造成学习时注意力不集中的原因很多,大致可分成四种情况:一是学习目的不明确,缺乏学习兴趣和责任心;二是受外界环境的干扰;三是生理因素,包括疲劳、生病等;四是心理不适或障碍。

下面介绍几种具体的培养集中注意力的方法。

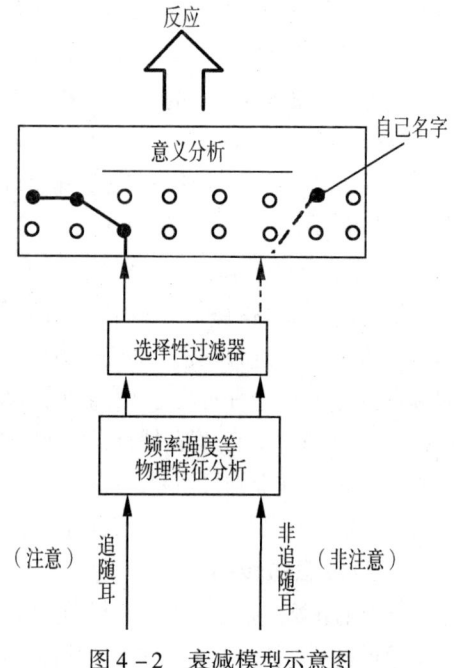

图 4-2 衰减模型示意图

(一)自我暗示法

自我暗示法即学习时提醒自己"集中注意"。可以找几张小卡片,上面写一些"不要走神儿"、"少壮不努力,老大徒伤悲"等字样,把它们放到你平时容易看见的地方,时刻提醒自己"别走神儿"。自我暗示能够调动心理活动积极性,有助于集中注意力。

(二)情境想象法

在每次做作业时想象自己是在参加某次大考或竞赛,要在规定的时间内做完,提高单位时间内的效率,这样可以使自己真正紧张起来。

(三)培养间接兴趣

间接兴趣对学生注意力发展具有重要作用。间接兴趣的培养,一要树立远大理想,明确自己的努力方向或奋斗目标;二要激发好奇心和求知欲,对所学知识保持浓厚的探究欲望;三要树立正确的学习动机,为自己未来的发展、为祖国的繁荣富强而努力学习,用理想的目标激励鼓舞自己。

(四)自我奖励法

学习时给自己定一个时间表,从几点几分到几点几分要完成什么内容,越具体越好。如果在规定时间完成了学习计划,就可以奖励一下自己;相反,如果由于注意力不集中使计划落空,那就惩罚自己做不愿做的事。长此以往,就会养成集中注意力去学习的良好习惯。

(五) 训练听课技巧

有意注意时间长了会引起大脑疲劳,导致注意分心。如果能够事先对所学习的内容有所准备就会降低这种疲劳,对于自己集中注意力很有好处。因此学习者做好课前预习,调整听课心理状态,重点问题集中精力,次要问题适度放松;有意识地寻找问题,发现异点,激发听课兴趣都是很好的听课方法。

此外,排除学习时的干扰因素也是非常重要的。学习时应该选择一个安静、舒适、熟悉的学习环境,避免接受新异刺激;要注意劳逸结合,合理安排学习时间。

第二节 感 知 觉

一、感觉的发生及其规律

(一) 感觉与感觉的测量

感觉(sensation)是一种最简单的心理现象,它是对直接作用于感觉器官的客观事物的个别属性的反应。人们在日常生活中很少有纯粹的感觉,但对于每一个正常的人来讲,没有感觉是不可忍受的,心理学的感觉剥夺实验即证明了这一点。一切较高级、较复杂的心理现象都是在感觉的基础上产生的。

专栏 4-2

感觉剥夺实验

加拿大心理学家赫布(D. O. Hebb)、贝克斯顿(W. H. Bexton)等,于1954年进行了第一个感觉剥夺(sensory deprivation)实验,如图 4-3 所示。

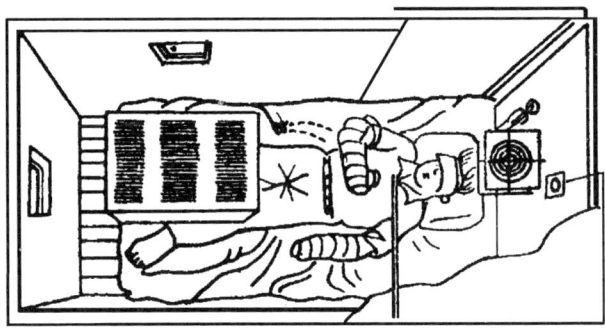

图 4-3 感觉剥夺场景图

实验过程中让被试进入专设的与外界完全隔离的房间内(如图),躺在一张舒适的小床上,眼睛被蒙上眼罩,耳朵被堵住,手也被套上。除了进食与排泄外,就是无聊地昏睡或者胡思乱想。被试在实验期间注意力不能集中,不能进行连续而清晰的思考,所有被试都感到无法忍受这样的痛苦。即使给予再高的报酬,也很少有人能在这样的环境中生活上一周。

实验后四天,对被试进行的各种测验表明:进行精细活动的能力、识别图形的知觉能力、连续集中注意的能力以及思维的能力均受到严重的影响。被试在实验后,要经过一段时间,才能恢复到正常水平。实验证明,没有刺激,没有感觉,人不能产生新的认识,也不能维持正常的心理生活。

任何感觉的产生,都需要两个基本的条件:一是刺激物,也就是直接作用于人体,能够引起人们感官活动的客观事物。刺激物对有机体施加的影响称为刺激。刺激物作用于人体并非都能引起感觉,只有达到一定强度时人才能感觉出来,其他具有一定能量但强度不够、不能引起感觉的刺激就被称为阈下刺激。二是感觉器官,也就是能把客观刺激物转变为主观映象的生理装置。人们通过各种不同的感觉器官来获得外界或自身的各种信息。在感觉器官中,直接接受刺激产生兴奋的装置叫做感受器,它是生物换能装置,能将各种刺激能量转换为神经冲动。各种刺激信息只有经过感受器的这种换能过程,才能通过神经传导到达大脑,形成感觉。主要的感觉有视觉、听觉、嗅觉、味觉、肤觉、运动觉、平衡觉和机体觉。

1. 主要的感觉

(1)视觉

视觉(vision)是可见光作用于视觉分析器产生的。波长为 400~760 毫微米的电磁波,即可见光是视觉的适宜刺激。视觉中的色调、明度和饱和度由光波的性质决定。超过可见光谱的上限与下限的光波,我们的肉眼是看不到的,像红外线与紫外线等我们都看不到。但在特殊情况下,如在高能量光线的照射下,眼睛感受的范围可扩展到 313 毫微米和 950 毫微米。视觉的绝对阈限很低,1 个光子可以使 1 个视杆细胞兴奋,5 个光子就可以引起视觉。

视觉的器官是眼球(如图 4-4),按功能可分为折光系统和感光系统两部分。折光系统包括角膜、水晶体、玻璃体等,它的功能是将外界物体所反射的散光聚集在视网膜上形成一个清晰物像。感光系统是视网膜,其外层为视细胞层,视细胞是直接感受光刺激并将其转换成神经冲动的光感受器。视细胞分视杆细胞和视锥细胞两种,前者是微光视觉的感受器,后者是昼光视觉和色觉的感受器。

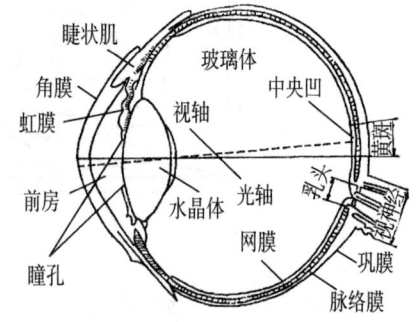

图 4-4 眼睛模式图

视觉所接受的光线主要有两种来源:一是发光体直接发出的光,如太阳、萤火虫、电灯等;二是反光体,即不发光的物体反射出来的光,如月亮、桌椅、镜子等。除了发光体外,物体的颜色只有在光线照射时才显现出来,受到光源条件的影响。因此,物体的颜色主要是由不同光照条件下物体反射的光线决定。

1)彩色与非彩色

所有的颜色可以分为彩色和非彩色两大类。非彩色包括黑色、白色以及介于二者之间的深浅不同的灰色。彩色是除了黑、白、灰以外的所有颜色。

颜色有三种属性,即明度、色调和饱和度。明度是彩色和非彩色的共同属性,它是由物体表面的反射系数决定的。反射系数大,明度就大;反射系数小,明度就小。例如,白墙的反射系数大,因此使人感到很明亮;黑板的反射系数小,人就觉得暗。颜色的主要性质和特点由色调决定,即由物体表面所反射的光线中占优势的那一种光线决定的。饱和度是色调的表现程度,是由物体表面所反射的占优势的那一种光线与整个反射光线的比例所决定的。优势光线所占的比例越大,饱和度越大,反之就小。

2)颜色混合的规律

绝大多数颜色现象是由不同波长光波混合在一起而形成的。各种混合光的颜色都可以由红、绿、蓝这三种原色按各种比例混合而成。色光混合用的是加色法,颜料混合用的是减色法。颜料混合和色光混合虽然是两种不同的混色法,但其规律基本相同的,颜料的颜色是由颜料吸收了一定波长的光线后所反射的光线混合而成的。

色光混合:红色 + 蓝色 = 紫色

红色 + 绿色 + 蓝色 = 白色。

颜料混合:青色 = 白色 – 红色

黄色 = 白色 – 蓝色。

颜色混合的基本规律:

①互补律

每一种颜色都有另一种同它相混合而产生白色或灰色的颜色,这两种颜色称为互补色。例如,红色是青色的补色,二者混合为灰色。

②间色律

混合两种非补色,能产生一种新的介于二者之间的中间色。例如,红色和黄色混合后可以得到橙色。

③代替律

不同颜色混合后产生的相同的颜色可以彼此互相代替。只要在感觉上颜色是相似的,便可以互相代替而得到同样的视觉效果。但这一规律只适用于色光的混合。例如,黄光和蓝光混合产生灰色,用红光和绿光混合而成的黄光与蓝光混合后也可产生灰色。

(2)听觉

听觉(hearing)的适宜刺激是频率为 16 ~ 20 000 次/秒(赫兹)的声波。声波是一种机械波,听觉的感受性在 1 000 ~ 4 000 赫兹的声波范围内最高,500 赫兹以下和 5 000 赫兹以上的声波则需要大得多的强度才能被感觉。16 赫兹以下和 20 000 赫兹以上的声音是听不见的。不同年龄的人听觉有所不同,例如,幼儿能听到 30 000 ~ 40 000 赫兹的高音,50 岁以上的人则只能听到不超过 13 000 赫兹的高音。当声音强度超过 120 分贝时,声波便不再引起听觉的进一步变化,产生的是压、痛觉。听觉的差别感受性较高,能觉察几赫兹的声波差异,但对不同频率的声波,其差别阈限有所不同。

听觉器官耳朵(见图 4 - 5)由外耳、中耳和内耳三部分组成,其中最重要的部分是内耳的耳蜗。决定我们听到什么声音的是如下一些声音的特征。

1)音高、响度和音色

音高、响度和音色,分别对应于物理学上声音的三个基本特征:频率、振幅和波形。音高是由声波的频率决定的。频率高,声音的音调就高;频率低,音调就低。例如,男子声带厚长,振

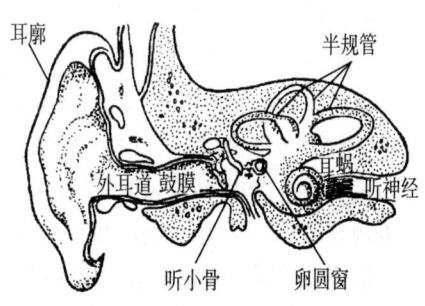

图 4 - 5 人耳的构造模式图

动缓慢,说话时的振动频率低,声音较为低沉;女子声带薄短,振动较快,说话时的频率高,比男子的声音高得多。

响度与声波的振幅相对应。声波越强,振幅越大,声音就越响。声音的响度与声波的强度之间的对应关系是对数关系,响度用音压级(SPL)来表示,它的单位为分贝(db)。

音色是指将基本频率和强度相同,但附加振动成分不同的声音彼此区分开来的特殊品质。音色是由构成复合音的各个部分声波的相互作用所决定的。各种基本频率相同的声音,其音色之所以不同,各具特色,是由它们的陪音的数目、频率、振幅各不相同造成的。如小提琴与二胡演奏同一个音符时,我们可以很轻松地就区别开来。

2)乐音和噪音

根据声波物理性质的不同,声波可分为纯音和复合音两类。纯音是单一的以正弦曲线形式运动的声波,也是最简单的声波。复合音是由多个频率的不同声波所组成的,日常生活中的声音几乎都是复合音。复合音可按其是否具有周期性分为两类,呈周期性振动的复合音叫乐音,如乐器的声音和语言中的元音等。呈非周期性振动的复合音叫杂音,如噪音和语言中的辅音等。

噪音可以定义为人们不需要的声音。噪音已经成为城市的一大公害。研究表明,如果长期在高分贝的噪音环境里工作和生活,人们的听力会受到极大的损害;120 ~ 130 分贝的噪音能使人感到耳内疼痛,更强的噪音则会使听觉器官受到损伤。实验表明,165 分贝的噪音可以使大白鼠在 5 分钟后死亡。噪音还会使人疲劳,产生消极情绪,80 分贝以上的噪音就会影响人的情绪,100 分贝以上的噪音会产生生理性的不良影响。

(3)其他感觉

1)肤觉

皮肤感觉(skin senses)包括触压觉、温度觉和痛觉等,这几种感觉常常混在一起,在感觉上将它们严格地区分开来是相当困难的。它们的感受器散布于全身体表。在体表的同

一部位,痛点最多,压点其次,温点最少,从全身来看,鼻尖的压点、冷点和温点最多,胸部的痛点最多。

触压觉的敏感部位是舌尖、唇部和手指等处较高,而背部、腿部和手背等处较不敏感。触压觉的产生并非压力本身,而是使神经末梢变形的压力差。如果把手指插入水银中,你就会发现压觉并非来自手指所浸入的部位,而是来自手指上空气和水银的交界处。

温度觉包括冷觉、温觉和热觉,刺激温度的范围是 $-10℃ \sim 60℃$,超过这个范围不产生温度觉,而会引起痛觉。由于皮肤表面温度是32℃左右,故32℃左右的温度刺激不产生冷或热的感觉,这个温度叫做生理零点。热觉则是由42℃以上的温度刺激引起的,用42℃以上的温度刺激冷点不产生热的感觉,而是产生强冷感觉,这叫做矛盾冷觉。热觉是冷点的冷觉和温点的温觉的融合体验。

痛觉的感受器除了皮肤上的痛点外,几乎遍布于身体的所有组织中。痛觉是对机体的一种保护性的机能。

2) 嗅觉和味觉

嗅觉和味觉都是对化学物质的感觉,两者互相影响,互相配合,关系非常密切。当嗅觉功能发生障碍时,味觉功能也会随之而减退。

人的嗅觉相当敏锐,但嗅觉的适应现象很显著,长时间闻一种气味会使嗅觉产生适应现象。据估计人的嗅觉感受细胞约有1000万个,德国牧羊犬有22 400万个嗅觉细胞。人对滋味的感受器主要是分布于舌头上的味蕾,基本的味觉有酸、甜、苦、咸四种,舌尖感觉甜,舌的两侧感觉酸,舌根感觉苦,舌尖和舌的周围感觉咸。味觉的对比现象很明显,如吃了甜的东西以后再吃酸的东西就会感到特别酸。

3) 运动觉和平衡觉

运动觉就是反映身体各部分之间位置的相对变动的感觉,运动觉的感受器在肌肉、肌位以及内耳的前庭器官中。运动时,由于肌肉的收缩或拉长,以及关节转动等,使感受器兴奋并向大脑发放神经冲动,引起身体运动和位置的感觉。

平衡觉的感受器在内耳的前庭器官中。前庭器官的半规管中充满了淋巴液,当人进行加速或减速运动时,其中的毛细胞就在淋巴液的惯性作用下发生兴奋并向中枢发放神经冲动,产生身体的运动感觉和平衡感觉。

4) 机体觉

机体觉是对我们内脏器官活动状态的反映。包括内脏感觉以及饥、渴等感觉。内脏在正常情况下一般不会产生什么感觉,但在遇到过强的刺激或伤害性刺激的情况下,会产生牵拉或疼痛的感觉。我们对于饥、渴等感觉机制研究还很少。

2. 感觉的测量

(1) 绝对感受性和绝对感觉阈限

人的感官并不是对所有的刺激随时都能感觉到,只有在一定范围内的刺激才能引起人的感觉。**感受性**(sensitivity)就是对刺激的感受能力,**绝对感受性**(absolute sensitivity)就是感觉出最小刺激量的能力,**绝对感觉阈限**(absolute sensory threshold)就是刚刚能引起感觉的最小刺激量。低于这个值,人就感觉不到刺激的存在。各人的绝对感受性各不相同。绝对感受性与绝对感觉阈限,二者在数值上成反比关系。即 E = 1/R,其中 E 为绝对感受性,R 为绝对感觉阈限,说明绝对感觉阈限越大,则绝对感受性越低;反之,绝对感觉阈限越小,则绝对感受性越高。

(2)差别感受性和差别感觉阈限

差别感受性(difference sensitivity)就是刚刚能觉察出同类刺激最小差别量的感觉能力,**差别感觉阈限**(difference threshold)指刚刚能感觉出的两个同类刺激的最小差别量。人们很早就发现,不论在哪种感觉上,能否辨认出两种刺激强度的差别,要看两种刺激的强度差别是否达到一定的比值。例如,如果手上原来有 100 克的重量,那么,必须至少增加 2 克,人才能感觉到两个重量的差别。刺激的增加量 ΔI 与原刺激量 I 之间存在着一定的关系,即 K = ΔI/I,K 为一个常数,即韦伯常数。这一公式所表述的规律叫韦伯定律。人们在研究中发现,对于不同的刺激,韦伯常数不同。如感觉重量的变化与感觉光的强度的变化不同,则韦伯常数也不同。

我们了解了不同刺激的差别阈限,就可以在实际生活中处理遇到的一些实际问题。例如,舞台灯光变暗,需增加亮度,那么,根据光的差别感觉阈限,就知道大致应该至少增加原亮度的多少比值,如果达不到这一比值,人们在感觉上就不会感到亮度的增加。但韦伯定律只适用于中等强度的刺激,刺激过强或过弱,韦伯常数都会发生一定的改变。

(3)阈下刺激的心理效应

当刺激强度低于阈限,我们感觉不到刺激的存在,但它对人还会产生一定影响。双听实验让被试两耳各带一个耳机,两耳各听不同的声音刺激,一侧耳倾听一篇文章,并要求被试出声正确跟读;另侧耳播放陌生的三段乐曲。由于被试完全集中注意一耳的内容,因而无法觉察到另一耳的声音,乐曲可以被看作阈下刺激。结果发现,如果将实验中播放过的三段乐曲与从来未听过的三段新乐曲混合呈现给被试,让其辨别哪一首曲子听起来比较熟悉时,被试的判断则相当准确。

研究者对接受阈下刺激时所伴随的生理指标进行测定,发现低于听觉阈限的声音刺激可引起脑电波的变化和瞳孔的放大,所以,当一个人说出"我感觉到它"时,就早有一定的生理效应,并伴随有一定的心理效应。

(二)感觉的基本规律及其应用

1. 后像

当刺激作用于感受器停止以后,感觉并不立刻消失,而是逐渐减弱,这种感觉残留的现象叫做感觉的后效。在各种感觉中,痛觉后效特别显著,视觉的后效也很显著。视觉的后效即是视觉后像(afterimage)。

视觉后像有两种:正后像和负后像。正后像保持刺激所具有的同一品质。例如,注意发光的灯泡几秒钟,再闭上眼睛,就会感到眼前有一个同灯泡差不多的光源出现在黑暗的背景上,这种现象叫正后像。正后像出现之后,如果我们将视线转向白色的背景,就会感到在明亮的背景上有黑色的斑点,这就是负后像。如果刺激是彩色的,负后像就是该颜色的补色,如一个黄色的对象,我们就会感觉到一个蓝色的后像。视觉后像残留的时间大约为1/10秒,与刺激的强度和作用的时间有关。一般来讲,刺激的强度越大,时间越长,后像的持续时间也越长。

2. 感觉适应

感受器在刺激的连续作用下(刺激强度不变)、感觉会随刺激时间的延续而发生变化(多数为感受性降低,甚至于消失),这种现象叫做**感觉的适应**。在各种感觉中,嗅觉、味觉和皮肤感觉的适应特别明显。古人云:"入芝兰之室,久而不闻其香;入鲍鱼之肆,久而不闻其臭。"说的就是嗅觉的适应现象,但痛觉很少有适应现象(刺痛除外)。

视觉的适应现象分为感受性降低的明适应和感受性提高的暗适应。如我们在白天看完电影走到大街上时外面明亮的阳光刺得睁不开眼,过一会儿,就比较自如了,这种现象就是明适应;当我们从光线充足的大街上进入电影院时,起初什么也看不清,过一会儿,就可以看清物体的轮廓了,这就是暗适应。视觉的适应意义重大,从夜晚到白天光照度可相差 $10^8 \sim 10^9$ 倍之多,如果没有适应机制,人就不能靠视觉对变动着的环境进行精细的分析。

3. 感觉的相互作用

我们的感觉并不是孤立的,而是相互作用、相互影响的。感觉的相互作用可分为同一感觉之内的相互作用和不同感觉之间的相互作用。

同一感觉之内的相互作用可由刺激作用的时间顺序不同而引起,如前面说的视觉适应现象;也可由感受器官的各部分受到不同刺激而引起,如感觉的对比、融合等现象。

对比是同一感觉器官在不同刺激物作用下,感觉在强度和性质上发生变化的现象。视觉对比是很明显的。例如,灰色的对象在红色的背景下,看起来就带有青绿色。刺激的性质相反而在空间或时间上接近,往往会产生非常突出的对比效应。感觉融合则是指两个以上的刺激同时作用而产生一个新的感觉的现象。

不同感觉之间的相互作用主要在不同感受器官同时受到刺激时发生。例如,微痛刺激、某些嗅觉刺激都可以使视觉感受性提高。其作用的一般规律是:弱的某种刺激往往能提高另一种感觉的感受性,而强的某种刺激则会使另一种感觉的感受性降低。

尖锐的声音会使人起鸡皮疙瘩并产生冷觉,这种由一种感受器官受到刺激而产生一种特定感觉的同时,又产生另一种不同的感觉现象称为联觉。

二、经验与知觉

感觉是对刺激的觉察,知觉则是将感觉信息组成有意义的对象,是对刺激的解释。**知觉**(perception)可以被看作是人脑对直接作用于感官的客观事物的整体属性的反映。

知觉与人的知识经验是分不开的,在音素恢复实验中表现得非常明显。在试验中给被试听句子:

It was found that the *eel was on the axle.

It was found that the *eel was on the shoe.

It was found that the *eel was on the orange.

It was found that the *eel was on the table.

在每个句子中，星号表示该位置单词字母缺失，但在被试的实际反应中却发现，听第一个句子的被试倾向于把不完全的单词听成 wheel(轮子)，第二个句子中则倾向于听成 heel(脚跟)，第三个句子听成 peel(果皮)，第四个句子听成 meal(饭菜)。实验结果表明，在知觉过程中人可以根据对整个句子的理解，将不完整的词自动地恢复为与上下文意义吻合的完整词，也就是说我们的经验或已有的知识与现实刺激信息之间可以起相互作用。

(一) 知觉理论

布鲁纳(Bruner)和格雷戈里(Gregory)认为人在知觉时，从外界接受刺激，在已有的知识经验的基础上，人们可以对当前的刺激形成假设、期望或图式，知觉就是在这些假设、期望的引导和安排下进行。知觉可以被看作是一种假设考验的过程，人接受信息、形成假设、考验假设、再接受或搜索新的信息、再形成假设、再考验假设……直到验证了某一个假设为止，这时就可以对感觉到的刺激做出正确的解释，知觉过程可以被看作是以假设为纽带的现实刺激与记忆信息相结合的一种再造，这种对知觉的看法被称为知觉的假设考验说。这个理论赋予知觉过程以主动性和智慧性。在外界信息模糊不清或容易产生歧义的一些知觉过程中，有一定的言语指导的情况下可以看出人们的知觉明显受言语的影响。

吉布森(Gibson)则认为知觉过程中，并不存在知识经验的作用。由于自然界的刺激是完整的，可以提供丰富的信息，人完全可以利用这些信息直接产生与作用于感官的刺激相对应的知觉经验，不需要在过去经验的基础上形成假设再进行考验，最后去验证假设。自然界中的物体受各方向光线照射，又反射出各种光线，人在观察周围空间时，所看到的都是特定的光线分布，每一点的光线分布都有差异。人在一条砖路上看远方，近处砖大而清晰，远处砖小而模糊。近疏远密的光线结构显示出了物体表面质地的密度级差；随着由近向远的变化，视网膜单位面积所包含的砖的数目也增加，也存在着密度变化，这就是结构密度级差。我们可以根据这种密度级差的变化而产生知觉。这被称作知觉的刺激物说理论。因为吉布森认为知觉系统从流动的系列中抽取不变性，故而这个理论又被称作知觉的生态学理论。

这两个理论所争论的实际上是现实刺激信息是否需要在过去知识经验的基础上产生问题。现在一般认为，在不同的情况下知觉过程对这两种加工是不同的。假设考验学说强调的是在知觉条件恶化的时候的知觉，刺激物说则适用于知觉条件良好的情况。

(二) 模式识别

模式识别是人的一种基本的认知能力和智能，在人的各种活动中都有重要的作用。模式识别是人的典型的知觉过程，它依赖于人的知识和经验。所谓模式是指由若干元素或成分按一定关系组成的某种刺激结构，也即刺激的组合。如一幅肖像、一个单词或几个单词构成的一个句子等。当人能够确认它所知觉的某个模式是什么时，并将它与其他的模式区别开,这就是模式识别。一般来看,模式识别就是感觉到的信息与长时记忆中的相关信息进行比较的过程。

(三) 结构优势效应

结构优势效应指人在识别外界物体的时候,物体的整体结构对识别物体本身所起到的有利的作用。这种现象与人的知觉组织有着密切关系。现已发现,识别一个字词中的字母的正确率高于单独识别同一个字母的正确率,这种现象称为字词优势效应;识别一个结构严谨的图形中的线段要好于识别一个结构不严谨的图形中同一个线段或者单独的同一线段,结构严谨的图形又被称为"客体",所以这被称为客体优势效应;识别一个完整的图形要好于识别图形中的一个部分,这称为构型优势效应。这些心理现象统称为结构优势效应。

三、知 觉 特 性

(一) 知觉的整体性

当我们感知一个熟悉的对象时,只要感觉了它的个别属性或主要特征,就可以根据以往的经验而对它进行识别,把它作为一个整体进行反映,如图4-6所示。如果感知的对象是没有经验过或不熟悉的话,知觉就会以感知对象的特点为转移,将它组织成具有一定结构的整体。这种现象也叫做知觉的组织化。

图4-6 部分与整体关系图

(二) 知觉的选择性

在日常生活中,作用于我们感觉器官的客观事物是多种多样的。但是在一定时间内,人不能感受到所有的刺激,而仅仅感受能够引起注意的少数刺激,此时,注意的对象好像从其他事物中突出出来一样,出现在"前面",而其他事物则退到"后面"去。前者是知觉的对象,后者成为知觉的背景。在一定的条件下对象和背景可以相互转换。在一般情况下,面积小的比面积大的、被围的比包围的、垂直或水平的比倾斜的、暖色的比冷色的,以及同周围明度差别大的东西都容易成为知觉的对象。从客观方面来看,影响知觉选择性的因素,有刺激的变化、对比、位置、运动、大小程度、强度等;从主观方面来看,有经验、情绪、动机、兴趣、需要等。图4-7中是字母FLY。

图4-7 双关图

(三) 知觉的理解性

通常,人对任何事物都是根据已有知识和过去的经验来理解和领会的。对事物的理解

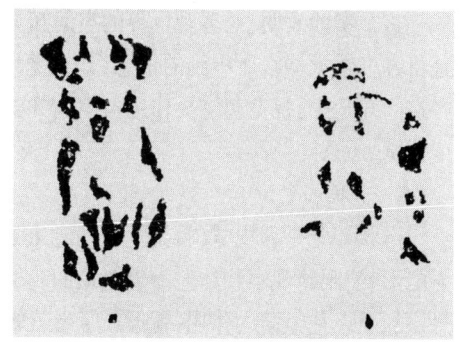

图4-8 斑点图

是知觉的必要条件。人在知觉某一事物时,通常要在对它进行命名,即将感知对象用词来概括,使它具有一定的意义。因此,言语的指导作用(即命名)能唤起过去的经验,理解感知对象的意义。图4-8中左边是一只狗,右边是一名短跑运动员。

(四)知觉的恒常性

由于知识和经验的参与,知觉往往并不随知觉条件的变化而改变,而表现出相对的稳定性。这就是知觉的恒常性。在视知觉中,知觉的恒常性非常明显。视知觉的恒常性包括大小、形状、亮度、颜色恒常性等。图4-9表明尽管门处于关门到开门的不同状态,但人们对门的大小、形状知觉恒常性并不改变。

图4-9 形状恒常性图

四、知觉类型

知觉是由多种分析器协同活动而产生的,根据哪种分析器在知觉过程中起主导作用,可以将知觉分为视知觉、听知觉、嗅知觉、味知觉等。如果根据被人们所感知到的物体存在的空间特征和时间特征以及物体的运动特征进行区分,知觉则可以被分为空间知觉、时间知觉和运动知觉。这是我们最常用的一种分类方法。

(一)空间知觉

空间知觉是人脑对物体空间特征的反映。

19世纪末,施特拉顿做了一个著名的实验。他在眼睛上戴了一个一端开小孔的圆筒,因为小孔成像原理,眼睛视网膜上的视像与外界事物一样是正立的(正常视网膜上的像应当是倒立的),开始非常不适应,视觉和触觉、动觉之间发生了矛盾,用手触摸物体、在空间行动都发生了困难。如想拿下面的东西,手却伸向上方;写字也不能依靠视觉而只能靠触觉和记忆来写。这种异常的体验使人感到头痛和恶心。8天以后,他的视觉逐渐与触摸觉、动觉协调起来,不再感到外部是一个颠倒的世界,周围的景象看起来正常了,行动也自如了。摘掉眼镜后,他又重新经历了同样痛苦的适应空间环境的过程。

这个实验表明,对客观世界的空间知觉并不是天生就有的,而是通过后天学习获得的,是将许多感觉器官所得到的信息,如视觉信息、触觉信息、动觉信息综合分析以后产生的。在空间知觉中,视觉起主要作用。空间知觉主要包括:形状知觉、大小知觉、方位知觉和深度知觉。

1. 形状知觉

形状知觉是靠视觉、触摸觉和动觉来实现的。在眼睛注视对象时,对象在视网膜上投射的形状、眼睛观察物体时沿着对象的轮廓进行运动的动觉都给大脑提供了对象形状的信息。加上以往经验的作用,就形成了形状知觉。空间上的邻近性、相似性、对称性等规律易形成形状知觉。

2. 大小知觉

大小知觉也是靠视觉、触摸觉和动觉来实现的。在同等距离时,大的物体在网膜上的视像大,小的物体在网膜上的视像小,因此可根据网膜上视像的大小来知觉对象的大小。不同距离时,远处的大物体与近处的小物体在网膜上的视像可能是相等的,或者远处大物体的视像反而小于近处小物体的视像。但是,在实际生活中,人仍然能比较正确地反映不同距离的对象的实际大小,知觉往往能保持大小恒常性。在距离过远时,大小知觉的恒常性就会降低,而网膜视像大小的作用就会逐渐增大。

通常,对象是在比较熟悉的环境中被知觉的。因此,熟悉的物体就提供了对象距离和实际大小的线索。这些线索同视觉、触摸觉、动觉所提供的信息结合在一起,形成了大小知觉。

3. 方位知觉

方位知觉是对物体所处空间位置和方向的知觉,靠视觉、触摸觉、动觉、平衡觉以及听觉获得的。人将这些感知信息综合起来便形成了方位知觉。个体对外界事物的方位知觉一般是以自己为中心来定位的。

通常,人主要靠视觉来定向。触摸觉、动觉、平衡觉则常常对视觉定向起补充作用。个体在定向时总以环境中的某些熟悉的物体为参照点。

人还可以靠听觉辨别声源的方向来判断发声体的位置。由于人的耳朵位于头的两侧,所以一侧声源发出的声音到达两耳所经过的距离就不同。两耳的距离差就造成了声波对两耳的刺激强度的差别、时间的差别以及位相的差别,这些差别就成了知觉声源方向的主要依据。

4. 深度知觉

深度知觉也就是距离知觉和立体知觉。外部世界在视网膜上的投影是平面的二维视像,但却能被知觉为三维的图像,并对图像的远近距离做出正确的判断,这些使人产生深度知觉的线索被叫做深度线索。

(1) 生理线索

人眼在观察对象时,为了在视网膜上获得清晰的视像,水晶体就会发生调节变化,看远处时扁平,看近处时凸起。眼球肌肉的这种紧张变化,可以作为估计对象距离的依据之一,但是眼睛的这种调节只在 10 米的距离范围内起作用,且很不精确,这是深度知觉中眼睛的调节作用。

眼睛在看东西时,两眼的视轴会指向所看的对象,这样双眼的视轴就要进行一定的辐合运动,看近物时视轴趋于集中,看远物时视轴趋于分散。这样,控制双眼视轴辐合的眼肌运动就向大脑提供了关于对象距离的信号,可以用来判断物体距离的远近。但视轴辐合只在几十米的距离范围内起作用,这是深度知觉中双眼视轴辐合的作用。

(2) 双眼线索

由于人的两眼相距 6~7 厘米,因此两眼看东西是不一样的,左眼看到左边的多一点儿,右眼看到右边的多一点儿,两眼的视觉稍有不同,这种差异叫做双眼视差。由于这两个不同的视觉信息,最后在大脑皮层的整合作用下合二为一,就造成了对象的立体知觉或距离知觉。双眼视差是深度知觉的主要线索。

(3) 单眼线索

许多深度线索只需要单眼就能感受到,这些线索也叫做经验线索,具体包括:

① 对象的大小

同样大的物体遵照视角规律可知,在近处要比远处的网膜视像大。对差不多大的物体可以根据网膜视像大小判断它们的远近。视像大,距离就近;反之则远。

② 对象的重叠

如果一个物体部分地遮挡了另一个物体,那么我们就会感到前面的物体要近些,但据此判断物体之间的距离则是困难的。

③ 明暗和阴影

通常,明亮的物体显得较近,灰暗或阴影中的物体显得较远。

④ 空气透视

由于空气层的蓝灰色彩的影响,透过空气看远处的物体,就会感到物体改变了颜色。远处物体,好像蒙上了一层蓝灰色,细节不分明;近处物体,看起来颜色明亮,细节清楚。

⑤ 线条透视

空间对象在平面上的几何投影就是线条透视。近处的对象的视角大,看起来较大;远处的对象的视角小,看起来较小,如向远方伸展的铁轨趋于接近,最后几乎合为一点。线条透视的这种效果能帮助我们知觉对象的距离。

⑥ 运动视差

物体因观察者头部的移动似乎也在移动,移动速度还不同,近处物体移动快,远处物体移动慢,这就是运动视差。虽然远近两个物体以相等的速度朝同一方向运动,但人们往往觉得近处的物体比远处的物体的角速度要快。这种角速度的差异也是深度知觉的一个线索。

实际生活中,空间知觉是各种感觉器官协同活动的结果,依赖于经验中的触摸觉、动觉等的验证。

(二) 时间知觉和运动知觉

时间知觉是对客观现象的延续性和顺序性的反映。人们可以依靠时钟和日历来判断时间,也可以根据自然界的周期现象,如昼夜的循环交替、月亮的亏盈、季节的变化等来估计时间。但是,在没有上述条件的情况下,人也能大致地估计时间。这是因为人体内的一切物理变化和化学变化都是有节律的,这些节律性的变化就是"生物钟"的机制。人对时间长短的判断可以分为两种,一是直接对"现在"时间间隔的判断;二是靠回忆对过去持续时间的估计。心理上的"现在"的时间长度一般为 1/6 秒到 2~3 秒,短于 1/6 秒的时间感知不到它的长度,而被称为"瞬间"。长于 2~3 秒的时间仅靠直接知觉就比较困难了。对于时间长度的估计,1秒钟左右最为精确,短于1秒钟时容易产生高估的现象,长于1秒钟时容易产生低估的现象。对时间的估计受刺激的物理特性以及主体的态度、注意等影响较大。情绪和态度对于时间的估计也有很大的影响。

运动知觉与时间知觉和空间知觉有着不可分割的关系,是对物体空间位移的知觉,它依赖于物体运动的速度、运动物体离观察者的距离以及观察者本身所处的运动和静止状态等。运动知觉通常是通过多种分析器协同活动实现的。运动知觉十分复杂,实际运动的物体可以被知觉为不动的,实际不动的物体也可以被知觉为运动的。按照人所知觉到的各种运动现象的形成条件,将运动知觉分为真动知觉、似动知觉以及运动幻觉等。

1. 真动知觉

真动知觉是观察者处于静止状态时,物体的实际运动连续刺激视网膜所产生的物体在运动的知觉。如果物体运动的速度非常慢的话,人就感知不到它在运动;如果物体运动的速度太快,人也同样不能感知到它的运动。人们知觉到的物体的运动速度与实际的物体运动速度常常很不一致。出现这种差异与运动物体离观察者的距离有关,即运动物体距离近,看起来感到速度快,运动物体距离远,看起来感到速度慢。这种差异也与物体运动所在的空间有关,即物体在广阔的空间里运动看上去速度慢,在狭窄的空间里运动看上去速度快。这种差异还与物体运动方向有关,即物体在垂直方向上运动比在水平方向上运动看上去速度要快得多。

2. 似动现象

似动现象是一种错觉性的运动知觉,是将实际上不动的静止之物,知觉为运动的一种现象。实际生活中的电影画面上运动的感觉形成就属于似动运动。德国心理学家韦特海默的研究发现,似动现象受两个刺激物先后呈现的时间间隔长度的影响。一般情况下,间隔时间短于0.03秒或长于0.2秒都不会产生似动现象。间隔时间短于0.03秒,观察者会认为是两个刺激物同时出现。间隔时间长于0.2秒,观察者认为是两个刺激物先后出现。当间隔时间为0.06秒时,观察者能非常清楚地看到似动运动,此时的似动现象叫做最适似动或φ现象。似动现象不仅在视觉中会出现,在触觉和听觉中也会出现。

3. 运动幻觉

(1) 诱导运动

诱导运动是实际不动的静止之物因周围物体的运动而看上去在运动的知觉现象。在没有更多参照系的情况下,两个物体中的一个在运动,人就有可能把它们中的任何一个看成是运动的。例如在夜空中,我们既可以把月亮看成在云朵里穿行,也可以把云朵看成在月亮前移动。月亮的运动就是由云朵的运动所引起的一种诱导运动。

(2) 自主运动

如果个体在暗室中注视一个静止的光点,过一段时间便会感到它在不停地动来动去,这就是自主运动,又称沙蓬特错觉或游动错觉。自动现象的产生与黑暗中失去周围空间的参照系,从而使光点的空间位置不明确这一因素有关,同时它还与人的个性有关。

(三) 超感知觉与错觉

所谓**超感知觉**(ESP)是指不凭感觉器官即可获得知觉经验的特异现象。由于很多人相信人死后有灵魂、有未卜先知、人神能相通等，社会上也就出现了许多江湖术士以各种方式欺骗人们，并且有许多人试图以"科学"的方法来证明这些现象存在的合理性。常见的超感知觉主要有：心电感应俗称传心术，指两人之间不需要可见的人和工具或方法就能直接传达信息；意念搬运，指单靠意念就可以搬运物体或使物体发生形变的功能。超感知觉迄今为止未能得到有效证明，有许多人所提出的超感知觉现象只能被证明为是魔术或骗局。

错觉(illusion)是对客观事物的不正确的知觉，它与幻觉不同。错觉是在客观事物刺激作用下产生的对刺激的主观歪曲的知觉。错觉产生的原因很复杂，往往由生理和心理等多种因素引起。在各种知觉中几乎都有错觉发生，常见的错觉有图形错觉、大小错觉、方位错觉、形重错觉、运动错觉、时间错觉。图4-10为常见图形错觉。

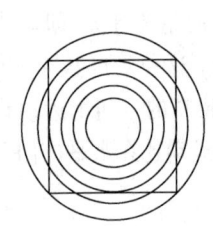

奥比森(Orbison)错觉
(该图中间是一个正方形，但我们将它看成一个受到挤压的方形)

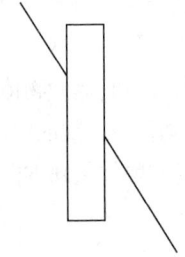

波根多夫(poggendoff)错觉
(该图矩形外边的线是同一条直线，但我们将它们看成是来自不同方向的直线)

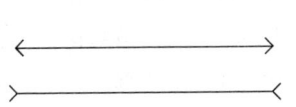

缪勒—莱依尔(Muller Lyer)错觉
(该图箭头内的线是一样长的，但我们看箭头向外的线比向内的线要短)

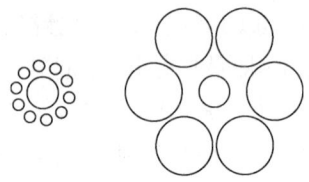

艾宾浩斯(Ebbinhause)错觉
(该图两个图形中间的圆是一样大的，但小圆包围的圆看起来比大圆包围的圆要大)

图4-10 常见图形错觉

第三节 记　　忆

一、记忆的概述

记忆(memory)是过去经验在人脑中的反映。人脑感知过的事物，思考过的问题和理论,体验过的情感和情绪,练习过的动作,都可以成为记忆的内容。

记忆是一个复杂的心理过程,识记、保持、再认或回忆是记忆的三个基本环节。识记是识别和记住事物;保持是巩固已获得的知识经验的过程;回忆和再认就是在不同的情况下恢复过去经验的过程,经验过的事物不在面前,能把它重新回想起来称回忆,当经验过的事物再度出现时,能把它认出来称再认。记忆过程中的三个环节是相互联系和相互制约的。

从信息加工观点来看,记忆就是对输入信息的编码、贮存和提取的过程。记忆把人的过去、现在和未来连接为一个整体。没有记忆参与,知觉过程就不可能实现;没有记忆也就不可能有思维活动。人有了记忆,才能够积累经验,扩大经验。记忆是心理过程在时间上的持续。有了记忆,前后的经验才能联系起来,使心理活动成为一个发展的、统一的过程。人们通过丰富自己的记忆内容,最终形成独具魅力的个性。人类的记忆力非常惊人,容量几乎是无限的,许多记忆内容可以长久保持,终身不忘。

专栏 4-3

元 认 知

20世纪70年代,心理学家通过研究人的记忆过程发现,人类记忆系统不仅对适宜刺激反应,而且能够精确地估计有效进行记忆活动的可能性。这种能有效估计记忆过程的认知机制实质是元认知对人的记忆过程的自我体察和自我监控。

元认知包括三个主要成分,即元认知知识、元认知体验和元认知监控。人的元认知能力是所有智力活动中必不可少的成分,具有广泛的迁移性。元认知能力的高低对人解决复杂的认知活动具有决定性的影响,并反映了人的智力的高低。(详见本书第六章、第九章有关内容)

记忆可以根据记忆内容、记忆特点等进行不同的分类。一般按记忆的内容可以把记忆分成四种。

1. 形象记忆

我们以感知过的事物形象为主要内容的记忆,叫做形象记忆。例如,我们去看一部电影后对艺术家们形象的记忆,就是形象记忆。

2. 逻辑记忆

以概念、公式和规律等的逻辑思维过程为内容的记忆,叫做逻辑记忆。例如,我们对法则、定理或数学公式的记忆,就是逻辑记忆。

3. 情绪记忆

以体验过的某种情绪或情感为内容的记忆,叫做情绪记忆。例如,我们对受人辱骂的痛苦心情、对受到别人称赞的愉快心情的记忆,就是情绪记忆。

4. 运动记忆

以做过的运动或动作为内容的记忆,叫做运动记忆。例如,我们对打乒乓球时一个接一个连贯动作的记忆,就是运动记忆。

但在实际生活中,这几种记忆是相互联系的,不同记忆内容的分类只是根据哪种记忆的成分更多相对做出的,这样也是为了研究的需要。

二、记忆系统

记忆将人的心理活动的过去、现在和未来连成整体,使个体的心理发展、个性形成和知识积累得以实现。人类对记忆的研究已经有了一个很长的历史,涉及记忆活动的不同环节和方面,但从总体来看,研究主要是针对容纳大量材料,保持很长时间的长时记忆,并且一直将记忆看作是单一的心理现象。第二次世界大战以来,随着工程技术及其他科学的发展,对其他记忆现象的研究日趋增多,记忆不再被看作是单一的心理现象,心理学家提出了不同的关于记忆的模型。其中影响最大并被普遍认可的是记忆的三级加工模型。

(一)记忆的三级加工模型

记忆信息的三级加工模型认为外界信息进入记忆系统后,经历了感觉记忆、短时记忆和长时记忆三个阶段,如图4-11所示。

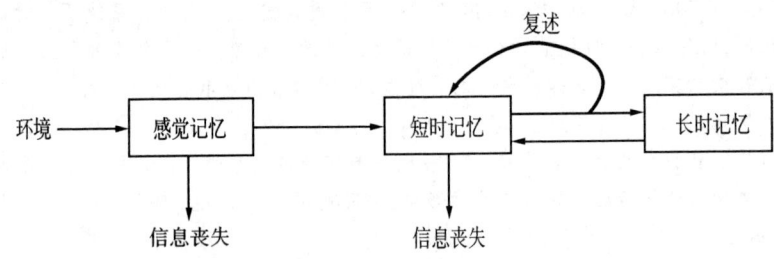

图4-11 记忆的三级加工模型

外部信息最先输入感觉记忆,感觉记忆有丰富的信息,它具有各感觉道的某些特征,可以被分为图像记忆、声像记忆等,但很快就会消失。有些信息会重新编码进入短时记忆,信息编码的形式可以是听觉的、口语的或书面语言的,短时记忆的信息也会很快消失。短时记忆可以被看作是一个工作系统,当从感觉记忆传来的信息转入长时记忆以前,短时记忆可以作为一个缓冲器,短时记忆也可以被看作是信息进入长时记忆的加工器。长时记忆是一个真正的信息库,信息在这里可以是听觉的、口语的、书面语言的或视觉的编码方式。长时记忆中的信息可能因为消退、干扰或强度降低而不能提取出来,但这些信息的贮存可以说是永久性的。

在这个模型中,信息从一个记忆阶段转到另一个阶段多半是受人有意识或无意识控制的。复述是完成信息转移的关键,简单的保持性复述是不能起到作用的,只有精细的整合性复述才能将复述材料加以组织,并与其他信息联系起来,在更深层次上加工,信息才能从短时记忆转入长时记忆。

(二) 感觉记忆

感觉记忆(sensory memory)又叫瞬时记忆,外界信息首先经过感觉器官进入感觉记忆,信息按照感觉输入的原样在这里登记下来,所以感觉记忆又叫感觉登记。在感觉记忆中材料保持的时间很短,视觉感觉记忆的作用时间约在0.5秒以内,一般认为可以保持300毫秒左右。声像记忆的时间可能保持较长时间,达到4秒左右。

感觉记忆的作用时间虽然很短,但它为进一步的信息加工,如模式识别、特征整合等提供了可能。在视觉感觉登记的研究中就发现可以进行信息整合加工。实验中给被试相继呈现两组散点图,这两张图片上的点是随机的,但将它们重叠起来会构成 VOH 三个字母,当这两张图呈现的时间较短时,小于 100 毫秒时,被试可以看出是三个字母,而时间较长时,则很难看出这三个字母,如图 4-12 所示。

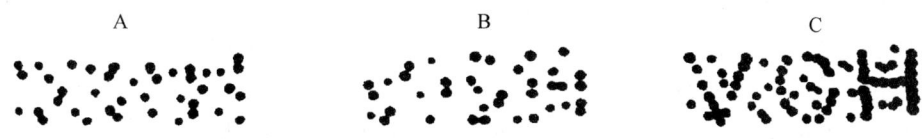

图 4-12 视觉感觉记忆实验

(三) 短时记忆

短时记忆(short-term memory)是指记忆信息保持的时间在一分钟以内,一般认为约为15~30秒,甚至更短时间的记忆。例如,我们从电话簿上查一个电话号码,然后立刻就能根据记忆去拨号,但事过之后,再问这个号码是什么,就记不得了。

目前存在着多方面的证据支持短时记忆的存在。在临床方面早就发现,脑震荡患者常伴有遗忘症。例如,受到猛烈撞击的足球运动员经常不能回忆出受伤前几秒钟发生的事情,但对受伤前几分钟或几小时之间发生的事情却能很好地回忆出来。白鼠跳台实验结果也证明短时记忆的存在。

在铁丝笼内设一个小台子,将白鼠放在台上,笼的底部通电,当白鼠跳到笼底,其足部就将受到中等强度的电击。电击后,白鼠很快学会呆在台上,很少再跳到笼底。但是,若在白鼠跳到笼底并从足部受到电击之后,立刻在白鼠的头部施加电休克刺激,则白鼠以后还会往笼底跳,显出没有学会呆在台上,忘掉足部曾受到电击。如果将电休克刺激与足部电击之间的相隔时间增多,则电休克的作用就会降低。

这个实验表明电休克破坏了当前事件记忆的生理过程,未能使之转为永久贮存。

短时记忆又称工作记忆,它接受来自感觉记忆中的信息,并从长时记忆中提取信息,进行有意识的加工。短时记忆主要以听觉代码方式编码,视觉代码、语义代码和 AVL 单元听觉的(Auditory)、口语的(Verbal)、书面语言的(Linguistic)代码联合起来,称为 AVL 单元,也是短时记忆的编码方式。

短时记忆的容量有限,大体上是 7±2 个组块,可以是 7 个无意义音节,也可以是 7 个彼此无关联的字母或7个单词,短时记忆容量的数值并没有某一个特定的单位。所谓组块是指将若干较小单位联合而成熟悉的、较大的单位的信息加工。组块的大小与人的知识经验有关,象棋大师和新手对棋局进行复盘的差异较好地说明了这个问题。实验中发现,当象棋大师和新手看一个真实的棋局5秒,然后将棋子移开,并要求他们复盘,结果象棋大师第一次复盘可达到90%的正确率,而新手则仅能达到40%。如果象棋大师和新手均看任意放置的一些棋子时,他们复盘的正确率就没有什么差异了。象棋大师在长时记忆中储存了大约5到10万个组块,获得这些知识的时间不少于10年。

复述是短时记忆的重要保持机制。信息得到复述后可以保持较长的时间,否则很快消失。复述还可以使信息从短时记忆进入长时记忆。

(四)长时记忆

长时记忆(long-term memory)是指存储时间在一分钟以上的记忆。长时记忆是一个真正的信息库,它的容量巨大,可以长期保持信息。长时记忆存贮着我们关于世界的一切知识,为我们的一切活动提供必要的知识基础,使我们能识别各种模式,运用语言,进行推理和解决各种问题,进行丰富多彩的学习。长时记忆使我们的过去、现在和将来连成了一个整体。长时记忆根据记忆的信息类型可以划分成情景记忆、语义记忆。

传统的记忆研究,包括艾宾浩斯对记忆的研究主要进行的就是长时记忆中的情景记忆的研究。由于对长时记忆的看法的不同就造成了长时记忆理论的多样性,其中激活扩散模型理论受到了人们的重视。

激活扩散模型是一个网络模型。如图4-13中所示,方框为网络中的结点,一个结点代表一个概念,概念间的连线表示它们之间的联系,连线长度表示联系的紧密程度,连线越短,则联系越紧密,两个结点之间直接或间接的连线越多,则两个概念之间的联系越紧密。如街道与机动车的联系就比街道和日落的联系紧密。激活扩散模型假定,当一个概念被加工或受到刺激在该概念结点就产生激活,然后激活沿该结点各个连线同时向四周扩散,先扩散到与之直接相连的结点,再扩散到其他结点。一个概念越是受到长时间加工,激活的时间就越长,激活在网络中扩散逐渐减弱。连线的强度高时,激活扩散的快,激活会随着时间或干扰活动减弱。激活扩散模型受到了启动效应实验的

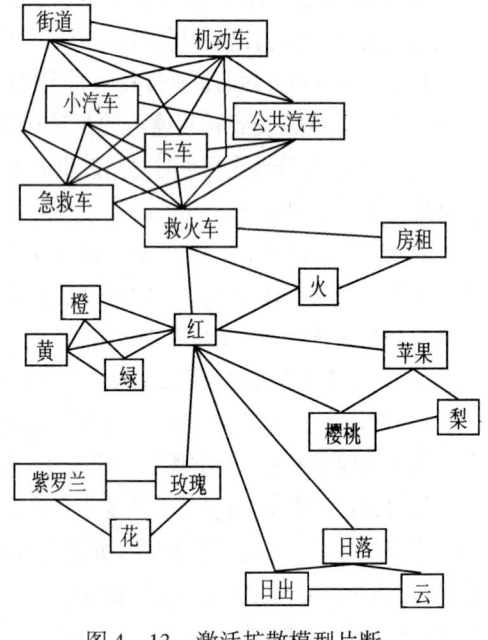

图4-13 激活扩散模型片断

支持,启动效应是指先前的信息加工活动对随后的加工活动所起的有利作用。实验中,给

被试成对呈现英语单词,但这些单词间意义的联系紧密程度不同,如"Bread—Doctor"、"Nurse—Doctor",在这些单词对中,判断"护士—医生"中的医生为单词的速度要快于"面包—医生"中的医生,原因就是护士与医生语义联系紧密,而面包与医生语义联系不紧密。

三、遗忘规律与增进记忆的方法

(一)遗忘规律

遗忘(forgetting)是指经历过的事物不能重现和再认或者是错误地重现和再认的现象。遗忘的原因很多,可能是因为记忆痕迹的消退造成的,也可能是因为与记忆中的其他信息发生干扰而产生了抑制。遗忘可以分为暂时性遗忘和永久性遗忘。暂时性遗忘指一时不能重现和再认记过的材料,但在适当的条件下可以恢复;永久性遗忘指必须经过重新学习才能恢复记忆过的材料。但遗忘是有规律的,即**遗忘的进程先快后慢**。如图4-14所示。

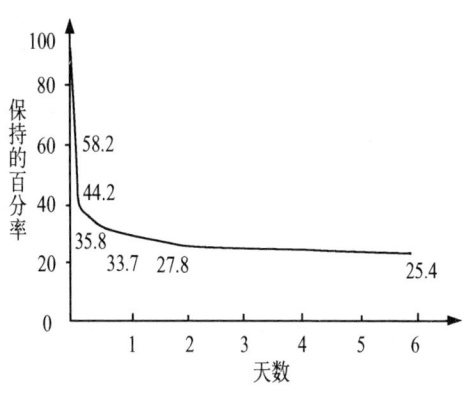

图4-14 艾宾浩斯遗忘曲线

影响遗忘的因素主要有:

1. 遗忘进程受时间因素的制约。艾宾浩斯以无意义音节作为记忆材料研究遗忘现象时发现,遗忘的进程不均衡,识记的最初阶段遗忘速度快,随后逐渐变缓。

2. 识记材料很重要时,一般不容易遗忘。最先被遗忘的是那些对识记者来说没有重要意义的、不引起兴趣的、不符合需要的、在工作和学习中没有重要性的材料。

3. 识记材料的性质对遗忘进程有影响。有意义的材料比无意义的材料遗忘得慢;形象材料比抽象材料遗忘得慢;熟练的动作技能遗忘得最慢。

4. 识记材料的数量和学习程度对识记效果都有很大影响。一般来说,材料越多,要达到同样识记水平,平均的诵读次数和时间也越多。过度学习也有助于保持识记材料,所谓过度学习就是指达到一次完全正确背诵后仍继续学习。

5. 识记材料的系列位置效应对识记也有重要的影响。一般系列材料的开始和末尾部分记忆效果较好,中间位置的内容则容易遗忘。这可能与前摄抑制和倒摄抑制有关。**前摄抑制**是指先学习的材料对后学习的材料的记忆所发生的干扰作用;**倒摄抑制**指后学习的材料对先学习的材料的记忆所发生的干扰作用。系列材料的记忆过程中,开始部分的内容只受倒摄抑制的影响,末尾部分的内容只受前摄抑制的影响,中间部分则受两种抑制的影响,故而系列材料的记忆出现了系列位置效应。

(二)增进记忆的方法

记忆方法,是学生学习的一个重要手段。记忆方法的适当与否,直接影响学习的效果。

良好的记忆方法是建立在符合记忆规律的基础上的。记忆必须在观察、思考和理解的基础上进行，主动对需要记忆的内容进行联想，在记忆以后积极回忆是提高记忆效率的关键，所以复习是提高记忆的最有效的方法。一般来说，复习主要是注意这么几个方面的问题：及时复习、合理分配复习时间、复习方式多样化、多感官参与。记忆的具体方法多种多样，下面介绍几种常用记忆方法。

1. 直观形象法

把抽象的材料加以直观形象化来记忆。理性知识来源于感性材料。学生在学习理性知识时，必须以相应的感性经验为支柱才能真正理解和牢固地记住。难以记忆的定理、公式等，如果辅助以模型将减轻记忆的负担，如记忆大脑的分区，如果能有一个大脑模型作为参照，记忆将很轻松。

2. 图表法

对复杂的材料通过制作图表可以由繁化简进行记忆，如历史朝代表。

3. 谐音记忆法

谐音记忆法是利用谐音为中介的一种记忆方法。这种方法能把无意义的材料变成有意义的材料，把生疏的材料变成熟悉的材料，如光速为每秒29.979万公里，可记为："二酒碘酒汽酒"。

4. 归类比较法

对那些在认识上易产生泛化的相似材料，通过归类比较，分辨其细微的差别，使其在认识上产生分化，就能保持牢固的记忆。例如，对形近而音义不同的"己"、"已"、"巳"三个字和"戍"、"戌"、"戊"、"戎"四个字，根据其笔画在空间上占有情况不同，进行归类比较。同时用歌诀记忆法把它们编成"己字空；已字中，巳字不透风"和"点戍横戌戊中空，横若通头就是戎"的顺口溜，则记得更快、更牢。

5. 联想法

客观事物彼此相连，人的认识同样有着复杂而系统的联系。联想是人脑对客观事物内部和外部复杂而有系统联系的反映。联想可分为接近联想、类似联想、对立联想和因果联想，可以根据记忆内容的时间或空间、意义的联系等建立联想。如有些历史年代可运用时间上的接近联想来加强记忆。比如，学生不易记住辛亥革命和太平天国运动发生的年代，可告诉他辛亥革命比中国共产党成立（1921年）早十年，太平天国运动发生比鸦片战争（1840年）爆发迟十年。以后学生通过联想就很容易回忆起这两个年代。

6. 歌诀法

学习中，如果把需要识记的材料编成合辙押韵的歌诀，能收到极好的记忆效果。例如，把中国历史朝代编为："唐尧虞舜夏商周，春秋战国乱悠悠。秦汉三国晋统一，南朝北朝是对头。隋唐五代又十国，宋元明清帝王休"。二十四个节气编为二十四节气歌等。

上述记忆方法，我们不能把它们绝对地分开，孤立地看待，而要针对具体情况合理加以利用。

第四节 思 维

一、思维概述

思维与感觉、知觉一样,是人脑对客观现实的反映。不过,**思维**(thinking)是对客观事物间接的、概括的反映,它所反映的是客观事物共同的、本质的特征和内在联系。而感觉和知觉则是对客观现实的直接反映,所反映的是客观事物的外部特征和外在联系。人的思维属于认识的理性阶段,是更复杂、更高级的认识过程。

人的思维过程具有间接性和概括性的特征。思维的间接性就是以其他事物为媒介来认识客观事物,借助已有的知识经验理解或把握那些没有直接感知过的,或根本不可能感知到的事物,预见和推知事物发展的进程。例如,考古专家通过遗迹、文物来推知历史上发生过的事情,科学家根据实验结果来推想各种物质变化、运动的过程等。思维的概括性就是把同一类事物的共同特征和本质特征抽取出来加以概括。比如,各种各样具体的水都可以用概括的"水"这个词标志,得出水的概念。思维的概括性不仅表现在它反映某一类客观事物共同的、本质的特征上,也表现在它反映了事物与事物之间的内在联系和规律上。一切概念、定义、定理、规律、法则都是通过思维概括的结果。

思维和感知觉有着本质的不同,但二者密切不可分。思维是在感知的基础上产生和发展起来的。正确的思维不但不能脱离客观事物,而应更加接近客观现实,使人更深刻、更正确地认识现实。感性认识的材料如不经过思维加工,就只能停留在对事物表面现象的认识上,而不能认识客观事物的规律和本质。

人类思维活动的过程表现为分析、综合、比较、抽象、概括和具体化等。其中,分析和综合是思维的基本过程,其他过程都是从分析、综合过程派生出来的,或者说是通过分析、综合来实现的。

(一) 思维的过程

1. 分析和综合

分析是在认识上把事物的整体分解为各个部分、个别特性或个别方面。**综合**是在认识上把事物的各个部分或不同特性、不同方面结合起来。任何一个事物,不论是简单的还是复杂的,总是由各个部分组成,而且具有各种不同的特性。我们在认识某一事物时,就要不断地对它进行分析和综合。

分析和综合是方向相反而又紧密联系的过程,是同一思维过程中不可分割的两个方面。分析总是把部分作为整体的部分分出来,从它们的相互联系上来分析,而综合则是对分析出的各部分、各特性的综合,是通过对各部分、各特性的分析而实现的。分析为了综合,分析才有意义;综合中有分析,综合才更完备。任何一个比较复杂的思维过程,既需要分析,也需要综合。

2. 比较

比较是在认识上把对象和现象的个别部分、个别方面或个别特征加以对比，确定被比较对象的共同点、区别及其关系。比较的特点是在某一事物的几个方面进行比较。为了确定几个对象的异同，人们在认识上把每个比较对象分解为部分，区分出某种特征，这就是进行分析，同时把它们相应的部分联系起来考虑，确定它们在哪些方面是相同的，在哪些方面是不相同的，这就是进行综合。因此，比较离不开分析和综合，分析和综合是比较的基本过程和组成部分。

3. 抽象和概括

抽象是在认识上抽出同类事物的本质特征，舍弃非本质特征的过程。**概括**是在认识上把同类事物的本质特征加以综合并推广到同类其他事物的思维过程。

抽象和概括是彼此紧密联系的。抽象是概括的基础，如果没有抽象就不可能进行概括。概括就是把分析、比较、抽象的结果加以综合，形成概念。概括的作用在于使人的认识由感性上升到理性，由特殊上升到一般。只有通过概括才能使认识深化，才能更正确、更完全、更本质地反映事物。任何一个概念、一条规律、一个公式或原则，都是抽象和概括的结果。

4. 具体化

同抽象相反的过程是具体化。**具体化**是将通过抽象的概括而获得的概念、原理、理论返回到实际中去，以加深、拓宽对各种事物的认识。在教学中，具体化常常表现为引证具体事例来说明理论问题，或者应用一般原理来解决某个具体问题。

(二) 思维与语言的关系

马克思曾经指出："语言是思维的直接现实"。人类的抽象思维是以词为中介对现实的反映。语言与思维的这种关系是由语言本身所具有的概括性、间接性、社会性的特点决定的。语言是为全体社会成员共同理解的一种符号。通过这种物质形式的符号，才能把某一类事物的共同的、本质的特性和它们之间的联系确定下来，巩固下来。如，"灯"这个词，尽管世界上有各式各样的灯，它们各有特点，但是它们都有共同的本质——照明工具。语言的这种概括性为人类对客观现实的概括提供了可能。如果没有可以标志一般的符号——语言，人类的抽象思维是不可能的。

语言和抽象思维虽然有密切联系，但思维过程和语言过程不是一回事。人虽然依靠语言进行抽象思维，但语言不是思维。

思维和语言是有区别的。首先，语言是人们交流思想的工具，思维本身并不具有这一特点。其次，思维与客观事物的关系是反映和被反映的关系，其间有本质的、必然的联系。而语言同客观现实的关系是标志和被标志的关系，二者之间则没有必然的联系。我们可以用不同的词代表同一事物。再次，语言中的词与思维中的概念并不完全等同。同一个词可以表达不同的概念；同一概念也可用不同的词来表达。最后，语言的语法结构与思维规律是不同的，不同民族的语法结构不全相同，但思维的规律都是相同的。

(三) 思维的类型

1. 根据思维过程中的凭借物或思维形态的不同,思维可分为动作思维、形象思维和抽象思维三大类。

动作思维是在思维过程中以实际动作为支持的思维。动作思维也称实践思维,其特点为:任务是直观的,以具体形式给予的,解决方式是实际动作。3岁前的儿童的思维常常是伴随着动作进行的。

形象思维是用表象来进行分析、综合、抽象、概括的过程。形象思维中的基本单位是表象。这种思维在幼儿期有明显的表现。例如,儿童数数就是靠头脑中的实物表象,如苹果、糖果、手指头等的支持下进行的。成人的思维,则主要是借助概念来实现的,但也不可能完全摆脱形象思维。当人们在解决比较复杂的问题时,形象思维的作用就表现出来了,鲜明、生动的客观形象有助于思维的顺利进行。

抽象思维则是以概念、判断、推理的形式来反映客观事物的运动规律,是对事物的本质特征和内部联系的认识过程。例如,学生要证明数学中某一命题或定理,就要运用数学符号和概念来进行推导和求证。

2. 根据思维时是否具有或遵循明确的逻辑形式和逻辑规则,思维又可以分为形式逻辑思维和非形式逻辑思维两大类。

形式逻辑思维是指有明确的逻辑形式,遵循一定的逻辑规则的思维。

非形式逻辑思维是指不具有明确的逻辑形式或不遵循明确的逻辑规则的思维。动作思维、形象思维属于非形式逻辑思维,直觉思维也是非形式逻辑思维。

直觉思维是指没有完整的传统逻辑过程,迅速对问题的答案做出合理的猜测、设想或突然领悟的思维。

3. 根据思维过程中的指向性不同,思维可分为集中思维和分散思维。

集中思维(convergent thinking)是指思考中信息朝一个方向聚敛前进,从而形成单一的、确定的答案的认识过程。即利用已有的信息,达到某一正确结论,集中思维的主要功能是求同。

分散思维(divergent thinking)是指思考问题时信息朝各种可能的方向扩散,并引出更多新信息,使思考者能从各种设想出发,不拘泥于一个途径,不局限于既定的理解,尽可能做出合乎条件的多种解答。分散思维的主要功能是求异与创新。例如,提问者要求列举砖头的各种用途。可能的答案是:可以造房子、砌围墙、铺路、刹住停在斜坡上的车辆、当做锤子、压纸头、代替尺画线、做书架,等等。这些答案把砖头的用途发散到了各个领域,并且每一个答案都是对的。

二、概　　念

概念(concept)是人脑反映客观事物关键的、本质属性的思维形式。每一个概念都有它的内涵和外延。所谓"内涵"是指概念的含义,即概念所反映的事物的本质属性;所谓"外延"则是指概念的范围。概念外延的大小是由它的内涵决定的。一个概念的内涵越多,它的外延就越小;概念的内涵越少,它的外延就越大。

概念是人们认识客观世界的历史产物。它是在人们长期实践活动中形成的,也随着社会发展、科学水平的提高而不断发展变化。自然科学的概念是这样,社会科学的概念也同样如此。

(一) 概念的形成与掌握

概念的掌握是指个体在发展过程中获得和运用人类已经积累起来的、现成的经验。掌握概念不是一个简单的传递过程,而是一个主动的、复杂的、在头脑中进行分析、综合的过程。**概念形成**亦称概念学习,是指个人掌握概念的过程。

掌握概念的途径主要有两条。一条途径是不经过专门教学,通过日常交际和积累个人经验而获得概念。这类概念称日常概念或前科学概念。由于这类概念往往受到狭隘的知识范围的限制,因此常有错误和曲解。在这类概念的内涵中有时包括了非本质的特征,或忽略了本质特征,概念与概念的关系与区别也纠缠不清。另一条途径是在教学过程中有计划地使学生熟悉有关概念内涵的条件下掌握概念,这样掌握的概念称科学概念。日常概念对掌握科学概念有重大影响。这种影响可能是积极的,也可能是消极的,取决于日常概念的含义与科学概念的含义是否一致。

布鲁纳等提出的假设考验说认为,人在概念形成过程中,需要利用现在获得的和已存贮的信息来主动提出一些可能的假设,即设想所要掌握的概念可能是什么。在概念形成的过程中,对任何一个刺激做出反应之前,被试必须从他的假设库中,取出一个或几个假设并据此做出反应,也即对所应用的假设进行考验。如果做出的这个反应是正确的,这个假设就将继续使用下去,否则,将原用的假设送回假设库,并取出其他的假设进行比较。这个过程如此继续下去,直到获得某个正确的假设,即形成某个概念。这种假设考验的过程也就是概念形成的过程。

(二) 概念形成策略

布鲁纳等人发现,人们在概念形成中连续做出的选择或决定不是任意的或杂乱无章的,而是有着一定的顺序。这种顺序总是包含一定的目的,如获得最大限度的信息等,人们总是按照一定的策略来做出选择,并由此确定了四种通用的假设考验的策略或概念形成的策略,即同时性扫描、继时性扫描、保守性聚焦、博弈性聚焦。

1. **同时性扫描**(simultaneous scanning) 人可以根据肯定事例的部分属性来形成多个部分假设。他可以同时记住几个假设,在依照其中一个假设进行某种行为以后,与行为引发的事实进行比较,看究竟哪个假设是正确的,以获得有用的信息。这种策略称为同时性扫描,它会给记忆带来很大负担。

2. **继时性扫描**(successive scanning) 这个策略也应用部分假设,它与同时性扫描的区别在于一次只考验一个假设。如果被试现在运用的假设被证实为正确的,就可以继续使用,否则就采用另一个假设,再对它进行考验。由于一次只考验一个假设,而且是连续地进行,因而称它为继时性扫描。这个策略给记忆带来的压力较小,但以前被排除的假设很可能被再次应用,显得很不经济。

3. 保守性聚焦(conservative focusing)　这个策略运用于总体假设的考验。所谓保守性聚焦就是以某一事例的全部属性作为焦点,被试在对事例相继做出概念是什么的判断时都对准这个焦点。保守性聚焦大大减轻记忆负担,被试不需要记住他选择的所有事例及其性质,他只需记住当前的假设就行了,在应用保守性聚焦策略时,只改变焦点的一个属性。在应用这个策略时,被试的每一次选择都有一个明确的目的,并且每次都可得到确定的信息,从而使整个作业过程变得简捷而又具体。相对而言,保守性聚焦是一个更有系统性和更有效的策略。

4. 博弈性聚焦(focus gambling)　这个策略也应用于总体假设的考验。它和保守性聚焦非常相似,所不同的是它一次改变假设概念一个以上的属性,人们的这种做法就像博弈一样,是冒着风险的,他的冒险可能碰巧成功了,但也可能失败。博弈性聚焦的弱点就在于此,它的长处是人们可能很快地只做较少选择就可以成功地掌握概念。

布鲁纳等人发现,在他们的被试(研究生)中,多数人采用总体假设,少数人应用部分假设;在采用总体假设的被试中,又以应用保守性聚焦策略者居多;而在采用部分假设的被试中,继时性扫描策略得到较多的应用,同时性扫描和博弈性聚焦均很少被采用。但是,被试在实验过程中,也会偏离某个策略。但不管怎样,概念形成总是应用一定策略的。

(三) 概念形成过程的特点

早期的许多概念形成的实验结果给人以印象,似乎概念掌握是渐进的。这些实验结果通常是以一个实验组的全部被试的平均实验成绩来表示的。假如以这种平均结果作图,那么正确反应的百分数将随着实验的进行或试验次数增加而提高,得到一个正函数曲线或正向学习曲线。被试掌握概念被认为是逐渐累积形成的。但是这种看法是有局限性的。

从假设考验说来看,被试在采用正确假设以前,他的行为应处于机遇水平,即做出正确反应的概率一样大;只有当采用了正确假设,掌握了概念,做出了正确反应后,才能认为概念已经形成。

鲍沃(Bower)等应用一种新的方法来分析实验结果。他们先确定每一个被试究竟在哪一次试验中做出了最后一个错误反应,再从这次试验倒退回去来重新编排试验顺序和计算正确反应的百分数。例如,假定某个被试在第 10 次试验时,做出了最后一个错误反应,那么原来的第 9 次试验就被重新编为第 1 次试验,而原来的第 8 次试验则变为第 2 次试验,其余类推。而对另一个被试来说,如果他做出的最后一个错误反应是在第 15 次试验,那么原来的第 14 次试验现在成为第 1 次试验,原来的第 13 次试验则变为第 2 次试验,如此等等。然后依照重新编排的试验顺序来计算每次试验的被试的平均正确反应率。这时的每次试验都是以做出最后一个错误反应的那次试验为起点的。如果将这样整理的实验结果作图,就可得到一个逆向学习曲线。由逆向学习曲线的研究,可以认为概念形成有以下的特点。

1. 概念的形成过程表现出全或无的学习方式

概念掌握在正向学习曲线中表现出的趋势是渐进性的,这可能是将所有被试的实验成绩加以平均造成的。因为被试是在不同的时间掌握概念的,如一个被试可在第 6 次试验掌握概念,另一个被试在第 10 次,第三个被试在第 15 次,等等。将这样的实验结果加以平均就会得到正确反应的百分数逐渐增高的趋势,这种平均成绩的提高可能只反映那些已经掌握概念的被试人数增多了。而逆向学习曲线结果发现被试的平均正确反应百分数在做出最后一个错误反应之前始终在 50% 上下,处于机遇水平,如图 4-15 所示。这说明被试是按照全或无的方式来掌握概念的。

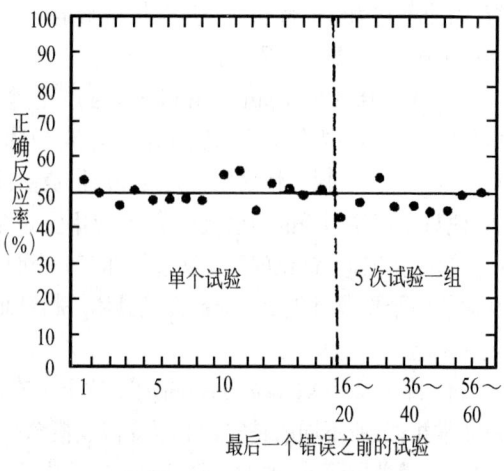

图 4-15 逆向学习曲线

2. 概念形成过程的无记忆现象

在逆向学习曲线的研究中发现,一些被试在掌握概念的过程中主试所给予的不论是适宜的还是不适宜的反馈,他们为了掌握概念所需要的额外的次数是相近的。也就是说,实验中的不适宜的反馈不影响被试形成概念,当被试做出错误的反应而需要形成或采用新的假设时,他们并不应用对以前的实例的记忆,他们可能继续采用已经被否定的假设,好像未曾被使用过一样,也即表现出对过去的事件没有记忆。

三、推 理

推理(reasoning)是从已知的或假设的事实中引出结论。推理有多种形式,可分为演绎推理、归纳推理、概率推理以及类比推理等。推理可以作为一个独立的思维活动出现,也参与其他认知活动。但是,人们在实际的推理中往往偏离逻辑范畴,表现为不合逻辑。影响正确推理的因素很多。

(一)气氛效应理论

三段论通常由两个前提和一个结论组成。不同性质的前提造成的气氛往往引导人们得出一定的结论。两个肯定的前提使人容易得出肯定结论,两个否定的前提使人得出否定的结论,而一个肯定前提和一个否定前提则使人倾向于做出否定的结论。

如:(1)所有 A 是 B,　　　(2)没有 A 是 B,　　　(3)所有 A 是 B,
　　　所有 C 是 B,　　　　　 没有 B 是 C,　　　　　 所有 B 不是 C,
　　　因此所有 A 是 C。　　 因此没有 A 是 C。　　 因此所有 A 不是 C。

(二)换位理论

换位理论认为人在三段论推理中,往往将一个全称肯定前提解释为逆转也真,如"所有 A 是 B"被看作是"所有 B 是 A"。对特称否定也这样看,如"一些 A 不是 B"被看作是"一些

B不是A",这样就会使人不能正确地把握前提的意义或多重意义。

(三) 证真和证伪

人们在进行选择作业时,往往极力去搜索可以证实为真的事例,而较少尝试证实为伪的事例。通常,不管一个规则或命题得到多少次肯定,都无法证明它是普遍正确的,因为只要有一个否定的例子就可以彻底否定它。但人们总是在命题检验中偏离正常逻辑,表现出一种强烈的寻求肯定的倾向,却很少去做否定的尝试。所以,要想做出正确的推理,必须克服人们追求肯定的倾向。

四、问 题 解 决

问题解决(problem solving)可以被看作是思维活动的最普遍的形式,它突出地表明人的心理活动的智慧性和创造性。所谓问题实际上包含了三个基本成分:一是给定条件,即问题起始状态;二是问题的目标状态,即问题的答案;三是障碍,即找到答案必须经历的思维活动。从信息加工的观点看,问题解决实际上是对问题空间的搜索。问题空间也就是问题解决者对一个问题所达到的全部认识状态。

(一) 问题解决过程

问题解决的过程可以分为四个阶段,这四个阶段可以说明问题解决的一般过程,但是与创造性解决问题的阶段有所不同,这四个阶段分别是提出问题、分析问题、提出假设和验证假设。

1. 提出问题

认识问题和明确地提出问题是解决问题的第一阶段。思维是从解决问题开始的。找出问题的过程也就是发现矛盾的过程。这个阶段的主要任务是找出问题的本质,抓住问题的核心。发现问题是解决问题的起点,发现问题和明确地提出问题主要依赖于主体的三个条件,即主体的活动积极性、求知欲和知识水平。

2. 分析问题

解决问题的第二阶段是分析所提出问题的特点与条件。这个阶段的主要是搜集与问题有关的材料。这个阶段需要进行问题分析和对问题进行整理。

3. 提出假设

解决问题的关键是找出解决问题的方案——解决问题的原则、途径和方法。要做到这一点,先要提出假设。提出新的假设是顺利解决问题的关键,而假设的提出要依靠已有的知识经验,并且和前一阶段问题是否已经明确和正确理解相联系。明确了问题的性质,就有可能使思维过程有一定的方向,能把问题纳入一定的原则,按照这些原则来构思解决问题的办法。

4. 检验假设

解决问题的最后一步是检验假设。只有通过实践才能证明假设成立与否。如果经过证明假设是错误的,就需要寻找新的解决问题的方案,重新提出假设。正确的新假设的提出有赖于对以前失败的原因是否有充分的了解。分析假设失败的情况对找到新的正确的解决问题的方案有很大的帮助。

如果以信息加工的观点来说明问题解决的过程同样可以区分为四个阶段,这种比较传统的区分办法具有了一定的可操作性,问题解决四个阶段是问题表征、选择算子、应用算子和评价当前状态。

1. 问题表征

这是问题解决的起始阶段,问题解决者将任务领域转化为问题空间,实现对问题的表征和理解。问题解决者利用问题所包含的信息又和自己的经验主动地构成问题空间。人的知识经验对问题的构成有很大的影响。对同一问题,不同的人可形成不同的问题空间。对同一个人来说,在问题解决以前,问题空间也在变化着,人面对不同的问题则形成不同的问题空间。对有清楚规定的问题、简单的问题比对含糊规定的问题、复杂的问题较易形成适宜的问题空间。问题空间是否适宜,对问题解决有直接影响。

2. 选择算子

在这个阶段,问题解决者选择用来改变问题起始状态的算子。算子也就是改变问题空间的各种各样的操作,运算规则、游戏规则等都是算子。有些算子易于得到,有些算子则需要进行选择。当问题空间较小时,就容易选择到正确的算子;而问题空间较大时,则难于选择正确的算子。选择哪些算子,如何组织操作序列,依赖于问题解决的方案或计划。问题解决的方案、计划和方法都称作问题解决的策略。问题解决总是由一定策略来引导搜索的,可以将选择算子阶段同时看作确定问题解决策略阶段。

3. 应用算子

实际运用选定的算子改变问题的起始状态或当前的状态,使之逐渐接近并达到目标状态。这个阶段也即执行策略阶段。在简单问题的解决过程中,选定的算子和策略可顺利地实施,但在较复杂的情况下,会出现困难,不能顺利地实施,甚至无法实施。

4. 评价当前状态

这个阶段对算子和策略是否适宜、当前状态是否接近目标等做出评估,经过评估,可以更换不合适的算子和改变错误的策略。有时甚至需要对问题的起始状态和目标状态重新进行表征,使问题空间发生明显的变化。

问题解决的阶段在大的范围内保持顺序不变。但在进行过程中,却不一定严格遵守这个顺序,可以根据需要在不同阶段进行转换。

(二)影响解决问题的因素

能否对问题进行适宜的表征,是影响问题解决的最为重要的因素。如果一个问题能得到适宜的表征,问题的解决就比较容易;否则,问题就难于解决或无法解决。除了问题表征对问题解决的影响外还有其他的一些因素。

1. 迁移的作用

迁移是已有的经验对解决新问题的影响。迁移可以分为两种:一种是正迁移,表现为一种知识、技能的掌握促进另一种知识、技能的掌握;另一种是负迁移,表现为一种知识、技能的掌握,干扰另一种知识、技能的掌握。知识概括化的程度越高,知识迁移的可能性越大;知识概括化的程度越低,则迁移越难。

2. 原型启发

原型是指对解决问题能起到启发作用的事物,任何事物或现象都可以作为原型,如照相机就是以眼睛为原型的,很多科学发明都是以生物为原型的。原型启发在创造性地解决问题中起着很大的作用。原型之所以具有启发作用,主要因为原型与所要解决的问题有某些共同点,通过联想能找到解决问题的新方法。

3. 定势的作用

定势是指一种心理准备状态,它影响着解决问题时的倾向性。有时有助于问题的解决,有时则妨碍问题的解决。

4. 情绪与动机

情绪对问题解决过程具有增力或减力作用,积极的情绪能激励人们解决新的、更复杂的任务,消极的情绪则会使解决问题时的智力活动受到障碍。

动机对解决问题的效率也有明显的影响。简单问题的解决效率随动机强度的增高而更好;太复杂的问题,动机强度对其解决效率没有太大的影响;有难度但难度又不是太大的问题,动机的强度与解决问题的效率之间存在"倒转的 U 形"曲线关系,即中等强度的动机水平对解决问题最有好处,太强与太弱的动机都不利于问题的解决。

(三)问题解决策略

问题解决的策略是多种多样的,一个问题往往可用不同的策略来解决。任何一个问题的解决,总需要应用某个策略,而策略选用的是否适宜可以决定问题解决的成败。选择哪种策略是由问题的性质和内容以及人的知识和经验决定的。人们的问题解决策略可以分为两类,包括算法和启发法。

算法是解决问题的一套规则,精确地指明解决问题的具体步骤,只要是有算法的问题,我们就可以按照规则进行操作,最后获得问题的答案。例如一个圆的半径是 R,求它的面积,根据圆面积的公式 $S = \pi \times R \times R$ 可以解决。这个圆面积的公式就是一种算法,但也有很多算法不是以公式的形式出现的。算法与启发法是性质不同的问题解决策略。算法可以保证问题一定得到解决,但它无法取代启发法。因为不是所有的问题都有算法,还有一些问题用启发法解决比算法更快,而且许多问题的算法由于太过于烦琐,实际上无法使用算法。

启发法则是凭借经验进行问题解决的方法,有时也称为经验规则。启发法不能保证问题一定解决,但解决问题的效率常常较高,人类在解决复杂的问题上,启发法的应用更为广泛。例如在下象棋、围棋等的活动中,我们也可以按照某种算法进行,但实际上如以算法进行我们根本就无法下棋了,人只能用启发法来下棋,与人类下棋的计算机程序实际上也是以某种启发式策略编制的。启发法有很多种,不同问题可以用不同的启发法,同一个问题也可以用不同的几个启发法。目前应用范围较广的启发法主要有手段—目的分析、逆向工作、计划等。

1. 手段—目的分析

手段—目的分析的核心思想是要发现问题的当前状态与目标状态之间的差异，同时应用一定的算子，也就是某种操作方式来减少两者之间的差异。在分析的过程中，将问题的目标状态或者总目标分成若干子目标，通过实现一系列的子目标达到总目标。

2. 逆向工作

在解决问题的时候，有时也可以从问题的目标状态倒退回起始状态，用以寻求解决问题的方法，这种方法也很有效，几何证明中的反证法就是这样的方法。逆向工作中也要考虑实现目标需要的算子。如果从起始状态到目标状态途径较为单一的话，采用逆向工作较为有效。

3. 计划

计划又被称作是简化计划，也就是人们在解决问题的时候常可以抛开问题的某些方面或细节，将问题抽象成简单的形式，找到问题的主要结构，先解决抽象成的较为简单的问题，然后再利用所得到的答案来帮助指导解决更复杂的未经简化的问题。

问题解决存在于人们的生活的各个方面，人们总是应用各种各样的策略来解决不同的问题。因此，人们就对问题解决进行了大量的计算机模拟，试图对人类的问题解决过程进行更多的研究。这种研究方法在认知过程的研究中也在大量使用，对心理学的发展也产生了积极的作用。认知过程的研究在未来技术方法获得改进以后，还会获得更大的发展。

第五节 言　　语

言语在人们的生活中是具有重要作用的心理过程。人的言语活动包含复杂的心理过程，同时它也参与知觉、记忆和思维等许多不同的心理活动。言语与语言是不同的，语言是由词汇包括形、音、义按照一定的语法所构成的符号系统，是人类所特有的重要的交际工具。言语是个体借助语言传递信息的过程，也就是理解语言和用语言表达思想的过程。语言是言语的工具。二者在生活中是相伴相生的。

一、语言的结构

语言是一个复杂的系统，具有层次结构，从简单到复杂依次有语音、字词、句子和意义等不同层次。每种语言的基本语音单元称为音素，音素指元音字母和辅音字母以及字母的结合如 ch 等。每种语言的音素的数量有限，一般为几十个，但这些音素的结合可以产生大量的各式各样的语音。一些语音按一定方式结合则可构成词素。词素是每个语言的最小的意义单元。英语有 46 个音素，这些音素的结合可产生 10 万以上的词素。研究语音结合为词素的规则属于词法范畴。一些词素按一定规则相结合则可产生短语和句子，这些规则称为句法。词法和句法都涉及单元系列的顺序,前者有关音素顺序以构成词素,后者有关词素顺序以构成短语或句子。词法与句法合起来构成语法,它研究诸语言单元的系列的顺序以构成可接受的话语。从心理学角度来看,对言语的研究,最重要的是句子水平的研究。关于如何生成符合语法的句子,乔姆斯基(Chomsky)提出了一个最有影响的理论,即生成转换语法(Generative-Transformational Grammar),这个理论包括了短语结构语法与转换语法两个主要内容。

(一) 短语结构语法

短语结构语法(phrase structure grammar)认为,一个句子是由许多组成成分构成的,其中短语是重要的结构。对于句子的短语结构的存在,心理实验提供了若干证据:让被试双耳戴上耳机,让他一只耳朵听放送的句子,同时另一只耳朵则听放送的一个咔嗒声,要求被试写下所听到的每个句子并且标出在句子的什么地方出现咔嗒声。实验的结果是被试将咔嗒声从它实际出现的位置移到句子的短语的边界处。从实验结果可以看出,短语可以抵制像咔嗒声这样的额外刺激,从而把咔嗒声知觉为在短语之外。

某些记忆研究也有利于承认短语结构的心理真实性。在实验中应用对偶联合法,将一个完整的句子与一个数字联系起来,先让被试学习某种材料,然后当出现一个数字时,被试要逐字回忆出相应的句子。为了度量在句子内部从一个词到另一个词的回忆效果,计算"过渡错误的概率",即在前面一个词回忆以后,后面一个词错误回忆的概率。结果发现两个短语之间的过渡错误概率偏高,而两个短语内部的过渡错误概率均较低。这说明了短语结构的存在。

(二) 转换语法

乔姆斯基认为,短语结构语法不能确切地解释语言。有些句子意思是相同的,只是形式不同,短语结构语法难以说明这两个形式不同的句子的联系。因此,他提出转换语法(transformation grammar)来解释语言的产出和理解。在他的理论中区分出句子的两种结构:表层结构(surface structure)和深层结构(deep structure)。表层结构是指实际说出的句子,即字词及其组织,可以对它进行通常的逐层分析,直至短语。也就是说,表层结构涉及句子的形式。深层结构是指对应于句子意义的抽象表征,即贮存于长时记忆的概念和规则。深层结构涉及句子的内容,现在通常简略地称之为句子的意义。表层结构按转换规则从深层结构得来。转换规则不仅将句子的表层结构和深层结构联系起来,而且将不同形式的一些句子联系起来。转换规则是理论的核心。

许多句子只有一种深层结构和一种表层结构。但是,一个句子也可有两种含义,即两种深层结构共有一种表层结构。对表层结构可进行不同水平或层次的分析。这对言语的理解和产出都是十分重要的。另一方面,一个深层结构可有不同的表层结构。它们表达一个共同的意思,但句子的形式不同。

二、言语的理解

听懂别人说的话或看懂文字材料,即把握言语或文字所表达的思想,都称为言语的理解。而把自己的想法说出来或写出来,即以言语或文字表达自己的思想,则称为言语的产出。言语的理解和产出都是重要的心理活动,包含复杂的心理过程。

一般来说,言语理解的过程可看作是一个从句子的表层结构到深层结构的过程,现在已提出几个言语理解模型,大体上可分作两类。一类可称为系列模型,系列模型认为,言语理解经历着顺序相对固定的一系列加工阶段,依照这个模型,言语理解是从语音加工开始的,然后到词汇,再到句法和语义的加工,从较低的水平或阶段进入较高的水平或阶段,相继地得到加工。另一类称为相互作用模型。它认为各种水平的加工以复杂的方式发生相互作用,信息并不总是朝着一个方向流动,而且一些加工水平也是可以重叠的。

言语理解需要利用一定的策略,表现出人的心理活动的智慧性。人在已有的知识和经验的基础上,常应用各种策略,如语义策略、词序策略和句法策略等来加工言语信息。人们可以根据语义来确定各种词类。对词类的识别在把握词的联系中起重要作用。利用语义策略可以帮助理解一个句子。词序策略则是利用词序的模式来加工言语信息,当听到一个动词时,人们首先就会寻找与之有关的表达主事者和受事者的名词。一个复杂句子的分解则需句法知识,可将一个句子化为名词短语 + 动词短语,等等。人们在实际理解言语的进程中,常交替应用几种策略。

人的已有知识对言语理解的作用不仅表现在策略运用上,而且还表现在信息整合上。当前输入的言语信息要与记忆中贮存的有关信息相整合,才能得到理解。如果缺乏有关的信息,或者未能激活记忆中的有关信息,那么就不能或难于实现言语的理解。在言语理解中,附加的有关言语信息如标题等可起有利的作用,相应的图画、示意图等也是这样。它们都表明语境或上下文对言语理解的重要作用。已有的信息对言语理解显得如此重要,以致可以把建立新的信息与已有的旧的信息的联系看作言语理解的一种策略。人在言语理解过程中,不是被动地接受言语信息,而是在已有知识的基础上主动地来发现或掌握言语的意义,常需要进行推论。通过推论可增加信息,把握事物之间的联系,促进言语的理解。

三、言语的产出

言语理解是从句子的表层结构到深层结构的过程。言语的产出则相反,它是从深层结构到表层结构的过程。言语产出是人的有目的的活动。人表达自己的思想是为了影响别人,达到一定的目的。言语产出具体经历了三阶段,它包含:

(1)构造阶段:依照目的来确定要表达的思想;
(2)转换阶段:应用句法规则将思想转换成言语的形式;
(3)执行阶段:将言语形式的消息说出或写出来。如图 4-16。

在言语产出过程中,确定句法结构是思想转换为话语的一个重要环节。它为其后的转换提供一个语法框架,特别是对词汇选择和词法形式的确定给予引导和限定。短语结构在言语产出中起重要作用,甚至可以将它看作言语产出的单位。由于言语产出极难控制,我们对言语产出过程难于研究,所知也就较少。

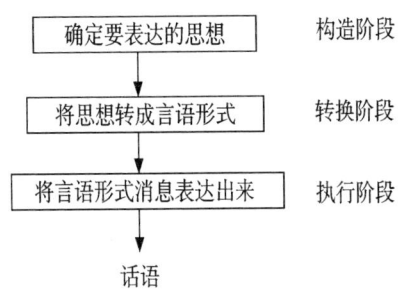

图 4-16 言语产出的三阶段模型

语言及语言学习的研究非常困难,在现代社会由于人们交流的需要又产生了大量的双语及多语现象,在母语外还能很好地说另一种语言(或多种语言)。这些人称作双语者,这种现象则称作双语现象。双语为研究言语信息表征提供一个极好的样本。通过对双语及多语现象的研究也许会提供我们理解语言的更好的信息。

【主要结论与应用】

1. 信息加工观点就是将人脑与计算机进行类比,将人脑看作类似于计算机的信息加工系统。

2. 人脑和计算机都是一个智能系统,作为智能系统一定具有输入信息、输出信息、储存信息、复制信息、建立符号结构和条件性迁移的功能。

3. 注意是心理活动对一定对象的指向和集中,指向性和集中性是注意的两个基本特征。

4. 感觉是一种最简单的心理现象,它是对直接作用于感觉器官的客观事物的个别属性的反应。

5. 主要的感觉有视觉、听觉、嗅觉、味觉、肤觉、运动觉、平衡觉和机体觉。感觉和影响感觉的因素是可以进行测量的。

6. 绝对感受性就是感觉出最小刺激量的能力;差别感受性就是刚刚能觉察出同类刺激最小差别量的感觉能力。

7. 知觉可以被我们看作是人脑对直接作用于感官的客观事物的整体属性的反映,知觉与人的知识经验是分不开的,知识经验对知觉的影响是多方面的。

8. 外界信息进入记忆系统后,经历了感觉记忆、短时记忆和长时记忆三个阶段。

9. 记忆是一个复杂的心理过程,识记、保持、再认或回忆是记忆的三个基本环节。

10. 感觉记忆又叫瞬时记忆,外界信息首先经过感觉器官进入感觉记忆,信息按照感觉输入的原样在这里登记下来,所以感觉记忆又叫感觉登记。

11. 短时记忆又称工作记忆,它接受来自感觉记忆中的信息,并从长时记忆中提取信息,进行有意识的加工。

12. 长时记忆存贮着我们关于世界的一切知识,为我们的一切活动提供必要的知识基础。

13. 思维是对客观事物间接的、概括的反映，它所反映的是客观事物共同的、本质的特征和内在联系。

【学习评价】

1. 简述认知过程与信息加工观点，并将计算机与人脑在信息加工上的异同进行比较。
2. 分别用过滤器模型、衰减模型解释人的注意机制，并分别举实例来说明。
3. 感觉的基本规律是什么？试举日常生活中应用感觉基本规律的事例。
4. 知觉的类型有哪些？知觉与经验之间有什么关系？试述知觉的理论。
5. 能举例说明什么是感觉，什么是知觉，并能说明二者的联系与区别。
6. 试述记忆的三级加工模型，感觉记忆、短时记忆和长时记忆的特征？
7. 试述概念形成过程的特点，并描述自己掌握概念的过程。
8. 试述问题解决的过程以及影响解决问题的因素和问题解决策略。

【学术动态】

以信息加工观点指导对心理过程的研究是现代心理学研究的一个主要途径，认知研究已经渗透到心理学的各个分支学科中。其中对于认知过程本身的研究成果尤其丰富，但是心理现象具有的复杂性使得许多心理学问题无法一一阐述清楚，有些问题还处在研究的初步阶段，有些问题研究的相对较为丰富。现在对认知过程的研究主要集中在以下几方面。

- 语言认知发展及其脑机制的研究，主要是通过核磁共振脑功能成像技术和脑电研究来完成，也可以通过认知方法来研究语言认知的过程、影响语言理解的因素、语言的获得和掌握等。

- 内隐记忆的研究，主要涉及言语信息和非言语信息的启动效应、健忘症研究等，目前主要还是对内隐记忆的加工分离说（PDA）模型进行研究。

- 高级认知过程与人工智能的整合，主要围绕神经计算、人工神经网络等进行研究。一方面探讨大脑的工作原理，揭示思维的本质，探索智能本源；另一方面是设计出具有大脑的某些神经计算性质的人工智能系统（如神经计算机）。

- 儿童自然认知与社会认知能力发展的研究，主要集中在儿童的认知能力发展阶段研究，儿童认知方式的特殊性，包括图形、声音的认知方式的特殊性；儿童社会认知能力的发展对儿童成熟过程及其社会化行为的影响。

- 语音模式识别过程研究，涉及听觉系统的神经元在语音信号刺激下的反应，听觉系统怎样对语音信号进行编码，以及如何按照听觉特性建立语音信号分析处理机制理论，利用听觉模型提高语音识别的正确率与抗噪声能力，探索语音识别的新方法。

- 问题解决与思维策略研究等方面，主要是进行问题解决过程的计算机模拟，以及在问题情景较为清晰的情况下的思维策略的总结和研究。

【参考文献】

1. John B. Best. 认知心理学[M]. 黄希庭,主译. 北京:中国轻工业出版社,2000.
2. 张春兴. 现代心理学[M]. 上海:上海人民出版社,1994.
3. 王甦,汪安圣. 认知心理学[M]. 北京:北京大学出版社,1992.
4. 张述祖,沈德立. 基础心理学[M]. 北京:教育科学出版社,1986.
5. 叶奕乾,祝蓓里. 心理学[M]. 上海:华东师范大学出版社,1994.
6. 方俊明. 认知心理学与人格教育[M]. 西安:陕西师范大学出版社,1995.
7. 托马斯 L. 贝纳特. 感觉世界[M]. 旦明,译. 北京:科学出版社,1983.
8. Anderson, J. R. Problem Solving and Learning. American Psychology. 1993.
9. Robert S. Feldman. Understanding Psychology. American Von Hoffmann Press. 1993.
10. Cohen, G. . The Psychology of Cognition. London:Academic Press. 1983.
11. Eysenck M. W. A Handbook of Cognitive Psychology. London:Lawrence Erlbaum Associates. 1984.

第五章　情　　绪

【内容摘要】

本章从情绪这一概念的内涵和外延出发,着重于探究情绪与认知的关系、情绪与行为的关系,以此作为理论前提去归结情绪的调控方法与技术。本章始终围绕有关情绪的基本理论,引发情绪的特征和表现,并对健康情绪进行一定程度的界说。基于情绪与认知、情绪与行为的关系,最后探究情绪调控问题。

【学习目标】

1. 解释情绪的概念。
2. 叙述情绪的分类。
3. 列举情绪的主要理论流派及其主要代表人物。
4. 解释情绪与认知的关系以及情绪与行为的关系。
5. 说出情绪的主要维度。
6. 简述健康情绪的主要条件。
7. 简要说说不良情绪的主要表现形态。
8. 说出抑郁症的心理障碍表现在哪些方面。

【关 键 词】

情绪　情绪分类　情绪理论　情绪识别　情绪的调控

人们在日常生活用语中经常使用情绪这个词。这个词的理解并没有引起人们多大的误解,但关于情绪一词的确切定义,心理学家与哲学家已争辩了一百多年,而且在若干心理学教材中,对情绪这一词的理解和看法也是众说纷纭,对情绪的论述和研究更是日益丰富。我们侧重于情绪与认知的比较、情绪与行为的比较的角度,定义情绪这一概念、介绍有关情绪的基本理论、讨论有关情绪的调控方法与技术。

第一节　情绪与认知

一、情绪的概述

(一)什么是情绪

情绪就字面上的意义而言可参考牛津英语大字典的解释:"心灵、感觉或感情的激动或骚动,泛指任何激动或兴奋的心理状态。"在我国,以前的古代汉语中一般只用"情"字,到了南北朝以后,才出现"情绪"这个词。绪是丝端的意思,表示感情复杂多端如丝有绪。情绪表现在人们身上,它的形式有数百种,其间又有无数的混合变化与细微差别,因此,情绪是一个非常复杂的概念。

什么是情绪？对情绪的解释,不同的心理学教材对此有不同的理解和认识。我们认为,**情绪**(emotion)是人类对于各种认知对象的一种内心感受或态度。它是人们对于自己所处的环境和条件,对于自己的工作、学习和生活,对于他人的行为的一种情感体验。因此,情绪这个概念又与情感这一概念相对应。"情绪这个概念可以既用于人类也可用于动物,情感这个概念只用于人类。"①事实上,情感(feeling)是情绪过程的主观体验,是情绪的感受方面。情绪总是由某种刺激引起的,如自然环境、社会环境以及人自身,引发情绪刺激的前提条件是,这些刺激必须是认知的对象,由于认知对象会引发人的需要,进而就产生了人对认知对象的不同感受或态度。因此,情绪与需要总是相关的。需要是情绪产生的重要基础。根据需要是否获得满足,情绪具有肯定或否定的性质。凡是能满足已激起的需要或能促进这种需要得到满足的事物,便引起肯定的情绪,如喜爱、愉快等;相反,凡是不能满足这种需要或可能妨碍这种需要得到满足的事物,便引起否定的情绪,如憎恨、苦闷、不满意等。

情绪总是在一定的情境中产生的,在不同的情境中情绪会表现出不同的体验特质。仅就情绪体验的性质而言,情绪表现为强度、紧张度、快感度和复杂度等几个维度。其中,情绪体验的强度主要取决于对象对人所具有的意义、人的需求状态和对自己的要求,它由此表现出不同的等级程度;情绪体验的紧张度通常与活动的紧要关头以及最有决定性意义的时刻相联系;情绪的快感度是情绪体验在快乐或不快乐的程度上的差异;情绪体验的复杂度依从于快乐、悲哀、恐惧、愤怒等几种原始情绪的组合情况。

(二) 情绪的分类

情绪的分类依分类标准而定。心理学家根据各自不同的标准将情绪分为不同类型。有些心理学家根据情绪的演化过程或刺激类型将情绪分为六类:第一类是原始的基本情绪,常常具有高度的紧张性,它们表现为快乐、愤怒、悲哀与恐惧四种形式;第二类是由感觉刺激引发的情绪,常常是温和的或强烈的,它们表现为疼痛、厌恶和轻快;第三类是与自我评价相关的情绪,这主要取决于评价标准,表现为成功感与失败感、骄傲与羞耻、内疚与悔恨等;第四类是与别人有关的情绪,经过一定的时间,这类情绪常常转化为持久的情绪倾向或态度,主要表现形式是爱与恨;第五类是与欣赏有关的情绪,它们是惊奇、敬畏、美感和幽默;第六类是最为持久的情绪状态,即是心境。

我国心理学家林传鼎从总结我国古代情绪分类的角度,把情绪分为十八类:安静、喜悦、贪欲、忧愁、愤激、恐惧、恭敬、烦闷、惊骇、爱抚、哀怜、悲痛、恨怒、骄慢、嫉妒、惭愧、耻辱、憎恶。

---

① 黄希庭.心理学导论[M].北京:人民教育出版社,1997:508.

我国心理学家黄希庭教授从情绪的时间序列性或刺激物属性的角度将情绪分为五类：第一类是情调，即伴随着感觉而产生的情感，例如，当我们感知到红橙黄绿、酸甜苦辣、乐音噪音等的同时，往往会体验到某种情感，当我们说到"愤怒的波涛"、"厌恶的气味"、"凄怆的夜晚"等的时候，这里所感知到的"波涛"、"气味"、"夜晚"都带有一种特殊的情感色调；第二类是激情，即一种持续时间短、表现剧烈、失去自我控制力的情绪，例如，盛怒时暴跳如雷，狂喜时捧腹大笑等；第三类是心境，即一种比较微弱、持久具有渲染性的情绪，"人逢喜事精神爽"正是这种情绪的表现；第四类是应激，即出乎意料的紧张情况下所引起的情绪状态，如在不寻常的紧张状况下人体把各种资源（首先是内分泌资源）都动员起来，以应付紧张的局面，这时所产生的复杂的生理和心理反应都属于应激状态；第五种是情操，即人对具有一定文化价值的东西（如道德、学问、艺术等）所怀有的复杂情感，如道德感、理智感和美感等。

（三）情绪理论

随着心理学的不断发展，情绪的概念和理论日益丰富，有关情绪理论种类较多。不同心理学派基于不同角度对情绪进行了一定程度的理论与实验研究。

专栏 5-1

心理学派对情绪的研究

在心理学上，除格式塔心理学家外，几乎所有心理学派都很重视情绪的研究，并以自己的理论观点来解释情绪。构造心理学把感觉和情感作为心的基本元素，机能主义把情绪定义为"机体再调整"，行为主义把情绪看作"遗传的模式反应"，而精神分析学派则把注意力集中在本能和焦点问题上。由于情绪问题的复杂性以及研究者的观点和方法上的不同，现代心理学家对情绪的解释是多种多样的。

[资料来源] 黄希庭. 心理学导论[M]. 北京：人民教育出版社，1991：555.

在此，我们仅从与情绪控制有关的角度出发，介绍几种情绪理论。

1. 詹姆斯—兰格理论

美国心理学家詹姆斯（James，1884）和丹麦生理学家兰格（Lange，1885）认为情绪刺激引起身体的生理反应，而生理反应进一步导致情绪体验的产生，亦即情绪就是对身体变化的知觉。对此，詹姆斯有句名言"因为我们哭，所以愁；因为动手打，所以生气；因为发

詹姆斯
（William James，1842—1910）

兰格
Carl George Lange，1834—1900

抖,所以害怕;并不是愁了才哭;生气了才打;怕了才发抖。"兰格更鲜明地认为,情绪是一种内脏的反应。他用引用酒精和药物为例,说明这些因素所以能够引起人的情绪变化,是因为酒精和药物影响了血管系统活动的结果。

具体过程可以归纳为:

可见,骨骼肌和内脏的反馈信息对情绪有着直接的影响。

这种理论可以作为生物反馈控制情绪的理论依据,它看到了情绪的独特属性与机体变化有直接联系,对当代情绪理论产生了一定的影响。但是,这种理论断言,除去对外周生理反应的知觉,情绪就不会产生,事实上,外周生理反应显然不是情绪的唯一来源,因为中枢神经系统对情绪起着相当的调节、控制作用。因此,这种以本能为基础来研究情绪的理论,带有一定程度的片面性。

2. 巴甫洛夫的理论

巴甫洛夫(Иван Петрович Павлов,1927)的情绪理论是动力定型理论。这一理论的主要内容是:大脑皮层的高级神经活动,可以建立、维持和破坏各种条件反射和动力定型,这在主观上就构成我们各种积极和消极的情绪和情感。其中第二信号系统(代表一定具体事物及其属性的言语、词)调节和控制着人们的情绪和情感。例如,人们学习、教育、训练和培养良好情绪反应的习惯,成为理性的、有教养的文明人的过程,正是与这种理论相一致的具体实践。也就是说,可以采用一定的方法对人们的情绪行为进行长远控制。

这种理论为行为主义的情绪理论奠定了理论基础。行为主义的奠基人华生(J. B. Watson,1878—1958)的情绪理论便是以此为基础的。但这种理论过分强调情绪产生的被动性及情绪的他控性,而忽视了情绪产生的自主性与情绪的自我调控性,这也是片面的。

巴甫洛夫
(Иван Петрович Павлов,
1849—1936)

3. 坎农—巴德的理论

坎农(Cannon,1927)和巴德(Bard,1927)的情绪理论是丘脑情绪理论。这一理论的主要内容是:植物性神经系统的生理反应无助于情绪的发生,情绪的产生是大脑皮质解除丘脑抑制的功能,即激发情绪的刺激由丘脑进行加工,同时把信息输送到大脑及机体的其他部分。输送到大脑皮质的信息产生情绪体验;输送到内脏和骨骼肌的信息激活生理反应。身体变化和情绪体验是同时发生的,而情绪感觉是由大脑皮质和植物性神经系统共同激起的结果。

这一理论强调大脑皮质解除丘脑抑制的机制,其意义在于把詹

坎农
(Walter B. Cannon,
1871—1945)

姆斯—兰格对情绪的外周性研究推向对情绪中枢机制的研究。但过分强调丘脑在情绪中的作用,而忽视大脑皮质和否定外周生理反应对情绪的作用,也是不正确的。

4. 沙赫特的理论

沙赫特(Schachter,1971)的情绪理论是激活归因情绪理论。这一理论的主要内容是:情绪既来自生理反应的反馈,也来自对导致这些反应情境的认知评价。因此,认知解释起两次作用,第一次是当人知觉到导致内脏反应的情境时,第二次是当人接受到这些反应的反馈时把它标记为一种特定的情绪,其中脑可能以几种方式解释同一生理反馈模式,给以不同的标记。标记过程取决于归因,即对事件原因的鉴别。人们对同一生理唤醒可以做出不同的归因,产生不同的情绪,这取决于可能得到的有关情境的信息。不少实验都支持沙赫特的观点,生理反应和对这种反应的标记都在情绪中起作用。

沙赫特
(Stanley Schachter, 1922—1997)

这种理论不只局限于情绪体验形式,而且还努力去研究情绪的认知机制,这对情绪的认知调节进行了一定程度的内外归因,因而具有一定的现实意义。但是,这种理论的科学实证依据还不够完善。

5. 阿诺德—拉扎鲁斯的理论

阿诺德(Arnold,1950)强调认知评价在情绪中的作用,拉扎鲁斯(Lazarus,1968)将其扩展为评价、再评价过程,因此,这一理论称其为认知评价情绪理论。"在情绪理论发展史上,如果说詹姆斯提出的情绪理论被认为是第一代情绪学说的话,那么阿诺德的理论则应被看作是第二代情绪学说的代表。"这一理论的主要内容是:既承认情绪生物因素具有进化适应的价值,也承认情绪受社会文化情境、个体经验和人格特征的制约,而这一切又随时发生在对任何事物的认知评价中。

这种理论把现象学的研究、认知理论和情绪生理学的研究结合起来考虑,认为只要事物被评价为与个人生活的重要方面有联系,他就会有情绪体验。每一种情绪均包括生理的、行为的和认知的三种成分,它们在每种特定的情绪中各自起着不同的作用,而又相互作用、互为因果。这种理论较为合理,有助于推进情绪和认知关系的研究。但是,该理论在所涉及的情绪相关因素的研究中不够深入和彻底。

二、认知对情绪的影响

认知在情绪中的作用主要在于判断评价刺激物对个体需要的符合程度,它是个体对刺激物产生肯定或否定态度的决定因素。认知过程中伴随着情绪体验。其中情绪体验是在感知过程中产生,并通过感知过程逐渐得以体现。

(1)感觉是诱发情绪的首要条件。个体通过感觉刺激,进行认知体验,从而产生一定的情绪体验。

(2)记忆与想象决定着情绪。情绪的产生与表现需要先前记忆的经验来激活,有时,情绪在认知过程中的产生属于记忆恢复现象,它需要记忆参与;同时,想象在一定程度上决定情绪的复杂表现。想象力丰富,情绪的表现就显得复杂;想象力贫乏,情绪的表现就显得较单调。因此,记忆与想象是情绪产生的基础,也是情绪表现的主观条件。

(3)注意与思维也决定着情绪的产生与表现。注意能唤醒情绪的产生,思维能影响情绪反应的方式和速度。由此可知,认知结构的复杂程度对于情绪的产生和表现会产生很大的影响。因为认知结构越复杂,个体对刺激物就越善于从多方面进行分析评价,这时所产生的情绪体验就有可能显得较温和;认知结构越简单,个体对刺激物进行评价时就越善于从单方面进行分析判断,这时所产生的情绪体验就有可能显得越强烈。

认知对情绪的影响,沙赫特的情绪实验研究可说明这一问题。沙赫特的实验探讨了认知因素和生理唤醒状态对情绪的作用。在实验过程中,他告诉被试研究的目的是调查一种新的维生素化合物对视力的作用。被试注射后在一个房间等待药物产生效应。一半被试接受肾上腺素的注射,通常引起心率和呼吸率的加速,肌肉颤抖和一种"极度紧张不安的"感觉。另一半被试作为控制组,接受盐水注射,它不会产生生理效应。注射肾上腺素的被试分为三组,第一组被正确地告知将有生理反应,第二组未被告知任何可能的症状,第三组被告诉错误的信息:他们将出现麻木、发痒并可能头痛。沙赫特假设后两组被试将会部分地受环境暗示的影响,因为他们将会寻找一种标记去解释自己的唤醒状态。环境条件由一个"滑稽演员"——实验者的同伴所操纵,每个被试到来时,他都等候在房间里,可能还有其他参加者在实验中。这个滑稽演员或是"欢乐"——玩小汽车,做纸飞机,往纸篓里扔纸团作为"篮球"的投篮,或者表示"愤怒"——抱怨这个实验,对必须填写的问卷愤恨不已,最后撕碎它并扔出室外。可以通过单向玻璃观察被试的反应。一般说来,实验结果支持了沙赫特的假设。控制组的被试和被正确告知注射肾上腺素后他们将如何感觉的被试,很少被这位演员的行为所影响,无论是"演员"在"愤怒"或"快乐"的情况下。其他被试(未被告知或告知错误信息的)对其生理唤醒状态没有现成的解释,倾向于从"演员"的行为中得到暗示,当"演员"表演快乐时也做出快乐的行动,"演员"愤怒时也表现愤怒。

沙赫特的实验结论是,人们往往通过与周围的人进行比较来评价自己的情绪。当情绪被唤醒时,他们可能把自己的情绪标记为快乐,也可能标记为有趣或者愤怒,这依赖于周围情景。因此,沙赫特认为,情绪是认知因素和生理唤醒状态两种因素交互作用的产物。事实上,在实验中可知,认知对情绪可能有三种作用:其一是对情绪刺激的评价和解释;其二是对引起唤醒原因的认知分析;其三是对情绪的命名以及对所命名的情绪的再评价。

三、情绪对认知的影响

认知过程总伴随着认知体验,认知体验需要情绪体验的参与,情绪影响着认知过程的质量和效率。每个人都具有各种各样的情绪,不管何种情绪,只要一经产生,便会影响整个认知过程,使整个认知过程都感染上情绪的色彩。情绪积极时,认知过程也积极;情绪消极时,认知过程也消极。

情绪对认知的影响,主要表现在情绪具有动机性功能、信号性功能以及感染性功能三方面。

(1)情绪的动机性功能是指情绪能激发人的认知和行动的动机。人的认知过程需要动机,动机的强弱又与内驱力信息的大小相关,而情绪使得内驱力信号得以放大、提高和补充,因为情绪体验总是附加到内驱力之上,两者合并之后,使人处于唤醒和激活状态,以备认知。

(2)情绪的信号性功能是指情绪是人的思想意识的自然流露,各种各样的表情都具有一定的信号意义,这种信号有助于人与人之间的相互了解,即使在语言互不相通的情况下,凭借表情,人们也是可以交流的。在教学过程中,伴随着师生各自的认知过程与相互之间的认知过程,在这样的认知过程中,教学信息或信号是中介,师生之间的教与学活动是情绪认知活动,教师有必要从学生的表情去了解学生的学习状况,以便获得反馈信号,从而反思与改进自己的教学方法;学生也有必要从教师的表情去了解教师对教学信息的反应以及教师对学生学习的认可程度。因此,情绪的信号性功能在认知过程中起着不可缺少的作用。

(3)情绪的感染性功能是指人们之间感情的沟通需要情绪的感染,而人接受客观事物所带来的刺激而引发的情绪体验也具有渲染性。情绪的感染性功能充分说明,人们在认知过程中会以情动情,情景交融,引发人们对认知过程的集中注意或分散注意,从而影响认知的效率。

情绪对认知过程的影响既有积极的一面,也有消极的一面,这取决于人们认知过程的心境状态。由于心境对认知的影响是弥散性的,它不仅影响认知过程的质量,而且还影响认知过程的效率,因此,心境的积极状态和消极状态会以不同的方式影响认知的各种过程。鲍尔等(Bower,1978、1981)一系列研究表明,心境对记忆的影响主要有两种方式:一是心境依存性记忆效应。即当一种过去事件的记忆处在一种与当前加工阶段相类似的心境中时,回忆效果提高,即是说,如果被试学习时的心境是悲伤的,当再度悲伤时,记忆会提高。在实验中,鲍尔让被试学习两个词表,一个是在愉快的心境中学习,另一个是在悲伤的心境中学习。之后,让被试在愉快和悲伤的情境中进行测试。结果发现当心境匹配时,被试的回忆成绩明显好于不匹配时。二是心境一致性记忆效应。即与心境一致的材料比与心境不一致的材料更容易记忆。在实验中,鲍尔要求被试读一故事,故事中的两个角色一个是悲伤的,一个是愉快的。阅读前,被试通过催眠诱发出愉快和悲伤的心境,阅读之后,在一个中性心境中回忆故事,结果发现两组被试有很大不同。在阅读时处于悲伤心境的被试,更多的认同悲伤的角色,而阅读时处于愉快心境的被试则更多的认同愉快的角色。

第二节 情绪与行为

一、情绪行为理论

情绪与行为关系的研究在有关情绪行为理论学派中可以得到极端性地展现。从行为学派中我们可以看出,行为主义从行为的理论来界说情绪,把情绪看为一种反应或各种等级的反应,有时,他们还倾向于把情绪和动机等同起来。但是,行为主义对情绪的研究,无论是研究情绪与反应的关系,还是情绪与动机的关系都是仅限于动物的经典条件反射和操作条件反射的方法上,如果将这一关系模式推衍到人类的情绪与行为关系上,那还有一定的局限性。不过,这一理论在一定程度上也反映了人类的情绪与行为的关系,特别是有助于我们从不同途径去研究情绪。

行为学派对情绪行为理论的探究有三种主要的途径。第一种途径是把研究兴趣集中在"户外"情境的行为上,或有害刺激的持续效应上。这一途径集中体现在对所谓"情绪性"的研究上。第二种途径是把研究兴趣集中在条件反射或学习过程中情绪的一般作用上,这一途径集中体现在对所谓"挫折—情绪"的研究上。第三种途径是把研究兴趣集中在实验中的操作性条件反射上,这一途径集中体现在"条件性情绪反应"的研究上。

(一)情绪性研究

情绪性是指一种未分化的、一般的情绪唤醒状态,也常常把它作为恐惧来看待。① 情绪理论的研究方法主要来源于赫尔理论。这种理论为情绪行为的研究提供了重要的背景。研究的途径主要体现在两个方面,即"户外"情境的研究和有害刺激的持续效应的研究。赫尔首先开始对户外情境中的情绪性进行研究。基本实验精神是,把一个动物(如白鼠)放在一个从来没有见过的野外大片空地上,使得动物产生了自然性的恐惧情形,这时观察并记录动物由恐惧所发生的行为方式。事实上,动物发生了诸如蜷曲、僵直、排泄、进食、发出吱吱叫声等情形。这些表现则是情绪性度量指标。这种研究,实质上是通过行为反应试图来揭示情绪和环境之间的关系的规律,从中也显现出情绪与行为的关系。有害刺激的持续效应的实验研究是基于赫尔的有关和无关驱力

赫尔
(Clark L. Hull,
1884—1952)

的累积观点。这种实验研究的假设前提是:恐惧是一种驱力,它将促进以其他驱力为基础的行为。在此假设前提下,如果恐惧可以独立于其他行为而产生,那么它应导致对行为的促进作用。事实上,先期发生、同时发生而非偶然发生的令人厌恶的刺激对正在进行中的行为——无论是完成行为还是工具性行为的影响已经得到过研究。通过研究可知,令人厌恶的有害刺激影响了其后的行为。当影响是抑制性的时候,正像常有的情形一样,可以轻易地把它们解释为在一种情境中习惯化了的"恐惧"被推广到了另一情境中。② 这些研究都似乎归结于有害刺激的持续效应所致。然而这些研究仅仅是借用了情绪性—驱力的概念,均未去解释说明。

---

① K.T.斯托曼.情绪心理学[M].张燕云,译.沈阳:辽宁人民出版社,1986:14.
② 同上:218—219.

(二) 挫折—情绪研究

挫折—情绪理论依从于操作性条件反射的原理。按照操作性条件作用的定义,在动物行为受到奖赏或不受到奖赏所引起的反应中可以看到所谓"挫折效应"。阿姆塞尔(A. Amsel)认为,在消退的条件开始被建立时,也就是强化被抑制时,动物常常随着瞬时提高的力量而产生反应。"挫折效应"也就是在动物给予奖赏后不再给予奖赏的实验程序中发现的。这种实验应用于儿童时也发现,无奖赏挫折对于他们完成某种任务能增强能量。儿童会采取各种策略去对待无奖赏的情况,这将表现为具有积极性质的行为反应,这说明在人类中确实存在着受挫折后可以出现努力奋进的情况。阿姆塞尔对这一实验研究的重要贡献是从操作的性质上给挫折下定义。他提出,挫折是当有机体在先体验到奖赏后又体验到无奖赏时所出现的情况。罗森茨韦克认为挫折是一种障碍,它阻止需要的满足,也就是说,它以某种方式阻碍了动机。多拉德等提出了挫折—攻击理论,这种理论包含两个基本的命题,其一是,挫折提高了进攻的倾向;其二是,攻击行为是挫折必然已预先出现了的充分证据。还有人认为,挫折是对行为的干扰,这种理论依赖于弗洛伊德学说和挫折的常识性概念。总之,挫折—情绪理论无论对动物的挫折性无奖赏研究或挫折性无奖赏的厌恶研究,还是对人类中的挫折性无奖赏研究都是在探究个体行为遇到挫折所引起的情绪变化情况,都在一定程度上揭示了情绪和行为的关系。

(三) 条件性情绪反应研究

条件性情绪反应理论是埃斯蒂斯和斯金纳等人提出来的。研究条件性情绪反应的基本实验范例可表示为:条件刺激——短时间距——无条件刺激。其中,条件刺激在开始时是中性的,无条件刺激是不可避免、不可逃避、令人厌恶的刺激。他们所采用的方法更加接近现实,即按照生活现实中的某些实际情况制定实验程序,使其达到规范化以便于得到数量化的结果。例如,一种实验程序为:在动物正在进行的操作活动中插入一个条件刺激,或在固定的时间间隔的反应中插入一个条件刺激,以观察动物行为的变化。斯托曼发现在条件刺激后向动物呈现消极刺激引起焦虑反应;呈现积极刺激则产生欢快反应。但是,在消极的操作基线上,在条件刺激后呈现消极刺激的间歇信号,出现称之为宽慰的反应,而呈现积极的间歇信号则出现强烈的反应,被称为愤怒或攻击。这些方法、范例已经远远超过了运用经典条件反射所得的行为效应的结果,它展示了环境的前后关系对有机体的影响。[①]因此,条件性情绪反应的实验研究主要在于进行了大量的有关条件性抑制,即焦虑反应的研究工作,这种实验研究的基本技术已扩展到条件性欢快和条件性攻击的研究中,而且已经产生了某些直接用于人类的研究。这种研究思路也为情绪行为的研究提供了一个很好的结构。

---

① K.T.斯托曼.情绪心理学[M].张燕云,译.沈阳:辽宁人民出版社,1986:15.

二、情绪与行为的关系

任何一种情绪都是促使我们采取某种行动的驱力,是我们在面临各种情境时所固有的能及时拟定的反应计划。"情绪"(Emotion)一词根源于拉丁动词"行动"(Motere),加上字音"e"代表远离,意指采取趋吉避凶的行动。情绪与行为的关系从动物或孩童的举止观察最容易直接显现出来。但在文明化的成人身上,情绪与行为又有分离的情况,这由此说明情绪与行为的关系是复杂多变的。事实上,情绪与行为的关系既有先天关联性,又具有后天社会文化制约性。

(一)情绪与行为的先天关联性

情绪与行为的先天关联性可从情绪表现即表情中显现出来,情绪表现是情绪在有机体身上的外显行为。它包括面部表情、言语表情与身段表情。面部表情是情绪在有机体面部的表现(如图5-1);通过面部表情的认知,能够比较准确地判断他人的内心感受和情绪情感。但情绪情感的表现也受具体文化因素的一定制约,如表5-1所示。

愉快　　厌恶　　惊奇　　悲伤　　愤怒　　恐惧

图5-1　各种面部表情图

表5-1　不同文化背景下的人对6种面部表情判断的正确性

正确率 判断者	愉快	厌恶	惊奇	悲伤	愤怒	恐惧
巴西人(N=40)	95	97	87	59	90	67
美国人(N=99)	97	92	95	84	67	85
阿根廷人(N=168)	98	92	95	79	90	54
智利人(N=110)	95	92	93	88	94	68
日本人(N=29)	100	90	100	62	90	66

言语表情是在有机体言语上的表现;身段表情是在有机体身体姿态上的表现。例如,当有机体愤怒时,血液流向手部,更便于抓住武器打击敌人;恐惧时,血液流向骨骼肌肉,使其容易逃跑或使脸部因缺血而惨白,或使身体僵立动弹不得;受伤或悲哀时一般会哭泣;快乐时一般会发笑;等等,这些都属于情绪的外在表现。在情绪表现中,又有比较明显的偏激情绪表现出的过激行为。例如,情绪冲动会使神经组织失控,研究发现,这种时候脑部边缘系统发出紧急信息,号召其他组织一起发生反应,导致面部、言语乃至身体姿态上在一瞬间发生意想不到的冲动行为,或许大发雷霆,或许发生暴力行为等。有时,过激情绪又容易固

化在人们的行为方式上,由此表现出不同的行为习惯。如急躁情绪容易表现在急性子的人身上。急性子和慢性子是两种相对立的情绪行为习惯。这两种行为习惯都有利有弊。据说,过去有位县官,特意找了一个急性子和一个慢性子两人来当差,急性子跟班做随从,慢性子帮他带小孩。当差的第一天,急性子去备马,马见了生人尥蹶子,不顺从,急性子火了,拿起刀就把马腿砍断了。慢性子哄小孩,小孩不小心掉到井里去了,他却慢腾腾地干完事才去救小孩,结果小孩早就淹死了。这个笑话告诉我们,无论是急性子还是慢性子,过了头都不好。

(二)情绪与行为的后天社会文化制约性

个体的情绪在一定程度上表现出情绪的先天遗传性,但是,情绪的行为表现又是比较复杂的,它的具体表现形式受到社会文化因素的制约,特别是某些比较复杂情绪的表现更是如此。由于人的内心世界的复杂性,人们能够意识到情绪表现易被他人识别,于是情绪的行为表现又可以通过后天学会,使得人们能够力图掩盖自己的某种真正情绪表现,在某种情况下又在行为上表现出自己故意设计的情绪行为,有时是和内心情绪不一致的情绪行为。情绪的行为表现明显地受社会文化因素的影响。即处于不同文化背景的人,他们的情绪行为表现方式有所不同。例如,西欧和美国人以亲吻表示亲切,日本人以微笑表示抱歉,还有一些国家的人,用做出一个 V 字形的手势来表示胜利的信心。埃克曼(P. Ekman,)等人(1972)曾做过情绪行为表现实验,他们让美国和日本的大学生观看一部悲伤的影片,看的方式有单独看和与他人一起看两种方式。他们隐蔽地摄下这些被试看到电影最悲伤情节时的不同表情。结果发现,单独看时,日本、美国大学生的表情没有差别;但与他人一起看时,日本学生较少表现不良情绪,往往以礼貌的微笑掩盖真实情绪。这是因为日本文化不鼓励人公开表露自己情绪的缘故。而美国人则能将悲伤的情绪表现出来。这充分说明处于不同文化背景的人,他们的情绪表现有所不同。

三、情绪识别

一般而言,人们的情绪反应比理性快得多,基本上是不假思索就可采取行动。有些情绪表现形式从理性的角度分析往往会觉得莫名其妙。常常在行为反应后会产生疑惑:我这是在干什么? 显示出理性已经觉醒,只是速度慢于情绪而已。因此,先发制人、未觉先动是情绪表现的显著特征。情绪从被刺激到行为爆发的时间几乎是间不容发,如果要觉醒,知觉的评估就必须在瞬间完成,当然这是根据以千分之一秒计算的脑部活动速率作为标准的。这种是否要采取行动的评估又必须快速到形同自动的地步,甚至在意识尚未察觉以前便须完成。因此,情绪的行为表现有时是自发的、瞬时的,乃至于是本能的。

在人们之间相互交往时,相互之间都会不断表达各自的情绪,同时也在观察对方的情绪表现。由于情绪表现的及时性,使得情绪的识别也十分迅速及时。情绪识别主要是通过情绪的外在表现去识别的,这种识别是一种比较复杂的认知过程,它需要观察、分析、比较、判断、推理等思维方式的参与。情绪识别不仅在于情绪表现本身,而且还在于它背后的意义。我们不能孤立地识别情绪,而应当从情绪行为的先后关系中识别情绪。针对面部表情、言语表情以及身段表情而言,情绪识别又各有所侧重。其中,面部表情的识别应侧重于一个人的面孔,面孔又可通过眼神来反应,眼神又可通过瞳孔的大小变化来体现。比如,研究发现人在高度兴奋或高度注意时,瞳孔会扩大。这种瞳孔扩大的现象,对于一对正在恋爱中的恋人来说,会觉得他(或她)的对象变得更有魅力。但是,瞳孔扩大并不一定表示情绪愉快。皱眉是一种情绪表现,"眉目传情"、"双眼含情脉脉"等也是情绪的具体表现,我们见到这种面部表情就会试图解释潜在于它背后的情绪。与此同时,面部表情的识别又依赖于许多线索来识别,特别是借助面部那些活动性更大的肌肉群的运动来识别。[①] 言语表情的识别应侧重于说话者口气的腔调,尖锐、短促、声音嘶哑都是一种情绪表现,我们听到这种言语表情也会试图去解释潜在于它背后的情绪。身段表情的识别应侧重于双手、双脚乃至于整个行为举止的识别,捶胸顿足是一种情绪表现,我们看到这种动作表情同样会试图去解释潜在于它背后的情绪。我们对一个人的情绪识别,最好将三种表情的识别结合起来,这将更有利于准确地判断情绪状态。当然,有时某一方面的识别也可以全息地显现出一个人的情绪状态。在日常生活中,即使我们看不见一个人的面孔,看不见身体动作,只通过言语表达也可以显现其情绪状态。例如,收听广播电视剧可以辨别出各种情节中人的情绪状态。有时,我们听不见一个人的言语,仅凭他的身体动作或面部表情的识别就能了解其情绪状态。例如,舞台上哑剧演员的表演,我们根据姿势动作或面部表情就可理解演员所表达的情绪。事实上,所有的舞蹈语词,严格来说都是靠身段表情来显现的。

但是,尽管人的情绪与人的行为相关联,我们通过对人的行为的观察可以在一定程度上看出一个人的情绪状态,但是一个人的内心世界又是非常复杂的。情绪有时可以在没有表情的情况下产生,表情又可以在没有情绪体验的情况下做出来。同样一种表情,可能具有不同的意义,因此,情绪的行为表现可以随意调节,可以加强它,也可以抑制它,在此情况下,要准确地识别一个人的情绪单凭表情是不充分的,必须结合其他情况,如当时的情境,个人的个性特征等,将这些情况综合地进行比较才能达到准确识别情绪状态这一目的。

第三节 情绪的调控

一、情 商

情商又称情绪或情感商数,用 EQ 表示,它是 Emotional Quotient 的缩写。有的研究表明,一个人成功与否的关键不取决于天资如何而取决于性格和情感因素。天资一般用智商(IQ)表示,有时人们将情商(EQ)与之对应称其为"情感智商"。正式提出"情感智商"这一术语的是美国耶鲁大学的彼得·沙洛维(Peter Salovey)教授和新罕布什尔大学的约翰·梅耶(John Mayer)教授。他们在1990年把情感智商描述为由三种能力组成的结构,这三种能

[①] 黄希庭.心理学导论[M].北京:人民教育出版社,1991:533—535.

力是:准确评价和表达情绪的能力;有效调节情绪的能力;将情绪体验运用于驱动、计划和追求成功等动机和意志过程的能力。1993年,沙洛维和梅耶对情感智商作了进一步的研究,把它定义为社会智力的一种类型,并对其应包含的能力内容作了重新的界定,即区分自己与他人情绪的能力;调节自己与他人情绪的能力;运用情绪信息去引导思维的能力。1995年10月,美国《纽约时报》专栏作家戈尔曼(D. Goleman)出版了《情感智商》(又称《情绪智力》)一书,把情感智商这一学术研究新成果以非常通俗的方式介绍给大众,并迅速成为世界性的畅销书。一时间,情感智商这一概念在世界各地得到广泛传播。戈尔曼在其书中声称情感智商包括五个方面的能力,即认识自身情绪的能力、妥善管理情绪的能力、自我激励的能力、认识他人情绪的能力、人际关系的管理能力。戈尔曼所提及的这五种能力偏重于我们日常生活中所强调的自知、自控、热情、坚持、社交技巧等所谓非智力方面的一些心理品质。这些心理品质也构成了我们通常所说的生活智慧。

专栏 5-2

情感智商的具体内容

1996年,沙洛维和梅耶对情感智商作了重新的界定,将它定义为:

一、情绪的知觉、评估和表达能力

1. 从自己的生理状态、情感体验和思想中辨认自己情绪的能力;
2. 通过语言声音、仪表和行为从他人艺术作品、各种设计中辨认情绪的能力;
3. 准确表达情绪以及表达与这些情绪有关的需要的能力;
4. 区分情绪表达中的准确性和真实性的能力。

二、思维过程中的情绪促进能力

1. 情绪思维的引导能力;
2. 生动鲜明的情绪对与情绪有关的判断和记忆过程产生了积极作用的能力;
3. 心境的起伏使个体从积极到消极摆动变化,促使个体从多个角度进行思考的能力;
4. 情绪状态对特定问题的解决所具有的促进能力。

三、理解与分析情绪,获得情绪知识的能力

1. 给情绪贴上标签,认识情绪本身与语言表达之间关系的能力;
2. 理解情绪所传送意义的能力;
3. 认识和分析情绪产生原因的能力;
4. 理解复杂心情的能力。

四、对情绪进行成熟调节的能力

1. 以开放的心情接受各种情绪的能力;
2. 根据所获知的信息与判断,成熟地浸入或离开某种情绪的能力;
3. 成熟地监察与自己和他人有关的情绪的能力。

[资料来源] http://www.xadakang.com 心理沙龙专栏

如今 EQ 在国外已被纳入正式教育。美国的学校已开设 EQ 课程,将其与传统的数学、语言等课程并列。哈佛商学院强调的素质教育,其实是一种典型的 EQ 训练。美国的一些名牌大学不失时机地推出 EQ 发展计划,比如华盛顿大学的"康庄大道计划"、芝加哥伊利诺伊大学的"耶鲁—纽哈劳"社会能力改善计划,以及罗杰斯大学的社会知觉与问题解决能力改善计划等。所有这些课程和训练都具有一个共同的目的,那就是造就高 EQ 的现代人。

我国儿童伴随着独生子女时代的到来,面临的最大情绪问题是自尊心与挫折的承受力问题。鉴于我国的文化背景及教育状况,我国教育界对 EQ 也引起了比较大的重视,有不少学者对其进行了理论与实践上的探索。不过,我国学者有关情感智商的研究大都依据于戈尔曼《情感智商》一书作为理论基础。一般都认同 EQ 的主要因素有五个部分:自我意识、自我激励、情绪控制、人际沟通、挫折承受能力。[1]

(一) 自我意识

自我意识这里是指认识自身的情绪。它是 EQ 的基础。自我意识的本领在于自我认知感觉、自我体验感受与自我监控情感。不了解自身真实感受的人必然沦为感觉的奴隶;反之,掌握感觉才能成为生活的主宰。掌握感觉是指客观判断自己的情绪,把握潜藏在身体内层的感受,并在感受基础上做出相应的反应和调整。

(二) 自我激励

自我激励依赖于完成任务的动机水平、兴趣和意志的影响以及人生的基本信仰、明确的生活目标、乐观与自信的生活态度。自我激励的实质在于抱着希望想问题。因此,善于自我激励的人,能保持高度热忱完成任务,这种人做任何事效率都比较高,因为自我激励是一切成就的动力。

(三) 情绪控制

情绪控制的核心在于妥善管理情绪。情绪管理有赖于自我认识,并需做出意志的努力。因此,情绪控制必须建立在自我意识和自我激励的基础上,它需要自我安慰、摆脱焦虑和不安。人每天在生活中免不了会出现好情绪和坏情绪,但关键是要看如何保持情绪的平衡,不致冲动,情绪控制就在于克制冲动。克制冲动既可以用"深呼吸"和"沉思"(即集中思索于某一令人愉快的环境)一类放松技术,又可以采用"重建"(即有意识地用建设性的态度对情况重新解释)与"冷静"(当思路理不清的时候,平息怒气,减轻沮丧和焦虑)的方法来处理。

(四) 人际沟通

人际沟通包含认知他人情绪,并能管理好人际关系。其中同情心是基本的人际沟通技巧,具有同情心的人较能从细微的信息中察觉他人的需求。同样,站在他人角度了解他人感受也能达到人际沟通。人际沟通还需要在交往过程中保持互利互惠的思想维系友谊,消除分歧。一个人的人缘、人际和谐程度是与领导管理能力直接相关的,充分掌握人际沟通

---

[1] 周明星,邓新华. 成功学生全面素质测评手册[M]. 北京:人民日报出版社,2000:1214—1217.

能力的人常常是社会上的佼佼者。

(五)挫折承受能力

对失败的承受能力也是 EQ 的一个重要内容。这一内容在国外不作为 EQ 的指标,但在我国,情况有所不同。中国儿童受中国传统社会文化家长制的影响,独生子女从小养成依赖思想,在以后的学习、生活与工作中,失败的机会可能要比成功的机会多,在这种情况下,从小培养挫折承受能力就显得尤为必要。事实上,能承受挫折的人往往把失败归因为可以驾御的因素,能从每次失败中总结经验,吸取教训。相反,消沉、萎靡、挫折承受力差的人则更容易把失败归因为不可控制的因素。因此,日常生活中遇到的挫折比较多,这就要求我们从小就要培养好学生的挫折承受能力,使之尽快适应生活、适应社会,做生活的主人。

专栏 5-3

情商的测量

自从人类行为学专家、情感智能理论的创始者戴聂尔·苟勒门博士向高智商导致成功的传统理论提出挑战以来,已有越来越多的专家开始认识到:在人的成才过程中,不是 IQ 而是 EQ 在起着更为重要的作用。

要想知道你的 EQ 有多高,请完成以下的测验:

1. 与你的恋人或者爱人发生争吵后,你能在他人面前掩饰住你的沮丧。
2. 当工作进行得不顺利时,你认为这是对未来的一个警告。
3. 你最好的朋友开口说话以前,你就能分辨出他(她)处于何种情绪状态。
4. 当你担忧某件事时,你在夜里几个小时难以入睡。
5. 你认为大多数人必须更加努力而不要轻易放弃。
6. 与你最好的朋友告诉你一些好消息相比,你更易受一部浪漫影片的感染。
7. 当你的情况不妙时,你认为到了你该改变的时候了。
8. 你经常想知道别人是怎样看待你的。
9. 你对自己几乎能使每个人高兴起来而感到自豪。
10. 你厌烦讨价还价,尽管你知道讨价还价能使你少花 20 元钱。
11. 你十分相信直率的说话,而且认为这样能使一切事情变得更为容易。
12. 尽管你知道自己是正确的,你也会转换这一话题,而不愿进行一场争论。
13. 你在工作中做出一个决定后,会担心它是否正确。
14. 你不会担心环境的改变。
15. 你似乎是这样一个人:对于周末去干什么,你总是能够提出很有趣的设想。
16. 假如你有一根魔棒的话,你将挥动它来改变你的外貌和个性。
17. 不管工作多么尽心尽力,你的老板似乎总是催促着你。
18. 你认为你的恋人或爱人对你寄予厚望。
19. 你认为一点小小压力不会伤害任何人。
20. 你会把任何事情都告诉你最好的朋友,即使是个人隐私。

每道题选同意得1分,选不同意不得分。将你所得分累加起来:16分或16分以上

你对你的能力很是自信和放心,因此,当处于强烈情感边缘时,你不会被击垮。即使你在愤怒时,你也能进行有效的自我控制,保持着彬彬有礼的君子风度。在控制你的情感方面,你是出类拔萃的,与他人相处得也很融洽。但是,你太依赖社交技巧而忽视成功所需的其他重要因素,例如艰苦奋斗的作风和好的主意。

7分到15分

你意识到自己和他人的情感,但有时忽视它们,不知道这对你的幸福是多么重要。你对下一步的提升和买一幢更漂亮的房子等诸如此类事情的关心支配着你的生活。然而,无论实现多少物质目标,你仍然感到不满足。试着去分析和理解你的情感,并且按照它去行动,你会更幸福。记住,人们可能压制你,使你暂时消沉,但是,你总是能够从挫折中吸取教训,重新创造你的优势。

6分或者6分以下

你必须多一点对别人的关心,少注重自己。你喜欢打破社会常规,并且不会担心通过疏远别人来取得自己想得到的东西。你可能在短期内就会取得一定成果,但人们不久就将开始抱怨于你。控制住你易冲动的天性,不是以粗鲁的方式,而是试着去通过迎合他人来得到你所想要的一切。如果你得分不高,不要沮丧。你要学会去控制你的消极情感,充分利用你的积极情感。

[**资料来源**] 周明星,邓新华. 成功学生全面素质测评手册[M]. 北京:人民日报出版社,2000:1237—1239.

二、积极心理

人的心理状态既有消极的,也有积极的。以去除消极心理状态,治疗心理问题为旨趣的心理学属于消极心理学。因为去除消极心理状态、治疗心理问题并不意味着就能成为一个健康、幸福的人。只有把内在的积极力量与优秀品质激发出来,使内心感到满足与安顿,才可能真正成为一个健康、快乐与幸福的人。对人类自身存在的许多正向品质的研究和培养正是积极心理学的核心所在。

积极心理学的创始人是当代美国著名心理学家塞里基曼(Martin E. Seligman)。他在1997年就任美国心理协会主席(APA)一职时提出"积极心理学"的概念,并认为积极心理学的力量在于帮助人们发现并利用自己的内在资源,进而提升个人的素质和生活的品质。因而,积极心理学不同于消极心理学将研究重点放在心理问题的治疗上,而是把重点放在人自身的积极因素方面,主张心理学要以人固有的、实际的、潜在的具有建设性的力量、美德和善端为出发点,提倡用一种积极的心态来对人的许多心理现象(包括心理问题)做出新的解读,从而激发人自身内在的积极力量和优秀品质,并利用这些积极力量和优秀品质来

帮助普通人或具有一定天赋的人最大限度地挖掘自己的潜力并获得良好的生活。[1]

专栏 5-4

积极心理学并不是不研究消极心理学以及人的心理问题与疾病,但它更强调研究人性的优点与价值,从更广阔的层面来说,积极心理学研究包括工作、教育、洞察力、爱、成长与娱乐,它探索美好的生活以及获得美好的生活的途径与方法,它采取更加科学的方法与技术来理解人类复杂的行为,它的目的就是要开发人的潜力、激发人的活力,促进人的能力与创造力,并探索人的健康发展途径。显然,积极心理学就是要以科学的方法研究人性中的积极层面,并力图促进个人、社会以及整个人类的进步和发展。

[资料来源] 苗元江,余嘉元. 积极心理学:理念与行动[J]. 南京师范大学学报:社会科学版,2003,(2).

当一个国家或民族被饥饿和战争所困扰的时候,心理学的任务主要就是抵御和治疗创伤,但是在没有社会混乱的和平时期,致力于使人们生活得更美好则是心理学的主要使命。因而消极心理学向积极心理学的转型源于整个人类社会的和平与发展。就我国的现实情况来看,改革开放使得物质资源得到极大丰富,人民生活水平得到极大提高,人们也有更多的自由时间可以支配,有更多的娱乐项目可以选择,有更广阔的发展空间可以施展才华,按理说应该比过去更加充实与幸福,可事实并非如此,很多人非但没有觉得自己变得更幸福了,反而越来越觉得不幸福。也许生活压力的增大、两极分化的严峻、人际关系的淡漠使得人们的幸福感越来越低,但是幸福教育、积极思维的缺乏也是导致幸福感下降的重要原因。正是从这一视角出发,国内心理学界掀起了一股积极心理学思潮,试图通过积极心理学的研究引发出人们的积极潜力与优秀品质,帮助人们从积极方面去看待问题,最终促使人们过上幸福快乐的生活。

目前,国内外积极心理学的研究主要集中在积极的情绪体验、积极的人格特质、积极的社会环境等三个方面。

(一)积极的情绪体验

爱、高兴、兴趣、满足、自豪、幸福感、快乐等正向的、建设性的情绪体验都是积极的情绪体验。这些积极的情绪体验不仅能够使人们瞬间的知—行能力得到拓展,而且能构建和增加个人资源,比如,增加人的体力、智力、社会协调性等,还能够帮助人们形成积极的个性品质,过上健康、幸福的生活。以幸福感为例,常识告诉我们,人们的幸福应该与年龄、性别、收入等密切相关,但研究却表明,只有社会性支持、对未来充满希望、有明确的生活目标等

---

[1] 任俊,叶浩生. 积极:当代心理学研究的价值核心[J]. 陕西师范大学学报:哲学社会科学版,2004(4):106—111.

集体层面和个体层面的积极品质才是幸福的真正来源,而且幸福的关键在于个人的价值观和目标如何在外部事件与生活质量之间进行协调。也就是说,并不是发生在人们身上的各种事件决定了他们是否感到幸福,而是人们对事件的解释决定了他们的幸福感。因而,积极、乐观的情绪体验能够帮助人们提升幸福感。

(二) 积极的人格特质

积极的人格特质包括乐观、智慧、宽容、勇气等正向的、建设性的人格特质。苏格拉底就是这样一位有着乐观、智慧与宽容的积极人格特质的人。有一天,他的妻子(桑蒂普)不知为什么又大骂起他来,苏格拉底像平常一样一言不发,任她骂去,过了一会儿,桑蒂普索性端起一盆洗脚水向他兜头泼来,把苏格拉底浇成了只落汤鸡,苏格拉底呢,只抹了抹脸上的水珠,不慌不忙地说:"我知道,打雷后一定要下雨。"具有积极的人格特质不仅可以帮助人们拥有良好的心理状态,避免抑郁,而且还有助于提高健康水平。20世纪60年代,有研究者用明尼苏达多相人格测验量表对800名男女进行了测验,从中筛选出乐观风格型人格和悲观风格型人格。30年后,他们对这些研究对象的各方面状况做了一个系统的分析研究,结果发现具有悲观风格型人格的人的总的身体状况要比整个团体平均数差,他们的死亡率高于团体平均数,接受医院治疗和心理治疗的次数也大大多于团体平均数,而具有乐观风格型人格的人的情形正好相反。事实上,乐观使人处于积极的情绪状态,而积极的情绪状态又可以增加人的心理资源,使人相信结果会更好,因而在面对压力事件时,常处于积极情绪状态的人更不易生病;而对于病人,那些处于积极情绪的人更愿意接受医生的建议、配合治疗并进行锻炼,因而能够快速恢复健康。

专栏 5-5

积极的人格特征

Hillson 和 Marie 在问卷研究的基础上将积极的人格特征与消极的人格特征进行了区分,认为积极的人格特征中存在两个独立的维度:一是正性的利己特征(PI: positive individualism),指接受自我、具有个人生活目标或能感受到生活的意义、感觉独立、感觉到成功或者是能够把握环境和环境的挑战;二是与他人的积极关系(PR: positive relations with others),指的是当自己需要的时候能获得他人的支持,在别人需要的时候愿意并且有能力提供帮助,看重与他人的关系并对于已达到的与他人的关系表示满意。积极的人格有助于个体采取更为有效的应对策略,从而更好地面对生活中的各种压力情景。

[资料来源] 崔丽娟,张高产. 积极心理学研究综述[J]. 心理科学,2005(2).

(三) 积极的社会环境

积极的社会环境主要包括对学生心理发展具有正向的、建设性作用的家庭、学校以及社会文化条件等。积极的社会环境有助于个体形成良好的心理品质,消极的社会环境则可能促使个体形成不良的心理品质,因为个体的经验与心理品质是在与环境的相互作用中形成的。比如,当父母师友提供了最优的支持、选择与周围环境时,孩子最有可能拥有良好的心理健康和人际关系;反之,孩子容易出现不健康的情感和行为模式。"一个问题孩子后面一定有个问题家庭"的事实也表明,社会环境的状态对于个体心理品质的发展具有极为重要的决定作用。这就要求,无论是家庭、学校还是社会,都要尽力为孩子们创造一个积极、健康、良好的生活环境,以帮助他们形成积极的情绪体验与人格特质,过上幸福完满的生活。

实质上,幸福的生活都是相似的,不幸的生活却各有各的不幸。积极心理学通过对心理的积极方面进行深入研究来揭示幸福的相似性,从而激发个体内在的积极潜力与优秀品质来适应不断改变的外部环境,使个体能够轻松面对生活中的压力、逆境、困难、挑战甚至失败,最终过上健康、快乐、幸福的生活。这不失为一种增强人类适应机制、促进人类幸福快乐、实现社会和谐发展的有效方式。

三、健康情绪的必要条件

情绪能够影响一个人的精神状态,提高或降低一个人的学习和工作效率。它也是观察一个人对于某人或某事真实情感的窗口。它能反映出一个人的志向、胸怀和度量。它标志着个性成熟的程度。一个具有良好修养的人,懂得保持健康情绪,能够自觉而有效地控制和调节自己的情绪。因此,健康情绪的养成或保持对一个人的工作、学习或生活都起着至关重要的作用。

(一)正确的人生追求

正确的人生追求是个人学习、工作与生活的一种精神支柱。有了这种精神支柱,就能在遭受挫折、打击和失意时,依然"心有所恃,情有所依",始终保持坚强的精神和健康的情绪。正确的人生追求应当是使别人过得更美好,对社会有所贡献。这就要求在生活、学习和工作中认准"人生的意义在于贡献而不是索取",只有确立这种正确人生态度的人,才能百折不挠,也才能在现实生活中遇到不顺心的事情(如失恋、失学、疾病等)时,始终保持乐观向上的情绪。

(二)宽广的胸襟

保持宽广的胸襟是形成健康情绪的基本条件。宽广的胸襟表现在对待生活琐事能开阔视野、旷达胸怀,不要只津津乐道于眼前琐事。古人云:"君子所取者远,则必有所待;所就者大,则必有所忍。"一个人只有把眼光放在远大的事业上,才会有宽阔的胸怀和豁达的度量。看问题应全局和长远,不能因暂时的不利境遇而烦恼沮丧,不能为那些微不足道的小利而大动感情。在为人处事上,应当从渺小的个人感情中解脱出来,摆脱"自我中心"的小圈子,以宽广的胸怀去接纳他人,以真心、诚心去打动他人。

(三)理性地适应生活

人总是生活在一个现实的情感世界中,这种情感世界是复杂多变的,有甜的东西,也有苦的东西;有顺心的时候,也有不顺心的时候;有眼泪,也有欢笑;有冷嘲热讽,也有热情和友谊。一个人如果不能适应这些变化,情绪将会随之起伏动荡,时喜时怒,时悲时愁,情绪因此就会受到伤害,不良情绪将会由此而形成。如果能够主动适应它,不管生活怎样起伏变化,始终不改愉快、乐观的精神面貌,坦然处之,理智对待环境、条件、生活、人际关系等情绪问题,就能在现实生活中形成并保持健康情绪。

理性地适应生活包含三种水平,即理智接受现实生活的水平、理智评估自己的水平以及理智自制情绪的水平。其中,具备理智接受现实生活的水平是理性地适应生活的前提;具备理智评价自己的水平,是理性地适应生活的关键;具备理智自制情绪的水平是理性地适应生活的重要保证。

(四)寻找身边的欢乐

经常保持欢悦乐观是健康情绪的重要表现。因为,乐观的情绪是身心和谐的象征,是心理健康的标志,它能使人从内心到外表都感染上愉快的色彩,更使人享受到对于生活的满足感,从而更加热爱生活、热爱人生。

保持乐观情绪的前提是善于寻找身边的欢乐。生活中有欢乐也有忧伤,有的人经常看到欢乐的一面,他由此而感到生活很美好;有的人却总是看到忧伤的一面,当然会生活得很不称心。当然,善于在身边寻找欢乐,多看生活中欢乐的一面,并不是只看生活中美好的东西,而否认痛苦和困难的存在。生活中的现实是无法逃避的。我们提倡,无论欢乐还是忧伤,都应当以乐观的情绪去面对。对于眼前的困难,只要以乐观的态度来看待,通过自身的努力,相信它是能够被克服的。虽然乐观的心情并不能改变客观事实本身,但是,乐观却可以使我们勇敢面对现实,不畏困难,能使我们鼓足勇气改变我们所遇到的挫折和失败。

人在心情愉快时,最明显的表现形式就是笑。有的心理学家认为,"会不会笑是衡量一个人能否对周围环境适应的尺度"。笑不仅是心情愉快的表现,还是一种很重要的生理功能。笑对生理的影响仅仅从外表上就可以观察出来。当人们欢笑的时候,眼睛闪闪发亮,显得格外明亮,可能是愉快情绪加速了血液循环,使眼球血液供应充沛。如果哈哈大笑,笑者往往前俯后仰,手舞足蹈,笑声不绝,这时面部颜色由于血液循环的改变而显得红润,说明笑能影响循环系统中的内分泌系统的功能。通过笑,还能使人自然而然做一些深呼吸运动,从而促使肺部扩张,增强肺部的呼吸功能;消除精神和神经的紧张,使肌肉放松,从而调节脑神经的功能,使头脑清醒,消除疲劳。

以乐观的心态寻找身边的欢乐是学业或事业成功的助推剂。美国堪萨斯州大学心理学家史耐德(C. R. Snyder)主持的一项实验研究能够充分说明这一问题。他请被试(大学生)考虑下列假设性问题:

你的学期设定目标是80分,一周前第一次考试成绩(占总成绩30%)发下来了,你得了60分。你会怎么做?

每个被试的做法因心态而异。最乐观的被试决定要更加用功,并想到各种补救的方法;次乐观的被试也想到一些方法,但没有实践毅力;最悲观的学生则索性宣布放弃,一蹶不振。他最后研究发现,学生的学业成绩与其心态是否乐观有决定性的关系,甚至比传统认为最具预测效果的入学测验更准确(入学测验与IQ很有关系)。也就是说,就智能相当的学生做比较,情感因素的影响更明显。他的解释是,乐观的学生会制定较强的目标,并知道如何努力去达成。比较智能相当的学生后会发现,影响其学业成绩的主要因素是心态是否乐观。从EQ的角度来看,乐观的人面对挑战或挫折时不会满腹焦虑、意志消沉,这种人在人生的旅途上较少出现沮丧、焦虑或情感不适应等问题,总是满怀希望地面对现实,因此,在人生道路上容易成功。

美国著名游泳选手麦特·毕昂迪(Mart Biondi)1988年代表美国参加奥运会,被认为极有希望继1972年马克·史必兹(Mark Spitz)之后夺得七项金牌。但毕昂迪在第一项200米自由式游泳中竟落居第三,第二项100米蝶式游泳原本领先,到最后一米硬是被第二名超了过去。各报都认为两度失金将影响毕昂迪后续的发挥,没想到他在后五项竟连连夺冠。只有宾州大学心理学家马丁·沙里曼(Marti Seligman)对这项转变不感意外,因为他在同一年稍早曾为毕昂迪做过乐观影响的实验。实验方式是在一次表演后,故意请教练告诉毕昂迪他的表现不佳(事实上很不错),接着请毕昂迪稍作休息再试一次,结果更加出色。参与同一实验的其他队友都因此影响了演出成绩。

沙里曼研究发现个性乐观的保险业务员前两年的销售成绩比悲观者高出37%,后者第一年辞职的比例是前者的两倍。后来,沙里曼说服保险业破例进用一批新人,这批人的特质是乐观测试成绩很高,但传统的求职考试没有过关。结果这批人第一年业绩比悲观型超出21%,第二年超出57%。

欢乐或乐观其实都是建立在心理学家所谓的自我效能感上,亦即相信自己是人生的主宰。这种心态能使你最大限度地发挥既有能力,努力培养欠缺的能力。班杜拉对自我效能感颇有研究,他认为,一个人的能力深受自信的影响,能发挥到何种程度有极大的弹性。能力感强的人跌倒了能很快爬起来,遇事总是着眼于如何处理而不是一味担忧。[1]

专栏 5—6

如何保持良好的情绪

(1) 不对自己过分苛求。有些人把自己的抱负定得过高,根本无力达到,却在别人面前天高海阔地谈论起来,受到别人嘲讽后,终日郁郁不欢;有些人做事要求十全十美,往往因为小小的瑕疵而自责。如果把自己的目标和要求定在自己的能力范围内,自然就会心情舒畅了。

(2) 对他人期望不要太高。许多人把希望寄托在他人身上,若对方达不到自己的要求,便会大失所望,其实每个人都有自己的优点和缺点,何必要别人迎合自己的要求呢?

---

[1] 柏桦.EQ情商[M].北京:中国文史出版社,1997:92—95.

(3) 疏导自己的愤怒情绪。当你勃然大怒时,很多蠢事都会干出来,与其事后后悔不如事前自制,把愤怒平息下去。

(4) 偶尔也要忍让。要心胸开阔,做事从大处看,只要大前提不受影响,小事则不必斤斤计较,以减少自己的烦恼。

(5) 暂时回避。在遇到挫折时,应该暂时将烦恼放下,去做些喜欢做的事,如运动、看电影等。

(6) 找人倾吐烦恼。如果把心里的烦恼告诉你的挚友、师长,心情就会顿感舒畅。

(7) 为别人做些事。帮助别人不单是使自己忘却烦恼,而且还可以确定自己的价值,更可以获得珍贵的友谊。

[资料来源] http://xlrx.fjrtvu.edu.cn/qxtk.htm

四、不良情绪的控制

(一) 暴怒情绪的控制

暴怒是因对客观事物不满而产生的一种情绪反应,一般都是由外在的强烈刺激所引起的。这种情绪反应会严重危害身体。加拿大生理学家谢尔耶通过多年研究,认为暴怒能够击溃一个人的生物化学保护机制,使人降低抵抗力以至为疾病所侵袭。当暴怒时,机体往往能发挥出超乎寻常的力量。这时,人的机体处于高度兴奋的应激状态,交感神经受到刺激,也处于应激状态,消化活动被抑制,糖从肝脏中释放出来,肾上腺素分泌增多,以致血压升高,脉搏加快,呼吸变深,肌肉中消耗能量增多。因此,在持续的暴怒状态刺激下,心脏、脑、胃、肠等都会受到损害。

《三国演义》里,诸葛亮阵前痛骂王朗,王朗暴怒,一声大吼,坠马而亡。公元1世纪时,古罗马国王纳瓦在一次御前会议上,因臣属的大胆顶撞和冒犯,不禁怒火中烧,拍案而起,瞬间即倒地身亡。因此,突发的暴怒会给高血压、心脏病等患者带来生命危险,而持续的暴怒,通过怒火的积累,会给人们的生理带来持续的危害。与此同时,暴怒也会妨碍团结,导致争吵和冲突。暴怒不仅伤自己,还伤他人。

在心理活动上,暴怒者不同程度地存在着心理缺陷。例如,心胸狭窄的人喜欢斤斤计较,别人无意触犯了他,他也不肯原谅,往往怒气要往他人身上发,甚至大骂一通。这种人不能理智地处理问题,遇到不顺心的事情很难通情达理,处处碰钉子,经常处在烦恼之中。虚荣心过强的人也具有火暴脾气,任何伤害他们自尊心的事,他们都是难以忍受的,不少人由此产生愤怒的反应。傲气和官气十足的人更容易产生暴怒情绪,他们容易对下属发火,对在他看来不如他的人发火。这种人对上级却是唯唯诺诺,百依百顺。感情太脆弱的人也容易发怒。有的人从小娇生惯养,自由放任,没有养成克制感情的习惯,喜欢感情用事,由着性子来,因而自制力较差,这种人自然容易冲动、发怒。

控制暴怒情绪的基本程序有三步。第一步：自我意识自己的暴怒。只有承认自己的情绪处于什么状态，才有可能从这种不良状态中解脱出来。有了不良情绪，又不愿意承认或自我意识不到，这种不良情绪也就难以消解了。第二步：对暴怒情绪进行归因。承认暴怒情绪的存在，就要分析产生暴怒情绪的原因，弄清楚为什么会暴怒。这可以帮助我们弄清楚自己有没有必要暴怒，只要理智分析，暴怒情绪就会得到消解。第三步：寻求制怒的方法。制怒的方法很多，比如，当你暴怒时，转换环境，找一个体力活干一下，或操起斧子劈柴，或拿起锄头锄地，或者干脆跑一圈，当你累得满头大汗、气喘吁吁时，你会感到精疲力竭，这时，你的气就会基本平静下来。当你暴怒时，多反省反省自己，看到自己也有责任，这也是制怒的一种方法。有些事情感觉起来一开始很气愤，可是细想之后，就会感到没有发怒的必要。在暴怒时，采用"逆向性思维"把思路从"恨"的方向调回头，朝相反的方面想想，这同样是制怒的一种比较好的方法。因为，人们在暴怒时，一般都是产生"顺向性思维方式"，即顺着激情的指向性去考虑问题，往往是越想越冲动，越想越愤怒，暴怒就难以控制。"回头想"，可以把自己的思维从愤怒激情的指向中拉回来，使自己考虑到问题的其他方面，这样，我们的头脑就会较为冷静，较为理智，看问题就会比较客观，从而容易消除暴怒的不良情绪状态。

（二）过度焦虑情绪的控制

焦虑是由某种不顺心的因素而引起的不愉快的情绪反应。它主要是对危险、威胁和需要特别努力但对此又无能为力的苦恼的强烈预期反应。

心理学家通过实验研究，认为适度焦虑对学习或工作都有一定的益处。在学习或工作前的适度焦虑，可以激励自己更用心准备，以便顺利完成任务。心理学中以倒"U"曲线来表示焦虑与表现（包括心智的表现）的关系。关系最佳时是倒"U"的顶端。左半表示焦虑太少导致冷淡或动力不足，右半表示过度焦虑会严重影响表现。因此，在一定程度上的焦虑可以刺激人产生动力机制，使人完成任务有动力保障。

心理学家通过实验研究，发现过度焦虑无论对人的生理，还是对人的心理都将产生不利影响。在生理方面，由于焦虑会使人的自主神经系统活动增加，肾上腺素输出量提高，血压和心率增强，皮肤出汗，面色苍白，嘴发干，呼吸加深、加快，肌肉失去弹性，大便和小便率增加。如果这种状态持续时间较长，会出现坐立不安的运动状态，而且会影响消化和睡眠。在心理方面，焦虑会破坏一个人的精神面貌，使人变得颓废、沮丧和消沉，过度的焦虑还会使人过早衰老，无异于慢性自杀。《红楼梦》中，林黛玉因焦虑，不能自制，当闻听贾宝玉娶亲时，悲愤交加，在极度焦虑中饮恨而死。因此，焦虑实质上是对自己的一种折磨和贻害。它不仅被认作是最普通的神经症，而且被认作是其他神经症的基础。持续的焦虑会引发疑病症，歇斯底里反应也可能产生。

心理学家论证，焦虑是非常顽固的，从长期看，它是令人无法适应的，从短期看，它是令人不愉快的。因此，我们应当采取一些有针对性的办法来消除焦虑。首先，积极进入放松状态是消除焦虑的重要方法。通过适当的放松练习，可以使焦虑者的思绪专注在放松的感觉上,达到以转换注意的方式让焦虑者停止忧虑。以新压旧也是消除焦虑的一种方法。心理学家通过实验论证,以另外新的忧虑可以压制原来的焦虑。当你处于某种焦虑时,这种焦虑可能还是轻微的,这时你陷入另外的忧思忽略以前的焦虑感,到后来会减轻焦虑感。这实质上是在转换注意力,使其离开原来引发焦虑的客观情境。因此,陷入忧思反而有助于减轻焦虑。从这个角度来看,新的忧虑正是消除旧焦虑的良药。当然,当你处于焦虑状态时,必须尽早自觉察觉焦虑的发生,从中寻求原因,以理智的方式去质疑焦虑:"焦虑什么"、"为什么焦虑"、"有没有必要焦虑"、"焦虑能不能解决问题"等等,通过反思,可能会使自己从焦虑的情境中解脱出来,放松自己。

焦虑者的思绪通常是不断萦绕着潜在的威胁,让自己陷入恐惧之中,同时思考的方向完全不脱离旧有的模式。围绕旧有的模式会忧虑各式各样的事情,他们总是注意到别人不曾看到的人生困境。因此,控制焦虑还可采用一种对他人陈述自己心中的忧虑的方法。通过向朋友倾诉自己的不快,道出自己的恐惧,朋友会针对你的情况进行开导,会使你的恐惧源自主消失掉。与此同时,你自己把你心中的忧虑说出来,这本身也会使你更加轻松,有时会醒悟到完全是不必要的焦虑,由此,在你陈述的过程中,你的焦虑本身就在逐渐自主消失。

(三)过度紧张情绪的控制

紧张是在生活情境中,对威胁性的或不愉快的因素的情绪反应或唤起性反应。它是由一定环境对个体所产生的压力而引发的反应。紧张经常产生于人们知觉到的各种不同的要求和自己的能力之间的不平衡,即自己感到自己的能力太小,解决不了需要解决的问题或要完成的任务。这种不平衡通常产生于生理上的不适应性与心理上的不适应性。紧张情绪形成的条件主要表现在四个方面。第一个条件是人体质上的脆弱性。即体弱多病的人容易产生紧张感,孩子也容易产生紧张的不安全感。第二个条件是人的性格特征。例如,抑郁型的人,具有内向的个性,胆怯的性格,他们容易产生紧张情绪。A型性格的人更容易产生紧张情绪,因为他们热衷于竞争,热衷于持续强求达到选定的目标,而目标又几乎没有限度,一贯渴望得到别人的重视,想出人头地,在执行体力或脑力任务时总是加快速度,因而经常处于紧张状态。第三个条件是难以解决的互相矛盾冲突的目标或活动,以及已经发生在人身上的危险或伤害,在通向目标中遇到的障碍等。第四个条件是存在着的威胁,即预料中将要发生的生理的、心理的或社会的危害。

国外心理学家对紧张情绪的行为反应作了具体的实验研究。有人对1 000多名医学院学生进行实验观察,看到的各种不同的紧张反应约有25种。每个人的反应不全一样,平均每个人约有6种反应。按出现的频率多少排列如下:[1]

(1)全身紧张;   (2)活动增多;   (3)不安或焦虑;
(4)入睡困难;   (5)食欲下降;   (6)小便次数多;

---

[1] 骆亚.情绪控制的理论与方法[M].北京:光明日报出版社,1989:142—143.

(7)总想向人诉说; (8)力求达观; (9)重新检讨;
(10)愤怒; (11)兴奋; (12)避免与人接触;
(13)情绪抑郁; (14)食欲上升; (15)苦恼;
(16)颤抖; (17)腹泻; (18)疲倦;
(19)思睡; (20)烦躁; (21)恶心;
(22)活动减少; (23)便秘; (24)关心身体健康;
(25)呕吐。

沙夫尔(Schaffer)曾经对人在高度紧张时的行为反应进行过实验研究。他统计过4 000多名在第二次世界大战中参加过执行飞行任务的人,报告结果见表5-2所示。

表5-2 执行战争任务时的行为反应

执行战争任务时你觉得	经常发生(%)	有时发生(%)	总计(%)
心跳加快	30	56	86
肌肉紧张	30	53	83
容易激动、生气、难受	22	58	80
口和喉咙发干	30	50	80
出冷汗	26	53	79
胃里翻腾	23	53	76
常常想小便	25	40	65
发抖	11	53	64
昏头昏脑乱成一团	3	50	53
身体虚弱要昏倒	4	37	41
恶心、呕吐	5	33	38
大小便失禁	1	4	5
这一切不可能是现实	20	49	69
任务过后,不记得刚发生什么	5	34	39
无法定下心来	3	32	35

由表5-2可知,紧张对人体影响较大,虽然适度紧张有助于完成任务,但过度的长时间的紧张会损害人们的健康,妨碍操作的正常进行,乃至于引起人格特征的变化。因此,对紧张情绪有必要进行控制。控制的方法可以着手于四个方面:第一是阻断导致紧张情绪的有关环节或途径,从根本上消除导致紧张的根源或刺激,以此得以放松;第二是改善环境,既要改善人生活与工作的物质环境,调节各种物质环境的刺激,使人能够较好地适应环境,又要改变心理环境,防止或消除各种矛盾、冲突和挫折因素;第三是改善和培养个体的应对能力,即培养克服困难、完成任务和适应环境的能力,这既可以通过教育和锻炼,提高原有的能力,获得新的技能来实现,又可以通过锻炼和改进个性特征,以适应环境的要求来实

现;第四,言语放松训练,这种方法最早是由美国心理学家舒尔兹提出的,他在1932年出版了《自我暗示和放松训练》一书。他把暗示的程序变成由准确言语表达的几个句子,教会病人或运动员自己利用这些暗示。这种方法效果非常明显。后来许多国家都推广了这种方法,并做了改进。舒尔兹的自我暗示和放松训练的基本内容是:

①我非常安静;
②我的右(左)手或脚感到很沉重;
③我的左(右)手或脚感到很暖和;
④心跳很平稳、有力;
⑤呼吸非常轻松;
⑥腹腔感到很暖和;
⑦前额凉丝丝的很舒服。

我国心理学界和体育界也编制了一些这类放松训练的指导语和暗示语,其基本内容与舒尔兹的7条内容有相似之处,但大多数具体条目已超过7条,并都有自己的特点。不过,这种训练始终是围绕呼吸的调整、肌肉的放松、感觉上的平静等方面进行的。这种方法既可以自己边说边想象,使自己的感觉出现在言语表达的过程中,又可以通过放录音磁带,使自己随着录音暗示与指导进入一种各自想象的情境中,在此情境中去感受,使自己从完全被动的指导状态转入完全主动的自我暗示状态,进而使情绪得以放松。

(四) 抑郁情绪的控制

抑郁是一种极为复杂的情绪障碍,也是一种极端情绪的表现,它与其他许多不良情绪相关,并受许多情绪如焦虑等的影响而加重。抑郁情绪具有五组特征[①]:①一种悲哀的、冷漠的心境;②一种消极的自我概念,含有自我谴责等;③一种回避他人的期望;④一种睡眠、食欲和性欲的丧失;⑤一种活动水平上的变化,它经常具有激动的形式,但更经常的是包含着嗜睡症。

抑郁症是一种心理综合征。它包括三方面的心理障碍:①心境障碍,如悲伤、沮丧或易激动;②思维障碍,主要表现为消极的判断和评价,如无兴趣、无望、无助;在自我方面表现为自罪、自责、孤立感;③躯体功能障碍,如疼痛、疲乏、自主性功能减退或过度等。按照伊扎德的情绪分化理论,抑郁症不是单一的情绪状态,它包括痛苦、愤怒、厌恶、轻蔑、恐惧、羞愧等多种基本情绪。主要是痛苦,其次是厌恶、轻蔑和愤怒。后三者的结合构成敌意。在抑郁症中敌意是重要的成分。

抑郁情绪的产生主要来自于两个方面的因素,即环境压力与潜在的心理倾向。由此,人们就引申出内源抑郁症和外源抑郁症两种不同的情绪反应模式。外源抑郁症侧重于运动反应,情绪反应外显化。内源抑郁症表现为减慢的运动反应、极深的抑郁、缺乏反应性、一般兴趣丧失、午夜失眠和缺乏自我怜悯,这种抑郁症比外源的更加严重,它在人的内心深

---

① K.T. 斯托曼.情绪心理学[M].张燕云,译.沈阳:辽宁人民出版社,1986:62.

处形成固有的心理倾向。

塞利格曼提出一个关于解释抑郁理论的专门术语"习得性无力感"。他认为抑郁是由于学习的习得性无力感引起的。习得性无力感指人在被动地接受某种刺激后感到无能力去应付,不能学会去应付的一种状态。塞利格曼在动物实验中发现了这种学习的习得性无力感的现象。例如,动物在受到不能避免的电击后,到另外的场合,仍不能学会躲避电击而依然被动地忍受电击。在抑郁症患者之中,他们认为自己不能对外部事物产生任何影响,起不了任何作用。他们表现为压抑、消沉、嗜睡等。

抑郁情绪将严重危害身体,破坏人体身心的平衡。处于抑郁情绪的人一般都处于一种压抑状态,内心隐存着某种能量,这种能量积聚过量会破坏人的理智,使其出现混乱、注意力无法集中、记忆衰退等现象,到后期心智充塞混乱的扭曲思绪,再也无法感受人世的乐趣,最后生趣尽失,连希望也烟消云散,以此走向自杀的境界。因此,在严重的抑郁情绪状态下,生命已形同瘫痪,完全没有生机。

对抑郁情绪的控制可采用的方法较多,但真正行之有效的方法较少。我们认为,当你处于抑郁状态时,不妨大哭一场。因为哭能释放积聚已久的能量,并调整机体的平衡。在亲人面前痛哭,可以爆发纯真的感情,如同夏天的暴风雨,越是倾盆而下,天就越晴得快。许多人在痛哭一场后,抑郁症状就减轻了许多。有人经过实验研究,发现抑郁症状与眼泪的内存有关。美国生物学博士福雷曾对一批自愿受试者进行实验,组织他们观看令人悲痛欲绝的电影或戏剧,并嘱咐他们在痛苦前要把事先发的试管放在眼睛下面,把眼泪收集起来。他发现,一个正常的人在哭泣的时候,流出的眼泪有一百微升到二百微升,一场号啕大哭,眼泪有一二毫升左右。在哭泣以后,对心跳过速、血压偏高者,均有不同程度的减轻。经过化学分析得知,原来在这些渐渐流出的眼泪中,含有一些生物化学物质,而正是这些生化物质能引起血压升高、消化不良或心率加剧,把这些物质排出体外将有利于身体健康。因此,大哭可以化解由于抑郁情绪所带来的对机体的不良影响。

刻意安排较愉快的事件转移注意力也是一种好的方法。转移注意力之所以能治疗抑郁,是因为抑郁往往是自发性的,它不请自来地入侵人的心灵。即使你努力要压抑消沉的思绪,往往也徒劳无功。通过刻意安排较愉快的事件,可以唤醒抑郁者,使其对生活产生乐趣,以此忘记悲伤,忘记忧愁,进而缓解内心积压的抑郁。

当然,当处于抑郁状态时,语言暗示法、请人疏导法、环境调节法、自我表达法都是比较好的疏导方法。那种以独处反思来化解抑郁的方法是不可取的,它会加重抑郁症状,使人在抑郁中更加消沉。

(五) 自卑情绪的控制

自卑是人们由于发展受挫而将自己看得很低,从而产生的一种轻视自己的情绪。自卑情绪是人们奋发上进的一种反作用力。它表现为自我怀疑和自我压抑,以自我消沉和自我埋没而告终。

自卑是发展受挫以后的产物。一般而言,自尊比自卑更符合人的自然本性。在正常情况下，人们都有着比较强烈的自尊心。因此，如果一个人发展顺利，他是不会轻易怀疑自己的能力而自认为"不行"的。只有在发展受挫以后，他们自尊的本性在挫折经历的压力下，被扭曲了，这才导致自卑的产生。导致自卑情绪产生的因素较多，归纳起来主要有这样几个方面的因素：①自身出现了某种不如他人的因素。如身体有缺陷，工作能力差，工作岗位不如别人理想以及没有文凭等。②好胜心受到挫折。在屡次的暗暗比赛中落后，心理上往往会受到挫伤，由此会感到自卑。③自尊心得不到应有的尊重。如经常受到领导的无故责备或周围人的疏远冷淡，就容易产生"领导和同事都瞧不起自己"的自卑感，处处感到自惭形秽。④体验不到集体的温暖。如果一个人在集体中经常被轻视、嫌弃和冷落，个人困难得不到应有的照顾和帮助，得不到领导的关心和同伴的尊重，也会感到伤心和自卑。⑤意志薄弱和性格软弱是自卑的一种重要的心理病源。如常常被逆境、障碍所吓倒，不敢与其抗争，是逆来顺受、屈从困难的懦夫。⑥不能全面地看问题，对自己的长短和现实环境的利弊缺乏正确的、全面的认识，这也会助长自卑的产生。有的人只看到眼前的困难、挫折和障碍，也有的人只看到自己的短处，看不到自己的长处，这些人会因眼前小困难而盲目自卑起来，也会因某些方面不如人，而把自己看得一无是处。

因此，不利的客观现实加上不良的心理素质是导致自卑感的重要因素。而自卑感一经形成，如果不能及时克服，还会不断加重，由自卑走向自贱。自卑的人，容易动摇生活和事业的信念，产生思想空虚，精神苦闷。一个人如果做了自卑情绪的俘虏，他将很难有所作为。

由于自卑感的形成有着客观和主观两方面的因素，因此，克服自卑，应当从正确看待客观现实和克服自身心理弱点两方面下工夫。应当把自身存在的一些弱点和缺陷看作是正常的事，不应当当作包袱背起来。重要的是，我们应当把精力集中于如何克服自己的弱点和缺陷上，并尽量发挥自己的特长或优势，扬长避短。另外，对于被人瞧不起，我们应当化为动力，赶超他人。有时，别人瞧不起自己，是因为自己确实不求上进，消极混世，过着没出息的生活；这时，就应当把别人的看法当作良药，以此激励自己，振作起来，唤回被屈辱了的自尊心，以自己的行动重新塑造自己的形象。总之，不管在什么情况下，在别人瞧不起自己时，最关键的是自己要瞧得起自己。想想，你有不及人的地方，而别人也有不及你的地方，自信心就会由此产生，并不断得到增强。人必自尊而后人尊之，因此，不要老是让虚构的自卑感压抑自己，要坚信自己能够改进自己，提高自己，赶上别人，超过别人。经常保持充分的自信心。只有这样，一个人的自卑情绪才会得以控制。

专栏 5－7

情绪控制八大技术

制怒术：做情绪的主人，当喜则喜，当悲则悲。在遇到发怒的事情时，一思发怒有无道理，二思发怒后有何后果，三思有其他方式替代吗？这样就可以变得冷静而情绪稳定。

愉悦术:努力增加积极情绪。具体方法有三:一是多交友,在群体交往中取乐;二是多立小目标,小目标易实现,每一个实现都能带来愉悦的满足感;三是学会辩证思维,可使人从容地对待挫折和失败。

幽默术:常笑多幽默。心理学家认为,人不是因为高兴才笑,而是因为笑才高兴。不是因为悲伤才哭,而是因为哭才悲伤。生活中要多笑勿愁。

助人术:学雷锋做善事,既可以给他人带来快乐,也可使自己心安理得,心境坦然,具有较好的安全感。

宣泄术:遇到不如意、不愉快的事情,可以通过运动、读小说、听音乐、看电影、找朋友谈心诉说来宣泄自己不愉快的情绪,也可以大哭一场。

代偿转移术:当需求受阻或者遭到挫折时,可以用满足另一种需要来代偿。这一门课没考好,可争取在另一门课上取得好的成绩,也可以通过分散注意力、改变环境来转移情绪的指向。

升华术:即把受挫折的不良情绪引向崇高的境界。如著名文豪歌德在失恋后,把失恋的情绪能量升华到文学写作中,写出了名篇《少年维特之烦恼》。

放松术:心情不佳时,可以通过循序渐进、自上而下放松全身,或者是通过自我催眠、自我按摩等方法使自己进入放松入静状态,然后面带微笑,想象曾经经历过的愉快情境,从而消除不良情绪。

[资料来源] http://www.999.com.cn/Public/mentalworld/phycology/200201/11889420020120.htm

【主要结论与应用】

1. 情绪是人对客观事物的态度的体验。情绪与认识活动不同,它具有独特的主观体验形式、外部表现形式以及独特的生理基础。情绪与认知相关,情绪与行为相关。

2. 情绪理论的基本情况总览。

理论名称	主要人物	研究对象	基本观点
机体知觉理论	詹姆斯、兰格	情绪对机体的作用	情绪就是对机体变化的知觉。
动力定型理论	巴甫洛夫	大脑皮层的高级神经活动与情绪的关系	第二信号系统调节和控制情绪和情感,因此,情绪可以长远控制。
丘脑情绪理论	坎农、巴德	情绪与丘脑的关系	激发情绪的刺激由丘脑进行加工,同时把信息输送到大脑及机体的其他部分。
激活归因理论	沙赫特	情绪与生理反应以及情绪与认知的关系	情绪既来自生理反应的反馈,也来自对导致这些反应情境的认知评价。
认知评价理论	阿诺德、拉扎鲁斯	情绪与认知评价的关系	每一种情绪均包括生理的、行为的和认知的三种成分。

3. 一般而言,人们的情绪反应比理性快得多,基本上是不假思索就可采取行动。有些情绪表现形式从理性的角度分析往往会觉得莫名其妙。情绪的行为表现有时是自发的、瞬时的,乃至是本能的。

4. 情绪能够影响一个人的精神状态,提高或降低一个人的学习和工作效率,它也是观察一个人对于某人或某事真实情感的窗口。它能反映出一个人的志向、胸怀和度量。我们应当养成和保持良好的情绪,为此,必须培养经得起生活中种种考验的素质。

【学习评价】

1. 什么是情绪与情绪表现?
2. 什么是情绪性?
3. 抑郁症的心理障碍表现在哪些方面?
4. 健康情绪的标准有哪些?
5. 简述赫尔理论。
6. 如何控制自卑情绪?
7. 当你的朋友失恋或考试失败时,你如何劝慰与开导他(她)?

【学术动态】

● 1995年美国《纽约时报》专栏作家戈尔曼的著作《EQ》之所以风靡了美国商业界与教育界,原因在于人们终于认识到,IQ并非成功的唯一法宝,EQ才是人生的制胜关键。

● 如今EQ在国外很多国家已被纳入正式教育。美国的学校已开办EQ课程,将其与传统的数学、语言等课程并列。在我国港台地区,EQ也正在成为一门显学。

● 美国学者卡耐基在《成功之路》一书中说:"一个人事业上的成功,只有15%是靠他的专业技能,另外85%要靠他的人际关系和处世技巧"。这里的人际关系和处世技巧可用情绪智能表示。

● 情绪可以测量。目前比较流行的情绪控制测评量表有:(1)《zung氏焦虑自评量表》,简称SAS。该量表由美国杜克大学医学院zung氏编制,共20题,用以评定一个人对焦虑的主观感受。(2)《CES—D忧郁量表》。由美国国立精神卫生研究所编制,用于筛选忧郁(抑郁)症状的对象,以便做出进一步检查确诊。(3)《霍尔姆斯紧张量表》。由华盛顿大学的精神病教授托马斯·霍尔姆斯编制,主要用于评价紧张源。量表中所列出的紧张源是我们在工作和生活中经常遇到的,有的令人愉快,有的却令人不高兴。(4)《马斯洛情绪安全感量表》。由美国著名的人本主义心理学家马斯洛结合自己长期的心理咨询临床经验编制而成。(5)《艾森克情绪稳定性量表》。由英国伦敦大学著名的心理学教授艾森克编制而成。该量表用来评定是否存在自卑感、抑郁性、焦虑性、强迫性、依赖性、疑病观念和自罪感等七个方面的状态。

● 目前,美国密歇根大学心理学家南迪·内森的一项研究发现,一般人的一生中平均有3/10的时间处于情绪不佳的状态,因此,人们常常需要与那些消极的情绪做斗争。

● 目前,情绪被应用于"人生延寿法"研究中,其著名专家胡夫兰德通过研究发现,一切对人不利的影响中,最能使人短命夭亡的就是不好的情绪和恶劣的心情,因此要学会控制不良情绪。

【参考文献】

1. 黄希庭.心理学导论[M].北京:人民教育出版社,1991.
2. K.T.斯托曼.情绪心理学[M].张燕云,译.沈阳:辽宁人民出版社,1986.
3. 柏桦.EQ情商[M].北京:中国文史出版社,1997.
4. 张殿国.情绪的控制和调节[M].上海:上海人民出版社,1986.
5. 周明星,邓新华.成功学生全面素质测评手册[M].北京:人民日报出版社,2000.

第六章 智力与创造力

【内容摘要】

智力和创造力是个体重要的心理品质,也是学校教育中对人的培养的重要方面。本章一方面阐述智力和创造力的概念,尤其是近些年来心理学家在这方面的研究进展;另一方面介绍常用智力测验的方法,以及如何开发智力和培养创造力。

【学习目标】

1. 在了解智力概念演化的基础上,认识什么是智力。
2. 掌握主要的智力理论。
3. 利用多元智力理论解释智力和个体事业成功的关系。
4. 了解智力测验的方法和智力测验结果的含义。
5. 能说明为什么智力开发是必要的,也是可能的。
6. 掌握智力开发的内容和主要方法。
7. 理解什么是创造力。
8. 利用创造力的培养和教育环境的关系,明确在教育实践中如何营造一个有助于个体创造力发展的育人环境。

【关 键 词】

智力　智力理论　智力测验　智力开发　创造力

在学校里,教师常常会根据学生的学习表现,将有些人看作是聪明的,将另一些人看作是不聪明的。这里的聪明或不聪明其实就是常说的智力发展的水平。由于一个人的智力水平和学业成绩有着密切的关系,所以不论是教师还是父母,都对有关智力的内容非常关心。心理学对智力的内涵和结构作了深入的研究,也对如何开发智力提出了许多有效的方法。心理学对智力的研究对于我们认识智力、开发智力具有非常重要的意义。创造力既包含了智力成分,也包含非智力的成分。而非智力的成分和一个人学习与生活的环境密切相关,正因如此,要培养出具有高创造力的个体就需要有一个理想的教育环境,就需要我们的学校、我们的教师有先进的教育理念,科学的教育手段和方法。正是在这个意义上,探讨如何开发个体的智力,如何营造一个有助于创造力培养的育人环境,就显得尤为重要。

第一节 智力及其理论

一、智力的含义

在心理学中,智力(intelligence)是一个既非常重要、又存在颇多争议的概念。正如《中国大百科全书·心理卷》的"智力"词条所指出的:"智力一词的含义看起来好像人人皆知,实际上却很难提出一种完全令人满意的定义。"在下文中,我们将对智力概念的产生和发展作一简要的介绍,这里为了学习的需要,先给出一个在综合了有关智力研究之后的对智力的定义,即智力是包含学习能力、问题解决能力和社会适应能力的一种综合能力。

(一)传统的智力含义

19世纪后半叶,哲学家斯宾塞(H. Spencer)和生物学家高尔顿将古代拉丁词intelligence引入英文,认为人类生而具有一定程度的一般心理能力,即智力。从此,智力就成为心理学中研究最多的概念之一,也常常成为众多心理学家讨论的焦点。

1921年,美国《教育心理学杂志》特邀包括桑代克(E. L. Thorndike)、推孟(L. M. Terman)、盖茨(A. L. Gates)、瑟斯顿(Louis L. Therstone)在内的17位当时知名的智力专家,以"智力及其测量"为题,开展对智力的性质和含义的研讨。但是,此次研讨没有能够得出公认的智力含义,而是产生了三种代表性的观点:①智力是一种抽象思维能力,如理解能力、判断能力、推理能力等。推孟就认为:"个体的智力和抽象思维能力成正比";②智力是一种适应环境的能力。桑代克认为:"智力是个体对于环境的一种恰当的反应能力";③智力是一种学习知识和技能的能力。盖茨认为:"智力是关于学习能力的综合能力"。

虽然对智力的概念始终存在着不同的看法,但大多数心理学家还是有一个对智力的基本观点,那就是智力是由思维、推理和问题解决能力构成,这些内容大体上就是传统智力测验所反映的东西。

(二)智力含义的扩大

自20世纪70年代以来,越来越多的研究表明,传统的智力概念只涉及了智力的极小部分,由智力测验所获得的智商几乎不能决定一个人事业是否成功、生活是否圆满。不仅如此,传统智力测验所反映的结果也只是一个人复杂智力结构中的一小部分,甚至是非常不重要的一部分,美国心理学家斯腾伯格(R. J. Sternberg)将其称为"呆滞的智力"(inert intelligence)。"呆滞"(inert)在这里的意思是"不能移动和活动,不能对其他事物作出反应"。虽然"呆滞的智力"可以反映个体学业方面的潜质,但它不能导致个体以目标为导向而采取相应的行动。高智商者可能取得出色的学习成绩,可以对书本中的知识倒背如流,也会用这些知识进行推理分析,但却不一定知道如何运用这些知识,如何给别人和自己一点新意。因此,有人甚至认为,智力概念是没有价值的。

但是,更多的心理学家认为,我们应当重新认识智力的内涵,它包含着一些意义更为广泛的认知和理解能力,在任何文化中,这些能力对于成功都是重要的。所以,尽管现在究竟什么是智力尚缺乏一个确定而统一的定义,但总的趋势是把智力的含义加以扩大,比如著名心理学家斯腾伯格就把智力定义为是"分析性能力、创造性能力和实践性能力之间所达成的一种平衡"。① 另一位著名心理学家加德纳(Howard Gardner)则认为智力"是解决问题或制造产品的能力,这些能力对于特定文化和社会环境是很有价值的"。② 近年来有关智力的其他定义还有:"智力包括有目的地适应环境和改造环境的能力。"③"智力是认识关系的能力以及运用这些关系解决问题的能力。"④

从上述列举的关于智力的定义中,我们大体上可以看出,目前的智力含义已经突破了传统智力理论的束缚,不再是传统意义上的、可以跨时空用同一标准来衡量的、以逻辑数理智力为核心的智力,而是包含学习能力、问题解决能力和社会适应能力的一种综合能力。

(三)情绪智力

传统的智力含义只强调人在认知方面的能力,而忽视了情绪的重要性,这就造成了许多智力测试的高分者并不能够成功地应对日常生活事件,而许多智力中等的人却在工作、学习和生活上有着杰出的表现。事实上,在认知影响情绪的同时,情绪也会反过来影响认知。因此,只有将一个人的认知与情绪结合起来,才能更好地探讨智力的真正含义。

正是基于这个原因,近年来研究者已经开始探讨另外一种智力——情绪智力(emotional intelligence),简称情商(EQ)。情绪智力是由耶鲁大学的沙洛维(Peter Salovey)和新罕布什尔大学的梅耶(John Mayer)于1990年最早提出。他们将情绪智力定义为"监控自己和他人的情感和情绪,对其加以识别并用这些信息指导自己的思维和行为的能力"。⑤ 此外,他们还从情绪智力中划分出四种主要成分:①准确和适当地知觉、评价和表达情感的能力;②运用情感、促进思考的能力;③理解和分析情感、有效运用情感知识的能力;④调节情绪,以促进情感和智力发展的能力。

1995年,美国哈佛大学心理学博士丹尼尔·戈尔曼(Daniel Goleman)在《情绪智力》一书中提出,情绪智力包括五个方面的能力:①了解自我情绪的能力:当某种情绪刚一出现时便能觉察,这是情绪智力的核心;②管理自我情绪的能力:调控自我的情绪,使之适时适地适度;③激励自我情绪的能力:服从于某目标而调动、指挥情绪;④识别他人情绪的能力:移情,在情感的自我觉知基础上发展起来;⑤处理人际关系的能力:调控与他人的情绪反应。

尽管这里我们还是难以给出一个确切的有关智力的定义,但可以确定的是,智力不仅是包含学习能力、问题解决能力和社会适应能力的一种综合能力,而且情绪在智力中起着非常重要的作用,情绪智力反应了个体对情绪的有效运用和思考。

---

① 斯腾伯格.成功智力[M].吴国宏,钱文,译.上海:华东师范大学出版社,1999:"中文版序".
② 加德纳.多元智能[M].沈致隆,译.北京:新华出版社,1999:8.
③ M.艾森克.心理学——一条整合的途径[M].阎巩固,译.上海:华东师范大学出版社,2000:672.
④ D.冯塔钠.教师心理学[M].王新超,译.北京:北京大学出版社,2000:111.
⑤ Salovey P, Mayer J D. Emotional intelligence. Imagination, Cognition and Personality,1990.9.185-211.

> **专栏 6-1**
>
> **IQ 与认知加工活动**
>
> 根据大多数智力的定义,能否完成任务取决于高水平的智力或一般能力(Intellectual capacity)。但是,塞西和赖克尔(Ceci & Liker,1986)认为,这样的假设可能是错误的。在他们的研究中,被试是一些在美国北威尔明顿市长期从事赛马活动的人。通过初期的调查,他们确定了 14 名这方面的专家以及 16 名非专家。专家的 IQ(智商)范围从 81 到 128,而非专家的 IQ 分布从 80 到 130。两个群体的平均 IQ 则都是 100,更为重要的是,其中四个专家的 IQ 特别低。低 IQ 的专家为个案研究提供可能。
>
> 研究者给专家和非专家提供了 50 匹不知名的马以及一匹不知名的对照马的 14 项信息(包括马的速度、比赛能力、血统等),让所有人对 50 匹马一个个与对照马进行比赛胜数加以推测。塞西和赖克尔认为,完成这样的任务要求很高的认知加工活动。最后的结果与预期的完全一样,即专家组的平均成绩远远高于非专家组,而专家在这一任务中的表现几乎完全与 IQ 没有关系。在专家中,低 IQ 的人甚至比高 IQ 的非专家使用了更为复杂的认知加工模式,尽管所有的专家和非专家每天都看赛马。
>
> 塞西和赖克尔认为:"IQ 与认知复杂性的现实表现没有关系。"他们证明了在特殊技能发展方面,持久而良好的动机的确可以弥补 IQ 上的缺陷。当然,毋庸置疑,与低 IQ 的人相比,高 IQ 的个体能够更快更容易地发挥其能力。这也表明了智力这个概念还是很有用的,抛弃它并非明智之举。
>
> [资料来源] M. 艾森克. 心理学——一条整合的途径[M]. 阎巩固,译. 上海:华东师范大学出版社,2000:643—644.

二、智力的理论

在心理学中,对智力的看法有一个不断深化和扩展的过程。早期的智力理论偏重于语言、数理逻辑等方面,现在的智力理论则扩大了智力的内涵,像生活中为人处世的能力也被认为是智力的一部分。下面选择因素理论、结构理论和信息加工理论这三种不同的理论模型中最具代表性的智力理论加以介绍。

(一)因素理论

20 世纪,心理学家陆续提出了几个著名的智力因素理论,主要包括斯皮尔曼(1904)的二因素论(two-factor theory)、瑟斯顿(1938)的群因素论(group-factor theory)、卡特尔(1963)的流体智力和晶体智力理论。尽管这些理论在具体内容上有所差异,但它们都是以对智力测验结果进行因素分析为基础的,以此来确定智力的成分,探讨智力的测量和个别差异问题。因此,智力的因素理论也称为智力的测量理论。

1. 二因素论

二因素论是由英国心理学家和统计学家斯皮尔曼(Charles Spearman)在 1904 年提出

的。斯皮尔曼发现,个体在不同智力作业上的成绩存在一定程度的正相关,据此,他提出人的智力由两种因素构成,即一般因素(G因素)和特殊因素(S因素)。

一般因素是不同智力活动所共有的因素,体现了一个人的基本能力,是智力的关键和基础。正是由于各种智力活动中一般因素的存在,人们在完成不同智力作业时,成绩才会出现某种正相关。特殊因素是完成某种特殊的智力活动所必须具备的因素。特殊因素参与不同的智力活动,有多少种不同的智力活动,就有多少项特殊因素。一个人具有完成某种活动的特殊因素,但不一定具备完成其他活动的特殊因素。正是由于特殊因素的作用,人们的智力作业成绩才没有完全相关。特殊因素 S_1、S_2、S_3……之间可以彼此互相独立,也可能彼此有些重叠,但必定都含有一部分的G因素(见图6-1)。

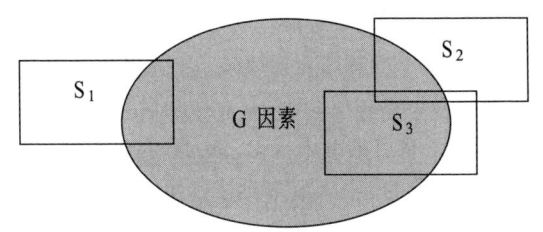

图6-1 二因素论模型

个体完成任何一种智力作业都需要这两种因素的参与。一般因素和特殊因素互相联系,二者在一定条件下可以相互转化。每个人的一般因素和特殊因素都不相同,即使具有同样一种特殊因素,在程度上也会有差异。许多特殊因素与某种一般因素结合在一起,就组成了人的智力。

2. 群因素论

群因素论是由美国心理学家瑟斯顿(Louis L. Thurston)在1938年提出的。他认为,若干种心理能力具有共同因素,但不是所有的心理能力具有一个共同因素(见图6-2)。图中,长方形1、2、3、4、5分别表示五种不同的心理能力,3个椭圆分别表示三个共同因素。1、2、3之间彼此相关,是因为它们都存在言语理解这个共同因素;3、5之间相关是因为它们都存在空间知觉这个共同因素;4、5之间相关是因为它们都存在计算这个共同因素。

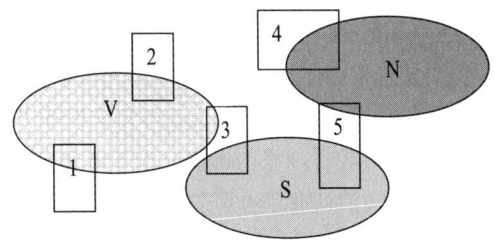

图6-2 群因素论模型

经过多年的研究,瑟斯顿发现,智力由七种因素构成,这七种因素称为七种基本心理能力,这些基本心理能力的不同搭配,便构成每个个体独特的智力结构(能力群)。瑟斯顿提出的七种平等的基本心理能力是:

①语词理解(V)(verbal comprehension):了解词的意义的能力;
②语词流畅(W)(word fluency):正确、迅速地拼字和词义联想敏捷的能力;
③计算(N)(number):正确而迅速地解答数学问题的能力;
④空间知觉(S)(space):运用感知经验正确判断空间方向及各种关系的能力;
⑤记忆(M)(memory):对事物强记的能力;
⑥知觉速度(P)(perceptual speed):迅速而正确地观察和辨别的能力;
⑦推理(R)(reasoning):根据已知条件进行推断的能力。

最初,瑟斯顿认为这七种基本心理能力在功能上是相对独立的,但通过研究发现,每种基本心理能力和其余六种基本心理能力之间存在着不同程度的正相关(见表6-1)。于是,瑟斯顿在1941年修正和发展了自己的群因素论,认为在这七种基本因素之外,还有"次级的一般因素"存在。可见,瑟斯顿的群因素论和斯皮尔曼的二因素论存在一定的相似之处,只是瑟斯顿将斯皮尔曼的一般因素视为次级因素而已。

表6-1　六项测验彼此的相关系数①

	数字	语词	言语	空间	记忆
语词	.41				
言语	.40	.54			
空间	.28	.17	.16		
记忆	.31	.36	.35	.13	
推理	.53	.49	.59	.29	.39

3. 流体智力和晶体智力理论

在斯皮尔曼和瑟斯顿理论的基础上,美国心理学家卡特尔(R. Cattell)在1963年采用因素分析的方法,将一般智力分为两个相对独立的成分,他称之为流体智力(fluid intelligence)和晶体智力(crystallized intelligence)。

流体智力是发现复杂关系和解决问题的能力,它不依赖于个体的文化知识经验,不同文化背景中的个体,可以具有相似的流体智力。类比测验和数列完成测验是对流体智力的良好度量。晶体智力包括一个人所获得的知识以及获得知识的能力,通过个体掌握文化知识经验而形成,受到环境、练习或兴趣等因素的影响。词汇测验和阅读理解测验是对晶体智力的良好度量。流体智力帮助人们处理新的复杂的问题,而晶体智力则使人们能够很好地面对自己的生活和具体问题。晶体智力依赖于流体智力,具有相同经历的两个人,流体

---
① 竺培梁.智力心理学探新[M].北京:中国科学技术大学出版社,2006:32.

智力高者,晶体智力也相对较高。

随着个体年龄的增长,流体智力和晶体智力表现出不同的发展形态。在个体15岁之前,流体智力和晶体智力都快速发展,但晶体智力达到最高点的时间比流体智力要晚;流体智力在40岁以前就开始下降,而晶体智力在年老的时候还能继续保持较高的水平。图6-3即表示两种智力发展的情形。

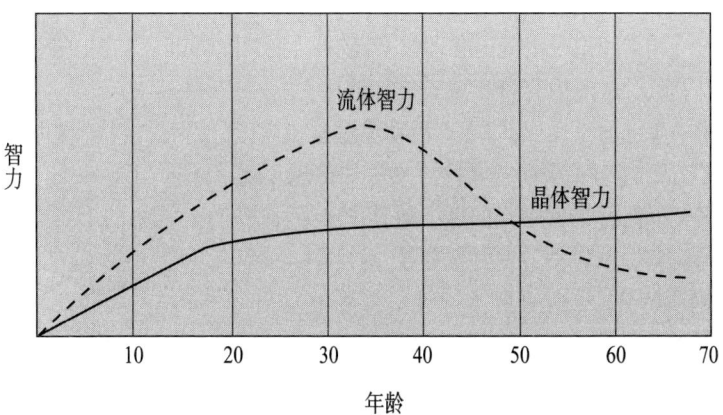

图6-3 流体与晶体两种智力的发展

(二) 结构理论

与因素理论不同,智力的结构理论把智力看成是具有多种成分的复杂结构。最具代表性的结构理论主要是弗农(1961)的层次结构理论(hierarchical model)和吉尔福特(1977)的智力三维结构理论(structure-of-intellect model)。

1. 层次结构理论

智力的层次结构理论是由英国心理学家弗农(P. E. Vernon)在1961年提出的。他以一般因素为基础,继承和发展了斯皮尔曼的二因素论,提出了智力的四层次结构模型(见图6-4)。

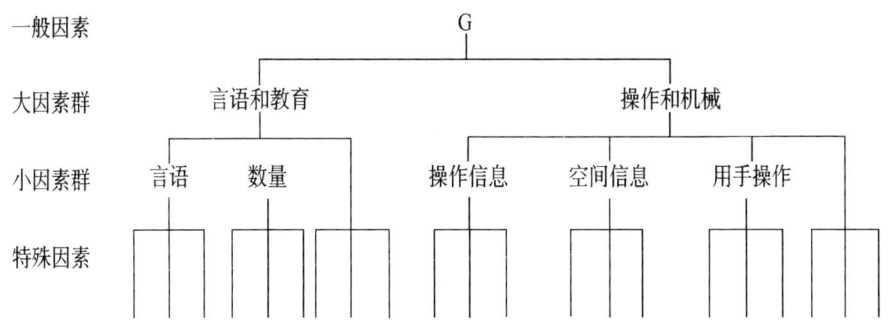

图6-4 智力的层次结构模型(P. E. Vernon,1961)

弗农认为,智力的结构是按层次排列的。智力的最高层次是一般因素(G)。第二层次包括两个大因素群,即言语和教育因素、操作和机械因素。第三层为小因素群,由第二层的大因素群划分而来,言语和教育大因素群划分为言语、数量、教育等小因素群,操作和机械大因素群划分为操作信息、空间信息、用手操作等小因素群。第四层为相应于斯皮尔曼二因素理论的特殊因素,即各种各样的特殊能力。

2. 智力三维结构理论

智力的三维结构理论是由美国心理学家吉尔福特(J. P. Guilford)在1977年提出的。他认为,智力结构应从操作、内容和产物三个维度来考虑。

智力的第一个维度是操作,即心理活动或过程。操作分为五种:认知(理解、再认)、记忆(保持)、发散思维(对一个问题寻找各种答案或思想)、聚合思维(对一个问题寻找最好、最恰当的答案)和评价(对某个人的思维品质作出某种决定)。智力的第二个维度是内容,即活动对象和信息材料的类型。内容有五种:视觉、听觉(我们所听到、看到的具体材料)、符号(字母、数字及其他符号)、语义(语词的意义和观念)和行为(本人及他人的行为)。智力的第三个维度是产物,即信息加工所产生的结果。产物有六种:单元(指字母、音节、单词、熟悉事物的图案和概念等)、类别(指一类单元,如名词、物种等)、关系(指单元与单元之间的联系)、系统(指用逻辑方法组成的概念)、转换(指改变,包括对安排、组织和意义的修改)、蕴涵(指从已知信息中观察某些结果)。单元是最简单的产物,蕴涵是最复杂的产物。吉尔福特的智力三维结构理论可由图6-5的模型来表示。

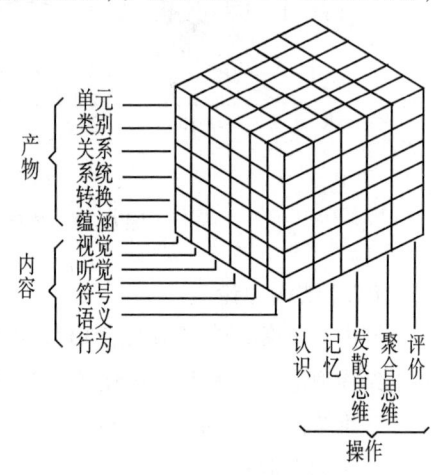

图6-5 智力三维结构模型

吉尔福特认为,在智力的三维结构中,操作、内容和产物这三个维度中的任何一项,都可以和其他两个维度中的任意两项相结合,构成一种智力因素,从而得到 $5 \times 5 \times 6 = 150$ 种智力因素。他还认为,每种因素就是一种独特的能力,可以通过不同的测验来检验。但是,吉尔福特并没有能够确定出所有的150个因素,仅通过研究证实了其中105个因素的存在。

吉尔福特的智力三维结构理论对智力结构提出了一种动态的看法,同时考虑信息加工的内容、操作和产物,有助于智力测验研究工作的深入。但这一理论在实际应用中有一定的困难,因为他将智力分为一百多个相互独立的因素,显得过于精细。此外,吉尔福特否定一般智力存在的观点也受到一些学者的批评。

(三) 信息加工理论

20世纪70年代以来,随着认知心理学的不断发展,心理学家开始用信息加工的观点来研究智力的结构。与智力的结构理论所不同,智力的信息加工理论把人的智力看成是一个过程,认为智力是为了达到一定的目的,在一定的心理结构中进行的信息加工。其中,以加德纳(1983)的多元智力理论(theory of multiple intelligences)、斯腾伯格(1985)的三元智力理论(triarchic theories)、戴斯和纳格利里(1990)的智力的PASS模型(Planning-arousal-simultaneous-successive)最具代表性。

1. 多元智力理论

1983年,美国心理学家加德纳(H. Gardner)出版了《智能的结构》一书,向偏向认知的传统智力理论提出了挑战。他认为,"智能是在特定的文化背景下或社会中,解决问题或制造产品的能力。"根据对智力新的理解,加德纳提出了多元智力理论,他认为,人的智力结构中存在着七种相对独立的智力,每种智力都有其独特的解决问题的方法,都有其自身的符号系统。而这七种智力在每个人身上的组合方式是多种多样的,有人可能在某一两个方面是天才,而在其余方面却是蠢材,有人可能各种智能都很一般,但如果他所拥有的各种智能被巧妙地组合在一起,则可能在解决某些问题时会显得很出色。

加德纳所提出的七种智力是:

①语言智力(linguistic intelligence):处理词和语言的能力,包括口头语言和书面语言。能说会道、妙笔生花是语言智力高的表现。作家、演说家是语言智力高的人。

②逻辑—数学智力(logical-mathematical intelligence):是数学和逻辑推理的能力以及科学分析的能力。数学家的逻辑—数学智力很高。

③视觉—空间智力(visual-spatial intelligence):是在脑中形成一个外部空间的模式并能够运用和操作该模式的能力。画家、雕塑家、建筑师大多视觉—空间智力发达。

④音乐智力(musical intelligence):感知并创造音调和旋律的能力。加德纳认为这种能力多系天赋。

⑤身体—动觉智力(bodily-kinesthetic intelligence):是运用整个身体或身体的一部分解决问题或制造产品的能力。出色的舞蹈家、运动员、外科医生的身体动觉能力特别强。

⑥人际智力(interpersonal intelligence):就是理解他人的能力。人际智力高者善于处理人际关系,善于与人交往。推销员、教师、心理咨询医生、政治家的人际智力很高。

⑦自知智力(自我内省智力)(intrapersonal intelligence):深入自己内心世界的能力。善于了解自己的内心感受,进行自我内省。

1999年,加德纳又提出了第八种智力,即认识自然的智力,它是认识自然,并对我们周围环境中的各种事物进行分类的能力。哈佛大学的另一位心理学家考勒斯(R. Coles)在1997年还提出了道德智力,它是指进行公平道德判断的能力,这就更加扩大了智力的内涵。

加德纳的多元智力理论一经提出,就对教育实践产生了重大影响。传统智力理论强调逻辑—数学智力和语言智力,而加德纳认为智力是多元化的。加德纳还指出,每个人在不同领域的智力发展水平是不同步的,在现实生活中,人们可以根据自己的智力结构将各种智力有机地结合在一起从事工作。加德纳认为,学校教育的宗旨应该是开发多种智能并帮助学生发现适合其智能特点的职业和业余爱好。这对于我们承认人的各种智力并发现和培养人的各种智力都有着积极的意义。

2. 三元智力理论

1985年,当代美国心理学家斯腾伯格(R. J. Sternberg)在《超越智商》一书中从信息加工心理学的角度出发,系统地提出了他的三元智力理论。在加德纳的多元智力理论中,各种不同形式的智力是相互独立的,而斯腾伯格所提出的三元智力理论却关注于将各种智力成分组合起来。斯腾伯格认为,一个适当的智力理论应该考虑智力与内在世界、外在世界以及人的经验的关系。由此,斯腾伯格提出了人的智力是由三部分控制的理论,即成分智力、背景智力和经验智力。

斯腾伯格
(R. J. Sternberg, 1949—)

成分智力是指人们在计划和执行一项任务时的心理机制,它包含三种机能的成分:元成分、执行成分和知识习得成分。元成分是指人们决定智力问题性质、选择解决问题策略以及分配资源的过程。执行成分是指人们实际执行任务的过程。知识习得成分是指人们筛选相关信息并对已有知识加以整合从而获得新知识的过程。其中,元成分是三种成分中最高级、最重要的成分,始终处于高层次的管理地位,在人们选择策略解决问题的过程中起着核心作用。

背景智力主要是指和个体生活背景相关的能力。它反映出智力是一个相对的概念,因为在不同的文化背景中,人们看重的内容是不一样的。比如,语言技能在很多地方是很重要的,但在有些地方,其他能力(如航海能力)可能更加重要。从这个角度出发,可以将智力定义为个体有目的地适应、选择、塑造现实生活环境的心理活动。背景智力实际上反映了个体适应环境、选择环境以及改造环境的能力。

经验智力是个体运用已有的知识和经验的能力。具体而言,它包括两种能力,一种是处理新任务和新环境所要求的能力,即应对新异性的能力;另一种是信息加工过程自动化的能力。斯腾伯格认为,应对新异性的能力和自动化能力是完成复杂任务时紧密相连的两个方面。一个有经验智力的人,在遇到新的环境时,能够很快适应环境,因为他善于运用以往的知识经验来解决所面临的新问题。

三元智力理论对智力提出了新的解释,并系统地探讨了内部心理过程如何与文化因素及外部环境进行相互作用以产生有效的智力。但是,三元智力理论并没有对三者相互作用的过程和结构进行详细的阐述,这是它的不足之处。

3. PASS模型

智力的PASS模型是由戴斯(J. P. Das)及其助手纳格利里(J. A. Naglieri)在1990年提出的。所谓PASS模型是指"计划—注意—同时性加工—继时性加工",它包含三个认知功能系统。

三个认知功能系统分别是:(见图6-6)

①注意—唤醒系统。这个系统是整个系统的基础,它在智力活动中的主要功能是激活和唤醒,它直接影响另外两个系统的工作,影响个体对信息的编码加工和作出计划。

②同时性加工—继时性加工系统。这个系统在 PASS 模型中处于关键地位,因为大部分的智力活动都是在这个系统中进行的。它主要是通过同时性和继时性这两种加工方式,对外界输入的信息进行接收、解释、转换、再编码、储存等加工。

③计划系统。这个系统是 PASS 模型中最高层次的部分,是最核心的认知系统。它主要负责确定目标,制定和选择策略,同时监控和调节另外两个系统的活动。

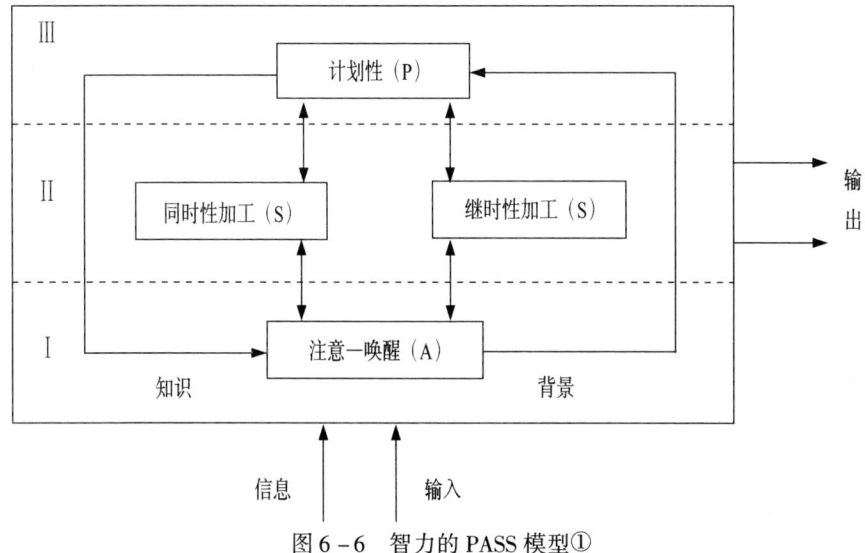

图 6-6 智力的 PASS 模型①

PASS 模型的三个认知功能系统是以神经心理学家鲁利亚(A. R. Luria)的大脑功能区理论为基础的,具有一定的实证性,不是纯粹的思辨。这三个功能系统各自独立,分别完成特定的功能,但三者之间又是相互联系、相互作用的,共同协调完成一定的智力活动。

斯腾伯格的三元智力理论是对传统智力观的超越,而戴斯的智力 PASS 模型是建立在信息加工理论、认知研究的新方法,以及智力研究的传统方法即因素分析法基础上的,它从一个新的角度来提出自己的智力理论,力图取代传统的智力理论。同时,戴斯还根据智力的 PASS 模型设计了一个新型的智力测验,称为认知评价系统(Cognitive Assessment System, CAS),用于测量计划、注意、同时性加工和继时性加工等基本的认知功能。这对于进一步地研究智力问题具有非常重要的作用。

第二节 智 力 测 验

一、常用的智力测验

智力测验是在一定的智力理论和测量理论指导下,通过测验的方法来衡量人的智力水

---

① 竺培梁. 智力心理学探新[M]. 合肥:中国科学技术大学出版社,2006:49.

平高低的一种科学方法。需要说明的是，现行的智力测验所依据的理论基础还主要是传统的智力因素理论，它偏重于个体的语言能力、数理逻辑能力和空间关系等方面，其结果一般反映的是人的分析能力，或者说只是一种和学业成就有关的智力，对此我们必须加以注意。

(一) 常用个体智力测验

1. 斯坦福—比纳量表

世界上第一个智力测验量表是法国的比纳(A. Binet)和西蒙(T. Simon)于 1905 年编制的，其最初目的是为了鉴别低能儿，该量表被称为比纳—西蒙量表，适用于 3—11 岁的儿童，共包括 30 个测验项目，按照由易到难的顺序排列。此时，智力测验的结果是用智力年龄或心理年龄来表示的，即儿童最高能通过几岁组的项目就表示他的智力年龄是几岁。比纳—西蒙量表自从问世以后，就在不断的修订完善过程中，相继出现了 1908 年和 1911 年版的比纳—西蒙量表。

推孟
(L. M. Terman, 1877—1956)

除了比纳、西蒙以外，美国学者也在从事修订比纳—西蒙量表的工作。其中，以 1916 年美国斯坦福大学推孟(L. M. Terman, 1877—1956)修订的比纳—西蒙量表最具代表性，推孟将其称为斯坦福—比纳量表。该量表共包含 90 个项目，测验的项目按年龄编制并分组，每个年龄组都包含 5—6 个项目，随着年龄的增加，项目的难度也增加（见表 6 - 2）。

表 6 - 2 斯坦福—比纳量表(1960)[①]

年　龄	测　验　题　目
5 岁组	1. 画一张缺腿人的画。 2. 在测验者表演后，将一张方纸叠两层，成一个三角形。 3. 给下列单词下定义：球、帽子、炉子。 4. 描一个正方形。 5. 辨认两张画片的同异。 6. 把两个三角形组成一个正方形。
8 岁组	1. 从一张标准词汇表上给 8 个单词下定义：橘子、稻草、顶上等。 2. 尽可能回忆一个简单故事的内容。发现故事表述上的荒唐、不合理。如一人得了两次感冒，第一次使他一命呜呼；第二次很快就好了。 3. 分辨一下单词：飞机与风筝；海洋与河流。 4. 知道轮船为什么会开动；如果见到一个迷了路的 3 岁儿童，应该怎么办？ 5. 列举 1 周内各天的名字。

---

① 彭聃龄. 普通心理学[M]. 北京：北京师范大学出版社, 2004：404.

续表

年　龄	测　验　题　目
12岁组	1. 给14个单词下定义：如，急速、功课、技能等。 2. 看出下文的荒谬处：比尔·琼斯的脚太大，以至他必须从头上套下他的裤子；理解在一个复杂图片上的数字。 3. 按相反顺序重复5个数字。 4. 给抽象单词下定义：如，遗憾、惊奇。 5. 在不完整的句子中填入遗漏的单词，如，一个人不能是英雄……一个人总可以是个人。

同时，该量表还使用智商（Intelligence Quotient，简称 IQ）这个概念来作为智力的测量指标，更加有利于不同年龄儿童智力的比较。斯坦福—比纳智力测验中的智商是智力年龄与实际年龄之比，也称比率智商，计算公式为：

$$IQ(智商) = \frac{MA(智力年龄)}{CA(实足年龄)} \times 100 \quad (乘100是为了消除小数)$$

其中，智力年龄是受测者通过测验项目所属的年龄。IQ 作为智力年龄与实足年龄的比值，当其值为 100 的时候，就表示一个人的智力处于中等水平。对不同 IQ 值的含义我们用表 6-3 来说明。

表 6-3　IQ 的含义及其在全部人口中的分布

智　商	含　义	占全部人口的百分比
139 以上	极优秀	1
120—139	优秀	11
110—119	中上	18
90—109	中等	46
80—89	中下	15
70—79	临界	6
70 以下	智力落后	3

斯坦福—比纳量表在1937年、1960年、1972年和1986年进行过多次修订，特别是1986年修订的斯坦福—比纳量表第四版，进一步提高了量表的信度，对正常人群、发育迟滞者和天才人群都提供了准确的 IQ 估计。斯坦福—比纳量表也已经被英、德、日、意等国的心理学家翻译成本国文字，并结合自己的国情加以修订。我国学者也曾对该量表进行过多次修订，使之适合于中国人的使用。1982年由吴天敏修订的《中国比纳测验》共51题，适用于2—18岁儿童。

2. 韦克斯勒智力量表

1939年，美国纽约贝尔维（Bellevue）精神病院临床心理学家韦克斯勒（David Wechsler，1896—1981）特别为成人编制了一个智力量表，称为韦克斯勒—贝尔维智力量表（Wechsler-Bellevue Intelligence Scale，WBIS）。

韦克斯勒认为,之前的"比纳式"量表存在许多不足之处:它仅仅针对儿童设计,不适合成人;只有一个智商分数限制了测验的功能;言语项目的权重太大。因此,为了更真实地反映个体的智力状况,韦氏量表包含了言语和操作两个分量表,可以分别测量个体的言语能力和操作能力。其中,言语分量表的项目有:词汇、常识、理解、回忆、发现相似性和数学推理等;操作分量表的项目有:完成图片、排列图片、事物组合、拼凑、译码等。这样不仅能够得到个体总的离差智商,而且能够得到个体在言语分量表和操作分量表上的离差智商。

韦克斯勒
(D. Wechsler,
1896—1981)

1949—1967年间,韦克斯勒在WBIS的基础上又编制了三套智力量表,即韦氏成人智力量表(WAIS)、韦氏儿童智力量表(WISC)、韦氏学前儿童智力量表(WPPSI)(见表6-4)。

①韦氏成人智力量表(WAIS):用于评定16岁以上成人的智力,包括6个言语分量表和5个操作分量表。

②韦氏儿童智力量表(WISC):用于评定6—16岁儿童的智力,包括5个言语分量表和5个操作分量表,以及数字广度测验和迷津测验两个备用测验。

③韦氏学前儿童智力量表(WPPSI):用于评定4—6岁半儿童的智力,包括6个言语分测验和6个操作分测验。

表6-4 三种韦克斯勒量表的比较

韦氏成人智力量表	韦氏儿童智力量表	韦氏学前儿童智力量表
1. 常识(V)	1. 常识(V)	1. 常识(V)
2. 填图(P)	2. 填图(P)	2. 填图(P)
3. 词汇(V)	3. 词汇(V)	3. 词汇(V)
4. 积木图案(P)	4. 积木图案(P)	4. 积木图案(P)
5. 算术(V)	5. 算术(V)	5. 算术(V)
6. 理解(V)	6. 理解(V)	6. 理解(V)
7. 类同(V)	7. 类同(V)	7. 类同(V)
8. 物体拼凑(P)	8. 物体拼凑(P)	8. 动物房(P) 动物房复测(P)
9. 数字广度(V)	9. 图片排列(P)	9. 几何图形(P)
10. 图片排列(P)	10. 译码(P)	10. 迷津(P)
11. 数字符号(P)	* 数字广度(V)	* 句子(V)
	* 迷津(P)	

注:带*为备用测验;(P)属于操作分量表;(V)属于言语分量表。

韦氏智力量表的重要特点是,它废除了智力年龄的概念,保留了智商的概念。但在韦氏量表中的智商已经不是传统意义上的那种比率智商了,而是离差智商。离差智商以智力的正态分布曲线为基础,将人们的智商看作是平均数为 100、标准差为 15 的正态分布。它表明被试的分数相对地处于同年龄标准化样组的均数之上或之下有多远,即以离差大小表明智力高低,离差大、且为正数者智商高,离差小、且为负数者智商低。其计算公式为:

$$离差智商 = 100 + 15Z$$
$$其中\ Z = (X - \bar{X})/S$$

公式中的 Z 代表标准分,X 代表被试测验得分,$\bar{X}$ 代表团体的平均分数,S 代表团体分数的标准差。离差智商克服了比率智商的不足,即不会再由于一个人的智力年龄和实际年龄的不同步增长,而出现年龄越大智商越低的现象。

20 世纪 80 年代初,湖南医学院的龚耀先主持了韦氏成人智力量表中国版的修订工作,对不适合我国文化背景的项目加以改动,形成了韦氏成人智力量表的中国修订本(WAIS-RC),并制定了农村和城市的两套常模。同时,他还对韦氏学前儿童智力量表作了某些改动,称为长沙—韦氏学前儿童智力量表(C-WYCSI),并制定了长沙和全国常模。此外,北京师范学院的林传鼎主持了韦氏儿童智力量表的修订工作。

目前,斯坦福—比纳智力量表与克韦斯勒智力量表都是成熟的、且影响很大的量表。不过两者都属于个别测验,个别测验费时较多,不适合大规模的测试,所以后来又编制出团体智力测验。

(二) 常用团体智力测验

1. 陆军甲种和乙种测验

第一次世界大战期间,美国心理学会主席耶克斯(M. R. Yerkes)和桑代克、推孟等许多著名心理学家提出用测验招募和选拔士兵。但面对短时间内动员数百万兵员的任务,采用个别施测的智力测验显然无法完成任务。于是在推孟的学生奥蒂斯(A. S. Otis)编制的团体智力测验(主要是将斯坦福—比纳量表改编成为纸笔测验)的基础上,产生了陆军甲种测验,后来又针对不识英文的或有阅读障碍的人编写了陆军乙种测验。这两个测验对于战争的贡献是不可估量的,从 1917 年 9 月至 1919 年 1 月,受测者总数达 170 多万人。

陆军甲种测验由 8 个分测验组成,包括指使测验(照令行事测验)、算术测验、常识测验、异同测验(区别同义词和反义词)、字句重组测验、填数测验、类比推理测验和理解测验。陆军乙种测验属于非文字测验,它由 7 个分测验组成,包括迷津、立方体分析、补足数列、译码、数字校对、图画补缺和几何形分析。

陆军甲种和乙种测验目前已经不常用。现在美国军队采用军人资格测验(Armed Forces Qualification Test,简称 AFQT)来选拔军人和分兵种。

2. 瑞文推理测验

瑞文推理测验是由英国心理学家瑞文(C. Raven)在 1938 年设计的一种团体智力测验,它是非文字型的图形测验,主要测量个体的观察力、推理能力和思维能力。瑞文推理测验主要有标准型、彩色型、高级型、联合型这四种形式。

瑞文推理测验标准型（Raven's Standard Progressive Matrices, SPM）于 1938 年编制，最新修订本为 1996 年版，适用于 5 岁半到 70 岁以上智力正常的个体，由 A、B、C、D、E 等五个单元构成，每个单元包括 12 题，共有 60 题。A、B、C、D、E 五个单元的难度逐渐增加，在同一个单元内，测验项目的难度也是由易到难的。A、B 两个单元测量直接观察能力，A 是从一个完整图形中挖掉一块，B 是在一个图形矩阵中缺少一个图形，要求受测者从提供的几个备选答案中，选择出一个能够完成图形或符合一定结构排列规律的图案。C、D、E 三个单元测量类比推理能力，提供一个 3×3 的矩阵，要求受测者选择符合题目规律的正确答案。其中，C 单元是单一层次结构，D 单元是双重层次结构，E 单元是叠加结构（见图 6-7）。

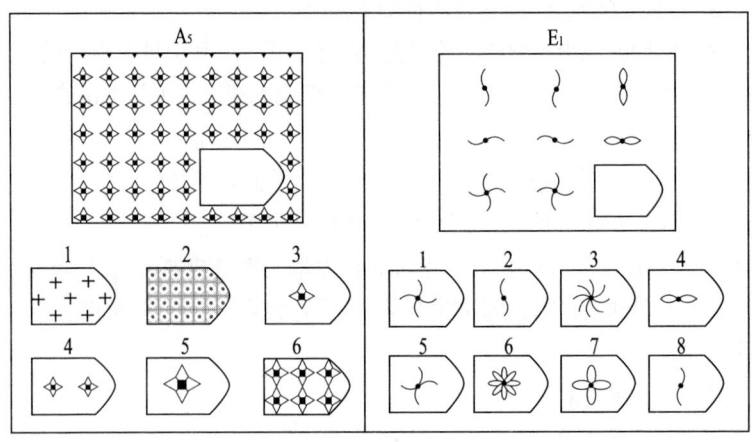

图 6-7　SPM 示例

瑞文彩色推理测验（Raven's Coloured Progressive Matrices, CPM）于 1947 年编制，最新修订本为 1990 年版，适用于 5 岁半以下的幼儿、80 岁以上的老人以及智力落后的成人。CPM 由三个单元构成，每个单元包括 12 题，共有 36 题。其中，A、B 两个单元来自 SPM，但将黑白图形改为彩色图形，另插入一个彩色 AB 单元。

瑞文高级推理测验（Raven's Advanced Progressive Matrices, APM）于 1947 年编制，最新修订本为 1994 年版，适用于智力超常的青少年和成人。APM 分为两种形式：Ⅰ 型包括 12 个题，Ⅱ 型包括 36 个题，共 48 题。

瑞文推理测验联合型（Combined Raven's Test, CRT）适用于 5—75 岁。CRT 由 SPM 和 CPM 联合而成，由六个单元构成，每个单元包括 12 个题，共有 72 个题。前 3 个单元为彩色图形，后 3 个单元为黑白图形。

瑞文测验的优点在于测验对象不受文化、种族与语言等条件的限制，适用的年龄范围也很宽，而且不排除一些生理缺陷者。测验既可单独进行，又可团体实施，使用方便，省时省力，结果以百分等级常模解释，直观易懂。瑞文推理测验自出版以来，许多国家进行了翻译和修订，目前在世界各国被广泛使用。瑞文标准推理测验中国城市版的修订工作是由我国心理学家张厚粲在 1985 年主持进行的。

除上述测验外,在美国,还有两个应用最广泛的团体测验,一个是1994年版的学业能力测验(SAT),另一个是1989年版的美国院校测验(ACT),它们都是针对大年龄学生的。美国的大多数高等教育机构都要求其申请者通过一个或另一个测验,以此作为不同学校之间的测验标准。在我国,由上海教育科学研究院编制的《学生团体智力测验》适用于小学三年级至初二的儿童,在实践中也有着较广泛的应用。

二、科学运用智力测验

智力测验从它诞生以来就几乎一直是毁誉交加,也就在这褒贬不一的争论中,使智力测验有了很高的知名度,成了为数不多的为大众所熟知的心理学术语之一。

智力测验产生于现实生活的需要,即人们迫切想了解个体在能力上的差异,而智力的发展水平又和学业成绩有一定的相关性,知道了一个人的智力,就可以预测他可能取得的成绩的大小。也正由于这种现实的需要,才导致人们不断去修订和完善智力测验量表。目前,智力测验被广泛用于教育、医学等领域,为发现人才、选拔人才和因材施教等提供了一定的指导。在医学上智力测验还可帮助鉴别脑机能障碍病人。

但是,智力测验也有它的局限性,对它的批评主要集中在:(1) 智力测验测出的是智力还是知识技能?由于智力和知识技能的关系非常密切,我们很难保证所有的测试题都是被试所未曾经验过的。(2) 智力测验的公平性。人的文化背景和生活经验会有很大的差异,智力测验的项目很难保证所有的被试都有相同机会学习相关方面的内容,因此,有人批评智力测验不公平。(3) 多元智力理论批评传统的智力测验只测试了语言智力和数理逻辑智力,而其他智力则被忽略了,尤其是个体的创造性能力在智力测验中没有得到反映。(4) 智力水平虽然会影响个体的学业成绩,但并不能决定将来取得成就的大小,反而可能由于操作的不当,给个体的心理带来许多消极的影响。比如,对智力测验的结果如果没有给予恰当的解释与说明,则对高分者来讲,可能因骄傲而疏懒,而低分者则有可能背上沉重的思想包袱,丧失应有的乐观和自信。

应该看到,上述意见不无道理,尤其是在我们对智力含义的理解扩大了之后,传统的智力测验的不足就更加突出了。因此,对智力测验我们应当注意这样几点:第一,现行的智力测验所评估的智力并不能代表智力的全部,充其量只是与学业成就有关的能力罢了。因此假若传统智力测验显示某人的智商并非高人一等,也不必沮丧,因为还有创意、艺术、人际交往等方面的潜能,可能是尚未发掘的财富。第二,现行的智力测验所得的结果并不能预测未来事业的成就或生活的圆满,因为决定一个人成功与否的主要是自尊、自信,尤其是自我努力的程度。第三,智力测验的实施是一项专业性很强的工作,测验的操作必须规范,尤其是对测验结果的解释必须十分慎重。总之,智力测验作为一个了解人的部分智力以及预测学业成就的工具还是非常有用的,但不能把它看成是对一个人智力的结论性意见。其实早在1916年比纳和西蒙就认为,对人的仔细观察和研究要经历一个很长的时期,他们把量表所得的结果也只看作是试探性的而不是能力的总的指标。现在很多人主张要把智力测验和其他方法结合起来,从多方面来评定个体的能力水平。这些方法包括:自我评价、同伴介绍、父母评定、教师评定、创造性测验结果、学业成绩等。只有通过多种途径、运用多种方法,把所得的各种数据相互参照,进行综合分析,才能有效地对智力给予鉴定。

第三节 智力开发

一个人智力的发展受遗传、环境与教育等因素的影响。虽然一般地说,个体的遗传因素规定了智力发展的限度,但另一方面,环境与教育却决定了一个人智力表现的程度。因此,所谓智力的开发就是在承认遗传对智力发展的重要作用的前提之下,最大限度地开发一个人的智慧潜能。

一、智力开发的必要性和可能性

智力的开发历来受到人们的重视。早在20世纪40年代,我国著名教育家陶行知就开始提倡创造教育,以开发国民的智力。在美国,通用电器公司在1936年对其职工开设了"创造工程课"。1941年奥斯本的《思考的方法》一书出版,书中提出了开发智力的具体方法即"头脑风暴法"。日本从40年代开始便开展了对个体智力的开发工作,到60年代,政府也参与了开发国民智力的工作,提出发展国家经济的关键是培训人才。实际上,世界各国都十分重视对本国国民尤其是青少年的智力开发,因为一个国家国力的大小、一个民族素质的高低都取决于其民众智力水平的发展状况。

智力开发不仅关系到民族的素质和国家的实力,而且还关系到我们教育的目标和指导思想。在应试教育中,一般强调的是知识的积累,而忽略能力(智力)的发展。其实早在三百多年前,英国哲学家洛克就曾指出,人类的知识浩如烟海,是不可能全部都灌输给学生的,教师与其灌输知识,不如发展学生的智力。应试教育的最大弊端就在于偏重知识的传授,忽视智力的培养,结果造成我们的学生在获得知识的同时,智力却没有得到同步的发展,甚至由于偏重于死记硬背,而阻碍了思维的灵活性、敏捷性尤其是独创性的发展。因此在教育和教学工作中,重视学生的智力开发对我们端正教育思想、改善教育环境、更新教育内容、改进教育方法具有非常重要的意义。

智力开发不仅是必要的,也是可能的。虽然遗传因素是智力发展的生物前提,但环境与教育却是智力发展的决定条件。我们可以通过改善教育环境、改进教育方法来开发个体的智力,尤其对儿童和青少年来讲,他们蕴藏着智力发展的极大潜力,通过科学的、适时的训练和培养,我们就能将智力开发的可能性变成现实性。

对智力的开发一般是从两方面进行的:一是从智力训练入手,二是从诸如动机、兴趣、情感等非智力因素入手。从智力本身入手进行智力开发,是智力训练研究的主要形式,在这方面已有了很多训练方案,这些方案归纳起来大体上包括这样三个方面:对思维能力进行训练;对学习策略进行训练;对元认知进行训练。从非智力因素入手进行智力开发也是智力训练的重要途径。所谓非智力因素是指除了智力与能力之外的、同智力活动效益发生交互作用的一切训练因素的总和。目前,从非智力因素方面开展智力训练主要是训练个体集中注意力、控制焦虑、激发学习动机、提高学习的效能感和有效掌握时间等,其中又以训练学生控制焦虑反应为最多。

总之,开发智力的可能性是由教育和教学所决定的。教育与教学对智力开发的作用一方面通过特定的智力与非智力训练课程来实现;另一方面,教育和教学活动本身就是儿童和青少年智力发展的重要条件,因为知识是智力的基础,在知识学习的过程之中,个体的记忆能力、思维能力、创造能力等就得到了发展。越是合理而又良好的教育环境越是能够加速智力发展的进程,而在相反的情况下,则会阻碍和延缓智力的发展。有人以中国山东省的两个县和一个市的10个自然村的7—16岁失教时间在一年以上的69名儿童为被试[1],研究这69名儿童和另外69名非失教儿童在智力发展上的差异,结果发现失教儿童的智商分数明显低于非失教儿童,见表6-5。

表6-5 失教与非失教儿童平均智商的差异比较

类 别	人数	平均数	标准差
失教儿童	69	68.58	13.75
非失教儿童	69	87.45	13.19

该研究同时还发现,失教时间越长,对智力发展的影响越大,结果见表6-6。

表6-6 失教2年以上与失教12—18个月儿童平均智商的差异比较

类 别	人数	平均数	标准差
失教2年以上儿童	7	52.43	13.67
失教12—18个月儿童	62	70.40	12.61

二、智力发展的阶段性

教育可以对智力的发展产生明显的促进作用,目前学校及家庭都开始认识到儿童智力开发的重要性,尤其普遍开始重视对儿童的早期教育。但另一方面,对儿童和青少年智力的开发不能脱离智力发展的规律而盲目进行。为此,我们要了解智力发展的一般趋势,了解在不同年龄阶段个体智力发展的特点,然后才能采取切合不同年龄阶段特点的方法来实施智力的开发。

(一)智力发展的一般趋势

关于智力的发展,心理学家曾提出过许多假设,早在30年代心理学家桑代克就绘制过学习能力与年龄的关系曲线,他认为学习能力在23岁左右达到最高峰,一直到45岁,学习

---

[1] 白学军.智力心理学的研究进展[M].杭州:浙江人民出版社,1996:296—297.

能力并不低于17—18岁的学生,但到45岁以后,学习能力就显著下降。布卢姆1964年根据自己对1 000名被试的跟踪研究,提出智力发展假说。他认为如果把一个人的智力以17岁的水平作为100%,那么,5岁之前就可以达到50%,5—8岁又增长30%,剩余的20%是在8—17岁获得的。在布卢姆之后的其他研究也证实了人类智力发展存在非匀速增长的现象。对脑电波的研究表明,儿童脑的发育在5—6岁和13—14岁存在两个加速期。心理学家贝利用3种智力量表,对同一组被试跟踪考察达36年之久,根据贝利的研究,13岁以前智力是直线上升发展的,以后缓慢发展到25岁时达到最高峰,26—35岁保持高原水平,35岁开始有下降趋势。贝利的研究结果被绘制成智力成长的年龄曲线(见图6-8)。

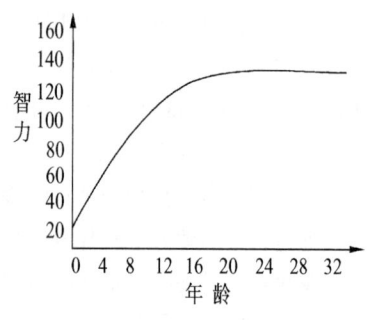

图6-8 智力年龄曲线

如果把不同性质的智力分开来研究,则发现衰退的速度是不均衡的,如手眼协调、动手操作以及技术能力一般从33岁开始表现出衰退现象,到66岁衰退速度加快,而写作能力约在65岁之后才开始出现衰退现象。不同年龄的智力变化见表6-7。

表6-7 不同年龄的智力变化

年 龄	10—17	18—29	30—49	50—69	70—89
知 觉	100	95	93	76	46
记 忆	95	100	92	83	55
比较、判断	72	90	100	87	67
动作、反应速度	88	100	97	92	71
合 计	355	385	382	338	239

表6-7是测量许多人以后计算出的平均数,其实不同人的智力衰退速度是不相同的。一般说智力水平高、受教育程度高的人智力衰退的年龄会推迟,而且衰退的速度也较为缓慢。

(二)各年龄段智力发展的主要特点

在了解了人类智力发展的一般趋势之后,我们再来看看在不同年龄段智力发展的特点。

1. 学龄前儿童的智力发展

6、7岁上学之前统称为学龄前,学龄前分两阶段,3岁前为婴儿期,3—6、7岁为幼儿期。婴儿期的智力主要表现在动作发展、语言发展和逐步理解周围的事物上,这时期智力活动的特点是直观,且依赖于动作和实物,也就是说,在3岁之前儿童的认识活动必须借助于动作或实物进行,他们只能对出现在面前的人或物做出直观的反应。幼儿期智力发展的特点是认识过程带有明显的具体形象性和不随意性(即无意性),这一阶段的儿童主要是以具体表象的形式来认识外界事物,而像分析、综合、抽象、概括等逻辑思维还只是处于萌芽状态。

2. 小学儿童的智力发展

小学儿童的思维开始从具体形象思维过渡到抽象逻辑思维,但这时的抽象逻辑思维在很大程度上仍然是直接与感性经验相联系的,仍然具有很大成分的具体形象性。小学生观察力、想象力和判断推理能力都在不断发展,尤其是他们智力的发展存在一个明显的"关键年龄"。根据我国心理学家的研究结果,一般认为这个关键年龄出现在四年级时(约10—11岁),也有人认为在高年级。关键年龄出现的早晚,实际上取决于教育条件的好坏。

3. 青少年的智力发展

在整个中学阶段,青少年的思维能力迅速得到发展,其抽象逻辑思维逐渐处于优势地位。这时期他们的思维具有五个方面的特点:(1) 通过假设进行思维;(2) 思维具有预计性;(3) 思维形式化;(4) 思维活动中自我意识或监控能力的明显化;(5) 思维能跳出旧框框,追求新颖、独特,喜欢标新立异和具有个人的色彩。

4. 成年期的智力发展

个体在18岁以后就进入了成年期。在成年期个体的智力经历了发展、停滞和某些衰退的过程,具体的变化在前面已作了介绍,这里不再重复。

(三) 智力开发应该遵循循序渐进和量力而行的原则

既然智力的发展是有阶段性的,那么智力的开发也应该按照智力本身的特点来进行。实际上,在对待智力开发的问题上存在着不同的观点。美国心理学家布鲁纳曾大胆提出一个假设:"任何学科都能够用在智育上是诚实的方式,有效地教给任何发展阶段的儿童。"例如,高等数学方面的知识可以用直观的方法教给小学低年级学生。尽管这个假设尚未得到证实,但他所表达的观点,即"人的智力潜能非常大,人的发展远没达到其能够达到的极限"却受到很多人的赞同。苏联心理学家、教育家赞科夫(Леонид Владимирович Занков,1901—1977)认为,如果教给学生的东西使其智力活动负荷不足,就会导致智力的退化,因而他提出了教学上的高难度、高速度的原则。他基于这种思想所进行的教学实验取得了可喜的成绩,加快了学生的智力发展。

也有人反对过早地对儿童进行高负荷的智力开发,认为如果对儿童的智力发展过于强调难度和速度,会加重儿童的心理负担,并可能导致智力的衰竭。对此人们常常引用一个叫威廉·詹姆士·塞德兹的经历来说明过度智力开发的危害。威廉·詹姆士·塞德兹的父亲非常重视对他的早期智力开发,威廉从婴幼儿时起便不得不整天苦读。苦读也的确使小威廉早早"成才":3岁能用本国语自由阅读书写,4岁时发表3篇300字左右的文章,6岁生日晚会上宣读了一篇解剖学论文。上小学那天上午9点被编入一年级,到中午12点,他妈妈接他回家时已成为三年级的学生。8岁上中学,11岁进哈佛大学。然而令人瞠目的成绩并没有把威廉引向成功之路。过度教育使他精神失常,后来不得不住进精神病院。出院后,他一心想过普通人的生活,便在一家商店做店员,一生无所作为。

在实际工作中我们应该注意避免低估儿童智力发展的潜能和对儿童的智力开发提出不切实际的过高要求这两种倾向。在过去的教育实践中往往把年龄阶段看得过死,对儿童的能力估计不足,这既表现在课程设置和教学内容上,也表现在教学方法上,因而在一定程度上束缚了学生智力的发展。但另一方面,我们也不能急于求成,更不能用逼迫强制的手段来发展儿童的智力。这一点在目前社会上普遍重视早期教育、尤其是许多父母亲望子成龙心切的背景下,特别值得我们注意。总之,智力开发应该循序渐进、量力而行的原则,应该从实际出发,在尊重实际的前提下,提出高于他们现有水平的要求,形成"跳起来摘果子"的局面。

除了在智力开发的难度和速度上应该量力而行之外,我们还应该注意以下两点:第一,儿童的智力发展是与其整个人格的发展及社会性发展密切相关的,我们既要重视以传授知识、启发智慧为主要内容的智力开发,但也不能忽略动机、态度、兴趣、意志、人格等非智力因素的作用。第二,就智力开发而言,我们不能仅仅局限于思维能力的培养。随着人们对智力构成认识的扩展,在智力开发上我们的视野应该更开阔一些,比如对自我的感知和调控(自知能力)、与他人的交往和关系(知人能力),以及求新求异、推陈出新(创造能力)等,都是在智力开发中不能被忽略的方面。

总之,现在有一种趋势,即把传统上认为是非智力的内容如社会性能力、情感性因素等都纳入智力的范畴。在美国,以加德纳、斯腾伯格等人为代表的心理学家,在他们进行的智力训练中就突破了传统智力概念的限制,扩展了智力训练的内容。例如,加德纳领导的一个研究小组在20世纪90年代完成了一项合作研究计划,称为"学校中的实用智能"(Practical Intelligence for School;PIFS),该计划综合采用加德纳的多元智力理论与斯腾伯格的三元智力观点,以六、七年级的学生为对象,找出具有发展潜力的学生,并施以训练课程。现在,多元智力理论的教育实验在美国已经广泛开展,例如在印第安纳州首府印第安纳波里斯的一所"中心学校"(Key School)自1987年开始实验加德纳的多元智力模式,1993年由小学推广到初中,1998年进一步扩大到高中,成绩斐然,远近闻名。此外,情绪教育或社会智能教育的观念在美国也逐渐普及,"自我科学"(self science)研习班是这方面的先驱,其主题是个人及人际互动中的自我感受。其他的类似课程也蓬勃发展,所用的名称不一而足,如"社会发展"(social development)、"人生技能"(life skills)、"社会与情感学习"(social and emotional learning)乃至"人际智能"(personal intelligence)等。

三、智力开发的有效途径

如前所述,智力开发的内容已经越来越扩大了,各种智力训练的方案也层出不穷,因此不存在固定的智力开发的方法与途径。下面我们首先论述教育和教学中的智力开发,然后介绍几种特定的智力训练方案。

(一)教育和教学中的智力开发

1. 学科教育中的智力开发

知识是构成智力的重要因素,也是智力发展不可缺少的基本条件,没有科学知识为基础的智力发展将成为无源之水、无本之木。目前,是为了迎接新的技术革命高潮,各国普遍重视培养具有现代科学知识、有较强适应能力和富于创造精神的一代新人。在教育上普遍强调要将以传授知识为主的再现型教育转变为以发展智力和培养能力为主的发现型教育。为此,在教育内容和教育方法两方面都在进行一系列的变革。就内容而言,除了重视基础知识的学习,不断更新教材内容之外,还要扩大学习范围,强调知识的综合和相互渗透。现在有人甚至还提出所谓潜在课程的概念,即把那些正规课程之外的如学校的物质和精神环境、教师的人格、领导方式等隐性文化也都作为教育中的一个有机部分和重要环节,显性与隐性课程的结合,将更有利于完善学生的知识结构,激发学生的学习动机和学习积极性。就方法而言,主要是指教学手段和教学组织形式上的变革,其中美国心理学家布鲁纳倡导的"发现法"学习在西方国家得到广泛的重视和应用。发现法学习是让学生自己发现问题、解决问题,教师的任务在于创设问题情境,激发学生探索问题的好奇心,使他们学会如何学习。发现法对培养学生自主学习和创新能力具有明显的促进作用。

学科教育中的智力开发,一方面要对教育观念及教学内容和方法进行研究,另一方面,还要研究学科能力的构成和培养。比如,语文能力就是听、说、读、写四种基本能力与五种思维品质(深刻性、灵活性、独立性、批判性和敏捷性)的统一体,数学能力则包括数字运算能力、空间想象能力、逻辑思维能力等内容。语文和数学能力的培养是学科教学中重点研究的课题,而且大家也越来越认识到这些能力的培养比单纯的知识传授重要得多,对人将来长远的发展作用与影响也大得多。

2. 元认知与智力开发

"元认知"这一概念最早出现在20世纪70年代,由美国心理学家弗拉维尔(Flavell)提出。**元认知**就是对认识本身进行反思的一个知识系统,即对认识的认识。根据弗拉维尔的观点,元认知结构包括三个方面:元认知知识、元认知体验和元认知监控。元认知对智力开发的作用主要表现在对认知活动的监控上,许多心理学家认为,元认知的培养可以作为智力开发的突破口和关键环节。

为什么元认知对人的智力开发会具有举足轻重的作用?我国心理学家通过对元认知的大量研究后认为[1]元认知的实质就是人对认识活动的自我意识和自我调节。自我意识以主体及其活动为意识的对象,对人的认识活动起着监控作用。通过自我意识的监控,可以实现对信息的输入、加工、贮存、输出系统的自动控制,这样,人就能通过控制自己的意识而相应地调节自己思维和行为。元认知对自己思维和行为的调节表现在:选择适宜的解决问题的策略,监控认知活动的进行过程,不断获得和分析反馈信息,把握和修正自己的认知过程,坚持或更换解决问题的方法和手段。

元认知的特点在于对认知过程的分析和调控,从而不断改进个体的思维方法和增进思维能力。在这样的思想指导下,心理学家们提出了许多有关智力培养的方案。比如,符尔斯坦(P. Feuerstein)的思维"工具强化课程",利普曼(Lipman)的"儿童哲学课程",斯腾伯格

---

[1] 林崇德,辛涛. 智力的培养[M]. 杭州:浙江人民出版社,1996:148.

的"应用智力"培养方案等。"工具强化课程"的一个很重要的目标就是让学生对各种元认知活动的重要性有深刻的认识,在该方案的实施中,符尔斯坦等人采取了一系列措施,增进个体对策略行为与问题解决结果之间关系的理解。"儿童哲学课程"的重点在于帮助学生学会思考,这里的"思考"主要指对自己的认识过程的分析,即反思,它强调的是"通过内省,发现问题"。"应用智力"培养方案的训练内容主要是提高学生发现潜在问题的能力,帮助他们理解对问题的不同定义是如何导致不同的解决策略的。从实践的结果来看,这三种方案对学生智力的开发都起到了明显的积极作用,这也证明了培养元认知以开发智力是可行的和富有成效的。

3. 自我效能感与智力开发

个体对自我能力的估计及目标的期望将直接影响其智力的发挥,并进而影响其学业成绩或工作绩效。自我效能感对智力发展的作用主要表现在以下三个方面。

(1)激发智力活动。高自我效能感者选择适合自己能力水平并具有挑战性的任务,他们的期望水平高,内在动机强,对困难的工作采取跃跃欲试的姿态,对未知领域充满探索精神。显然,高自我效能感能大大激发个体的智力活动。

(2)发挥非智力因素的作用。高自我效能感对学习动机、学习态度、勤奋努力等非智力因素有着重大影响,高自我效能感者进取动机强,学习态度积极,意志力顽强,在这种奋发向上、积极进取的精神状态下,个体的智力水平就能发挥到最高程度。

(3)控制学习行为。高自我效能感者能有效地控制自己的学习行为,把注意力集中在和自己所追求的目标有关的活动上。他们认为自己是学习的主人,是学习结果的直接责任者,因而能排除干扰,不断调节自己的行为,使自己能朝着既定目标前进。

(二)特定的智力开发训练

1. 波诺的方案

英国剑桥大学的波诺(Edward de Bono)教授从培养横向思维入手,进行智力开发的训练。波诺认为,智力的高低不是由学习的好坏来决定的。智力只是一种潜在的能力,它必须加上头脑的思考能力,即思考的技巧才能发挥出来,横向思维就是关于思考技巧的思维形式。

所谓横向思维,波诺认为有三个特点:①横向思维是与创造紧密联系的;②横向思维与新观念的生成相联系;③横向思维也是与打破旧观念的束缚相联系的。

波诺设计了由六个部分组成的智力开发计划,每部分都是针对思维的某一方面,每个部分又由10课组成。这六个部分是:

① 广度,主要是帮助个体发展一些能用来广泛考察思维情境的工具和习惯。

② 组织,主要是教个体如何有组织有系统地处理思维情境。

③ 相互关系,关于有争议和引起讨论的情境的。

④ 创造力,和创造性思维有关,包括横向思维的几个要素。

⑤ 信息和感觉,关于思维中信息和感觉的安置。

⑥ 行动,有关执行行动的计划或构想,这个计划是把前面所讲的训练内容融合成一套有效的思维步骤。

波诺教授开发智力的横向思维训练方法,最早在委内瑞拉的小学四、五、六年级中进行了实施,效果非常显著。近年来,这一方法被推广到美国、澳大利亚、新西兰、加拿大等国的5 000多所学校,其效果受到了教育界的普遍肯定。

2. "应用智力"方案

"应用智力"(Intelligence Applied)方案是美国耶鲁大学的斯腾伯格在他的三元智力理论基础上设计的开发智力的方案。该方案适用于中学生和大学生,培养的时间长达一学期或一学年。

"应用智力"培养方案包括学生教材和教师手册两套材料,前者主要是一些叙述性的材料练习,后者主要是材料使用的方法指导。

该方案的重点是根据"元成分理论"进行训练,即训练智力活动的三种成分——元成分、执行成分和知识习得成分。在训练之初,先引入一个与该成分相关的问题。例如,为了引入元成分的概念,教师先讲述一个故事:"我的一个朋友必须从康涅狄格到纽约市去乘飞机。他想先去汽车站,因为那儿有发往机场的班车,但由于路上堵车耽误了时间,当他赶到汽车站时,开往机场的班车已经开走了,结果误了飞机。"故事的主人公由于计划不当而误事,教师就从这个例子开始,启发大家讨论元成分的本质和它对解决问题的重要意义。教师用这个例子帮助大家认识到,从有利于解决问题的角度来给问题下定义是非常重要的。故事中,主人公一直把他的问题定义成:按时到达班车的始发站,以便去机场。但是,如果把他的问题定义成:利用适合的交通工具,以便准时到达机场。那么,他就可能不会误飞机了。因为他可能考虑别的交通方式,如自己开车到机场,或把车开到下一个班车站等。

"应用智力"的训练方案实例丰富,深入浅出。教学的形式主要是提出问题和集体讨论。实践证明,其培养效果较为理想。

3. PIFS 方案

PIFS 方案就是"学校中的实用智力"(Practical Intelligence for School)训练方案。PIFS方案由美国哈佛大学的加德纳在综合采用了多元智力理论和三元智力模型的基础上所提出。PIFS 方案首先从三方面了解学生:①个人。了解个人智力侧面图、学习风格与学习策略,即一个人的知己能力;②学业。了解个人的学业状况和学业能力,即一个人的学业智能;③环境。了解个人在学校情境中的适应情况,相当于多元智力理论中的"知人能力"和三元智力理论中的"环境能力"。

PIFS 方案的基本假设是,学生在校的学习成绩、知己能力、学业能力和知人或环境能力的统合有关,个体课业任务的完成情况依赖于这三种能力的大小。PIFS 为训练这三种能力采取的策略是:①在"知己"方面,使用深度晤谈,着重于三个方面:反应的精致性、对策略及资源的觉知,对学习的认同;②在"课业"方面,使用灌输课程(Infusion Curriculum),包括让学生了解不同领域间的关系,指导学生对各科学习作自我监控等;③在"环境"方面,使用统合策略,包括在实际活动中分析和澄清困难,指导学生将知识学习和个人学习相结合,将知识应用于学术情境和实际情境中,并以自我监控促进自我责任等。

经评价,PIFS方案成效甚佳,其主要效果是,提高学生的学业成就,提高学生的学习热忱,提高学生自我教育的责任感。

第四节 创造力的培养

创造力是人类区别于动物的最根本的标志之一,也是智力开发的最高目标。创造力的培养无论对于个体、还是对于整个民族与人类,都具有重大而深远的意义。

创造力人人皆有。但表现在每个人身上的创造力的大小,除了部分受遗传因素影响外,主要取决于后天创造力开发的程度。在我国的传统教育中,由于历来存在重统一,轻个性;重书本,轻实践;重分数,轻能力;重知识灌输,轻主动创新等弊端,结果压抑了学生的个性,阻碍了学生创造意识与创造力的发展。所以要成功的开发个体的创造力,就要正确地认识创造力,掌握培养创造力的科学方法,尤其是要形成一个良好的、有助于创造力发展的教育环境。

一、创造力的内涵

(一)什么是创造力

在心理学上,创造力是一个复杂而颇有争议的概念。如同对智力的定义一样,普遍为人们接受的创造力的定义尚不存在。目前大多数对创造力的定义都是从创造力的结果入手的,由此出发,我们可以把**创造力**看成是根据一定目的,运用已知信息,产生出某种新颖、独特、有社会价值的产品的能力。这里的产品是指以某种形式存在的思维或物质成果,它既可以是一种新概念、新设想、新理论,也可以是新技术、新产品、新工艺。这一定义是根据产品来判别创造力的,其标准有两个,即是否具有创新性和具有社会价值。前者是指与众不同的或前所未有的,而后者则是指产品对社会是有一定价值的。后者是对前者的限制,因为独创性的产物不一定都是创造,有些独创性的东西可能是毫无价值的,甚至与社会规律相违背的。

(二)发散思维和集中思维

在20世纪60年代吉尔福特对智力的早期研究之后,发散思维和集中思维就成为与创造行为关系最密切的概念,被认为是创造力的主要成分。例如,自然科学家在提出假设时,开始常运用发散思维提出各种各样的观点,然后用集中思维归纳成假设。一般认为,传统的智力测验只是针对集中思维的,每一个项目只有一个正确答案。虽然集中思维对创造活动也是不可缺少的,但相比而言,发散思维对创造力的作用更大一些。吉尔福特认为,在以往我们强调集中思维的同时,忽视了发散思维的重要性,其结果是在学校教育中,我们没能充分地培养(或发展)学生的创造性。

对发散思维的质量,心理学中通常是从以下三个方面来衡量的。

1. 流畅性

流畅性指在限定的时间内产生观念数量的多少,所以也称思维的丰富性。在一定时间内产生的观念越多,意味着思想的流畅性越大。

2. 变通性

变通性也称思维的灵活性,是指思维朝不同方向发散的能力。变通性用来衡量思维活动能否触类旁通,举一反三,是否具有变异性。例如,让被试"举出砖头的用途",他可能有"盖房子、筑围墙、铺路,等等"的回答,这些显然把砖头的用途局限在"建筑材料"的范围之内,因此变通性很小。有的人却回答砖头可"压纸、垫物、做支架,还可以打狗"。这些回答多数是指砖头在非常规场合下的用途,范围广泛,因而就显得变通性比较大。

3. 独特性

独特性是指不落俗套和不寻常规的那种思维能力。在我们评价一个人创造性思维能力大小的时候,除了要看他思维的流畅性、变通性如何外,还要看他的思维结果是否新颖、独特。比如对砖头的用途,就流畅性来看,也许一个人能想出许多砖头的用途,从变通性来看,也能从不同角度来列举,但如果所想出的这些用途都太一般,太普通,那我们依然不能说他的创造性思维是高质量的。而在"曹冲称象"中,曹冲把砖头(石头)用来作为称象的工具,就显得十分独特了。

二、创造力的特征

吉尔福特与其同事霍夫纳尔(R. Hoepfener)将创造力的特征归纳为六点:(1)敏感性,即容易接受新事物,发现新问题;(2)流畅性,即思维敏捷,反应迅速,对于特定的问题情境能顺利产生多种反应或提出多种答案;(3)灵活性,即具有较强的应变能力和适应性,具有灵活改变定向的能力,能发挥自由联想;(4)独创性,即产生新的非凡思想的能力,表现为产生新奇、罕见、首创的观念和成就;(5)再定义性,即善于发现特定事物的多种使用方法;(6)洞察性,即能够通过事物的表面现象,认清其内在含义、特性和多样性,能进行意义的变换。

上述对创造力特征的分析主要是从创造性活动的思维品质入手的,这种分析方法曾被心理学家广为接受。但是,人们也认识到了,如果创造力仅仅视作认知特性而忽视个性心理的作用,是很难全面、系统地把握创造力的特征的。近十几年来,随着研究的不断深入,人们越来越重视影响个体创造力水平的自身人格因素。吉尔福特等人对富有创造性的个体人格特征进行了深入的研究。他们将富有创造性的人格特征概括为以下几个方面:(1)有高度的自觉性和独立性,不与他人雷同;(2)有旺盛的求知欲;(3)有强烈的好奇心,对事物运动的机理有深究的动机;(4)知识面广,善于观察;(5)工作中讲求条理性、准确性与严格性;(6)有丰富的想象力、敏锐直觉、喜好抽象思维,对智力活动与游戏有广泛的兴趣;(7)富有幽默感,表现出卓越的文艺天赋;(8)意志品质出众,能排除外界干扰,长时间地专注于某个感兴趣的问题之中。

三、培养创造力的途径与方法

在做好个体智力开发工作、让个体掌握适当的知识及拥有最佳知识结构的基础上,培养个体创造力,是我们的教育工作最重要的目标之一。对个体创造力的开发我们可以从以下几个方面来认识。

(一)创设有利于个体创造力发展的环境

现代心理学认为,每个人都具有先天性的创造潜能,但这种潜能的实现依赖于个体所处的环境。民主、和谐、宽松的环境,能激发个体的创造性思维,促进创造潜能转化为现实的创造才能;而在相反的情况下,则会扼杀个体创造性的萌芽。就影响个体创造力发展的环境来看,主要包括以下三个方面。

社会文化 个体创造力的有无与高下和他们所处的社会文化环境息息相关。有关跨文化的比较研究表明,在鼓励独立性、创造精神、主张男女平等的开放性社会中,儿童创造力水平普遍较高。来自专制的文化环境的儿童往往表现为退却、服从、缺乏创造精神。显然,有利于创造的社会风气、丰富的环境刺激及多方面的文化交流会促进求知欲旺盛滋长,促进联想、发散等创造思维的进行。在我国的传统文化中,往往强调的是个人对他人、对集体的服从,强调的是"我大"的概念,社会一般不太允许个性的自由发展,而且在中国人的个性中,务实与守常的色彩也比较浓。显然,这些都是妨碍创造性个性发展的不利因素。

家庭 个体的创造力应从小开发。心理学研究表明,儿童受教育越晚,其潜在能力的发挥就越差。家庭作为个体受教育的第一场所,对培养孩子的创造精神影响很大。如果一个家庭不民主,对孩子控制严格,则儿童的思维就会表现出呆滞、刻板、创造力低下的状态;而对具有高创造力儿童的家庭的调查表明,这些孩子的父母都具有鼓励孩子大胆表达,主张地位平等,允许儿童自由表现,鼓励孩子动手实践等共同性。以上事实表明,孩子的创造性与家庭气氛、父母亲的教养态度密切相关。

学校 学校是培养个体创造力的主要场所。我们除了要充分发挥学校物质环境对个体创造力培养的作用外,还应形成一种有利于培养创造力的心理环境,它包括和谐的人际关系、民主的管理、优良的班风校风等方面。显然,一个集体的气氛如果是友好的,相互理解的,相互支持的,那么集体对于动机、工作表现和成就的影响就是积极的。教学实践也表明,严谨、求实、团结、进取的校风或班风一经形成,就会产生巨大的心理感染力,就会使人产生积极的情感体验,激发学生强烈的学习动机和创造欲望。另外,有研究表明,积极的学校气氛有助于学生对学习本身感兴趣,从而产生深层动机(deep motive),即注重运用理解、迁移,把学术学习和现实生活联系起来等深层策略(deep strategy)进行学习;反之,不良的学校气氛将导致学生的表层动机(surface motive),即采用集中记忆零碎的知识等表层策略(surface strategy)进行学习。

(二)实施教育创新 开展创新教育

实践证明,个性越突出、越鲜明,其创造性越高。而现行的教育环境,往往以教师为中心,强调学生个性的统一性而忽视个性的多样性,结果导致对学生创造力的压制和个性的消解。因此,要解决传统教育的"创造性不育症",就要做好以下几方面的工作。

改革评价机制 按照多元智力理论,个体智力表现的形式是多样化的。而智力或创造力又是与人格的发展密切相关的。人格的丰富多样、智力及创造力水平与类型的差异,决定了我们的评价标准也应该是多元的。作为教育者应该承认学生的个性和潜能的差异,避免用单一的学业考试成绩来评价和管理学生,改变统一化的教育评价模式和"工厂化"的教学管理模式。有学者认为,在创新教育中,学生质量评价应做到以下几点:评价目的的激励性;评价内容的全面性和系统性;评价标准的统一性和个别性相结合。

改革现有课程 现在关于课程改革的真知灼见很多,这里着重强调以下几点:第一,强化哲学课程。哲学是人类用理性把握世界的最高方式,它对培养和训练思维的灵活性和深刻性具有重要作用。按照心理学家利普曼的观点,哲学课程并非一定要教给学生一些哲学理论或哲学家的名字,学习哲学的要旨在于帮助他们学会辩证和理性的思考,尤其是进行积极的反思,即培养对自我认知的评价和调控能力。然而,在我们现在的哲学课程中,往往比较注重哲学的政治功能,以致哲学对人理性思维能力的培育功能未能得到很好的发挥。第二,强化艺术学科。艺术对创造过程中的非逻辑思维力的培养具有重要意义。比如,绘画就是发展儿童创造力和想象力的最理想手段之一。有人曾研究了150篇科学家传略文章,结果发现几乎所有伟大的科学家和发明家,同时也是艺术家、诗人、音乐家和作家。但现实中,艺术在多数情况下还是一种娱乐性的东西,一种虚设的点缀,一种供观众消遣的玩意儿,而没有真正把个体的艺术素养看作是孕育创造力的一个重要途径。第三,注重潜在课程对创造力的开发功能。潜在课程指"学校通过教育环境有意或无意地传递给学生的非公开性教育经验"。[1] 一般来说,学校潜在课程主要包括以下几个部分:正规课程中隐含的价值观、态度、道德观念等意识形态内容以及正规课程实施过程中所产生的偶然的、无意识的文化影响;学校物质环境和精神环境。物质环境包括教室、图书馆、运动场的设置,校园绿化,办公室的布置等。精神环境包括科学气氛、校风学风、人际关系、文化生活以及教师人格与教学行为、领导方式等。就对开发个体创造力的作用来看,潜在课程的意义在于完善学生的知识结构,激发学生的学习动机和学习积极性,促进创造潜能的发展。潜在课程作为学校教育中的隐形文化现象,有助于弥补作为显形文化的正规课程的不足。就施教机制而言,潜在课程主要通过暗示、感染、模仿和认同等方式教育和影响学生。

重视健康人格的培养 创造力的培养也是创造性人格的培养,它包括坚忍不拔的性格,广泛的兴趣爱好,强烈的成功欲望,丰富的情感,坚强的意志,良好的心理承受力等。尤其在现代社会,还需要个体具有良好的合作精神。但现在在一些人身上,自私、褊狭、忌妒、个人主义等不良个性品质却十分突出,人与人之间缺乏合作意识。所以发展人际交往能力,对于在现代社会中创造活动的成功,显得尤为重要。

---

[1] 靳玉乐.潜在课程论[M].南昌:江西教育出版社,1996:33.

培养非逻辑思维能力 发散性思维、侧向思维、逆向思维和直觉思维等是创造性思维的重要成分。开发个体创造力,不仅要培养逻辑思维能力,更应注重培养非逻辑思维能力。其中,发散性思维是直接决定个体创造力大小的一种思维形式,它具有三个重要特征:流畅性,即在短时间内表达出的观念和设想的数量;变通性,即从多方位、多角度思考问题的灵活程度;独创性,即结果的新奇程度。培养个体的发散思维,教师可通过开放式提问,激发学生的思维朝多个方向扩散,如教师可提问学生:"请给出这个故事的多种结尾","请说出砖头的各种不同的用处"等。

(三)开发个体创造力的具体方法

智力激励法(脑风暴法或脑轰炸法) 智力激励法是一种集体创意法,由美国的奥斯本博士发明,在国外颇为流行。智力激励法是借助团体的力量,以专题讨论会的形式,通过无拘无束、自由奔放的发散思维进行思维共振,互相启发、激励,使创造性设想或构思产生连锁反应。智力激励法可以促进联想和创造性想象,激发灵感,从而产生大量的创造性解题设想。采用智力激励法应该遵循以下原则:严禁批评,推迟评判,自由奔放,追求数量,坚持客观等。其中推迟评判就是将评判放到适当的时候进行,一般是指在创新思维大量产生之后。通过禁止批评和推迟评判,人们在同一时间内能提出比常规情况下多大约两倍的设想。智力激励法实际是一种集思广益的做法。但它也有局限性,如有的人好沉思,而会议现场的嘈杂反而阻碍了他们的思维。

信息交合法 信息交合法由我国创造学研究者许国泰所创,是一种立体的、动态的、多维的系统构思法,又称"魔球法"。这个魔球可定义为一个由多维信息坐标组成的信息反应场。这种方法借助多维信息坐标系,将一个轴上各点的信息依次与其他轴上各点信息相交合,借此产生思维的奇迹。比如,设计一个茶杯,我们就可以建立一个多维信息坐标系,这个坐标系包含材料、形态结构和功能等维度,在材料的维度上,可分为金属、塑料、玻璃等,在形态结构上可分为杯体、杯耳、杯底、杯盖等,然后将各维度上的各点信息与其他维度上的信息进行交合,结果可以变换出许许多多的组合。这种方法不但使人的思维在信息变幻莫测的交合中变得更富有发散性,而且使人的发散性思维能按一定的规则推进,并在一定的控制、测评下展开。

联想法 联想发明是通过积极的有一定目的的联想,使思维跳出现有的圈子,突破常规获得创造发明的构思。联想发明是主动有意的创造技法,与偶尔在外界触发事件下的联想有一定区别。这种联想包括接近联想、相似联想、对比联想、包容联想和因果联想。对创造性思维过程的研究发现,奇妙的设想,往往是把差距较大的两种事物联系起来得到的。比如,屎壳郎与耕作机是性质完全不同的两类事物,但四川农民姚若松就将屎壳郎"推屎爬"的现象与耕作机进行联想,从而发明了推着走的履带式微型耕作机。

综摄法 综摄法由美国创造学家威廉·戈登(W. Grordon)提出。这种方法通过隐喻、类比等心理机制,调动人们的潜意识功能,此法的关键是变熟悉为陌生。它要求人们借助思维方法中的隐喻机制,跳出习惯的思维圈子。隐喻是一种表达出来的或暗示的比较,这种比较可以起到启发智力、激发感情，以产生新颖奇妙构思的作用。比喻、移情、象征都属于隐喻的类型。如综摄法中的移情就要求个体通过亲身体验，设身处地换个角度想问题，从中求得对事物的新感觉和新认识。

四、创造力开发的法则

开发个体创造力的具体方法种类繁多，但所有的创造方法又都是依据一些最基本的法则加以实现的。所以了解一些创造法则会有助于我们创造力的培养和创造方法的运用。

(一) 综合法则

这里所讲的综合不是将对象各个要素简单相加，而是按其内在联系综合构成要素中的可取部分，使综合后的整体具有创新特征。如爱因斯坦创立的广义相对论就是万有引力理论与狭义相对论的综合。

(二) 对应法则

对应法则是采用仿形移植、模拟比较、类比联想等方式，扩展人脑固有的思维，以此来收集更多创造性设想。模仿比较适合学生创造力的培养，这属于创造的初期活动。但模仿应是一种既相同又变异的新综合。比如，贝多芬著名的《欢乐颂》就是模仿法国作曲家卡比尼的作品，然后进行再创造而产生的。

(三) 移植法则

移植法是把一个研究对象的概念、原理和方法运用于其他研究对象并取得成果的认识方法，即我们通常所说的："他山之石，可以攻玉。"如将蜂鸣器移植到水壶盖上，成为蜂鸣报警水壶，这是直接移植；如将开关电视的原理移植到开启窗户上，使开、关窗都能通过遥控进行，就是间接移植。

(四) 离散法则

离散法则是与综合法则相反的法则，它包括两层含义，第一层含义为"分离"，如将镜片从眼镜中分离出来发明隐形眼镜。第二层含义为"扩散"，指一种技术材料除已有功能外，还能拓展延伸出其他哪些功能。

(五) 换元法则

换元是数学中常见的解题方法。换元的含义主要指用一事物代替另一事物，通过对替代事物的研究来发现被替代事物的某些规律。换元法则往往使常规方法难解的问题能顺利获得解决。如在振动台上做建筑结构地震反应实验就是运用了换元法则。

(六) 逆反法则

从事创造性的工作，仅有顺理成章的"水平顺向思考"往往难以奏效，而选择与其相悖的途径则可能顺利解决。与它对应的是逆向思维、求异思维。

(七) 群体法则

创造需要每个人最大限度的调集心智机能，创造需要充满有特质的个性显露。然而，个体才华再出众，他的创造效能总是有限的，这就需要利用群体的力量，即上文提及的合作精神。

总之，创造力是知识经济时代个体一种不可或缺的重要能力，培养个体的创造力是创新教育的终极价值所在。

【主要结论与应用】

1. 对于智力，心理学家有各种不同的解释，至今还没有统一的定义。但综合有关智力的研究，我们大体上可以看出，智力应该是包含学习能力、问题解决能力和社会适应能力的一种综合能力。

2. 有关智力的理论有许多，近年来以加德纳和斯腾伯格为代表的心理学家认为，智力是多样化的。

3. 智力测验是一种通过测验来衡量人的智力水平高低的科学方法。传统的智力测验偏重于个体的语言能力、数理逻辑能力和空间关系等方面，其结果可以表示个体在学业方面的发展潜能，但它毕竟只是复杂智力结构中的一部分，并不能代表一个人的全部智力发展情况。

4. 遗传因素是智力发展的生物前提，而环境与教育是智力发展的决定条件。我们可以通过改善教育环境、改进教育方法来开发个体的智力，尤其对儿童和青少年来讲，他们蕴藏着智力发展的极大潜力，通过科学的训练，我们就能将智力开发的可能性变成现实性。

5. 创造力是指个体产生出某种新颖、独特、有社会价值产品的能力，发散思维和集中思维就成为与创造行为关系最密切的概念。对创造力特征的分析不仅包括进行创造活动时的思维品质方面，而且也包括影响个体创造力水平的自身人格因素。

6. 个体创造力的培养既依赖于一定方法或技术，更依赖于其所处的环境。民主、和谐、宽松的环境，能激发个体的创造性思维，促进创造潜能转化为现实的创造才能；而在相反的情况下，则会扼杀个体创造性的萌芽。

【学习评价】

1. 你是如何看待聪明或不聪明的？心理学上又是如何解释智力的含义的？
2. 什么是多元智力理论？它对你有哪些启发？
3. 应该怎样看待智力测验的结果？
4. 为什么说智力开发是必要的，也是可能的？
5. 人类智力发展的一般趋势是什么？
6. 何为元认知？元认知是怎样影响个体智力发展的？
7. 什么是自我效能感？它对智力开发有哪些作用？
8. 创造力有哪些特征？创造性的人格又有哪些特征？
9. 从你自己受教育的经历中，你认为阻碍创造性个性发展的主要因素是什么？
10. 你认为从开发智力和培养创造力的角度，我们现在的教育应该进行哪些改革？

【学术动态】

成 功 智 力

美国心理学家斯腾伯格在1985年以他的"三元智力理论"向传统的智力理论提出了挑战。在相隔11年后，斯腾伯格又再次提出"成功智力"（successful intelligence）的概念，赋予智力以新的含义。所谓成功智力就是用以达到人生主要目标的智力,它导致个体以目标为导向并采取相应的行动,是对现实生活真正起到举足轻重影响的智力。

斯腾伯格认为,成功智力包括分析性智力(analytical intelligence)、创造性智力(creative intelligence)和实践性智力(practical intelligence)三个方面。分析性智力用来解决问题和判定思维成果的质量,创造性智力可以帮助我们从一开始就形成好的问题和想法,实践性智力则可将思想及其分析结果以一种行之有效的方法来加以实践。成功智力是一个有机整体,只有在分析性、创造性和实践性三方面协调、平衡时,才能走向成功智力。

斯腾伯格还进一步提出了成功智力者的20个特征,其中主要的是:自我激励;控制自己的冲动;知道什么时候应该坚持;知道如何发挥自身的能力;能将思想转变为行动;以产品成果为导向;不怕冒失败的风险,做事从不拖延;善于接受合理的批评和指责;拒绝自哀自怜;具有独立性;能集中精力达到他们的目标;既不会对自己要求过高,也不会对自己要求过低;具有延迟满足的能力;具有合理的自信及完成其目标的信念;能均衡地进行分析性、创造性和实践性的思维。

【参考文献】

1. 林崇德. 智力的培养[M]. 杭州:浙江人民出版社,1996.
2. 白学军. 智力心理学的研究进展[M]. 杭州:浙江人民出版社,1996.
3. 王慧中. 实用创造力开发教程[M]. 上海:同济大学出版社,1998.
4. 董奇. 儿童创造力发展心理[M]. 杭州:浙江教育出版社,1993.
5. 李小平,乔建中. 基础心理学[M]. 南京:江苏教育出版社,2000.
6. M. 艾森克. 心理学——一条整合的途径[M]. 阎巩固,译. 上海:华东师范大学出版社,2000.
7. 斯腾伯格. 成功智力[M]. 吴国宏,钱文,译. 上海:华东师范大学出版社,1999.
8. 加德纳. 多元智能[M]. 沈致隆,译. 北京:新华出版社,1999.
9. D. 冯塔纳. 教师心理学[M]. 王新超,译. 北京:北京大学出版社,2000.
10. 竺培梁. 智力心理学探新[M]. 合肥:中国科学技术大学出版社,2006.
11. Lewis R. Aiken. 心理测量与评估[M]. 张厚粲,黎坚,译. 北京:北京师范大学出版社,2006.
12. 陈国鹏. 心理测验与常用量表[M]. 上海:上海科学普及出版社,2005.
13. 邓日昌. 心理测验与评估[M]. 北京:高等教育出版社,2005.
14. 彭聃龄. 普通心理学[M]. 北京:北京师范大学出版社,2004.
15. 黄希庭. 心理学导论[M]. 北京:人民教育出版社,1991.
16. 白学军. 智力发展心理学[M]. 合肥:安徽教育出版社,2004.
17. 丹尼尔·戈尔曼. 情感智商[M]. 耿文秀,查波,译. 上海:上海科学技术出版社,1997.
18. 理查德·格里格,菲利普·津巴多. 心理学与生活[M]. 王垒,等,译. 北京:人民邮电出版社,2003.
19. Glock, J., Wertz, S., & Meyer, M. Discovering the Naturalist Intelligence: Science in the School Yard. Tucson, AZ: Zephyr. 1999.
20. Perkins, D. Outsmarting IQ: The Emerging Science of Learnable Intelligence. New York: The Free Press, 1995.
21. Biehler, R. F. Psychology Applied to Teaching. Boston: Houghton Mifflin Company. 1993.

第七章 人 格

【内容摘要】

　　心理学对个别差异的研究主要涉及能力和人格两个方面,我们已经探讨了能力的个别差异,这一章我们将探讨人格的个别差异。人格是心理学中一个复杂、困难但又极为重要的研究领域,因为它是一个最具整合性的心理学主题。这一章将概括地介绍现代心理学关于人格的理论与研究,主要包括人格的概念和结构,影响人格差异形成的主要因素及其相互关系,主要的人格理论以及人格测验的主要方法和工具。我们特别要了解人格心理学领域的六大学派的主要理论,这六大理论是:精神分析论、行为主义、人本主义、特质论、生物学理论和认知理论,它们分别从不同的方面为从总体上描述和解释人格,并为预测人的行为,增进个人和社会的发展与进步作出了贡献。

【学习目标】

1. 简要说明现代心理学对人格的界定。
2. 说出三种人格特质论的基本内容。
3. 知道人格形成受遗传因素影响的主要依据。
4. 知道人格形成受哪些环境因素影响及有关证据,思考人格领域中的遗传与环境的关系问题。
5. 概述弗洛伊德人格理论中有关人格结构、动力和发展的观点,以及这些观点的心理病理学要义。
6. 解释两种条件反射的实验原理及二者之间的区别。
7. 准确表述并理解正强化、负强化的定义以及负强化与惩罚的关系。
8. 运用马斯洛关于自我实现的人所具备的人格特征的论述,观察分析你所了解的成功人士或对名人传记展开研究。
9. 理解罗杰斯"以人为中心的治疗"的基本原则及其教育意义。
10. 掌握凯利的个人建构理论。
11. 举例说明班杜拉的强化理论与斯金纳的强化理论的不同之处。
12. 比较自陈式测验与投射测验各自的优缺点。
13. 初步了解几种主要的人格测验。

【关 键 词】

人格　人格特质　固着　退行　无条件积极关注　同理心　自陈式测验　投射测验

如果你有机会到医院产科的婴儿室,就很容易发现这样一种情境:同样是新生儿,有的在大哭大叫,有的在酣酣大睡,有的在东张西望。如果我们留意观察周围的人,你也会很容易发现这样一些现象:同样做一件事,有人做得又快又好,有人做得又慢又差,当然也有人做得慢而好,有人做得快而差;同样面对一个任务,有人沉着冷静、坚定自信,有人焦虑不安、退缩不前;同样面对弱者的求助,有人热情慷慨,有人麻木不仁……人与人之间的差异实在太大了,所以有"人心不同,各如其面"的感慨。进化程度越高的动物,个体之间的差异越大,这种情形在人身上发展到顶点。从这个意义上,可以说人是个别差异最大的一种动物。当然人与人之间也有很多相同的东西,所谓"人同此心,心同此理"。人与人之间的共同性和差异性都是心理学家关注的问题。前面我们探讨的认知过程和情绪情感是侧重于共同性的研究,而智力以及本章要探讨的人格则是偏重于差异性的研究。我们已经探讨了智力和创造力的个别差异,这一章我们将探讨人格的个别差异。

第一节 人格及其结构

一、人格的界说

我们中国人说到"人格",态度往往不由自主地严肃起来,因为这个词往往具有法律和道德的含义。法律上讲"保护人格尊严","不能侮辱人格",是将人格视为权利义务的主体。日常话语中讲"人格高尚"或"人格低下",甚至"没有人格",是将人格视为道德品质,与人品、品格或品德同义。事实上,古汉语中并无"人格"一词,这个词是近代从日文引入的。日文中,"人格"一词是对英文"personality"一词的翻译。这个英文词也可以译为"人性",是指人(person)的各种特征,并没有道德(以至"道德高尚"与否)的含义。它首先是一个事实性的概念,而不是一个评价性的概念。因此,心理学探讨人格,和探讨感知、记忆、思维、情绪、智力等心理现象一样,也是认识人类自身的一种研究活动。只是人格心理学是将完整的人作为研究对象,不仅仅是研究人的某一种心理或行为。

从词源上讲,英文 personality 源于拉丁文 persona,后者的本义是指面具,即戏剧演员所扮演的角色的标志。面具代表着这一角色的某种典型特点,类似于京剧中的脸谱。在舞台上,演员的言行要与其扮演的角色相符,而一个角色也就意味着一套行为方式。也就是说,角色限定了演员的行为。观众可以从演员的面具了解了他的角色,又根据其角色了解了他的行为。由此引申,可以说,人格是指个人在人生舞台上的行为表现,是其表演或扮演的"角色"。但表现也就意味着被表现,被表现的东西就是内在的,即面具背后的东西。面具后面是什么或者是谁?要真正了解一个角色的行为,还要深入到人物(角色)的内心世界。这就暗示着一个人有两面,即公开可见的一面和隐藏在它后面不为人知的一面。因此,人格这个概念应该从两个方面来定义:首先是外在的人格,即个人被他人知觉和描述的方面;其次是内在的人格,涉及一些内在因素,可以解释为什么一个人被他人认为是这样的。有关人格的任何定义都必须包括这两个方面,二者彼此不同,但又都十分重要(Hogan, Harkness, & Lubinski, 2002）。

人格是一个没有公认定义的概念。不同的学者对人格研究的侧重点不同、理解不同，因而所下的定义也不同。据人格心理学家奥尔波特（G. W. Allport）说，人格的定义有50种之多。基于对前人定义的分析，再综合各种有关人格的定义，我们认为：**人格是个人在各种交互作用过程中形成的内在动力组织和相应行为模式的统一体**。这一界定包含以下五层含义：第一，人格是指一个人外在的行为模式，即个人与环境（特别是社会环境）的互动方式。与此相近的表述还有：个人在各种情境中所表现出来的一贯的行为方式、个人适应环境的习惯系统、个人的生活风格、个人的生活方式、个人与他人互动的方式、个人实现其社会角色的方式、个人做任何事的共同方式等等。例如，一个好迟到的人，做任何事都喜欢迟到，开会、约会、聚餐，甚至乘火车，都要别人等他（她）；合作共事时，他（她）承担的任务也往往会最后完成。第二，人格是指一个人内在的动力组织，包括：(1) 稳定的动机，如经常起作用的亲和动机和成就动机；(2) 习惯性的情感体验方式和思维方式，如习惯于从积极还是消极的方面获得、加工信息并做出反应；(3) 稳定的态度、信念和价值观等，正是一个人内部的动力组织决定了其外在的行为模式。第三，人格就是这样一种蕴蓄于中、形诸于外的统一体，这种统一体往往由一些特质（traits）所构成，如内外向性、独立性、自信心等。当然，表里不一的情况也是常见的，如一个对人怀有敌意的人可能看起来对人特别友好。但这种经常性的表里不一本身也是一种统一体，即一种人格特质。第四，动力组织与行为模式的统一体意味着人格具有整体性、稳定性、复杂性和独特性等特点。第五，人格既是各种交互作用的结果，也是各种交互作用的过程。这里所说的各种交互作用，包括身体与心理（身心）之间、心理与环境（特别是社会文化）之间、天性与教养之间、成熟与学习之间、思想—感情—行为之间、过去—现在—未来之间复杂的交互作用。

二、人格结构

心理学家通过研究**人格特质**（personality trait）来探讨人格的结构，也就是说应该从哪些维度去分析人格，人格由哪些因素构成。按照这种观点，每个人的人格都可以从同样的维度去分析，只是不同的人在同一维度上所处的位置不同罢了。如外向性作为一个维度，每个人都可以在这一维度上找到一个位置，可能偏高一些（较外向），也可能偏低一些（较内向），也可能居中（不明显是外向还是内向）。特质理论试图了解一个人在多大程度上具有某一特质。但是不同的特质理论家所找到的特质不同，因而有不同的特质理论。

(一) 奥尔波特的人格特质论

高尔顿·奥尔波特（Gordon W. Allport, 1897—1967）是在他哥哥、著名社会心理学家弗劳德·奥尔波特（Floyd H. Allport, 1890—1978）的影响下考入哈佛大学学习心理学的。他曾在一个有著名心理学家在场的研讨会上介绍自己的人格特质论（trait theory of personality），但他发言后，全场一片沉默。他没有气馁，并于1937年出版了《人格：一种心理学的解释》一书。两年后，他就当选为美国心理学会主席。

奥尔波特认为特质是人格的基础,是心理组织的基本建构单位,是每个人以其生理为基础而形成的一些稳定的性格特征。奥尔波特将人格特质区分为**共同特质**(common traits)和**个人特质**(personal traits)。共同特质是人所共有的一些特质,所有人都具有这些人格特质,人与人之间都可以在这些特质上分别加以比较,如外向性,任何人都具备这一特质,个体之间的差异只在于不同的人具备此种特质的多寡或强弱不同而已。

奥尔波特
(Gordon W. Allport,
1897—1967)

个人特质是个人所特有的,代表着个人的独特的行为倾向。奥尔波特将个人特质视为一种组织结构,每一种特质在这个人的人格结构中处于不同的地位,与其他的特质处于不同的关系之中。他因而区分了三种不同的个人特质:(1)**首要特质**(cardinal trait)是指最能代表一个人的特点的人格特质,它在个人特质结构中处于主导性的地位,影响着这个人的行为的各个方面。(2)**中心特质**(central trait)是指能代表一个人的性格的核心成分。(3)**次要特质**(secondary trait)是指一个人的某种具体的偏好或反应倾向,如偏好某种颜色的衣服,闲暇时喜欢收拾房间,等等。显然,某种特质是一个人的首要特质,但在另一个人身上却是中心特质,在第三个人身上可能只是次要特质。人们通常用中心特质来说明一个人的性格。

以后的大多数特质心理学家更关注奥尔波特所说的共同特质,因为这些特质适合于定量分析,并可用于个体之间的相互比较。

(二)卡特尔的人格因素论

卡特尔(Raymond B. Cattell,1905—1998)是一位重要的人格心理学家。卡特尔出生于英格兰,在英国长大并受教育。他先在大学学习化学和物理学,获得理学学士学位,后来决定改学心理学。他考取了伦敦大学心理学研究生,尽管在当时的英国,心理学被视为一门怪人们从事的学科。卡特尔的研究引起了美国同行的关注,被邀请到美国任教,并在美国定居。

卡特尔
(Raymond B. Cattell,
1905—1998)

卡特尔将人格特质区分为**表面特质**(surface trait)和**根源特质**(source trait)。表面特质是指从外部行为能直接观察到的特质。表面特质可能会随着环境的改变而改变。根源特质则是内在的、决定表面特质的最基本的人格特质,是那些稳定的、作为人格结构的基本因素的特质。根源特质需要通过严格的科学方法才能获得。

卡特尔的研究目的就是要确定究竟有哪些根源特质。他继承了奥尔波特开创的通过分析自然语言中有关描述人格的词汇,进而发现人格特质的方法。卡特尔一共找到16种根源特质,并编制出"**卡特尔16种人格因素问卷**"(Sixteen Personality Factor Questionaire,简称16PF)。具体内容如表7-1。卡特尔认为每个人的人格都可以用这16种特质来描述,只是不同的人在每种特质上所得的分数有高低差异而已。

表7-1　卡特尔的16种人格特质

人格因素		低分者特征	高分者特征
A	乐群性	沉默孤独	乐群外向
B	聪慧性	愚钝、抽象思维能力差	聪慧、抽象思维能力强
C	稳定性	情绪不稳定、无耐心	情绪稳定、有耐心
E	好强性	温顺、随和	支配、好斗、有己见
F	兴奋性	严肃、谨慎、安静	轻松、热情、活泼、幽默
G	有恒性	权宜、敷衍、轻视规则	有恒、负责、遵守规则
H	敢为性	畏怯退缩	冒险敢为
I	敏感性	粗心、迟钝	细心、敏感
L	怀疑性	信任、接纳	怀疑、警觉
M	幻想性	实际、合乎常规	幻想、不实际
N	世故性	直率、天真	精明能干、世故
O	忧虑性	安详沉着、有自信心	不安、多疑、自责
Q1	求新性	保守、传统、抗拒改变	自由、批评、求新
Q2	独立性	依赖群体	自立
Q3	自律性	冲动、无法自制	克制、自律、严谨
Q4	紧张性	放松、沉着、欲低	紧张、迫切、欲求高

(三)艾森克的特质理论

艾森克(Hans J. Eysenck, 1916—1997)出生于德国, 1934年离开纳粹统治的德国,去了英国。他的学术生涯大部分是在伦敦大学度过的。他是一位非常多产的学者,共出版了著作50多本,发表文章600多篇。艾森克在卡特尔的基础上对人格特质进行进一步的统计分析,找出了更稳定的特质。这就是说,与卡特尔一样,艾森克也使用因素分析的方法对人格特质进行了研究,但他对那些更高组织层面上的特质更感兴趣。他将这个层面上的特质称为**类型**(type)。但类型这一概念在艾森克的理论中应该被理解为人格的**基本维度**(basic dimension),即存在高低两极的连续维度,而不是非此即彼的类型划分。任何一个人的人格都可能位于维度的某一点上,但这些维度应是最具有概括性的。

艾森克
(Hans J. Eysenck, 1916—1997)

艾森克使用因素分析的方法将卡特尔的16种人格因素进一步聚类,提出**外向性**(Extraversion)和**神经质**(Neuroticism)两个基本维度。外向性上得分高者为外向的人,得分低者为内向的人;神经质上得分高者为情绪不稳定的人,得分低者为情绪稳定的人。构成外向性的特质包括:好社交、活泼、好动、武断、寻求刺激、快活、好支配人、感情激烈、好冒险。可用这些形容词描述外向性得分高的人,而用这些形容词的反义词来描述外向性得分低(内向)的人。构成神经质的特质包括焦虑、抑郁、内疚、低自尊、紧张、不理性、害羞、喜怒无常、易动情。这些形容词可用于描述神经质得分高的人,而这些形容词的反义词则可用于描述神经质得分低的人。

外向性和神经质两个维度虽得到了充分的验证,但艾森克后来发现仅仅用这两个维度来描述人格还很不够,于是他提出了第三种特质,即**精神质**(psychoticism)。构成精神质的特质包括好攻击、冷漠、自我中心、不关心人、好冲动、反社会、无同理心、顽固、有创造性。可用这些形容词描述高精神质的人,而用这些形容词的反义词描述精神质得分低的人。

艾森克强调人格的结构包括三个基本维度:外向性(extraversion)、神经质(neuroticism)和精神质(psychoticism),可用首写字母 E、N、P 分别代表三个维度。为了方便,通常用缩写词 PEN 来指称艾森克的三维度模型。后人也将其称为"**大三**"(big three)人格模型(Saggino,2000)。

(四)"大五"结构与五因素模型

心理学家们不断地用词汇分析的方法对人格特质进行进一步的分析,不同的研究者从各自的研究中得出了大体相似的结论,即人格由五个基本维度构成,通常被称为"**大五**"结构("Big Five" Structure)。尽管很多研究者得到了相似的"大五"结构,但结构和命名并不完全一致,因此,很多人常常迷惑究竟有几个"大五",是哪个"大五"。有研究者(John,1990)在总结所有重要文献的基础上,对"大五"结构进行了正式命名: Ⅰ. 外向性; Ⅱ. 随和性; Ⅲ. 尽责性; Ⅳ. 情绪稳定性; Ⅴ. 文化或智慧性。罗马字母命名顺序意味着五个因素在日常人格描述词中的表征次序或相对重要性,即前面的因素比后面的因素更重要,在人格结构中有更大的分量,也更容易被重复验证。

麦克雷(Robert R. McCrae)和考斯塔(Paul T. Costa)综合"大五"结构和有关理论提出了**五因素模型**(five-factors model,FFM)。五因素包括:神经质(neuroticism)、外向性(extraversion)、开放性(openness)、随和性(agreeableness)和尽责性(conscientiousness),每个因素又包括 6 个子因素(表 7 – 2)。五个维度的首写字母结合构成英文单词"OCEAN"(海洋),正好可作为人格的象征——人心如海洋般浩瀚无际又深不可测,因此可以说是具有科学美的一种人格结构理论。显然,"大五"结构与五因素模型之间具有高度一致性,尽管二者在命名和含义上略有区别。[①] 在不太严格的意义上,人们往往笼统地称"大五",并且大多数情况下是用的麦克雷和考斯塔的表述。

表 7 – 2　人格的五因素

	维度	子因素
N	神经质	焦虑、敌意、抑郁、自我意识、冲动、脆弱
E	外向性	乐群、自信、活跃、兴奋寻求、积极情绪、热心
O	开放性	思想、幻想、审美、行动、情感、价值观
A	随和性	信任、坦率、利他、顺从、谦逊、温和
C	尽责性	能力、秩序、责任感、上进心、自律、深思熟虑

---

① 尤瑾,郭永玉."大五"与五因素模型:两种不同的人格结构[J].心理科学进展,2007,15(1):122 – 128.

特质论为我们了解人格提供了知识和方法的基础,但这种理论本身所关注的都只是些现存的静止的东西,它们只是描述人格而不是解释解释,揭示内容而不是探讨过程,分析结果而不去寻找原因,总之这是静态的研究而不是动态的研究。心理学家们(包括特质论者)往往要从特质的范畴之外去探索人格的形成与改变等问题。

第二节 人格的形成

人格是如何形成的? 不同的人格特质是如何形成的? 这是人格心理学家探讨的另一个重要主题。不同的心理学家强调不同因素的作用,其中讨论得最多且争论时间最长的问题是:决定我们人格差异的因素是遗传—生物—生理因素,还是环境—学习—经验因素,简而言之,是遗传因素起决定作用,还是环境因素起决定作用? 尽管当代的心理学家们认为本来就不应该这样问问题,人格不单纯是某一个因素作用的结果,而是不同的因素相互作用的结果。但当代的这样一种共识并没有完全解决问题。如何相互作用? 各自起什么作用以及如何起作用? 仍然是问题。我们先了解一些不同的观点及其所依据的事实,再寻求一种较完整的解释。

一、遗传的作用

(一)艾森克的理论

艾森克不仅致力于人格结构的分析,而且试图寻求人格形成的原因。艾森克认为人格的个体差异主要是遗传造成的。他的主要根据是:第一,人格的三种基本特质在一个人的一生中保持相当的稳定性。一项研究表明,被试在45年内的内外向性保持在一定水平上(Conley,1984,1985)。第二,跨文化的研究表明,在不同国家、不同文化背景中,不同的研究者运用不同的方法都发现了人格的三种基本特质,即内—外向、神经质和精神质。如果不是生物因素起主导作用,就不能解释这样的跨文化一致性,因为不同的国家、不同的文化背景意味着显著的环境和教育差异。第三,对于人格的三个基本特质,都可以进行生理学的解释。就内—外向性而言,外向的人喜欢社交、喜欢刺激性较强的活动,内向的人不爱交往、喜欢安静的环境,是因为大脑皮层的生理唤醒水平不同。外向的人皮层唤醒水平比内向的人低,所以他们要去寻求较强烈的刺激,缺少刺激对他们而言意味着枯燥、沉闷和无聊;内向的人皮层唤醒水平较高,微弱的刺激就足以维持他们的兴奋,所以较强的刺激很快就会使他们感到疲劳。因此,外向的人喜欢嘈杂的聚会而内向的人却希望早一点离开。

(二)气质

艾森克所关注的人格特质主要属于人格的气质层面。所谓**气质**(temperament)是指那些主要是与生俱来的心理和行为特征,也就是那些由遗传和生理决定的心理和行为特征。气质实际上是指人格中最稳定的、在早年就表现出来的、受遗传和生理影响较大而受文化和教养影响较小的那些层面,类似于日常话语中的性情、秉性。有研究者(Buss & Plomin,

1984,1986)将气质特征分为三个维度:(1)情绪性(emotionality),指一个人情绪反应的强度;(2)活动性(activity),指一个人是好动还是好静;(3)交际性(sociability),指一个人是否好交际。这种理论被称为 EAS 模型。有研究证明,人的基本气质特点早在一岁左右就表现出来并保持终生。

古希腊医生希波克拉底(Hippocrates,约公元前 460—前 377)认为人体内有四种体液,即血液、黏液、黄胆汁和黑胆汁,不同的人体内占优势的体液不同。后来古罗马医生盖伦(Galen,130—200)用这种体液学说来解释气质,认为某种占优势的体液决定一个人的气质。后人正是在此理论的基础上,逐步形成了气质类型学说。根据这一学说,人体内的四种体液每一种都具有热—寒—干—湿两种性质,不同的人体内占优势的体液不同,因而有四种类型的人:多血质的人血液占优势,而血液具有热而湿的性质,所以这种人像春天一般热情;胆汁质的人黄胆汁占优势,而黄胆汁具有热而干的性质,所以这种人像夏天一般暴躁;抑郁质的人黑胆汁占优势,而黑胆汁具有寒而干的性质,所以这种人像秋天一般忧伤;黏液质的人黏液占优势,而黏液具有寒而湿的性质,所以这种人像冬天一般冷漠。

多血质的典型特点是活泼好动,反应快,善交往;胆汁质的典型特点是急躁,莽撞,情绪变化快;黏液质的典型特点是反应迟缓,沉默寡言,沉静,忍耐;抑郁质的典型特点是敏感,孤僻,忧郁,常在内心经历暴风骤雨。假设有四个典型的分别属于不同类型的人一起去看戏,但到了剧院门口被门卫挡住不让进,因为他们迟到了。这时四个人的典型表现可能是:多血质的人会笑嘻嘻地与门卫搭讪,以获得门卫的好感并放他进去;胆汁质的人可能会与门卫争吵起来,甚至大打出手;黏液质的人可能按照门卫的指示,规规矩矩地坐在那里等下一场;抑郁质的人则可能唉声叹气地回家去,并一路感慨自己总是遇到倒霉的事。用四种体液来解释人的类型,从现代的眼光看,缺乏科学依据。但四种类型的用语一直沿用至今,原因是这四种类型的划分为人们认识自己和他人提供了便利,而这种划分确实在相当的程度上有效。一个人即使不典型地属于某种类型,也大体上属于某种类型。

在艾森克看来,外向性与神经质这两种基本特质在不同的人身上可能形成的四种典型组合与古希腊的体液假说是一一对应的:外向—稳定者属多血质、外向—不稳定者属胆汁质、内向—稳定者属黏液质、内向—不稳定者属抑郁质。

(三) 双生子研究

心理学家通常用双生子研究法来研究遗传对于人格的影响。双生子有同卵双生和异卵双生,前者来自同一受精卵,一定是同性别,遗传基因相同;后者来自两个受精卵,可能同性别也可能不同性别,遗传基因不同(与普通兄弟姐妹一样)。研究者选择同性别、双双生活在同一家庭环境中的异卵双生子和同卵双生子进行比较,如果研究结果表明同卵双生子比异卵双生子更相像,我们就可以归结为遗传的作用。研究者选取了 139 对四岁半的同卵和异卵同性双生子,就情绪稳定性、活动性(爱动或好静)、社会性(活泼或羞怯)三种人格特质进行了评定。研究结果,在这三种人格特质上,同卵双生子之间的相关均显著高于异卵双生子之间的相关(Buss & Plomin,1975)(见表 7-3)。

表 7-3　双生子间人格特质的相似度

人格特质	男孩间的相关		女孩间的相关	
	同卵双生	异卵双生	同卵双生	异卵双生
情　绪	0.68	0.00	0.60	0.05
活　动	0.73	0.18	0.50	0.00
社　会	0.63	0.20	0.58	0.06

但对这一结果还有不同的解释,即同卵双生子比异卵双生子的人格更相似,还可能是因为同卵双生子比异卵双生子受到父母更为相同的对待。于是有心理学家研究那些出生后被分开抚养的同卵双生子,他们研究了 44 对平均十个星期大的时候就被分开而一直在不同的家庭中长大的同卵双生子,并将研究结果与过去研究的共同抚养的双生子进行了比较,在分开抚养和共同抚养条件下,同卵双生子人格特质的平均相关系数分别为 0.49 和 0.52,而异卵双生子的相关系数则分别是 0.21 和 0.23,这说明无论在分开抚养还是共同抚养条件下,同卵双生子的人格特点都比异卵双生子的更为接近,进一步证实了遗传对人格形成的作用。[1]

专栏 7-1

明尼苏达大学关于分开抚养双生子的研究

在明尼苏达大学关于分开抚养双生子的研究中,研究者对参与研究的双生子进行了能力测验和人格测验。此外,还向这些双生子做了长期的访谈,并得到他们对有关童年的经验、恐惧、嗜好、音乐兴趣、社会态度和性兴趣等问题的回答。结果发现了一些惊人的相似性。

成长背景最不同的双生子要属奥斯卡·斯托尔和杰克·伊弗。他们出生在特里尼达,父亲是犹太人,母亲是德国人。刚出生时,他们就被分开。母亲把奥斯卡带到德国,由信奉天主教和纳粹主义的外婆抚养。杰克由犹太人父亲抚养,他在青年时期大部分时光是在以色列的一个集体农场度过的。居住在两地的这一家人从未通过信,兄弟俩过着截然不同的生活。二十多年未曾见过面的兄弟俩竟然表现出显著的相似性:都穿着蓝色、双排扣、带肩章的衬衫,都留有短髭戴金丝边眼镜,都喜欢吃辣的食物,喝甜酒,喜欢把涂了黄油的土司放在咖啡里,都习惯在便前先冲洗厕所,甚至乘电梯时都会打喷嚏,如此等等,使人难以置信。

另一对同卵双生女子,她们在很小时(第二次世界大战期间)被分开,在两个社会经济地位迥异的家庭中长大,分开后第一次见面时都已经是家庭妇女了,令人惊奇的是,这次见面时两人手上都戴着七枚戒指。

---

[1] R. L. Atkinson. 心理学导论(下册)[M]. 车文博,孙名之,等,译. 台北:台湾晓园出版社,1994:617.

图 7-1 双生子
(这对双生子自出生起就被分开,31 岁才初次见面,看他们在兴趣和习惯等方面多么相像)

当然,不存在什么戴戒指或泡土司的基因,这种相似反映了更基本的制约人格特质遗传因素的相似性。

[资料来源] R. L. Atkinson. 心理学导论(下册)[M]. 车文博,孙名之,等,译. 台北:台湾晓园出版社,1994:618—619.

二、环境的作用

影响人格形成的环境因素主要有:产前环境、出生过程、家庭环境、学校教育、社会阶层和社会文化。

(一) 产前环境与出生过程

环境因素对一个人的影响不是从出生才开始的,而是从受精卵形成的那一刻就开始了。子宫是影响个人成长的最早的环境。母亲的身体健康状况,接触烟酒、毒品及其他药物的情况,母亲年龄和胎次,母亲的情绪状态,以及分娩状况(如早产或难产)等都可能对个体的发展产生不同的影响,从而直接或间接地影响人格的发展。

(二) 家庭环境

许多心理学家相信一个人早年的经历比以后的经历对人格的形成影响更大,因此他们将研究焦点集中在家庭环境,特别是亲子(父母亲与子女)关系上。许多研究表明,儿童在一岁前对养育者(通常是母亲)形成的安全依恋程度会成为人格差异的一个重要影响因素。那些形成了安全依恋感的孩子长大后会表现出热情、坚韧、自我引导、渴望学习和成为领导者等倾向;没有形成安全依恋感的孩子长大后则更容易遭受挫折、更具依赖性、回避社交、难以与他人建立亲密关系。前者的母亲比后者的母亲更善于满足孩子的需要,会给孩子提供丰富的社会刺激,并表达出更多的爱(Atkinson & Hilgard, 1994, pp. 618-619)。

许多研究表明,来自父母的影响子女人格形成的因素非常复杂多样,但总体上可以分为两大类,一类属于管教方式,另一类属于感情、态度。这两类因素可以被视为两种不同的维度,每个维度两端之间的关系都是彼此对立的。但每个维度的内容或概念在不同的心理学家那里有不同的表述。在管教方式维度上,有如下不同的表述:控制—自主、严厉—宽松、专制—民主、支配—纵容、惩罚—奖励、批评—称赞,等等;在情感、态度维度上,也有不同的表述:友爱—敌意、接纳—拒斥、温暖—冷漠、亲密—疏远、体贴—忽视、子女中心—父母中心、过分保护—漠不关心、无微不至—粗心大意,等等。不同的表述之间有的含义很接近,有的有差异。每个维度的两端表示两种极端的情况,大多数家庭的实际情况处于两端之间,如大多数父母对子女的管教方式处于控制与自主之间。

一些心理学家研究了父母在某一维度上的差异对子女人格所造成的不同影响。如在专制—民主维度上,研究发现,在民主方式下被抚养的孩子比专制方式下的孩子要更活泼、外向,较受朋友尊重,好奇心强,富有创造性和建设性(Baldwin,1949)。而父母的忽视和虐待对子女的人格发展会造成明显的消极后果。

但这种描述显得笼统和简单化,更多的研究是寻求两个维度之间的不同组合对子女人格形成的影响。如有人(Becker,1964)综合了有关的研究成果,得出"温暖—敌意"如何与"限制—放纵"交互作用,从而产生不同的结果。

还有人(Levy,1943)研究了母亲的过度保护与子女人格之间的关系。过度保护的母亲在与子女的关系上有三点显著的特征:接触过多(母亲随时都在身边);过了婴儿期还将孩子当婴儿照顾;禁止独立行为(不让孩子长大)。如有一位母亲还帮她13岁大的儿子穿衣服。这种过度保护的态度通常与父母自己小时候严重缺乏父母的爱有关。自己做了父母就通过无穷无尽的给予孩子来满足自己因长期的欠缺而造成的情感的饥渴或爱的需求。过度保护属于情感、态度维度上的一端,它与管教方式"支配—纵容"的不同组合,就会造成不同的结果。如果母亲是过度保护且纵容的,孩子会变得不服从、残暴、过度要求、易发脾气、不能克制自己。他们是典型的"被宠坏的孩子",要将自己的需求强加于人。如有个八岁的孩子,当母亲给他吃的东西不合口味,就朝母亲吐口水。如果母亲是过度保护且支配的,孩子往往是一副"好好先生"的样子,表现出顺从、驯良、干净、整洁、有礼貌,在学校勤奋用功。一般来说他们的朋友较少,这样的男孩子往往被同学讥笑为"女孩子气",有的还喜欢与女孩子玩,因为她们"不那么粗野"(Pervin,1995,pp.35-38)。

简言之,可以将父母的影响分为控制和温暖两个维度,理论上存在四种类型:即高控制加高温暖,高控制加低温暖,高温暖加低控制,低温暖加低控制。你可以对四种类型进行命名并结合经验设想其后果。

(三)学校教育

随着儿童年龄的增长,学校逐渐成为儿童的重要活动场所。人生有一个相当长的时期是在学校度过的,而这个时期也是一个人的人格成长以至定型的重要时期。学校中影响人格形成的因素主要有:师生关系、同伴关系、集体气氛和学校里的各种教育活动。教师在学生心目中往往比父母更具有权威性,而成为学生模仿的对象。教师的人格特质本身就是影响学生人格形成的重要因素。好的师生关系和坏的师生关系都可能对学生造成持续终生的影响。同伴关系与亲子关系和师生关系相比,具有特别的亲密性,许多生活经验来自同伴。到了一定的年龄,深层的交流更多地是在同伴之间进行的。同伴中较年长的或较能干的可能成为具有感召力的人物。学校中良好的集体气氛有助于培养友善、合作、进取等人格特质。各种教育活动如德育、智育、体育、美育和劳动教育等对人格形成的影响更是不言而喻的。

(四)社会阶层

一个人家庭和受教育状况在很大程度上取决于个人所处的社会阶层,阶层的区分主要取决于所拥有的物质财富,与之相关联的其他因素是社会声望(职业地位)、受教育程度、机会以及对自己生活的控制程度(Phares,1994,p.29)。研究表明,在保守—激进这一人格维度上,不同的社会阶层之间有显著的差别。商人多半较保守,而劳动者则多半较激进。经济地位越高,心理防卫越强,随着社会阶层的降低,心理防卫逐步减弱。有研究发现,低阶层的人难以延宕需求的满足,遇到挫折会立即作出反应;而高阶层的人则能延宕需求的满足,压抑自己的感受,把愤怒转向自己(自责)。还有研究表明,低阶层的人是"追随冲动的",高阶层的人则是"克制冲动的"。有研究通过比较不同阶层的男孩在各种作业过程中的表现,发现劳工阶级的男孩倾向于以行动来传达想法并解决冲突,而中产阶级的男孩则倾向于以观念来传达想法并解决冲突。还有研究发现,劳工阶级的男孩比较缺乏控制力,随时可能打架,街上的斗殴者更多地是这个阶层的男孩,他们喜欢"就地解决问题"胜过"先让心情平静下来";而中产阶级的男孩比较能抑制攻击行为,除非不得已要自卫,他们更习惯于使用语言攻击和智能上竞争的方式(Pervin,1995,pp.29-31)。

不同社会阶层的人格差异是如何形成的? 研究者发现不同社会阶层的父母对子女的管教方式不同:劳工阶级的妇女在惩罚孩子时不易克制自己,并更多地体罚,体罚很可能会使孩子形成直接表达攻击的习惯;而中产阶级的妇女较能克制自己,并更多地以心理约束的方式管教孩子,心理约束很可能使孩子形成不直接表达攻击的习惯(Miller & Swanson,1960,p.386)。

西方中产阶级的父母要求孩子从小就接受一些价值观,如整洁、尊重财物、克制性冲动和攻击冲动、责任感、成就动机等。孩子在这样的要求下,必然看重成败得失,时常有罪恶感。而低阶层孩子的欲望很少受到人为的限制,如较多地得到母乳喂养,大小便的训练也较迟,所以较少有中产阶级孩子因管教严格而产生的焦虑和罪恶感。中产阶级的焦虑可能是由于对性和攻击的本能加以压抑的结果,是一种"过度的社会化",相反,低阶层者可能在某些方面"社会化不足"(Langner & Michael,1963,p.4)。

(五)社会文化

以上讨论表明,同一阶层的成员在人格上具有相同性,不同阶层的成员在人格上具有差异性。但在更广阔的层面上,同一社会文化的成员在人格上也具有相同性,即使他们来自不同的阶层。社会文化对人格的影响集中表现在所谓"国民性"(national character)上。如我们常说某国人如何如何,德国人比美国人更具权威取向,日本人又比美国人更注重集体和合作,等等。虽然这些比较往往显得模糊、笼统,而且相互矛盾,我们也很难根据一个人的国籍去预测他的行为,但关于"国民性"的话题依然饶有趣味而又经久不衰。绝大多数西方国家都向公民灌输独立、自我肯定和成就取向的价值。相比之下,绝大多数西方以外的文化就不如西方文化那样重视独立和自我肯定,而是强调人要在集体中相互依赖。这样的社会鼓励儿童成为集体的一分子,而不是去与他人竞争或表现得比他人更能干。不同文化背景下的人格差异可以用不同的生产方式来解释。在农业社会,人们害怕个人尝试改进技术的主观能动性,因为人们不能立即预见到这种改变会导致丰收还是饥荒。一旦新的尝试带来饥荒,后果将不可弥补,因为农业的生产周期很长。因此农业社会的文化会鼓励这样的行为模式:服从老人,尊重传统,尽职尽责。不像在农业社会,一季粮食要维持半年甚至一年的生计,在以狩猎、捕鱼为生的社会,缺乏对捕获物的长久贮存手段,几乎每天的食物都来自当天的捕获,因此个人的主观能动性和技术的改进就受到重视和奖励。有研究者考察了六个不同社会中养育儿童的方式与食物贮存程度之间的相关,发现高食物贮存的社会(农业社会)抚养儿童时更注重责任和服从,低食物贮存的社会(狩猎、捕鱼的社会)更强调成就、自信和独立(Barry,Child & Bacon,1959, p.52)。高食物贮存文化中的人比低食物贮存文化中的人表现出更多的从众行为(Berry, 1967)。

通过以上分析我们认识到,一个人的人格既具有个体性,还具有阶级性和国民性。当然,如果将研究的层面再扩大,人格还具有人类性、动物性和生物性。但这些不同层面上的共同性还是通过个体的人格表现出来,个体具有共同性的程度,这些共同性在其人格整体中的地位以及表现方式,人与人之间都存在着很大的差异,如性和攻击可以被视为人格的动物性,但不同的人在性和攻击方面的差异性是十分显著的。

第三节 人格理论

人格理论(theory of personality)是心理学家对人性及其差异进行描述和解释所使用的概念体系。人格理论要回答的问题就是我们从哪几个方面去了解一个人,即他(她)是一个什么人?他(她)是如何变成这个样子的?他(她)为什么会成为这个样子?他(她)是健康的吗?他(她)会不会改变?如何帮助他(她)改变?因此,人格理论所关心的问题通常包括:第一,人格的实质和结构;第二,人格的发展历程及影响因素;第三,人格的动力;第四,人格的健康与改变问题。由于不同的心理学家对这些问题有不同的看法,因而出现了不同的人格理论,不同的理论对以上问题关注的侧重点也不同。已有的人格理论种类繁多,除了本章前文所讲的人格特质理论和从生理、遗传方面解释人格的生物学理论,主要的人格理论还有:精神分析理论、行为主义、人本主义、认知与社会认知理论。

一、精神分析理论

本书第一章曾介绍弗洛伊德及其精神分析,我们已经知道弗洛伊德是一位医生,是心理治疗的开创者,他的理论对20世纪的思想文化的很多方面都产生了深远的影响,他的一些概念,如潜意识、压抑、恋母情结等早就进入人们的日常话语。但他的思想极其深邃复杂,而且他的理论历来受到各种批评。这里我们简要介绍他的人格理论的基本观点。

(一)本能与压抑

弗洛伊德深受能量守恒定律的启发,把人的身心组织也看成一个能量系统,能量可以被压抑但不能被消除,它必须寻找释放的途径。这些能量就是与生俱来的本能。弗洛伊德早期把本能分为性本能和自我本能。自我本能是回避危险,使自我不受伤害的本能。第一次世界大战后他又把本能分为生本能和死本能。性本能和自我本能统称为生本能。生本能使人倾向于爱和建设,死本能使人倾向于恨和破坏。死本能表现于外,使人去破坏、攻击、侵略、战争;向外表现受挫折,就可能退回到自我内部成为一种针对自我的力量,使人自虐甚至自杀。

弗洛伊德最重视的是性本能,他将性本能的能量称为**力比多**(libido),把它看成人类行为的最重要的动力。力比多寻找满足的过程通常是不顺利的,往往与社会文化相冲突,冲突势必导致焦虑。人为了缓解焦虑,就会不自觉地形成一些**防卫机制**(defense mechanism),即一些防卫自己以减少焦虑的方式。防卫机制很多,主要有:(1)**压抑**(repression),指力比多冲动被排除到意识之外,进入到潜意识(unconscious)之中。真正通过两性活动得以释放的力比多能量仅仅是一小部分,大部分力比多能量是被压抑的,压抑可暂时减轻冲突,但能量还在,可能通过做梦、玩笑、变态行为等释放出来。神经症就是压抑的结果。一些症状就是性冲动通过化装,以看上去不具性色彩的方式来得到满足,因此神经症是性欲的象征性的满足。如有一位成年女性,发病后的症状之一是要把自己卧室和父母卧室之间的门半开着才能睡觉,弗洛伊德的分析是病人潜意识中希望偷听父母房间里的声音。(2)**退行**(regression),就是以儿童的方式行动,从而避免成人角色所导致的焦虑。如上例中的病人小时候就以害怕为由,睡觉时要求将自己卧室的门与父母卧室的门半开着,后来的那种症状实际就是一种退行。(3)**合理化**或**文饰作用**(rationalization),就是以社会认可的好理由,取代个人内心的真理由,所谓"吃不到葡萄说葡萄酸"。(4)**投射**(projection),就是将自己的内心的不为社会认可的冲动加在别人身上,认为是别人有这种冲动,如不承认自己对某人有非分之想,而说别人在引诱自己。(5)**反向作用**(reaction formation),就是以与真实欲望相反的方式行事。如本来很想接近异性,却表现出回避或疏远。(6)**转移**(displacement),就是将对某对象的强烈感情转移到另一个对象上,如受了丈夫的气,却冲孩子发火。(7)**升华**(sublimation),就是将本能欲望以符合社会要求的高级形式表现出来,如艺术、科学等创造性活动就被弗洛伊德视为性欲的升华。这些防卫机制对当事人而言往往是无意识地自动地形成的,它们能起到暂时缓解焦虑的作用,但不能从根本上消除焦虑。在弗洛伊德看来,焦虑与冲突是人生不可避免的,只不过不同的人程度不同而已。

(二) 人格的内在冲突

弗洛伊德将人格划分为三个部分,分别称为**本我**(id)、**自我**(ego)和**超我**(superego)。本我是人格中最原始的部分,由一些与生俱来的冲动、欲望或能量构成。本我不知善恶、好坏,不管应该不应该、合适不合适,只求立即得到满足,所以本我受**快乐原则**(pleasure principle)的支配。新生儿就处于这种状态。自我是出生以后,在外部环境的作用下形成的。儿童需要的满足依赖于外界的提供,有时能及时得到,但很多时候不能及时得到,在这种个体与环境的关系中,儿童就形成了自我这种心理组织。自我遵循**现实原则**(reality principle),使本我适应现实的条件,从而调节、控制或延迟本我欲望的满足。同时自我还要协调本我和超我的关系。所谓超我是人格的最高部分,是个体在社会道德规范的影响下形成的,特别是在父母的管教下将社会道德观念内化而成的。超我又包括**自我理想**(ego-ideal)和**良心**(conscience)。如果自己的行为符合自我理想,个体就感到骄傲;如果自己的行为违反了自己的良心,个体就感到焦虑。因此,超我遵循的是**完美原则**(perfection principle)。由于人格中的三个部分分别代表着三种不同的力量,本我追求快乐,自我面对现实,超我则追求完美,所以冲突是不可避免的。但有的人能经常使它们保持相对的平衡与和谐,我们就说这些人的人格是健康的;有的人不能使三者之间保持相对的平衡与和谐,如一味地放纵本我,或者超我过分地严厉和追求完美,都可能导致生活适应的困难,甚至心理失常。所以,一个充分有效地发挥作用的自我对于人格的健康是关键的。

(三) 人格的发展与健康

弗洛伊德理论中争议最大也是最令人难以接受的观点就是儿童性欲论,他通过自由联想疗法发现病人回忆起的那些被压抑的童年经验常常与性有关,于是他认为人一出生就有性欲,只不过不是以成人的方式表达而已。人在不同的年龄,力比多通过身体的不同部位获得满足,弗洛伊德称这些部位为**性感区**(erogenous zone),并以性感区的变化来划分人格发展的阶段。人生全程可划分为五个发展阶段,其中前三个阶段(从出生到六岁)的发展状况对以后一生的发展都起着关键作用,弗洛伊德的这种观点被称为早期经验决定论。在前三个阶段,如果力比多的满足过分放纵或过分限制(通常是后者),就会导致人格发展的停滞,这种现象叫做**固着**(fixation),即人的生理年龄虽然在增长,人格却没有相应地成长,即使到了成年,心理上还处在儿童的水平上。弗洛伊德将人的一生划分为如下五个阶段:

(1) **口唇期**(oral stage,0—1岁):婴儿欲望的满足,主要通过口唇的吮吸、咀嚼和吞咽等活动。婴儿即使不饿,也喜欢含着奶不放,喜欢吸自己的手指也是常见的婴儿行为,所以婴儿的快感多来自口唇的活动。如果人格发展停滞在这一阶段,就形成口唇性格(oral character),这种人往往贪吃、抽烟、酗酒,过于依赖,总希望被照顾(被喂养),以自己的需要为中心(自恋),强求别人,缺乏耐心,贪婪,多疑,悲观。

(2) **肛门期**(anal stage,1—3岁):这时父母要求孩子定时大小便(这在弗洛伊德所处的那种社会文化中的中产阶级家庭特别普遍),另一方面本能又要求及时排泄以获得快感。

由于要求控制而儿童也具有一定的控制能力,所以这个阶段的快感主要来自排泄时肛门括约肌的伸缩。如果父母的管制过严,导致人格发展的固着,就形成肛门性格(anal character),表现为过于守秩序,爱清洁,吝啬,固执,报复心强等。

(3) **性器期**(phallic stage,3—6岁):这个阶段的儿童开始关注身体的性别差异,甚至偷看异性同伴或异性父母的性器官,而且触摸自己的性器官以获得快感。这时的儿童会对异性父母产生爱恋,并对同性父母产生嫉恨。这种感情,在男孩为**恋母情结**(Oedipus complex),在女孩则为**恋父情结**(Electra complex)。男孩由于嫉恨父亲,又发现女孩没有那个小器官,以为是被父亲割掉了,于是产生阉割恐惧(fear of castration)或阉割情结(castration complex)。为了克服这种恐惧,男孩就转而向父亲学习,以父亲为榜样,这种现象叫做认同(identification)。女孩由于发现男孩有的器官而自己没有,于是产生自卑感,并心怀嫉妒,这叫做阳具妒羡(penis envy)。如果这个阶段的以上问题不能顺利解决,这些问题(如恋母情结)就会固着在潜意识中,成为以后心理疾病的根源。人格发展停滞在这一阶段,就形成性器性格(phallic character)。在男性,表现为好炫耀自己的男子气概和能力,自夸、好胜、好表现;在女性,为了对抗恋父情结,可能会过分认同母亲和女性形象,一方面以引诱或挑逗的表现吸引男性,另一方面又否认自己有性意图并表现出天真无邪的样子。

(4) **潜伏期**(latent stage,6岁至青春期):这一时期的儿童,注意力从自己的身体和对父母的感情转向外部的环境,转向学习和游戏,更多地与同性同伴相处,因此性心理的发展处于潜伏期。

(5) **两性期**(genital stage,青春期以后):性需求朝向年龄接近的异性,并希望与其建立两性关系,性心理的发展走向成熟,人格也趋向成熟。

弗洛伊德的发展理论也是其病理学的组成部分,我们要将其与固着和退行两个概念联系起来才能理解其要义。固着是发展停滞在早期的某一个阶段,退行是指虽发展到后期,但有一种倒退的力量,要回到以前的停滞点。因此,固着与退行密切相关。退行意味着早期发展的某种程度的固着,固着则意味着将来有一天又会回到这一点。如果固着是完全的,就不会有退行,但完全的固着十分罕见。退行常常在压力与焦虑的情况下发生,所以我们常常能看到人们在这种心境下会表现出贪吃、抽烟或酗酒等行为。我们可以不同意弗洛伊德的**泛性论**(pansexualism),但这样的意识对我们的人格健康发展还是有益的:过分依赖、过分固执或过分自夸都是人格不够成熟的表现。例如,遇到挫折,我们很容易退回到婴儿的被照顾、被呵护的状态,表现出无能为力的样子,这是人类共同的弱点,但弗洛伊德的理论明确地告诉我们这是与人格健康发展的趋势背道而驰的。

精神分析学派自弗洛伊德创立,经过100年的发展,已形成许多理论并分裂成不同的学派,这些理论或学派围绕潜意识、冲突和焦虑等心理病理学问题修正和发展了弗洛伊德的人格理论。这些理论或学派包括:阿德勒(Alfred Adler,1870—1937)的个体心理学(individual psychology),荣格(Carl Gustav Jung,1875—1961)的分析心理学(analytic psychology),安娜·弗洛伊德(Anna Freud,1895—1982,弗洛伊德最小的女儿)、埃里克森(Erik Homburger Erikson,1902—1994)等人的自我心理学(ego psychology)、霍妮(Karen Horney,1885—1952)、沙利文(Harry Stack Sullian,1892—1949)、弗洛姆(Erich Fromm,1900—1980)等人代表的社会文化学派(socio-cultural school)等。①

二、行为主义

行为主义心理学家们认为环境才是人格形成的决定因素。环境塑造人,一个人成为什么样的人,取决于他生活在什么样的环境中,而不是取决于他有什么样的遗传特征。行为主义的创始人华生相信人生来是一块白板。除了那些生来就有生理缺陷的人,绝大多数人生来并没有什么区别。"个体在其出生以后发生的事情,使得一个人或成为干苦活的人,或成为外交家,或成为贼,或成为成功的商人,或成为著名的科学家。"②华生试图用条件反射的原理来解释几乎所有的行为。我们知道,俄国生理学家巴甫洛夫最早系统地研究了条件反射。在巴甫洛夫看来,狗见到食物流口水,这是无条件反射,食物是无条件刺激物。但狗听见实验员的脚步声而流口水,这是条件反射,实验员的脚步声是条件刺激物。因为实验员走过来,意味着给它喂食。实验员的脚步声与食物多次相继出现后,狗只要听见实验员的脚步声(还没看见食物)就流口水。巴甫洛夫将实验员的脚步声换成灯光或铃声或任何其他刺激物(这个实验环节叫做强化),只要这个刺激物与食物同时或相继出现,狗都可以形成同样的条件反射,也就是形成了对特定刺激做出特定反应的习惯。华生认为,人格不过是人的习惯系统而已。由于不同的人生活在不同的环境中,因而有不同的经历,接受不同刺激物的作用,形成了不同的条件反射系统或习惯系统,也就是形成了不同的人格。例如一个在学校经常受某位老师批评的学生,可能会变得一见到学校就害怕,甚至一想到上学就害怕,心理学家称这种情形为学校恐惧症(school phobia)或教室恐惧症(classroom phobia),这是因为学校与挨批评这两个刺激总是联系在一起,到后来即使不挨批评,学校这一单个刺激也会使他害怕。而这种情绪无疑会影响他的人格形成。

另一位行为主义者斯金纳发展了华生的理论。他将巴甫洛夫和华生所讲的条件反射称为经典条件反射,而用自己发现的操作条件反射来解释行为。操作条件反射的实验情境如下:将一只白鼠关在一个设计好的笼子里,白鼠就会在笼子里四处乱跑,当它偶然按压杠杆后,就会有一粒食物从一个自动装置掉进笼子里,经过几次试验,它就会自己去按杠杆。在这种情境下,动物的反应是一个新的有效的行为(按杠杆),而不是早先就有的反应(流口水);强化跟随在这一有效的行为之后,针对这一行为,即在反应之后,而不是在反应之前,将条件刺激物和无条件刺激物先后或同时呈现;因此这种强化实际上是一种奖励,但在巴甫洛夫那里,强化不是在反应之后,不是针对具体行为的强化,因此不具有奖励的作用;在操作条件反射中,动物学习到的是有效的行为,而不是刺激物之间的信号联系。两种条件

---

① 叶浩生.西方心理学的历史与体系[M].北京:人民教育出版社,1998:320—418.
② 华生.行为主义[M].李维,译.杭州:浙江教育出版社,1998:266.

反射之间的不同点见表 7-4。

表 7-4 两种条件反射的区别

	经典条件反射	操作条件反射
反应的性质	早先就有的反应(流口水)	新的有效行为(按杠杆)
强化的性质	在反应之前(灯光→食物→口水)	在反应之后(按杠杆→食物)
强化的作用	建立条件刺激物与无条件刺激物之间的联系 (灯光→食物)	奖励有效的行为
学习的内容	刺激物之间的信号关系(灯光是食物出现的信号)	有效的行为

在斯金纳这里,强化是行为建立的关键。所谓**强化**(reinforcement),是指跟随在一个行为之后,并使该行为出现的可能性增加的条件。强化又分为正强化和负强化。**正强化**(positive reinforcement)是指在一个行为之后呈现某种刺激,从而使这种行为出现的可能性增加,如踩机关→食物;**负强化**(negative reinforcement)是指在一个行为之后消失或减弱某种刺激,从而使某种行为出现的可能性增加,如踩机关→撤销电击,如被关在笼子里的老鼠如果遭到电击而它又偶然踩到了电源机关从而使电击得以撤销,以后在同样条件下它踩机关的概率就增加。所以,负强化也是一种奖励,与惩罚不同。对囚犯的减刑就是负强化。**惩罚**(punishment)是指跟随在一个行为之后,并使该行为出现的可能性降低的条件。同强化一样,惩罚也包括正惩罚和负惩罚两种形式。**正惩罚**(positive punishment)就是在行为发生之后呈现某种刺激从而使行为出现的概率减少,例如言语斥责、批评、罚款以及体罚等均属正惩罚的范畴。**负惩罚**(negative punishment)是在行为发生之后撤销某种刺激从而使行为出现的概率减少。例如幼儿园阿姨因为小朋友说脏话而取走他的一朵小红花,显然就是在对他进行负惩罚。

斯金纳认为,人格也是操作条件反射的结果,人格不过是个体的独特的强化史的产物。正是因为不同的强化经历塑造了个体的行为模式,而人格也就是适应环境的特殊模式而已。如果一个孩子在家里帮妈妈做事而受到奖励,这种行为就可能泛化到幼儿园和学校;如果继续受到奖励,那么这种泛化的反应就可能延伸到其他社会情境中,从而形成一个人的行为模式,这就是人格。如果某种行为只在特定情境中受到强化,而在其他情境中不受到强化,个人就能学会在那些受到强化的情境中表现这种行为,而在没有受到强化的情境中不表现这种行为,这一过程叫做分化。如一位教授在一般性讲座中穿插较多的故事可能产生很好的效果,而在学术报告中这样讲就可能产生不好的效果,那么以后在这两种情境中他的行为就会不同。因此行为主义强调人格只是由于强化的经验而形成的一贯性的行为模式,但它也强调同一行为在不同的情境下的变异性,所以它反对将个体区分为不同的类型,或者将人格视为一些稳定的特质。

三、人本主义

在 20 世纪五六十年代兴起的人本主义心理学指责精神分析学派太多地关注那些心理

疾病的人,人本心理学家认为一个人仅仅免于心理疾病还远远不够,还应该向更高的水平成长,去充分实现人所具有的潜能,成为真正健康的、富于创造性、具有自由意志并能发现生命意义的自我实现的人。因此他们关注的问题是:什么是健全的人格?如何实现健全的人格?以下我们主要了解马斯洛和罗杰斯这两位人本心理学家的代表人物的理论。

(一)马斯洛的自我实现论

我们知道马斯洛(Abraham H. Maslow,1908—1970)是人本心理学的创始人之一,在本书讨论动机的章节中,我们已经了解了他的需要层次理论,这种需要理论也是其人格理论的基本内容。马斯洛认为,应当研究那些最健康的人,即人类的优秀分子。他将这样的人称为自我实现的人,因为这些人代表着人性的极致,也应该是每个人所能达到的高度的参照。马斯洛研究了他所能接触到的一些杰出人物,包括一些著名的科学家和优秀的大学生。同时他还研究了一些历史人物,包括斯宾诺莎、歌德、林肯、爱因斯坦等人。

通过这些研究,马斯洛归纳出自我实现的人所具备的如下16种人格特征:[1]

1. 客观地认识现实。自我实现的人能客观地看待周围的人和事,而不是把世界看成自己想要的样子。他们对事实、对真伪具有很强的洞察力。

2. 全面接纳自己、他人及周围的世界。自我实现的人能接受自己的天性,宽恕他人的缺点,但对阻碍人格成长的缺点很敏感,并力图克服它们,如懒惰、思想贫乏、嫉妒和偏见等。

3. 自然地表达思想感情,而不是矫揉造作。

4. 专注并热爱工作,有责任感和献身精神,很少考虑金钱、名望和权势等个人利害得失。

5. 有独处和独立的需要。自我实现的人不回避与人接触,但不依附于任何人。他们不害怕孤独,有时会主动寻求独处,而不是一味地粘连于他人。

6. 自主地活动。较低层次需要(生理、安全、归属与爱、尊重)的满足主要依赖于外部条件,自我实现者依靠的则是自己内在的潜能,受自我实现的需要所驱动,因此他们能超越环境和传统的限制,自主地去实现自己的目标。

7. 永不衰退的鉴赏力。对平凡的事物不觉厌烦,对日常生活永感新鲜。

8. 经历过高峰体验并受到震撼,感受到这种体验对于自己人生具有重要意义。

9. 爱人类并认同自己为全人类的一员。

10. 与为数不多的人有深厚而亲密的关系。

11. 民主的态度和作风。

12. 明确地分辨善恶,区别手段和目的,在不同的情境下一贯地坚持自己的道德标准。

13. 富于哲理的善意的幽默感。

14. 富于创造性。

---

[1] 马斯洛.动机与人格[M].许金声,等,译.北京:华夏出版社,1987:174—211.

15. 抵制适应现存文化。在重大问题上不随波逐流、墨守成规,但并不故意违反社会准则以表示独立自主。

16. 能弥合各种分裂和对立从而达到整合协调的状态。

但自我实现的人并不是完美无缺的,他们有时也可能愚蠢、固执、蛮横、自负,也有内疚、焦虑、烦恼和冲突,只是相比较而言,自我实现的人比大多数人更接近完善罢了。

那么,怎么做才能走向自我实现呢？马斯洛指出了通向自我实现的八条途径:①

1. 充分地、活跃地、忘我地体验生活。

2. 面临选择时,总是做出朝向成长的选择,而不是做出趋向倒退的选择。

3. 倾听自己内心的呼唤,让自己的天性自发地显现出来,而不是做权威或传统的传声筒。

4. 不隐瞒自己的观点。诚实地说出来意味着承担责任,每一次承担责任就是一次自我实现。

5. 敢于面对真实的自己,敢于与众不同。

6. 用一流的标准要求自己,并通过勤奋的努力去达到这一标准。自我实现不只是一种结局状态,而且是一个过程。

7. 创造条件去经历高峰体验。

8. 善于识别并有勇气放弃自己的防卫心理,揭去压抑和遮蔽生命的层层屏障,但不是否认任何神圣的价值,而是能从生命本身的存在中发现神圣、永恒、象征和诗意。

(二) 罗杰斯的自我论

另一个人本主义心理学的创始人罗杰斯(Carl R. Rogers,1902—1987)也认为自我实现是生命的本性,由于他是心理治疗的大师,因而他关注的焦点是如何帮助人自我实现,这种帮助的工作主要是心理治疗和教育。无论是心理治疗还是教育都是以健全人格的培养为目的的活动,从这个意义上,我们可以将罗杰斯的理论视为一种培养健全人格的理论。

1. 自我概念

罗杰斯的理论是以个体的自我为核心展开的,因此被称为**自我论**(self theory)。所谓自我或**自我概念**(self-concept)是指个人经验中一切有关自己的知觉、认识和感受。这些经验是围绕如下问题而形成的,即:"我是谁？""我是什么样的人？"或"我能干什么？"等。自我概念的内容包括:自己的特点和能力,自己与他人以及环境的关系。自我概念是在个体与环境互动的过程中形成的。在这种互动中,个体从自己的感受中获得的直接经验与从他人那里获得的间接经验(往往是对自己的评价性经验)往往不完全一致,如父母给儿童买玩具,儿童也喜欢这些玩具,但儿童会不由自主地在满屋子里到处摆弄他的玩具,他因此很得意,这是他的直接经验,但父母告诉他只能在房间的某一特定范围内摆弄他的玩具,在这个范围内,父母会高兴,孩子自己也高兴。这样儿童的自我概念中就接受了来自父母的观念,

---

① 马斯洛.人性能达的境界[M].林方,译.昆明:云南人民出版社,1987:52—57.

罗杰斯称这些观念为**价值条件**(conditions of worth),即个体获得积极的自我体验所必须满足的条件。

2. 自我协调

如果儿童在这一范围内摆弄玩具果真既能感到愉快,又能得到父母的称赞,那么他的自我就是协调的。所谓**自我协调**(self congruence)就是一个人的自我概念中没有互相冲突的经验。在这种情况下,儿童会形成"我是好孩子"、"我是愉快的"等自我概念。如果儿童的直接经验与来自父母的评价性经验不一致,就会出现不协调。如那个孩子如果觉得父母划的范围太小,他玩的空间越大才越愉快,在这种情形下,孩子就陷入了自我不协调。自我不协调导致焦虑,于是个体就采用各种防卫机制以阻止与自己的直接经验相左的经验进入意识的层面。如**歪曲**(distortion),今天父(母)的心情不好;或**否认**(denial),父(母)没有不高兴,即对父母的反应视而不见、听而不闻。歪曲和否认都是为了避免自我不协调,即使一个好的评价性经验,对于一个自我概念中缺乏相应经验的人而言,可能也会使他(她)产生不协调从而导致焦虑。如一个自认为缺乏吸引力的女性,当有人说她有吸引力的时候,她可能会想,这人不是出于礼貌,就是有什么企图。

自我不协调的第二种情况是个体自我概念中的**理想自我**(ideal self)与**真实自我**(real self)之间不一致。理想自我是个人最希望自己是什么样的人,或应该是什么样的人,真实自我是自我概念中对自己真实状况的觉知。如在一个时期,一个人的理想自我是大公无私,当他觉知到自己有"私心"的时候,他就会感到焦虑。实际上理想自我往往是来自他人的评价,如"好孩子"、"好人"等,真实自我则来自自己的直接经验,二者之间的不协调,往往使个体用理想自我歪曲或否认真实自我,从而使真实自我受到遮蔽。

3. 以人为中心的心理治疗

如果自我不协调的情形过于严重,以致防卫机制失灵,个体就陷入严重的焦虑状态。在罗杰斯看来,心理治疗就是帮助当事人消除自我不协调,促进自我的成长,使自我走向自我实现的道路。罗杰斯将自己创建的心理治疗模式称为当事人中心疗法(client-centered therapy),后来又改称为以人为中心的治疗(person-centered therapy)。其要义在于,心理治疗不是传统的医生治病的模式,医生是指导者,病人被动地接受治疗,而是要相信当事人自己具有自我实现的潜能,也有追求健康的动力,治疗并非指导,而是以当事人为中心,创设一种有利于当事人自我成长的条件,在一种和谐的人际关系中,帮助当事人自己消除自我不协调,使被遮蔽的真实自我显露出来,进而重建自我概念,并实现自我的潜能。

咨询员与当事人之间的平等、信任的关系是这种"治疗"得以成功的关键。读者在理解罗杰斯的"治疗"概念时,一定不要从传统意义上去理解,而是要将其视为一种促进他人成长的活动。在咨询员这一方,则应具备以下三种态度。

(1) 真诚一致(congruence)

真诚一致就是指在治疗关系中,咨询员本人是一个表里一致的人。咨询员越是以自己的本来面目出现,越是不戴专业面具或个人面具,来访者就越有可能发生建设性的改变和成长。

(2) 无条件积极关注(unconditional positive regard)

罗杰斯认为人有一种很重要的需要,就是积极关注的需要,也就是希望别人以积极的态度支持自己,包括爱、尊重、接受、喜欢、支持、赞赏等。罗杰斯将积极关注分为两种,一种是有条件积极关注(conditional positive regard),是指个体只有在自己的行为符合他人的标准的条件下才能得到他人的积极关注。这里所说的他人主要指在个体成长过程中的"重要的他人",如父母和教师。无条件积极关注就是指个体在任何条件下,即便表现出弱点和错误的时候,都能得到他人的积极关注。如上面例子中的那个孩子,只有在父母指定的范围内摆弄玩具,才能得到许可和称赞,这是有条件积极关注。如果孩子满屋子摆弄玩具,父母并不说他是个坏孩子,也不说如果不改正就不爱他了,而是说父母也知道他在满屋子来摆弄玩具很愉快,并让他自己体会这样做会带来的不愉快,就是让孩子明确感受到父母只是不喜欢他做的这件事,而不是因此就不喜欢他这个人,这就是无条件积极关注。罗杰斯认为,有条件积极关注会导致自我不协调,这样孩子会为了得到积极关注,去取悦于父母,接受父母的价值条件,并将这些条件纳入自我概念中,那些自己的直接经验、自己内在的真实感受,就被淡漠、疏远和遮蔽。这样,个人就变成了自己的"重要的他人",自动地用他人的标准要求自己。他人成了自我,真正的自我反而被排斥。我们绝大多数人就是这样长大的,我们用他人的眼光看自己,我们越来越不了解自己,甚至越来越不喜欢自己。改变这种状况的必要条件是得到无条件积极关注。在治疗关系中,咨询员对当事人的无条件积极关注,就意味着无条件地接受和尊重当事人的所有感受和任何表达,对其不加以批评或纠正。只有这样,当事人自己才能接受自己的真实经验,并将其整合到新的和谐的自我概念之中。

(3) 同理心(empathy)

同理心是指咨询员设身处地去体会当事人的一切经验,包括欲望、恐惧、冲突等。去感同身受这些经验,好像你自己也在经历这些体验。咨询员要进入到当事人的主观世界,去感受并理解当事人,既感人之所感,又知人之所知,分享他的快乐,分担他的痛苦,并将自己的这些感受有效地表达出来。

显然,以上三方面是有内在联系的,这三个条件共同构成一种治疗情境。来访者越是充分感受到这三个方面,他获得的成长就越多。

四、认知与社会认知理论

人格的认知理论认为人格的差异是由人们信息加工方式的差异造成的。也就是说人们的思维方式决定人的人格。人格心理学中的认知理论的杰出倡导者是美国心理学家凯利(Gorge Kelly,1905—1966),他在1955年出版的《个人建构心理学》,奠定了认知理论在人格心理学中的地位。这种理论认为,处在同样的情境中,不同的人有不同的行为,经历了同样的事件,不同的人有不同的感受或观点,对以后生活的影响也不同,这些人格的差异都是由于不同的人建构(construct)世界的方式不同。凯利提出了"人是科学家"的命题,意即每个人都像科学家一样,总是试图认识世界。科学家工作的主要目的是获得确定性或减少不确定性。

每个人都像科学家一样,不断地对经验予以概括,通过概括,我们就能够发现一些事物之间具有相似性,而与另一些事物区分开来。如有的人高,有的人矮;有的东西是白的,有的东西是黑的;一些东西在生长,另一些东西在死亡。这种对事物的相似性和相异性的认识,就形成了我们对世界的建构。凯利认为,任何建构都是双极的或二分性的,如友好—敌意、热情—冷淡、善良—邪恶。

凯利
(Gorge Kelly, 1905—1966)

一种建构要得以形成,至少要对三个事物进行比较,即两个相似的事物和一个相反的事物。如要形成硬—软这一建构,就要有两个硬的东西和一个软的东西,或两个软的东西和一个硬的东西。通过对三个东西的比较,方能形成相似性和相异性的认识,即形成一个建构。

面对同一事物,不同的人可能进行不同的建构。这种不同的建构导致我们对同一事物做出不同的反应。每个人都有一套相对固定的建构系统,正是这种相对固定的建构系统,决定了我们的行为模式。个人的建构系统使人能够对世界进行解释、预测和控制。

对同一事物可以形成不同的解释,即对同一事物可以有多种建构,不能说哪种建构对,哪种建构错。没有客观的事实,也没有绝对的真理,只有不同的建构。我们是从多种建构中选择自己的建构,从而形成自己的建构系统的。因此,个人在创立自己的建构系统时是自由的,他可以自由地选择自己的建构,但已经确立的建构就会成为个人预期事件的方式,从而决定个人对待世界和人生的方式。"两个人从监牢的铁栅栏中向外看,一个人看到泥土,而另一个人则看见星星。"①凯利将以上的观点称为建构选择论或建构多元论(constructive alternativism)。

由此,凯利提出了个体建构论的基本假设:在心理学的意义上,个人的历程是由他预期事件的方式所引导的。个人用已有的建构来解释和预期事物,而这种已有的建构便界定了他的世界。实际上,一个人的人格就是他的建构系统。

社会认知理论(social cognitive theory)是当代的一种整合性的人格理论,它试图将以上有关影响人格形成的各种因素综合起来加以考察,特别注重环境和认知的交互作用。该理论的主要代表人物是美国心理学家班杜拉(Albert Bandura,1925—)。他发现并非所有的学习都依赖于斯金纳式的直接强化,在很多情况下,即使没有直接的强化,个体也可以学习,一个人借助于观察他人的行为及其后果也可以从中得到学习。这颇类似于中国人所说的"见贤思齐"的情况。因此,学习不是被动的外部因素直接强化的结果,而是一个主动的过

班杜拉
(Albert Bandura, 1925—)

---

① 赫根汉.人格心理学导论[M].何瑾,冯增俊,译.海口:海南人民出版社,1986:364.

程。如儿童在游戏中的行为、流行歌曲的传播等社会情境中的人的大多数行为都是通过观察或模仿而获得的。班杜拉将这种通过观察和模仿他人的行为而获得的学习称为**观察学习**(observational learning)。由于观察学习是在人与人之间的社会情境中发生的,所以这种学习也称为社会学习(social learning),这种理论就叫做**社会学习理论**(social learning theory)。

观察学习中的强化往往是**替代强化**(vicarious reinforcement)而不是直接强化,即看到别人的行为受到强化因而自己的相应行为倾向间接地受到强化。

深入研究观察学习,就会发现从观察到学习之间存在着复杂的过程,特别是认知过程,包括注意、保持、动作复现和动机等。

观察学习中的认知因素还包括:当一个人模仿他人(榜样)的行为时,就会依据榜样的行为从而对自己的行为确定一个标准,并用这个标准要求自己、评价自己,这就是**自我规范**或**自我调节**(self-regulation)。如果自己的行为符合这一标准,他就会感到满足,这种满足就是对相应行为的强化,班杜拉称这种强化为**自我强化**(self-reinforcement)。人由于具有思维和想象力,在行动之前就能够预料可能的后果,能够事先设定目标并制订多种解决问题的方案,因此人的模仿或学习往往不是先盲目行动,再看得到的是奖励还是惩罚。尽管过去的奖惩经验会影响当下的判断和行动,但这些经验只是影响行为的因素之一,而且是与其他许多内在因素联系起来起作用的。因此在减少甚至没有外部强化的情况下,人的相应行为有时不仅不会减少或消失,反而会更加坚定。华生和斯金纳的行为主义相信环境能够塑造任何行为,显然不能有效解释这一事实,即古往今来世界各地都有人宁愿忍受来自环境的打击而坚持自己的信念不动摇。人有时做事只是为了实现自己的目标,并不在乎是否能得到外在的奖励。实现了自己的目标,就能增强自我效能感。当我们的某种行为不符合自己的标准,即使别人不在意,我们也会自我指责、自我惩罚。

因此,人的行为既受外部环境的影响,又受内部因素的影响,但行为又不是两种因素简单叠加共同影响的结果。实际上,外因、内因和行为三者是交互作用的(见图7-2)。① 环境(奖惩)塑造人格,但人也选择和改造环境(行为)以适合自己的需要(信念、思想、期望等)。人格只有在这种交

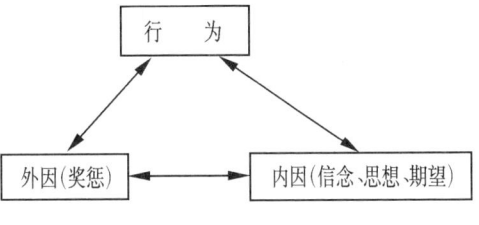

图7-2 班杜拉的相互作用论模型

互作用中才能得到解释。由于班杜拉强调发生在人际之间的社会学习,而且这种学习离不开人的内在的信息加工,所以班杜拉称自己的理论为**社会认知理论**。

---

① J. M. Burger. 人格心理学[M]. 陈会昌,译. 北京:中国轻工业出版社,2000:278.

第四节 人格测验

心理学家常常研制一些工具用以具体了解心理的个体差异,这就是心理测验。从内容上讲,心理测验主要有智力测验和人格测验。好的人格测验与一种好的智力测验一样,都需要有较高的信度(reliability)和效度(validity)。但需要强调的一点是,智力测验在评定人的智力差异时可以对不同的人做出高低不同的评价,人格测验则不能对不同的人的人格做出价值高低的评价,而只能就不同人在同一人格维度上进行程度上的评价,如在卡特尔16PF测验中的乐群性上得高分者意味着乐群外向,得低分者意味着沉默孤独,但这不意味着高分者的人格高于低分者。

心理学家通常根据测验方式将人格测验分为自陈式测验和投射式测验。

一、自陈式测验

自陈式测验是运用自陈量表(self-report inventory)来进行人格测验的一种方法,量表中包含一些陈述性的条目,受测者根据陈述内容与自己实际的适合情况选择答案。心理学中现有自陈量表三千多种,有的自陈量表是用来测量某一种人格特质,有的是用来测量多种人格特征,如下面介绍的三种自陈式测验。

(一)卡特尔16种人格因素测验

我们已经了解卡特尔的人格特质理论以及他编制的16种人格因素问卷(Sixteen Personality Factor Questionnaire,简称16PF,具体内容见表7-2)。16PF适合于16岁以上的青年和成人。刘永和和梅吉瑞(G. M. Meredith)在1970年发表了中文修订本,在港台地区使用。辽宁省教育科学研究所李绍衣等人于1981年在刘、梅修订本的基础上,又进行了修订。后经华东师范大学戴忠恒和祝蓓里等在1988年做了进一步修订(共有187个题目,每个特质包括10—13个题目)。以下是一些题目举例:

22. 在工作中,我愿意:
    ①和别人合作;
    ②不确定;
    ③自己单独进行。
35. 在公共场合,如果我突然成为大家注意的中心,就会感到局促不安:
    ①是的;
    ②介于①③之间;
    ③不是的。
44. 当领导召见时,我:
    ①觉得可以乘机提出建议;

②介于①③之间;
③总怀疑自己做错了事。

在以上题目中,22 是测独立性的,35 是测敢为性的,44 是测忧虑性的。当然不是依据对一个题目的回答就能对某一种特质做出评价,而是依据对所有题目的回答来进行评价,并且要求受测者尽可能不选中间答案(这一点也适合于其他自陈式测验)。

16PF 不仅可以描述受测者的 16 种人格特质,还可以描述四项双重因素:内向—外向、适应—焦虑、感情用事—安详机警、怯懦—果断,以及四项社会成就因素:心理健康因素、专业成就因素、创造力因素和环境适应因素。16PF 是进行大范围人格调查分析和研究的较理想的问卷。

(二)艾森克人格问卷

艾森克将人格划分为内—外向、神经质和精神质三个维度,并编制了艾森克人格问卷(Eysenck Personality Questionnaire,简称 EPQ)。这个测验包括成人问卷和少年问卷两种,分别适合调查 16 岁以上和 7—15 岁两个年龄段的人群。EPQ 在我国有陈仲庚和龚耀先两人分别主持修订的版本,这里我们以陈仲庚的版本为例来说明。此问卷的成人式包括 85 个题目,少年式包括 74 个题目。以下题目样例来自成人式:

1. 你是否有广泛的爱好? 是□ 否□
11. 你是否时常担心你会说出(或做出)不应该说(或做)的事情? 是□ 否□
22. 如果条件允许,你喜欢经常外出(旅行)吗? 是□ 否□
27. 有坏人想要害你吗? 是□ 否□
30. 你是个忧虑重重的人吗? 是□ 否□
57. 是否有那么几个人时常躲着你? 是□ 否□

在以上例题中,1 和 22 两题是用来测内—外向的,11 和 30 两题是用来测神经质的,27 和 57 两题是用来测精神质的。

EPQ 涉及的人格维度较少,容易掌握,施测方便,因此得到广泛应用。

(三)明尼苏达多项人格问卷

明尼苏达多项人格问卷(Minnesota Multiphasic Personality Inventory,简称 MMPI)是美国明尼苏达大学教授哈撒威(S. R. Hathaway)和麦金利(J. C. Mckinley)在 1940 年编制完成的(修订版 MMPI-2 于 1989 年出版)。该测验的编制者从大量病史资料、已有的人格问卷、医学档案、病人自述、医生笔记及一些书本描述中收集题目,让有精神病的人和正常人回答,将正常人和精神病人的反应有差异的题目保留,这样得到 500 多个题目。该测验主要用于心理异常的诊断,在精神医学界及有关心理健康的工作中使用较多,也常用于科学研究。MMPI 包括 10 个临床量表(内容和高分值者的典型表现如表 7-5),适合于测试 16 岁以上的人，其题目形式与 EPQ 相同，由受测者对每一陈述做"是"或"否"的回答。MMPI 中文版由宋维真主持修订。

表 7-5　MMPI 的测验内容和高分值者的典型表现

序号	测验内容	高分值的意义
1	疑病	有许多叙述不清的身体不适、不愉快、自我中心、诉苦、寻求同情等
2	抑郁	情绪抑郁、缺乏自信、易怒、胆小、依赖、悲观、苦恼、嗜睡等
3	癔病	用否认和压抑来处理压力，在高压力下常伴随身体症状
4	精神病态	反抗、冲动、攻击、缺少社会顺从，常常违反纪律和法律
5	男人气—女人气	（男性）女性倾向或（女性）男性倾向
6	偏执	多疑、孤独、精明、警惕、过分敏感、敌意、好争论
7	精神衰弱	紧张、焦虑、反复思考、恐惧、刻板、自责、感到不如人
8	精神分裂	退缩、混乱、情绪不稳定、想法古怪，甚至有妄想和幻觉
9	躁狂	冲动、激动、精力过度充沛、轻浮、夸张，甚至情绪紊乱、反复无常
10	社会退缩	内向、胆小、退缩、不善交际、羞怯、屈服、过分自控

（四）五因素人格问卷

五因素人格问卷（The NEO Personality Inventory，简称 NEO PI）是由五因素理论的主要代表人物考斯塔和麦克雷于 1985 年编制的。NEO 即神经质性、外向性和开放性（Neuroticism, Extraversion, Openness）三个单词的缩写，此问卷初版只包括这三个特质，修订后的五因素人格问卷加上了另外两个特质（NEO PI-R）①。包括自我报告和观察者报告两种形式，都是由 240 个题目组成，每个题目包含一个描述人格的形容词，如严肃的、务实的、谨慎的等，问卷将被试对每个题目的反应，从完全适合到完全不适合，分为五个等级来记分。若是自我报告，每个项目就是以第一人称的形式表述；若是观察者报告，每个项目就是以第三人称的形式表述，由被评定人的同伴、配偶等人来完成。因此，两种形式的题目内容和描述的对象是相同的，只是表述时使用的人称不同。这样就可以将被评定人在两种形式的问卷上的得分进行比较，从而形成对被评定人的性格的描述。

NEO PI-R 适用于 16 岁以上的成人。由于它内容简明易懂，测试的实施及数据统计都易于操作，加上理论得到较广泛的认可，并且在不同的领域得到应用，所以它是当今西方的一种使用广泛的人格测验。NEO-FFI（NEO Five-Factor Inventory）是 NEO PI-R 的简略版本，共 60 个题目，10—15 分钟完成。

就应用而言，例如，若一个大学生在外向性和尽责性上得分高，而神经质性上得分低，则可以很好地预测其在将来的工作中有出色的表现。研究者还发现滥用药物者（drug abuser，如吸毒）的人格特点与非滥用药物者相比，在神经质性上得分高，而在随和性和尽责性

---

① Neuroticism Extraversion Openness Personality Inventory-Revised.

上则得分较低,并且在外向性维度的寻找刺激方面得分高,这些都说明这些人容易体验较强烈的消极情绪、常处于敌对的人际关系中、热衷于寻求刺激并且缺乏责任心(Carducci,1998)。

二、投射测验

自陈式测验的施测过程和记分都较简单而客观,使用方便而经济,并可利用电脑来施测、记分和解释,但受测者可能会受到自己或社会期望的影响,按照自己或社会认为好的标准来回答,而不是按照自己的实际情况回答,而且受测者的回答依赖于他自己的意识,而人格有很多当事人自己不能觉察到的方面,自陈式测验就难以反映出来。为此,心理学家就设计了投射测验(projective test)。以下介绍两种影响最大的投射测验。

(一)罗夏墨迹测验

罗夏墨迹测验(Rorschach Inkblot Test)是由瑞士精神医学家罗夏(Hermann Rorschach,1884—1922)于1921年编制的。该测验由10张不同的墨迹图片构成。当初制作这些图片时,是将墨汁滴于纸片中央,然后将纸对折使墨汁蔓延开去,形成对称但意义含糊的各种图形。罗夏用这些图片去试测不同的人,包括正常人和精神病患者,将那些能引起被试不同反应的图片保留,其余的舍弃,这样从数千张图片中选定了10张作为正式的测验之用(见图7-3)。测试时按一定顺序,每次由主试出示一张,并问被试:"你看这张图像什么?""它使你想到什么?"被试

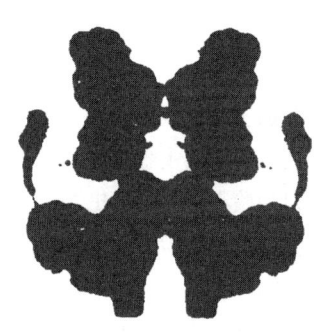

图7-3 罗夏墨迹测验图片示例

可以转动图片,从不同角度去看同一图形。测试以一位主试对一位被试的方式进行,主试是经过专门训练的人士,根据一套标准针对被试对图形的反应来记分和解释。评分主要依据三个方面:第一,部位,即被试反应的是整个墨迹还是一部分墨迹;第二,关键点,即影响反应的墨迹特征,是形状、还是颜色、或是明暗、质地等;第三,内容,即被试将墨迹看成什么事物。

(二)主题统觉测验

主题统觉测验(Thematic Apperception Test,简称TAT)是由美国心理学家莫瑞(H. A. Murray)和摩根(C. D. Morgan)于1935年编制的一种投射测验。所谓统觉在这里是指根据先前的经验以一定的方式去观察和理解事物。主题统觉测验就是要求被试根据自己的统觉来解释含义不明的图画。TAT由30张具有情境但主题不确定的图片构成,要求被试根据卡片上的情境编故事,故事内容应该包括:(1)图中显示的是一种什么样的情境,即发生了什么事?(2)什么原因导致此情境的发生?(3)可能会有什么样的结果?(4)当事人的思想感受如何?测验设计者认为,被试在看图编故事时,通过描述和解释不确定的社会情境,就会不知不觉地将内在的人格表露出来。例如,当把一幅与图7-4相仿的图画

呈现给一位21岁的男青年时,他讲述了如下的故事:

她正在收拾屋子以迎接某人的到来,她打开门,最后一遍扫视房间。也许她正在盼望儿子回家。她试图把所有的东西恢复到儿子出门时的原样。她的性格似乎十分专横,支配着儿子的生活,一旦儿子回来她还要继续控制他。这仅仅是她的控制的开始。她的儿子一定被她的专横态度所吓倒,将顺从滑入她的井然有序的生活方式之中。他将按照母亲规定的单调乏味的生活道路走下去。所有这一切都意味着她完全主宰着他的生活直至她死去。

图7-4 类似于TAT的图画

虽然原画面上只有一个妇女站在敞开的门口,看着房间,但被试的反应却暴露出他与母亲的某种关系,并引出了这一母亲支配儿子的故事。后来事实证实了临床医生的解释,即这一故事确实反映了被试自己的问题。①

投射测验虽然有很详尽的评分手册,并且由专业人员来施测和解释,但评分仍然带有相当的主观性或直觉性,有关投射测验的信度和效度的研究结果还是不太令人满意。即便是两位专业人士也会对同一测验做出不同的判断。但投射测验仍然是有用的,只是应该将投射测验与个人生活史、其他测验的数据和行为观察联系起来解释。有经验的专业人员往往使用投射测验对被试的人格做出尝试性的解释,然后根据其他资料来决定接受还是抛弃这种解释。

人格测验是了解人格的重要工具,但无论是自陈测验还是投射测验都有局限性,使用者应根据自己的目的灵活而谨慎地掌握。

【主要结论与应用】

1. 人格是个人在各种交互作用过程中形成的内在动力组织和相应行为模式的统一体。
2. 奥尔波特在其人格特质理论中,将人格特质分为共同特质和个人特质;并进一步将个人特质分为首要特质、中心特质和次要特质。
3. 卡特尔在其人格因素论中,将人格特质分为表面特质和根源特质;继而找出16种根源特质。
4. 艾森克在卡特尔的工作基础上,找出了更稳定的特质,即外向性、神经质和精神质,后人也将其称为"大三"。
5. 五因素模型综合了词汇研究和其他有关研究成果,认为人格的基本结构包括神经质、外向性、开放性、随和性和尽责性,每个因素又包括6个子因素。
6. 遗传、环境和个体自身的内在因素,它们交互作用影响人格的发展。
7. 双生子研究为遗传影响人格的结论形成提供了证据。

---

① R. L. Atkinson. 心理学导论(下册)[M]. 车文博,孙名之,等,译. 台北:台湾晓园出版社,1994:698.

8. 影响人格形成的环境因素进一步可细分为:产前环境、出生过程、家庭环境、学校教育、社会阶层和社会文化。

9. 主要的人格理论包括:特质理论、生物学理论、精神分析理论、行为主义、人本主义、认知与社会认知理论。

10. 弗洛伊德认为人的本能可分为性本能和自我本能。后来,他又将本能分为生本能和死本能,其中,生本能包括性本能和自我本能。

11. 性本能(力比多)是主要的人格动力,它往往与社会文化相冲突而导致焦虑。防御机制是缓解焦虑的潜意识策略,诸如压抑、退行、合理化(文饰)、投射、反向作用、转移、升华等。

12. 弗洛伊德认为人格由本我、自我、超我三部分构成,它们分别遵循快乐原则、现实原则和完美原则,三者之间的平衡有利于人格健康。

13. 弗洛伊德根据性感区的变化将人格发展分为五个阶段:口唇期、肛门期、性器期、潜伏期、两性期,他结合固着和退行两个概念来揭示神经症的心理机制。

14. 华生用经典条件反射来解释人格的形成;斯金纳用操作条件反射来解释人格的形成,他们都认为人是环境的产物。

15. 在斯金纳看来,强化是行为建立的关键。强化又分为正强化和负强化。负强化也是一种奖励,与惩罚不同。

16. 马斯洛在其需要层次理论基础上研究了那些最健康的人,即自我实现的人,他描述了自我实现的人所具备的主要人格特征,并进一步提出了自我实现的途径。

17. 罗杰斯认为自我协调是心理健康的关键,他提出以人为中心的心理治疗应具备三种态度:真诚一致、无条件积极关注和同理心。

18. 凯利提出了个体建构论,认为人格的差异都是由于不同的人建构世界的方式不同造成的。

19. 社会认知理论是当代的一种整合性的人格理论,它试图将有关影响人格形成的各种因素综合起来加以考察,特别注重环境和认知的交互作用。

20. 人格测验有自陈式测验和投射式测验,著名的自陈式测验有 16PF、EPQ、MMPI、NEO PI 等,著名的投射式测验有罗夏墨迹测验、TAT 等。

【学习评价】

1. "人格"的定义中应包含哪些基本含义?
2. 特质研究主要解决什么问题,使用了什么策略,得出了哪些基本结论?
3. 人格形成受遗传影响的主要研究证据有哪些,这些证据是如何获得的?
4. 人格形成受环境影响的主要研究证据有哪些,你如何看待遗传与环境对人格发展的影响?
5. 弗洛伊德如何解释心理疾病的成因?
6. 结合实验和生活经验比较经典条件反射和操作条件反射,并说明负强化与惩罚的关系。
7. 在马斯洛看来,心理健康的人主要具有哪些特点?如何培养这些特点?
8. 罗杰斯如何解释自我协调与不协调?
9. 以人为中心的心理治疗的三个条件对教育有何启发?
10. 如何理解"人是科学家"这一命题?
11. 替代强化和自我强化与斯金纳的强化概念有何不同?
12. 请举出几个常用的自陈式人格测验和投射测验。
13. 自陈式人格测验和投射测验各有什么优缺点?

【学术动态】

- 进化心理学(evolutionary psychology)认为人的心理特性与身体特性一样经过了漫长的进化历程,那些具有适应功能的特性就得以保留,反过来,那些保留下来的心理与行为特性就是具有适应功能的。例如男性和女性的基本择偶标准(如年龄)在世界各种不同文化中具有明显的普遍性,根源在于早期人类男性和女性在繁殖和抚养后代方面所面临的不同的适应性问题。适应的特性就通过基因保留下来。男性的基本择偶标准是年轻漂亮,其实是高繁殖潜力;女性的基本择偶标准是年龄较大、可靠、能挣钱、有潜在或现实的经济实力,其实是为其后代提供保障的能力。

- 积极心理学(positive psychology)的倡导者批评过去的心理学过多关注了人性中的消极面,如攻击、抑郁、焦虑,指出当今心理学应更多地关注人性的积极面,如主观幸福感、生活满意度、乐观主义、利他主义、创造性等。这种思路与当年的马斯洛一脉相承,但积极心理学不像过去人本主义较多地使用个案研究,而是使用严格的实验研究和相关研究。

- 自从西方学者提出了人格因素的"大五"结构后,各国学者都对"大五"结构是否具有跨文化性产生了兴趣,试图寻找"大五"因素在其他各种语言中的存在的证据。但人格结构有两个部分,一是所有文化下人们共有的人格成分;二是某一文化下人们独有的人格成分。中国人的人格结构与西方人相比既有相似性,又有独特性。杨国枢等在中国较早进行了相关的本土研究。他从中文人格特质形容词入手,研究了中国人的人格结构。王登峰将杨国枢收集到的用于描述稳定人格的形容词与从现代汉语词典和刊物中收集到的词汇合并,用因素分析法进行研究,最后确定中国人人格结构的七个维度,分别是精明干练—愚钝懦弱、严谨自制—放纵任性、淡泊诚信—功利虚荣、温顺随和—暴躁倔强、外向活跃—内向沉静、善良友好—薄情冷淡、热情豪爽—退缩自私。根据这一人格结构模型,王登峰等编制了中国人人格量表,并对各维度进行了重新命名,分别为:才干、行事风格、外向性、处世态度、人际关系、善良、情绪性。

【参考文献】

1. Atkinson,R. L. 和 Hilgard,E. R.. 心理学导论(下册)[M]. 车文博,孙名之,等,译. 台北:台湾晓园出版社,1994.
2. Burger,J. M.. 人格心理学,[M].陈会昌,等,译. 北京:中国轻工业出版社,2000.

3. Hogan, R., Harkness, A. R., & Lubinski, D.. 人格和个体差异. 载 K. Pawlik, & M. R. Rosenzweig. 国际心理学手册(上册)[M]. 张厚粲,主译. 上海:华东师范大学出版社,2002.

4. Pervin, L. A.. 人格心理学[M]. 洪光远,郑慧玲,译. 台湾桂冠图书公司,1995.

5. Phares, E. J.. 人格心理学[M]. 林淑梨,王若兰,黄慧真,译. 台湾心理出版社,1994.

6. 马斯洛. 动机与人格,[M]. 许金声等,译. 北京:华夏出版社,1987.

7. 马斯洛. 人性能达的境界[M]. 林方,译. 昆明:云南人民出版社,1987.

8. 尤瑾,郭永玉. "大五"与五因素模型:两种不同的人格结构[J]. 心理科学进展,2007,15(1):122—128.

9. 王登峰,崔红. 中国人人格量表(QZPS)的编制过程与初步结果[J]. 心理学报,2003,35(1):127—136.

10. 王登峰,崔红. 中国人人格量表的信度与效度[J]. 心理学报,2004,36(3):347—358.

11. 叶浩生. 西方心理学的历史与体系[M]. 北京:人民教育出版社,1998.

12. 江光荣. 人性的迷失与复归:罗杰斯的人本心理学[M]. 武汉:湖北教育出版社,1999.

13. 张春兴. 现代心理学[M]. 上海:上海人民出版社,1994.

14. 杨国枢,彭迈克. 中国人描述性格所采用的基本向度——一项心理学研究中国化的实例[M]. 台北:台湾桂冠图书公司,1984.

15. 钟友彬. 中国心理分析[M]. 沈阳:辽宁人民出版社,1988.

16. 郭永玉,王伟. 心理学导引[M]. 上海:华中师范大学出版社,2007.

17. 郭永玉. 人格心理学——人性及其差异的研究[M]. 北京:中国社会科学出版社,2007.

18. 郭永玉. 人格心理学导论[M]. 武汉:武汉大学出版社,2007.

19. 黄希庭. 人格心理学[M]. 台北:台湾东华书局,1999.

20. 赫根汉. 人格心理学导论[M]. 何瑾,冯增俊,译. 海口:海南人民出版社,1986.

第八章 个体心理发展

【内容摘要】

本教材的前几章主要描述成人的心理过程与个性心理特点。本章则是从心理的产生与发展这一角度出发,探讨人类个体心理从无到有、从简单到复杂的变化历程,重点突出儿童心理的发展。我们首先对心理发展的含义与相关观点作了界定与介绍,然后分别对个体认知和语言的发展、情绪与社会性的发展作概要阐述,最后提及心理学家对遗传与环境影响心理发展的主要看法。通过本章的学习,可以了解心理发展不同侧面的一般年龄特点,并且明确个体今天的心理特点是昨天发展的结果,又是明天心理发展的基础。

【学习目标】

1. 解释什么是心理发展,以及毕生发展观对发展的理解。
2. 能举例说明关键期的基本含义。
3. 阐述四个主要学派对心理发展的基本看法。
4. 用自己的话说清定向反射习惯化与去习惯化。
5. 理解并记住皮亚杰提出的思维发展的四个阶段及主要特征。
6. 简要说明儿童语言获得的机制。
7. 了解心理理论的含义及其研究价值。
8. 解释依恋的含义,并说明依恋与其后心理发展的关系。
9. 根据自己的成长历程,说说影响人格成长的主要因素。
10. 分别举例说明遗传与环境在个体心理发展中的作用,并明确其辩证关系。

【关 键 词】

发展 关键期 认知发展 社会性发展 遗传与环境

我们都知道,新生儿具有初步的感知觉能力,并且他们是带着与众不同的气质特点降临于世的,但与成人所具有的高级心理过程和复杂的人格特点相比,儿童的心理世界既简单又具有广阔的发展空间。个体心理发展所描述和揭示的,正是随着年龄的增长,体现在个体身上的心路历程,以及各种因素对心理发展的影响。

第一节 心理的发展及其主要观点

一、心理的发展及其主要特点

(一)心理发展的含义

心理发展是指个体随年龄的增长,在相应环境的作用下,整个反应活动不断得到改造,日趋完善、复杂化的过程,是一种体现在个体内部的连续而又稳定的变化。发展变化从开始到成熟大致体现为:一是反映活动从混沌未分化向分化、专门化演变;二是反映活动从不随意性、被动性向随意性、主动性演变;三是从认识客体的外部现象向认识事物的内部本质演变;四是对周围事物的态度从不稳定向稳定演变。发展通常使个体产生更有适应性、更具组织性、更高效和更为复杂的行为。发展持续人的一生,其中儿童青少年的身心发展最为显著,也是传统上发展心理学家着重关心的发展阶段。

(二)心理发展的主要特点

1. 连续性与阶段性

心理的发展变化是连续的,还是分阶段的?发展心理学家们存在着争议。强调发展是由外部环境所决定的心理学家,认定发展只有量的累进而不存在什么阶段;强调发展主要由内部成熟或遗传所决定的心理学家,更倾向于发展是有阶段的,是由量变到质变的过程。当然,更多的人主张心理发展既体现出量的积累,又表现出质的飞跃。当某些代表新质要素的量积累到一定程度时,就会导致质的飞跃,也即表现为发展的阶段性。图8-1分别是连续发展模型、发展的阶段模型以及分化—层次模型的图示。在连续发展模型中,发展是平稳的量的增加;发展的阶段模型则将发展看成是量的积累与质的飞跃的融合;在分化—层次模型中,发展被视为既不是线性的,也不是阶段性的,而是对早先简单、弥散、整体的心理状态的一种分化,并且建立起更高水平上的整合与层级组织。

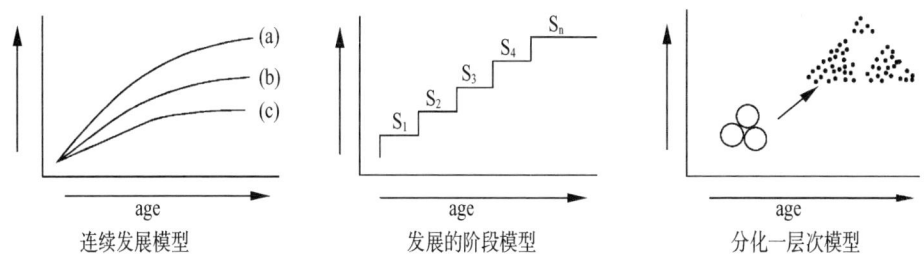

图8-1 心理发展的不同模型(纵坐标为发展水平,横坐标为年龄)

2. 方向性和不可逆性

正常情况下,心理发展具有一定的方向性和先后顺序,既不能逾越,也不会逆向发展。如个体动作的发展,就遵循自上而下(从头到脚)、由躯体中心向外围、从大肌肉动作到精细动作的发展规律,这些规律可概括为动作发展的头尾律、近远律和大小律,体现在每个儿童身上,都是如此。

3. 不平衡性

个体从出生到成熟并不总是按相同的速度直线发展的,而是体现出多元化的模式,表现在:不同系统的发展速度、起始时间、达到的成熟水平不同;同一机能系统特性在发展的不同时期(年龄阶段)有不同的发展速率。从总体发展来看,幼儿期出现第一个加速发展期,然后是儿童期的平稳发展,到了青春发育期又出现第二个加速期,然后再是平稳地发展,到了老年期开始出现下降。

4. 个别差异

尽管一个正常儿童的发展总是要经历一些共同的基本阶段,但发展的个体差异仍然非常明显,每个人的发展优势(方向)、发展的速度、高度(达到的水平)往往是千差万别的。例如,有的人观察能力强,有的人记性好;有的人爱动,有的人喜静;有的人善于理性思维,有的人长于形象思维;有的人早慧,有的人则开窍较晚。正是由于这些差别,才构成了多姿多彩的人类世界。

专栏 8-1

白痴学者

白痴学者(idiot savant)是指轻度或中度精神发育不全,而同时在某(些)方面具有超群认知功能的人。其特殊才能可表现在日期推算、计算数字、音乐、绘画、背诵、查阅字典、下象棋,甚至是某一专业知识领域。例如,对于一般人很难口算的多位数乘法,白痴学者会快速地说出答案。对于白痴学者形成的机制,有几种不同的假说。心理学假说认为,智力由一般智力和个别智力构成,前者代表智力的整体结构,后者代表智力的各个特殊方面,如计算能力、特殊记忆、音乐才能等。一般智力和个别智力之间,各种个别智力之间,其发展程度并不均衡协调,白痴学者就是这种不均衡性的一种突出表现。"熟悉块"假说认为,日期推算等行为强烈地激发着脑内作为动机性行为神经基础的"奖赏系统",从而出现了"自我刺激"行为。所谓"自我刺激",就是自我追寻某一特定刺激,并以刺激本身作为奖赏并感到满足。由于"自我刺激"的作用,患者脑内储存了大量的数字关系,形成了有利于快速提取的"熟悉块"。而神经电生理假说则提出,白痴学者可能是由大脑皮层各区发展不平衡所造成的,患者在总体上脑功能发育不全,但局部区域可能存在代偿性的超常发育。

[资料来源] 陈兴时.白痴学者[J].心理科学,1993(2).

---

5. 发展的关键期

奥地利动物习性学家劳伦兹(K. Z. Lorenz)在研究小鸭和小鹅的习性时发现,它们通常将出生后第一眼看到的对象当做自己的母亲,并对其产生偏好和追随反应,这种现象叫"母亲印刻(imprinting)"。心理学家将"母亲印刻"发生的时期称为动物认母的关键期(critical period)。关键期的最基本特征是,它只发生在生命中一个固定的短暂时期。如小鸭的追随行为典型地出现在出生后的24小时内,超过这一时间,"印刻"现象就不再明显。

心理学家所讲的关键期是指,人或动物的某些行为与能力的发展有一定的时间,如在此时给以适当的良性刺激,会促使其行为与能力得到更好的发展;反之,则会阻碍发展甚至导致行为与能力的缺失。一般认为有四个领域的研究可以证实关键期的存在:鸟类的印刻、恒河猴的社会性发展、人类语言的习得以及哺乳动物的双眼视觉。关键期并不是突然开始和终止的,它逐渐发展并达到高峰,然后慢慢消退。由于早期心理迅速发展,揭示并且关注不同领域心理发展的关键期,成为发展心理学家和教育家共同感兴趣的问题。斯拉金(W. Sluckin)在综合了许多文献后认为,人类的探究行为、攻击性行为、音乐学习、人际关系的建立等等,经早期学习更为有效。表8-1列举了一些心理发展的关键期。

表 8-1 一些心理发展关键期列举

心理发展的内容	关 键 期
依恋形成	0—2 岁
口语学习	1—3 岁
书面语言学习	4—5 岁
形象视觉发展	0—4 岁
掌握数概念	5 岁左右
外语学习	10 岁以前
音乐学习	5 岁以前

应该注意到的是,对人类心理发展的关键期问题,目前还存在着许多疑问和争论。一般而言,运用关键期这一概念,通常意味着缺失了关键期内的有效刺激,往往会导致认知能力、语言能力、社会交往能力低下,且难以通过教育与训练得到改进。印度发现的"狼孩",就是关键期缺失的典型事例。狼孩卡玛拉由于从小就离开人类社会,在狼群中生活了8年,深深地打上了狼性的烙印,后来虽然回到人间并经过教育与训练,但到17岁时她的智力才达到3岁儿童的水平,仅知道一些简单的数字概念,学会50个词汇,能讲简单的话。因而有研究者认为,关键期的缺失对人类发展所造成的负面影响,通常在极端的情况下才难以弥补,对人类大部分心理功能而言,也许用敏感期(sensitive period)这样的概念更为合适。敏感期是指一个系统在迅速形成与发展时期,对外界的刺激特别敏感。例如,胎儿在胚胎期(2—8周)是机体各系统与器官迅速发育成长的时期,若受到外界不良刺激的影响,最易造成先天缺陷。当然,在敏感期内,个体比较容易接受某些刺激的影响,比较容易进行某些形式的学习。各种心理功能,成长与发展的敏感期不同,但敏感期这一概念更加强调的是,在这个时期以后,某种心理功能产生和发展的可能性依然存在,只是相对而言可能性比较小,形成和发展比较困难而已。

二、心理发展的主要观点

(一) 成熟势力说

成熟势力说简称成熟论,其代表人物是美国心理学家格塞尔(A. Gesell)。格塞尔认为,心理发展是由机体成熟预先决定与表现的。成熟是推动心理发展的主要动力,没有足够的成熟,就没有真正的发展与变化。

格塞尔的观点源自于他的双生子爬楼梯研究。1929年,他首先对一对双生子T和C进行了行为基线的观察,确认他们发展水平相当。在双生子出生第48周时,对T进行爬楼梯、搭积木、肌肉协调和运用词汇等训练,而对C则不作训练。训练持续了6周,其间T比C更早地显示出某些技能。到了第53周当C达到爬楼梯的成熟水平时,对他开始集中训练,发现只要少量训练,C就赶上了T的熟练水平。进一步的观察发现,55周时T和C的能力没有差别。据此,格塞尔断言,儿童的学习取决于生理上的成熟,成熟之前的学习与训练难有显著的效果。

在成熟论看来,个体心理发展具有方向性,如动作的发展就遵循由上而下、由中心向边缘、由粗到细这样的发展规律。发展取决于成熟,而成熟的顺序取决于基因决定的时间表,因此年龄便成为心理发展的主要参照物。格塞尔收集整理了数以万计儿童的发展行为模式,推出了格塞尔行为发育诊断量表(即年龄常模)。通过与行为发育的年龄常模相比较,即可判断不同儿童的心智发展水平。该诊断量表在临床实践中运用十分广泛。

专栏 8-2

格塞尔行为发展量表

格塞尔根据数十年对婴幼儿行为的系统观察,于1940年发表了格塞尔行为发展量表。该量表的适用范围是4—6周岁,通过四个领域对婴幼儿的发育状况做出评估。这四个领域是:运动,包括坐、走、跑等姿势,平衡、抓握等动作;适应,包括觉醒(alertness)、探究、对环境的适应与调节等;语言,包括面部表情、发音、说话等;个人—社会交往,包括生活自理、游戏、大小便、与成人来往等,共计有63个项目。格塞尔强调发展的几个领域可以不平衡,因此在评价时必须分开计算能力。由于儿童年龄小,他提出用发育商数(developmental quotient)的概念,用于小年龄儿童,以区别于大年龄儿童和成人的智力商数。

[资料来源] 宋维真等.心理测验[M].北京:科学出版社,1987:149—151.

格塞尔认为,儿童在成熟之前,处于学习的准备状态,只要准备好了,学习就会发生。在发展的进程中,个体还表现出极强的自我调节能力。

(二) 行为主义观

华生否认遗传在个体成长中的作用,认为一切行为都是刺激(S)—反应(R)的学习过程,通过刺激可以预测反应,通过反应可以推测刺激。

华生运用条件反射理论所做的婴儿害怕实验,为心理发展的行为决定论作了最有力的说明。男孩艾伯特11个月时与小白鼠玩了3天,后来,当艾伯特开始伸手去触摸白鼠时,脑后突然响起了钢条的敲击声。艾伯特受到了惊吓,但没有哭。第二次,当他的手刚触摸到白鼠时,钢条又被敲响,他猛然跳起,向前摔倒,开始哭泣。如此反复多次,以后当白鼠单独出现时,艾伯特会表现出极度恐惧,转过身去,躲避白鼠。在这个实验里,白鼠成为剧烈声响的替代刺激,引发了艾伯特的条件反应。华生据此解释说,任何行为(包括情绪),不论是积极的还是消极的,都可以通过条件反射而获得。华生的这一实验本身是有违道德的,但不可否认,它为行为的习得与消除提供了事实依据。

华生曾说:"给我一打健康的、发育良好的婴儿和符合我的要求的抚育他们的环境,我保证能把他们随便哪一个都训练成为我想要的任何类型的专家——医生、律师、巨商,甚至乞丐和小偷,不论他的才智、嗜好、倾向、能力、禀性以及他的宗族如何。"

斯金纳继承了华生的行为主义基本信条。与华生不同的是,斯金纳用操作性条件作用来解释行为的获得。他认为,行为分为两类,一类是应答性行为,另一类是操作性行为。前一种行为就是经典条件反射中由刺激所引发的反应行为;后一种行为是个体时不时发放出来的行为。在一个操作性行为出现之后,如果有一个作为强化物的事件紧随其后发生(即"强化依随"),那么该操作性行为发生的概率就会大大增加。"斯金纳箱"的实验研究充分印证了这一观点。

斯金纳认为,人的行为大部分是操作性的,行为的习得与及时强化有关。因此,可以通过强化来塑造儿童的行为。行为是一点一滴地塑造出来的,每一个塑造出来的行为可以组合成统一完整的反应链,从而使个体的发展越来越朝人们预期的方向接近。因此,这一理论不仅适合于儿童新行为的塑造,也同样对不良行为的矫正有指导意义:最常用的途径就是对儿童的不良行为予以"忽视",即未经强化的行为,很快就会消退。

班杜拉认为,儿童通过观察学习而习得新行为。观察学习是一种普遍的、有效的学习,班杜拉将它定义为:经由对他人的行为及其强化性结果的观察,一个人获得某些新的反应,或现存的反应特点得到矫正。也就是说,在大多数时候,儿童通过观察他人(榜样)所表现出的行为及其结果,既不需要直接作出反应,又不需要亲自体验强化,就可以完成学习。通过对攻击性行为、亲社会行为的研究,班杜拉更坚定了"榜样的力量是无穷的"这一看法。社会学习理论开始注意到人、人的行为和环境的相互影响,主张儿童可以通过他们的行为作用于他们的环境,并经常通过有效的方式改变他们的环境,这是社会学习理论对传统行为主义的重要突破。

从总体上看,尽管华生、斯金纳、班杜拉的观点各有所侧重,但他们的共同基本要旨,便是主张心理发展只是量的不断增加过程,是由环境和教育塑造起来的。

(三)精神分析论

弗洛伊德看来,存在于潜意识中的性本能是心理的基本动力,心理的发展就是"性"的发展,或称心理性欲的发展。

弗洛伊德所指的"性",不仅包括两性关系,还包括儿童由吮吸、排泄产生的快感、身体的舒适、快乐的情感。在儿童的成长过程中,口腔、肛门、生殖器相继成为快乐与兴奋的中心。以此为依据,弗洛伊德将儿童的心理发展分为五个阶段,即口唇期(0—1岁)、肛门期(1—3岁)、性器期(3—6岁)、潜伏期(6—11岁)、两性期(11、12岁开始)(参见第七章"人格")。

精神分析论强调性本能、潜意识与情感在发展中起至关重要的作用。心理的发展是有阶段的,生命的最初几年具有十分重要的意义,任何成人阶段表现出来的行为都能在个体的早期经验中找到根源,因此,对儿童早期经验的关注尤显重要。在个体的发展过程中,来自各方面的因素都可能导致心理性欲的发展偏离常态。

(四)相互作用论

有人认为,"皮亚杰的事实是儿童心理学的最可靠的事实"。作为发展心理学领域最有影响的心理学家之一,皮亚杰(J. P. Piaget)试图从儿童思维发展的过程中找到人类认识发展的规律。

在皮亚杰看来,发展受四个因素的共同影响,这四个因素是:成熟、自然经验、社会经验以及平衡化,其中第四个因素是决定性因素。

1. 成熟。主要指机体的成长,特别是大脑和神经系统的成熟。生理成熟是心理发展的必要条件。

2. 自然经验。主要是通过与外界物理环境的接触而获得的知识,主要有两类:一类是物理经验,它是主体的个别动作作用于客体所产生的有关客体位置、运动和性质的经验,这些知识经验是有关客体本身的;二是数理逻辑经验,它是主体对一系列动作之间关系协调的经验,是在反复的主客体相互作用的基础上建立起来的。例如,儿童从玩耍鹅卵石的过程中发现,无论石子如何排列,其总数保持不变。这一经验并不是石子本身具有的物理特性,而是个体总结出来的数理逻辑经验。

3. 社会经验。主要指语言和教育的影响。皮亚杰认为,良好的教育在一定程度上能加速认知发展,但教育并不能使儿童逾越某一认知发展的阶段,也不能改变认知发展的阶段顺序。

4. 平衡化。皮亚杰认为,认识或者说思维既不是单纯来自于客体,也并非单纯来自于主体,而是来自于主体对客体的动作,是主体与客体相互作用的结果。思维的本质是适应,可以用图式(schema)、同化(assimilation)与顺应(accommodation)、平衡(equilibrium)来说明适应过程。思维起源于动作,动作(最初是先天无条件反射)在相同或类似环境中由于不断重复而得到迁移或概括,即形成图式。图式的复杂水平直接决定了认知水平的高低。图式类似于其他学者所认为的认知结构。同化是指将环境刺激纳入到机体已有的图式,以加强和丰富机体的动作,引起图式量的变化;当机体的图式不能同化客体,须建立新的图式或调整原有图式,引起图式质的变化以适应环境,就是顺应。同化与顺应既相互对立,又彼此联系。

在个体的成长发展过程中,会不停地遇到外来刺激,通过同化与顺应机制,机体的图式从相对较低水平的平衡,到该平衡被打破,发展到相对较高水平平衡的建立,个体的心理水平也相应达到了一个新的台阶。可以说,某一水平的平衡是另一较高水平的平衡运动的开始。不断发展着的平衡状态,就是整个心理的发展过程。

(五)生态发展观

20世纪80年代以来,发展心理学领域出现了一些新的趋势,较有代表性的是生态发展观。生态发展观在关注环境作用的基础上,进一步把生态学思想引入发展心理学,将个体发展、物种进化及各物种所具有的典型情境等构想为系统整体,并认为人与环境一同演进,人与环境构成了一个生态系统。个体的发展是一个渐成的过程,而在这一发展过程中,遗传和环境因素一起选择性地控制着人的基因表达,从而导致复杂的心理与行为表现。

生态发展观的代表人物是布朗芬布伦纳(U. Bronfenbrenner),他提出了个体发展的生态理论模型。在该模型中,生态就是指个体正在经历着的,或者与个体有着直接或间接联系的环境。他将个体置于五个环境系统中来进行考察,这五个环境系统分别为:

微系统(microsystem):个体最直接接触到的环境,主要包括家庭、学校、同伴、玩耍地等;

中介系统(mesosystem):在微系统和外系统间起联系作用;

外系统(exosystem):指那些个体并未直接参与但却对个人有影响的环境,如邻居、传媒、社会福利制度等;

宏系统(macrosystem):社会中的社会伦理、道德、价值观等;

时序系统(chronosystem):个体所处的社会历史条件。

这五种环境因素同时存在,并且宏系统的变化会影响外系统,并进而影响到个体的微系统和中介系统。在发展成长的不同年龄阶段,这五种系统的影响也有所不同。布朗芬布伦纳因而主张对个体发展的考察,不应仅停留在微系统上,而应在各系统的相互联系中来考察发展。

生态发展观关注人在成长过程中自然环境(即生态环境)的作用,但并不否认个体的作用。一方面,发展变化可能是源于儿童外界环境的作用;另一方面,这些变化也可能是源于儿童自身,因为在成长的过程中,儿童会选择、修正和创造他们自己的环境和经验。而儿童选择、修正和创造环境和经验的方式又取决于他们自身的身体、智力、人格特点和环境机遇。因此,发展既不是由外界环境所控制的,也不是由个体的内部倾向性所决定的。而应当说,儿童既是环境的产物又是环境的缔造者,所以儿童与环境共同建构起一个相互依赖、共同作用的网络。人与环境之间达到最佳拟合有利于心理发展,如果拟合不理想,人就会通过适应、塑造或更换环境来提高拟合度。

综观这几种有代表性的心理发展观,我们认为成熟论与行为主义发展观分别强调了心理发展的某一个重要的方面,但否认另一方面的作用使它们的理论观有失偏颇;精神分析论强调应重视潜意识、早期经验的作用,为我们了解个体内心世界的成长提供了有价值的参照,但该理论同时缺乏对个体认知等领域发展的科学解释;相互作用论明确了主客体在心理发展中的作用,为我们了解个体心理发展提供了较为完善的理论框架;生态发展观强调关注生态环境中活生生的个体心理成长,关注人—环境的拟合度,为现实状态下个体的心理发展研究提供了新思路。

三、人的毕生心理发展历程

(一)毕生发展观

传统上的发展心理学,关注的是从出生到发育成熟这一阶段个体的成长与发展。从20世纪80年代后期开始,受系统科学方法论的影响,以及现代社会逐步向老龄化过渡,加之发展心理学本身研究范围的拓展,越来越多的心理学家开始将人的毕生发展作为研究对象,毕生发展观也逐步成为发展心理学中的主流趋势。

毕生发展观的基本思想主要体现为:

1. 个体发展是整个生命发展的过程。人的一生都处在不断的发展变化中,从生命的孕育到生命的晚期,其中的任何一个时期都可能存在发展的起点和终点。心理发展不仅取决于先前的经验,而且也与当时特定的社会背景等因素有关。因此,一生的经验对发展均有重要的意义。

2. 个体的发展是多方面、多层次的。心理和行为发展的各个方面,甚至同一方面的不同成分和特性,其发展的进程与速率是不相同的。例如,人的液态智力在中年以后有下降的趋势,但人的晶态智力在成年期以后仍有可能保持增长的趋势。

毕生发展观以一种更为全面的眼光来审视发展。它认为生命历程中任何时候的发展都是获得与丧失、成长与衰退的整合,任何发展都是新适应能力的获得,同时也包含已有能力的丧失,只是其得与失的强度与速率随年龄的变化而有所不同。以语言的发展为例,在个体获得本民族语言的同时,他对其他语言的发音能力明显降低了,而这正是语音发展的实质。

3. 个体的发展是由多种因素共同决定的。主要有三类影响系统,即年龄阶段的影响、历史阶段的影响、非规范事件的影响。年龄阶段的影响主要指生物性上的成熟和与年龄有关的社会文化事件的影响,包括接受教育的年龄、职业事件(如退休)等;历史阶段的影响是指与历史时期有关的生物和环境因素的影响,如战争、经济状况等;非规范事件的影响是指对某些特定个体发生作用的生物与环境因素的影响,包括疾病、离异、职业变化等。这三类影响系统共同决定了个体一生发展的性质、规律和个体间的差异。

4. 发展是带有补偿的选择性最优化的结果。带有补偿的选择性最优化模型(selective optimization with compensation,简称SOC)可以说是将毕生发展的结构框架应用于建构一个发展的总体模式的结果。选择是指个体对发展的方向性、目标和结果的趋向或回避。最优化是指获取、优化和维持有助于获得理想结果,并避免非理想结果的手段和资源。一般来说,最优化需要许多因素的共同作用。这些因素包括文化知识、身体状况、心理状态、目标设定、实践、努力等。补偿则是由资源丧失引起的一种功能反应,主要有两种类型:创造新手段以达到原有的目标或调整目标。SOC模型整合了对发展有至关重要作用的选择、优化、补偿三方面的心理功能,既体现出普遍性,又表现出相对性。它的普遍性在于选择、最优化和补偿三者之间的协调存在于任何发展过程中;它的相对性在于SOC过程因人而异,因情景、领域不同而千差万别。

毕生发展观所产生的影响是巨大的,借助于这种观点,我们可以更全面、更深刻地理解人的发展过程。同时,毕生发展观也为中老年人调整心态、终身教育提供了理论支持。

(二)毕生心理社会发展阶段

我国古代教育家孔子在总结自己的人生经验时说:"吾十有五而志于学,三十而立,四十而不惑,五十而知天命,六十而耳顺,七十而从心所欲,不逾矩。"这是古人对毕生发展的朴素理解。

新精神分析的代表人物之一埃里克森(E. H. Erikson)把个体从出生到临终的一生称为生命周期。埃里克森关心个体发展中的人格结构,认为个体在发展中逐渐形成的人格,是生物的、心理的和社会的三方面因素构成的统一体。在人格的发展过程中,要经历顺序不变又相互联系的八个阶段。每个阶段都有一个普遍的发展任务,这些任务都是由个体成熟与社会文化环境、社会期望间不断产生的冲突或矛盾所规定的。在任何一个阶段,如果个体解决了冲突,完成了该阶段所要求的任务,就能形成积极的人格品质,相反则会形成消极的品质。个体就是这样在不断的解决冲突、克服心理社会危机、完成发展任务的过程中从一个阶段向下一个阶段过渡。当然,埃里克森强调,如果个体在某一阶段未能很好地解决发展任务,他还可以通过教育等措施在下一阶段得到补偿。由于埃里克森将个体发展的范围扩展到人的一生,其心理社会发展阶段理论可称为毕生发展心理学领域内第一个相对完善的理论;西方现行的许多发展心理学的教科书,也往往以该理论作为框架来构筑教材体系。

埃里克森所指的心理社会发展阶段包括:

第一阶段:婴儿期(0—1.5岁)。此阶段的发展任务是获得信任感,克服不信任感。婴儿出生后就有种种生物性需求,要吃、要抱、要睡、要有人逗他等等,一旦这些需要得到满足,就会产生对周围的人及其世界的信任感。这种对人和环境的基本信任感是以后各阶段发展的基础,尤其是青年期形成同一性的基础。

第二阶段:儿童早期(1.5—3岁)。此阶段的发展任务是获得自主感,克服怀疑与羞怯感。儿童的动作能力发展很快,必要的认知和语言能力也已具备,还多多少少形成了与父母、同伴社会交往的经验,他开始喜欢独立探索周围世界,藐视外部世界的控制,显示自己的力量。"我来"、"我不"成为一些孩子的口头禅。要使孩子获得自主感,父母要给孩子一定的自由,并鼓励他做力所能及的事。如对儿童限制过多、批评过多、惩罚过多,会使儿童产生对自身能力的怀疑与羞怯感。

第三阶段:学前期(3—6岁)。此阶段的发展任务是获得主动感,克服内疚感。儿童可以在言语和行动上更广泛地探索和扩充他的环境,主动性大大增加。在主动探索的同时,会与别人的自主性发生冲突,因而会产生内疚感。

第四阶段:学龄期(6—12岁)。此阶段的发展任务是获得勤奋感,克服自卑感。儿童开始进入学校,意味着进入了真正意义上的社会。为了努力完成学习任务,也为了不落后于其他同学,儿童必须勤奋地学习;在这一过程中,又时不时渗透着害怕失败的情绪。这种勤奋感与自卑感的并存便构成了本阶段的危机。

第五阶段:青春期(12—18岁)。此阶段的发展任务是建立自我同一感,防止同一感混乱。所谓自我同一感是一种关于自己是谁,在社会上应占什么样的地位,将来准备成为什么样的人以及怎样努力成为理想中的人等一系列的感觉。跨入青春期的个体,由于身体迅速发展、性的成熟,以及所面临的种种社会义务与选择,会对过去怀疑,对将来迷茫,现实的自我与理想的自我难以统一,这就是同一感危机。如果个体在进入青春期之前,有较强的信任感、自主感、主动感和勤奋感,就容易实现自我同一感。

第六阶段:成人早期(18—25岁)。恋爱与婚姻是这一阶段的主要特征,所以发展任务是获得亲密感,避免孤立感,体验着爱情的实现,积极的成果是亲爱。

第七个阶段:成年中期(25—50岁)。主要通过生儿育女,获得生殖感而避免停滞感,体现着关怀的实现,积极的成果是关怀后代。

第八个阶段:成年晚期(50岁以后直至死亡)。在体验了人生的众多喜怒哀乐后,这一阶段主要为获得综合的完善感,避免对自己的失望和厌恶感,体现着智慧的实现。积极的成果为体验完成人生的使命感。

第二节　认知和语言的发展

一、感知能力的发展

感知觉是个体接收外来信息的心理基础。随着早期经验研究的兴起和现代化研究手段的普遍采用,越来越多的发现表明在婴幼儿期,个体的许多感知觉已达到相当高的发展水平。

对一个尚不会用语言来表达感知觉经验的新生儿而言,需要采用一些专门的评定方法来判断他们的发展水平。通常采用的方法和指标有观察婴儿的身体运动和脸部表情、他们的反射行为、视觉偏爱以及对刺激的定向反射习惯化和去习惯化。当婴幼儿能感受某个刺激时,他会表现出相应的身体运动和脸部表情,或特定的反射行为。通过观察婴儿的脸部表情和反射行为,研究证实出生第一天的新生儿已有听觉反应。

运用视觉偏爱的假设是,个体看同样的物体花同样长的时间,看不同的物体所花时间就不同,因此可以从婴儿注视两样不相同的物体所花费的时间是否相同来判断婴儿早期是否能辨别形状、颜色,以及他们喜欢看什么。范茨(R. L. Fantz)的经典研究表明,几周的婴儿就表现出对不同图案注视时间的差异,相对于简单、杂乱、模糊的形状或图形,婴儿从一开始就偏爱观察复杂、和谐、清晰的形状与图案。这为儿童早期探索和认识世界奠定了基础。

当一个新异刺激出现时,一个个体,包括新生儿都会产生定向反射。这时,个体的心率就会起变化,注意力也会朝向刺激物,其他正在进行的活动(如吸吮)立刻停止。如果隔很短一段时间刺激物又重新出现,引出定向反射的次数就会逐渐减少。同样的刺激物如反复呈现,最后会使原先出现的定向反射完全消失,这种现象可称之为**定向反射习惯化**(habituation)。在个体已对某种刺激物形成习惯之后,又出现一个新的刺激物,这时个体又产生了反射行为,表明他能将新刺激物与旧刺激物加以区别。这种恢复了对新事件的兴趣的现象称为**定向反射去习惯化**。在儿童的听觉,特别是与将来的语言表达密切相关的言语听觉方面,运用定向反射习惯化和去习惯化的手段使我们对婴幼儿的早期能力有了更多的了解。研究发现婴儿从小能辨别"ba"和"pa"两种语音,体现出语音的范畴知觉,即无论"ba"和"pa"两个语音有怎样的变异,不同人发出的"ba"就是知觉为"ba",而"pa"就是知觉为"pa"。语音的范畴知觉在理解语言的过程中具有重要作用,儿童通过忽略大量语音范畴内的变异,才使语言的理解和运用成为可能。

在所有的感知觉中,方位知觉和时间知觉的发展相对较晚。方位知觉是对物体所处方向的知觉。研究表明,3岁儿童已能辨别上下方位,4岁儿童可分辨前后方位,5岁开始能以自身为中心辨别左右方位。由于方位具有相对性,儿童从具体的方位知觉发展到稳定的方位概念要经过较长的时间。儿童因方位知觉困难造成的学习错误在小学低年级中会经常出现,如"b"与"d"不分,"6"与"9"误写,等等。对时间知觉的研究则表明,5岁儿童对时间知觉的把握尚不稳定,7岁儿童开始利用外部时间标尺,到8岁左右,时间知觉的准确性和稳定性开始接近于成人。

二、记忆的发展

记忆的发展可以从量的发展和质的变化两方面来看。

记忆量的发展可以从记忆范围、记忆广度和记忆储存的时间等方面得以体现。一般认为,儿童最早出现的是对自己所做动作的记忆(动作性记忆,出生后一至两周),然后记住的是情绪和情感(情感性记忆,半岁左右),进而能记住事物的形象(形象性记忆,半岁到一岁),一岁后能记住并再现其所了解的言语材料(符号性记忆)。此后,记忆的范围就扩展到日常生活的各个领域。

记忆广度是指个体在单位时间内记忆材料的最大数量。研究表明,儿童记忆广度的发展随年龄而增加,至初中阶段,记忆广度达最高水平,此后逐渐下降。

记忆的储存时间也同样体现出随年龄的增长而延长的趋势。神经纤维髓鞘化在6岁末左右完成,为个体的记忆传导与保持提供了良好的生理基础,因而表现出学龄儿童的再认、再现保持时间比学前儿童都明显要长。凡是使儿童产生深刻印象、引起浓厚兴趣、激发强烈情绪体验及经常运用的内容,记忆储存的时间就长。

国内有研究发现,对于系列材料的记忆,材料的长短、材料中每个项目呈现的时间、识记后有无智力活动的干扰和识记材料的性质影响着中小学生的短时记忆和长时记忆效果。

有研究者(杨治良等,1981)运用信号检测论的方法,借助于d'指标(d'表示辨别力),对具体图形、抽象图形、语词三种材料再认能力的最佳年龄作了研究。研究发现,不同年龄阶段对三种材料的再认能力,都经历"低→高→低"的发展过程。对具体图形的再认,小学高年级年龄阶段达到高峰;对抽象图形和词的再认,初中阶段达到高峰。三种材料相比,对抽象图形的再认最差。在幼儿至初中阶段,对词的再认能力低于具体图形;在成人阶段,对词的再认能力高于具体图形(见图8-2,纵坐标为辨别力d')。这些结果表明,再认能力的最佳年龄是青少年期,成人的记忆与儿童期相比,具有明显不同的特点。

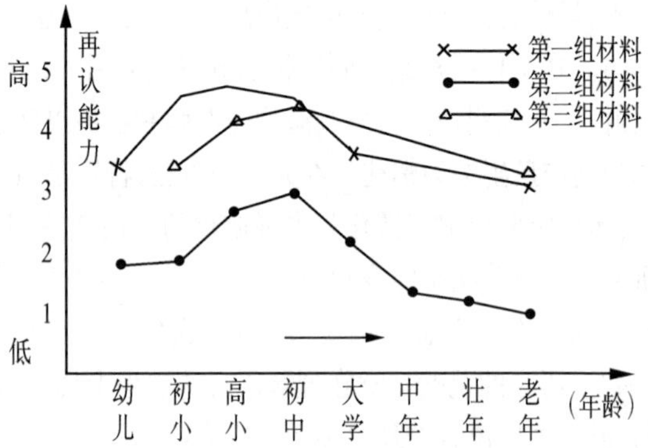

图8-2 年龄与再认能力的关系

就老年人而言,记忆变化的总趋势是随年龄的增加,记忆逐步减退,但存在很大的个别差异。老年期的记忆主要表现为记忆广度下降、机械识记减退、规定时间内的速度记忆衰退、再认能力下降等特点。尤其是国内外的研究都发现,在60岁以后记忆有急骤的下降,对于近期记忆材料的损害更为严重。而近期记忆的明显减退是老年痴呆症患者的典型特征之一。

记忆质的变化主要表现之一为个体从无意识记向有意识记发展。由于幼儿期整个心理活动水平的有意性都比较低,此阶段个体的记忆尚难服从于某一特定的目的,无意识记占据主导地位。那些直观的、形象的、具体的、鲜明的材料,更容易引起儿童的无意识记。但与此同时,有意识记在幼儿阶段也已经出现。随着年龄的增长,有意识记的发展更为明显。一般来说,学前期无意识记的效果要好于有意识记,到小学三四年级时,有意识记的效果已赶上无意识记的效果,此后,有意识记占据了主导地位。

记忆质的变化还体现在个体记忆组织性的提高上。个体往往根据自己对事件的认识、理解以及有关的经验,对有待储存的信息进行调整,以便于保持,这就是记忆的组织性。皮亚杰认为,儿童对现实的认识就是其根据外在世界的原本形态和他们已有的认知结构而产生的一种心理建构,记忆也是这种建构性的心理活动。随年龄的增长,个体记忆的组织性逐步增强。

对儿童元记忆发展的关注成为该领域的一个新近的趋势。弗拉维尔(J. H. Flavell)认为元记忆包括两方面:一是记忆敏感性(sensitivity),例如,个体能够认识到在有些情境下需要有意图的识记行为,有些则不需要;二是记忆变量(variables),即有关记忆情境中有关个

体变量、任务变量和策略变量等特定维度的知识。目前,心理学家们倾向于认为元记忆包含以下一些成分:

一是陈述性元记忆知识(declarative metamemory knowledge)。陈述性元记忆知识是指主体能清晰地意识到的有关记忆的真实、长时信息,包括主体变量、任务变量、记忆策略变量等方面的知识。韦尔曼(Wellman)的研究发现,5岁儿童对绝大多数记忆变量都有了很好的理解。

二是记忆监控(memory monitoring)。记忆监控包括"阅读"自己的记忆状态、正确评价这种状态对现时或将来心理活动操作影响的能力与过程。学前儿童对自己的瞬时记忆广度的预测与真实的记忆能力之间具有较大的差距,他们对自己的记忆能力有明显高估的倾向;学龄儿童对自己记忆能力的估计已较为客观。

三是记忆策略的调节与控制(strategy regulation and control)。弗拉维尔曾在研究儿童复述策略发展时指出,年幼儿童记忆策略的发展要经历产生性缺损(production deficiency)和中介性缺损(mediational deficiency)阶段。所谓产生性缺损,就是年幼儿童具有执行策略的基本能力,但却常常不能在具体的记忆情境中自发地运用策略。中介性缺损则是指在一些情况下,儿童策略的使用和成绩的改进并不同步,成绩的提高常常滞后于策略的使用,即儿童记忆策略的使用并不导致记忆成绩的提高。

许多研究表明,元记忆与记忆成绩之间只有中等程度的相关,二者间的相关有赖于任务类型、被试年龄等许多因素。弗拉维尔和韦尔曼认为,儿童与成人记忆上的差异并不在于记忆的机制上,而在于记忆策略方面存在差异。

三、思维的发展

对个体思维发展的解释,最有影响的当属于瑞士儿童心理学家皮亚杰(Jean Paul Piaget,1896—1980)的观点。在他的理论中,思维、认知、智慧这些词是经常交替使用的。他认为,思维或智慧的发展是整个心理发展的核心,其发展阶段最主要的特点是:阶段出现的先后顺序固定不变,每一阶段都有其独特的图式或认知结构,图式或认知结构的发展是一个连续建构的过程。他把个体思维发展的过程划分为四个阶段。

1. 感知—动作阶段(0—2岁)。主要特点是儿童依靠感知动作适应外部世界,构筑动作格式,即思维与动作密切相连。在10个月时,儿童获得了客体永久性概念,即当客体在他的视野中消失时,仍然认为该客体是客观存在的。这一概念的获得是由于儿童运动协调

皮亚杰
(Jean Paul Piaget,
1896—1980)

而形成新的经验结构的缘故,是今后思维活动发展的基础。此后,儿童可以将自我从外界客体中区分开来;在该阶段的后期,儿童建立了初步的因果关系概念,开始认识到主体既是活动的来源,也是认识的来源。

2. 前运算阶段(2—7岁)。由于符号功能与象征功能的出现,思维得以从具体动作中

摆脱出来，表象思维与直观形象思维成为该阶段的主导。皮亚杰通过"三山实验"证实，由于儿童总是从自己的角度出发来看待世界，尚不能变换角度或意识到他人有不同的视角，因而该阶段儿童的思维具有明显的自我中心特点。此外，由于儿童不能很好地区分心理的和物理的现象，思维还具有"泛灵论"的特点，即倾向于将活动着的任何物体都视为有生命的。在儿童的绘画作品及童话中，"泛灵论"都有充分的体现。

3. 具体运算阶段(7—12岁)。在这一阶段，个体的思维具有了内化性、可逆性、守恒性以及整体性等特性。儿童是否具有守恒概念是具体运算阶段区别于前运算阶段的主要标志。所谓守恒，是指儿童认为物体尽管从外表上看来由一种状态转变为另一种状态，但实质上其物质含量既没有增加，也没有减少。这表明儿童的思维已不再简单地受客体知觉特征的影响。当然，尽管此时儿童已有了运算性的心理操作，但这些心理操作仍需要具体对象为依托。在这一年龄阶段，儿童形成了完整的分类系统，能依据某种可定量的维度排列客体(序列概念)，能认识事物的关系而不仅仅是事物的绝对特征(关系思维)，能同时思考客体的整体与部分(类包含概念)。

4. 形式运算阶段(12岁以后)。形式运算阶段又称命题运算阶段，与前一阶段相比，其最大的特点是儿童的思维已摆脱具体事物的束缚，而着眼于抽象概念上。也就是说，他们能把内容与形式区分开来，对假设进行推理。因此，这一时期的思维更具灵活性、系统性和抽象性。

新皮亚杰学派的心理学家通过简化实验条件，降低任务难度，减少任务变量，排除干扰因素影响等一系列措施，发现幼儿也具有皮亚杰所宣称没有的那些能力，他们认为，皮亚杰低估了儿童早期思维发展的水平。此外，新皮亚杰学派的心理学家倾向于主张思维(认知)的发展是连续的，而非皮亚杰所认为的具有不同的阶段。

长久以来，以皮亚杰为代表的大多数心理学家普遍接受这样一种观点，认为在发展过程中，人类逐渐形成了一组一般的认知能力，能够用于解决各种认知任务，而不管任务的具体内容是什么，即领域普遍性观(domain-general)。以此为指导思想的认知发展研究，强调认知发展普遍过程的存在，并致力于探寻解释儿童认知发展的一般机制。新近的一些观点则对此提出了不同的看法。一些心理学家认为，认知能力的发展并不是以皮亚杰的年龄阶段论所描述的那种"全或无"的形式进行的，而是以某种领域特殊性(domain-specific)的方式出现的。也就是说，儿童彼此独立地发展了对于特定领域如数、空间、自身的心理状态等的认知，特定领域内的认知发展并不导致其他领域的同步增长。对成人脑损伤的研究表明，由于脑损伤而造成的高级认知功能的障碍一般是领域特殊性的，它们往往只影响面部识别、数、语言、记忆中的某一(些)方面，而与此同时，其他系统则相对完好无损。

四、语言的发展

语言的发展指的是儿童对母语的理解和产生能力的获得(主要是口头语)。语言的发展包括语音、语法、语义和语用技能四个方面。

语言是一个复杂的规则系统,然而令人惊讶的是,所有生理发育正常的儿童,都能在出生后四五年内未经任何正式训练而获得听、说母语的能力,其发展速度是其他复杂的心理过程和心理特征难以比拟的。

儿童真正能理解并说出单词在1岁左右,此前为语言准备期,此后为语言发展期。新生儿出生后的第一个行为表现就是哭,这既是独立呼吸的标志,也是在锻炼发声器官。一个月后,哭叫声逐渐分化,出现一些类似于元音和辅音反射性声音。5个月左右,儿童发音中出现了一些类似于成人语言中所使用的音节,如 ba-ba、ma-ma 等,但这些声音对婴儿而言尚不代表什么意义。这些咿呀学语在8、9个月时达到高峰。通过咿呀学语,儿童学会调节和控制发音器官的活动。此后,婴儿开始表现出能听懂成人的一些话,并做出相应的反应,如对他说"拍拍手",他就会做出相应的动作。这种以动作来表示的回答其实是对包括语词在内的整个语言情景的反应。通常要到11个月左右,语词才从情境中得以分离,作为单独的信号引起儿童的反应,表明儿童开始真正理解词的意义了。

从儿童表现出的语句结构完整性和复杂性看,句子或语法结构的发展体现出从单词句到双词句、再到简单句、复合句的趋势。儿童在1岁到1岁半左右开始说出有意义的单词,他用一个单词来表达比该词意义更为丰富的意思。使用单词句时通常是单音重叠,如"球球",并随不同的情境可能表示几种不同的意思。约从1岁半到两岁,儿童开始用由双词或三词组合在一起的语句,如"车车开开"等,其表现形式是简略、断续和结构不完整,类似于成人发电报时用的语句,故又称电报句。此时,单词句基本消失。到两岁左右,儿童开始出现结构完整的简单句,取代了双词句,此后复合句也逐步出现。复合句出现后,尽管4、5岁儿童会表现出喜欢反复尝试用复合句的倾向,但简单句和复合句保持同样的发展趋势。由此可见,句子和语法的发展体现出从混沌一体到逐步分化,句子结构从不完整到逐步完整,从松散到严谨的趋势。

儿童为什么能在短短的几年内掌握各种复杂而抽象的语言规则?对此不同的心理学家具有截然不同的观点。以斯金纳为代表的强化学习理论用强化来解释语言的获得,认为儿童自发地发出各种声音,近似于成人说话的声音或多或少地得到成人的奖励或强化,语言就在此基础上形成与发展起来。斯金纳还特别强调"强化依随"的作用,即强化必须紧接在言语行为之后很快出现才会有效。社会学习理论强调社会语言模式和模仿的作用,认为儿童学习语言的大部分是在没有强化条件下的观察与模仿。怀特赫斯特(G. J. Whitehurst)认为,模仿不一定指对成人语言的简单重复,而具有选择性。儿童能把范句的语法结构,应用于新的情境以表达新的内容,或是将模仿到的结构重新组合成新结构。语言的选择性模仿体现出语言获得中个体的创造性。乔姆斯基(N. Chomsky)的语言"先天机制"理论则认为,儿童具有一种先天的加工语言符号的大脑内在机制,随儿童脑的成熟,在一定条件下,这种内在机制被激发,便自然而然地获得语言。这种语言获得装置称为"LAD",当成人结构完整的语言材料输入儿童的LAD后,经加工就构成了输入语言的语法规则。正因如此,儿童能在听到少量语言的情况下理解和说出大量合乎语法规则的新言语。或许上述每种观点都只能说明语言获得的某些要素。

五、心理理论的发展

对心理状态的认识是我们日常生活的核心之一。在日常认识中,我们总是论及心理状态、推断他人的意图和信念,通过推测心理状态而预测人们的行为。直觉的"心理理论(Theory of mind)",是指个体对心理现象和心理状态的认识,它建立在心理与客观世界相区分、以及信念和愿望是人类行为之源这样一种认识的基础之上。从发展的角度探究儿童如何获得心理理论,是当前认知发展心理学的研究热点之一。

有关心理理论研究的热潮始于普里马克(Premack)和伍德鲁夫(Woodruff)对黑猩猩是否认识心理的猜测。由于方法论上的原因,目前错误信念(false belief)的掌握往往被视为儿童是否认识到个体能够以不同方式表征同一客体或事件的证据,因此错误信念任务被视为是否具有心理表征理论的某种"石蕊试剂"检验。研究者让被试观察用玩偶演示的故事。

实验任务情境 I:男孩 Maxi 将巧克力放在厨房的一个碗柜(位置 A),然后离开;他不在时,母亲把巧克力转移到另一个碗柜(位置 B)。Maxi 因不在现场,因此不知道巧克力已被移位。要求被试判断 Maxi 回厨房拿巧克力时,将在何处寻找。

实验任务情境 II:实验者向被试出示一个从外观不难知道里面装有何物的盒子(如糖果盒),并问盒子里是什么。在被试回答为"糖果"后,实验者打开盒子表明里面装的是铅笔;然后将铅笔放回盒子,并问被试:其他孩子在打开盒子之前,认为盒子里装的是什么?

结果发现,在诸如此类的任务中,3岁儿童在进行错误信念推理方面的能力是有限的,甚至可能无法利用最显然的外表线索。相反,5岁时儿童克服了实验任务中几乎所有的困难,他们能够更好地理解所提的问题,能够追随故事线索,并且不会由于存在其他显得十分突出的因素而被问题所迷惑。儿童在错误信念问题上的表现,从3岁到5岁之间出现了明显的变化。

为解释儿童心理知识的发展,研究者提出了几种不同理论。其中有代表性的理论解释包括理论论(Theory Theory)、模块论(Modularity Theory)和拟化论(Simulation Theory)。

心理理论并非一般科学意义上的理论,而是指儿童对自己和他人心理状态的理解和认知。关于心理的知识是人类最基本的认识领域之一,这种知识在我们的日常生活中具有举足轻重的影响:与他人的合作能力,责备、辩解和解释的行为倾向,预测他人行为的能力,影响他人行为的能力,无不涉及关于信念、期望、知识、需要、愿望、动机等心理状态的认识能力。源自心理理论研究的新观点,不仅有助于深入考察儿童的社会认知发展,而且为社会认知发展领域内的许多研究课题提供了某种联系纽带。例如,心理理论的观念和研究已对儿童关于情绪的认识、自我的发展、婴儿期的社会认知和自闭症儿童的社会认知发展等方面的研究产生巨大影响。近年来,研究者所探究的心理状态包括知觉、注意、愿望、情绪、意图、知识、假装和思维等等。

第三节 情绪和社会性的发展

一、情绪的发展

许多研究证实儿童具有先天的情绪机制。行为主义心理学家华生指出,新生儿有三种情绪:爱、怒和怕。而加拿大心理学家布里奇斯(K. M. B. Bridges)则认为,新生儿的情绪只是一种弥散性的兴奋或激动,是一种杂乱无章的未分化的反应。通过成熟与学习,各种不同性质的情绪才逐渐分化出来,如3个月时一般性的兴奋分化为痛苦与快乐这样一对矛盾的情绪状态,到8、9个月时,痛苦的情绪又分化为怕、怒和厌恶等负性情绪;快乐的情绪则分化出高兴、喜爱等正向情绪。

我国学者孟昭兰根据自己的研究,提出个体情绪的发生有一定的时间次序和诱因(见表8-2),情绪发展的个别差异表现很大。

表8-2 情绪发生的时间、诱因和表现

时 间	诱 因	情 绪
初生	痛→异味→新异光、声	痛苦→厌恶→微笑
3—6周	看到人脸或听到讲话声	社会性微笑
2个月	打针	愤怒
7个月	与熟人分离、在高处	悲伤、怕
1岁	新异刺激突然出现	惊奇
1—1.5岁	做了不对的事	内疚、不安

在6个月到1岁半这一段时间里,儿童由于认知能力的发展,加之慢慢熟悉了生活的环境和照料他的人,出现了较为明显的依恋和怯生。

依恋是婴儿寻求并企图保持与母亲(或另一个主要照料者)亲密的身体联系的一种倾向,主要表现为啼哭、笑、吸吮、喊叫、咿呀学语、抓握、身体依偎和跟随等行为。依恋是婴儿与抚养者之间一种积极的、充满深情的情感联结,是一种双向情感交流过程。

美国威斯康星大学动物心理学家哈洛(H. F. Harlow)在研究灵长类动物时发现,一些小猴与母猴隔离后,虽然身体上并无什么疾病,行为上却表现出一系列不正常现象。他因此设计了一个实验。哈洛制造了两个假母猴,一个是金属构成的"金属母猴",另一个则在金属外盖上一层柔软的毛巾做成"布母猴"。两个"母猴"都装有可供幼猴吸吮的奶瓶,可让小猴自由选择在有"母猴"的笼子里的活动。实验的结果是,不论"布母猴"是否供应食物,幼猴除了吃奶外,其余时间基本上是与"布母猴"一起度过的(见图8-3)。于是哈洛推断,身体接触的舒适比食物对依恋的形成起着更重要的作用。这一实验也经常被引用于解释父母对早期婴幼儿的拥抱、抚摸、微笑的重要性:依恋的程度与性质如何,直接影响儿童对周围世界的信任感、他们的情绪情感、社会性行为和性格特征。

在解释早期依恋的作用时,内部工作模型认为,依恋是幼儿出生后最早形成的人际关系,是成人后形成的人际关系的缩影。传递性模型认为,依恋具有传递性,幼儿早期与父母形成安全型依恋,在他们长大为人父母时,也更容易形成与孩子的安全型依恋,即依恋影响未来的抚养关系。不少研究者持依恋与心理行为问题密切相关的看法,因为研究发现,形成非安全型依恋的幼儿出现内化或外化的情绪、行为问题的比率远远超过了形成安全型依恋的幼儿。

几乎与儿童对亲人表现出依恋的同时,他对陌生人会表现出不同程度的害怕,即怯生。婴儿并非见到陌生人就一定会害怕,而要视众多因素而定,如父母是否与他在一起,是否处在熟悉的环境里,陌生人的脸部特征如何,婴儿

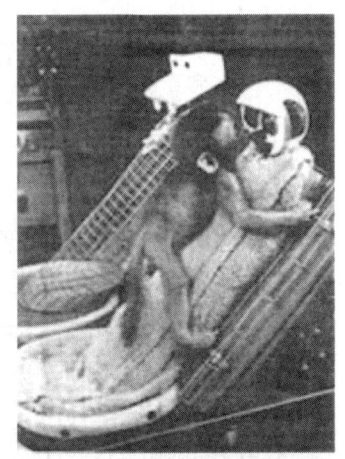

图8-3 哈洛的猴子依恋实验

平常抚养者的多少等。7个月到1岁半是怯生最多出现的年龄,随后对陌生人不再那么害怕。

随着年龄的增长,儿童的情绪日益复杂。这其中,害怕与焦虑通常是伴随成长的主要负性情绪。除了怕陌生人,儿童还怕一些客体和情境。对诸如噪声、痛、陌生人等现实性事物的害怕,两岁以后儿童就减少了;而与此同时,对想象中的生物、黑暗、动物、有伤害性的威胁等方面的害怕则有所增加。到了学龄期,儿童对想象中的生物和个人安全感的害怕有随年龄下降的趋势,但与学校和社会有关的害怕则明显增加了,像学校恐惧症、考试焦虑、青少年自杀等都有可能出现。

美国心理学家总结了有关青春期风暴的众多研究,这些研究无一例外地支持一定程度上的青春期风暴的论述,即青春期是一个比其他时期容易产生各种各样问题的时期。青春期风暴的典型表现可以概括为三个方面:与父母冲突、情绪激荡和危险行为。

为了考证青少年的情绪变化过程,有一项研究的具体做法是让他们整天带着传呼机,研究人员随机给他们打传呼并要求他们记录下此刻的思想、行为和情绪。研究表明,青少年们认为他们的情绪高峰体验远比他们父母所说要高(包括积极和消极的,而且更多的是消极的)。他们所说的"自我反省"和"难堪状态"的发生率比其父母报告的高出2—3倍,青少年也更容易感到"笨拙"、"孤独"、"紧张"、"被忽视",他们还说现在的情绪波动幅度比以往大得多。通过对小学五年级和初中三年级学生的对比分析,发现从儿童期到青春期是一个情绪"滑坡"阶段,以"非常高兴"为要素的指标降低了50%,"成就感"、"自豪感"和"平静"等情感体验也出现了类似的变化。也就是说随着青春期的到来,幸福感锐减。

研究者认为,这种变化更多地源自环境和认知因素,而不是随青春期到来的生理变化所致。他们从对所得数据的分析中发现,青春期生理变化与情绪波动关系不大。倒是青少

年期飞速发展的抽象思维能力起了主要作用,他们开始能由表及里地思考威胁自己将来生存与发展的长远性问题。不仅是青少年经历某一事件本身所造成的压力,更重要的是青少年如何体验和看待这些变化导致了情绪波动。有时候,即使对同样的或类似的事件,青少年也比儿童或成人更多地表现出极端或消极的情绪。

二、人格的发展

(一) 生物特征与人格

人格是指具有一定倾向性的各种心理特征的总和。人与人之间的差异,很大程度上通过人格特征表现出来。"性格决定命运","三岁看大,七岁看老",这是生活中人们对人格的朴素理解。那么,人格的形成和发展特点如何,为什么不同的人又会形成截然不同的人格?

20世纪60年代美国两位著名的心理学家托马斯和切斯(A. Thomas & S. Chess)主持开展了一项长达10年的追踪研究,主要考察儿童是否具有先天独特性,以及这些特性对未来的发展所造成的影响。通过研究,他们指出:儿童早期的行为反应差异主要是通过"气质"来表现的,并认为婴儿的气质可以通过互不相关的九个维度加以评定——

1. 适应性:指在面临新情境或新的生活方式时,个体对其适应的快慢。高适应性的儿童能很快熟悉并适应新情景中的人和事。

2. 规律性:指儿童的日常生活及有关生理反应是否有一定的规律。规律性强的儿童,每天的睡眠、进食、排泄等都较有节律。

3. 活动水平:指儿童活动的数量及动作节奏的快慢。活动水平高的儿童,往往好动而且速度较快。

4. 趋避性:指儿童对新的人、物、场所是倾向于敢为探索还是迟疑退缩。高趋向性的儿童胆大求新,什么都想尝试,因而容易出现危险行为。

5. 反应阈:指使儿童产生某种反应所需要的刺激量,如需要多大的刺激能使婴儿哭与笑。通常,儿童的反应阈愈高,就愈需要较强的刺激才会使他产生反应。

6. 反应强度:指儿童对外界刺激反应的程度。面对相同的刺激,孩子的反应可能是截然不同的,反应强度高的儿童常常会因为一点点不如意的事情就大发脾气或哭闹不停。

7. 心境:指日常生活中儿童基本的情绪状态是比较乐观、和善等正向的,还是消极、低沉等负向的。正向心境的儿童总是显得快乐与随和。

8. 注意分散度:指儿童是否易受外界刺激的干扰而改变其正在进行的活动。注意力集中的孩子更能专注于当前的活动。

9. 注意持久性:指儿童在从事某一种活动时,注意稳定时间的长短,以及当遇到障碍与挫折时是否仍能维持原先进行的活动。高注意持久性的儿童,能较长时间沉浸于同一件事情的活动中。

托马斯等人发现,出生最初几周内,婴儿就已完全显示出了各不相同的气质特征。这些气质特征在儿童成长的后几年里趋向于保持相对连续稳定。令人吃惊的是,研究还发现,这些气质特点与父母的人格类型并没有太大的相关。这说明,儿童确实是带着先天的特质来到世间的。

根据婴儿气质九维的不同表现,可以将他们划归为三种类型:一是"容易护理"的儿童,他们的饮食、睡眠和习惯等都有一定的节律,喜欢探索新事物,情绪较为平和乐观,易适应环境的变化,爱与人交往。二是"困难的"儿童,他们的活动缺少节律,对新生活很难适应,遇到新奇的事物或人容易产生退缩行为,心境比较消极,时不时表现出不寻常的紧张反应,如大惊小怪等。三是"慢慢活跃起来的"儿童,他们的生活节律多变,初遇到新事物或陌生人时往往有些退缩,对环境的适应较慢,但适应后又表现良好。

儿童最初表现出来的气质特点是人格发展的基础。正是这种特点,制约了父母或其他教养者与儿童相互作用的方式,也制约了父母和教养者对儿童作用的效果。杨丽珠等研究发现,幼儿气质影响母亲的教养方式,容易引发母亲良好教养方式的积极气质因素有较高的适应性、积极乐观的心境、较高的注意持久性。托马斯等认为,气质并不直接影响幼儿的个性发展,婴儿的气质类型与他的社会物理环境之间的拟合性(goodness of fit),才是真正影响儿童个性发展的因素。

除先天气质外,个体的体貌与体格、发育成熟的早晚也对人格的形成有某种程度上的关系。通常,长相俊俏的人比较乐观自信,长得有些"对不起观众"的人,或身体有缺陷的人,易形成否定、消极的人格特征。但体貌与体格本身并不直接决定人的人格,只是当它成为社会注意的对象,特别是在儿童心目中有权威的人、对他有特别意义的人对其体貌与体格有看法时,这些积极抑或消极的影响才会显现。身体、发育成熟的早晚会使同年龄的儿童招致不同的社会心理环境,从而影响个体的兴趣、能力、社会交往与人格特征。成熟的早晚对男女青少年的影响有些不同,研究发现,成熟早的男青年更早体验到独立与自信,更容易成为同伴中的首领,成熟晚的男青年则有更多的不足、受他人支配等体验。相反,成熟早的女孩会因发育快、月经早而显得不安,从而对人格的发展造成些许负面的影响。

(二)家庭与人格发展

家庭是儿童出生后首先接触到的环境,是对儿童影响最早、影响时间最长的环境。因此,家庭环境对于儿童的发展具有特别重要的意义。就人格而言,随着与家庭成员间的互动,先天生物学意义上的那些差别进一步扩大了。

家庭对于儿童的影响来自多个方面,包括父母本身的特点、其教养观念与方式、亲子间的依恋;家庭结构、环境的布置,等等。

鲍姆令德(D. Baumrind)提出了教养方式的两个维度,即要求(demandingness)和反应性(responsiveness)。要求指的是父母是否对孩子的行为建立适当的标准并坚持要求孩子去达到这些标准;反应性指的是对孩子接受和爱的程度及对孩子需求的敏感程度。根据这两个维度,可以将父母的教养方式分为四种类型:权威型(authoritative)、专制型(authoritarian)、溺爱型(permissive)和冷漠型(indifferent)。一般认为,权威型的养育方式最有利于儿童形成良好的个性品质。不过,也有研究发现,东方文化背景中,如中国、日本,专制型的养育方式有时对儿童的成长作用更大。

有研究者(桑标,2000)提出了父母意识的概念,来分析探讨父母在孩子成长中的作用。父母意识包括父母亲对于妊娠、分娩、育儿及亲子关系的态度,对为人父母的自信心与责任感,以及成为父母后对自身及配偶的评价及情感体验等。比之于直接面对孩子的养育方式,父母意识更关注家庭系统中与儿童发展有关的那些间接的、但或许是根源性的影响因素——父母自身因素。研究发现,自我丧失感与亲子一体感是中国母亲母性意识中最重要的两个因子。这反映出母亲在有了孩子后,最普遍的表现是过度关注孩子,将孩子作为自己的全部和人生的希望,而忽略了自身的情感体验、评价、兴趣爱好等,不再关心自身的发展。具有这种母性意识的母亲,注定会流露出对孩子的过多关注与过高期望。研究者认为,父母刻意地教育孩子的种种努力,容易被自己日常的行为举止所削弱,而这一点通常为传统的教养模式研究所忽视。

核心家庭、大家庭、单亲家庭是三种主要的家庭结构。核心家庭指由一对夫妇和一个孩子所组成的家庭。作为一种独特的社会现象,独生子女的心理发展一直是心理学家关注的焦点问题。综合该领域内的大量研究,现在一般的看法是,在认知发展和学业成绩方面,独生子女比非独生子女具有优势;在个性方面,独生子女内部差异很明显,如合群性,入托儿所、幼儿园的独生子女比未入学的孩子要强得多,且独生子女和非独生子女之间的差异随着年龄的增高而逐渐减少甚至消失。或许独生子女本身并不具有发展的优势或劣势,其发展主要还是取决于家庭环境中的一些中介因素。

大家庭即几代同堂的家庭。这类家庭成人教育和爱抚孩子的时间较多,但容易出现隔代溺爱,以及在教育孩子的观念和方法上不一致,从而使孩子无所适从,形成焦虑不安、恐惧等不良人格特征。

单亲家庭是指只有父母一方和孩子所组成的家庭。由于传统的婚姻和家庭观念日趋削弱,离婚率不断上升,单亲家庭成为越来越普遍的社会现象。与完整家庭儿童相比,单亲家庭的儿童在许多方面处于不利的地位:单亲家庭儿童更容易受朋友压力的影响而产生偏差行为,有更多的情绪和行为障碍。父亲缺失家庭的儿童,个性方面的问题更多,更容易犯罪。有学者对北京2 432名儿童调查发现,在不同家庭类型中以单亲家庭儿童人格与行为问题检出率最高。

(三) 同伴与人格发展

同伴是指儿童与之相处的具有相同或相近社会认知能力的人。年龄相同或相近的儿童,由某种共同活动并在活动中体现出相互协作的关系,就构成了儿童的同伴关系。同伴关系为儿童学习技能、交流经验、宣泄情绪、习得社会规则、完善人格提供了充分的机会。

从社会学习的观点来看,同伴是强化物。同伴间的互动,往往强化或惩罚了某种行为,从而影响了该行为出现的可能性。此外,同伴还提供了行为的榜样和社会模式。在还没有足够的能力来评价自己行为的效果之前,同伴的行为可以作为衡量自己的尺码。另外,同伴之间的竞争还是个体自我效能感的重要来源。

儿童与同伴的互动首先表现出一种量上的增加,这也是儿童与同伴之间关系最明显的变化。儿童很早就对同伴发生兴趣,婴儿与同伴的互动方式,是在早期与父母互动的基础上发展起来的。同时,婴儿与母亲的依恋质量也是影响他们与同伴互动的一个重要因素。儿童与同伴的关系也可以在一定程度上起到替代亲子关系的作用,如当母亲不在时,与熟悉的同伴在一起,可以缓解母亲离开所造成的情绪上的不适。学前期儿童的认知能力、活动能力都比婴儿期有了很大的发展,儿童已经可以根据不同的社会对象采取不同的行为,从而形成不同的同伴关系。游戏是幼儿与同伴互动的主要方式,是儿童人格社会化的一条重要途径。依据游戏的社会化程度,儿童的游戏表现为旁观、单独游戏、平行游戏、联合游戏和合作游戏。

在儿童后期,角色采择能力的发展为儿童和同伴间的合作奠定了基础。这一阶段最为重要的一个变化是,集体作为同伴互动的社会背景,其重要性日益增加。集体是由经常发生相互作用的人组成,成员之间以一致的、结构化的方式相互影响,并且分享共同的价值观。集体的出现,使得同伴对个体行为、人格和价值观的影响有可能超过父母的影响。同伴的影响在青少年早期达到顶峰,之后开始下降。在衣着、兴趣爱好、朋友的选择、行为举止等方面,同伴的影响力超过了父母,特别是青少年时期。而在职业选择、学业等方面,父母仍具有支配性的影响。这一时期要特别留意同伴的消极影响,青少年极有可能在不良团体中沾染消极的价值观、行为方式以及人格特征。

考依等(Coie et al.)依据同伴关系的类型,将儿童分为受同伴欢迎的儿童、被拒斥的儿童、有争议的儿童、被忽视的儿童和一般的儿童五类。在五类儿童中,受欢迎的、被忽视的、被拒斥的儿童是研究的最多的,这些儿童的人格与行为特征总结如表8-3。

表8-3 受欢迎的儿童、被拒斥的儿童和被忽视的儿童的人格与行为特征

受欢迎的儿童	被拒斥的儿童	被忽视的儿童
外表吸引人	许多破坏行为	害羞
积极快乐的性情	好争论、反社会	表现退缩
许多双向交往	说话过多	不敢于表现自我
愿意分享	极度活跃	过于循规蹈矩
高水平的合作游戏	不愿分享	许多单独活动
有领导才能	许多单独活动	逃避双向交往
缺乏攻击性		

到底是儿童的行为与人格特征造成了不同的同伴地位(如受欢迎或是被拒斥),还是不同的同伴地位导致了儿童不同的行为与人格特征呢?心理学家目前尚难以做出明确的回答。而最有可能的解释是,二者之间存在着互为因果的循环关系。

在看待同伴群体对个体人格与社会化的影响时,最近有人(J. R. Harris)提出了发展的

群体社会化理论。这种观点认为,父母行为对儿童心理特征的形成无长期效应,同伴群体才是心理功能的主要环境影响因素。个体的社会化源于对某个群体的认同,即将自己归入到一个特定的群体中,并与其他群体进行比较和区分。例如,一些青少年反社会行为的干预与矫治,如果采用群体干预的方法,效果通常适得其反,因为青少年在这样的群体中更容易相互学习,从而形成类似的人格与品行特点。一项对青少年社会交往的研究发现,消极的同伴对男孩的影响要比女孩大,而积极的同伴对男孩和女孩的影响同样重要。

(四) 自我意识与人格发展

自我意识是人类所特有的意识,是作为主体的我对自己的各个方面,物质自我、社会自我、精神自我等的认知,以及自己与周围事物的关系,尤其是人我关系的认识。自我意识主要包括自我认知、自我体验、自我调节。

自我意识的形成反映在以下几个方面:在出生后第一年末,幼儿从动作对象中能够区分出自己的动作,并逐步意识到自己的动作、动作的目的和动机;儿童能把自己和自己的动作分开,理解自己是动作的主体;儿童能使用自己的名字。到3岁左右,儿童能使用第一人称来代表自己,这表明儿童已能将自己抽象化,即儿童的自我意识已经形成。

可以认为,自我意识发展的本质特征在于能够使人更为主动、积极地调节自己。当儿童开始学会认识事件对于自我的关系和意义时,便具有了一定的主体性,自我意识的本质特征也由此而展现。因此,自我意识的发展表现为儿童对于事件所具有的自我意义的认识水平的发展。自我意识的发展比一般的认识发展更为复杂,认知过程的发展模式主要显示出线性或阶段性的增长,而自我意识在显示发展时会以进取和退缩的不同形式表现出来。

有研究者提出自我意识是自我意向与自我认识的辩证统一,自我意向是个体对自身主观世界的对待活动(如独立性、自尊心、自信心、自制力、自我理想等),自我认识则包括自我知觉、自我表象、自我概念、自我评价等,并把自我意识的发展划分为四个阶段:

1. 形成最初的比较薄弱的自我认识,同时出现了强烈的自我独立性意向,二者处于显著的不平衡状态(婴儿后期—幼儿早期)。

2. 自我意向中独立性有所减弱,对成人的依赖性又占了优势;自我认识不断提高;二者相对平衡稳定地向前发展(幼儿后期—童年期)。

3. 自我意向中出现新的强烈的独立性;自我认识也有重大发展,已能对内部心理活动和个性品质进行自我评价,但往往带有较大的主观片面性。自我意向与自我认识处于显著的不平衡状态,发展迅速而不稳定(少年期)。

4. 自我认识不断提高,与独立性意向渐渐适应;但又出现理想的"我"(意向)与现实的"我"(认识)的矛盾,而后又逐步走向统一,达到新的相对平衡,进入较稳定的发展时期(青年期—成人)。

随着个体跨入青春期,其生理、认知、情绪等各方面都发生着急剧变化,如性的成熟、逻辑思维和想象力的发展、感受性的提高,他们开始把关注的重点转向自身,开始关心自己的形象,去发现、体验自己的内心世界。该阶段是自我意识发展的一个重要时期,实现由"客观化期"到"主观化期"的过渡,即个体逐步确立自己的心理特质,包括智力、人格、态度、信念、理想和行为等的统合。随着自我意识水平的不断提高,青少年进行自我评价的需要越来越强烈,并带有强烈的社会比较倾向。将自己的状态与他人的状态进行对比,从而获得比较明确的自我评价,是促使青少年心理发展的一个重要途径。

新精神分析学派的代表人物霍妮(K. Horney)提出,青少年在成长过程中有三种自我:理想自我是个体所希望达到的自我状态,现实自我是现实情况下的自我,而真实自我则是个体通过努力,可望达到的自我状态,又称为可能自我。理想自我与真实自我之间通常会有较大的距离,而这二者之间的冲突是导致神经症的主要原因。因此,如何帮助青少年从现实自我迈向真实自我,进而接近于理想自我,是这一时期的重要任务。

第四节 影响心理发展的遗传与环境因素

心理的发展究竟是先天遗传的结果,还是环境影响使然?这个问题涉及到人们对影响心理发展的因素的看法,也是历史上从未间断过的遗传—环境之争,或者说是天性—教养之争。从早期的遗传决定论和环境决定论两大阵营到"二因素论"的调和再到主客体相互作用论,发展心理学家对遗传、环境在心理发展中的作用作了多方面的探讨。随着基因工程研究的兴起,心理学家对影响发展的因素又开始了新一轮的重新审视。

一、遗传因素:心理发展的生物前提和自然条件

遗传因素是指那些与基因联系着的生物有机体内在因素。遗传因素在个体身上体现为遗传素质,主要包括机体的构造、形态、感官和神经系统的特征等通过基因传递的生物特性,而其中最主要的是大脑和神经系统的解剖特点。遗传素质在精子和卵子结合的一刹那就已经决定了,它是心理发展的生物前提和自然条件。

对动物进行选择性繁殖,可以看到一些遗传效应。屈赖恩(R. C. Tryon)依据走迷宫能力的高低将一群最初未加挑选的白鼠分类,选择其中聪明的公鼠与聪明的母鼠配对、繁殖,迟钝的公鼠与迟钝的母鼠配对、繁殖,再对子代白鼠走迷宫的能力进行考察。这样重复到第七代,聪明组(B)与迟钝组(D)的表现相差极为明显:聪明组白鼠进入盲路(即迷宫中走不通的路)的次数要大大低于迟钝组白鼠。这说明,动物的某些行为能力具有明显的遗传效应,不同遗传素质的白鼠具有截然不同的学习能力。

在人类心理与行为的发展方面,英国遗传学家高尔顿(F. Galton)坚持以遗传的观点来解释个体差异。他认为遗传在发展中起决定作用,儿童的心理与品性早在生殖细胞的基因中就已经决定了,发展只是这些内在因素的自然展开,环境和教育只起引发作用。高尔顿运用名人家谱调查法,从英国的政治家、法官、军官、文学家、科学家和艺术家等名人中选出977人,调查他们的亲属中有多少人成名。结果发现,名人的亲属中有332人也同样出名。

而对照组中人数相等的普通人的亲属中只有1个名人。高尔顿认为,两组群体出名人比率如此悬殊,证明能力受遗传决定。在随后进行的对名人的孩子与教皇的养子进行比较调查还发现,教皇养子成名的比率不如名人之子多,高尔顿认为教皇养子的环境条件与名人之子相仿,因而名人之子成名更多的原因在于遗传而不是环境。

专栏 8-3

唐氏综合征

唐氏综合征(Down's syndrome)是最先得到证明的由常染色体的异常引起人类智力低下的例子,它主要源于第21号常染色体没有分离,使子代的第21对染色体上出现三条染色体,故又称为21—三体征。患者一般脸形圆满,两眼间距较正常人更大,塌鼻梁,口小舌大,常伸舌流口水,几乎都有轻度或中度的智力低下。患者的性格则较为平和与开朗。这种由遗传所导致的智力缺陷,目前尚未有有效的途径来加以克服,处理方法是使儿童的潜能尽可能得到充分的发展。孕妇如在怀孕的16—20周进行羊膜穿刺术,通过对脱落在羊水中胚胎细胞染色体的检测分析,可以早期诊断胎儿是否患有该症,此时采取必要的措施如选择流产是可行的。

有研究表明,随孕妇年龄增长,唐氏综合征的发病率呈上升趋势:小于29岁,发病率为1/3000;30—34岁,发病率为1/600;35—39岁,发病率为1/280;40—44岁,发病率为1/70;45—49岁,发病率为1/40。

[资料来源] 桑标.当代儿童发展心理学[M].上海:上海教育出版社,2003:75—76.

对同卵双生子与异卵双生子或普通兄弟姐妹的比较,是研究遗传对心理发展作用的最有效的途径。同卵双生子是由同一个受精卵分裂而成的两个胚胎各自发育成的两个个体,两者具有几乎完全相同的遗传特性。因此,同卵双生子所表现出来的心理与行为上的相似性,可以看成是遗传对发展所起的作用。研究发现,人的体征的遗传制约性比行为能力的遗传制约性要大,其中发色、眼色的遗传最为明显;不同的心理行为受遗传的制约程度不同,如言语、空间、数等能力的遗传一般要大于记忆、推理方面的遗传;人格方面也存在着遗传效应。美国和以色列的研究人员发现,个性中的好奇心与第11对染色体上的基因有联系,而在第17对染色体上发现了与焦虑有关的基因。在人类的智慧成长方面,也有许多研究者发现了相当高的遗传作用。图8-4反映的是来自八个国家的"智慧"测验相关系数,可见遗传特性越接近,智慧的相关程度就越高。

可以这样认为,正常的心理活动必须具备正常的生理基础和遗传素质。遗传奠定了个体心理发展差异的先天基础,规定了发展的高低限度,但不能限定发展的过程以及所达到的程度。

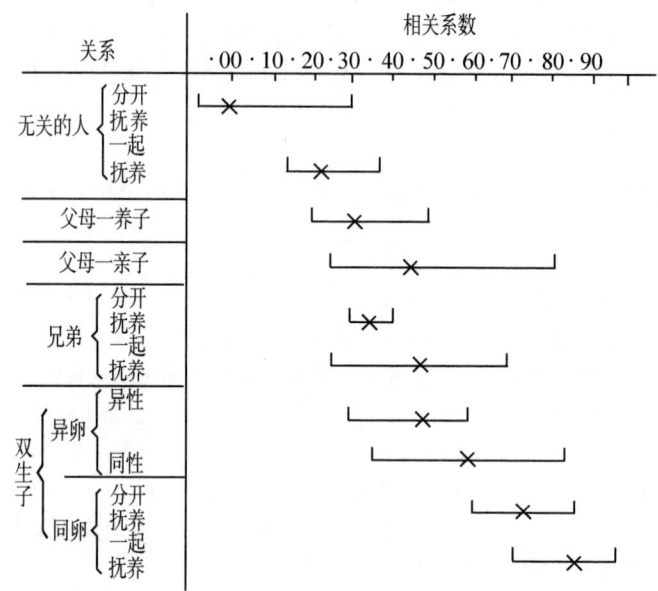

图 8-4 来自八个国家的"智慧"测验相关系数

二、环境因素:规定了心理发展的现实性

环境因素分为两大类:一类是指生物有机体所共有的维持生存所必需的自然环境,如食物营养、地理气候等;另一类是指人类的社会环境,即个体所处的社会生活条件和教育条件,包括家庭、社会、学校等方面的各种影响。环境和教育规定了心理发展的现实性。

(一)胎内环境的影响

环境因素对一个人的影响从受精卵形成的那一刻就开始了。子宫是影响个人成长的最早的环境,又称为胎内环境。孕妇的身体健康状况,接触烟酒、毒品及其他药物的情况,怀孕时的年龄,母亲的情绪状态,以及分娩状况(如早产或难产)等都可能直接或间接地影响胎儿心理的发展。这里我们分析几个主要的胎内环境因素。

母亲的年龄

母亲年龄对胎儿的影响主要指两方面:年龄偏小与年龄偏大。年龄太小(18岁以下)生育,产出低体重儿、死胎、分娩困难的概率要高于正常孕妇;35岁以上生育(特别是第一胎),易出现分娩困难和死胎增多,另外出现唐氏综合征的可能性会大大增加。有数据显示,孕妇年龄超过35岁,胎儿患唐氏综合征的概率要比孕妇年龄在35岁以下的胎儿至少高出2倍。这是由于低龄与高龄孕妇为胎儿提供的胎内环境与正常孕妇相比,通常有些劣势所致。

母亲服药

药物对成长中的胚胎或胎儿会有潜在的影响,其作用的大小往往视使用的剂量、时间、次数及药物本身的性质而定。

20世纪60年代初,西德的一家医药公司推出了反应停(Thalidomide)——该药可以减轻孕妇的恶心、呕吐、无名状的难受等常见的早孕反应,还有镇痛、定神、改进睡眠等作用,许多孕妇服用了。结果出现了近万名婴儿畸形:孩子或是耳鼻发育不完全,或是心脏功能出现问题,最典型的是四肢特别短,上肢表现为桡骨、尺骨可以完全不存在,手好像直接从肩部长出。

除了反应停以外,某些口服避孕药因含有雌激素,也会伤及胎儿。麻醉剂、抗菌素等都会对胎儿的发展产生影响。母亲吸烟、酗酒对胎儿的危害也类似于药物对胎儿的影响。

药物作用于胎儿的方式一般有两种:一方面是透过胎盘,对胎儿和母亲产生同样的效果;另一方面是药物改变了母亲的生理状况,从而也改变了子宫内的环境。因此,孕妇如果确有服药的必要,应在医生的指导下进行。一般妊娠7个月后,胎儿发育已较为完善,药物对他们的作用已大大降低。

母亲的情绪

一般而言,母亲所受到的短暂的不良情绪对胎儿的身体和精神不会造成大的危害。但是,如果母亲在怀孕期间遭受了直接的、重大的精神刺激,如丈夫亡故或是遭丈夫遗弃等,或者是长时间的紧张不安、焦虑或夫妻关系不和等,都会造成新生儿身体瘦小、体质差等问题,心理上则表现为易神经过敏与偏执。

母亲在受到精神的极度刺激或长时间刺激时,一方面作用于大脑,并传递到下丘脑使母亲产生消极的情绪体验,另一方面使身体释放出一种叫儿茶酚胺的激素。这种激素会通过胎盘进入胎儿的血液,同样使胎儿体内发生化学变化,并通过植物神经系统与内分泌系统,使胎儿产生与母亲类似的情绪反应。

有研究曾比较了孕妇放声大笑与极度悲伤对胎儿的影响。结果发现,这两种情况下母亲具有类似的生理指标,这些生理指标对胎儿的成长都是不利的。因此,孕妇保持平和的情绪状态对胎儿的健康发育有着重要的意义。

母亲的情绪与胎儿的情绪并不存在一一对应的关系。但母亲种种激烈的情绪反应,或长时间的消极情绪,会在胎儿身上产生累积效应,从而使孩子一出生就带有不良的心理状态。

(二)早期经验的作用

相对于人类而言,在动物身上进行有关早期经验的剥夺与早期环境条件的丰富性研究更具有现实可行性。动物繁殖与成长的周期短,因此能较快地看到研究的结果,也不受人类道德原则的制约。研究者可以把动物实验的结果在一定程度上推断到人类。

哈洛(H. F. Harlow)和他的同事把刚出生的恒河猴隔离在特制的房间里,猴子成长所需要的物质条件都能得到满足,如食物与水都能自动供应,但不同人和其他猴子接触。研究发现,隔离时间长的恒河猴,会造成心理上的失调。这些猴子与其他处于正常环境的小猴相比,显示了许多异常的行为模式,如自己咬自己,表示害怕的怪相,走路身子摇晃,喜欢独自蜷缩在角落里,还有许多刻板的动作。幼猴行为失常的严重性与隔离时间的长短、隔离开始的时间有关。表8-4列出了成长于不同环境条件下的猴子,在新环境中的行为表现,可以看到猴子社会剥夺的持续影响。

表8-4 猴子社会剥夺的持续影响(单位为秒,观察时间为10分钟)

测量类型	隔离一年	早期隔离6个月	铁笼里部分隔离	有母亲、同伴
接触的积极性	3.1	3.4	8.5	16.6
运动的主动性	86.0	121.0	117.0	229.0
攻击	6.8	4.2	5.6	10.2
害怕—畏缩	97.0	25.0	34.0	12.0

罗森兹韦格等(Rosenzweig et al.)在加利福尼亚大学进行了小鼠生存环境对大脑发育的比较研究。一组小鼠被饲养在丰富的环境条件下,这些丰富的环境条件包括:大的笼子,有小梯、轮子、小箱、平台等"玩具"。另一组小鼠则置于单调的环境条件下,每天除了定时有食物供应外,没有丰富的环境刺激。80天以后,对两组白鼠分别进行解剖。解剖的结果是,成长于丰富环境的白鼠,大脑皮质更重,所含的蛋白质更多,大脑结构比成长于单调环境的白鼠要复杂得多,脑的化学物质也更为丰富。

心理学家墨森(P. H. Mussen)等心理学家总结了早期进孤儿院的孩子的发展状况,认为这些孩子与一般孩子有三方面的差异。孤儿院的孩子更爱闹事(如脾气暴躁,欺诈偷窃,毁坏财物,踢打他人),更依赖大人(需要别人留意,要求不必要的帮助),更散漫和多动。研究者认为,与成长于正常家庭环境的孩子相比,生活在孤儿院的孩子往往既缺乏认知与社会性刺激,也缺乏应答性的反应,因而造成情绪与社会性方面的缺陷,并且一直持续到成年期。

研究发现,环境对于那些有危险遗传因素的个体影响更大。环境的影响通常还与关键期、早期经验等密切相关。在某些特定的时期,儿童的确会显著地受到某种不良环境因素的伤害。但也有研究表明,儿童具有相当的恢复能力,他们能够克服由于经验不足或操作不当所造成的绝大多数负面效应。对儿童青少年的弹性(resilience)研究似乎证实了这一点。就人类发展而言,弹性一方面指在高危背景下的儿童,战胜逆境后获得良好的发展;另一方面也可以指儿童即使仍处在不利条件下,但能力并不因此受到损害。研究者认为,在承受不良的环境刺激过程中,个体会出现敏化或钢化效应(sensitizing or steeling effects)。**敏化效应**是指以前经常遇到的压力和逆境,会使个体在今后面临类似消极经历时产生更为脆弱的感受;相反,**钢化效应**则是指先前的压力和逆境使个体对今后类似消极经历的耐受性提高,从而更能成功应对。1976年,唐山发生的大地震留下了4 200名孤儿。这些早期家庭环境遭到严重破坏的孩子,其心理发展如何?有研究调查分析了震后21年这些孤儿的心理健康状况,出乎人们意料的是,尽管这些孤儿经受了大地震和丧失父母的双重创伤,但他们基本上不存在特殊的生活应激问题,心理状况也无明显的变化。研究者认为,社会支持系统在这些个体的成长中起了重要作用,而我们也不能忽视个体发展过程中"弹性"所起的巨大作用。

随着社会的飞速发展,电视、网络等成为个体成长过程中不可或缺的环境因素。有心理学家称电视为"家庭的成员",因为它的存在已影响了不少家庭成员在一起度过的时间及所选择从事的活动。一方面,电视大大拓展了儿童的视野;另一方面,儿童常常会从电视中学到各种各样的行为。有研究发现,暴力电视看得多的儿童变得更加具有攻击性,而且最初有攻击性的儿童看了暴力电视后形成了看类似电视的瘾。而网络的丰富性、虚拟性和互动性,非常适合青少年的心理特点,因此,它深入到青少年的生活中是必然的。有青少年会受益于网络那纷繁无垠的信息;也有青少年则会困惑和茫然于网络的虚拟世界,甚至产生"网络依赖"(Internet Addiction Disorder)。诸如媒介与网络这样的环境因素对个体心理发展的影响,越来越受到人们的重视。

专栏8-4

生态发展观模型

为了在活生生的自然与社会生态环境中研究个体的心理发展,20世纪80年代以来,发展心理学领域出现了一些新的趋势,较有代表性的是生态发展观。生态发展观在关注环境作用的基础上,进一步把生态学思想引入发展心理学,将个体发展、物种进化及各物种所具有的典型情境等构想为系统整体,并认为人与环境一同演进,人与环境构成了一个生态系统。个体的发展是一个渐成的过程,而在这一发展过程中,遗传和环境因素一起选择性地控制着人的基因表达,从而导致复杂的心理与行为表现。

生态发展观的代表人物是布朗芬布伦纳(U. Bronfenbrenner),他提出了个体发展的生态理论模型。在该模型中,生态就是指个体正在经历着的,或者与个体有着直接或间接联系的环境。他将个体置于五个环境系统中来进行考察,这五个环境系统分别为:微系统(microsystem):个体最直接接触到的环境,主要包括家庭、学校、同伴、玩耍地等;中介系统(mesosystem):在微系统和外系统间起联系作用;外系统(exosystem):指那些个体并未直接参与但却对个人有影响的环境,如邻居、传媒、社会福利制度等;宏系统(macrosystem):社会中的社会伦理、道德、价值观等;时序系统(chronosystem):个体所处的社会历史条件。这五种环境因素同时存在,并且宏系统的变化会影响外系统,并进而影响到个体的微系统和中介系统。在发展成长的不同年龄阶段,这五种系统的影响也有所不同。布朗芬布伦纳因而主张,对个体发展的考察,不应仅停留在微系统上,而应在各系统的相互联系中来考察发展。

(三) 学校教育的影响

学校教育作为特殊的环境和特殊的活动,是影响人发展的环境因素的重要组成部分。学校教育是否对人的发展起主导作用,不仅取决于它本身的水平,而且取决于它和其他环境、活动影响之间的协调,它至少不是对任何人、在个体发展的任何方面和任何阶段都起主导作用。而目前心理学家与教育家所共同关心的问题是,在满足哪些条件以后,学校教育能对人的发展起主导作用。

斯卡尔等(Scarr & McCartney)提出了一种解释遗传和环境之间相互作用关系的理论。其基本观点是,个体的遗传类型(genotype)将影响其对环境的选择和经验,即虽然环境在个体成长过程中起着非常重要的作用,但是,究竟哪些环境因素会起作用以及怎样起作用,还是要由个体的遗传特征来决定。"遗传—环境—行为表现"的关系随个体年龄的发展而变化,并具体体现为三种形式。第一种为被动式(passive)影响,是指由儿童的父母为他们提供成长的环境。此时,遗传的作用与环境的作用很难区分开来,因为为儿童提供遗传基因和成长环境的是同一个来源——父母。被动式影响的作用将随个体年龄的增长而减弱。第二种是唤起式(evocative)影响,是指由于个体的遗传特征而影响了作用于他的环境因素。例如,生性比较活泼和合作的儿童更易得到父母、教师及其他社会成员的关注,更易形成与这些外界环境因素的相互作用。这种唤起式的影响在个体整个发展过程中将持续存在。第三种为主动式(active)影响,指主体在其遗传特征的影响下,对环境因素进行有目的的选择。主体总是倾向于选择那些自己感到比较能适应的环境经验去体验,其结果是,个体间在发展的方向与程度上表现出差异。随年龄的增长,这种形式的影响程度将越来越大。

遗传与环境对心理发展的作用是相互依存、相互渗透的。环境对于某种心理特性或行为的发生发展所起的作用,往往有赖于这种特性或行为的遗传基础。由于个体心理发展的内部条件(如遗传基础、成熟水平等)不同,环境的效应也就不同。同样,遗传作用的大小也依赖于环境变量。此外,遗传和环境对心理发展的相对作用在个体发展的不同阶段和不同领域所产生的作用都不一样。在发展的低级阶段,一些较简单的初级心理机能(如感知、动作、基本言语等),遗传与成熟的制约性较大;而较复杂的高级心理机能(如抽象思维能力、道德、情感等),则更多地受环境和教育的制约。

总的说来,遗传与环境对心理发展的相互作用可以理解为发展的可能性与现实性之间的辩证关系。个体的生物遗传因素规定了发展的潜在可能范围,而个体的环境教育条件确定了发展的现实水平。这其中,潜在可能性转化为现实性离不开环境与教育条件。一般情况下,正常健康儿童发展的潜在可能性是相当广阔的,从这个意义上说,环境条件的有利与否对个体发展的现实水平起了更为重要的作用。

【主要结论与应用】

1. 成熟论认为,心理发展是由机体成熟预先决定与表现的;行为主义发展观则主张心理发展只是量的不断增加过程,是由环境和教育塑造起来的;精神分析论将心理的发展视为心理性欲的发展;在皮亚杰看来,个体的发展来自于主体对客体的动作,是主体与客体相互作用的结果。生态发展观强调关注生态环境中活生生的个体心理成长,关注人—环境的拟合度。新近出现的毕生发展观则强调,生命历程中任何时候的发展都是获得与丧失、成长与衰退的整合,发展将延续人的一生。

2. 婴幼儿期个体的许多感知觉已达到相当高的发展水平,而记忆的发展可以从量的发展和质的变化两方面得到体现。就思维发展而言,皮亚杰提出的感知—动作阶段、前运算阶段、具体运算阶段和形式运算阶段是最好的描述。所有生理发育正常的儿童,都能在出生后四五年内未经任何正式训练而获得听、说母语的能力,强化、模仿和先天机制理论分别从不同的侧面给予了解释。旨在探讨儿童对自己和他人心理状态的理解和认知的"心理理论"研究,是儿童社会认知研究领域中的新热点。

3. 儿童最初表现出来的气质特点是人格发展的基础。早期亲子依恋的程度与性质会影响儿童对周围世界的信任感、他们的情绪情感、社会性行为和性格特征。随着年龄的增长,在亲子关系的作用持续存在的同时,同伴对个体人格发展的影响明显增加,自我意识也在个体人格形成中起不可或缺的作用。

4. 遗传与环境是决定个体心理发展的两大要素。遗传决定了心理发展的可能性,环境与教育则限制了心理发展的现实性。

【学习评价】

1. 什么是发展?发展具有哪些主要特点?
2. 什么是心理发展的关键期?关键期对早期教育具有什么借鉴意义?
3. 成熟论、行为主义观、精神分析论、相互作用观是如何看待个体心理发展的?
4. 定向反射习惯化与去习惯化指什么?
5. 皮亚杰提出个体思维发展分为哪四个阶段?自我中心思维指什么,出现在哪个阶段?
6. 儿童的语法获得遵循怎样的发展规律,其机制又如何?
7. 如何看待儿童心理理论的发展?
8. 何为依恋?早期依恋与其后心理发展具有怎样的关系?
9. 个体人格的形成主要与哪些因素有关?
10. 试分析评价遗传与环境在个体心理发展中的作用,并举例说明。

【学术动态】

● 个体心理发展是发展心理学的主要分支学科。其正式诞生以德国生理学家和心理学家普莱尔(W. Preyer)的《儿童心理》一书的出版为标志。

● 个体如何认识自己的心理世界?这方面的研究经历了三大阶段。一是皮亚杰认为儿童对人心理的认知是由自我中心到脱离自我中心逐渐发展的;二是始于20世纪70年代的元认知发展研究;三是始于20世纪80年代后期的儿童"心理理论"(theory of mind)的研究。"心理理论"的研究主要涉及个体对自身及他人心理状态(愿望、信念、意图和情绪等)的认识,4岁左右是获得"心理理论"的关键年龄。

● 中国目前有许多发展心理学家加入了"国际儿童发展研究协会"(ISSBD),该协会每两年举办一次学术会议,2000年第16届学术大会在我国北京召开。

● 目前个体心理发展的研究趋势是,跨文化比较研究逐渐增加,社会性发展越来越得到关注,结合我国社会文化背景以及与心理发展有关的实际问题(如心理发展为教育改革提供哪些理论与事实依据,心理健康发展的生态环境系统等)更多地成为研究的重点。

【参考文献】

1. 桑标. 当代儿童发展的心理学[M]. 上海:上海教育出版社,2003.
2. 刘金花. 儿童发展心理学[M]. 上海:华东师范大学出版社,1997.
3. 王振宇. 儿童心理发展理论[M]. 上海:华东师范大学出版社,2000.
4. 林崇德. 发展心理学[M]. 北京:人民教育出版社,1995.
5. 申继亮. 当代儿童青少年心理学的进展[M]. 杭州:浙江教育出版社,1993.
6. 张文新. 儿童社会性发展[M]. 北京:北京师范大学出版社,1999.
7. 中国心理学会. 当代中国心理学[M]. 北京:人民教育出版社,2001.
8. 卡米洛夫·史密斯. 超越模块性[M]. 缪小春,译. 上海:华东师范大学出版社,2001.
9. L. E. Berk. Infants, Children and Adolescents(5th ed.) Pearson Education Company. 2005.
10. M. H. Bornstein, M. E. Lamb. Developmental Psychology: An Advanced Textbook (4th ed.), Lawrence Erlbaum Associates Publishers. 1999.
11. R. V. Kail, J. C. Cavanaugh. Human Development, Brooks/Cole Publishing Company. 1996.
12. H. Bee. Lifespan Development (2nd ed.), Addison Wesley Longman Inc. 1998.

第九章 学习心理

【内容摘要】

本章在前一章的基础上介绍影响个体心理发展最重要的因素:学习。并与下一章的教学心理形成学与教的应对,共同对教学中的心理学问题做出科学的回答。在介绍了各种最具代表性的学习观之后,系统地阐述了"为迁移而教"(学习迁移)、"为使学生学会学习而教"(学习策略)、"为适应个别差异而因材施教"(学习风格)等现代教学思想的心理学定位。本章的学习可对读者提高自己的学习效率与效果起促进作用,为大家今后的教学实践提供心理学的支持。

【学习目标】

1. 说出对学习概念的理解以及具体的意义。
2. 比较各种学习分类观的异同。
3. 记住行为主义、认知主义和建构主义学习理论的基本观点。
4. 用一个自己学习中的迁移现象分析迁移的含义并确认属于何种类型。
5. 谈谈你最欣赏的迁移理论的要点。
6. 举一个自己学习中的例子说明你对学习策略的理解。
7. 说说你在平时的学习中使用策略有何不足,应如何改进。
8. 描述一下将来你会如何帮助你的学生有效地掌握学习策略。
9. 解释学习风格与因材施教的关系。
10. 分析一下自己认知风格的特点。

【关键词】

学习　学习理论　学习迁移　学习策略　学习风格

第一节 学习与学习理论

学习是人之为人的基本需要,是人的生命的本性。古人言:"学而时习之,不亦说乎","玉不琢,不成器,人不学,不知理。"我们正处在学习化社会时代,学习将成为贯穿人们一生的重要活动。如何激励、指导和促进学生的学习已成为现代教学的核心问题,只有科学地了解"学",才能更有效地"教"。

一、学习与人生

(一)学习的含义

"活到老,学到老",学习是我们最为熟悉的概念。在学生的眼里,学习就是看书、听课、做作业,而这些在学习心理学家看来只是狭义的学习,而且只是人类学习的一种形式。不但人类需要学习,动物也需要学习,马戏团里的猴子会算数,狮子会滚绣球,狗熊会骑自行车,都是由于学习的结果。所以,广义的学习包括人类与动物的学习,狭义的学习则专指学生的学习。为了认识学习的本质,许多心理学家根据自己的观察做出了不同的解释,较为流行的观点是把学习定义为"学习(learning)是指学习者因经验而引起的行为、能力和心理倾向的比较持久的变化"。① 这个定义说明:

1. 学习是学习者通过获得经验而产生了某种稳定的变化。从不知到知,从不会到会,从不懂到懂,就是变化过程。这种变化可以是知识、技能、能力的获得,也可以是兴趣、信仰、价值观的形成,还可以是情感、态度、人格的养成。

2. 学习是学习者适应环境的生命活动。我们常感叹说,不学习就会被时代所淘汰,表达的就是学习与适应的关系。人只有通过学习产生积极的心理变化才能适应不断变化的现实世界,实现与环境的动态平衡。

人类的学习不同于动物的学习。人类的学习是人在社会生活实践活动中,以语言为中介,自觉地、积极主动地掌握社会的和个体的经验的过程。

学生的学习是人类学习的特殊形式。学生的学习主要是在教育情境中和在教师的指导下,自主而策略地获取间接经验的过程。

(二)学习的意义

如果有哪句话可以高度地概括学习的意义,那就是学习与生命并存。

学习与发展:终身学习

学习是人的生命本性的需要。庄子云:"吾生有涯,学也无涯"。1994年的"首届世界终身学习会议"提出"终身学习是21世纪的生存概念"。"终身学习是通过一个不断的支持过程来发挥人类的潜能,它激励并使人们有权利去获得他们的终身所需要的全部知识、价值、技能与理解,并在任何任务、情况和环境中有信心、有创造性地应用它们。"②一个人从出生到死亡,是在不断的自身发展过程中去适应不断变化的现实,只有不断地学习,才能不断地获得新的发展,才能满足生产和生活对新知识的需要。不学习,是对生命根本的自我否定和浪费。

学习与教育:终身教育

教育是为了帮助人们更好地学习,终身学习的理念决定了教育应是终身的。终身教育

---

① 施良方.学习论[M].北京:人民教育出版社,1994:5.
② 吴咏诗.终生学习——教育面向21世纪的重大发展[J].教育研究,1995(12).

把人生各个阶段的学习活动视为一个整体,把社会所有的教育活动都整合在一个统一的和相互衔接的教育体系中。联合国教科文组织在《学会生存——教育世界的今天和明天》中明确指出:教育是贯穿于人一生的、不断积累知识的长期、连续的过程;终身教育是现代化社会的基石,唯有全面的终身教育才能培养完善的人;我们需要终身学习去建立一个不断演进的知识体系——"学会生存";要使教育更好地为社会发展服务,必须积极发展终身教育的思想;只有终身教育的思想,才能使教育变成有效的、公正的、人道的事业。[①] 现代信息技术,则使各行各业、各年龄段的人都能根据自己的实际情况而随时随地地享受教育得以实现。

二、学习的分类

学习种类多种多样,为了对不同类型的学习进行有效的指导,心理学家们依据不同的标准对学习进行了分类。

(一) 依据学习目标

美国著名教育心理学家布卢姆(B. S. Bloom,1913—　)认为,教育目标即学生的学习结果,应该包括认知学习、情感学习和动作技能学习三大领域。认知学习由低到高分为六级:1. 知识。指学习具体的知识,能记住先前学过的知识。2. 领会。指对所学习的内容的最低水平的理解。3. 应用。指在特殊和实际情况下应用概念和原理,应用反映了较高水平的理解。4. 分析。指对事物的内部结构进行区别,并能了解它们之间的关系。5. 综合。指能把已有经验中的各部分或各要素组合成新的整体。6. 评价。指对所学的材料能根据内在标准和外部证据作出判断。

(二) 依据学习内容

我国学者一般根据教育工作的实际需要,将学习分为:1. 知识的学习;2. 技能的学习;3. 策略的学习;4. 道德品质的学习。

(三) 依据学习方式

奥苏伯尔(D. P. Ausubel)认为,根据学习方式的不同可以将学习分为:1. 接受学习。指学生通过教师的讲授现成地获得结论、概念、原理等。2. 发现学习。指学生独立地通过自己的探索寻找,从而获得问题的答案。根据学习材料与学习者的原有知识的关系又可将学习分为:1. 机械学习。指学习者没有理解材料的意义,只是死记硬背。2. 意义学习。是通过理解学习材料的意义进而掌握学习的内容。将以上这两个维度相结合,可以将学习分为机械的接受学习、机械的发现学习、有意义的发现学习与有意义的接受学习。

(四) 依据学习结果

加涅(R. M. Gagné)认为,学习所得到的结果或形成的能力可以分为五类:1. 言语信息,

---

① 联合国教科文组织.学会生存——教育世界的今天和明天[M].北京:教育科学出版社,1996:16—24,223.

即我们通常所称的"知识"。学习理解言语信息的能力和陈述观念的能力,帮助学生解决"是什么"的问题。2. 智慧技能,即能力。指能使学生应用概念、符号与环境相互作用的能力,是学习解决"怎么做"的问题。如运用运算规则解答习题等。3. 认知策略,即学会如何学习。是学生在学习过程中调节和支配自己的注意、记忆和思维的内在组织的技能,是学习者用以"管理"自己的学习过程的方式。4. 态度,即品行。是习得影响个人行为选择的内部状态或倾向。5. 动作技能,即技能。是获得平稳、精确、灵活而适时的操作能力。

三、学习理论及其应用

学习是如何进行的,有没有规律,为什么不同的学生听同样的课、做同样的作业,却会有不同的学习效果?为什么学生在某种教学情境下学得容易、愉快,而在另一种教学情境下学同样的内容却艰难、压抑呢?对这些问题的回答和解释就构成了所谓学习理论。学习理论(learning theory)是对学习的实质及其形成机制、条件和规律的系统阐述,其根本目的是要为人们提供对学习的基本理解,从而为形成自己的教育、教学观奠定较为科学的基础。在过去的20世纪,人们对学习的看法发生了几次重大的变化,每一次变化都对教学实践产生了重大的影响。在20世纪上半叶,行为主义的学习理论占据主导地位,60年代后,认知主义的观点逐渐取代了行为主义,而到了20世纪末,建构主义成为学习理论发展的新方向。

(一)行为主义的学习理论

行为主义对学习的解释是强调可观察行为的获得,个体学到什么,怎么学习的都是环境刺激决定的。当环境刺激与个体的行为反应的联系巩固下来,相应的行为习惯就形成了,这就是学习。在众多的行为主义心理学家中,斯金纳和班杜拉的学习理论对现代教育影响最大。

1. 斯金纳的操作性条件作用学习观

斯金纳认为行为可以分为两种,像学生听到上课铃声后迅速安静坐好的行为叫应答性行为,而书写、讨论、演讲等具有自发性的行为是操作性行为。这种操作性行为的形成过程就是学习,其关键是强化的作用。斯金纳是通过对动物学习的实验研究,来探讨操作性行为的学习过程。他用来实验的装置叫斯金纳箱。在这个箱中有一个小杠杆,这个小杠杆和传递食丸的一种机械装置相连。只要一按压杠杆,一粒食丸就会掉进食盘。如第七章所言,当把饥饿的大白鼠放进箱内,它会做出多种多样的行为反应,某次偶然压上杠杆,就会有一粒食丸掉下。食丸对白鼠压杠杆的行为反应是一种强化,白鼠得到食丸后更倾向于去按压杠杆。经过多次尝试,白鼠会不断按压杠杆获得食丸,直至吃饱为止。在白鼠形成按压杠杆的操作性行为过程中,关键的变量是强化。斯金纳全面研究了不同的强化在塑造和改变行为中的作用,其中许多观点对教学至今仍有重要的价值。

> **专栏 9-1**
>
> ### 正负强化与奖惩原则
>
> 奖赏(reward)与惩罚(punishment)都是教育学生所用的手段。奖与惩的实施，都是在学生表现过某种行为之后。但两种手段使用的目的并不相同。奖励使用在学生的良好行为之后，目的在于肯定他的行为，鼓励他继续表现该类行为；惩罚使用在学生出现不当行为之后，目的在于否定他的行为，制止他再度表现该类行为。因此，本文中所述正负两种强化均具加强行为的效用。正强化的性质虽与奖励相同，但负强化却与惩罚有异。负强化不同于惩罚的概念，对某些读者而言，也许尚需进一步说明。
>
> 负强化是加强某种适当行为，惩罚是制止某种不当行为，这是两者的主要区别。唯考虑到奖惩的目的时，奖励的目的只有积极性的一面，而惩罚的目的除了制止某种不当的行为的消极目的之外，另外带有使受惩罚者知错改正的积极目的。如果学生因犯错而受惩罚，事后非但不再犯错，而且在同样情景下学到以适当行为代替不当行为，则可谓对该生实施的惩罚，在性质上就带有负强化的意义。由此可见，在教育上使用惩罚时，只有在积极的目的下，使之符合负强化的原理，惩罚才会产生教育价值。
>
> 在教育上，如何善用惩罚，使惩罚除了消极地制止学生不当行为之外，更能积极地产生负强化效用，从而培养良好的行为，自然是教育心理学家们所关心的问题。对一般情况而言，教育心理学家对使用惩罚者(教师或家长)，提出以下四点建议：
>
> 1. 在实施奖励与惩罚之前，必须先让全班学生充分了解奖与惩的行为标准。
> 2. 惩罚只限于知过能改的行为。
> 3. 使用惩罚时应考虑学生心理需求上的个别差异。
> 4. 多使用剥夺式惩罚(removal punishment)，少使用施予式惩罚(presentation punishment)。前者指剥夺其权利(如家庭作业未做完之前不准看电视)，后者指加诸其痛苦的措施(如体罚)。
>
> [资料来源] 张春兴.教育心理学[M].杭州:浙江教育出版社,1998:186.

2. 班杜拉的社会学习观

班杜拉并不同意斯金纳的观点。他认为个体并不是都要通过操作性程序才能形成行为，个体完全可以通过观察他人的行为而学到新的行为反应。强化也不是增强了行为出现的频率，而是为个体提供了信息或诱因，使他认识到什么样的行为会导致什么样的后果。例如，李某看到某位同学因乐于助人而得到老师的表扬，他就知道助人行为是可以模仿的、有价值的行为；而见到另一位同学因欺骗别人被老师批评，就懂得了这种欺骗行为是错误的、不能学习的行为。因此，班杜拉的社会学习理论强调的是"观察学习"和"替代性强化"。

班杜拉相信观察是最基本的学习过程。人们可以通过观察他人行为及其结果而学习，并不需要出了车祸才知道要遵守交通规则，也没必要因为偷窃被惩罚了才懂得这是违法的行为。孩子不会游泳，但通过观察模仿他人也可以学会游泳；初上讲台的新教师，完全可以通过观察优秀教师成功的课堂教学行为来改善自己的教学。

班杜拉通过系列的"充气娃娃"的模仿行为实验,证实了观察和模仿在学习中的作用。例如在这样的一个实验中,班杜拉让三组儿童都观看一个成年男子踢打一个充气塑料娃娃的场面。第一组的儿童观察到的是这个成人榜样的行为得到奖励("你是一个强壮的冠军。");第二组的儿童观察到的是榜样的行为受到惩罚("喂,住手!我以后再看到你这样欺负弱者就给你一个巴掌!");第三组的儿童观察到的是榜样的行为既没有受到奖励也没有受到惩罚。然后,就让儿童进入一间游戏室,里面放有一个同样的充气塑料娃娃,研究人员观察儿童单独和玩具娃娃在一起时的情景。结果发现,看到榜样的踢打攻击行为受到惩罚的第二组儿童的攻击性行为最少。在后续的实验中,班杜拉以糖果为奖励,鼓励这三组的孩子尽可能模仿那个成人榜样的行为,结果这三组儿童在模仿攻击性行为方面与原来没有任何区别。

实验证明,人的许多行为模式是通过观察榜样的行为以及这些行为对这些人产生的后果而获得的。这正印证了一句老话"榜样的力量是无穷的"。

(二) 认知主义的学习理论

认知主义强调学习是获得知识、形成认知结构的过程。学习的基础是学习者知识结构的形成和改组,而不是通过练习与强化形成的刺激与反应的联结。学生学习效果的差异制约于自身的内部心理机制的差异。当代认知主义的学习理论主要有布鲁纳和奥苏伯尔所代表的认知结构学习论,以及加涅所代表的信息加工学习论。

1. 布鲁纳的认知发现学习观

在行为主义学习理论影响美国教育界几十年后,由于苏联率先发射人造卫星而引起了全美教育界对教育问题的反思,教育改革的呼声迅速升温。布鲁纳(Jerome Seymour Bruner,1915—)生逢其时,以强调知识结构的掌握和倡导发现学习成了这场教改运动的领袖。

布鲁纳认为学习的实质是学生主动地通过感知、领会和推理,促进类目及其编码系统的形成。学生的认知学习就是获得知识结构的过程。他说:"不论我们选教什么学科,务必使学生理解各门学科的基本结构。"[①]所谓基本结构就是某一学科领域的基本观念,类似于我们平时所说的"基本概念、基本知识、基本原理"三基。主要的不同在于,基本结构不仅指一般原理的学习,还包括学习的态度和方法。如

布鲁纳
(Jerome Seymour Bruner, 1915—)

何去获得学科的基本结构呢?布鲁纳认为应采用发现的方式学习,所谓发现是指用自己的头脑亲自获得知识的一切形式。他说:"教师不能把学生教成一个活动的书橱,而是教学生如何思维;教他如何像历史学家研究分析史料那样,从求知过程中去组织属于他自己的知

---

① 布鲁纳. 教育过程[M]. 北京:文化教育出版社,1982:37.

识。"①发现学习强调的是学生的主动探索;教师的任务不是讲解和灌输现成的知识,而是创造条件,鼓励学生独立思考、积极探究,自行去发现材料的意义,从而自主地获得基本原理或规则。例如,代数中的交换律是代数这门学科的基本结构,如何通过发现来学习? 布鲁纳根据学生玩跷跷板的经验(如果对方比自己重,自己就得往后移;如果对方比自己轻,就得往前移,这样两人才能玩跷跷板)设计了一个天平,让学生来调节砝码数量和砝码离支点的距离。他先让学生动手,然后使用想象,最后用数学来表示,从而掌握了乘法交换律。布鲁纳认为,通过发现的方式学习有利于学生直觉思维、批判性思维、创造性思维的发挥;有利于使外在动机转化为内在动机,提高学习的积极性;有利于学会发现的最优方法和策略;有利于信息的保持和检索。

2. 奥苏伯尔的认知接受学习观

虽然奥苏伯尔(David Paul Ausubel,1918—　)与布鲁纳一样都认为学习是一个认知过程,是认知结构的组织和重新组织,强调已有的知识经验的作用(即原有的认知结构的作用),但奥苏伯尔对布鲁纳认为发现是主要的学习方式的观点持强烈的批评态度,他认为接受学习才是学生主要的学习方式。学生主要是把教师讲授的内容整合进入自己的认知结构中,以便将来能够提取或应用。他认为把接受学习等同于机械的,把发现学习等同于意义的是错误的。学习是否有意义不取决于学习的方式是发现的还是接受的,而是取决于意义学习的两个先决条件,只要符合这两个条件就是意义学习。第一,学习内容对学生具有潜在意义,即能够与学生已有知识结构联系起来。

奥苏伯尔
(David Paul Ausubel,
1918—　)

这种"联系"应该是实质性和非人为的,也就是说,这种联系不能是一种牵强附会或靠机械背诵的。例如,学生认知结构中已经有了"哺乳动物"的概念再学习"鲸"这一新概念时,"鲸"这一概念与"哺乳动物"概念之间就有逻辑上的关系,这种关系不是人为的,是符合一般与特殊的关系的,因此,这种联系就是实质的、非人为的。第二,学习者必须具有意义学习的"心向"。这里的心向是指学生积极主动地把新学习的内容与认知结构中已有的知识加以联系的倾向性,使新旧知识发生相互作用,导致新旧知识的意义的同化,结果,学生的旧知识得以改造,新知识获得了新的意义。

奥苏伯尔认为,学生的意义学习才是有价值的学习。所以,他强调的是意义的接受学习,学校应主要采用意义接受学习。现在,人们普遍认为奥苏伯尔的贡献不是强调了接受学习,而是深刻地描述了意义学习。

3. 加涅的信息加工学习观

学习的信息加工的观点是一种计算机模拟的思想,是把人的学

加涅
(Robert Mills Gagné,
1916—　)

---

① 张春兴.教育心理学[M].杭州:浙江教育出版社,1998:213—214.

习过程比喻为计算机的加工过程,加涅(Robert Mills Gagné,1916—　)无疑是这种学习观的主角。他所提出的学习的信息加工模式理论已成为广泛引用的经典性观点,如图9-1。

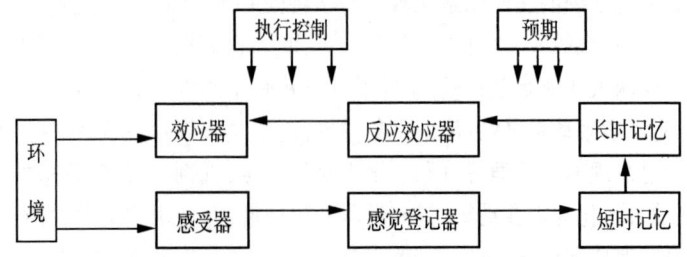

图9-1　由学习与记忆理论所假设的信息加工模型①

图9-1所展示的信息加工模型表明,当学生注意环境中某一特定的刺激时,来自环境的刺激信息经感受器在感觉登记器上作短暂的寄存,此时贮存的是原先刺激的某些主要特征。然后通过选择性知觉进入短时记忆。能保持的信息项目可能要经过内心默默复述。在随后的阶段,信息经过语义编码的重要转换而进入长时记忆,即进入长时记忆的信息根

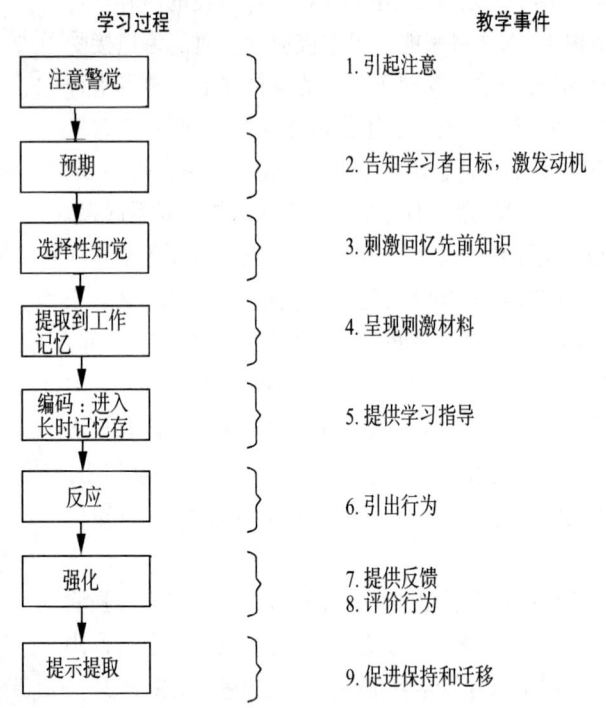

图9-2　学习阶段与教学事件的关系②

---

①　R. M. 加涅. 学习的条件和教学论[M]. 皮连生,等,译. 上海:华东师范大学出版社,1999:80.
②　同上;352.

据其意义来贮存。当学生做出反应时,需要对这些已贮存的信息进行搜索和提取,然后通过反应发生器将它们转变成行动。"执行控制"选择和启动认知策略是对信息流程予以监控和修正。"预期"是学生对达到目标的期望,即动机系统对信息加工的影响。这就是信息从一个结构到另一个结构的完整流程。根据这一流程,学生从不知到知的学习的内部加工过程可以分为八个阶段。图9-2展示了学习流程图中包含的八个学习阶段之间的关系,以及这些阶段所暗指的教学事件。

(三)建构主义的学习观

认知主义学习理论的进一步发展在20世纪末出现了一个崭新的方向,即现代建构的思想。建构主义认为,学习是学习者积极主动的意义建构和社会互动的过程。建构一方面是对新信息的意义的建构,另一方面又包含对原有经验的改造和重组,是新旧经验之间的双向相互作用过程。这种思想被认为是当代教学和课程改革的基础。那么它到底新在哪里而得到人们的重视呢,从以下几个方面我们或许可以得到答案。

知识观 对知识的意义,认知主义强调的是知识对现实世界描述的客观性,而建构主义强调的是人类知识的主观性。建构主义认为,人类的知识只是对客观世界的一种解释、一种假设,并不是对现实的准确表征,它不是最终的答案,而是会随着人类认识的进步而不断地被新的解释和新的假设所推翻、所取代。牛顿的物理学说已被爱因斯坦更好的解释所代替,爱因斯坦的学说也必定会被更完善的理论所取代,人类的知识具有高度的不确定性、相对性。学生学习的书本知识就是一种对现实世界较为可靠的假设,而不是最可靠的解释。对知识的应用,认知主义强调的是应用的普遍性,而建构主义强调的是应用的情境性。建构主义认为,知识不可能放之四海而皆准,不可能适用于所有的情境。人们面临现实问题时,不可能仅靠提取已有的知识就能解决好问题,而是需要针对具体问题对已有知识进行改组、重建和创造。知识的高度主观性和情境性决定了学习是终生的活动,决定了学生的学习更重要的是对知识的猜测、质疑、检验和批判。

学生观 认知主义把学生看成是信息的主动吸纳者,建构主义则认为学生是信息意义的主动建构者。"学习是建构内在的心理表征的过程,学习者并不是把知识从外界搬到记忆中,而是以已有的经验为基础,通过与外界的相互作用来建构新的理解。"(古宁汉,D.J. Cunningham,1991)学生在学习新知识时并不是一个经验的无产者,而是能够在已有知识经验的基础上,通过新旧知识经验间反复的、双向的相互作用过程建构起新的意义,从而充实丰富和改造了自己的知识经验,他们是自己知识的建构者。因此,学习不是简单的信息输入、贮存和提取的过程,不是简单的信息累积,而是在已有经验、心理结构和信念基础去形成新知识的意义,实现新旧知识的综合和概括,形成新的假设和推论;而是在应用中加深对知识的理解。这种学生观更进一步强调了学生学习的主动性、自主性、探索性,确保了"以学生为中心"的教学观的落实。

教师观 认知主义更多地把教师看成是学生学习的指导者、设计者,而建构主义更愿意把教师看成是学生学习的帮助者、合作者。建构主义认为教学不是由教师到学生的简单的转移和传递,而是在师生的共同活动中,教师通过提供帮助和支持,引导学生从原有的知识经验中"生长"出新的知识经验,使学生对知识的理解能逐步深入;帮助学生形成思考、分析问题的思路,启发他们对自己的学习进行反思,逐渐让学生对自己的学习能自我管理、自我负责;创设良好的、情境性的、多样化的学习情境,鼓励学生在其中通过实验、独立探究、讨论、合作等方式学习;组织学生与不同领域的专家或实际工作者进行广泛的交流,为学生的探索提供有力的社会性支持。因此,建构主义的教师观不是排斥教师在教学中的作用,而是对教师提出了更具有挑战性的新职责。

第二节 学习迁移

我们常感叹聪明的人能做到"闻一知十",好学生可以"举一反三"、"触类旁通",这里说的就是迁移现象。学习迁移作为现代教育追求的重要目标之一,在强调培养学生实践能力的今天显得尤其重要。

一、学习迁移与学习效率

(一)迁移的含义

一般认为,学习迁移(learning transfer)是一种学习对另一种学习的影响。由于学习既包括知识、技能、能力的学习,也包括情感、态度、行为方式的学习,所以,具体地说,迁移是指"在一种情境中获得的技能、知识或态度对另一种情境中技能、知识的获得或态度的形成之影响"(M. S. James)。[1]

迁移是学习的普遍特征,任何学习都存在迁移现象。学习一种外语有助于学习同一语系的另一种外语,是知识的迁移;会骑自行车的人比不会骑自行车的人更快学会骑摩托车,是技能的迁移;在学习中养成了爱整洁的习惯,有助于在生活中形成爱整洁的习惯,是行为方式的迁移。所以,如何促进有效迁移的大量发生,对提高学习效率具有重要的意义。积极的迁移不但意味着学生学得更快、更好,而且更重要的是能将学到的东西有效地用于当前问题的解决,这种迁移是解决问题能力的一种体现。正是在这基础上,"为迁移而教"成为教师们共同努力的目标。

(二)迁移的种类

迁移是普遍的,迁移的表现形式是多种多样的,根据不同的标准可以对迁移作多种分类。

1. 根据迁移的影响效果,可分为正迁移与负迁移。正迁移产生的影响是积极的,负迁移产生的影响是消极的。阅读技能的掌握有利于写作技能的学习是正迁移,而汉语拼音的学习干扰对英语的音标的学习是负迁移。所以,正迁移是学习者在另一种学习上具有了良

---

[1] 吴庆麟. 认知教学心理学[M]. 上海:上海科学技术出版社,2000:209.

好的心理准备状态,提高了学习效率,或更好地解决了所面临的问题。而负迁移则反之。

2. 根据迁移的影响方向,可分为顺向迁移和逆向迁移。如果先前的学习对后继学习发生的影响是顺向迁移;后继学习对先前学习产生的影响为逆向迁移。逆向迁移通常发生在学习者面临学习新知识或解决新问题时,需对原有的知识进行补充、改组或修正,使原有的知识结构发生一定的变化。

3. 根据迁移发生的水平,可分为横向迁移和纵向迁移。横向迁移是指难度和复杂性在相同水平上的知识或技能的迁移。如婴儿学会称呼邻居家的男性为"叔叔"后,他可能会对所遇到的任何陌生男性均称呼为"叔叔"。纵向迁移是指低水平的知识、技能的掌握向高水平的知识、技能学习的迁移。如运用三角形的面积公式来推导梯形的面积公式,小学生掌握了算术运算中的加、减、乘法,使得他能够较为顺利地学习和掌握除法。

4. 根据迁移的内容,可分为一般迁移和特殊迁移。一般迁移是基本原理、规则、方法、策略和态度的迁移。布鲁纳认为一般迁移是十分重要的,因为基本的原理、规则、方法、策略和态度具有广泛迁移的可能性。特殊迁移是指某一具体的、特定的知识经验的掌握对另一具体的、特定的知识经验学习的影响。

除了以上几种主要的迁移分类外,还有的根据迁移的范围将迁移分为近迁移与远迁移;有的根据发生迁移的学习领域,将迁移分为认知领域的、运动技能的和情感态度的迁移。不论何种迁移都有积极的和消极的,即正迁移与负迁移。平时我们讲的"迁移"指的是正迁移,促进学生迁移的发生,就是要促进正迁移的大量产生。

二、学习迁移理论及其应用

迁移是如何发生的?发生的原因、条件和规律是什么?对这些问题的解释即迁移理论。对迁移现象的解释,早期的理论主要有形式训练说、相同要素说、概括说和关系说。

形式训练说:认为迁移是心理官能(指注意、记忆、思维、想象等)得到训练而提高的结果。任何一种心理官能都能进行训练,就像对肌肉的训练一样,可以使该官能的能力得到提高。例如,记忆的官能通过记忆的训练而得到增强,并且能在新的学习中产生迁移。

相同要素说:1903年,美国杰出的教育心理学家桑代克(Edward Thorndike, 1874—1949)以大学生为被试,首先训练大学生对平行四边形的面积进行估计,然后对他们进行两种测验。结果表明,被试对矩形面积的判断成绩提高了,但对三角形、圆形和不规则图形的判断成绩并没有提高。据此,他认为,学习中训练某一官能未必能使它的所有方面都得到改善。他认为两种学习之间具有相同因素时,才会发生迁移,由于骑自行车与骑摩托车在协调和操作方式上有相同因素,所以迁移就发生了。

概括说:美国心理学家贾德(Judd)在1908年设计了水下击靶的实验研究,结果发现,迁移不是因为两种学习之间具有相同要素,而是因为学习者在学习过程中获得了一般原理和原则。学习者对原理掌握得越好,越有可能在新情境中产生迁移。

关系说:德国心理学家苛勒在1919年通过"小鸡(或幼儿)觅食"的实验进一步发展了

概括说,他认为迁移的发生是由于学习者顿悟了两种学习情境中的要素之间或原理之间的关系,特别是手段—目的之间的关系,这才是实现迁移的根本条件。

(一) 当代迁移理论

当代心理学以认知心理学为基础,更深入地揭示了迁移的内在机制。

1. 认知结构的迁移观

当代认知心理学家都十分重视认知结构在迁移中的重要作用,其中奥苏伯尔的观点最具有代表性。

奥苏伯尔认为学生已有的认知结构对新知识学习发生影响,这就是迁移,所以,认知结构是知识学习发生迁移的重要原因。

一切有意义的学习都是在已有学习的基础上进行的,不受学习者原有认知结构影响的新学习是不存在的。认知结构就是学生头脑中的知识结构,它是学生头脑中全部观念的内容和组织。个人认知结构在内容和组织方面的特征,称为认知结构变量,主要包括可利用性、可辨别性和稳定性。原有的认知结构就是通过这三个变量对新知识的学习产生影响。

认知结构的可利用性:是指面对新知识的学习时,学习者原有认知结构中是否具有用来同化新知识的适当观念。认知结构的可辨别性:是指面对新知识的学习时,学习者能否清晰分辨新旧知识间的异同。认知结构的稳定性:是指面对新知识的学习时,用来同化新知识的原有知识是否已被牢固掌握。

如果学生在某一领域的认知结构越具有可利用性、可辨别性和稳定性,那么就越容易产生迁移。

2. 建构主义的迁移观

建构主义认为,所谓学习迁移,实际上就是认知结构在新条件下的重新建构。

建构性的学习强调旨在使学习者形成对知识的深刻理解。由于对知识意义的理解主要反映在对知识的应用上,因此,知识的"意义情境"主要是指知识的"使用情境"。例如,在日常语言中,我们对语言的理解实际上往往就是要理解该语言在一定情境下的使用。"我让她走"这句话,我们只能从情境中获得意义。因此,对知识的理解取决于学习时的使用情境,要使学生达到对知识深刻理解的目标,就要把知识置于真实的、复杂的情境中,通过知识的应用来达到对知识的深层理解,从而使学习能适应不同的问题情境,在实际生活中能有更广泛的迁移。这样,学习迁移就是在新的情境中应用知识,在新条件下对知识的进一步学习,对知识的深入理解。

(二) 促进迁移的教学

通过教学来促进学生学习的积极迁移,就必须根据迁移原理来有效地组织教学。

1. 改善心智的功能

根据形式训练说,我们如果能找到能够改善心智的新的教学材料,就能提高学生的迁移能力。一些学者提出了一种新的教学措施,即通过学习诸如 LOGO 这样的计算机语言,来促进学生一般认知能力的发展(S. Paper,1980)。他们认为,当儿童通过发现学习,知道如何用 LOGO 语言来给计算机下命令时,"他们的智慧能力也就得到了有效的发展"。虽然这项研究并没有取得满意的结果,但仍不失为一个有益的尝试。

2. 传授基本知识

根据相同要素说,应该把教学内容的重点放在基本知识的传授上。要把那些具有广泛迁移价值的学习材料作为教学的基本内容,而每一门学科中的基本知识(包括基本概念、基本原理、基本技能等)具有广泛的适应性,其迁移价值较大。同时,在教授基本知识时应配有典型代表性的事例,不能脱离事实材料空谈概念、原理。

3. 有效的指导

根据概括说,教师应有意识地引导学生去寻找不同的知识之间的相同要素,培养学生的辨别能力,启发学生对知识进行概括,从而提高学生的迁移能力。

4. 提高迁移的意识性

根据关系说,意识到学习材料之间的关系是迁移的关键。因此,可以运用发现学习的方法,指导学生发现规则和原理及各种学习之间的相互关系。同时,为使学生能正确理解知识之间的关系,应注意帮助学生形成良好的心理准备状态,防止消极心态形成消极迁移。

5. 合理安排教学内容

根据认知结构的迁移观,在已有学习基础上形成的知识结构的特征是影响新学习的关键,教学中就要充分利用教学材料中的内在联系。教学内容的组织要注重各种要素之间具有科学的、合理的逻辑联系,能体现事物的各种内在关系,如上下、并列、交叉等关系,使已有的知识能很好地同化新知识。对缺乏内在联系的教学内容,可以用"先行组织者"(指在学习新材料之前呈现给学生的一种引导性学习材料,它以通俗的语言概括说明将要学习的新材料与认知结构中原有知识的联系,为学生在已有知识和新知识之间架起一座桥梁)策略,使新知识与原有知识建立联系而获得意义。

6. 设计情境性教学

根据建构主义的迁移观,迁移即应用,促进迁移的关键就在于发展学生灵活的知识应用能力。为此,学习应该与情境化的社会实践活动联系在一起,着眼于解决生活中的现实问题,通过知识的应用而实现知识的迁移。

第三节 学 习 策 略

"学会学习",使学生成为一个聪明的学习者,已成为重要的教育目标。"教育应该较少地致力于传递和储存知识(尽管我们要留心,不要过于夸大这一点),而应该更努力寻求获得知识的方法(学会怎样学习)。"[①]"这种学习(指学会怎样学习——引注者)更多的是为

---

① 联合国教科文组织.学会生存——教育世界的今天和明天[M].北京:教育科学出版社,1996:12.

了掌握认识的手段,而不是获得经过分类的系统化知识。"①现代心理学认为,学会学习的关键是学习策略的获得和改进,学生只有掌握了有效的学习策略,才真正找到了学习的金钥匙,才是一个"会学"的学习者。

一、策略与学会学习

(一)学习策略的含义

学习策略作为一个完整的概念,是布鲁纳1965年提出"认知策略"以后出现的。但时至今日,学习策略仍然没有一个公认的定义。根据已有研究可归纳为三种观点:(1)学习策略是学习的程序、方法或规则。(2)学习策略是学习的信息加工活动过程。(3)学习策略是学习监控和学习方法的结合。本书认为,所谓**学习策略**(Learning strategies)是指学习者为了提高学习的效果和效率,用以调节个人学习行为和认知活动的一种抽象的、一般的方法。

首先,凡是有助于提高学习效果和效率的程序、规则、方法、技巧及调控方式均属于学习策略范畴。其次,学习策略不等于具体的学习方法,是学习方法的选择、组织和加工。许多学习策略具有高度的一般性。但学习策略又不能与具体的学习方法截然分开,要借助具体的学习方法表现出来。再次,学习策略是调节如何学习、如何思考的高级认知能力,是衡量个体学习能力的重要尺度,是会不会学的标志。

当代认知心理学把知识分为三类:1. 陈述性知识。是关于世界的事实性知识,主要用来回答事物是什么、为什么的问题。如中国位于亚洲,我国国土面积约有960万平方公里等。2. 程序性知识。是个人在特定条件下可以使用的一系列操作步骤或算法,主要用来解决怎么做的问题。如在计算四则混合运算时,要按照"先乘除后加减"的运算法则进行计算。3. 策略性知识。是关于如何学习和如何思维的知识,是关于如何使用前两种知识去学习、组织、解决问题的一般方法。例如,学习时如何有效组织,写作时如何拟定提纲,解决问题时如何明确思维等。当代的知识观重视的是策略性知识的获得,因为只有在策略性知识的指导下,陈述性知识和程序性知识才能更有效地被感知、理解、组织,才能更有效地用来解答问题。诺曼(Norman)指出:"我们仍需要总结出关于怎样学习、怎样组织、怎样解决问题的一般原则,然后设置一些传授这些一般原则的应用性课程,最后把这些一般性原则渗入到学生的各门学科中。"

(二)学习策略分类

了解学习策略的类型,有助于我们帮助学生更好地掌握和运用学习策略。目前,具有代表性的观点主要有以下几种。

1. 单瑟洛(Dansereau,1985)的二分法。单瑟洛把学习策略分为基本策略(primary strategy)和支持策略(support strategy)。基本策略是指用来直接操作学习材料的各种学习策略,主要包括信息获得、贮存、信息检索和应用的策略,如记忆、组织、回忆等策略。支持策略主

---

① 联合国教科文组织. 教育——财富蕴藏其中[M]. 北京:教育科学出版社,1996:76.

要用来帮助学习者维持良好的学习心态,主要包括计划和时间安排,注意的集中和自我监控。

2. 迈克卡(Mckeachie et al.,1990)的三分法。迈克卡将学习策略概括为认知策略、元认知策略、资源管理策略。每种策略包括的具体成分见图9-3。

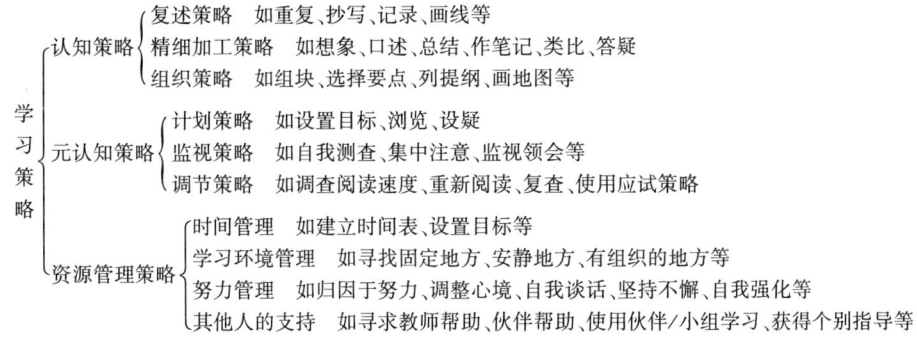

图9-3 学习策略的分类①

3. 温斯坦(Weinstein,1985)的四分法。温斯坦认为学习策略包括:(1)认知信息加工策略,如精细加工策略;(2)积极学习策略,如应试策略;(3)辅助性策略,如处理焦虑;(4)元认知策略,如监控新信息的获得。她与同事们所编制的学习策略量表包括这样十个分量表:信息加工、选择要点、应试策略、态度、动机、时间管理、专心、焦虑、学习辅助手段和自我测查。

二、认 知 策 略

加涅认为:"认知策略是内部组织化的技能,其功能是调节和控制概念与规则的应用。"②认知策略与学习策略的关系是包含与被包含的关系,学习策略比认知策略所包含的范围更广。认知策略在学习策略中起着核心的作用,认知策略的改进是学习策略改进的原因。

根据作用于信息加工过程的不同阶段,理解和保持知识的认知策略主要包括复述策略、精制策略和组织策略。复述策略作用于认知过程的初始阶段,即"选择"、"获得"阶段;精制策略主要作用于"选择"、"获得"与"构建"、"综合"之间的过渡阶段;组织策略作用于"构建"、"综合"阶段,即认知过程的深加工阶段。

(一)复述策略

复述策略是为了在工作记忆中保持信息而对信息进行反复识记的策略。复述策略是对具体复述方法的选择、运用和调整,可根据"遗忘规律"来组织复述,使新学材料保持在长

---

① 陈琦,刘儒德. 当代教育心理学[M]. 北京:北京师范大学出版社,1997:183.
② R.M.加涅. 学习的条件和教学论[M]. 皮连生,等,译. 上海:华东师范大学出版社,1999:138.

时记忆中。

(二) 精制策略

精制即"精心制作"(elaboration),是为了使人们更好地记忆正在学习的东西而做充实意义的添加、构建或者发生(莱文,Lelin)。小学教师告诉学生:"人"(单人旁)累了,就靠在"树(木)"上"休息",对"休息"的"休"字的处理,就是采用了精制策略。精制策略作为一种深加工策略,是将新学习材料与头脑中已有知识联系起来的策略,可以十分有效地提高记忆效果。辨别是否是精制有两个标准:(1)精制必须是学生自己产生的;(2)精制必须与教学内容相关联。为了更清楚地说明这一点,我们引加涅等人(1984)设计的要求对精制与非精制进行辨别练习中的几个例子来分析讨论①:

例1 一个学生读到"哥伦布1492年发现美洲"时,他认为应该记住,就在心里一遍又一遍重复"哥伦布1492年发现美洲"。

分析:这不是精制。因为他并没有进行精制,而只是简单的复述。

例2 小明读到"哥伦布是西班牙人,1492年航海到了美洲",他想记住此事,于是便想:"哥伦布很可能是由东而西到美洲的,因为这是从西班牙到美洲的最短航线。"

分析:这是精制。这是由学生自己产生的,并将其原有的地理知识与这一新知识联系起来了。

例3 小斌读到"哥伦布1492年发现美洲,他是西班牙人",而后又想:"哥伦布平时爱吃什么呢?"

分析:这显然不是精制。尽管它是由学生自己产生的,但与教学内容毫无关联。

例4 小红听见算术老师讲:"做分数除法,先颠倒除数的分子和分母,然后再相乘。"然后又听老师说:"记住,除数就是用来除的那个数。"

分析:这不是小红的精制,而是老师的精制。

例5 小强听见算术老师说:"做分数除法,先颠倒除数的分子和分母,然后再相乘。"他想:"这又是一个做分数运算题的法则,在分数乘法里,不颠倒乘数,相乘就行了。"

分析:这是精制。它不仅与教学内容有关,而且学生应用已有的分数乘法知识来学习分数除法的内容。

例6 一个学生听见物理老师说:"分子在气体中比在液体中相隔更远,所以气体比液体轻。"该学生就想到:"这好像编织疏松毛织物要比用同样毛线编织密实的衣物来得轻。"

分析:这是精制。它与教学内容有关,并且该学生将自己已有的生活经验与这一教学内容联系起来了。

(三) 组织策略

组织策略的目的在于建构新知识点之间的内在联系,是将分散的、孤立的知识集合成一个整体并表示出它们之间关系的方法。例如网络法,是指以树状式连线方式来表示材料

---

① 杜晓新.元认知与学习策略[M].北京:人民教育出版社,1999:32—34.

种属关系的一种组织方法。对一篇描写《绿》的短文,运用网络法,可编制出如图9-4所示的网络。

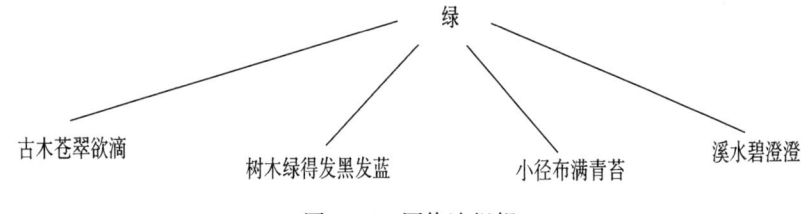

图9-4 网络法组织

三、元认知策略

元认知(metacognition)是弗拉维尔(Flavell)最早在1976年提出来的。他所谓的**元认知**是以认知过程本身的活动为对象,就是对认知的认知,即个体对自己的认知过程和结果的意识与控制。近年来人们越来越关注元认知在学习和学会学习中的作用,如何发展和培养学生的元认知能力已成为学习策略研究和应用的重要内容。

(一)元认知结构

根据弗拉维尔的观点,元认知由三种成分所组成,即元认知知识、元认知体验和元认知监控。

1. 元认知知识

元认知知识是个体通过经验积累起来的关于认知的一般性知识。它包括三个方面的知识:一是知人方面的知识,指对自己和他人认知能力与特点的认识,即所谓"知己知彼",如对自己的智力、兴趣、记忆特点等的认识,对他人的长处与不足的认识等;二是知事方面的知识,是指对认知对象的特点的认识,例如学生对不同课程内容的性质(图形的、文字的)、对学习材料的结构、逻辑性以及材料的呈现方式(视觉的、听觉的)的知识;三是知法方面的知识,是指在完成认知活动中所需的策略知识的认识,例如对不同的学习材料应选用哪些有效的策略,对新知识的学习和复习旧知识可采用哪些不同的方法等。

2. 元认知体验

元认知体验是主体在从事认知活动时所产生的情感体验。它可能被主体清晰地意识到,也可能是处于下意识的状态;在内容上可简单,也可复杂;可以是对知的体验,也可以是对不知的体验;可发生在认知活动开始之前,也可发生在认知活动的过程中或认知活动结束之后。例如,预感考试失败后产生焦虑,预感学业成功后产生愉悦;从成功的经验中获得心得,从失败的经验中汲取教训,借此产生信心,等等。

3. 元认知监控

元认知监控是指主体在进行认知活动的过程中,将自己正在进行的认知活动作为意识对象,不断地对其进行积极而自觉的监视、控制和调节。包括:制订计划、执行控制、检查结果、采取补救措施等四个基本环节。

在学习过程中,元认知对整个学习活动起着控制和协调的作用,监视和指导着策略的选用和使用。对一个学习者来说,如果只拥有众多的策略性知识,而缺乏元认知策略来帮助自己决定在哪种情况下使用某种策略,或改变策略,那么他就不可能成为一个成功的学习者。元认知水平高的学生由于善于选择策略,从而表现出目的明确、计划性好、自控能力强、灵活性高的良好的学习能力。

(二)元认知能力

元认知理论的提出使人们意识到,我们不但要了解学生在学习中学到什么和怎样学,而且要了解学生是如何控制和调节自己的学习,即元认知能力问题。

1. 元认知能力的实质

元认知能力的核心是自我监控。自我监控是指学生对其所从事的学习活动进行自我调节与控制的能力。它包括学习过程中确定目标、制订计划、选择方法、管理时间、调节努力程度、执行计划、反馈与分析效果、采取补救措施等能力,是学生学习能力的一个重要方面。能否进行有效的自我调节和控制,是关于知识和技能获得效率的重要问题。自我监控的学习正是学生积极地调节与控制自己的思维、情绪与行为以有效地获取知识与技能的过程。就一具体的学习过程而言,它既包括学习活动前,根据学习任务的要求和自己的认知活动状况制订切实可行的计划;又包括学习活动中,随时监控、调节以保证学习活动过程的顺利进行;还包括学习活动结束后对学习结果的了解和评价,检查自己的学习行为是否达到了预定的目的,做出正确的归因,以便提出补救措施。

2. 元认知能力的提高

应采用哪些教学措施来促进学生元认知能力的提高,使学生能够积极主动地激励自己使用各种不同的学习策略来促进自己的学习。我国有的学者结合国外的研究提出了以下措施[①]。

(1)让学生每天记学习日记

学习日记的内容可包括:今日学习的主要及重要内容(以某学科为例);列出有关知识点及各知识点之间的联系;列出经自己反复思考仍不清楚的问题;将一些容易混淆的概念列表对照、鉴别,并自己举例说明之。

要求学生记学习日记的目的在于:①促使学生反思自己的学习过程,理清思路,澄清混乱,思考并提出有价值的问题。②促使学生学会学习,自教自己,并在此过程产生重要的顿悟。③将学习的注意力从学习结果转移到自己的认知过程,有助于学生主动地控制自己的学习。

(2)增强学生对他人及自己认识过程的意识

教师可通过语言将自己对某问题的思维过程展现给学生。例如,叙述自己在解决某个

---

① 杜晓新.元认知与学习策略[M].北京:人民教育出版社,1999:19—21.

新问题时,想到哪些策略,什么是首选策略,哪些是补救策略,自己是怎样调整、转换这些策略的。教师也可促使学生注意某些同学对其思维过程的认知过程,如,要求某学生描述自己的思维过程,并引导其他同学对其思维过程进行评价。教师还可向全体学生呈现一个新的学习任务,让同学评价这一任务的难度,阐述自己准备解决这一问题的一系列步骤与方法,并进行相互评价。

(3)指导学生进行自我质疑

有些学生,特别是低年级学生往往不假思索地迅速完成作业,而这些作业通常是错误百出,究其原因,这些学生往往缺乏学习的责任感,而且也没有对自己的思维过程进行反思的习惯。要求学生自我质疑,能使学生逐步形成自我控制、自我检查的能力。如,要求学生经常自我提问:"我知道做些什么吗?""我对作业的要求清楚吗?""这样做是否正确?我有把握吗?""能否稳操胜券?"

(4)指导学生监控、评估自己的理解能力

要求学生在开始作业前,认清作业的要求,并要求学生在阅读或解决问题的过程中,经常给自己提一些问题,如:"这一点我理解得对吗?""这里的叙述与前面的叙述有矛盾吗?""这句话除了字面上的意思外,还有什么深层次的含义呢?"教师可用列表的形式提供对某一问题理解程度的判别标准,从而使学生能对照检查自己的理解能力。

(5)向学生提供练习与反馈的机会

教师必须向学生提供运用知识的机会。如,让学生在实践中运用他们已学过的知识;代替教师向其他同学提供信息;让学生相互复述有关知识内容;向他人表述自己的理解等。

(6)要求学生意识到与学习效果有关的四个因素

这四个因素是:①所学材料的性质特点;②学习者当前的知识与技能水平;③学习者当前的心理状态;④检验学习效果的标准与形式。

(7)指导学生按以下步骤进行反思

①等一等:我对现学的内容是否理解并记住了?我能向他人清楚地描述这一问题吗?

②想一想:产生这一问题大致是由什么原因引起的?是不是自己对有关知识没有掌握?或许缺乏想象力?缺乏解决这一问题的技能技巧?

③找一找:解决这一问题可采用哪些方法?寻找、阅读哪些有关材料?向别人请教?做相关难度略低的练习?

④看一看:检查一下,采取相应的解决措施后,原先的问题是否得到部分解决或完全解决。

⑤做一做:记录解决问题的经过,并决定以后怎样做。

四、学习策略的教学训练

(一)训练的原则

托马斯和罗瓦(Thomas & Rohwer,1986)提出了一套适用于具体学习方法的有效学习原则。

1. 特定性

特定性是指学习策略一定要适于学习目标和学生的类型,即通常所说的具体问题具体分析。例如,研究者发现,同样一个策略,年长的和年幼的、成绩好的和成绩差的,用起来的效果就不一样。例如,阅读时写提要对于成人来说可能是一种有效的学习方法,但对幼儿则可能相当困难。

年幼儿童没有反思他们自己思维过程的能力。但是,一年级的学生,知道某些学习任务比其他学习任务难,三年级的学生通常知道什么时候他们已经不能理解某些事物。尽管如此,这些年幼的学生在这些方面毕竟能力有限。直到儿童晚期和青少年时期,学生才有能力评价某个学习问题、选择一个策略去解决这一问题,并且评价他们的成功(Flavell,1985)。这并不意味着学习策略对这些年幼的儿童不重要,这仅仅意味着针对学习者的发展水平,你要确定哪些策略是最有用的。

同时,还要考虑学习策略的层次,必须给学生大量的各种各样的策略。不仅有一般的策略,而且还要有非常具体的策略。

2. 生成性

生成性是有效使用学习策略最重要的原则之一,是指在学习过程中要利用学习策略对学习的材料进行重新加工,产生某种新的东西。这就是要求学习者进行高度的心理加工。要想使一种学习策略有效,这种心理加工是必不可少的。生成性程度高的策略有:写内容提要、提问、列提纲、图解要点之间的关系、向同伴讲授课的内容要求。生成性程度低的策略有:不加区分的画线,不抓要点的记录,不抓重要信息的肤浅的提要等,这些方法对学习都是无益的。

3. 有效的监控

教学生何时何地与如何使用策略似乎非常重要。尽管这是显而易见的,但教师却常常忽视这一点,这可能是因为他们认为学生自己能行。我们要知道,如果交代清楚何时何地与如何使用一个策略,那么我们就更有可能记住和应用它。

4. 个人效能感

我们不能忘记成绩和态度之间的关系,学生可能知道何时与如何使用策略,但是如果他们不愿意使用这些策略,他们的基本学习能力是不会得到提高的。那些能有效使用策略的人相信使用策略会提高他们的成绩。教师一定要给学生一些机会使他们感觉到策略的效力。有些策略训练课程必须包括动机训练。学生应当清楚地意识到一分努力一分收获。学生还要有信心学好学习策略,树立学习策略学习的个人效能感。教师要树立这样一个意识:在学生学习某材料时,要不断地向学生提问和测查,并且根据这些评价给学生定成绩,以此促进学生使用学习策略,并感到使用学习策略学习就会有更大的收获。

(二)训练的方法

1. 采用"感受—自控训练法"

学习策略是多种多样的,不同的策略适用于不同的内容和不同的任务情境,为提高学生使用策略的有效性,布朗(Brown,1983)等人认为,可以有三种训练方法:(1)"盲目训练法"。只教学生使用策略,但不帮他们理解这种策略为什么有用和何时运用最恰当。(2)"感受训练法"。帮助学生理解(感受)为何、何时使用获得的策略。(3)"感受—自控训练法"。即在"感受训练法"的基础上,让学生练习这些策略,给他们提供掌握这些策略的机会。研究表明,第一种训练方法常常是无效的,而后两种训练方法不但增进了学生对策略有效性的认识,提高其应用策略进行学习的自觉性,而且明显地改善了他们的学习。

2. 采用"控制+监视"的教学技术

教师不仅要教给学生具体的学习策略,而且还应培养他们自我监视并控制学习策略的使用,善于检查、评定或修正其策略的能力。有学者(1981)分析了四种教学技术:(1)"自我管理"教学,仅让学生运用具体的学习方法(如怎样列提纲);(2)"规则"教学,明确地告诉学生如何使用具体的策略并示范;(3)"规则"+"自我管理"的教学,即把前两种结合起来的教学;(4)"控制+监视"教学,这种方法可使学生获得学习的控制和监视的知识,使之懂得何时和如何检查和评定学习策略的使用情况。研究表明,第四种教学效果最好,使学生能有意识地去发现策略,总结策略,从而生成适合自己的新策略,提高了学生在未来的学习中选择使用更有效的学习策略的能力。

3. 讲解、示范、练习与反馈相结合的基本教学操作

讲解、示范、练习与反馈是基本的策略教学操作。首先,讲解与示范要结合。教师不但要向学生解释说明,而且要反复向学生示范策略的使用方法。准确的讲解和示范为学生获得策略提供了重要信息。其次,练习与反馈要结合。教师让学生在广泛的情境中练习使用策略,获得亲身体验的同时,还应重视为其提供清晰的反馈,准确的反馈是学生策略获得和改进的关键。

第四节 学习风格

因材施教是古今中外教育家都赞成的教学原则,而这个"材",过去我们考虑比较多的是学生在智力、性格、兴趣和知识基础等方面的差异。近些年来,心理学家们发现由于学习风格直接影响学习活动,学生在学习风格方面的差异对学习的影响是更为重要的。

一、学习风格与因材施教

(一)学习风格的含义

"学习风格"(learning style)这一概念最早是由塞伦(H. Thelen,1954)提出的。时至今日,尽管学者们给出的定义各不相同,但其核心是相同的,即学习风格是指学习者所具有或偏爱的学习方式以及表现出来的相应的学习特征。例如,在获取知识时,有的学生善于通过读(看)来学习,有的则善于通过听来学习;在回答问题时,有的反应快,有的反应慢;在做作业时,有的喜欢安静的环境,有的在嘈杂和喧闹的环境中也能完成。学生在学习时所表

现出来的这种习惯性的特征,一般不会随学习环境、学习内容的变化而变化,因而学习风格成了学生个别差异的重要内容之一。

每个教师面对的都不可能是两个发展完全相同的学生,学生都是独特的,他们在各个方面都存在差异。当教师们思考为什么有的学生学得又快又好,而有的则学得又慢又差时,许多教师更愿意从智力因素上去分析,而较少从学习风格这个角度去考虑。实际上,如果我们能对学生的学习风格做出准确的诊断,以此帮助教师调整教学策略,促进教与学的相互适应,就更有利于帮助每个学生充分发挥他们的学习潜能,提高学习效果。

学习风格是学生在长期的学习过程中逐渐形成的,一经形成,就具有持久性和稳定性的特点。它们与智力或能力不同,智力或能力可以有高低、好差之分,而学习风格则无高低、好差之分。我们不能说某种学习风格就好于另一种学习风格,学生是以不同的方式进行学习的,任何一种学习风格都有其优势与不足。根据学生在学习风格上的差异进行因材施教,就是要采取相应的教学方法和策略去"扬长"和"补短",真正做到个别化教学。邓恩(Dunn,1978)发现,当一个学生的学习风格与教师的教学风格及学习环境中的其他因素较好地吻合在一起的时候,这个学生的成绩会更好。我国学者的研究也发现,场独立性的学生更适合于集中识字,而场依存性的学生更适合于分散识字。这一研究很好地解决了我国识字教学中长期争论的是集中好还是分散好的问题。

(二)学习风格的分类

学习风格的分类主要有以下三种观点。

1. 邓恩夫妇的分类

(1)环境类要素。指在学习环境中,习惯不同的学生对环境的条件,表现出不同的心理需要。包括:①对学习环境安静或热闹的偏爱;②对光线强弱的偏爱;③对温度高低的偏爱;④对坐姿正规或随便的偏爱。

(2)情绪类要素。指在学习时学生个人心理上的需要与心理状态。不同的心理需要与心理状态形成了不同的学习风格。包括:①成就动机的强弱;②学习坚持性的强弱;③学习责任感的强弱;④对学习内容组织程度的偏爱。

(3)社会性要素。指在学习时学生个人对他人的心理需要。包括:①喜欢独立学习;②喜欢结伴学习;③喜欢与成人一起学习;④喜欢与各种不同的人一起学习。

(4)生理性要素。指在学习时学生个人反应出的生理上的需要。包括:①喜欢听觉刺激;②喜欢视觉刺激;③喜欢动觉刺激;④学习时是否爱吃零食;⑤清晨学习效果最佳;⑥上午学习效果最佳;⑦下午学习效果最佳;⑧晚上学习效果最佳;⑨学习时是否喜欢活动。

上述有关学习风格的分类,如图9-5所示。

图9-5 学习风格示意图①

2. 凯夫的分类

美国中学校长联合会主席凯夫(Keefe)将学习风格分为三大类,并分析了每类的要素。

(1) 认知风格

①接受风格,包括:A. 对感知觉通道的偏爱(视觉、听觉、动觉);B. 场依存与场独立;C. 扫描与聚焦(scanning & focusing);D. 功能固着与变通;E. 对非现实体验的容忍性(高容忍性者能接受与现实或与原有经验不相一致的事物,而低容忍性者则不能);F. 自动化程度(操纵简单重复任务的能力);G. 感性与理性活动。

②概念化与保持风格,包括:A. 概念速度(即在假设形成或信息加工过程中所表现出的快速冲动或缓慢沉思);B. 概念化风格;C. 归类的宽窄;D. 认知的复杂性与简约性(有人称这一维度为抽象与具体);E. 齐平化与尖锐化。

(2) 情感风格

情感风格是指注意、情绪表露、价值判断等活动的方式及其个性特征。它无法被直接观察,而须从个体与环境的相互作用过程中推论而知。在凯夫的分类中,情感风格包括注意风格和期望与动机风格。

①注意风格,包括:A. 理性水平(conceptual level,学生学习的自觉主动性、独立性或需要教师对学习内容予以组织安排的程度);B. 好奇心;C. 坚持性;D. 焦虑水平;E. 挫折耐力。

②期望与动机风格,包括:A. 控制点(locus of control,内控或外控);B. 成就动机;C. 自我实现的动机;D. 模仿(imitation,模仿的产生取决于学习者的个性特征、被模仿对象的特

---

① 张春兴. 教育心理学[M]. 杭州:浙江教育出版社,1998:415.

征及两者的相互作用);E. 冒险与谨慎(risk taking vs cautiousness,个体为达到目标选择机会时表现出的个性差异。冒险者喜欢可能性小但获益大的选择;谨慎者喜欢可能性大但获益小的选择);F. 竞争与合作;G. 抱负水准(level of aspiration);H. 对强化的反应(reaction to reinforcement);I. 社会性动机(因社会政治、经济、价值文化或民族等因素而造成的行为倾向上的差异);J. 个人兴趣。

(3)生理风格

生理风格包括以生理特性为基础的性别差异、个人营养与健康状况以及对物理环境所作的习惯性反应。

①男性—女性行为(通常认为男孩进取性强,对事物的空间关系较为敏感,长于计算;女孩则言语能力较强,擅长精细运动)。

②与健康有关的行为(个体因营养不良、饥饿或疾病而导致生理失衡后所作的不同行为反应。该要素在邓恩的表述中即为"吃零食")。

③时间节律(个体在一天的不同时间内学习效果不同,因而对时间节律有不同偏爱,或早晨,或上午,或下午,或晚上)。

④活动性(mobility,学习过程中学习者需要改变姿势或起身活动的程度)。

⑤环境因素(包括对声音、光线、温度的不同偏爱)。

3. 奈欣斯的观点

奈欣斯(Nations)把学习风格描述为感觉定向、反应风格和思维模式这三者的结合。(1)感觉定向,是指学习者主要是依赖于视觉、听觉,还是与环境的触觉来学习。(2)反应风格,是指学习者是单独工作最好,还是在一个组里工作最好;是一个主动的参与者还是一个观察者;是喜欢依赖教师,还是倾向于自主行动;对一个结论、作业、建议、指导是支持的,还是质疑的。(3)思维模式,是指学生是首先收集、积累许多细节材料,然后把它们组织到一种形式中,还是首先有一个总的轮廓,然后再去收集有关信息去证明这个概念;是喜欢深思熟虑地有条有理地收集信息,还是喜欢做出巨大的直觉式的跳跃。

以上三位学者的分类基本上反映了学习风格的内容,但也都存在某些不足。如邓恩夫妇分类中的环境类和生理类有重叠之嫌;凯夫对要素的分析过宽;奈欣斯的分类又过窄。我国有的学者主张可以从生理的、心理的、社会的三个层面上做出划分。

二、认 知 风 格

认知风格(cognitive style)一般被认为是个体组织和加工信息时所习惯采用的不同方式。由于认知风格可以用来很好地解释学生在学习活动中所表现的习惯性的个别差异,所以学习风格的研究几乎等同于认知风格的研究。研究最多的是以下五种认知风格的特点以及对学习的意义。

(一) 场依存型—场独立型

由威特金(H. Witkin)提出的场依存与场独立是最著名的,反映了个体在认知过程中倾向性的差异。

1. 概念、特征

在已经确认的认知风格种类中,场依存型—场独立型是被研究得最早、最多的一个领域,是认知风格的核心。在第二次世界大战时,飞行员由于在云雾中机身翻滚而失去方位感,经常造成飞机失事。为了减少这类事故的发生,在飞行员的选拔和培训时,如何测试应征者对空间方位的知觉判断能力就成为需要探讨的问题。威特金当时就设计了一个转屋(RRT)测验对个体的知觉过程进行了系统研究。

在实验中,被试坐在一个可调整倾斜度的房间中,椅子可以通过转动把手与房间同向或逆向倾斜,这样就构成类似飞机在空中翻滚的情境。主试要求被试做出上下方位的判断,并说出其身体与标准垂直线的角度。结果发现,有些被试在离垂直线差35度的情况下,仍坚持认为自己是完全坐直的;而有些被试则能在椅子与倾斜的房间看上去角度明显不正的情况下,仍能使椅子非常接近于垂直状态。

威特金用认知风格的差异解释了这一实验结果。他认为,有些人知觉时较多地受他所得到的外部信息的影响;有些人则较多地受来自身体内部的线索的影响。他把受环境因素影响大者称之为场依存型,把不受环境因素影响者称为场独立型。场依存型是"外部定向者",场独立型是"内部定向者"。

威特金等人又通过框棒测验(RFT)和身体顺应测验(BAT)进一步研究了场依存型—场独立型的认知风格具有以下几个特征:

(1)场依存型—场独立型是认知过程变量而不是认知内容变量。它们指向的是认知过程,而不是认知的内容,也就是说,都可以达到对内容的掌握,只是过程不同。

(2)普遍性。场依存型—场独立型认知风格不仅存在于知觉领域,而且存在于记忆、思维、问题解决以及人格领域。在这些领域,相对场独立型的人表现出较大的独立性和较少受暗示性(相对场依存型的人则相反),对于那些需要找出问题的关键成分或重新组织材料的任务,容易完成。在社会行为上,相对场依存型的人喜欢并善于社交,较容易受他人影响,社会工作能力较强,他们是社会定向(social orientation)的;相对场独立型的人较不善于社交,较独立自主,对抽象和理论的东西更感兴趣,他们是非社会定向(nonsocial orientation)的。

(3)稳定性。个体在场依存型—独立型上往往是稳定的,不因时间而发生太大的变化。为了证明场依存型与场独立型认知风格在学生学业发展中所起的稳定作用,威特金(1977)进行了为期十年的追踪研究。他们以某大学的1584名学生(男女各半)为研究对象,在入学时对他们进行个体镶嵌图形测验,以确定每个学生的认知风格,并一直追踪他们进入到研究院或专业学院毕业直至工作。结果发现:在大学入学初选中、最后的大学选科中以及在研究院中,相对场独立型的学生往往偏爱需要认知改组技能的、与人无关的学科领域(如各种自然科学),相对场依存型的学生往往倾向于不重视这种技能而重视反映人与人间关系的学科领域(如初等教育)。大学入学选科与认知风格不符合的学生,在大学毕业或进入研究院后，往往会转到与其认知风格比较一致的学科领域学习，而学科符合其认知风格的学生，则往往一直留在原来所选择的学科领域。此外还发现，学生在与他们认知风格一致的学科领域中学习能取得较好的成绩。

(4)中性，即无高低、好坏之分。场依存型—场独立型是一个连续体，这个连续体是两极性的。比如，依存于场的人在社会敏感性和社会技能得分高，但在认知改组和人格自主上却表现较低，反之亦然。这个特点使连续体在价值上是中性的，不能说位于某一端就好，而位于另一端就不好。每端的特征都对环境的某些方面有适应的价值。

2. 与学习的关系

场依存型—场独立型与学习有着密切的关系。研究结果表明：场独立型学习者偏爱自然科学，数学成绩较好，两者呈显著的正相关，他们的学习动机以内在动机为主；而场依存型学习者则偏爱社会性学科，他们的学习更多地依赖外在反馈，对人比对事物更感兴趣。场独立型者善于运用分析的知觉方式；而场依存型者则偏爱非分析的、笼统的或整体的知觉方式。此外，场独立型者更倾向于冲动、冒险，凡事以个人的意志所决定；场依存型者则表现得较为谨慎，不愿冒险。场独立的学生更喜欢独立的学习活动，有自我定义的学习目标，能对内在的强化做出反应，喜欢对自己的学习进行规划和重新构造，他们更愿意发展出他们自己的学习策略。而场依存的学生倾向于进行小组学习，即频繁地与同伴和教师进行交互作用，他们需要高水平的外在强化指导，需要在他们的学习活动中有明确的目标和结构。

一些研究还分析了教师和学生在场依存或场独立匹配或不匹配的情况下对学习的影响。当教师与学生的认知风格类型完全匹配时，学生的学习适应性（指学习成绩、学习态度、师生关系等）最好；不匹配的学生组，其学习适应较差；部分匹配组学生的适应居中。

(二)沉思型—冲动型

由卡根(Kagan)等人提出的沉思型—冲动型认知风格，是反映个体信息加工、形成假设和解决问题过程的速度和准确性。

1. 概念、特征

沉思型学习者在进行反应前进行深思熟虑的思考，仔细考虑所有的可能性，被称为"认知沉思型"。冲动型学习者在简短地考察各种可能性后迅速地做出决定，因而常常出错，被称为"认知冲动型"。冲动型的学生在老师刚提出一个问题，甚至话还没讲完，马上就举手抢着发言。20世纪70年代，国外许多教育研究者对这两种风格作了大量的比较研究。研究发现，沉思型的学生比起冲动型的学生来，表现出具有更为成熟的解决问题的策略，更多地做出不同的假设。罗林斯等人(Rollins & Genser,1977)发现，沉思型学生在解决维度较少的任务时比冲动型学生快，而在解决多维度任务时则冲动型学生比沉思型学生要快得多。

随着年龄的增长，这两种风格在儿童身上表现得更加明显。据麦克金尼(Mckinney)报告，在9岁儿童中，冲动型和沉思型儿童的操作表现差别不明显，而到11岁时，沉思型儿童在加工信息时比冲动型儿童更有效，所采用的解决问题的策略更为系统和更为成熟。但马曼(L. Mann,1973)的研究认为这两种学习风格在决策的质量和内容上无实质性的差别。

一般地讲,沉思性和冲动性可以调节行为。托纳(Toner)等人的研究发现,沉思型的学前儿童能够约束自己的动作行为,也能推迟给予奖励,而且比起冲动型的儿童来更能抗拒诱惑。虽然随着年龄的增长,这两种类型的不同倾向更加明显,但研究也表明,这种不同倾向不是不可改变的。

2. 与学习的关系

沉思型学习者往往更易自发地或在外界要求下对自己的答案及理由做出解释,而冲动型学习者则不易自发地作出解释,即使在外界要求下必须做出解释时,往往也是不周全、不合逻辑的。这是因为沉思者不急于作答,而是对问题中的各要素及其相互关系做出深入思考后才会给出答案,他们对解题过程、环节及其依据较为清晰;而冲动者急于作答,对题中各要素及其相互关系把握不深、不全,往往以直觉式的、顿悟式的方式在脑中冒出一个答案,缺乏严密的推理和论证过程,因此他们难以对答案做出较为合理的解释。

研究表明,如果问题有一定难度,沉思型认知风格则有助于问题的解决,而冲动型认知风格会掩盖学习者解决问题的实际能力,使它们不能很好地发挥出来。当然,如果问题难度很小,无须多加思考就能予以解决,沉思型学习者也能快速地做出反应,这时,两种风格类型的差异就不那么明显了。

根据冲动型学习者的学习特点,在感知、记忆、思维、解决问题时,需要教师安排充裕的时间,并随时提醒他们作仔细、深入、严密、全面的逻辑分析,鼓励他们注重答案的准确性,而非作答速度。而对沉思型学习者,则应鼓励快速思维,长此以往,将使他们获益匪浅。

(三) 齐平化型—尖锐化型

豪迈斯(Holzman)和加德纳(Gardner)(1954)首先用齐平化—尖锐化来描述在将信息"吸收"到个人记忆中时表现出的差异。

1. 概念、特征

具有齐平化风格的个体倾向于将相似的记忆内容混淆起来,倾向于将知觉到的对象,或从先前的经验中得出的相似事件联合起来,被记忆对象中的差异往往被丢失,或弄得模糊不清,难以精确回忆。与此相对,具有尖锐化风格的个体倾向于不将记忆中相似的事件进行混淆,甚至可能夸大相似记忆内容之间的较小差异,能觉察出新旧信息的细微不同和变化,从而能精确地回忆。齐平化—尖锐化的风格特性来自于观察,它们在个人身上具有一致性。豪迈斯和加德纳发现这种风格在各种知觉信息的场合起作用,包括视觉、听觉和动觉以及对语义信息的知觉。有的研究发现对齐平化组的描述遵循"自我指向"(self-inwardness)的模式,包括从外在对象退却,避免要求自己去主动参与的情境,他们对指导和帮助有一种夸张的需要,他们倾向于自我贬抑;具有尖锐化风格的个体,显示出"外在指向"(self-outwardness)他们对竞争和自我展示表现出适意性,他们对成就有高度的需要,竭力把自己向前推进,他们对自制有种高度的需要。

2. 与学习的关系

齐平化与尖锐化两种记忆倾向,反映了学习者精细地或模糊地记忆并保持所接触的信息的能力。记忆能力较强的学生,最初对新旧学习材料进行了精细分化,并用合理的方式进行了识记,他们比记忆能力弱的人更易检索并使用已有信息。而记忆能力弱的人,即齐平化者,不能对新旧材料精确分化,只对材料进行了大致的笼统的记忆。学生在学校获得成绩的好坏,与能否精确地记忆有紧密的关系。

豪迈斯和加纳德(1960)研究表明,在完成对原有信息做出回忆等任务时,尖锐者优于齐平化者,因为前者能清晰地把握事物间的细微差别,而后者则缩小新旧信息之间的差别,并倾向于将新的信息同化于原有经验之中。尖锐化者能较好地回忆新旧学习材料,而齐平化者则将新旧东西不加严格区分地混杂在一起,使新旧知识的可分离程度低于可利用阈限,从而无法回忆出来。塞脱斯推弗诺(Santostefano,1985)将齐平化和尖锐化看作为一种个体发展现象。他发现齐平化较多的是年幼学生的特征,而尖锐化较多是年长学生的特征。这是否意味着那些仍带有齐平化特征的年长学生,其记忆力没有得到有效的发展,应通过有效的训练加以改进。

(四) 整体型—序列型

由帕斯克(Pask)提出的整体—序列型认知风格,反映了个体在知觉功能上的差异,与个性有重叠。

1. 概念、特征

帕斯克发现,当向学生提供自由学习情境时,序列型学生努力探索具体明确的材料,倾向于考察较少的材料,利用逐步的方法来证实或否定他们的假设;整体型的学生倾向于去检验较大的特征或假设,喜欢收集大量的材料,努力探索某种方式和关系。序列型学习者在学习、记忆和概括一组信息方面,常根据简单的关系将信息联系起来,即信息之间呈现的是低序列的关系,因为序列型学习者习惯于吸收冗长的序列型的数据,不能容忍不相关的信息;而整体型学习者的表现与此相反,学习、记忆和概括时将信息作为一个整体对待,他们倾向于把握"高层次的关系"。

2. 学习的关系

采取整体性风格的学生在从事学习任务时,往往倾向于对整个问题将涉及的各个子问题的层次结构,以及自己将来采取的方式进行预测,而且,他们的视野比较宽,能把一系列子问题组合起来,而不是一碰到问题就立即着手一步一步地解决。采取序列性风格的学生,一般把重点放在解决一系列子问题上。他们在把这些子问题联系在一起时,十分注重其逻辑顺序。由于他们通常都按顺序一步一步地前进,所以,只是在学习过程快结束时,才对所学的内容形成一种比较完整的看法。如果他们要使用类比或图解等方法,也是比较谨慎的。

帕斯克发现,这两组学生在学习任务结束时,都能达到同样的理解水平,尽管他们达到这种理解水平时所采取的方式是完全不同的。

对于教育工作者来说,帕斯克各项实验中最重要的一项,也许是他对学习材料与学生习惯采取的风格匹配与否的实验。帕斯克先根据前面实验的结果,确定哪些学生倾向于采取整体性风格,哪些学生倾向于采取序列性风格。接着,他要求所有学生学习一组程序学习的材料,然后进行测验,以检验他们学到了多少内容。这组学习材料有两个版本,一个版本旨在适合于采取整体性风格的学生,材料中有许多类推和图解;另一个版本是按逻辑顺序一步一步地呈现内容,不穿插任何其他类比或说明材料,以适合于采取序列性风格的学生。帕斯克把采取整体性风格的学生分成两组,一组学习第一个版本(在匹配条件下学习);另一组学习第二个版本(在不匹配条件下学习)。同样,习惯采用序列性风格的学生也被分为两组,一组学习第一个版本(在不匹配条件下学习);另一组学习第二个版本(在匹配条件下学习)。实验结果戏剧性地表明,匹配组与不匹配组学生的分数几乎没有任何重叠。这就是说,在匹配条件下学习的学生,都能够回答有关他们学习过的内容的绝大多数问题;而在不匹配条件下学习的学生一般都不及格。

这一研究对于教学实践具有重要意义,因为它表明:教师需要为学生提供一种适合学生自己偏好的学习方式来学习的机会。如果教师采取某种比较极端的教学方法(也许这种方法本身反映了教师自己习惯采取的风格),那么,必然会有一些学生感到这种教学方法与自己学习风格相距甚远,从而影响这些学生的学习。但这并不是说教师没有一种途径可以促进所有学生的学习。在帕斯克看来,在教学前先要给学生提供一定的信息,使这些信息与学生已有的认知结构相互作用,以激发学生对学习意义的理解。

(五)聚合型—发散型

由吉尔福特(Guilford)提出的聚合型—发散型认知风格,是其智力模型的一部分。

1. 概念、特征

这种认知风格最初是用来区分两类人:一类是在处理具有常规答案的问题时表现出较强的能力,答案可以从给定的条件中推导出来;另一类人在处理具有不同答案的可能性问题时表现出高度的熟练性。聚合思维者在智力测验中的表现要比在开放式测验中(open-ended)好,而发散思维者恰好相反。换一个说法,前一类思维者不擅长辨别没有进行明确区分的信息。和其他的认知风格相对照,聚合发散型的思维和心理活动的其他侧面相重合。赫德森(Hudson)发现,发散思维者更具有冲动性、广阔性,热情、兴趣较广,可靠性差,女性气质明显,想象力丰富。聚合思维者则倾向于谨慎、情绪冷淡,兴趣不广,可靠性强,想象力不够丰富,男性气质明显。发散型思维者的兴趣超出课程内容,他们喜欢阅读了解流行的事物和艺术,而聚合型的思维者则对汽车、广播、模型制造、爬山野营和自然有兴趣。

2. 与学习的关系

赫德森发现,大多数聚合型思维者喜欢选择自然科学尤其是物理作为自己的专业或职业;而发散型思维者喜欢选择人文科学尤其是现代文学、现代语言作为自己的专业或职业。他认为,学生表现出来的这种兴趣以及与之相联系的认知能力,与他们接受的早期教育有关。聚合型思维者做出的反应,可能与他们小时候接受家长的指令太多,情绪上受过压抑有关。

综合上述认知风格及其特征,可概括为表9-1。

表 9-1　五种主要的认知风格

提出者	类型	特　征
威特金	场依存型—场独立型	个体在认知过程中是依赖于环境信息还是自身内部信息。
卡根	沉思型—冲动型	个体在信息加工时是迅速反应还是深思熟虑之后反应。
豪迈斯与加德纳	齐平化型—尖锐化型	个体在"吸收"信息时是迅速同化并忽略细节差异还是强调细节与变化。
帕斯克	整体型—序列型	个体在知觉功能上是全局整体的方式还是序列细节的方式。
吉尔福特	聚合型—发散型	个体在问题解决过程中是精细、集中、逻辑、归纳还是广阔、开放、联想。

【主要结论与应用】

1. 学习是指学习者因经验而引起的行为、能力和心理倾向的比较持久的变化。可以依据学习目标、学习结果、学习方式和学习内容对学习进行不同的分类。行为主义认为学习是可观察行为的获得，代表性的观点有斯金纳和班杜拉的学习观。认知主义强调学习是获得知识、形成认知结构的过程，代表性的观点有布鲁纳、奥苏伯尔和加涅的学习观。建构主义认为学习是学习者主动建构知识的意义的过程，其知识观、学生观和教师观是认知主义的学习理论在当代的最新发展。

2. 学习迁移通常指一种学习对另一种学习的影响。这种影响可以是积极的或消极的；可以是顺向的或逆向的；可以是横向的或纵向的；可以是一般的或特殊的。对迁移现象的解释，早期有形式训练说、相同要素说、概括说和关系说。当代以认知心理学为基础的迁移观有奥苏伯尔的和建构主义的理论，前者强调认知结构变量的作用，后者认为是认知结构在新条件下的重新建构。

3. 学习策略是指学习者为了提高学习的效果和效率，用以调节个人学习行为和认知活动的一种抽象的、一般的方法。目前关于学习策略的分类主要有单瑟洛的二分法、迈克卡的三分法和温斯坦的四分法。根据作用于信息加工过程的不同阶段，理解和保持知识的认知策略主要包括复述策略、精制策略和组织策略。元认知由三种成分所组成，即元认知知识、元认知体验和元认知监控。元认知能力的核心是自我监控，指学生对其所从事的学习活动进行自我调节与控制的能力。

4. 学习风格是指学习者所具有或偏爱的学习方式以及表现出来的相应的学习特征。学习风格的分类主要有邓恩夫妇、凯夫和奈欣斯的观点。研究最多的是场依存型—场独立型、沉思型—冲动型、齐平化型—尖锐化型、整体型—序列型和聚合型—发散型这五种认知风格的特点以及对学习的意义。

【学习评价】

1. 学习含义是什么？有何特点？
2. 学习的分类有哪些观点？
3. 行为主义、认知主义和建构主义的学习理论有何不同？
4. 学习的迁移指什么？应怎样对学习迁移进行分类？
5. 早期的迁移理论和当代迁移理论的基本要点是什么？
6. 学习策略与学会学习有何关系？
7. 三种知识获得策略有何作用？
8. 元认知理论包括哪些内容？
9. 学习策略的教学应注意些什么？
10. 学习风格与认知风格的含义各是什么？
11. 五种认知风格各自的特点是什么？对学习有何意义？

【学术动态】

● 学习现象已成为心理学、教育学、哲学、语言学、人工智能、脑科学和生物学等多学科研究的对象，学习者们从多种角度去了解复杂的学习现象，形成了"学习学"这门综合学科。我国有全国学习科学研究会。

● 自主学习、自我调节的学习、创造性学习、研究性学习、内隐学习、学习的脑机制、学习不良与学习辅导等课题已成为学习心理学研究的热点，其目标是让学生乐于学习、会学习和能够学习。

● 学习的认知神经科学的研究成为当今学习的脑机制研究的前沿课题，其研究成果对我们设计"基于脑、适应脑、促进脑"的教育方案有重要的意义。

● 建构主义的学习观正成为国内外基础教育改革运动的重要指导思想，并为高科技时代的多媒体学习提供了强有力的理论支持。

【参考文献】

1. 施良方.学习论[M].北京:人民教育出版社,1994.
2. R. M. 加涅.学习的条件和教学论[M].皮连生,等,译.上海:华东师范大学出版社,1999.
3. 张春兴.教育心理学[M].杭州:浙江教育出版社,1998.
4. 陈琦,刘儒德.当代教育心理学[M].北京:北京师范大学出版社,1997.
5. 莫雷.教育心理学[M].北京:教育科学出版社,2007.
6. 刘电芝.学习策略研究[M].北京:人民教育出版社,1999.
7. 谭顶良.学习风格[M].南京:江苏教育出版社,1995.
8. 连榕.现代学习心理辅导[M].福州:福建教育出版社,2001.
9. R. J. 斯腾伯格等.思维教学[M].赵海燕,译.北京:中国轻工业出版社,2001.
10. B. J. 齐默尔曼等.自我调节学习[M].姚梅林,等,译.北京:中国轻工业出版社,2001.
11. S. G. 巴里斯等.培养反思力[M].袁坤,译.北京:中国轻工业出版社,2001.

第十章　教学心理

【内容摘要】

本章内容的学习,对于学生未来从事的教育、教学工作具有重要的指导意义。从教材的结构上看,本章与"学习心理"一章前后衔接,互为姐妹篇,使学生在初步了解学习心理的基本规律的基础上,进一步掌握教学心理的基本规律,包括如何明确教学目标、了解学习准备、选择教学策略、实施教学评价等进行教学设计的心理学基础理论与技术;概念、问题解决和阅读教学策略的心理学研究;教师的角色、教师的威信、教师的教学监控能力、教师的教学效能感、教师期待效应等教师心理的主要特点以及如何在教学中创设良好的课堂心理气氛等内容。

【学习目标】

1. 能够列举出布卢姆与加涅在教学目标分类上的相同点与不同点。
2. 能够运用所学的目标陈述技术设计某一节课的教学目标。
3. 能够举例说明最近发展区及其教学含义。
4. 能够根据实际需要选择并运用适当的教学方法或教学策略。
5. 能够用自己的话解释教学评价的含义。
6. 能够举例说明有关教学策略的具体心理学研究。
7. 能够举例说明教师的主要角色。
8. 能够陈述建立教师的威信的主要途径。
9. 能够运用具体的方法和技术提高教师的教学监控能力和效能感。
10. 能够举例说明教师期待效应及其发挥作用的机制。
11. 能够陈述创设良好的课堂心理气氛的主要策略。

【关　键　词】

教学设计　教学策略　教师心理　课堂心理气氛

作为一名未来的人民教师,高师生不仅要了解学生学习心理的一般规律,更要掌握教师教学心理的一般规律。教学心理是教育心理学中新近发展起来的一个研究领域。传统的教育心理学一直以学习心理的研究为中心。1969 年,美国心理学家加涅和罗沃(W. D. Rohwer)在美国《心理学年鉴》上发表《教学心理学》一文,首次提出"教学心理学"的概念。1978 年,美国教育心理学家格拉塞(R. Glaser)主编的《教学心理学的进展》丛书第一卷出版,这被认为是教学心理学诞生的标志。此后,教学心理的研究日益繁荣。

第一节 教学设计的心理学基础

教学的一般过程可以分为四个阶段:决定教学目标、了解准备水平、进行教学活动、实施教学评价(Glaser,1962)。从心理学的角度对教学过程的这四个环节进行深入研究,是教学心理的主要内容,是教学设计的心理学基础。

一、决定教学目标

(一) 教学目标及其类型

教学目标是指在教学活动中所期待得到的学生的学习结果。怎样理解教学目标的含义呢?第一,教学目标要着眼于学生的行为而不是教师的行为。第二,教学目标要描述学生的学习结果而不是学生的学习过程。

在我国教育心理学家潘菽(1897—1988)主编的《教育心理学》(1980)中,我国心理学家根据学习内容和要求,将学校中的学习分为四种类型,即:(1)知识的学习;(2)运动和动作技能的学习;(3)智力技能的学习;(4)道德品质和行为习惯的学习。这种分类适合当时我国学校教育和教学的现状,但从培养学生全面素质的角度看,它忽视了学生情感领域的学习及个性形成等重要的教学目标。

我国著名
心理学家潘菽
(1897—1988)

学校的教学目标不是也不可能是单一的基础知识目标或基本技能目标。教学目标应包含多个水平、多个层次。西方心理学家在教学目标分类上的研究值得我们借鉴。

以美国教育心理学家和教育学家布卢姆(F. S. Bloom)为代表的一个委员会,从20世纪50年代起用分类学的方法分析学生在课堂中发生的各种学习,将教育目标分为认知、情感和动作技能三个领域,每一领域的目标又由低级到高级分成若干层次。其中,认知领域的目标,如第九章"学习心理"所示,由低到高分为六级,即知识、领会、运用、分析、综合、评价。这里他所说的教育目标,也就是学习的结果。

布卢姆的教育目标分类学并非尽善尽美,但有助于我们从多角度、多水平、多层次去考虑学校的教育、教学目标问题。

美国心理学家加涅在其所著《学习的条件》一书中,将教学可能产生的结果即学生的学习结果或教学目标分为五类:言语信息、智力技能、认知策略、动作技能和态度。(具体内容参见第九章)

(二) 教学目标的明确化

传统的教学目标的一个弊端是目标陈述上的含糊性。比如,语文课常见的教学目标陈述是:"培养学生的分析能力","提高学生的阅读理解能力","体会劳动人民纯朴、善良、乐于助人的高尚情操"等等。然而,这样陈述的目标是含糊不清的,无法观察,无法测量,更无法在教学中加以具体操作。

传统教学目标的另一个弊端是以"教学要求"代替教学目标。有学者(皮连生,1996)指出,我国大量公开出版的各类教学参考书往往以"教学要求"代替教学目标。教学要求陈述的是教师的行为,比如"继续对学生进行有感情地朗读课文的训练","教学生十以内的加法"等是对教师行为的描述,是要求教师做什么,而不是学生学习后要达到的学习结果,即学生的行为变化。

那么,如何陈述教学目标才是明确的呢?怎样才能实现教学目标的明确化呢?

第一,教学目标要用可观察的行为来陈述,使教学目标具有可操作性;

第二,教学目标的陈述要反映学生行为的变化,要陈述学生的学习结果。

下面我们通过对西方心理学家在教学目标陈述上的有关研究的分析,进一步理解如何实现教学目标的明确化问题。

1. 行为目标陈述法

行为目标,也称操作目标,是指用可以观察和可以测量的学生行为来陈述的目标,是用预期学生学习之后将产生的行为变化来陈述的目标。

行为目标的概念由美国俄亥俄州立大学的泰勒(Tyler,1934)教授最先提出。泰勒(1950)认为最有用的目标陈述形式就是行为目标,即用可观察的学生行为来陈述某一特殊的学习结果。在泰勒的影响下,美国行为派心理学家马杰(R. Mager,1962)出版了他的《准备教学目标》一书,系统地提出了用行为术语陈述教学目标的理论与技术。马杰提出行为目标有以下三个要素:

(1)可观察的行为

行为目标要用可以观察的行为来表述教学目标。在目标表述时要避免使用描述内部心理过程的动词,如"知道"、"理解"、"欣赏"、"记住"等,而应该使用行为动词,如"背诵"、"解释"、"选择"、"写出"等。

(2)行为发生的条件

行为目标中的条件要素说明了在评价学习者的学习结果时,在什么条件下评价。

(3)可接受的行为标准

行为标准是衡量学习结果的行为的最低要求。通过对行为标准作出具体描述,可使行为目标具有可测量的特点。标准的表述一般与"好到什么程度"、"精确度如何"、"完整性怎样"、"要多少时间"、"质量要求如何"等问题有关。

根据马杰的行为目标的要求设计教学目标,可以改变传统教学目标陈述上的含糊性,使之变得更加明确、可操作。

例如,语文课的一个传统的教学目标表述为"通过教学培养学生的分析能力",是一个十分含糊的目标,难以操作,难以测量。改用行为目标陈述法可以表述为:

"提供报刊上的一篇文章,学生能将文章中陈述事实的句子与发表意见的句子进行分类,至少75%的句子分得正确。"

表10-1表明了在该例子中所对应的马杰的行为目标的原理。

表10-1 马杰的三部分系统[1]

部　　分	中心问题	例　　子
学生行为	做什么	用F标注事实,用O标注意见
行为出现的条件	在什么条件下	报刊上的一篇文章
行为表现的评判标准	有多好	正确标注出75%的论述

2. 内部过程与外显行为相结合的目标陈述法

行为目标基于行为主义的刺激=反应模式,强调行为结果而未注意内在的心理过程,尽管它有助于教学目标的明确化,但行为目标有使教学局限于某种具体的行为训练而忽视学生学习的心理过程的危险。另外,在教学过程中,确有一些心理过程无法用行为目标来表示。

为了弥补行为目标的不足,美国教育心理学家格伦兰(N. E. Gronlund,1978)在《课堂教学目标的表述》中,提出了用内部过程与外显行为相结合表述教学目标的观点。先陈述内部心理过程的目标,然后列出表明这种内部心理变化的可观察的行为样例,使目标具体化。例如,语文课的一个教学目标可以这样表述:

1. 理解议论文写作中的类比法(内部心理过程)

1.1 用自己的话解释运用类比法的条件(行为样例)

1.2 在课文中找出运用类比法阐明论点的句子(行为样例)

1.3 对提供含有类比法和喻证法的课文,指出包含类比法的句子(行为样例)

这样陈述的教学目标首先强调的是"理解",而不仅仅是某种外在的行为变化,然后又用一些具体的、可操作的行为样例表明怎样才算是理解,如表10-2所示。

表10-2 格伦兰的目标陈述法举例[2]

一般目标	特殊的学习结果
1. 理解概念	1. 写出概念的定义 2. 认出概念的例子 3. 举出概念的例子 4. 找出对等的概念
2. 解决问题	1. 确认与问题有关的信息 2. 对问题进行定性描述 3. 将定性描述转换成数学符号 4. 评价答案 5. 得出解决问题的办法

---

[1] 阿妮塔·伍德沃克. 教育心理学[M]. 陈红兵,张春莉,译. 南京:江苏教育出版社,2005:553.

[2] Eggen, P. & kauchak, D. Educational Psychology: Windows on Classrooms (3rd ed.). Prentice-hall, Inc. 1997.

与马杰一样,格伦兰也非常重视目标陈述中行为动词的运用。格伦兰(1985)认为所使用的行为动词应该清楚地传达教学的内容并且应该精确地陈述所期待得到的学生的操作行为和操作水平。

格伦兰将内部心理过程与外部行为变化相结合的目标陈述法,既克服了严格的行为目标只顾具体行为变化而忽视内在心理过程变化的缺点,也同时克服了用传统方法陈述的教学目标的含糊性和不可操作性的弊端。因此,该方法受到普遍的认可和采纳。

二、了解学习准备

(一)学习准备的含义

学习准备(readiness)是使新的学习成为可能的学生的身心发展条件,是学习的内部条件,是教学的起点。

我国教育心理学家邵瑞珍等人(1997)认为,学习准备是学习者原有的知识水平和原有的心理发展水平对新的学习的适合性。所谓的适合性有两层含义:一是学生的学习准备应保证他们在新的学习中可能成功;二是学生的学习准备应保证他们的学习在时间和精力的消耗上经济而合理。这两层含义便是衡量学生是否已经达到了某种知识或认知的准备状态的两条标准。

学习准备是学生学习的内部条件,是教学的起点。教学是促进学生学习的外部条件。教学前,教师备课既要备教材,又要备学生。备学生就是了解学生的学习准备状态,并根据学生原有的准备状态进行新的教学,这就是教学的准备性原则。

我国学者周国韬(1997)根据人们对各个学科学习准备的分析,将学生的学习准备概括成生理机能、智力、情趣、社会性、学习策略、知识基础等六个方面。①

除上述六个方面外,某些人格特性如自我概念、控制点、认知类型等也可以看成是学习准备的内容,它们也会对学习产生影响。教师只有充分了解学生的学习准备,才能选择最适合学习者个别差异的教学方法和策略,进行因材施教。

(二)最近发展区

苏联心理学家维果茨基(Лев Семёнович Выготский,1896—1934)提出的"最近发展区"的观点含有关于学习准备的新见解,并被人们广泛接受。

最近发展区(zone of proximal development)是指个体不能独立完成但在有能力的教师或同伴的帮助下就能完成的学习任务范围(P. Eggen等,2005)。当儿童能够从与一个更有知识的人的交互作用中获益时,他们便是处在最近发展区之内。对于我们所期待学生掌握的每一项学习任务,学习者都有一个最近发展区,而且他们必须处在最近发展区之内,才能从他人的帮助中获益。

如果儿童的学习准备水平在某一学习任务的最近发展区之上,那么,儿童无需帮助就

---

① 周国韬.教育心理学专论[M].北京:中国审计出版社,1997:46—48.

能顺利完成学习任务;如果儿童的学习准备水平恰好落在某一学习任务的最近发展区内,那么额外的帮助对于儿童成功地完成学习任务就是十分必要的;如果儿童的学习准备水平在某一学习任务的最近发展区之下,那么,即使有额外的帮助,儿童仍然难以取得学习的成功。

提供教学支架是最近发展区理论在教学中的具体应用。所谓提供教学支架(scaffolding)是指通过提供教学支持,帮助学生完成他们起初不能独立完成的学习任务,成功地通过最近发展区,并最终能够独自完成学习任务。

专栏 10-1

最近发展区:课堂案例

数学课一开始,7年级教师 Jeff 就给学生呈现了两家报纸打出的有关同一款 CD 播放机的广告。技术世界公司的广告词是"全市价格最低。"完全计算机公司给顾客提供的优惠是"在原有的低价格的基础上再打折15%。"在给学生时间阅读完这两则广告之后,教师问学生:"那么,你会到哪家去买你的 CD 播放机?"

"我认为应该去技术世界公司买,因为他们说他们有全市最低的价格。而且,他们的价格要比完全计算机公司的价格低5元。"一个同学回答说。

"哦,你们都同意吗?"

"我不同意,因为完全计算机公司说可以在原有价格上再打折15%,所以,他们的价格将会是最低的。"一个女同学回答说。

"那么我们如何查明事实的真相呢?"教师一边环视全班,一边问道。

经过另外的讨论后,同学们决定要弄清楚15%的折扣的价格到底是多少。

为了检查理解情况,教师首先复习了小数与百分数。他把全班同学分成三人一组,给每组三个问题去解决。

当教师在教室中巡视的时候,他发现一个小组遇到了麻烦。这个小组的 A 同学已经解决了所有的问题;B 同学知道为了找到小数和百分数,需要一个分数,但是他正在为计算小数而伤脑筋;C 同学不知道从何处入手去解决问题,所以他眼睛盯着一张白纸坐在那里愣神。

"让我们谈谈如何在类似这样的问题中计算百分数吧!"老师边说边坐在这个小组的几位同学的周围。"小 A,请你说说你是怎么解决第一个问题的,然后我会问其他同学如何解决下一个问题。"

小 A 开始说:"好的,问题问的是电脑游戏打折的百分比是多少。现在,我想,我如何得到一个分数呢?⋯⋯那么,我用这个分数计算出一个小数,再把这个小数化成百分数⋯⋯对,我就是这么做的⋯⋯所以,这就是我所做的第一题。"

当小 A 描述她的思考时,小 B 和小 C 听着她所说的每一句话。

"好,让我们尝试做下一题,"老师说,"约瑟夫饲养沙鼠卖给宠物商店。他有12只沙鼠并把9只卖给了宠物商店。他卖出的百分比是多少?"

"我要做的第一件事就是,"老师继续说,"找出他所卖出的沙鼠的分数是多少。那么,为什么我要找出一个分数?⋯⋯小 B?"

小 B 说:"为了……那么……如果……一旦我们得到一个分数,我们就能换算出一个小数,之后是一个百分数。"

"好的,"教师微笑着说,"那么,他卖掉的沙鼠的分数是多少?……小 C?"

"十二分……之九。"

"太棒了,小 C。小 B,现在请你说说我们怎样将这个分数换算成小数?"

"……用 9 除以 12。"小 B 有点犹豫地回答道。

"很好!"老师很高兴,并且他发现,小 B 很快算出了 0.75,然而,小 C 一开始还是犹豫不决,随后抓住了解决问题的思路。

当所有的小组都完成了复习问题后,教师请大家都坐好并请一些同学提供对问题的解释。当学生们艰难地用语言做出解释时,教师提出一些问题去指导他们的思考和对问题的描述。

最后,他又返回到 CD 播放机的问题上并请同学们应用他们所掌握的百分数的知识去解决该问题。

小 A、小 B 和小 C 这三个学生处在不同的发展水平。小 A 的能力在百分数问题的最近发展区之上,她不需要额外的帮助就能完成任务;小 B 的能力恰好处在最近发展区之内,在教师的帮助下,他成功地完成了学习任务。小 C 的能力在最近发展区之下,所以教师不得不改变他的教学以便适应并找到小 C 的最近发展区。例如,小 C 一开始并不知道该问题可以通过首先得到一个分数,然后是一个小数,最后是一个百分数来解决。然而,小 C 却能够找到卖给宠物店的沙鼠的分数。教师通过及时地让小 C 确认这个分数,使教学适应并找到了小 C 在该任务上的最近发展区,因此,促进了小 C 的发展。

[资料来源] Eggen,p. & kauchak, D. Educational Psychology:Windows on Classrooms(6rd ed). Prentice hall,Inc. 2004. 西安:陕西师范大学出版社,2005(影印版):58—59.

可见,有效的支架总是针对学习者的需要,与学习者的操作能力水平相适应。在上述课堂案例中,教师提供给小 A、小 B 和小 C 的支架任务或问题是不同的。给小 A 的任务是让她运用语言示范和解释她解决百分数问题的过程;给小 B 的问题是如何把分数转换成百分数;给小 C 的问题是确定卖出的宠物的分数。当学习者需要较多帮助时,教师来提供有效的支持;当学习者并不需要太多的帮助时,教师就应放手让学习者靠自己去取得进步。

教学支架是从工人建筑楼房时所使用的支架引申而来的。就像建筑支架能支持工人完成涂灰泥、绘画等建筑工作一样,教学支架通过给学习者提供支持,扩展他们的学习范围,也能使他们完成没有帮助就无法完成的学习任务,学习新的技能。教师可以通过多种方式给学生提供教学支架(见表 10-3)。

表 10-3　教学支架的类型与实例①

教学支架类型	实例
1. 示范	美术课教师在让学生自己尝试一种新画法之前,给学生做了演示性绘画。
2. 大声思维	物理课老师在黑板上解决力学问题时,边示范边将她的解题思路大声地说出来。
3. 提问	在给学生做示范并大声思维后,物理老师向学生提出几个关键性问题。
4. 调整教学材料	一名小学体育教师在教学生投篮技术时先降低了篮球筐的高度,当学生熟练后,再将球筐高度升起。
5. 言语指点	当幼儿园的孩子学习系鞋带时,老师跟他们说:"鞋带像个兔宝宝,现在兔宝宝来到洞口并跳了进去。"

教师在给学生提供教学支持时要注意适可而止,要给学生提供适当的、足够的支持,但不要提供过多的不必要的支持,以促进学生能独立地完成自己的学习任务。如果教师提供的支持太多,将不利于学生的发展和独立解决问题;如果教师提供的支持太少,学习任务对学生的挑战太大,学生可能会失败并灰心丧气。因此,有效的教学支持必须要具有一定的弹性和灵活性,要能适应学生顺利通过最近发展区的需要。

三、选择教学策略

讲授、提问、组织讨论、布置课堂练习和家庭作业是教师完成教学任务的基本的教学环节,也是教师在课堂教学中采用的最一般的方法。

(一) 讲授法

讲授法是指通过教师的讲解、演示、放电影等方式将教学内容呈现给学生的方法。

讲授法是教师在教学过程中最常用的一种传统的教学方法。有人批评讲授法只能向学生传递信息而不利于发展学生的能力,导致学生进行机械的、被动的、"填鸭式"的学习等等。对此,也有人提出不同的意见。美国当代认知学派的著名教育心理学家奥苏伯尔认为讲授法本身并不一定导致机械学习,只是某些教师对讲授法的误用才导致了机械学习。奥苏伯尔特别强调通过讲授法使学生进行有意义的学习。他指出,一堂有效的讲座提供给学生的信息是学生自己花数小时也未必能收集到的。他反问道"一堂讲座就可以使学生迅速地获得大量知识信息而后转入应用或解决问题,为什么还非得强迫学生自己去搜寻信息呢?"

讲授法是否有效还依赖于教师对讲授法的准备和运用技巧。

---

① Eggen, P. & kauchak, D. Educational Psychology: Windows on Classrooms (6rd ed). Prentice hall, Inc. 2004. 西安:陕西师范大学出版社,2005(影印版):61.

有效的讲授教学需要运用以下技巧。

1. 提供先行组织者

先行组织者(advance organizer),简称组织者,是指在上课前为学生提供的有关本课学习内容的从总体上组织起来的引导性材料(Ausuble, et al. , 1978;Corkill, 1992;Mayer, 1979)。

先行组织者的概念是由奥苏伯尔最早提出来的。作为促进学生有意义学习的一种教学策略,先行组织者是新旧知识发生联系的桥梁。按照奥苏伯尔的经典解释,组织者是先于学习材料呈出之前呈现的一个概括与包容水平较高的引导性材料。奥苏伯尔提出两种类型的组织者,即说明性组织者和比较性组织者。

说明性组织者是指以概括性的语言对要学习的新知识进行介绍的组织者。它可以是一个概念、一条定律或一段概括性的说明文字。说明性组织者适用于学习者原有认知结构中缺乏适当的上位概念而同化(消化、理解、吸收)新知识时。例如,在生物课上学习脊椎动物时,鉴于许多同学对脊椎动物的共同特点缺乏明确的认识,教师说:"在接下来的两周里,我们将讨论脊椎动物。所有的脊椎动物都有一个重要的共同点,即它们都有一个背骨(脊椎)。我们将说到五种类型的脊椎动物,它们是哺乳动物类、鸟类、爬行类、两栖类和鱼类。而且我们将分析这些动物之间彼此有何不同。"在教师这段话中,"它们(脊椎动物)都有一个背骨(脊椎)"即属于说明性组织者。

比较性组织者是指对新旧知识进行类比的组织者。这种组织者适用于学生原有认知结构中已具有了同化新知识的某些概念,但原有概念不清晰或不巩固,学生难以应用,或者他们对新旧知识的关系辨别不清时。例如,在历史课上,鉴于学生无法想象出人类生存的历史和地球的历史之间的长短关系,教师说:"如果我们将地球的历史想象成一天的24个小时,那么,我们人类生存的历史仅仅是那一天的最后一分钟。"显然,这位老师有效地运用了比较性组织者。

奥苏伯尔主张要使用具有较高抽象性、普遍性和涵盖性的先行组织者。但是梅耶(R. E. Mayer,1979)主张具体的模型化的先行组织者在提供先备知识方面比较有效。这类组织者包括实物演示、物理模型、图片、图表等。

有关组织者的实证研究发现:阅读有关冶金术的文章前,提供说明性组织者(冶金的基本概念)的一组比控制组(冶金历史介绍)在随后的记忆保持测验中有较好的成绩(Ausubel,1960);阅读有关佛教的文章前,提供比较性的组织者(佛教与基督教的关系)的一组比控制组(佛教历史介绍)在随后的测验中有较好的记忆保持(Ausubel 等,1963);先行组织者对于不熟悉的课文(学习者缺乏有关的背景知识)比较有效(West 等,1976;Mayer,1979);具体模型组织者比控制组在创造性问题解决上的成绩要好(Mayer,1986;1979)。

2. 提供信息加工时间

在教师讲授知识的同时,学生要对教师传授的知识信息进行加工。我们知道,信息加工是需要时间的,而且由于工作记忆的容量十分有限,学生在有限的时间里只能以有限的速度学习有限的信息。因此,作为教师,我们呈现的新信息的速度、节奏,应该满足学生对信息加工的时间需要。学生需要时间去思考新信息与他们已有知识的联系、自己生成新概念的实例、理解所学材料的实际含义等。

提供必需的加工时间的教学策略就是要在教学中建立信息的冗余度。换句话说,对于教学中的一些重要观点,不是只呈现一次,而是几次,每次用不同的话说出基本相同的意思。比如,我们可以首先陈述一个观点,然后举出一个例子去证明这个观点,然后再重述这一观点,最后去描述该观点与学生自身生活的联系。如果我们将同样内容的信息多次呈现之后,相信学生至少有一次机会抓住并领会该信息。

提供信息加工时间的另一个方法是一次连续讲授的时间不宜过长。比如,讲授10分钟后,有一两分钟的间歇时间,在这段间歇时间里让学生以小组的方式比较他们的笔记、相互问问题、分享他们的看法。研究表明,当教师给学生提供机会,让他们在小组中去加工讲授中学到的知识,他们能做出更有用的课堂笔记、在复杂的测验问题中表现更好,而且能更长久地记住有关信息(Rowe,1987)。

3. 提供总结

在上课开始前,为学生提供先行组织者可以促进学生有效地进行学习。同样,在教师的讲授结束时,给学生提供总结,也将使学生获益匪浅。研究表明,当学生听到教师讲授内容的概要总结时,他们学习得更加有效(Hatrley & Trueman,1982)。

(二) 提问

提问是指教师在课堂教学中向学生提出问题、引导学生回答问题并对学生的回答做出适当的评价的教学方法。

虽然教师在课堂教学中经常运用提问的方法,但不同教师的提问效果却差异很大。要想使课堂提问行之有效,教师要付出艰苦的努力和大量的实践。研究表明,有效的提问要具备以下特征。

1. 把握问题的难度水平

教师所提问题的难度水平要适当。问题的难度水平是根据学生是否能够回答问题确定的。有人(Brophy & Evertson,1976)研究发现当教师在课堂中所提出的全部问题的75%能够被学生正确回答,这时的问题难度是比较适当的。但这个最佳的百分比并非是一成不变的,当教师提出的是和新的学习材料有关的问题时,正确回答的百分比可能会有所下降,而当教师提出的是和熟悉的学习材料的复习有关的问题时,正确回答的比例可能会接近100%,这都是正常的。

2. 提出不同认知水平或类型的问题

许多研究者运用布卢姆(1956)教育目标分类学中认知领域的六级目标对问题的认知水平进行划分,如认为知识方面的问题是较低认知水平的问题;理解和运用方面的问题是中等认知水平的问题;分析、综合和评价方面的问题是较高认知水平的问题。也有人认为事实性的问题是低水平的,思维性问题是高水平的;或者认为要求集中思维(只有一个唯一正确答案)的问题是低水平的,而要求发散思维(有许多可能的答案)的问题是高水平的。

有关的研究结果表明,经常提出低水平的问题(如布卢姆目标分类学中的知识方面的问题)与经常提出较高水平的问题(如应用或综合的问题)一样都与学生的学习成绩有积极的正相关(Good & Brophy,1994)。

上述研究表面上似乎矛盾的结果又一次提醒我们明确目标的重要性。一方面,如果教学目标是使学生的基本技能熟练化、自动化,那么,低水平的问题可能就是最有效的;另一方面,如果教学目标是培养学生的分析和综合能力,那么,高水平的问题就是最有效的。

3. 提问要面向全体学生

当教师向学生提出问题时,要记住问题是面向全班学生提出的,而不只是对举手的几个学生提出的。

4. 控制等待时间

学生需要一定的时间去思考教师提出的问题。然而,研究表明,一些教师在提出问题后等待不到 1 秒就让学生回答,学生被叫到后,通常等待其说出答案的时间也仅仅是 1 秒,如果 1 秒后,学生还未说出自己的答案,那么教师就要叫其他学生回答或者自己提供答案线索(Rowe,1974)。

等待时间长短对学生的成绩有何影响? 一项研究发现在 3 年级和 4 年级学生中,等待时间长或短在学习科学课的成绩上并无差异(Anshutz,1975)。另外的研究报告说,对于低水平的问题,等待时间的增加会导致成绩下降,而对于高水平的问题,等待时间的增长可以导致成绩提高(Riley,1980)。

根据上述研究,我们认为,等待时间的长短应该与所提的问题相适应,并最终与问题所要实现的目标适应。如果在复习课上,目标是让学生从记忆中检索有关的信息,所设计的问题都是有关知识记忆的问题,较快的进度和较短的等待时间或许就是适当的;如果问题的设计目的是刺激学生积极思维并创造性地回答问题,那么,就应该给学生足够的等待时间去产生期待的结果。

5. 对学生的回答给予适当反馈

学生回答问题后应得到教师的适当反馈。通过反馈,一方面可以激发学生的动机,另一方面,学生可以从反馈信息中获得新的学习。

6. 鼓励学生大胆质疑

教师应鼓励学生大胆质疑,提出自己想问的问题,并对学生的问题给以回答或引导学生自己回答。教师不要只顾自己提问题,而忽略了让学生提问题。

(三) 组织讨论

讨论法是指学生根据教师提出的某个议题,在集体中或学习小组中,相互交流个人的观点、相互启发、相互学习的一种教学方法。

讨论法是一种以学生自己的活动为中心的教学方法。在讨论中,每个学生都有自由表达自己见解的机会,而且要提出事实和论据,有效地说服他人,因此,学生在活动中处于主动的地位,有利于发挥学生学习的主动性和积极性,有利于学生灵活地运用知识解决问题,有利于发挥学生的独立思考和创造精神。

有效地组织讨论的要点如下:

1. 讨论的议题要明确

由教师提供一个要讨论的议题,通常是一个要解决的问题。问题本身要明确,是学生感兴趣的且有言可发的。

2. 讨论前让学生做好充分的准备

讨论的议题确定后,教师要在讨论前向学生提出讨论的议题,并布置学生阅读有关的教材和必要的参考资料,做好充分的背景知识准备。

3. 充分发挥教师在讨论进行中的作用

教师在讨论中的作用主要是引导学生围绕议题中心进行发言并促进学生之间的相互作用。在讨论中,教师是一个引导者、组织者、调节者和参与者。与讲授法相比,教师在讨论中应扮演一个相对次要的角色,教师不再以权威的身份提供信息,不要对学生的回答作权威的正误判断,也不一定非得将讨论引向一个预先确定的结论。在讨论中,教师经常要做的事情是鼓励、邀请学生大胆发言,参加讨论,将学生的发言要点记录在黑板上(但不评论),要求学生进一步论证或澄清自己的观点,指出学生发言的相同论点以及不同点,总结已经取得的进步。

4. 讨论结束后要适当小结

当学生的讨论结束后,教师做一个小结。对讨论中的疑难问题,教师要阐明自己的看法;要总结讨论中的优缺点。对于某些有争议的问题,学生一时想不通,要允许学生保留自己的看法,不能强求学生接受。

(四)布置课堂练习和家庭作业

布置课堂练习和家庭作业是指教师给学生安排一些需独立完成的学习任务或活动,使学生通过练习巩固知识并运用所学知识解决问题,形成必要的技能、技巧。

课堂练习是要求学生在课堂上当堂完成的一些学习任务或活动。教师在安排课堂练习时,应注意以下几点:

1. 课堂练习的布置要与教学目标相一致,根据不同层次的目标,安排不同水平的练习,切忌只给学生一些知识记忆性的练习,而忽略了通过练习给学生提供思考和运用所学知识的机会。

2. 练习题的设计应富于变化,新颖有趣,并有适当的难度,以激发学生做练习的兴趣并通过练习产生有意义的学习。

3. 教师要给学生以适当的帮助。在让学生独立做练习前,教师对作业做适当的解释并复习几个练习的例子;在学生开始做练习后,教师应在学生间巡视并随时提供必需的帮助。

家庭作业是教师在课堂上布置的、让学生回家后(或课后自习)独立完成的一些学习任务或活动。

从上小学起,学生每天都要伴随着家庭作业,直至从学校毕业。那么,这种让学生完成家庭作业的教育传统是否能改善学生的学习成绩呢?哈里斯·考欧坡(Harris Cooper,1989)总结了有关家庭作业的研究后,得出如下结论:

1. 做家庭作业促进学习。

2. 家庭作业的积极作用在小学阶段较小,随着年级的增长,其积极作用也越来越大,到高中阶段达到中等程度的重要性。

3. 家庭作业对数学、阅读和英语(母语)学习成绩的影响要大于对社会研究课和科学课的成绩的影响。

4. 相比那些需要综合和思考的复杂技能,家庭作业更有利于那些需要重复练习的简单技能。

5. 对于初中学生来讲,每天1至2小时的家庭作业是最佳的;对于高中学生来讲,再多一些的家庭作业会更好。

另外,一引进研究表明,父母对儿童完成家庭作业的监督明显地提高了儿童的学校学习成绩(Goldenberg,1989)。

除课堂教学的一般方法以外,心理学家在有关的学习理论的基础上又发展出许多新的教学方法,包括发现学习、掌握学习、程序教学及合作学习等。

发现学习是指给学生提供有关的学习材料,让学生通过探索、操作和思考,自然发现知识、理解概念的原理的教学方法。布鲁纳的发现学习为启发式教学奠定了现代认知学习和教学理论基础。有指导的发现学习就是现代意义上的启发式教学。

掌握学习是由布卢姆提出来的一种适应学习者个别差异的教学方法,即将学习内容分成小的单元,学生每次学习一个小的单元并参加单元考试,直到学生以80%—90%的掌握水平通过考试为止,然后才能进入下一个单元的学习。其具体操作程序大致分为五个阶段,即为掌握而学习进行教学前的准备工作、为掌握而定向、进行群体教学、实施形成性测验、为学生提供矫正教学或拓宽活动、实施终结性测验,并告诉学生获得的等级。①

程序学习是一种个别化的教学形式,它将要学习的大问题分解成一系列小问题,并将其按一定的程序编排和呈现给学生,要求学生学习并回答问题,学生回答问题后及时得到反馈信息。中国科学院心理学研究所卢仲衡研究员的自学辅导教学是在程序教学思想影响下发展起来的一种独特的教学方法。自学辅导教学的课堂模式可以概括为启发、阅读、练习、反馈、小结五个环节。

合作学习是一种让学生在小组中互相帮助进行学习的教学方法。

这些方法为广大教师在教学实践中改革传统的教学方法,选择和探索新的教学方法提供了理论基础。

---

① 李蔚,祖晶. 掌握学习理论与教学技巧[M]. 北京:中国人民公安大学出版社,1992:28—31.

四、实施教学评价

(一) 什么是教学评价

教学评价(instructional evaluation)是指根据教学目标,对学习者在教学活动中所发生的变化进行测量,收集有关资料,并做出价值判断的过程。

首先,教学评价的依据是教学目标。教学目标是在教学活动中所期待得到的学生的学习结果,它规定了学习者应达到的终点行为。教学之后,学习者在认知、情感和动作技能等方面是否产生了如教学目标所期望的变化?这是要通过教学评价来回答的。教学评价的标准应该和教学目标相一致,否则就无法客观、全面、准确地评价教学效果的优劣。

其次,教学评价常常通过测量收集资料,但测量不等于评价,评价是对测量结果加以解释,做出价值判断的过程。测量是评价的前提和重要手段,但并不等于评价。另外,虽然测量是评价的重要手段,但并不是唯一的手段。教学评价还可以通过一些非测量的方法如观察、谈话、收集学生的学习作品等收集有关资料。

教学评价在学习和教学过程中发挥着许多重要的作用。教学评价的一般作用可以概括为以下三个方面:第一,教学评价的结果为教师检验与改进教学提供依据;第二,教学评价的结果为学生在学习上的进步情况提供反馈;第三,教学评价的结果为学生家长了解子女在校学习情况提供参考。

(二) 教学评价的类型

教学评价工作是十分复杂的。根据不同的划分标准,可以将教学评价分为不同的类型。

1. 准备性评价、形成性评价和总结性评价

教学评价并不只是在教学结束后才进行的,而是贯穿整个教学活动的始终。根据实施教学评价的时机不同,可以将教学评价分为准备性评价、形成性评价和总结性评价。

准备性评价(preparative evaluation)是指在教学之前为了解学生对学习新知识应具备的基本条件而进行的评价。准备性评价通常运用所谓的"摸底测验"的方式来进行。通过准备性评价,教师可以了解学生是否具备学习某种新科目所需要的基本知识或技能,也可以了解在新科目的教学目标中,有哪些知识与技能是学生已经掌握的。如果学生在知识和技能方面准备充足,可以对学生进行新知识的教学;如果学生在知识和技能方面准备不足,先实施必要的补救教学,然后再教新知识。

形成性评价(formative evaluation)是指在教学过程中为了解学生的学习情况,及时发现教和学中的问题而进行的评价。形成性评价常采用非正式考试或单元测验来进行。测验的编制必须考虑单元教学中所有重要目标。通过形成性评价,教师可以随时了解学生在学习上的成败情况,及时获得教学过程中的连续的反馈信息,作为教师随时调整教学计划、改进教学方法的参考。如果发现个别学生没有达到单元教学目标的要求,那么,教师就要对学生进行及时的有针对性的个别辅导。通过形成性评价,学生也可以了解自己的学习进步

情形,借以肯定或修正自己的学习方式。

总结性评价(summative evaluation)是指在教学结束后为全面了解教学目标的实现情况所进行的评价。总结性评价常用期末考试的方式进行。通过总结性评价,教师可以检验本学期教学目标的实现程度,从而判断教学效果的好坏,是否需要对教学做进一步的改进,以及为制定新的教学目标提供参考。通过总结性评价,可以对学生一个学期的学业成就做一个综合的评定,并将评定的结果反馈给学生家长。

2. 常模参照评价与标准参照评价

根据对教学评价资料的处理方式不同,可以将教学评价分为常模参照评价与标准参照评价。

常模参照评价(norm-referenced evaluation)是以学生团体测验的平均成绩即常模为参照点,从而比较分析某一学生的学业成绩在团体中的相对位置或优劣。常模参照评价对学生学习成就的解释采用了相对的观点,着重于学生个人间的比较,主要用于选拔(如升学考试)或编组、编班。

标准参照评价(criterion-referenced evaluation)是以根据教学目标所确定的作业标准为依据,根据学生在试卷上答对题目的多少来评定学生的学业成就。标准参照评价对学生学习成就的解释采用的是绝对标准,即学生是否达到了教学目标所规定的学习标准,以及达标的程度如何,而不是比较学生个人之间的差异。具体实施时,就是以考试分数为标准,100分代表着学生的学习已完全符合教学目标的要求,而60分代表着及格,是对学习的最低要求。不管其他学生的成绩如何,只要分数达到60分就是及格。

3. 标准化成就测验和教师自编测验

从评价时使用的测验的来源不同,可以将测验分为标准化成就测验和教师自编测验。

标准化成就测验(standardized achievement tests)是指由学科专家和测验编制专家按照一定标准和程序编制的测验。该测验的目的是评价经某种教学或训练后学生的实际表现,具有客观性和可比性的突出优点,被视为评价学生学业成绩的重要工具之一。这种测验在国外使用比较普遍。比如,美国教育测验中心举办的托福考试(TOEFL),考核非英语国家学生的英语水平,决定是否录取留学和授予奖学金。我国的汉语水平考试(HSK)也属于这类测验,外国学生通过4级才能进中国大学,通过6级可以读硕士学位。

教师自编测验(teacher-made test)是指教师根据教学需要自行设计与编制的、作为考查学生学习进步情况的测验。教师自编测验是在学校教学评价中应用最多,也是教师最愿意用的测验。这是因为,教师自编测验操作过程容易,教师可根据学科特点和教学检查的需要随时编制,并在本年级或本班的小范围内施测,颇为灵活方便。虽然教师自编测验未经标准化,但其编制也需遵循一定的方法和原则。

学校教学评价中使用最多的是教师自编测验。为了保证教师自编测验的信度和效度,在课堂测验的编制、准备、实施及分数解释等方面必须遵循一定的方法和原则。

传统的课堂测验通常采用纸笔考试的形式来测量学生对课程内容的掌握情况。典型的纸笔测验题包括论文式问题、多重选择题、匹配题、是非题和填空题。

教师自编测验用于教学评价是一个复杂的过程。从测验的准备到测验的实施要经历一系列的阶段或步骤。包括:确定测验目的、测验题的选择和准备、测验的实施、考卷的评分、结果的反馈和测题的修正等。

第二节 教学策略的心理学研究

一、概念教学策略

概念是人对某类事物的共同的本质特征的反映。学生学习的重要内容就是获得并掌握概念。在教学中,教师为了促进学生获得并掌握概念所运用的方法即概念教学策略。

(一)概念—例证法

概念—例证法是指在概念教学中先给出概念的定义,然后列举概念的例证加以阐释说明的方法。该方法是概念教学的最常用的基本方法。美国心理学家埃根(P. Eggen, 1997)认为,概念—例证教学策略应包括以下四个步骤:第一,给概念下定义;第二,阐明定义中的术语,以使学生正确理解概念的本质特征;第三,提供能阐明概念本质特征的正例和反例;第四,提供另外一些范例,让学生自己练习区分哪个是正例,哪个是反例,并说明理由,或者让学生自己举出概念的正例和反例。比如,教师在讲解"鸟"的概念时,首先给出"鸟是长有羽毛的脊椎动物",然后再举出"孔雀"、"鹦鹉"、"鸡"、"鸭"、"鹅"等作为鸟的正例;同时举出"蜜蜂"、"蝴蝶"、"蜻蜓"、"蝙蝠"等作为鸟的反例。

(二)例证—概念法

例证—概念法是指在概念教学中先提供与概念有关的若干正例和反例,然后引导学生通过对正例、反例的比较,归纳概括出概念的本质特征的方法。比如,教师在教"质数"的概念时,先不给出质数的定义,而是告诉学生:"2、3、5、7、11、13、17、19、23…是质数;而4、6、8、9、10、12、14、15、16、18、20、21、22…不是质数。"然后引导学生对质数的这些正反例进行分析比较,最后归纳提出:"质数是除了1和它本身,不再有别的约数的数"。

可见,不论是概念—例证法,还是例证—概念法,其共同的关键特征都是提供概念的多个范例(包括正例、反例及其变式)并对范例加以比较,最终突出概念的本质特征,而舍弃概念的非本质特征。概念的正例告诉学生这个概念是什么,概念的反例告诉学生这个概念不是什么。所谓变式是指理想的正例的各种变化,即保持概念的本质特征不变,而改变其非本质特征。所谓比较,是指对正例之间以及正例与反例之间的异同进行辨析,以揭示概念的共同的本质特征(正例比较),以及本质特征与非本质特征的区别(正反例比较)。比如,通过对鸟的各种正例和反例的比较,揭示出"有羽毛"是鸟的共同本质特征,而"会飞"则是鸟的非本质特征。

另外,提供范例的方式也是多种多样的,包括口头举例、展示实物、模型、演示幻灯片、录像片、电影以及做实验等,通过多种直观形式,给学生提供丰富的感性认识,促进学生对概念本质特征的理解。

二、问题解决教学的策略

培养学生应用所学知识解决问题的能力也是教学的重要目标之一。问题解决教学是指教师指导学生如何解决学科领域中的各种具体问题。为了提高学生问题解决的能力,教师可以采用如下教学策略。

(一) 详细分析并讨论例题

在介绍新知识之后,教师常常通过讲解例题指导学生如何运用知识解决问题。在讲解例题时,如果教师只是简单地给出解题方法和答案,然后就让学生模仿着做其他习题,学生常常只会机械照搬,而不能做到举一反三,在题型稍微复杂时,就常常不知所措。因此,教师在讲解例题时,要详细分析解题的每一个步骤,并组织学生讨论,使整个解题过程在学生知识结构中真正具有了内涵,而不是僵化的程式。美国心理学家卡罗尔(Carroll, 1994)研究发现,对例题进行分析讨论后,学生做题速度快,很少出错,也很少再需要教师在解题时给予指导;而那些没有经过例题分析的学生,即使学习拔尖或经过个别辅导的学生,也很难达到这个地步(P. Eggen, 1997)。

有关样例学习和问题解决的研究发现,通过样例学习能够促进随后的问题解决。然而,样例学习是如何促进问题解决的呢?Chi 和她的同事们(1989)[①]的一项开创性的研究发现,在通过样例学习基础物理学的情境中,良好的和不良的问题解决者在样例学习阶段所做出的自我解释的数量与他们在随后的问题解决阶段的测验成绩呈统计学上的显著的相关关系。她们认为那些做出自我解释的被试在各种各样的认知任务中表现得更好,因此,自我解释对认知是有帮助的。这种现象被称为自我解释效应。随后,自我解释与各种学习与问题解决测量之间的正相关关系在诸如计算机程序(Bielaczyc, et al., 1995)、生物学(Chi, et al., 1994)、逻辑推理(Neuman & Schwarz, 1998)和课文阅读理解(Mcnamara, 2004)等许多不同的内容领域中得到了重复验证。自我解释在这里是指在学习样例和解决问题的过程中,通过提示学习者在阅读例题和解决问题的同时将大脑中所想到的内容采用出声言语对自己做出解释的活动。因此,在运用例题进行问题解决教学时,指导学生对例题的解题步骤进行自我解释也是有效的问题解决教学策略。

(二) 指导学生正确表征问题

理解与表征问题是解决问题的第一步。许多学生不能正确地解决问题,常常是因为没有理解问题并错误地表征了问题。因此,指导学生正确地表征问题是非常关键的。在问题解决教学中,教师可以采取以下措施促进学生正确表征问题[②]:第一,帮助学生准确理解问题的语义(字词语句),排除语义方面的障碍,弄清已知和未知之间的关系;第二,整体把握

[①] Michelene T H Ghi. Self-explanation: How Students study and use examples in learning to solve problems. Cognitive science, 1989, 13:145—182.
[②] 张大均. 教学心理学研究[M]. 重庆:西南师范大学出版社,1998:146—147.

问题中各种数量之间的关系;第三,准确辨别问题的类型,即将当前的问题与已学习过的题型、解法等挂上钩,这是问题能准确表征的关键。教师可以指导学生用自我提问的方式来提高辨别能力,把新问题与已有经验联系起来,迅速地进行模式识别。另外,还可以指导学生利用画图的方法,通过视觉正确表征问题。将问题中的各种条件和数量关系边分析边画出一个图,既可以缓解工作记忆的负担,又可以使问题变得一目了然。

(三)指导学生选择解决问题的有效方法

认知心理学认为问题解决的过程就是问题解决者通过一系列的操作从问题的初始状态到达目标状态的过程。问题的初始状态和目标状态之间要经历一系列的中间状态。问题解决者将一种问题状态改变为另一种问题状态的操作叫算子(operator)。问题状态和算子构成了问题空间。因此,问题解决的过程就是在问题空间中搜索算子并最终达到问题的目标状态的过程。

问题解决的策略就是在问题空间中如何搜索算子的策略,包括算法式和启发式两种基本策略。

算法式解题策略是将解决问题的所有算子都引出来,然后逐个尝试操作,最终使问题得以解决。比如,给学生如下问题:$1+2+3+4+5+\cdots+100=?$ 当学生用笔和纸或计算器进行加法运算时,就是在使用算法。算法是一种能够保证问题得到解决的程序,比如上述问题,只要一步步连加下去,最后总能得到答案。但是,很显然这种方法效率并不高。对于某些问题,采用算法解题显得非常烦琐,以至于不可能获得最终的解,比如,破译一个六位数构成的密码,从理论上讲可以通过数字组合逐一去尝试,然而,穷尽所有的数字组合需要花费难以想象的时间,实际上是不可能的。因此,这时就要用到启发式。

启发式解题策略是根据以往解决问题的经验而形成的一些经验规则,能较迅速地解决问题。启发式以相似性为基础选择算子,使初始状态转变为与目标状态相似的状态,并逐步过渡到目标状态。这种策略的优点是灵活、方便、省时,其缺点是不能保证问题一定能得以解决。比如,对于破译密码的问题,我们可以去考虑与该密码的设立者有关的一些数字组合,比如他自己或家人的生日、结婚纪念日、年龄、电话号码等,这样做可能很快破译了密码,也可能不成功,不管怎样,这是唯一现实的选择。

手段—目的分析法、逆向反推法、类比法是人们常用的启发式解题策略。

手段—目的分析法是将总目标分解为许多子目标,然后逐一寻找到达每一子目标的手段。比如,有这样一道算术应用题[1]:"有两辆汽车在9:15分别从甲乙两城出发相对而行,至12:15相遇。若两辆汽车时速分别是40公里和30公里,问甲、乙两城相距多少公里?"这是一个行程问题。可以采用手段—目的分析法加以解决。总目标为甲、乙两城的距离,子目标为速度与行车时间。知道速度与行车时间就可以操作算式,但题中并未直接告诉速度与时间。为了达到求距离的目标,必须首先解决速度与时间问题。在这里,解决速度问

---

[1] 李维.学习心理学[M].成都:四川人民出版社,2000:260.

题,用加法算式,30+40=70(公里/小时);解决时间问题,用减法算式,12:15-9:15=3(小时)。自此,问题即可解决:70×3=210(公里),即甲、乙两城相距210公里。

逆向反推法是指解题时从目标状态出发,向后逆推,寻找与初始状态的差距,最后导致问题的解决。该方法对数学证明题特别有用,亦叫反证法。比如,已知 ABCD 是一个长方形,证明对角线 AD 与 BC 相等。用反证法,从目标出发,进行反推,即要想证明 AD 与 BC 相等,就要首先证明 △ACD 与 △BDC 全等。根据两个三角形全等的原理,该题的已知条件符合"两边与一个夹角相等,则两个三角形相等"的定理,从而导致问题的解决。

类比法是利用一个问题的解题经验,去解决另一个具有类比关系的问题。该方法常被用于科学问题的解决和发明创造活动。

此外,还有一些特殊的解题策略用于某些特殊问题的解决。例如,小学生在解决数学应用题时,可能会用到"呆板对应"与"固定减法"两种策略。

(四)训练学生对解题过程进行监控和反思

在问题解决教学中,教师不仅要指导学生学会正确地解决问题,找到答案,还要训练学生对解题过程进行自我监控,培养学生对解题过程的自我意识和元认知能力。在解题之后,还要训练学生对解题过程进行自我反思,回忆解题过程,总结解题思路,比较不同解法的优缺点,取长补短。

(五)通过"大声思维",提供专家示范

问题解决的过程是一个内隐的思维活动。所谓"大声思维"是指问题解决者将自己解决问题的思维活动,通过口头言语大声讲出来,给他人提供解决问题的良好示范。所谓"专家"是指教师以及学得好的学生。教师可以通过大声思维,给学生示范如何分析和正确表征一个问题,如何选择解决问题的最佳方法,以及如何对解题结果进行总结和反思等等。教师也可以将学优生与学困生结成对子,让学优生通过"大声思维"展示自己的解题过程,让学困生比较自己的解题思路与学优生的差距,从而学会学优生的解题思路,像个"专家"那样去解题。

三、阅读教学策略

阅读活动的核心就是对文字材料的理解。阅读教学策略即是在阅读教学中,教师为了提高学生的阅读理解能力而采取的各种教学方法。

(一)大量阅读训练法

大量阅读有助于提高学生的词汇量和译码自动化的能力,丰富学生的背景知识,因而成为提高学生阅读理解能力的有效手段。已有研究发现[1]:高中学科竞赛获省或地区一等奖的 11 名学生(获奖组)的有效阅读速度(速度×理解率)平均为 295 字/分,比随机抽样组的 200 字/分高出 47.5%,差异极为显著;同时,获奖组订阅或常看的报刊种数以及课外阅

---

[1] 张大均.教学心理学[M].重庆:西南师范大学出版社,1997:351.

读的频度亦显著高于随机抽样组。可见,课外大量阅读对获奖组阅读理解能力的提高起了很大的促进作用。

(二) 阅读技能训练法

对阅读活动中的必要技能进行研究、归纳和总结,并逐项进行教学训练,对提高学生的阅读理解能力具有重要的作用。

我国的研究者提出在阅读活动中应具备的阅读技能包括 12 项[①]:(1)认读字、词;(2)划分段落,概括段意;(3)概括中心思想;(4)分析、评价文章思想内容;(5)分析、评价文章结构;(6)分析、评价文章的语言;(7)根据一定的目的寻找、选择必要的材料;(8)运用字典、词典的能力;(9)利用书目索引查找图书;(10)利用目录、序、跋了解书刊内容;(11)根据不同的目的选择并熟练地运用适当的阅读方式;(12)边阅读、边思考、边记笔记。教师在阅读教学中可以对缺乏上述某些技能的学生进行有针对性的专门训练。

(三) 指导学生掌握一些有效的阅读程序

罗宾逊(F. P. Robinson,1961) 的 SQ3R 法是最早提出的阅读程序。SQ3R 的含义是 S(Surrey)——概览,Q(Question)——提问,3R(Read,Recite,Review)——阅读、背诵、复习。

(1)概览:在阅读一篇课文或一本书之初,先概括地审查一遍,特别是看一下序言、目录、参考书目及索引,还要注意图表、各级大小标题以及开头与结尾的内容,了解该篇课文或该书的全貌及作者的写作目的,初步获得对全文框架的了解,把原先已掌握的知识和经验调动起来,使未知的和已知的知识相结合,也使学习者对重点难点心中有底。

(2)提问:在第二次粗读时提出疑问,把篇名、大小标题、关键词等都变成问题,可以用"谁"、"什么"、"何时"、"何地"、"为何"等疑问词来进行自我提问。提出问题有助于读者积极思考,还有助于读者集中注意力,变被动阅读为主动阅读。

(3)阅读:这是读书的中心步骤,带着前面提出的问题去积极思考,并有重点、有分析地阅读,绝不盲目被动地"输入"。对重要章节要读得慢且透彻,并且要画重点、做眉批,并不时返回前面去重温某些读过的内容,争取一遍读下来,并基本掌握全部内容。画重点时要注意,不要边读边画重点,因为读过之后你会发现许多画过的重点其实并非重点。另外,不要画太多的重点,否则的话,反而看不出重点所在。

(4)背诵:在阅读完每一段落或每一章节之后,要暂时离开书本并尝试对读过的内容进行背诵。这种背诵除了对重要的关键词语要求准确外,一般只要求提纲挈领地记住主要内容。背诵在理解基础上进行,同时又促进理解。

(5)复习:在背诵的基础上,进行全面而有重点的复习。复习要及时,即学完一小段就复习一次,不要过分依赖总复习。当然,并不是每篇文章都要用这种学习法。对于需要精读的课本和书,采用"SQ3R"阅读法是很有效的。

在 SQ3R 法的基础上,托马斯和罗宾逊(E. L. Thomas & H. A. Robison,1972)又发展出

---

① 张大均.教学心理学[M].重庆:西南师范大学出版社,1997:354.

PQ4R 法，即 P(Prepare)——预习，Q(Question)——提问，4R(Read, Reflect, Recite, Review)——阅读、思考、背诵、复习等六个环节。与 SQ3R 法相比，PQ4R 法将概览改为预习，并新增了思考一项，强调了在阅读过程中思考的重要性。

(四) 指导学生学会对阅读理解进行自我监控与调节

对阅读活动进行自我监控与调节是阅读中的重要的元认知技能。指导和训练学生学会对阅读活动进行自我监控与调节可以有效地提高学生的阅读理解能力。

为了有效地监测阅读过程，教师可以训练学生采用阅读理解自我监控提问单的技术。提问单的具体内容如下[①]：

概览——选择目标
　①从这篇文章的标题来看，这篇文章是讲什么的？
　②从大小标题看(或从摘要、课文的开头、结尾来看)，这篇课文是否与我刚才的猜想一致？
　③这篇文章值不值得我细读？

初读——扫除障碍
　①这篇文章涉及了哪些背景知识，我需不需要补上某些背景知识？
　②这篇文章有哪些生字、生词？
　③我扫清了阅读这篇文中的障碍了吗？

细读——步步攀登
　①我每读一句都停下来考虑它和前一个句子是什么关系吗？
　②我每读完一个段落都停下来思考它和前一段是什么关系吗？
　③我能够把整个文章连贯起来理解吗？

提要——绘制路线
　①我采取摘要的方法浓缩了知识吗？
　②我采用纲要法构造了知识了吗？
　③我很好地把握住文章的主题和结构了吗？

检测——任务自查
　①我理解了课文的每个句子和段落了吗？
　②我把握了文章的结构了吗？
　③该记的知识我都记牢了吗？
　④应该学会的应用知识，我能熟练应用了吗？
　⑤我完成了预定的学习任务了吗？

---

① 张大均.教学心理学[M].重庆:西南师范大学出版社,1997:357—358.

第三节 教师心理

一、教师的角色

从社会对教师的角色期待以及教师的社会职责来分析,教师在学校主要应该充当学习的指导者、班集体活动的领导者、行为规范的示范者、心理保健者和教育科研人员这样五种角色。

(一) 学习的指导者

教师承担着系统地、准确地向下一代传递文化科学知识、指导学生学习和发展学生智力的任务,即教师应该充当学习指导者的角色。教师这一角色要求教师指导学生去掌握基础知识和基本技能,指导学生在获得科学知识的同时学会如何学习并发展各种能力,从而保证学生在未来的社会生活中能够不断扩充知识。

(二) 班集体活动的领导者

学生的学习是在班级集体这种特有的社会群体条件下进行的,担任班主任工作的教师是班集体正式的领导者,没有担任班主任工作的教师在班集体活动中也担负着领导者的责任。要充当好领导者的角色,首先要求教师在课堂教学活动中建立良好的课堂秩序,在教学的同时督促全体学生遵守课堂纪律,使学生养成自觉遵守纪律的习惯;其次,教师要建好班集体,必须注意选择学生干部,培养积极分子,形成有力的领导核心,塑造良好的集体气氛和舆论,建立和谐的人际关系。教师的领导方式可以划分为不同的类型,其行为表现不同,对学生的影响也不一样。

(三) 行为规范的示范者

在培养学生道德品质和人格特性的过程中,教师不仅要指导学生掌握社会价值观念和行为规范,更要充当起示范者的角色,通过自己的一举一动,给学生提供活生生的榜样。教师要不断反省自己的思想品德、行为作风、处世态度,充分意识到自己的榜样作用,使自己的言行成为学生的表率。

(四) 心理保健者

随着现代社会生活节奏的加快,竞争日趋激烈,在生活条件和生活质量逐渐提高的同时,学生也面临着许多选择和挑战,使学生的心理压力不断增大,心理问题日趋增多。这就要求教师做好学生的心理健康教育工作,担当学生的心理保健者的角色。

(五) 教育科研人员

由于教师的工作具有复杂多样并富有变化的特点,教师在实际工作中会遇到一些依靠现有理论和教师自身经验解决不了的问题,这就要求教师能够开展教育科研活动,成为"科研型"的教师。要充当好教育科研人员的角色,首先要求教师具有探讨问题的意识,注意收集资料,勤于动脑思考和反思,不满足于工作中的"轻车熟路";其次,要求教师能够掌握教育科研方法,并注重运用所掌握的方法来解决自己在教育实践中所遇到的问题。

二、教师的威信

(一)教师威信的概念

教师的威信就是教师在学生心目中的威望和信誉,是一种可以使教师对学生施加的影响产生积极效果的感召力和震撼力。它是教师的人格、能力、学识及教育艺术在学生心理上引起的信服而又崇拜的态度,它是教师在学生心目中的威望和信誉。教师威信实质上反映了一种良好的师生关系,是教师成功地扮演教育者角色、顺利完成教育使命的重要条件。

(二)教师的威信的形成

教师的威信的形成取决于许多因素的共同作用。例如,社会对教师的态度、家长对教师的态度、学生对教师及其工作的认识、教师本身的条件等。其中,教师本身的条件对教师威信的形成起着决定性的作用。

教师的各种心理品质和教师崇高的思想品质以及高度的专业知识技能是教师威信形成的基本条件。教师的外表、生活作风和习惯等对教师获得威信也有一定的影响。正是教师本身这些条件的总和决定着师生之间良好关系的建立或学生对教师的肯定的、积极的态度的形成。

教师威信形成的过程,一般说是由"不自觉威信"向"自觉威信"发展。新教师在学生心目中是有一定吸引力的,是有一定威信的,但这种威信是短暂的"不自觉的威信"。随着学生对教师德才方面逐渐了解,师生之间情感的日益加深和融洽,教师的威信就由"不自觉威信"发展成为"自觉威信"了,这才算是真正的威信。当然,教师必须经过不断努力,"不自觉威信"才有可能发展为"自觉威信",否则"不自觉威信"也可能逐渐消失。

(三)建立教师威信的途径

1. 培养自身良好的道德品质

良好的道德品质是教师获得威信的基本条件。教师作为社会文化价值与道德准则的传递者,极易被学生看作代表和具有这些价值和准则的人。因此,教师在日常生活和工作中,应当时时处处加强道德修养。教师良好的道德品质体现在其对教育工作意义的认识及由此产生的对本职工作的高度负责精神。兢兢业业、不计名利,对自己所教学科有着浓厚兴趣和热情,出色地完成教学工作任务的教师会得到学生的尊敬。相反,如果教师不热爱教育工作,对教学毫无热情,敷衍了事,就会失去学生的尊敬。

2. 培养良好的认知能力和性格特征

良好的认知能力和性格特征是教师获得威信所必需的心理品质。教师必须勤奋刻苦,好学多思,拥有渊博知识和独到见解以及精湛的教学技巧,能够给学生以深刻启迪并激发他们对问题的深入思考。教师还应努力磨炼自己的意志品质,增强挫折耐受力,养成热情开朗、坚毅稳定、宠辱不惊、积极进取的品格。

3. 注重良好仪表、风度和行为习惯的养成

教师的仪表、生活作风和行为习惯对威信的获得也有重要影响。许多研究表明,教师

仪表大方,衣着整洁朴素,会引起学生的好感;生活懒散、衣冠不整、不讲卫生和做怪动作等不良习惯,有损于教师形象。

4. 给学生以良好的第一印象

教师第一次和学生见面给学生留下的印象特别深刻。第一印象好,往往对教师以后的言行向好的方面解释;第一印象不好,学生会感到失望,常向不好的方面解释教师的言行,教师威信就难以建立。因此,教师应高度重视第一次与学生见面,力争在第一堂课从各方面给学生留下好印象,如教师头几节课的准备充分、态度沉着自然亲切、教学内容丰富、教学方法精心设计等都会给学生留下深刻的"心理定势",形成初步威信。

5. 做学生的朋友与知己

教师还应当扮演学生的朋友和知己的角色,成为学生学习的鼓励者、促进者,使学生觉得教师是他们真正的、可信赖的朋友和知己。这就要求教师在与学生相处时,既要满怀真诚和爱心,与学生坦诚相见,热情关怀,思想教育耐心细致、循循善诱,又不能为取悦学生而无原则地迁就学生,或者和学生讲哥们儿义气。一个与学生建立表面友好而实际低级庸俗关系的教师,容易与他们扮演的师长角色发生角色冲突,降低在学生中的威信。

三、教师的教学监控能力

(一) 教师教学监控能力的概念

教师为了保证教学的成功、达到预期的教学目标,而在教学的全过程中,将教学活动本身作为意识的对象,不断地对其进行积极、主动的计划、检查、评价、反馈、控制和调节的能力称为**教师教学监控能力**。这种能力主要可分为三个方面:(1)教师对自己的教学活动的事先计划和安排;(2)教师对自己实际教学活动进行有意识的监察、评价和反馈;(3)教师对自己的教学活动进行调节、校正和有意识的自我控制。由于教学活动极其复杂,包括的方面和涉及的因素多种多样,所以教师的教学监控能力不仅仅指教学机智,它具有多方面的内容和多样化的表现。

(二) 教师教学监控能力的结构及特征

根据教学监控的对象,教学监控能力可分为自我指向型和任务指向型两类。所谓自我指向型的教学监控能力主要是指教师对自己的教学观念、教学兴趣、动机水平、情绪状态等心理操作因素进行调控的能力。如有的教师虽然家庭里出现了一些变故,但是在课堂上,他却能控制住自己的消极情绪而正常地讲课。任务指向型的教学监控能力主要是指教师对教学目标、教学任务、教学材料、教学方法等任务操作因素进行调控的能力。如有的教师讲课中发现学生不能理解所讲内容,便立即更换一种更适合的方式来教学。这两种能力是相互联系,相互影响的。

根据教学监控作用范围,教师教学监控能力可分为一般型和特殊型两类。前者是指教师对自己作为教育者这种特定角色的一般性的知觉、体验和调控的能力,是一种超越具体教学活动的、具有广泛概括性和整体性的能力;而特殊型的教学监控能力是指教师对自己教学过程中的各具体环节进行反馈和调控的能力。它决定教师在具体教学活动中的具体的自我调节和控制的行为。

根据教学监控能力在不同阶段的表现形式,我国学者辛涛(1995)认为教学监控能力包括四个方面:(1)课前的计划与准备。(2)课堂的反馈与评价。(3)课堂的控制与调节。(4)课后的反省。

根据教学过程,辛涛(1998)把教师的教学监控过程分为三个有机联系的部分:自我检查、自我校正和自我强化。教师的教学监控过程是一个螺旋式发展的过程,在这种发展中,教师的教学监控能力得到不断的提高,教学效果会越来越好。

(三)教师教学监控能力的提高

我国学者申继亮等人(1996)经研究发现,有三种技术可以提高教师的教学监控能力:(1)角色改变技术。其目的是让教师形成正确的教育观念,提高其参加教育科研的自觉性和主动性,从而自觉地实现角色的改变。(2)教学反馈技术。其目的在使教师对自己教学各环节有一个准确而客观的认识。(3)现场指导技术。帮助教师针对不同教学情景,选用最佳的教学策略,以达到最佳的教学效果,使其最终能达到对自己课堂教学的有效调节和校正。

专栏 10-2

提高教师教学监控能力的两种方法:微型教学与教学反思

国内外研究表明,微型教学这种方式也是训练新教师,提高教师的教学监控水平的一条重要途径。微型教学是以少数的学生为对象,在较短的时间内(5—20分钟)尝试做小型的课堂教学,可以把这种教学过程摄制成录像,课后再进行分析。一般采用以下程序:

1. 明确选定特定的教学行为作为着重分析的问题(如解释的方法和提问的方法等)。
2. 观看有关的教学录像,指导者说明这种教学行为具有的特征,让新教师能理解要点。
3. 新教师制订微型教学的计划,以一定数量的学生为对象,实际进行微型教学,并录音、录像。
4. 和指导者一起观看录像,分析自己的教学行为。指导者帮助教师分析一定的行为是否恰当,考虑改进行为的方法。
5. 在以上分析和评价的基础上,再进行微型教学。这时要考虑改进教学的方案。
6. 进行以另外的学生为对象的微型教学,并录音、录像。
7. 和指导教师一起分析第二次微型教学。

此外,在专家型教师的培养研究中,有关教学反思的研究对提高教师教学监控能力也能有所启示。

[资料来源] 周国韬,张明,迟毓凯. 教师心理学[M]. 北京:警官教育出版社,1998:126—128.

四、教师的教学效能感

(一) 教学效能感的概念

心理学上,把人对自己进行某一活动能力的主观判断称为效能感,效能感的高低往往会影响一个人的认知和行为。教师在进行教学活动时也有一定水平的效能感。所谓教师的**教学效能感**,是指教师对自己影响学生学习行为和学习成绩能力的主观判断。这种判断,会影响教师对学生的期待、对学生的指导等行为,从而影响教师的工作效率。

在理论上,教师教学效能感的概念来源于班杜拉的自我效能理论。班杜拉认为,人的动机受自我效能感的影响。所谓自我效能感,是指人对自己能否成功地进行某种成就行为的主观推测和判断,它包括两个成分,即结果预期和效能预期。结果预期是指个体在特定情境中对特定行为的可能后果的判断,如学生对顺利答完试卷产生结果的推测。而效能预期是指个体对自己有能力成就某种作业水平的信念,如学生对自己是否有能力顺利答完试卷的主观判断。人的行为主要受人的效能预期的控制,个人对某种行为觉察到的效能感不仅影响着个体处理困难时所采用的行为方式,也影响着他的努力程度和情绪体验。效能预期越强烈,所采用的行为就越积极,努力程度也就愈大愈持久,同时情绪也是积极的。

根据班杜拉的自我效能感理论,可以把教师的教学效能感分为一般教育效能感和个人教学效能感两个方面。一般教育效能感指教师对教育在学生发展中作用等问题的一般看法与判断,即教师是否相信教育能够克服社会、家庭及学生本身素质对学生的消极影响,有效地促进学生的发展。这与班杜拉理论中的结果预期相一致。教师的个人教学效能感指教师认为自己能够有效地指导学生,相信自己具有教好学生的能力。它与班杜拉理论中的效能预期相一致。教师的教学效能感是解释教师动机的关键因素。它影响着教师对教育工作的积极性,影响教师对教学工作的努力程度,以及在遇到困难时他们克服困难的坚持程度,等等。

(二) 教师教学效能感的作用

一般来说,教师教学效能感会在以下三个方面影响教师的行为:

1. 影响教师在工作中的努力程度。效能感高的教师相信自己的教学活动能使学生成才,便会投入很大的精力来努力工作。在教学中遇到困难的时候,他也能够坚持不懈,勇于向困难挑战。效能感低的教师则认为家庭和社会对学生影响巨大,而自己的影响则很小,不管如何努力,收效也不会大,因而常放弃自己的努力。

2. 影响教师在工作中的经验总结和进一步的学习。效能感高的教师为了提高自己的教学效果,会注意总结各方面的经验,不断学习有关的知识,进而提高自己的教学能力;而效能感低的教师由于不相信自己在工作中会取得成就,便难以做到在教学过程中不断地积累、总结和提高。

3. 影响教师在工作中的情绪。效能感高的教师在工作时会信心十足、精神饱满、心情愉快、表现出极大的热情,往往取得良好的教育效果;效能感低的教师在工作中感到焦虑和恐惧,常常处于烦恼之中,无心教学,以至于不能很好地完成工作。

阿什顿等人(Ashton,1986)的研究表明,效能感高的教师对学生寄予较高的期望,认为自己对学生的成长负有责任并相信自己能教好所有的学生。在课堂教学中,效能感高的教师注意对全班学生的指导,不断探索新的教学方法。在对学生进行指导时,效能感高的教师表现得比较民主,鼓励学生自由地探索解决问题的方法,而不是用表扬、批评等外部强化控制学生。当学生失败时,效能感高的教师表现得很有耐心,他们会通过重复问题、给予提示等方法去促进学生对知识的理解。

教师的教学效能感影响着教师的行为,而教师行为必然会对学生造成影响,同时教学效能感也会受各种因素的影响。辛涛等人(1996)的研究认为,教师的教学效能感通过影响教师行为而对学生自我效能及学习能力与成绩起作用,而学生自我效能和学习能力与成绩是相互影响、相互作用的。同时,环境因素和教师自身因素也对教师的教学效能感产生着影响。影响教师教学效能感的因素一般可分为外部环境因素和教师自身因素。外部因素包括社会风气、为教师发展所提供的条件、人际关系等。辛涛等人(1994)的研究表明,工作发展的条件和学校的客观条件对一般教育效能感具有明显影响;工作发展的条件、学校风气和师生关系对教师的个人教学效能感具有明显的影响。教师自身因素包括他的价值观及自我概念等。对教师教学效能感产生影响的外部环境因素主要有社会大环境、学校周围的环境以及学校中的某些因素,如教师的教育观念科学与否、学校中的人际关系状况等。

(三)教师教学效能感的提高

影响教师教学效能感的因素是多方面的,从教师所处的外部环境来说,首先,在社会上,必须树立尊师重教的良好风气。其次,在学校内,必须建立一套完整、合理的管理制度和规则并严格加以执行,以及努力创立进修、培训等有利于教师发展和实现其自身价值的条件。良好的校风建设、提高福利待遇等措施也会对教师的教学效能感产生积极的影响。

从教师的自身方面来说,首先,要形成科学的教育观,这需要教师不断地学习和掌握教育学与心理学的知识,在教育实践中运用这些知识,通过自身的教育实践验证并发展这些知识。其次,向他人学习,如观摩优秀教师教学、学习其他教师的好经验等,增强教师的自信心;教师要注意对自己的教学进行总结和反思,不断改进自己的教学。

五、教师对学生的期待

(一)教师期待效应

教师在理解每个学生的基础上,会对每个学生未来发展的潜力有所推测,这被称之为教师对学生的期待。教师对不同的学生会有不同的期待,这会影响到学生的发展,这已为罗森塔尔和雅各布森等人(Rosenthal, R. & Jacobson, L., 1968)的实验所证实(参见[专栏10

−3]皮格马利翁效应)。自罗森塔尔和雅各布森的《课堂中的皮格马利翁》于1968年发表以后,在心理学界和教育界引起了强烈的反响和研究热潮,展开了评价和争论。有的人无条件地接受罗森塔尔等人的研究结果;有的人虽然并不否认这一结果,但在效应的普遍性与强度上则持有异议;有的人则由于一系列重复研究的失败而抱有怀疑的态度。

> **专栏 10 −3**
>
> 皮格马利翁效应
>
> 皮格马利翁效应(Pygmalion effect)又叫罗森塔尔效应,指人们基于对某种情境的知觉而形成的期望或预言,会使该情境产生适应这一期望或预言的效应。教师如果根据对某一学生的了解而形成一定的期望,就会使该学生的学习成绩和行为表现发生符合这一期望的变化。美国心理学家罗森塔尔和雅各布森开始对这一现象进行了试验研究,于1968年发表了研究成果《课堂中的皮格马利翁》一书。他们在奥克学校(Oak School)所作的一个实验中,先对小学1—6年级的学生进行一次名为"预测未来发展的测验",实为智力测验。然后,在这些班级中随机抽取约20%的学生,并让教师认识到"这些儿童的能力今后会得到发展的",使教师产生对这一发展可能性的期望。8个月后又进行了第二次智力测验。结果发现,被期望的学生,特别是一二年级被期望的学生,比其他学生在智商上有了明显的提高。这一倾向,在智商为中等的学生身上表现得尤为显著。而且,从教师所做的行为和性格的鉴定中可知,被期望的学生表现出更有适应能力、更有魅力、求知欲更强、智力更活跃等倾向。这一结果表明,教师的期望会传递给被期望的学生并产生鼓励效应,使其朝着教师期望的方向变化。大量研究表明,教师是根据学生的性别、身体特征、社会经济地位、兄弟姐妹情况等各种信息形成对某个学生的期待的,期望形成后又通过各种方式如分组、强化、提问等影响被期望的学生,使学生形成自己的期望,最后又表现在学生的行动中,学生的行为表现又进一步影响教师的期望。罗森塔尔把这一现象称作皮格马利翁效应。皮格马利翁(Pygmalion)是古希腊神话中的一个主人公的名字,相传他是塞浦路斯国王,善雕刻。他对自己用象牙雕刻的少女产生了爱恋之情,由于他热诚的期望竟使这座少女雕像变成了真人而与他结为伴侣。
>
> [资料来源] 罗森塔尔,雅各布森.课堂中的皮格马利翁——教师期望与学生智力发展[M].唐晓杰,崔允漷,译.北京:人民教育出版社,1998.

(二)教师期待效应产生的过程与影响

教师对学生的期待及其影响也是在师生互动过程中产生的。(1)教师根据学生的学习行为、个性特征和在人际交往中的表现,形成对某个学生的期待,这些期待会在教师的行为中表现出来。(2)学生接受了教师行为所暗含的期待,并根据期待的方向表现出相应的行为。在这种互动过程中,教师不断坚持按自己的期待去影响学生,而学生会逐步向着教师期待的方向发展。

教师对学生的期待包含两方面的内容,一是对学习潜力的推测,二是对品德发展的推测。教师对有些学生在这两方面抱有较高的期待,而对有些学生的期待水平不高,甚至是消极的期待。根据布罗菲(Brophy,J. E. & Good,T. L,1985)的研究结果(见表10-4),教师对自己抱有不同期待的学生所表现出的行为有很大差异。

表10-4 教师对不同期待学生的行为差异①

教 师 行 为	对低期待学生群	对高期待学生群
对正确回答的表扬	5.88	12.08 **
对错误回答的批评	18.77	6.46 **
对错误回答者再提问或给予回答的线索	11.25	27.04 *
对理解问题困难者给予适当的提示或回答线索	38.37	67.05 ***
对回答(不论正误)不予任何反馈	14.75	3.33 ***

* $P<.10$　　** $P<.05$　　*** $P<.01$

教师的不同行为对学生的影响是巨大的。这种影响首先表现在学生的自信心上,受到低期待的学生会感到自己能力低或品行不好,产生无力感。教师期待的影响会进一步表现在学生的各种行为与学习成绩上,受到低期待的学生会放弃努力或继续表现出一些不良行为,导致学习成绩下降。教师期待的影响还表现在师生关系上,受到低期待的学生与教师的关系逐渐疏远。可见,受到教师高期待的学生会得到充分的发展,而受到教师低期待的学生则不能够充分地发展所具备的潜力。

(三)建立积极的教师期待

很多研究都指出,教师期待对学生的影响并不是一个有意识的过程,有很多教师并没有明确意识到自己的期待,也没有特意去控制自己的行为,只是在不知不觉中表现出自己的期待,而对学生的影响也是在潜移默化的过程中发挥着作用。因此,教师应该了解教师期待的效果,并有意识地运用教师期待去教育学生。马丁(Martin,1973)曾在学校中进行了一个实验,他先向教师讲授了有关教师期待的心理学知识,然后让这些教师改变对后进生的看法、形成积极的期待,并训练这些教师在课堂上如何积极地对待后进生。这一研究的结果表明,教师的期待可以通过一些方法来改变,而这种改变会给学生带来影响。

为了充分发挥教师期待的积极影响,教师应该注意以下两点:第一,要认真了解每个学生的特点,发现他们的长处,对每个学生都建立起积极的期待。第二,教师要不断反省自身的行为和态度,不要由于自己的不公正而延误了学生的发展。

---

① Good,T. L. & Brophy,J. Contemporary Educational Psychology (5th ed.). Longman Publishers USA. 1995.

第四节 课堂心理气氛

一、课堂心理气氛及其类型

(一)课堂心理气氛的含义

课堂心理气氛是指在课堂教学中,通过师生的相互作用而产生和发展起来的一种综合的群体心理状态,包括教师和学生的注意状态、知觉状态、思维状态、情绪、情感状态、意志状态和定势状态等。

课堂心理气氛是影响教师课堂教学效果和学生学习效果的重要的社会心理因素。和谐的、良好的课堂心理气氛是顺利完成教学和学习活动的前提和基础,有助于提高教师教学的积极性和学生学习的积极性;相反,不良的课堂心理气氛,是课堂中的一种不和谐的因素,阻碍了教学活动和学习活动的顺利进行,降低了教学效果。

(二)课堂心理气氛的类型

课堂心理气氛是在教学活动中,通过师生相互作用而逐渐形成的。课堂心理气氛一经形成,就具有相对的稳定性,会维持相当长的一段时期。不同的课堂,由于师生相互作用的方式不同,因而所形成的课堂心理气氛的类型也不相同。

我国学者黄秀兰(1986)将课堂心理气氛划分为积极的、消极的和对抗的三种类型[1](见表10-5)。

表10-5 课堂心理气氛的类型

表现\课堂气氛类型\师生的心理状态	积极的	消极的	对抗的
注意状态	师生对教学过程表现出注意的稳定和集中,全神贯注甚至入迷。	呆若木鸡,打瞌睡(在教师严厉的情况下),分心,做小动作(在教师管理课堂能力差的情况下)。	1. 学生注意指向与课程内容无关的对象,而且常常是故意的。 2. 教师为了维持课堂纪律而被迫中断教学过程。
情感状态	积极愉快; 情绪饱满; 师生感情融洽。	压抑的、不愉快的(在教师较严厉的情况下),无精打采、无动于衷(在教师管理能力较差的情况下)。	1. 激情,学生有意捣乱,敌视教师,讨厌上课。 2. 教师不耐烦,乃至发脾气。

---

[1] 黄希庭.心理学[M].上海:上海教育出版社,1997:397—399.

续表

表现 \ 课堂气氛类型 \ 师生的心理状态	积极的	消极的	对抗的
意志状态	坚持,努力克服困难。	害怕困难,叫苦连天,设法逃避。	冲动。
定势状态	确信教师讲课内容的真理性。	对教师讲的东西抱怀疑态度。	不信任教师。
思维状态	智力活跃,开动脑筋,从而迸发出创造性。教师的语言生动,有趣,逻辑性强。学生理解和解答问题迅速准确。	思维出现惰性,反应迟钝。	不动脑筋。

在积极的课堂心理气氛中,师生之间的感情和谐、融洽、积极而愉快。在教学过程中,师生都全身心地投入,注意力集中,思维活跃,彼此配合默契,教学效果良好。

在消极的课堂心理气氛中,学生的情绪是压抑的、不愉快的,对教师的教学内容不感兴趣,无精打采、心不在焉,思维惰化,反应迟钝。

在对抗的课堂心理气氛中,师生之间感情冲突、对立,教师对课堂失去了控制能力,课堂纪律混乱。

二、课堂心理气氛的调控

课堂心理气氛的形成受教师、学生及教学环境等多方面因素的影响,其中,教师对良好的课堂心理气氛的形成发挥关键作用。在教学过程中,教师可以通过以下方式对课堂心理气氛进行调控:

(一)增加课堂教学中的情感投入,建立融洽的师生感情关系

良好的师生关系是以情感作为纽带的,只有师生之间感情融洽,课堂气氛才能和谐、愉快。为此,教师不能总是板着面孔进课堂,要增加课堂教学中的情感投入,以充沛的精力、饱满的激情,声情并茂地感染学生,激发起学生的学习热情。教师要注重了解学生,真心实意地关心、爱护学生,对学生友善、理解并尊重,使学生感受到教师和蔼可亲、平易近人,消除了师生之间的距离感,增加了亲近感,达到心理相容。

(二)采取民主的领导方式对待学生

教师的领导方式直接影响着课堂心理气氛的形成。美国心理学家勒温(K. Lewin)、李皮特(R. Lippit)和怀特(R. K. White)在一项早期研究(1939)中将教师的领导方式分为强硬权威型、仁慈权威型、放任型和民主型四种类型。不同的领导方式引起学生不同的反应,表

现出不同的课堂气氛的特征。其中,民主型的领导方式取得了良好的课堂心理气氛;师生之间关系友好、和睦、心情愉快;学生喜欢学习,喜欢同教师一起工作;学生间相互鼓励,而且独自承担某些责任;学生工作的质和量都很高;不论教师在不在课堂,学生的问题行为都很少。因此,为了形成良好的课堂心理气氛,教师应尽可能采取民主型的领导方式对待学生。所谓民主型的领导方式是指教师和学生共同制订计划和做出决定;在不损害集体的情况下,教师乐意给个别学生以帮助、指导和援助;教师尽可能鼓励学生集体的活动;教师要给予学生客观的表扬和批评。

(三)更新教学内容,改革教学方法和教学手段,激发学生的学习积极性

学生在课堂上的注意状态、情感状态、意志状态、定势状态及思维状态都与学生的学习动机状态密切相关。如果教师的教学内容陈旧、教学方法枯燥、教学手段单调,那么学生缺乏学习兴趣,无法唤起学生强烈的学习动机,学生的注意力就不能集中于课堂学习,经常分心、搞小动作,课堂秩序混乱;学生的情感就会淡漠、压抑、厌烦;学生就会不动脑筋、思维僵化。因此,要想创设积极的课堂心理气氛,教师必须注重教学内容的更新,采用生动活泼、灵活多样的教学方法,运用幻灯、投影仪、录音、录像、多媒体等现代化教学手段,激发起学生的学习兴趣和学习动机,全身心地投入到课堂学习活动中,与教师的教学积极而愉快地互动。

【主要结论与应用】

1. 决定教学目标、了解学习准备水平、选择适当的教学策略进行教学活动、实施教学评价是教学一般过程的四个阶段。从心理学的角度对教学过程的这四个环节进行深入研究,是教学心理的主要内容,是教学设计的心理学基础。

2. 教学目标是指在教学活动中所期待得到的学生的学习结果。布卢姆将教育目标分为认知、情感和动作技能三个领域,每一领域的目标又由低到高分成若干层次。加涅将教学目标或学生的学习结果分为言语信息、智力技能、认知策略、动作技能和态度五类。

3. 教学目标的明确化是要克服传统的教学目标陈述上的含糊性和不可操作性,用可观察的学生的行为变化来陈述教学目标。马杰的行为目标陈述法和格伦兰提出的用内部过程与外显行为相结合的目标陈述法是使教学目标明确化的两种主要技术。

4. 学习准备是使新的学习成为可能的学生的身心发展条件,是学习的内部条件,是教学的起点。学生在生理机能、智力、情趣、社会性、学习策略、知识基础等方面的发展是学习准备的主要内容。

5. 最近发展区是指学生独自学习时所不能完成的,但在有能力的教师或同伴的帮助下却能完成的学习任务的范围。教师可以通过多种方式为学生提供教学支持,使学生成功地通过最近发展区。

6. 讲授、提问、组织讨论、布置课堂练习和家庭作业,是教师在课堂教学中采用的最一般的方法。

7. 讲授法是指通过教师的讲解、演示、放电影等方式将教学内容呈现给学生的方法。

运用提供先行组织者、信息加工时间、总结等教学策略,可以提高讲授法的教学效果。

8. 提问是指教师在课堂向学生提出问题、引导学生回答问题并对学生的回答做出适当的评价的教学方法。教师在提问时,要把握问题的难度水平、提出不同认知水平或类型的问题、要面向全体学生、要学会控制等待时间、要对学生的回答给予适当反馈、要鼓励学生自己提出问题。

9. 讨论法是指学生根据教师提出的某个议题,在班集体中或学习小组中,相互交流个人的观点,相互启发、相互学习的一种教学方法。有效地组织讨论的技巧是:讨论的议题要明确、讨论前让学生做好充分的准备、充分发挥教师在讨论中的作用、讨论结束后要适当小结。

10. 布置课堂练习和家庭作业是指教师给学生安排一些需独立完成的学习任务或活动,使学生通过练习巩固知识并运用所学知识解决问题,形成必要的技能、技巧。

11. 发现学习、掌握学习、程序教学及合作学习是在有关的学习理论的基础上发展起来的,可供教师选择运用的新的教学方法。

12. 教学评价是指根据教学目标,对学习者在教学活动中所发生的变化进行测量,收集有关资料并做出价值判断的过程。

13. 根据实施教学评价的时机不同、对教学评价资料的处理方式不同以及评价中所使用的测验的来源不同,可以将教学评价划分为准备性评价、形成性评价、总结性评价、常模参照评价、标准参照评价、标准化成就测验和教师自编测验等不同的类型。

14. 概念教学策略包括概念—例证法和例证—概念法;问题解决教学的策略包括详细分析并讨论例题、指导学生正确表征问题、指导学生选择解决问题的有效方法、训练学生对解题过程进行监控和反思、通过"大声思维"而提供专家示范;阅读教学策略包括大量阅读训练、阅读技能训练、指导学生掌握一些有效的阅读程序、指导学生学会对阅读理解进行自我监控与调节。

15. 学习的指导者、行为规范的示范者、心理保健者、班集体活动的领导者和教育科研人员是教师应该充当的五种主要角色。

16. 教师的威信就是教师在学生心目中的威望和信誉,是一种可以使教师对学生施加的影响产生积极效果的感召力和震撼力。教师本身的条件对教师威信的形成起着决定性的作用。培养自身良好的道德品质、培养良好的认知能力和性格特征、注重良好仪表、风度和行为习惯的养成、给学生以良好的第一印象、做学生的朋友与知己是建立教师威信的主要途径。

17. 教师的教学监控能力是指教师为了保证教学的成功、达到预期的教学目标,而在教学的全过程中,将教学活动本身作为意识的对象,不断地对其进行积极、主动的计划、检查、评价、反馈、控制和调节的能力。角色改变、教学反馈、现场指导、微型教学、教学反思是提高教师教学监控能力的主要方法与技术。

18. 教师的教学效能感是指教师对自己影响学生学习行为和学习成绩能力的主观判

断,包括一般教育效能感和个人教学效能感两个方面。

19. 教师对学生的期待会对学生的行为产生巨大影响。受到教师高期待的学生会得到较充分的发展,而受到教师低期待的学生则不能够充分发展所具备的潜力。

20. 课堂心理气氛是指在课堂教学中,通过师生的相互作用而产生和发展起来的一种综合的群体心理状态,包括教师和学生的注意状态、知觉状态、思维状态、情绪、情感状态、意志状态和定势状态等。课堂心理气氛划分为积极的、消极的和对抗的三种类型。

21. 在教学过程中,教师可以通过增加课堂教学中的情感投入、建立融洽的师生感情关系、采取民主的领导方式对待学生、更新教学内容、改革教学方法和教学手段、激发学生的学习积极性等方式对课堂心理气氛进行调控。

【学习评价】

1. 教学目标为什么不能陈述教师在教学中该做什么?
2. 布卢姆和加涅对教学目标分类的研究对教师有何启示意义?
3. 请你试着运用马杰的行为目标三要素和格兰伦的目标陈述法改写本书中某一章的各项教学目标。
4. 学习准备都包含哪些内容?了解学生的学习准备有何必要?
5. 教师的教学应该在学生的最近发展区之上、之下还是之内进行?为什么?
6. 讲授法是否等同于机械的注入式或填鸭式?为什么?
7. 记录某教师在一堂课上的提问的内容和方式,并根据提问的特征对该教师的提问进行分析。
8. 你的老师在教学中是否运用讨论法?效果怎样?你参加课堂讨论的感受如何?
9. 对你的教师目前采用的教学方法进行分析并提出改进建议。
10. 什么是教学评价?教学评价是否等同于测量或考试?教学评价是否只在一个学期末进行,为什么?
11. 常模参照评价与标准参照评价有何不同?试举例说明之。
12. 教师是否有必要充当学生的心理保健医和教育科研人员的角色?为什么?
13. 有人说:"21世纪教师能力中最重要的成分是教师的教育监控能力。"你是否赞同这一说法?为什么?
14. 有人提出:优秀教师=教育过程+反思,你认为这种提法有道理吗?
15. 怎样才能不断提高教师的个人教学效能感?
16. 何谓皮格马利翁效应?它对教师工作有何启示?
17. 积极的课堂心理气氛具有哪些特征?怎样才能创设出积极的课堂心理气氛?

【学术动态】

● 由西南师范大学张大均教授主编的《教学心理学》(西南师范大学出版社,1997年版)、《教学心理学研究》(西南师范大学出版社,1998年版)是国内有代表性的教学心理学著作。

- R. M. 加涅著,皮连生、王映学、郑威等译的《学习的条件和教学论》(华东师范大学出版社,1999 版)和 R. M. 加涅著,皮连生、庞维国等译的《教学设计原理》(华东师范大学出版社,1999 版)是美国当代著名的心理学家加涅在教学心理学领域的代表作。
- 由中央教育科学研究所研究员李蔚和祖晶撰写的《课堂教学心理学》(中国科学技术出版社,1999 年版)荣获全国第二届教育科学优秀成果二等奖。
- 《教学心理学丛书》由西南师范大学教科所张大均教授、教育部课程教材研究所吕达研究员担任总主编,共 10 卷,包括《教学心理学纲要》、《教学心理学新视点》、《教师心理素质与专业性发展》、《教与学的策略》、《课堂教学监控》、《合作学习与课堂教学》、《探究学习与课堂教学》、《接受学习与课堂教学》、《课堂教学设计》、《课堂教学测评》。从 2003 年开始,该套书陆续由人民教育出版社出版。
- 国内学者还从认知与情感等不同角度对教学心理进行了探索,吴庆麟著《认知教学心理学》(上海科技出版社,2000 年版)和卢家湄著《情感教学心理学》(上海教育出版社,2000 年版)是其中具有代表性的成果。

【参考文献】

1. 潘菽.教育心理学[M].北京:人民教育出版社,1980.
2. 黄希庭.心理学[M].上海:上海教育出版社,1997.
3. 张大均.教学心理学[M].重庆:西南师范大学出版社,1997.
4. 张大均.教学心理学研究[M].重庆:西南师范大学出版社,1998.
5. 皮连生.智育心理学[M].北京:人民教育出版社,1996.
6. 卢仲衡.自学辅导教学论[M].沈阳:辽宁人民出版社,1998.
7. 周国韬.教育心理学专论[M].北京:中国审计出版社,1997.
8. 周国韬,张明,迟毓凯.教师心理学[M].北京:警官教育出版社,1998.
9. 李维.学习心理学[M].成都:四川人民出版社,2000.
10. 路海东.学校教育心理学[M].长春:东北师范大学出版社,2000.
11. 申继亮.关于教师教学监控能力的培养研究[J].北京师范大学学报:哲学社会科学版.1996(1).
12. 辛涛.论教师的教学效能感[J].应用心理学,1996(2).
13. 辛涛.教师教学监控能力:一个验证性的研究[J].心理学报,1998(3).
14. 罗森塔尔,雅各布森.课堂中的皮格马利翁——教师期望与学生智力发展[M].唐晓杰,崔允漷,译.北京:人民教育出版社,1998.
15. R. M. 加涅.学习的条件和教学论[M].皮连生,王映学,郑威,等,译.上海:华东师范大学出版社,1999.
16. R. M. 加涅.教学设计原理[M].皮连生,庞维国,等,译.上海:华东师范大学出版社,1999.
17. Eggen, P. & kauchak, D. Educational Psychology: Windows on Classrooms (6rd ed). Prentice hall, Inc. 2004. 西安:陕西师范大学出版社,2005(影印版).
18. Good, T. L. & Brophy, J. Contemporary Educational Psychology (5th ed.). Longman Publishers USA. 1995.

第十一章 人际交往心理

【内容摘要】

本书前几章主要是站在个体的立场阐述和分析了人的心理活动。而本章则从人与人之间交互作用这个新的视角,依据社会心理学的理论与实验研究之成果,介绍和分析人们在相互交往中所发生的社会心理和社会行为,如人际沟通、人际认知、人际关系、人际互动等。显然,了解和熟悉这些方面的知识原理,无论对学习者现在的在校生活,还是未来的教师职业活动都是必要的和有益的。

【学习目标】

1. 能说出人际沟通的基本构成要素及其含义。
2. 记住有效人际沟通的条件。
3. 能简要说明人际沟通的心理功能。
4. 能列举人际认知的主要内容。
5. 记住印象形成的主要特点。
6. 能举例叙述印象形成的主要心理效应。
7. 会运用归因原则分析具体的行为问题。
8. 能解释人际关系的内涵。
9. 能叙述人际关系需要和基本人际关系倾向。
10. 能举例分析说明人际吸引。
11. 会使用人际关系测量方法去实际测查群体的人际关系状况。
12. 能解释社会助长、社会惰化产生的原因。
13. 能论述从众概念的内涵及其影响因素。
14. 能举例说出模仿和暗示的种类,以及影响暗示效果的因素。
15. 记住形成合作和竞争关系的主要条件。

【关键词】

交往　人际沟通　人际认知　人际关系　人际互动

每个人几乎天天都要与他人进行交往。与他人交往就是我们的主要生活方式,贯穿于我们的生命全程。人际交往作为人类极为普遍的社会现象和最重要的社会行为,是许多学科感兴趣的研究课题。社会心理学则从人与人之间交互影响与作用的观点出发,力图透过人际沟通、人际认知、人际关系、人际互动等多个侧面来分析、揭示人际交往的心理奥妙。

第一节 人际沟通

一、人际沟通的含义

人际交往是从人与人之间的互相接触开始的。交往双方在特定情境下一旦发生接触,就总会相互传递交流各种信息,这就进入了人际沟通过程。

(一)人际沟通的概念

"沟通"就现代信息论的一般含义是指信息的传递交流过程。如果这种过程是在人—人之间进行的,我们就称之为人际沟通,在人际沟通中,人与人之间传递交流的主要是社会性、心理性的信息,因此可以更确切地说:**人际沟通**(interpersonal communication)是人们相互之间交流思想、观点、意见、知识、消息、情感、态度、动作等的过程。

我们与其他人进行沟通,总是带着一定的目的:或是为了分享信息,以协调大家的行动;或是为了宣传劝说,以影响和改变他人的态度;或是为了娱人耳目,以愉悦人的心智;或是为了宣泄情感,以求得自己的精神安慰;或是为了日常寒暄,以保持与他人的正常关系等等。由此可以看出,人际沟通不仅仅是信息本身的传递交流,而更重要的是沟通双方可以借助于信息在心理和行为上相互影响,结果可能使双方的思想、情感、态度、行为以及相互关系等发生改变,这是人际沟通不同于其他沟通的一个突出特点。

(二)人际沟通的重要意义

人际沟通是人与人之间相互联系的一个最主要的方面。人醒着的大约70%的时间都是用在与他人的沟通上。我们衡量一个人生活质量的高低,很重要的一个指标就是要看其人际沟通的广度和深度。

首先,人际沟通是人社会生存的必要条件。社会性是人的本质属性,这个本质决定了每个人都必须参加社会的经济、政治、文化、教育等活动,只有在这些社会活动中才能获得和展现人所具有的社会性,才能成为真正意义上的"人",而社会活动则必须依赖于人际之间的沟通,否则不可能进行。

其次,人际沟通是建立和发展人际关系的必要条件。"远亲不如近邻"等俗语就很生动地说明了人际沟通与人际关系两者的关系。人们在相互沟通中相识、相交、相知,甚至于相依、相伴、相恋,建立、维系和发展着亲情、友情、爱情等丰富多彩的情感联系。

再次,人际沟通是形成自我意识的必要条件。人对自己的认识并不完全是主观自生的产物,而更多的是在人际沟通中,通过感受、反省、比较他人对自己的认识和评价逐渐形成、发展的。一个学生想要确定自己的品学是不是属于优秀之列,往往就要以老师、同学和父母对自己的评价作为重要的参照点,这样得到的认识才比较客观全面。

二、人际沟通的结构与条件

(一)人际沟通的结构

人际沟通服从于信息沟通的一般规律,整个过程主要由以下五个基本要素构成。

(1)信息发送者:也叫信息源,是拥有信息并具有沟通动机的人。

(2)信息:即沟通的具体内容。不论是什么样的信息,在被发送之前,发送者都必须采用恰当的文字、图像、声音、图形、色彩、数字、动作等对它们进行组织,即编码,以便让人能够接受和理解其意义。

(3)信息通道:指传递信息所使用的载体或媒介,如发音和表情器官、电话、广播、电视、报纸、广告、信件、互联网等。

(4)信息接受者:是接受信息的人。信息接受者收到信息后,必须根据自己掌握的知识经验来分析和还原信息的意义,即进行译码,以便自己能够理解它们。

(5)信息反馈:在现代生活中,人际沟通多为双向沟通,信息在沟通双方之间会进行多次往返,这种回返过程就叫做信息反馈。反馈使人际沟通成为一个社会互动过程,每个人都是主动参与,交替扮演信息传递者和信息接受者的角色,可以对沟通过程进行及时的调控。

此外,人际沟通在进行过程中,还会受到来自主客观方面一些不良因素的干扰,如编码出现错误,信息通道选择不当,误解歪曲信息意义,心情恶劣,环境嘈杂等。干扰会使信息失真,影响沟通的效率和效果。

人际沟通的过程及其各基本要素的关系如图11-1所示。

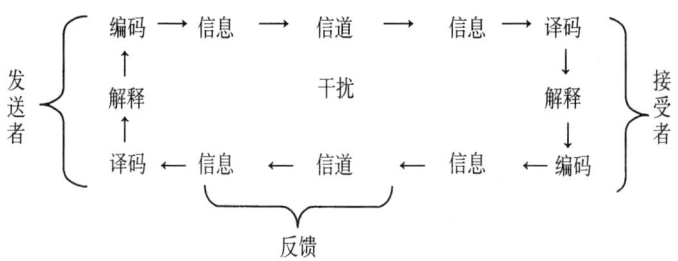

图11-1 人际沟通的过程及其各基本要素的关系

(二)有效人际沟通的条件

人际沟通过程涉及多个要素,并且在不断动态变化,要取得良好效果必须具备下列条件:

(1)沟通双方对交流的信息的理解越一致越好。这就要求双方在社会文化背景、知识经验、教育程度、立场观点、使用的语言和非语言符号系统等方面要有一定的共同点或相似之处,共同点和相似处越多,对信息的理解就越可能趋于一致;否则,信息的失真度就会增加,就会传而不通,甚至断章取义,误导视听。

(2)沟通双方都要有交往的愿望和兴趣,否则沟通就成了一相情愿,难以持续进行。

(3)双方要有一定的沟通能力与技巧。比如使用文字符号进行沟通,就有:"通不通"(逻辑)、"对不对"(语法)、"好不好"(修辞)、"当不当"(对象)四方面的问题。相同的意思,如果注意到这四方面,就会收到好的沟通效果。

(4)要选用适当的信息通道来传送信息。也就是说,要根据信息的性质选择最恰当的信息载体或媒介。因为信息通道本身也是信息,如果能够和信息构成恰当的搭配,就可以取得相得益彰的效果。

(5)要重视选择性注意对沟通的影响。人们对现实中的信息刺激并不是照单全收,而是要经过注意的过滤筛选。个人的观念、需要、兴趣、情绪以及信息刺激本身的强度、对比度、新异程度等都会影响这个过滤筛选过程。在社会生活中,人们对自己不感兴趣的事情常常听而不闻、视而不见就是例证。所以,为了引起对方的关注,我们传送的信息要尽量符合其需要和兴趣。

(6)沟通要有及时的信息反映。因为反馈对沟通具有维持、调控、强化的重要作用。

(7)沟通过程没有受到主客观不良因素的干扰,保证信息真实可靠。

三、人际沟通的心理功能

传递交流信息是人际沟通最基本的作用,但对我们的生活具有更深刻意义的是,信息的传递交流会影响人们的心理活动,这就是人际沟通的心理功能。国内外学者对人际沟通的心理功能虽有不同提法,但可以综合起来论述如下。

(一)心理发展功能

人是一个开放性的,信息加工和能量转化的有机系统,需要经常从外部环境中获得物理性刺激和社会性刺激,以保持自己内部环境与外界环境的相互作用与动态平衡,从而维持正常的生理活动和心理活动。本书第四章中介绍的著名"感觉剥夺"心理学试验就清楚地证明了这一点。更为重要的是,人际沟通过程所提供的信息携带的大量社会性刺激,对人的智力发展、人格形成等高级心理活动起着十分关键的作用。心理学家的研究发现,在孤儿院生活的儿童其智力发展水平远远低于一般同龄儿童,人格方面也有缺陷,其关键原因就是他们缺乏与成人的积极而充分的沟通和相应的稳定亲密的关系,一旦回到正常的教养环境,他们的智力发展速度就能很快赶上普通儿童。由此可见人际沟通对人心理发展的动力作用。

(二)心理协调功能

人类的社会实践活动常常需要许多人共同参与和合作,人们总是处在与他人的联系和关系之中;但是,每个人在需要、人格、利益等方面有自己的独特性,与他人并不完全相同。如果不能协调好社会、群体与个人之间,个人与个人之间的相互联系和关系,就不可避免地会出现各种误会、隔阂、矛盾甚至冲突,从而影响社会的和谐、稳定。而良好的人际沟通可以通过传播正确的价值观念和行为准则,弘扬健康的社会风气来促进和增强人与人之间的相互理解、相互尊重、相互团结,起到协调人们之间相互联系和关系的作用。良好人际沟通的心理协调功能主要表现在三方面:一是协调认知。广泛而充分的信息交流,有助于人们在思想信仰、价值观念等方面产生认同,逐渐趋于一致,建立起富有凝聚力和效能的人际关系。二是协调情感。有句俗语叫做"血浓于水",但事实上,即便是父母与子女之间,如果缺乏经常而又充分的相互沟通,也会产生情感上的冷漠与隔阂。人际沟通则可以增进人与人之间情感上的相互包容与依恋,满足人们的情感需要。三是协调行动。社会实践和群体活动常常需要人们统一行动,通过人际沟通,人们可以获得有关行动的必要知识,清楚认识到为何行动,怎样行动,何时行动,行动要取得什么结果等等,从而自觉调控自身的行为,与其他人保持和谐一致。

(三) 心理保健功能

如果一个人远离人群,不与任何人来往的独居,能够长期保持自然平和的健康心态吗?虽然我们大多数人都没有亲身尝试体会过,但生活经验告诉我们,答案是否定的。心理学认为,与他人沟通是人最基本的社会心理需要之一,对个人的心理健康有极为重要的作用。许多从事青少年心理咨询的心理学专家发现,绝大多数青少年出现心理问题,都与缺乏正常的人际沟通和人际关系有直接联系。有研究指出,那些生活在缺乏融洽和谐的人际沟通气氛的宿舍里的大学生,往往表现出抑郁、孤独、焦躁、敏感、难于合作等不良的情绪特征和人格特征。另一些研究则表明,高心理健康水平者都具有一系列有利于进行积极沟通和建立良好关系的情绪特征、人格特征,如热情、友好、真诚、善解人意等,他们同别人的沟通和关系都很好。心理健康状况还会影响到身体健康。医学研究发现,独身者由于失去了与配偶的密切沟通和情感依恋,消极情绪得不到及时消除,其寿命与具有正常婚姻生活的人相比要偏短。

四、人际沟通的工具

信息本身既不是物质,也不是能量,是人认识自然、社会和自己主观世界过程中的精神产物,需要借助于一套物质化符号才能保存和表达其意义,从而被人们感知、加工和交流。所以人际沟通必须用一定的符号系统作为工具,才能进行信息的传递交流。人际沟通所使用的符号系统主要有语言符号系统和非语言符号系统两类,使用语言符号系统进行的沟通叫言语沟通,使用非语言符号系统进行的沟通叫非言语沟通,它们是人际沟通中最主要的两种类型。

(一) 语言符号系统

语言是一种社会约定俗成的符号系统,为特定社会的所有成员共同掌握和使用,借助于语言,人与人之间可以超越时间和空间的限制进行沟通,使生活在不同地域,不同时代的人们都能够分享信息。因此,语言是人际沟通最有效、最便捷的工具。下面以口头语言和书面语言为例予以介绍。

1. 口头语言

口头语言是由有声的自然语言构成的语音符号系统，是供人们说和听的语言。口头语言使用起来方便、灵活、及时、快捷，因而我们在日常生活中大量、广泛地应用它与人进行直接沟通。口头语言又有对话语言和独白语言两种形式。人们在会谈、讨论等情景下主要用对话语言，显然，这时双方在沟通中需要有问有答，互相支持，并且对沟通情景有共同认识，这样才能理解语言所表达的内容。独白语言则常用于演讲、授课、作报告等一个人向众多人提供信息的情景中，由于沟通过程中缺乏对方的语言支持，所以应用时要求有更强的连贯性、逻辑性和充分展开，才能使听者理解语言包含的信息意义。

2. 书面语言

书面语言即文字符号系统，是供人们写和读的语言。书面语言多用在间接沟通中，如信函、文件、报刊、书籍等。书面语言的应用可以不受时间空间条件的限制，还可以长久保存，因而使我们能够分享古今中外人类创造的文化财富，大大扩展认识世界的范围。在表达信息的意义方面，书面语言具有准确、全面、完整的优点，这些恰恰是口头语言所欠缺的。

口头语言和书面语言各有所长，互为补充。社会心理学对人际沟通效果的研究表明，根据具体情境，交替或混合使用这两种语言进行沟通可以取得最满意的效果。

(二) 非语言符号系统

语言并不是人类唯一的沟通工具，人们还大量使用表情、动作、姿态等非语言符号来进行沟通。古希腊大哲学家苏格拉底就曾经说过："高贵和尊严，自卑和好强，精明和机敏，傲慢和粗俗，都能从静止或者运动的面部表情和身体姿势上反映出来。"一些学者对非语言符号在沟通中的作用给予高度重视。据权威学者伯德惠斯戴尔(R. L. Birdwhistell)的估计，在两人沟通的情景下，有65%的"社会含义"是通过非语言的方式传递的。美国心理学家梅热比甚至给我们列出了这样一个公式：相互理解 = 38%的语调 + 55%的表情 + 7%的语言。可以说，非语言符号在人际沟通中具有不可替代的特殊作用，其重要性并不亚于语言符号。

人类的非语言符号内涵丰富多彩，形式变化万千，主要有无声的动姿(如手势、面部表情、目光、触摸、运动性姿态等)、无声的静姿(如静止体态、人际空间等)、有声的辅助语言和类语言三大类，现简要分述如下。

1. 手势

人类学的许多研究证实，原始部落的人们曾广泛地使用手势进行交流，那时手势就是沟通和思维的工具。列维·布留尔在《原始思维》一书中就描述了这样的情况："不同部落的印第安人彼此不懂交谈双方的有声语言的任何一个词，却能够借助手指、头和脚的动作彼此交谈、闲扯和讲各种故事达半日之久。"①

---

① 列维·布留尔. 原始思维[M]. 北京：商务印书馆，1981：153.

虽然手势在人类远古时所起的作用早已为语言所代替,但它在有些场合仍然发挥着示意、描述、强调、表达情绪等作用。两个语言不通的异国朋友交往时,可以借助手势表情达意;聋哑人借助手势语言与别人沟通,不再孤独。第二次世界大战时期,英国首相丘吉尔发明的"V"形手势,已经成了全世界人民用于表示胜利的经典之作。

2. 面部表情

面部表情是另一个可以实现精细沟通的非语言符号。伯德惠斯戴尔曾经对人的面部表情数量做过惊人的估计,认为大约有 250 000 种之多,这似乎过于夸大了人脸的表情能力,但心理学家一般都认为,人的面部表情在 20 000 种以上。

人利用面部表情可以很好地表达肯定与否定、接纳与拒绝、积极与消极、强烈与轻微等各种维度的情绪,显示自己对人对事的情感、兴趣、态度、理解和判断。由于面部表情控制随意,变化迅速,容易觉察,因而在日常的人际沟通过程中是人们运用最多的非语言符号之一。但同时需要注意,人们是可以随意控制面部表情的,因而可能故意做出虚假表情,传递与自己内心状态不相一致的信息。所谓"笑里藏刀"正是指这样的情况。

3. 目光

我们常说"眼睛是心灵的窗户",而大量的心理学研究已经证实了这话的合理性。研究发现,人可以随意控制自己的语言和面部表情,在特定情境的要求下表现出口是心非,表里不一。但人却很难随意控制自己的目光,因而内心世界的一切风云变幻,都可以从眼睛里透露出来。比如,人的情绪变化会首先通过眼睛的瞳孔不自觉的改变反映出来。当情绪从中性变得兴奋、愉快时,瞳孔会不自觉地变大。当情绪从愉快、兴奋转向中性、不愉快时,瞳孔会不自觉地缩小,并伴随不同程度的眯眼和皱眉。同样是互相凝视,热恋中的人感受到的是温情与爱意,而仇恨中的人感受到的是冷漠与敌意。人的目光是其内心情感状态的良好指示器。

目光还能够直接调节控制沟通双方之间的相互作用水平。一般来说,沟通者彼此的接纳水平越高,关系越亲密,所能接受的目光接触的次数就越多,每次接触所维持的时间也就越长。

4. 运动性体态

运动性体态又称"说明性身姿",常常伴随语言使用。研究表明,身姿体态往往能够反映一个人对他人所持的情感、态度。

心理学家莎宾(T. R. Sarbin,1954)等人通过对人们日常生活的细致观察,用简图形式概括总结了一些经常使用的运动性体态,看起来饶有趣味(见图 11-2)。

图 11-2 各种身体姿势及其意义

5. 人际空间距离

请设想这样的情景：宽敞而空荡的阅览室里，你独自坐在一张大桌子前看书，一位与你素不相识的同学却过来坐在你身旁，这时你会产生什么反应呢？如果坐下来的不是陌生人，而是你熟识的朋友，你会产生同样的反应吗？每个人对上述问题的回答可能不完全相同，但都会有这样一种基本感受：前者的举动叫我们感到不舒服，不自在，而后者的表现我们觉得亲近自然，很正常。可见，人们在沟通过程中，对相互之间的空间距离不是随意处理的，而是有意无意地根据关系的远近亲疏有所区别。所以，人际空间距离也是人们传达社会性、心理性信息的一种常见手段，反映着个体同他人已有的关系或期望形成的关系。同时，人们还常常用人际空间距离来调节双方的互动。比如，教师讲课时，经常用走到学生身边的方法，来制止学生违反课堂纪律的行为。

专栏 11-1

近 体 学

美国人类学家霍尔（E.T. Hall，1959、1963）对人类交往的空间距离问题所进行的研究很有名，由此提出了"近体学"或"人类空间统计学"的概念。霍尔认为在人们沟通时互动双方的空间由近及远可以分为四圈，分别为亲密距离、个人距离、社交距离和公共距离。

> 亲密距离(0—44厘米):在此距离,人们的身体可以充分亲近或直接接触。沟通更多地依赖触摸觉,而不是视觉和听觉。在正常情况下,该距离是高度私密的,非正式的,只有夫妻、情侣、父母与孩子以及知己密友才能进入。
>
> 个人距离(44—122厘米):这是非正式场合下,朋友和熟人之间进行交谈、聚会等的适当距离。身体接触很有限,主要用视、听觉沟通。陌生人也可以进入这个距离,不过沟通时保持的距离更靠近远端。
>
> 社交距离(1.2—3.7米):该距离适宜于正式社交场合,沟通没有任何私人感情联系的色彩。人们在正式社交活动、外交会谈、处理公务时相互都保持这种程度的距离,沟通进行时,需要更清楚的口头语言和充分的目光接触。
>
> 公共距离(3.7米以上):这是完全开放的空间,可以接纳一切人,适合于陌生人之间,演讲者与公众之间进行沟通。
>
> 人们对人际空间距离的处理,除了受相互了解和亲密程度的影响外,还受文化背景、社会地位、性别等因素的影响。

6. 辅助语言和类语言

辅助语言主要指语言发音的音调、音量、节奏、音色、停顿、沉默等,而类语言则指那些无固定语义的声音,如呻吟、叹息、叫喊、哭、笑、干咳等。在人际沟通中,辅助语言和类语言起着十分重要的作用。比如,它们可以强调语词本来的含义,也可以改变语词本来的含义。有这样一件趣事:意大利著名的悲剧明星罗西应邀参加一个欢迎外宾的酒宴。席间,客人慕名要求他即兴表演一段悲剧,于是他用意大利语念了一段"台词",可谓声调悲凉,表情凄苦,尽管宾客们听不懂"台词"的内容,但被他的情绪所感染,不由得潸然泪下。可其中一位意大利人却实在忍俊不禁,跑出去捧腹大笑。原来,这位悲剧明星念的根本不是什么台词,而是宴会上的菜单。这说明在人际交往中,怎么说可能比说什么本身更重要。

辅助语言和类语言主要伴随语言发挥作用,但在一些特定沟通情景下,它们同样可以扮演主角。在相知深切的人们之间,一丝微笑、一声轻叹都可以收到"一切尽在不言中"的沟通效果,语言反而显得多余了。

第二节 人际认知

一、人际认知的含义

(一)人际认知的概念

在生活中,两个素昧平生的人一见面,就会互相注意到对方的相貌、仪表、服饰、体态、表情、举止等而形成初步印象,通过交谈又会得到一些有关对方社会职业、身份地位、兴趣爱好等方面的印象,并在这个基础上推测、判断和评价对方属于哪一类人,人格有什么特点,行为的动机是什么等等。进一步深入交往,得到的印象就会更全面、更丰富。我们把个体在交往中,观察了解他人的外在特征和外显行为,形成印象,并推测、判断其心理状态、人格特征、行为动机和意向的过程就叫做**人际认知**(interpersonal cognition)。它包括了感知、表象、记忆、判断、推测和评价等一系列复杂的认识活动。人际认知的结果决定着双方是否相互喜欢与喜欢的程度,决定着双方的交往行为,也决定着双方彼此之间现在的和将来的关系。

(二)对人认知与对物认知的区别

从认识的对象来说,人际认知是对人的认识活动,它与对生活环境中各种物体的认知有相同之处,即都是认知者的主观经验,由于经过大脑的信息加工,它们与现实中的原型并不完全一致,同时两者也有明显的区别。

(1)对人认知远比对物认知复杂。物所具有的静态的、稳定持久的属性和特征相对地要多,同类物之间的个别差异也小,因此比较容易直观地去认识和把握。但人的特征变动不居,其变化发展复杂多样、持续不断,外部特征与内在属性之间没有完全的对应关系,而且人与人相互之间在经验、需要、态度、人格等方面的个别差异较大。因此,要对人形成全面完整的认识难度很大。

(2)对物认知主要是根据物的客观属性和特征(颜色、形状、质地等)来进行的,较少受社会因素的影响。对人认知则不仅要受人所具有的客观物质特性的影响,更重要的是会受到人的身份地位、名望等各种社会特征和属性的影响。

(3)在对物认知中,物本身没有意识,没有动机,它只被动地对人的作用影响产生反应。因此,人对物的认识是单向过程。而在对人认知中,认知者与被认知者都是具有能动意识的社会主体,双方处于互相影响和互相作用中,认知者的种种活动和表现会影响被认知者,被认知者的种种活动和表现也会反过来影响认知者。在这个过程中,所发生和进行的就不是单向的认识活动,而是复杂的、双向互动的认识活动。

二、人际认知的主要内容

人际认知的主要内容包括对他人仪表的认知,对他人表情的认知,对他人人格的认知,对人际关系的认知,对社会角色的认知等。

(一)对他人仪表的认知

仪表是由人的多种外部特征构成的,是人的具体形象。在人际认知中,高矮、胖瘦、相貌、风度、做派、服饰等这些特征,绝不仅仅是一些单纯的物理现象。一方面,认知者会根据自己的有关知识经验赋予仪表一定的社会意义,把它们当作是认识他人人格特征等的有价值的信息。在日常生活中就存在着一些为我们所熟悉甚至接受的,与仪表的意义有关的流行概念。比如,人们常说心宽体胖,认为胖人大都少忧虑,喜说笑,易相处。另一方面,被认知者也往往会有意识地借助仪表来向他人表现自己独特的人格特点。一个女孩子喜欢穿红色调的服装,觉得与自己热情、活泼、直爽、自信的特点很相配,人们也会从红色给自己所带来的心理感受出发,推及到她具有相应的人格特点。可见,仪表传递着许多社会性信息,尽管这些信息并不总是准确的,但它的确对人际认知产生着影响。

(二) 对他人表情的认知

人的表情是反映其内在情绪、情感状态的一种客观指标,"愁眉苦脸"、"眉开眼笑"、"怒目横眉"、"咬牙切齿"所描述的表情就分别表达了哀、乐、怒、恨的情绪状态,而人的情绪、情感状态又可以大体上反映出其心理活动的基本状态。所以我们往往根据对他人表情的认知来推测判断其情绪、情感乃至整个心理状态。

(三) 对他人人格的认知

人的人格无论是从心理结构看,还是从表现模式看都异常复杂。在非测验的情景中,我们短时间内很难比较全面准确地了解一个人的人格状况。但在交往中,人们又总是期望着更多、更快地了解他人的人格特点,以便能够确定或调整自己的行为策略。这时,人们就会利用自己所能够收集到的有限的信息来推测他人的人格,比如看到一个人说话嗓门大、速度快,就推测他是一个性情比较急躁、直爽的人,正所谓"快人快语"。人们还很容易把相貌与人格联系起来,犯"以貌取人,失之子羽"这样的错误,这是孔子在两千多年前就已经得出的经验教训。子羽曾是孔子的学生,第一次拜师时,孔子见其相貌丑陋,对他的印象不好,认为这样的人不会有什么才气,所以态度冷淡,不愿意尽心教导他。子羽只好退而刻苦自学,后来终于学有所成。孔子对此深感懊悔,因而给后人留下了上述遗训。

专栏 11 - 2

诸葛亮的知人之道

诸葛亮在中国是妇孺皆知的大智大慧的著名历史人物。他提出的知人之道,时至今天仍然有着很强的现实意义,可以说是中国人认知判断他人人格方法的精辟总结。在《便宜十六计·知人性》中诸葛亮提出:

"夫知人之性,莫难察焉。美恶既殊,情貌不一:有温良而为诈者,有外恭而内欺者,有外勇而内怯者,有尽力而不忠者。"

"然知人之道有七焉:一曰,问之以事非而观其志;二曰,穷之以辞辩而观其变;三曰,资之以计谋而观其识;四曰,告之以祸福而观其勇;五曰,醉之以酒而观其性;六曰,临之以利而观其廉;七曰,期之以事而观其信。"

[资料来源] 章志光.社会心理学[M].北京:人民教育出版社,1996:3.

(四) 对人际关系的认知

对人际关系的认知,包括自己与他人的关系和他人与他人的关系两个方面。

1. 对自己与他人关系的认知

在交往中,我们用什么样的行为来对待他人,用什么样的方式来对他人表达自己的想法和态度,并不是完全取决于个人的意愿、喜好等,而是受自己与他人之间人际关系的很大制约。友好的自他关系,有利于相互沟通,相互理解,形成良性的行为互动,取得双方都满意的交往结果。因此,在人际交往中,必须不断地根据自己和交往对象两方面的感受与看法,来认识评价相互的人际关系状况,及时调整自己的行为。

自他关系认知可能产生三种情况:一是把他人看成是与自己格格不入的两类人;二是把他人看成是与自己相似、十分合意的同类者,表现出一种视他如己的类似性倾向;三是把他人看成是自己理想中的人物,即理想中的自我,表现出理想化倾向。社会心理学的实验研究发现,朋友群体成员之间有明显的类似性倾向和理想化倾向,表明人与人之间在人格上有共同点、类似性、吸引力,就更容易相互沟通与理解。所以,我们往往选择与自己相似的人做自己的朋友,这是与人格的自我肯定联系在一起的。

2. 对他人与他人关系的认知

每个人都是处在一个特定的人际关系网络之中,自己与他人的关系常常与他人与他人的关系交织在一起,相互影响,互相制约。他人与他人的关系也是我们行动时必须考虑的因素。假设甲乙丙三人是一个科室的同事,甲和乙比较亲近,但与丙不和,而丙和乙是校友,乙作为学弟比较尊重丙,那么甲考虑到自己和乙的关系,尽管心里并不愿意,但在对待丙的态度和行为上就不得不克制自己。显然,甲与乙的关系同时受甲与丙、乙与丙关系的影响。如果人数再多,情况就更加复杂了。大家都很熟悉的成语"投鼠忌器",就反映了人们在处理互相牵制的人际关系时的矛盾心态。

三、人际印象

在人际认知过程中,人们会在对所获得的信息进行加工的基础上,对他人形成带有一定综合性、概括性的认识,这就是**人际印象**。

(一)人际印象形成的主要特点

1. 一致性倾向

在形成印象时,人们倾向于把他人看成是具有协调一致人格特征的人。比如,一个人被认为是令人喜爱的时候,那么他同时也应该是善良的和聪明的。一个人不会被看成既诚实又虚伪,既热情又冷酷,既通情达理又粗暴野蛮,既坚决果断又犹豫不决。如果有关他人的信息里同时存在着相反的特性,出现矛盾,人们也会通过重新处理信息,或者有意歪曲信息等方式来力图消除这种不一致。当然,人们不是总能成功地对他人形成一致性的印象,但这种倾向却始终存在。

2. 好坏评价是形成印象的基本依据

社会心理学家奥斯古德(C. E. Osgood,1957)等人的实验研究发现,人们主要是从三个基本维度来形成和描述他人的印象的,即,评价维度:好—坏;力量维度:强—弱;活动维度:积极—消极。其中评价是最重要的维度,我们一旦对他人做出好或坏的评价,就会将它扩展到其他特性上去,也就基本上确定了对此人的总体印象。罗森伯格(S. Rosenberg,1968)

等人进一步的研究发现,人们一般是根据社会特性和智能特性来对他人进行好坏评价的。社会特性主要影响人们对他人喜欢与否和喜欢的程度;而智能特性则主要影响人们对他人是否尊敬和尊敬程度。人们经常用到的评价特性如表11-1所示。

表11-1 评价他人所涉及的特性

评 价	社 会 特 性	智 能 特 性
好的评价	助人的 真诚的 宽容的 平易近人的 幽默的	科学的 果断的 有技能的 聪明的 不懈的
不好的评价	不幸福的 自负的 易怒的 令人厌烦的 不受欢迎的	愚蠢的 轻浮的 动摇不定的 不可靠的 笨拙的

3. 中心特性左右着印象的变化

印象形成以评价为主的现象告诉我们,人们所具有的各种特性对印象形成并不是同等重要,有些特性的比重大于其他特性,会对整个印象的形成产生很大影响,这个具有重大影响力的特性实际上就成了中心特性。中心特性能够引起人们更广泛的联想与推论,和其他许多特性联系起来,从而左右整个印象的形成与组织。阿希(S. E. Asch,1946)和凯利(H. Kelley,1950)有关中心特性的经典实验研究发现,"热情"和"冷淡",是影响印象形成的中心特性,在其他特性描述不变的情况下,只用"冷淡"替换"热情"来介绍一个人,就会使人对其产生截然不同的印象。我国台湾心理学家杨国枢的研究则指出,中国人比较重视伦理道德方面的评价,"善良诚朴"和"阴险浮夸"这样的特性在中国人的印象形成中就有着很重的分量。

专栏 11-3

印象形成的信息整合模式

在印象形成过程中,人们是怎样加工处理所得到的各种各样的具体信息,获得一个总体印象呢?社会心理学家先后提出了三种不同的模式。

1. 加法模式 费希本(M. Fishbein,1964)认为,人们形成对他人的总体印象时,是以各种特性价值的总和为依据。肯定的特性越多,强度越大,形成的总体印象越好;相反,否定特性越多,强度越大,形成的总体印象就越差。例如,我们现在用一个从 -5 到 $+5$ 的量尺对甲乙两个人的特性进行评价:

```
        甲                          乙
    机智      +4              机智      +4
    学识渊博  +4              学识渊博  +4
    沉着      +2              沉着      +2
    自信      +3              自信      +3
              ___             坦率      +3
             +13              不修边幅  -2
                                       ___
                                      +14
```

按照加法模式进行评价,乙的总分比甲高,因此乙给人的印象要更好一些。

2. 平均模式 著名社会心理学家安德森(N. Anderson,1965)经过实验研究提出了平均模式,认为人们根据自己对各种特性的喜欢或重视程度,赋予这些特性不同的分值,最后以各个特性的平均值来形成对他人的印象。以上面的例子来说,按照平均模式,甲的最后得分是 $13 \div 4 = 3.25$,乙的最后得分是 $14 \div 6 = 2.33$,甲比乙的得分高,我们对他的印象更好一些。显然,加法模式和平均模式这时出现了矛盾,究竟哪一种模式更为准确,更符合实际情况呢?安德森进行的一系列实验研究结果大都倾向于支持平均模式,认为在大多数情况下,平均模式更能说明印象形成时的细节。

3. 加权平均模式 安德森后来对平均模式进行了修改,又提出了"加权平均模式"。根据这一模式,人们形成印象不是依照对各种特性简单的平均结果,而是既把所有收集到的特性的分值加以平均,同时又对那些最先得到的、可信程度高的、重要的和影响力大的信息赋予较大的权重。例如,当我们形成对科学家的印象时,赋予"聪明"的权重就比"魅力"要大。根据"加权平均模式",某一特性对个人总体印象的意义,将在某种程度上取决于同时出现的其他特性。"智慧"是一个评价正分值较高的特性,但如果把"智慧"加在一个"冷酷无情"的人身上,一般并不会使别人对他的印象更好;但若将"智慧"加在一个"热情"、"乐于助人"者身上,那么就会提高其总体印象。

[资料来源] 章志光.社会心理学[M].北京:人民教育出版社,1996:107—109.

(二)印象形成中的主要心理效应与偏差

1. 首因效应

两个素不相识的人初次见面或初次接触对方的有关资料总会形成一个最初的印象,即第一印象。**首因效应**就是指第一印象在人际认知过程中起着重要的作用,会对后续信息的解释和总体印象的形成产生强烈影响。美国社会心理学家陆钦斯(A. S. Luchins,1957)所做的有关实验研究是很有名的。他的实验材料是两段讲述一个名叫吉姆的学生生活片断的文字,材料把吉姆分别描写成具有外向和内向两种相反的人格特征。两段文字材料以不同的顺序组合呈现给被试,先呈现描写吉姆性格内向的材料,后呈现描写他性格外向的材料,或者正好相反,然后考察被试对吉姆的人格的评价与印象。实验结果表明,先呈现的那一段文字材料决定着被试对吉姆的人格评价和印象。

首因效应表明了这样一个问题,我们一旦在最先获得的少量信息基础上对他人形成第一印象,这种印象就会在相当一段时间里强烈影响着我们对该人的心理与行为的理解。所以,在人际交往中,努力给别人留下良好的第一印象有重要的生活意义。但是,第一印象本身显然是有偏差性的,如果盲目相信第一印象并以此来评价和取舍人,难免失误。事实上,随着交往的深入和增多,第一印象的影响作用会逐渐减弱,原来的印象也可能因此改变。

2. 近因效应

生活中人们也常常会根据最近获得的信息形成有关他人的印象,即新近印象。而**近因效应**则是指新近印象会对先前信息的解释和总体印象的形成产生强烈影响。

近因效应也是陆钦斯提出的。他以另一种方式重复了在首因效应中提到过的那个经典实验。具体做法是,让被试先阅读一段有关吉姆性格的描述文字,接着做数学题或听历史故事,然后再阅读第二段文字。实验结果与前述实验正好相反,被试对吉姆的性格进行评价,依据的已不是先阅读的那段材料,而是后阅读的那段材料。

在印象形成过程中同时存在首因效应和近因效应,那么,如何解释这似乎矛盾的现象呢？陆钦斯认为,在关于某人的两种信息连续出现时,首因效因起作用;在关于某人的两种信息断续出现时,近因效应起作用,而且信息之间的时间间断越长,近因效应就越明显。也有学者认为,陌生人之间交往时,首因效应强烈;熟人之间交往,近因效应突出。

3. 晕轮效应

我们常用"情人眼里出西施"来调侃这样一种现象,即当一个男子沉醉于热恋中时,在他心里,自己所钟情的女子就是天下最完美的人。此现象在社会心理学中就叫做**晕轮效应**或光环效应,指当人们对一个人的某种特征形成好或坏的评价之后,还会把这种评价推及扩展到对该人其他特征的认知上去。也就是说,如果一个人的某方面被认为是"好"的,这个"好"就会像一个光环笼罩这个人的一切;如果一个人被认为是"坏"的,这个"坏"同样会像一个光环笼罩这个人的一切。正所谓一好百美,一坏百丑。

社会心理学家戴恩(K. K. Dion,1972)等人做过一项挺有意思的实验,用科学数据很有说服力地证明了晕轮效应的存在。他们让被研究者分别看相貌漂亮、相貌一般、相貌丑陋三类人的照片,然后让他们就一些特性对照片上这些人进行评定,结果相貌漂亮的人几乎在所有特性上都得到高评价,与相貌丑陋的人形成鲜明对照,如表11-2所示。

表11-2 相貌对评价形成所产生的晕轮效应

评定特性	相貌漂亮	相貌一般	相貌丑陋
人格的社会合意性	65.39	62.42	56.31
职业地位	2.25	2.02	1.70
婚姻能力	1.70	0.71	0.37
做父母的能力	3.54	4.55	3.91

续表

评定特性	相貌漂亮	相貌一般	相貌丑陋
社会和职业上的幸福	6.37	6.34	5.28
结婚的可能性	2.17	1.82	1.52
总的幸福程度	11.60	11.60	8.83

注：数值越高越具备表中的特性

晕轮效应实际是个人主观推断的泛化、扩张的结果。在人际认知中一旦产生晕轮效应，一个人的某个优点或缺点就会被放大，就会遮蔽住这个人其他的特点，偏见也就由此而生。

4. 定型效应

定型是人们对某一类人或某个社会群体所形成的一种概括而固定的印象，即刻板印象。**定型效应**则指在印象形成过程中，刻板印象会使人们有意无意地对他人做类化认知，从而对总体印象的形成产生很大的影响。

人具有许多特性，如种族、民族、国籍、籍贯、年龄、性别、学历、职业、党派、宗教信仰等。在上述特性上相同的人们，由于长期生活在同一社会环境和自然环境中，心理与行为方面总会表现出一些共同性和相似性，这些相同或相似的特点被概括地反映到人际认知中，就形成了各种刻板印象。例如，人们通常认为，山东人豪爽不羁；江浙人温和细腻。商人精明世故；学者脱俗清高。

刻板印象在一定程度上反映了某一类人、某个社会群体成员心理和行为特点，具有一定的合理性和真实性。因此，它有助于人们简化认识过程，使人们有可能在获得少量信息时就对他人进行认知判断，形成印象和做出行为预测，为自己迅速适应人际交往环境提供一定的便利。但是，刻板印象的负面效应也是很明显的，最主要是准确性不高。因为它往往是在信息不充分、不全面的情况下形成的，难免"以偏概全"。它还忽视了同一类人或同一群体中人与人之间的差异，导致过度概括的错误，事实上，山东人未必全豪爽，学者并非都脱俗。而且，刻板印象还具有较高的稳定性，很难随现实的变化而发生变化，这样就阻碍了人们接受新信息，从而产生成见。显而易见，由于定型效应的影响，人们所形成的他人总体印象与该人的真实面目之间可能出现很大的偏差。

四、行为归因

(一) 归因及其原则

在交往中，知道了他人的所作所为，对他人形成了某种印象，并不意味着人际之间的认知活动就已经完成。在许多情况下，人们还想进一步追究他人行为举止后面隐藏的原因，比如，一个人为什么帮助别人？一个人为什么责骂别人？一个人为什么亲近别人？一个人为什么成功或失败？等等，这种对他人的行为表现进行分析，解释和推论其性质或原因的过程就称之为**归因**。

人们是怎样对他人行为的原因进行推论的呢？社会心理学综合多种归因理论和研究，提出下面几个归因的主要原则：

1. 扩大原则

扩大原则是指一个人的行为结果愈不利于他自己，或者其行为表现违反了社会认可的规范，人们就愈容易把其行为归结为内在原因。例如，一个人尽其所能，尽其所有来帮助别人，甚至使自己陷入穷困之中也义无反顾，那么我们就会认为他帮助人完全是出于善良热情、慷慨无私的人格品性。

2. 折扣原则

折扣原则是指对于一个行为结果，如果同时存在着几种看起来合理的原因，那么其中某一原因引起这个特定结果的作用就要打折扣。一个青年在车站上主动帮助一位老人拿东西，是该青年有乐于助人的好品格吗？人们往往会对这个原因打折扣。因为还存在其他可能的原因，如他们两人是亲戚，或者青年是受人之托帮忙，也许是有偿服务，甚至有不良图谋等等。

3. 非共同效果原则

非共同效果原则是指如果我们知道了一个人可以通过几种途径达到一个目标，并且知道他选择了其中一种途径，那么我们就可以比较被他选择的途径和没有被他选择的途径各自可能产生的后果，从而推断他为什么如此行动或做出此决定。被选择的途径和没有被选择的途径所产生的共有后果不会是行为的原因，两者不共有的后果才是其行为的真正原因。

4. 协变性原则

以上三个原则是人们在一次观察的情况下对他人行为进行归因的依据。但在许多时候要推论出他人行为的真正原因，需要做多次的观察，此时进行归因就要依据更加全面的协变性原则。该原则是由研究归因理论的权威学者凯利（H. H. Kelley, 1967）提出来的，他认为，行为的原因可能被归属到三个方面：行为者、行为者知觉到的客观刺激物和行为产生时的情境。行为的原因究竟在哪个方面，则需要综合利用三种不同的信息来进行推论。(1)区别性信息。指行为者的行为是否具有特异性、针对性。如果只是对某个对象有这种特定反应，则区别性大；如果对所有同类对象都有这种特定反应，则区别性小。(2)一致性信息。指行为者的行为是否与众不同。行为者和其他人对同一个对象的行为反应相同，则一致性高，不相同则一致性低。(3)一贯性信息。指行为者的行为是否始终如一。如果行为者在不同的时间、场合都做出同样的反应，一贯性就高；如果行为者的行为随时间、场合不同而变化，一贯性就低。

三种信息的组合不同，推论出来的行为原因也不相同，但是能够说明行为真实原因的组合只有三种：(1)区别性低，一致性低，一贯性高。此时行为的原因在行为者本身。(2)区别性高，一致性高，一贯性高。此时行为的原因在客观刺激物。(3)区别性高，一致性低，一贯性低。此时行为的原因在行为发生时的情境。

(二) 归因偏差

从理论上讲,人们的归因应该是以理性的、合乎逻辑的方式来进行,得到的结果也应该是客观的,但实际情况并不完全如此。由于认知过程本身的局限性和动机等方面的原因,人们对行为的归因常常带有片面性而出现偏差,最后的结果也就不完全真实客观。

1. 基本归因错误和观察者—行为者偏差

在归因过程中,人们可能是作为观察者来推论他人的行为,也可能是作为行为者来解释自己的行为,而所站的立场不同,对同样的行为所做的归因也不同,存在着偏差。作为观察者,人们在解释和推论他人行为时,常常过高估计产生行为的内在因素的重要性,而忽视外部环境因素的作用,由此会把行为原因更多归结到他人的内在特性上,认为他人之所以这样做,是因为他"就是这样的人"。这种偏差在归因过程中很普遍,所以被称之为"基本归因错误"。而作为行为者,人们对自己的行为则倾向于做外在归因,认为自己的行为主要是由环境因素造成的。比如,一个学生学习成绩不太好,老师或者父母往往会认为是他学习不认真,不够勤奋刻苦所致。而学生本人则会强调是因为课程太重,作业太多,老师教的不好等等。

为什么会出现上述归因偏差呢?很多人赞同从人的认知活动特点这个角度加以解释。认为根据知觉对象比知觉背景能引起人更大注意的原理,人们作为观察者时,他人的行为无疑成了知觉的对象,显得很突出,环境则成了模糊的知觉背景,所以人们常常把他人的行为归因于行为者自身。人们作为行为者时,自己的行为由于不能被清楚地看见就变成了模糊的知觉背景,而影响自己行为的环境因素却很显著,成为注意的焦点和知觉的对象,所以人们很容易把自己的行为归因于外部环境因素。

2. 自利偏差

所谓的自利偏差是说在归因时,成功的、良好的行为如果是自己的,人们往往把它归因于自己的能力、人格、努力等内在因素;如果是他人的,人们却往往把它归因于运气等外在因素。失败的、不好的行为如果是自己的,人们往往把它归因于运气不好、环境恶劣等外在因素;如果是他人的,人们往往将其归因于内在因素。总之,无论在什么情况下,人们归因时都把自己放在有利地位。一般认为,自利偏差是人们出于保护自我、维护自尊的动机,否则,把成功归于外在因素而把失败归于自己的无能,会使人丢面子。

第三节 人 际 关 系

一、人际关系的实质

(一) 人际关系的内涵

人们的交往总是围绕着各种共同的社会活动展开的,在活动过程中,相互之间必然会形成各种各样的关系,如生产、经济、政治、法律、道德、宗教、血缘以及心理等方面的关系,这些关系统称为社会关系。而通常所说的**人际关系**(interpersonal relation),就是指人与人之间在交往中形成的直接心理关系,主要表现为心理上的好恶喜厌、远近亲疏,即心理距离。作为社会关系的一个方面,人际关系根本上受着生产、经济、政治等关系的制约;同时,生产、经济、政治等社会关系又总是通过人际关系具体地、鲜活地表现出来,对人们的生活产生深刻广泛的影响。下面从心理学角度对人际关系做必要的分析,以加深理解。

首先,人际交往是人际关系的重要条件,人际关系是人际交往的结果。没有人际交往,就无所谓人际关系。缺乏交往,就难以形成密切的人际关系。人际关系是好是坏,也是在相互交往中表现出来的。而巩固和发展人际关系更需要经常地、深入地交往。

其次,人际关系反映了人们寻求满足自己社会需要的心理状态,因此,人际关系的变化发展,取决于交往双方需要的满足程度。如果彼此的需要都能够在交往中得到满足,就会建立、保持和发展亲近的、友好的心理关系;反之,则产生疏远的、回避的,甚至敌对的心理关系。

再次,人际关系包含着认知、情感和行为三种成分。认知成分是指个体通过人际认知对相互关系状况的认识和理解;情感成分反映了个体对相互交往的态度和情感的满意程度;行为成分是指围绕关系的建立、巩固和发展而表现出来的一切交往行为和结果。在三种成分中,情感反映了人们的交往与彼此需要满足的关系,是人际关系的核心成分,情感上的好恶喜厌常常决定着关系的远近亲疏。因而,带有鲜明的情感色彩成了人际关系的主要特征。

(二) 人际关系需要和基本人际关系倾向

美国心理学家舒茨(W. C. Schutz)提出,最基本的人际关系需要有三类。

1. 包容需要

这种需要表现为希望与别人发生相互作用,建立联系并维持和谐关系的愿望。强烈的包容需要会增加与他人的相互作用水平,交往行为以沟通、相容、归属、参与、融合为特征;反之,则会降低与他人的相互作用水平,使人在交往中表现出孤立、退缩、疏离、忽视、排斥的特征。

2. 控制需要

这种需要表现为在权力或权威基础上与别人建立和维持良好关系的愿望。控制需要较强的人,其行为特征表现为运用权力、权威来影响、控制、支配和领导他人等;而反向的表现则比较复杂,或是抗拒权威、忽视秩序,或是受人支配、追随别人等。

3. 感情需要

这种需要表现为在感情上与他人建立和维持良好关系的愿望。由此产生的积极动机和行为包括喜爱、亲密、同情、友善、热心、关怀等。相反,在人际交往和关系上则表现为冷漠、厌恶、憎恨、疏远等。

理想情况下,每种需要的表现都应处于一个最适宜的水平,表现不足或表现过度都不利于良好人际关系的建立与维持。比如,控制别人的欲望过度膨胀,就必然争权夺利,专横跋扈,使人厌恶,造成人际之间的冲突与排斥。

舒茨提出，人满足三种人际关系需要的方式也有所不同，或是主动表现，或是被动接受。三种基本人际关系需求与主动和被动两种满足方式组合起来，就构成了六种基本人际关系倾向（见表11-3）。基本人际关系倾向不同，人在实际生活中表现出来的人际交往行为和方式也就不同。

表11-3 基本人际关系倾向

人际交往行为和方式＼行为倾向＼人际关系需要	主　动	被　动
包容	主动与他人交往	期待他人接纳自己
控制	主动控制他人	期待他人领导
感情	主动对他人表示亲密	期待他人表示亲密

（三）人际关系的形成发展阶段

奥尔特曼和泰勒（I. Altman & D. A. Taylor, 1973）对人际关系进行系统研究后提出，良好人际关系的形成与发展一般要经过以下四个阶段。

1. 定向阶段

在这个阶段，主要是初步确定要交往并建立关系的对象，包含对交往对象的注意、抉择和初步沟通等。人们对人际关系的对象有着高度的选择性。生活中，人自然而然地特别关注那些在某些方面能够吸引自己兴趣的人。但究竟把谁作为自己人际关系的对象，常常还要根据自己的价值观做理性的抉择。选定交往对象后，就会利用各种机会和途径去接触对方，了解对方，通过初步沟通，人们可以明确双方进一步交往并建立关系的可能与方向。定向阶段通常是一个渐进的过程，但也不乏戏剧性的发展。比如两个邂逅相遇却一见如故的人，其关系的定向阶段一次就完成了。

2. 情感探索阶段

在这个阶段，双方主要是探索彼此在哪些方面可以建立真实的情感联系。尽管已经有了一定程度的情感卷入，但还是避免触及私密性领域，表露出的自我信息比较表面，因此交往仍然具有很大的正式性。

3. 情感交流阶段

在此阶段，双方的人际关系开始出现由正式交往转向非正式交往的实质性变化。表现在彼此形成了相当程度的信任感、安全感、依赖感，可以在私密性领域进行交流，能够相互提供诸如赞赏、批评、建议等真实的互动信息，情感卷入较深。

4. 稳定交往阶段

这是人际关系发展的最高水平。双方在心理上高度相容，彼此允许对方进入自己绝大部分私密性的领域，分享自己的生活，成为"生死之交"。但实际上，能够达到这一层次人际关系的人很少，人们与自己亲朋好友的关系大多都处在第三阶段的水平上。

二、人际吸引

人际关系的核心成分是情感,即对人的好恶喜厌,集中表现为人际吸引和人际排斥。人际吸引是指人与人之间的相互悦纳和积极态度。不同层次的人际关系反映了人们相互吸引的程度。下面就人际吸引最主要的方面做简要分析。

(一) 个人魅力吸引

毫无疑问,有魅力的个体总是受人欢迎和喜爱的,常常成为人们择友的首选。个人魅力突出体现在仪表、才能和人格品质等方面。

1. 仪表

虽然说不应"以貌取人",但仪表在人际吸引中的作用不言而喻。亚里士多德早就感叹过:"美丽比一封介绍信更具有推荐力。"喜爱美、渴望美的天性使人们在生活中很容易为靓丽俊美的仪表所吸引,甚至产生晕轮效应。因此,在其他条件相似情况下,具有美丽仪表的人往往引起别人的更多关注、好评和喜欢,更有机会获得成功。这不仅是可观察到的生活事实,也是社会心理学实验研究的结果。沃尔斯特(E. Walster,1966)曾做过大规模的现场研究,把几百位新入学的男女大学生随机配对,请他们结伴参加舞会。舞会后,请学生表明是否愿意再次与舞伴约会,结果发现希望再次约会与舞伴外貌的相关系数达0.89。当然,仪表产生的吸引力在交往初期比较强,随着相互了解的深入,其作用会逐渐减弱,个人魅力更多地取决于才能和人格。

2. 才能

人们喜欢聪明能干、富有才华的人似乎是毫无疑问的,但实际情况却没有这样简单。如果一个人才能超凡,近乎完美,使一般人可望而不可即,感到自卑无能的话,就会对他人造成很大的心理压力,人们只会敬而远之。根据阿伦森(E. Aronson,1978)有关研究的结果,人们最喜欢的是才能出众但也暴露出弱点和错误的人,完美的才能出众者吸引力只排第二,没有错误的才能平庸者位居第三,而才能平庸又有错误者最缺乏吸引力。心理学家把这种有才能者因犯错误反而增加了吸引力的现象叫做"犯错误效应"。这一效应还受性别和自尊心的影响,男性更喜欢第一种人,女性则更喜欢第二种人。自尊心中等者喜欢第一种人,而自尊心很高或很低者喜欢第二种人。

3. 人格特征

良好的人格特征是保持稳定、长久个人魅力的根本所在,也是人与人之间建立亲密关系的基础,没有这个基础,靓丽的仪表和不凡的才能就可能变成让人厌恶的东西。所以,正直的人在结交朋友时,都会非常注重对方的人格品质。那么究竟那些人格品质对人际吸引起关键作用呢?根据国内外的多项研究,真诚、可靠、热情、友善、宽厚等都是最具吸引力的人格品质,而虚伪、说谎、冷酷、自私、嫉妒等都是最让人厌恶的人格品质。显然,要想赢得他人友谊,真诚待人是最重要的。

(二) 相似性吸引

人们之间能够意识到的相似性可以增进相互的吸引力,正所谓"酒逢知己千杯少,话不投机半句多","同是天涯沦落人,相逢何必曾相识"。人们在年龄、性别、籍贯、职业、经历、兴趣、态度、人格、信仰、价值观、社会背景、教育程度等方面越相似,就越能相互吸引,产生亲密感。无论是在友谊关系或是爱情关系中,相似性吸引都扮演着重要角色,在上述因素中,态度的相似最受关注。

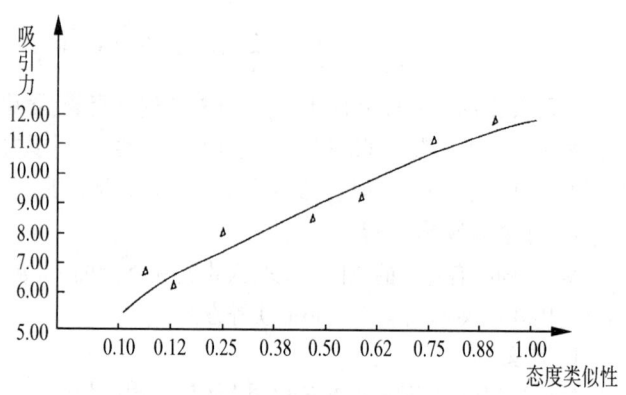

图 11-3 态度的类似性与吸引力的关系

伯恩(D. Byrne,1966)对此曾做过详尽的研究。他先对大学生进行态度调查,几天后,让学生阅读别人回答的有关问卷表,要求他们表明自己对此人的好感如何。实际上,学生看到的别人的态度问卷是实验者看过他们的态度后编制的。这样实验者就可以控制态度的相似性,其结果如图 11-3 所示,态度越相似就越容易产生吸引。后来的一些研究还发现,甚至在其他条件不太合意的情况下,态度的相似性也会产生强烈的喜欢。人们喜欢态度与自己相似的人,因为这意味着对自己态度的肯定和奖赏,可以增加安全感和自信心。

(三)互补性吸引

人们之间存在着相似性,同时也存在着差异性,如果交往双方在需要、能力、气质、人格特征方面的差异正好构成一种互补性关系,能够相互满足的话,也会产生强烈的吸引力。比如,脾气暴躁的人往往喜欢同脾气温和的人相处,依赖性强的人更愿意和独立性强的人共事,温柔顺从的人与支配欲强的人常常成为伙伴。研究表明,互补性吸引更多发生在交情深厚的朋友,特别是异性朋友,恋人和夫妻之间。克克霍夫(A. Kerckhoff,1962)等人研究了一些大学生从朋友到夫妻关系的发展过程。结果发现,在初次交往时,外貌、社会资源等是构成吸引力的重要因素,结交后双方在态度、信仰、价值观等方面的相似性显得更为重要,而推动双方关系进一步向亲密的友谊和婚姻发展,则主要是人格特征、需要的互补起作用。由此研究,我们还可以得到这样的认识:需要、人格等方面的互补往往是建立在相似的态度、价值观基础上的,两者协同起作用。

(四)人际吸引水平的增减规律

交往中,人们之间的相互吸引水平是不同的,一般可以用人与人之间相互喜欢的程度来衡量。研究发现,人际吸引的水平不仅仅取决于相互喜欢的总量多少,更重要的是取决于这种喜欢是逐渐增加的还是逐渐减少的。

阿伦森和林德(D. Linder,1965)曾经做过一个著名实验:让互不相识的被试参加一系列合作活动,每次活动后让一名被试(实为研究者的助手)对研究者评价另一名被试(真被试),并特意让被评价者听到。评价有两种,夸赞和抱怨。每名真被试都能听到 7 次来自他人的评价。整个实验分为四种情境:(1)肯定,即真被试始终得到好的评价;(2)否定,即真被试始终得到否定的评价;(3)提高,即前几次评价是相同水平的否定,后几次评价则由否定转向肯定,并最终达到第一种情况的肯定水平;(4)降低,即前几次评价是相同水平的肯定,后几次评价则由肯定转向否定,并最终达到第二种情况的否定水平。

最后要求真被试评价自己喜欢合作伙伴的程度,结果是(见表11-4),对原先否定自己而最终变得喜欢自己的伙伴,人们的喜欢程度最高,并明显地高于一直肯定自己的伙伴;而对评价意见从肯定变为否定的伙伴,人们的喜欢程度最低,并大大低于一直否定自己的伙伴。

表11-4 喜欢水平的增减趋势

条 件	喜欢水平
肯定—否定	+ 0.87
否定—肯定	+ 7.67
否定—否定	+ 2.52
肯定—肯定	+ 6.42

表中的得分是 0—+10等级评定量表上的得分。0为最厌恶,+10为最喜欢。

这说明,在交往中人们最喜欢的,是对自己的喜欢水平不断提高的人,而最不喜欢的,是对自己的喜欢水平不断下降的人。这种人际吸引水平的增减规律,我国有学者(金盛华,1995)认为,可以用人都需要自我价值的肯定来加以解释。人对自我价值支持信息的改变非常敏感,所以在交往中新出现的自我支持或自我否定的力量再小,也意味着自我价值的上升或下降,从而引起喜欢水平的变化。

三、人际关系测量

目前人际关系的测量方法主要有社会测量法、参照测量法等。

(一)社会测量法

社会测量法是美国心理学家莫雷诺(J. Moreno,1934)最早创立的,可以定量地描述整个群体的人际关系状况,以及每个成员在群体中的人际关系状况。莫雷诺认为,人们心理上的联系会反映在具有评价意义的相互选择上,肯定的选择意味着接纳,否定的选择意味着排斥。那么,我们就可以通过考查人们之间在不同方面的选择情况,来测量整个群体的和各成员之间的人际关系状况,了解到谁是群体中最受欢迎的人,人缘最好;谁最孤立;谁最受排斥等。

社会测量法的主要步骤是:第一,确定测量的标准。与被试生活关系深切的、长期起作用的是强标准,如一起学习、工作;反之是弱标准,例如一起看电影,搞卫生。强弱标准要适当搭配。第二,确定被试选择的人数。一般限制在三个人以内,否则,整理结果的工作量很大。选择可以是肯定的,也可以是否定的,但这样做会产生一定的副作用,采用时要谨慎。第三,把选择标准转化成问题,编成问卷。如:"请你在自己的班级中提出三个最喜欢的人,按喜欢的程度依次排列","你愿意和谁在一起组成学习小组?首先是谁?其次是谁?第三是谁?"

通过社会测量获得具体资料后,常用以下两种方式进行整理。

1. 人际关系矩阵

这是根据测量总人数而制成的 n×n 行列表,表内记入各成员的喜欢或排斥的选择关系,被选择次数最多的,就是最受人喜欢或最不受人喜欢的个体。还可以按照喜欢或排斥的程度打分。比如,最喜欢的可给 3 分,其次的给 2 分,第三的给 1 分;同样,最不喜欢的依次给以负 3 分、负 2 分、负 1 分。——填入表内之后,就可以从表中的数字一目了然地知道该群体内的人际结构与人际关系。正的分数越多的人,则反映他在群体内最受人欢迎;若某人负的分数多,则说明他最不受欢迎(见表 11-5)。

表 11-5　人际关系测量矩阵

选择者	被选择者						
	A	B	C	D	E	F	……
A		3	2	1	-1	-2	
B	3			2	1	-2	
C	2	1		-2	3	-1	
D	2	-1	1		3	-2	
E	3	2	-1	1		-3	
F	1	-1		-2	-3		
分类合计	+11	+6/-2	+7/-1	+3/-4	+6/-4	-10	
总数	11	4	6	-1	2	-10	

2. 人际关系图

根据人际关系矩阵还可以绘制成人际关系图,这样能更直观地看到群体内人际关系的状态。常用的人际关系图有靶形图、坐标图。以靶形图为例,在图中,可以用小圆形和小三角形来分别表示男女性别,图形内的字母或数字是每一个被试的代号;实线与虚线表示相互关系,实线表示友好关系,虚线则相反,箭头表示方向(见图 11-4)。

(二)参照测量法

彼得罗夫斯基(A. B. Petarovski, 1976)在社会测量法的基础上建立起了

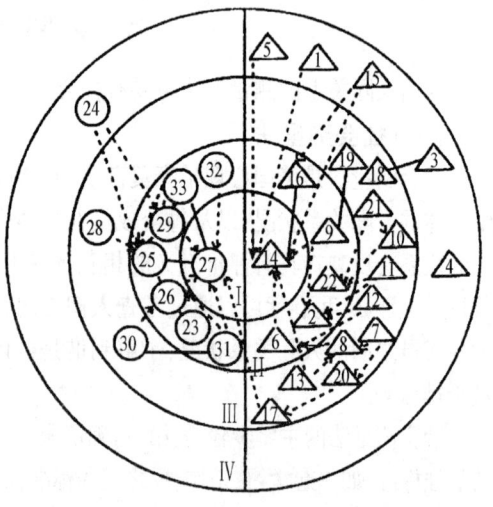

图 11-4　人际关系靶形

参照测量法。利用这个方法可以进一步揭示人们在人格特征、行为方式、意见等方面重视他人的情况,而不局限于好感与恶感方面。参照测量法的具体实施有以下几个步骤:

1. 要求群体成员进行相互书面评价。
2. 把所有对某成员的评价集中放入一个大信封内。
3. 允许各成员知道别人是如何评价自己的,但只限定看其中 3—4 人对他的评价,而这几个人选每个成员可以自由提名。在这种情况下,各个成员提出的自然是他心目中最有威望、最有见解、最可信赖尊敬的人。
4. 研究者通过各成员的提名,可以从中发现群体中哪些人最受大家的信赖与尊重,被集中提名的人可能是群体中实际上起作用、并处于群体中心位置的人。

由于参照测量法隐藏了测量的真实目的,人们能在不知不觉中反映出自己的真正动机,所以结果比较可靠。但如果测量人数较多,花费的时间就太多。

此外,测量人际关系的方法还有社会距离尺度法、自我评定法、贝尔斯测量法、人际关系测试游戏等。

第四节 人 际 互 动

人际交往有一个很重要的作用,就是可以把原来分散的个体联系、组织起来,形成群体。群体是构成整个社会的细胞,所谓的群体,从社会心理学的角度来看,是指为了一定的共同目标,以一定方式结合起来,成员之间能够进行直接而稳定的交往,彼此相互影响、相互作用并具有情感联系的人群联合体。如家庭、学校班级、机关科室、生产班组、球队、业余活动协会、友伴圈子等。我们就是在诸如此类的群体中与他人共同学习、工作和生活的。群体成员之间密切的人际交往,使彼此不可避免地在行为上产生复杂的交互影响和作用,即**人际互动**(interpersonal interaction),从而对个体的活动与发展,以及群体整体作用的发挥等产生深刻影响。所以,人际互动是人际交往心理的重要方面。

一、社会助长和社会惰化

(一)社会助长作用

早在 1898 年有人就发现,群体性的活动会明显提高人们的行为效率。人们在三种情境下骑车完成 25 英里路程:第一种是单独骑行计时;第二种是骑行时让一个人跑步伴同;第三种是与其他骑车人竞赛。结果,在单独骑行计时的情况下,平均速度为每小时 24 英里;有人跑步陪伴时,时速达到 31 英里;而竞争情景下平均时速为 32.5 英里。"社会助长"这个概念由此被提了出来。

社会助长也称**社会助长作用**,是指他人在场或与他人一起活动可以提高个体的行为效率。著名社会心理学家奥尔波特(F. H. Allport)对社会助长作用进行了系统的实验研究,证实这种现象确实存在。同时他又发现,在从事复杂的思维工作时,出现了相反的现象,单独活动比结伴活动效果好。他把这种现象称为社会致弱作用,即他人在场或与别人一起工作会降低个体的行为效率。

(二) 社会惰化作用

在人们的观念中,参与一项活动的人数与每个个体的活动效率应该是成正比的,所以才有"人多力量大,好办事"的说法。但实际情况是否真的如此?心理学家达谢尔(J. F. Dashiell,1930)曾用实验的方法测量拔河比赛中每个人的用力水平,结果发现,如果一个人独自拔时,平均拉力可达63千克;两人一起拔时,每人平均拉力下降到了59千克;3人拔时继续下降为53.3千克;8人拔时人均仅剩31千克。1988年,杰克逊等人(J. M. Jackson)总结了49项同类研究,涉及被试总数超过4 000人,得出的结论是,当一起完成一项共同活动的群体规模越大,个人所做的努力水平就越低,当群体人数达到8人时,个人努力的程度只有单独工作时的80%左右。在一定范围内,随群体规模增大,个人努力水平还在继续下降。上述现象就是所谓的**社会惰化作用**,指在群体中与许多人共同完成一项工作时,个人所付出的努力比单独完成时偏少。

二、从 众

(一) 从众的研究及其内涵分析

在生活中,不知你是否有过这样的经历:和几个朋友结伴到山野去游玩,林间遇到岔路口,你觉得应该走右边那条路,但其他人都认为应该走左边那条路,最后你很可能跟着大家走。班级评选优秀学生,你觉得张三符合条件,但发现其他人都推举李四,最后你多半也会放弃自己的意见。诸如此类的事情都与"从众"现象有一定关系。

从众作为人们有可能经验到的一种生活现象,引起心理学家的很大兴趣,做了许多有关的研究。其中,阿希(A. Asch,1951)所做的实验被认为是经典性的。

阿希用18套卡片作为实验材料,每套卡片两张,一张画有标准线段,另一张画有三条比较线段(见图11-5)。实验中要求被试比较判断三条线段中,哪一条线段与标准线段等长,并要求被试大声说出他所选择的线段。被试共有7名,但其中6人是假被试,即阿希的助手,只有一人是真被试,而且总是安排在倒数第二个回答。18套卡片共显现18次,前6次大家都做出了正确的选择。从第7次开始,假被试故意都做出错误的选择,实验者则观察真被试是做出独立反应,还是从众。

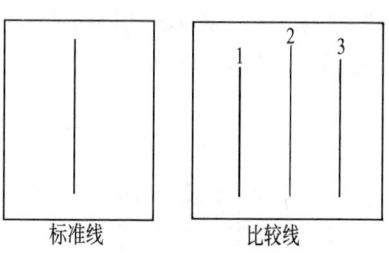

图11-5 阿希从众实验使用的卡片

阿希通过多次的实验,得到了以下研究结果:(1)大约有1/4到1/3的被试保持了独立性,没有发生过从众行为。(2)大约有15%的被试,在回答次数中平均有75%的从众行为,即每12次回答中就有9次表现出从众。(3)所有被试平均从众行为是34%。

后来,为了验证阿希实验的可靠性和有没有文化差异,许多学者在加拿大、日本、巴西、黎巴嫩、津巴布韦、中国香港等不同的国家和地区重复了阿希的实验,都获得了相近的结果。我国学者也做过类似的实验,其结果与阿希的研究基本一致。

所以,大量研究确已证明,从众(conformity)是人们一种普遍的社会行为,是指个体的认知、观念和行为由于群体压力的影响,而向与多数人相一致的方向变化的现象。

(二)从众的表现形式

从众有不同的表现形式。(1)真从众。即在外显行为和内心看法上都与群体保持一致。(2)权宜从众。个人虽然在行为上表现出与群体一致,但内心却有自己的意见和主张,但迫于群体压力,暂时在行为上与群体相同。这就是权宜从众。权宜从众在生活中最为常见,由于表里不一,所以个人心理上处于矛盾与冲突状态。(3)假不从众。是指个人的观点意见虽然与群体一致,但出于地位、身份、自尊或某种特殊需要的考虑,行动不能与群体保持一致。

(三)影响从众的主要因素

不论是社会心理学的实验研究,还是现实的社会生活,都已经表明,在同样的情境和条件下,并不是所有的人都表现出从众。同一个人,也不是在任何情境和条件下都表现出从众。人们最终是否表现出从众,受到许多因素的交互影响。我们可以从群体、个体、情境等几个方面来分析。

1. 群体因素

(1)群体规模。从众行为与群体规模有密切的关系,从总的趋势来说,群体规模越大,持一致意见或采取一致行为的人数越多,则个体所感到的心理压力就越大,也就越容易从众,但这个规律只在一定范围内起作用。有关的实证研究都表明,当群体中持一致意见或行为的人数达到一定量时,就不再明显引起从众率的增高。阿希的实验和后来杰拉德(H. B. Gerard,1968)的研究,结果虽有不同,但都反映出上述趋势(见图11-6)。

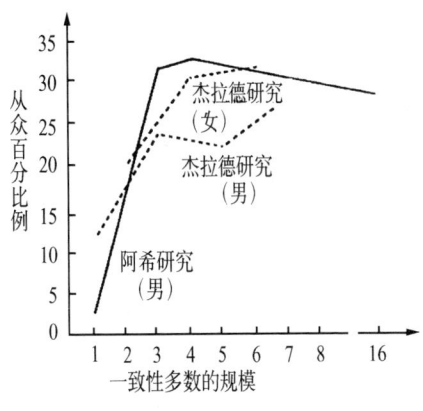

图11-6 群体规模与从众率的关系

(2)群体的一致性。群体自身的一致性是形成群体压力的重要来源之一。不管群体的人数多少,只要出现一个持不同意见的"反从众者",破坏了群体的一致性,就会使群体的从众行为大大减少。甚至在这个"反从众者"的知识、能力、威望等个人特点的社会合意性不高的情况下也如此。这已经为大量的研究所证实。比如,在白人社会里,黑人的意见通常是受轻视的,但艾伦等人(V. L. Allen, et al., 1971)的实验发现,当一个白人被试面临多数人一致的错误意见时,在多数人中间站出一个黑人"反从众者",白人被试的从众行为同样会减少。

(3)群体凝聚力。群体凝聚力是群体对其成员以及成员相互之间的吸引力。它取决于群体中的人际关系。群体凝聚力水平越高,成员之间的依恋性就越强,观念和行为的一致性就越高,个体会为了群体利益而与群体意见保持一致,从而表现出很高的从众倾向。多伊奇(M. Deutsch,1955)曾仿照阿希做过一项实验,但把情境变成了小组竞赛方式,让五个实验小组在线段对比实验中相互竞赛,出错最少的小组将得到奖励。由于增加了小组成员之间的关联程度,这些临时性群体的凝聚力也得到了增强。结果表明,与非竞赛情境相比,在竞赛情境中,实验小组成员之间更倾向于有意识地、自觉地达成一致意见。

2. 个体因素

(1)人格特征。个人的智力、自信心、自尊心、社会赞誉需要等人格特征与从众行为密切相关。智力高的人,思维灵活,自信心较强,不容易发生从众行为;而智力低的人,判断能力较差,思维不灵活,自信心较低,容易产生从众行为。社会赞誉需要强烈的人,由于特别重视别人的好评价,从众的可能性就比较大;性格懦弱、易受暗示的人也容易表现出从众倾向。

(2)性别。这方面的研究表明,一般意义上,男女性之间在从众率方面没有什么不同,只有在结合任务难度来考察时,才显示出有意义的差异。考勒曼(J. F. Coleman,1958)的研究指出,要解决的问题越困难,或越缺乏客观标准,人们的从众率也越高。其中,问题难度与男性从众率的相关数为 0.58,而与女性的从众相关数则高达 0.89。也就是说,在相同难度条件下,女性比男性更多地表现出从众行为。

(3)个体在群体中的地位。个体在群体中的地位和权威越高,就越不容易顺从于群体的压力;而地位低的成员在群体中相对受轻视,常常受到来自高地位者言行的压力,所以容易从众。

3. 情境因素

(1)任务的模糊性和难度。模糊的、困难的任务与明确的、容易的任务相比,人们在完成前者时表现出更多的从众行为。阿希在自己实验中就发现,互相比较的线段长短之间的差异越小,那么被试的从众性增大。又如,群体所讨论的问题很复杂,又缺乏明确的标准来加以判断时,个人就倾向于从众。因为这时个人特别期望从别人那里获得正确的信息,以决定自己应该怎样做,所以很容易附和大多数人的意见。

(2)从众行为的公开性。人们在公开情境和私下情境中所表现出来的从众程度存在差异。多伊奇观察了被试在当众和私下两种情境下的从众行为,结果是前者为 30%,后者为 25%。可见,从众行为的公开程度越高,人们做出的独立行为就越少,从众倾向就越大;而在匿名情境中,由于降低了群体压力,减弱了被试的孤立感,则从众行为会减少。

三、模仿与暗示

(一)模仿

模仿(imitation)是在没有外界控制的条件下,个体有意无意地仿效他人行为举止而引起与之相同或相似的行为。模仿是一种普遍的社会现象。从个体对他人无意识的动作到日常生活方式,从对他人的气质风度、行为方式、工作方法到对整个社会的风俗习惯、礼仪时尚等,都存在着模仿。有报道说,2001年震惊全世界的美国纽约世界贸易大厦被飞机撞毁坍塌的"9·11事件",就是恐怖分子模仿警匪激战电影中的类似情节而策划实施的。

人们的模仿行为是怎样发生的呢?最初,有些学者认为模仿是人的一种本能,一种先天的行为倾向。比如,心理学家塔尔德(G.Tarde)就以模仿来解释人的全部社会行为,认为一切事物不是发明就是模仿。而现代心理学家更强调,模仿是后天学习的结果。班杜拉结合人的认知过程研究了模仿行为,认为和人的其他许多行为一样,模仿不是先天的、本能性的,而是在后天的社会化过程中逐渐习得的,是个体实现其行为社会化的手段之一。他做过的一些经典实验,就表明儿童的攻击行为是模仿成人而来的(见第九章)。

模仿可以分为无意识模仿和有意识模仿。

无意识模仿也叫自发模仿,指模仿者没有考虑行为的原因和意义,在不知不觉中仿效他人的言行举止,如儿童模仿父母的举动。有人在自然情境中进行过这样一项实验:在车水马龙的十字路口,当红灯亮时,行人都应自觉止步,但实验者却故意大摇大摆地穿过马路,结果总会有人不知不觉成为他的附和者。

有意识模仿也叫自觉模仿,是指模仿者有一定动机,有一定期望,自觉地对他人行为的模仿。有意识的模仿又可分为两种:一种是适应性模仿,即人为了适应新的环境或生活而模仿他人的行为等。有一则笑话说,有位市民被总统请去喝茶,但不知总统喝茶有什么规矩,感到诚惶诚恐,就决定照着总统的样子做。总统往咖啡里掺牛奶,他也掺;总统放几块糖,他也放;总统把咖啡倒进盘子里,他很困惑,但也照着做;总统把盛着咖啡的盘子放在地上喂狗,他却傻眼了。另一种是选择性模仿,即人们经过深思熟虑后有选择地模仿。这种模仿目的性和针对性都很强,常常和人的生活理想、个人抱负关联。

(二)暗示

1. 暗示的概念

暗示对人们的心理和行为发生着很大影响作用。有人要求大学生对两段文学作品做出评价。告知学生,第一段作品是大文豪狄更斯写的,第二段作品是一个普通作家写的。结果,大学生对第一段作品给予很高评价,对第二段作品则给予苛刻的挑剔批评。其实,这两段作品都出自狄更斯之手,只是因为受到了不同的暗示,学生的评价就大为不同,相差悬殊。

由此可以说,**暗示**(hint)是指采用含蓄的方式,通过语言、表情、行为等刺激手段,对他人的心理和行为发生影响,使他人接受某一观念,或按照某一方式进行活动。暗示同命令、指示、劝导和教育对人的影响是不同的。虽然暗示者进行暗示一般都是有意识的,但不带有压力,不需要讲道理。而受暗示者一般也是以无批判、无反抗的态度来接受暗示。

暗示的作用在社会生活中到处可见,从家庭教养、学校教育、工作管理到商业宣传、医学治疗、娱乐休闲等,人们都可能因为暗示而不知不觉地接受某种观念或态度,从而导致行为上的变化。

2. 暗示的种类

通常,社会心理学把暗示划分为以下四种类型:

(1)直接暗示。即暗示者直接地把事物的意义提供给受暗示者,使其迅速地不假思索地接受。下面这项实验说明了直接暗示的作用:实验者以化学教授的身份告诉学生,他手中的瓶子装有一种恶臭气体,他想测试该气体在空气中散发的速度,瓶盖打开后,一闻到该气味,就请立即举手。实验者打开瓶盖并计算时间,15秒之后,前排多数学生都举起了手;一分钟后,有75%的学生都嗅到了气味。但实际上瓶子里没有任何气体存在。在这里,"化学教授"将"瓶中装有恶臭气体"的意义直接提供给学生,加上他的身份,学生就迅速而无意识地接受了,由此产生了暗示作用。

(2)间接暗示。即暗示者通过其他事物或行为的中介,把事物的意义间接地提供给受暗示者,使其心理和行为受到影响。第二次世界大战期间,美国军队某新兵营接受了一批既没有文化、又沾染了许多不良习惯的士兵。如何使这些士兵成为纪律严明、战斗力强的标准军人,军官们为此很伤脑筋。最后他们采用了心理学家的建议,发一些家信要求士兵们读,并且照样学着写。信的内容主要是告诉家人,他们在军队中养成了讲卫生、懂礼貌、守纪律等新的生活习惯。一段时间之后,这批士兵逐渐接受了军队的行为规范,克服了以前的坏习惯,个个都成了仪容整洁、精神焕发的标准军人。这就是利用间接暗示达到的效果。间接暗示的特点在于,它一般不会使接受者产生心理抗拒,所以对人们行为的影响作用往往大于直接暗示。

(3)自我暗示。即依靠思想、语言向自己发出刺激,以影响自己的认识、情绪、意志等心理活动或要求按某一方式行动。自我暗示对个人的心理和行为可以发生积极的作用,也可以发生消极的作用。在困难面前暗暗地鼓励自己的勇气和信心,就是积极的自我暗示;而"杯弓蛇影"、"草木皆兵"、"疑神疑鬼"等则是消极的自我暗示。

(4)反暗示。是指暗示者发出的刺激引起受暗示者相反的反应。有两种反暗示,一种叫做有意反暗示,如"正话反说"、"欲褒故贬"等;一种叫做无意反暗示,"此地无银三百两,隔壁阿二未曾偷"这则中国古代笑话就是无意反暗示的绝好例证。

3. 影响暗示效果的因素

(1)暗示者的特征。暗示是由于人们对暗示者怀有一种信服的态度而产生的,而这种态度的产生主要受暗示者本身的信心、体力、身材、性别、年龄、知识、权力、地位以及威望等特征的影响。以看病为例,同样的诊断结果和治疗方案,从年轻医生和资深医生口中说出,对病人的影响就不同。

(2)受暗示者的特征。受暗示者的年龄、性别、受教育程度、人格特征、心理状态等都会影响暗示的效果。比如,少年儿童由于缺乏知识经验和独立思考能力,容易轻信别人,因此与成年人相比,更容易受暗示。独立性很强的成人往往有反暗示性,特别是意识到他人企图施加暗示影响时,更不会接受暗示。又如,人在疲倦时、生病时容易受暗示,而精神振奋、身体健康时则不容易受暗示。

(3)暗示刺激的特点。一般来说,任何暗示刺激其表现的范围越大,强度越大,次数越多,并具有反复性、特殊性、新奇性,就越容易对人们产生暗示作用。一则商业广告如果连续刊登或播放,甚至终年不断,总会发生一定的暗示效果。

四、合作与竞争

(一) 合作与竞争的概念

合作与竞争是人们生活中大量而经常发生的人际互动形式,每个人都在各种情境中经历过,和正在经历合作与竞争,它们几乎和我们生活历程中的所有重大事件有关。合作与竞争可以是个人之间的,也可以是群体之间的。在此,我们主要讨论群体内个体之间的合作与竞争。

所谓的合作,是指互动的个体之间为了达到共同的目标而协同活动,促使某种既利己又利他的结果得以实现的行为。

而竞争,则是指互动的个体为同一个目标展开争夺,促使某种只有利于自己的结果获得实现的行为。

(二) 合作与竞争对个体的影响

合作与竞争对个体的行为活动会产生什么影响呢?

一些研究表明,在合作条件下,群体成员之间能建立和保持友好协调的人际关系,个体的活动效率因此得到了提高。例如,约翰逊(D. Johnson, 1981)在四种群体情境中比较研究了学生学习中的合作与竞争,这些群体包括合作的班集体,竞争的班集体,在本群体内合作与外群体竞争的班级,以及各成员自己单独活动的班集体。涉及的学科有阅读、语文、数学、自然科学、社会科学、心理学以及体育。研究包括从幼儿园到大学各个年龄组。结果表明,在班级中与他人合作的人,比彼此竞争的人和自己单独学习的人学得好。各学科、各年龄都如此,只是大学生的合作积极性弱一些。约翰逊据此强调指出,学校学习中合作优于竞争。也有人指出,如果合作缺少良好的组织,也可能出现社会惰化、依赖性增加、动机减弱等弊病。

另一方面,有更多的研究证明,由于竞争能够使个体增强自己的主体意识,激发强烈的行为动机,发挥出自己的潜力,所以它同样可以大大提高个人的活动效率。时容华(1981)比较了小学生在竞争条件下学习积极性的发挥程度,结果表明,在竞争条件下,不论是学习上的优生还是后进生,他们的学习积极性都比在非竞争条件下发挥得好,尤其是后进生,学习成绩发生了显著变化。当然,过度竞争也会导致一些负面效应,比如,因压力太大而高度焦虑,互相产生嫉妒、敌意甚至对抗行为等。

可见,合作与竞争对个体的行为都主要起积极作用。但如果做一项工作,既可以相互合作,也可以相互竞争,人们更愿意选择那种方式呢? 社会心理学家迄今为止对此所做的研究,得出了一个倾向共同的结论:在没有特别引导的情况下,人们更倾向于优先选择竞争,即便合作是最好的策略时也同样如此。多伊奇等人(1960)曾做过一个著名的卡车运输竞赛游戏实验(见图11-7)。

被试两人一组,分别担任模拟的阿克米和波尔德两个运输公司的经理,任务都是使自己的卡车以最快的速度从起点到达终点,速度越快,则记分越高,双方要尽量为自己多得分,但没有要求一方要比另一方多赢分。每人都有两条路线可选,一条是个人专用的远道,另一条是双方都可以使用的近道,但因路窄一次只能通行一辆车。事实上,被试如用专用的远道,肯定会减少得分,如果相互合作,交替使用共同的近道,则肯定能多得分。实验发现,双方虽然都清楚最佳策略是合作,但都既试图使用近道,又互不相让,造成中途撞车,又谁都拒绝倒退,后终有一方退回,但却关闭了自己控制的大门,迫使对方也退回去,各走各的远路,最后双方都丢失了分数。在实验中,偶然也有被试出现过合作,但大多数被试都选择竞争方式。

学者们由此认为,与合作相比,竞争具有心理优势。

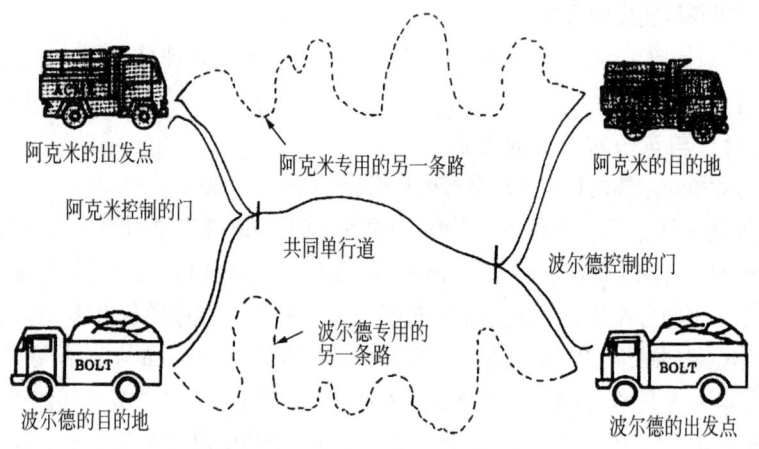

图11-7　多伊奇卡车竞赛实验示意图

竞争与合作对当今社会中的每一个人都是不可缺少的。一方面,现代社会是一个充满竞争的社会,竞争渗透在人们生活的各个方面。因此必须力求做得比别人好,能够超越别人,使群体承认自己的实力和价值,才能赢得发展的先机和更大空间,获得更多的满足;另一方面,个人的能力总是有限的,在很多时候,要满足自己合理的需要,就必须通过与群体其他成员相互合作,齐心协力地完成一个共同目标才能实现。通过合作,我们学会与人相处,学会取人之长补己之短;借助竞争,我们增强了意志,提升了能力,因此又更具备与他人合作的实力。显然,我们要生存,要发展,就必须学会竞争与合作。竞争与合作既是每个人必须不断解决的生活课题,也是每个人成长发展应该经历的必由之路。

【主要结论与应用】

1. 人际交往是极为普遍的社会现象,也是人类最重要的社会行为。通过人际交往,个体参与各种社会活动,与其他人建立和发展各种人际关系,并在这个过程中逐渐形成自我意识,逐渐获得和展现真正意义上的"人"所具有的社会特性。人际交往有着非常丰富的心理内涵,人际沟通、人际认知、人际关系和人际互动都是其不同的侧面,由此也就构成了人际交往心理的主要框架。

2. 人际沟通是人们在交往中,运用语言符号系统(口头的、书面的)和非语言符号系统(手势、面部表情、目光、运动性体态、人际空间距离等),相互之间传递交流思想、观点、意见、知识、消息、情感、态度和动作等的过程,这个过程是由信息发送者、信息、信息通道、信息接受者和信息反馈等五个不可或缺的基本要素构成;在人际沟通中,双方的交往需要与兴趣、对信息理解的一致性程度、沟通能力和技巧、对信息通道的选择、信息反馈等都会影响沟通的最终效果;借助于人际沟通,人们不但可以互通信息,而且更重要的是可以达到心理发展、心理协调和心理保健的目的。

3. 人际认知是人们在交往中,观察了解他人的外在特征和外显行为,形成印象,并进而推测、判断其心理状态、人格特征、行为动机和意向的认识活动过程;个体对各种认知信息进行加工处理从而形成对他人一种较为综合、概括的印象,形成这种印象的基本依据是个体对他人在社会特性、智能特性方面所做的好坏评价。由于受到首因效应、近因效应、晕轮效应、定型效应等心理效应的影响,最终形成的他人印象与其真实面目之间会出现一定偏差,降低认知的准确性。行为归因即解释和推论行为的性质或原因的过程,人们可以依据多个原则来对行为进行归因,但其中最具有解释力的是协变性原则,即对行为原因的推论需要同时利用区别性、一致性、一贯性三方面的信息,三方面信息的组合不同,推论出来的行为原因也不同。归因过程也会产生偏差,主要有基本归因错误、行为者—观察者偏差、自利偏差等。归因原理可以广泛应用于社会生活的各个领域。

4. 人际关系是人们在交往中形成的直接心理关系或心理距离,主要表现为心理上的好恶喜厌、远近亲疏,反映了人们寻求满足自己社会需要的心理状态;人际关系的心理结构包括认知、情感和行为三种成分,其中情感是核心成分,它集中表现为人际吸引和人际排斥,不同程度的人际吸引反映了不同层次的人际关系。个人在仪表、才能和人格等方面的魅力,人们之间在态度,价值观等方面的相似性,在需要、能力、气质、人格特征等方面的互补性都是产生吸引力的重要来源;人们与他人交往并建立人际关系的动力来自于人际关系需要,舒茨提出包容、控制、感情是三种最基本的此类需要,人们满足它们的方式有主动、被动之分,三种需要和两种满足方式组合构成六种基本人际关系倾向,预示着人们不同的人际交往行为和方式;综合运用社会测量法和参照测量法可以较好地测查群体内的人际关系状况。

5. 人际互动是群体内的个体之间在行为上的交互影响和作用,它有丰富多样的表现形式:社会助长是指与他人一起活动可以提高个体的行为效率,其原因是他人在场激活了个体被评价的意识,导致动机水平增强。社会助长作用只是在个体从事简单的、熟练的活动条件下出现;社会惰化指与多人共同完成一件工作时个人所付出的努力比单独完成时要偏少,其主要原因是个人成绩不单独计算而使活动动机下降;从众是个体的认知、观念和行为由于受到群体压力的影响,而向与大多数相一致的方向变化的现象,研究表明,影响人们从众行为的因素有群体因素(如群众规模、群体凝聚力等)、个人因素(如人格特征,个体的地位等)和情境因素(如活动任务的模糊性与难度等);模仿是在没有外界控制条件下,个体有意无意地仿效他人行为举止而引起与之相同或类似的行为,它主要是后天学习的结果;暗示是采取含蓄的方式,通过语言、表情、行为等刺激手段,对他人的心理和行为发生影响,使他人接受某一观念,或按照某一方式进行活动,一般将其划分为直接暗示、间接暗示、自我暗示和反暗示;合作是个体之间为了达到共同的目标而协同活动,促使某种既利己又利他的结果得以实现的行为,竞争则是个体之间为同一个目标展开争夺,促使某种只有利于自己的结果得以实现的行为。合作与竞争通过不同的作用机制使个体的行为活动效率得到提高,但已有的研究结论是,竞争占据心理优势,人们更倾向于通过竞争来实现自我价值。

【学习评价】
1. 人际沟通过程由哪些基本要素构成?它们与沟通的效果有何联系?
2. 人际沟通具有哪些心理功能?如何理解?
3. 对人认知与对物认知有什么联系与区别?
4. 人们主要依据什么来形成有关他人的印象?
5. 结合生活实例分析印象形成中的心理效应。
6. 试分析比较各种归因原则。
7. 归因中为什么会产生基本归因错误和行为者—观察者偏差?
8. 如何理解人际关系的内涵?
9. 论述舒茨的人际关系需要理论。
10. 你认为怎样才能增强对人的吸引力?
11. 为什么他人在场既可能产生社会助长作用,也可能产生社会致弱作用?
12. 人们为什么会从众?有哪些方面的因素影响着人们的从众行为?
13. 试综合运用模仿、暗示、从众等原理,分析青少年的"追星"行为。
14. 根据自己的经历和体会,谈谈合作与竞争对个人成长发展的作用。

【学术动态】

人际关系的中国本土研究

社会心理学在重视对人际关系进行微观研究的同时,也开始注重探讨社会文化深层原因对微观人际心理的影响。人际关系的本土研究立足于中国社会,试图将中国的传统文化和社会历史渗透进人际关系的研究中,形成有中国特色的人际关系理论体系。人际关系的中国本土研究可以说开始于20世纪三四十年代费孝通等人,但形成潮流是在20世纪80年代的中国台湾、香港地区,大陆学者虽然涉入较晚,但取得了显著的进展,有些研究在学界产生了较大影响。

翟学伟(1991,1993)的研究认为,中国人人际关系的基本模式是由人缘、人情和人伦构成的。人缘指命中注定的人际关系,将人与人的一切关系都限定在一种表示最终的本原而无须进一步探究的总体框架中;人情指包含血缘关系和伦理思想而延伸的人际交换行为;人伦指人与人之间的规范和秩序。人情是这三位一体结构的核心,它们源于中国传统文化背景中的天命观、家族制度和以儒家伦理思想的合一。

李伟民(1996)认为,人情是一种指导社会交往实际运作的社会理念,是人们判断和决定自己与周围其他人发生互动交往,建立相互关系的一个重要依据和基准。人情包括人之情感、进行社会互动时人们彼此交换的资源、人们交往相处应遵守的规范准则。人情具有不确定性、模糊性和关系取向等特性,因此,人情的施予、授予和还报的实际运作极为复杂和微妙。人情实际运用和操作的具体法则是:特殊无限法则、对等互往法则、互利互惠法则。

彭泗清(1998)则提出了示范—回应模式,认为价值支点、行为起点和行为控制点是正确理解中国人人际互动的模式和特点的三个基点。"价值支点"是指互动双方在处理人际关系时所持有的基本价值观,其理想设计是要求天下为公、奉献,其现实变式是特殊性的私德,在行为上表现为内外有别;"行为起点"是指开始人际交往时的启动行为,其理想设计是自觉主动的奉献,其客观作用是以身作则,提供一种"示范";"行为控制点"是指人际互动中扮演主动的、主导的、控制性的角色的一方。回应有理想模式、小人变式、常人变式三类。示范—回应过程的基本特点是:意义上的模糊性、行为上的灵活性、权利的不对等、重视行为者的动机和忠诚、对人不对事。

迄今为止对中国人心理的探索虽然还没有结出成熟而丰富的硕果,但对进一步的研究却极富启发意义。方兴未艾的心理学中国本土研究,乃至于建立中国本土心理学无疑是新世纪中国心理学发展的主旋律。

【参考文献】

1. 时蓉华.社会心理学[M].杭州:浙江教育出版社,1998.
2. 章志光,金盛华.社会心理学[M].北京:人民教育出版社,1996.
3. 周晓虹.现代社会心理学[M].上海:上海人民出版社,1997.
4. 金盛华,张杰.当代社会心理学导论[M].北京:北京师范大学出版社,1995.
5. 郑全全,俞国良.人际关系心理学[M].北京:人民教育出版社,2002.
6. 申荷永.社会心理学——原理与应用[M].广州:暨南大学出版社,2004.
7. 郑雪.社会心理学[M].广州:暨南大学出版社,2004.
8. 沙莲香.社会心理学[M].北京:中国人民大学出版社,2006.
9. S. E. Taylor.社会心理学(第十版)[M].谢晓飞,等,译.北京:北京大学出版社,2004.
10. S. 黑贝尔斯.有效沟通(第五版)[M].李业昆,译.北京:华夏出版社,2002.
11. Myers, D. Social Psychology (3rd ed.). McGrew-Hill Inc. 1990.
12. Babbie, E. The Practice of Social Research (6th ed.). Wadsworth Publishing Company. 1992.
13. Cook, K. S., Gary Alan Fine, House, J. S. Social Psychology. Allyn and Bacon. 1995.

第十二章　学校心理健康与辅导

【内容摘要】

本章在学生了解前十一章内容的基础上,从促进学生心理整体健康的角度介绍了心理健康的概念、标准及学校心理辅导的原则、途径和方法;在中学生常见的心理问题及辅导部分,简介了学校心理辅导的主要内容及方法(挫折适应与辅导、学习辅导、青春期辅导、生涯辅导、自我意识的发展问题及辅导、网络成瘾的防治)。本章旨在帮助读者建立对现代学校心理健康教育与辅导的整体印象,为以后从事学校教育工作打下基础。

【学习目标】

1. 说出健康、心理健康、心理辅导的含义,心理健康的意义与标准。
2. 解释心理健康与学校心理辅导的关系。
3. 用自己的话说说心理健康的相对性。
4. 列举衡量心理健康的方法——环境适应判定法、症状观察法及心理衡量法的特点。
5. 说说学校心理辅导的原则及途径。
6. 分别说说挫折适应与辅导、学习辅导、青春期辅导及生涯辅导的内容和意义。

【关 键 词】

心理健康　心理辅导

多年以来,学生的心理健康问题一直未得到足够的重视,直至最近几年学生不断出现心理健康方面的问题,才为我们敲响了警钟。人们在反思当中逐渐意识到了学生心理健康的重要性,并开展了相应的研究,取得了一定的研究成果。与此同时,学生心理健康问题也引起了教育部的高度重视。1999 年 8 月 13 日我国教育部颁发了《关于加强中小学生心理健康教育的若干意见》,标志着中小学心理健康教育正式走上了健康、快速发展的轨道。为了进一步加强中小学心理健康教育,2002 年教育部再次印发《中小学心理健康教育指导纲要》,该《纲要》开宗明义地指出心理健康教育是提高中小学生心理素质的教育,是实施素质教育的重要内容,并对心理健康教育的指导思想和基本原则、目标与任务、主要内容、途径和方法、组织实施做出了重要说明,为进一步指导和规范中小学心理健康教育工作提供了重要依据。

第一节 心理健康的含义

一、健康新概念

(一)健康面面观

在不同的历史时期,随着生产力水平以及认识能力的不断提高,人们对"健康"这一概念的认识也经历了一个不断演变、日趋完善的过程。从健康是由鬼神主宰的迷信模式,到健康就是肉体正常工作的机械模式,再到健康就是保持病原(微生物)、人体(生理病理)和环境(自然环境)三者之间生态平衡的生物模式。长期以来,人类对健康的认识一直处于片面的阶段。"健康等于没有疾病"或"疾病仅限于躯体疾病"的观念深入人心,生理健康成为健康的全部内涵,这种状况导致人们长期忽视对于心理健康的关注。特别是在青少年的成长过程中,心理健康问题长期以来没有得到应有的重视。对于学生类似"我喜欢某男(女)生"、"我害怕考试"等心理困惑,老师和家长往往代之以"不要胡思乱想"、"谁叫你平时不好好学习"的简单指责,而忽略了学生的心理需求。事实证明,这种不当的教育方式已经带来了许多不良的后果:

2000年,西北师范大学教育科学学院"甘肃省中小学生心理健康现状调查与对策研究"课题组报告:甘肃省天水市农村初中生心理问题总检出率为14.5%。

2004年谭晖、储海宝、袁仁曦对上海市1036名中学生的调查显示:中学生心理障碍发生率为24.9%,其中以预备班和高一年级发生率最高,达30%以上;中学生自杀意念存在率为20%—40%。

2005年张作记、林立等人在《全面关注 深入研究——学生心理健康专题导语》一文中报告:近年的学生心理健康调查表明,学生已成为心理健康的弱势群体,约占50%的学生心理处于不健康或亚健康状态,心理问题阳性检出率为17.3%—21.1%,学生自杀、暴力犯罪率呈不断上升趋势。

2007年王玉清、王国华、卢子峰对医学院校一至四年级的学生共计576人的调查显示:学生的强迫、焦虑、敌对、恐惧因子分数明显高于全国青年组,差异有显著性;强迫因子随年级的增加而降低;学生的精神病性因子低于全国青年组,低年级学生心理问题高于高年级学生。

不难看出,片面的健康观所导致的各种心理健康问题正严重地影响着青少年的健康状况。正如古罗马哲学家西塞罗(Marcus Tullius Cicero,公元前106—前43年)所说:心理的疾病比起生理的疾病为数较多,危害更烈。因此,让全新的、科学的健康观深入人心显得尤为迫切。

(二)健康的科学定义

进入20世纪,随着医学、心理学的日趋成熟和社会生态学观点的提出,人们对健康的认识更加全面深入。1948年世界卫生组织(WHO)在其宪章中给健康下了一个定义:"健康不仅仅是没有疾病和衰弱的状态,而是一种在身体上、精神上和社会上的完好状态"(Health is a state of complete physical, mental, and social well-being and not merely the absence of disease or infirmity.)。这个定义将人类几千年对疾病、自身和生存环境的认识高度概括起来,具有划时代的意义,是至今为止应用最普遍的、认可度最高的健康概念。1968年世界卫生组织进一步明确健康即是"身体精神良好,具有社会幸福感",更加强调了人的社会属性。1978年世界卫生组织在《阿拉木图宣言》中对健康的含义又作了重申:"健康不仅是疾病与体弱的匿迹,而且是身心健康、社会幸福的完美状态。"该《宣言》进一步提出"健康是基本人权,达到尽可能的健康是全世界一项重要的社会性指标"。从这一点可以看出,健康是人的发展的基本目标。

1978年,WHO在《阿拉木图宣言》中制定了健康的10条标准:1. 充沛的精力,能从容不迫地担负日常生活和繁重的工作而不感到过分紧张和疲劳。2. 处世乐观,态度积极,乐于承担责任,事无大小,不挑剔。3. 善于休息,睡眠良好。4. 应变能力强,能适应外界环境中的各种变化。5. 能够抵御一般感冒和传染病。6. 体重适当,身体匀称,站立时头、肩、臀位置协调。7. 眼睛明亮,反应敏捷,眼睑不发炎。8. 牙齿清洁,无龋齿,不疼痛,牙龈颜色正常,无出血现象。9. 头发有光泽,无头屑。10. 肌肉丰满,皮肤有弹性。

1989年,WHO又将健康的定义修改为:"健康不仅仅是身体没有疾病,而且还要具备心理健康、社会适应良好、道德健康"。

20世纪初提出的这种生理—心理—社会健康模式强调了社会、心理因素在健康与疾病之间的重要关系,强调了人际关系、社会压力、个体因素和认知对健康的影响,是迄今为止较为科学完善的健康概念。

二、心理健康的标准与理解

心理健康对青少年成才有着重要的影响,健康的心理是学生接受思想政治教育以及学习科学文化知识的前提与保证。如果一个人经常地、过度地处于焦虑、郁闷、孤僻、自卑、犹豫、暴躁、怨恨等不良心理状态,不可能在学习生活中充分发挥个人潜能,取得成就。

专栏12-1

心理健康与心理卫生

心理健康(mental health)的概念是由心理卫生(mental hygiene)的概念延伸过来的。就词义讲,卫生一词(英文为hygiene)是从古希腊神话中健康女神"hygeia"的名字衍化而来的,含有"健康"之意。现在,心理健康和心理卫生在英文里都是"mental health"。在含义上,心理健康通常指一种积极健康的心理状态,而心理卫生则指一切维护心理健康的活动及研究心理健康的学问。

20世纪初,美国有一个叫比尔斯(C. W. Beers)的大学生因精神失常被送进精神病院。住院三年期间,他亲眼目睹了精神病人所遭受的种种冷漠与非人的生活,以及社会对精神病人的误解、歧视和偏见,不胜悲愤。病愈出院后,立志把自己的余生献给精神病患者。他向各方呼吁,要求改善精神病患者的待遇,并积极从事预防精神病的活动,但收效甚微。于是,他根据自己的亲身经历和体会,用生动的文笔写成了《自觉之心》(A Mind That Found Itself),于1908年3月出版。当时美国著名心理学家、哈佛大学教授威廉·詹姆斯(W. James)给此书以高度评价,并为书作了序。此书一问世,就在美国引起了轰动,受到社会舆论的重视,得到许多著名学者、知名人士的支持。1908年5月6日,在社会各界的支持下,由比尔斯发起,成立了世界上第一个心理卫生组织"美国康涅狄格州心理卫生协会"。该协会提出五项工作目标:(1)保持心理健康;(2)防治心理疾病;(3)提高精神病患者的待遇;(4)普及关于心理疾病的正确知识;(5)与心理卫生有关的结构合作。心理卫生运动由此开始了它的历史。

1909年,"美国全国心理卫生委员会"在纽约成立。1918年,加拿大成立了全国心理卫生协会。随后,法国、比利时、英国、巴西、匈牙利、德国、日本、意大利、挪威等国相继成立心理卫生组织。1930年5月第一届国际心理卫生大会在华盛顿召开,会上产生了一个永久性的国际性心理卫生委员会。1936年4月19日"中国心理卫生协会"在南京正式成立。1949年,世界卫生组织总部设立了心理卫生部。从此,心理卫生运动在世界各地蓬勃展开。

[资料来源] 冯忠良,冯姬.心理健康教育概述[J].中小学心理健康教育,2000(9):8.

(一) 心理健康的含义及标准

对于心理健康这一概念,因其丰富的内涵与外延,学界尚未形成一个统一的看法。较为流行的观点是于1946年第三届国际心理卫生大会提出的。大会认为:"所谓心理健康,是指在身体,智能以及情感上与他人的心理健康不相矛盾的范围内,将个人心境发展成最佳的状态。"依据这一定义,学者们从不同的角度加以阐释。多数学者主张应以人的整个行为的适应情况为标准,而不过分重视个别症状的存在。就个别的心理结构而言,心理健康应包括人的人格、能力、认识、行为和情绪等多方面的健康。就心理健康的人本身而言,又有水平高低之分。如心理健康从最低水平上理解是指没有心理障碍或行为问题的一种精神状态;从高水平上理解则是指人们客观地认识环境与自我,进行心理调节,最大限度地发挥自身潜能从而更好地适应社会生活,更有效地为社会和人类作出贡献的心理发展状态。

近年来随着社会的发展,以人为本的理念更加深入人心,心理健康的内涵也从过去较多地强调社会适应性而转为重视个体的发展性。心理健康的标准也由仅仅遵循原先的"众数原则"扩展为"众数原则"和"精英原则"并重,即由"不偏离大多数人的心理行为范围就是正常的"拓展到类似于马斯洛的"自我实现"状态。

综合国内外专家学者的观点,依据中学生的心理特征,可将中学生心理健康的标准归纳为:

1. 认知能力发展正常,智力水平在正常值以上

智力是人的观察力、注意力、记忆力、想象力和思维能力等认知能力的综合。中学生的年龄正处于人生智力发展的关键时期,认知能力发展正常,是中学生就学阶段的重要心理条件,是中学生心理健康的重要标准。衡量中学生的认知能力,关键在于看其能否正常发挥出效能。主要标准为:有强烈的求知欲,乐于学习;对新问题、新事物有兴趣和探索精神,表现出能动性;智力各因素在活动中能够有机结合,积极协调,正常地发挥作用。

2. 情绪稳定、乐观,心情愉快

情绪是人们对客观事物是否符合其需要所产生的态度体验。中学生情绪健康的内容主要有:积极情绪多于消极情绪,使自身保持乐观、积极、向上的心态;情绪反应适度,有适当的引发原因,反应强度与引发情境相符合;能有效调节和控制情绪的质、量、度,使其能在适当时间、场合恰如其分地表达,既能克制约束,又能适度宣泄,不过分压抑。

3. 意志健全,有较强的行动的自觉性、果断性、顽强性和自制力

意志是人们自觉确定目的,并根据目的去克服各种困难,实现预定目的的心理过程。意志健全主要表现为行动的自觉性、果断性、顽强性和自制力,即:在活动中有自觉目的,而不是缺乏主见或盲目决定、一意孤行;执行决定中能及时决断,并根据变化的外界环境随时调整决定;能以坚韧不拔的毅力克服一切困难和挫折,实现既定的目标;同时能有效地控制、调节自身的心理活动,使之符合实现目标的要求。

4. 自我观念正确,具有健全统一的个性

自我观念是人对自身环境以及与周围事物关系的认识,个人总是在与现实环境,与他人的相互关系中,在自己的实践活动中认识自己的。只有树立正确的自我观点,才能形成健全统一的个性。其一致的标准为:对自己的认识比较接近现实,不产生自我同一性混乱;能愉快地接受自己,对自己的生活、学习、现状和未来有一定程度的满足感和发展感;以积极进取的人生观作为个性的核心,把自己的需要、愿望、目标和行为统一起来。

5. 和谐的人际关系

人总是处在一定的社会关系之中,人们在互相交往过程中所形成的个体的心理关系称为人际关系。人际关系离不开群体背景,受认识倾向调节,并且有相应的情感体验。和谐的人际关系主要表现为:乐于与人交往,既有稳定广泛的一般朋友,又有无话不说的知心朋友;在与人交往中不卑不亢,保持自己的个性;宽以待人,乐于助人,客观评价自己和别人,取人之长,补己之短;积极的交往态度多于消极态度;有必要的心理准备,在复杂的人际关系中保护和发展自己。

6. 较强的适应能力

这里的适应能力包括社会适应、学习适应、生活适应等。人生活在世界中,要具有一种积极的适应机制,积极适应自身、环境及社会的各种变化。当环境发生变化,个人就要做出行为上的变化,以调整与社会、环境的协调关系。这种适应能力的标准是:能和集体保持良好的接触和同步关系,自己的需要和愿望与社会的要求、集体的利益发生矛盾时,能迅速自

我调节,谋求与社会协调一致,对社会现状有较清晰的认识,明确自己所处的位置;学会调控解决生活中遇到的各种问题,掌握排解心理困扰、减轻心理压力的方法;学会学习,掌握学习的方法与策略,能够优化和调节自己的学习过程,能够调控自己的学习心理状态,开发潜能,达到良好的学习适应。

(二) 心理健康的相对性

心理健康是比较而言的,从健康到不健康只是程度的不同,而无本质的区别。如:一个没有明显心理疾病、能够勉强生活工作的人和一个心理变态的人相比他是健康的,但和一个自我实现的人相比其心理健康水平又是较差的,是需要改进的。而且人的心理健康状态又是动态变化的,而非静止不动的。人的心理健康既可从相对不健康变得健康,又可从相对健康变得不那么健康。因此,心理健康反映的是某一段时间内的特定状态,而不应认为是固定的和永远如此的。

心理健康标准是一个发展的文化的概念,会随着社会的发展变化而发展变化,也因不同的社会文化背景而有差异。不同的国家、地区、同一地区的不同民族和阶层可能有不同的要求和标准;同一国家、地区的标准也会因时代的变迁、历史的进步而有不同的标准。如中国传统文化重视个人与自然、社会保持和谐关系,心理健康以"和"为核心;而西方的心理健康观念,则以崇尚自我为核心,把自我实现看作心理健康的最高境界。

三、心理健康的评价方法

如何正确有效地评价学生的心理健康状况?心理学家们提供了可使用的多种方法。应该说目前尚没有哪一种方法可以完全客观准确地评价出心理健康状况。这里介绍三种方法供参考。它们是环境适应判定法、症状观察法及心理测量法。每种方法虽然都可单独使用,但都有其局限性。在实践中,通常是把几种方法综合使用,效果较好。

(一) 环境适应判定法

通过前面的介绍我们已经知道,尽管心理学家们在描述心理健康标准时各不相同,但大部分心理学家都把"适应良好"作为一条重要的标准。因为,良好的适应涉及心理活动的各个方面,是一个较综合的标准。环境适应主要包括社会适应和生活适应两方面。社会适应指个体与社会处于和谐状态而不是对立状态。换言之,个体行为能符合社会行为规范的要求,说明其社会适应良好,视其为心理正常;若个体行为不符合社会行为规范的要求,则说明社会适应不良,视其为异常。生活适应以个人是否表现出与外在生活情景相一致的情感、言语、行为为依据,对人的生活适应水平进行了解,从而判断其心理是否健康,即言行表现越是与外在情景相协调一致越正常,越是不一致越是反常。

环境适应法的优点是简便易行,获得的信息直观、真实,但局限性也显而易见。如有些违反社会规范的行为,可能是心理异常造成的,也可能就是单纯的犯罪,很难区分。这时,就需要配合其他方法综合分析,才能做出准确的判断。

(二) 症状观察法

是通过观察学生在自然情景中的行为表现,捕捉基本信息,从而了解学生是否存在某些心理异常的症状,并对学生的心理健康状况进行判定的方法。使用此法判定时,必须要求判定者对心理异常的多种症状较为熟悉,并且要对被检查的学生的心理的方方面面能进行检查,才能最后进行判定。

症状观察法的可靠性取决于判定者对心理异常症状的熟悉程度和检查的细微程度。这种方法最好能结合学生的自诉症状来综合判断,因为,任何行为必然伴随主观感受,一种行为是否健康不仅仅取决于行为本身,很大程度上还要看个体的主观感受如何,要看这种行为是快乐还是焦虑、痛苦。因此,将外部观察和内部体验结合起来评价学生的心理健康是较为可行的方法。

(三) 心理测量法

这是一种采用专门的心理测量工具(测验量表),在较短的时间内对被试的某些或某方面的心理属性做出测定,然后和常模(norm)(某一特定人群的心理健康总体平均标准)进行比较,从而判定某个体的心理健康水平的方法。

心理测量时可使用的量表很多,常用的有人格测验、智力测验、心理健康测验等,如明尼苏达多项人格测验(MMPI)、卡特尔16种人格因素测验(16PF)、主题统觉测验(TAT)、康乃尔健康问卷(CMI)、SCL-90、抑郁评定量表和焦虑评定量表等。上述量表绝大多数在国内都可以找到修订过的版本,因此在心理卫生工作中可以使用。

第二节 学校心理辅导

随着中小学生心理问题的日益严重,心理健康教育越发显得迫切而重要,学校心理辅导也日益成为学校实施心理健康教育的主渠道。

一、学校心理辅导的含义

学校心理辅导是指学校辅导教师根据学生生理、心理的发展特点,运用心理学的知识和技能,通过形式多样的辅导活动,帮助学生了解自己、认识环境,克服学习、生活与人际关系中的问题及情感困扰,增强其社会适应性,充分发挥个人潜能,促进学生身心全面、和谐发展。理解这个定义,要特别注意以下几点:

1. 学校心理辅导强调面向全体学生。学校心理辅导要了解学生生理发展和心理活动的一般规律和特点,解决他们心理发展中的共性问题。如中学生的青春期辅导、新生的适应辅导等;但同时,全体又总是由个体组成的,而每个个体又有其独特性,因此,心理健康教育又要重视个别差异,关注每个学生的具体问题,因人而异,因材施教。如特殊家庭(单亲家庭、吸毒家庭等)学生的成长问题、学习障碍儿童的辅导等。

2. 辅导以正常学生为主要对象,以发展辅导为主要内容。在这一方面,它不同于侧重心理与行为障碍矫治的心理治疗。心理辅导把工作的重点放在预防与发展上,即预防心理问题的出现和促进学生潜能的发展上。

3. 心理辅导是一种专业活动,是专业知识和技能的运用。它必须以心理学的理论为基础,运用心理辅导的方法、技术和手段,来促进学生心理的健康发展。例如,根据心理学的 ABC 理论(见专栏 12-2),通过运用访谈的技术(如倾听、澄清、面质等)帮助学生改变认知的过程,是非常专业的活动,只能由专业人员才能有效地完成,所以辅导教师必须接受专业教育与训练,否则难以胜任心理辅导。

专栏 12-2

ABC 理论

ABC 理论是心理学家埃利斯(A. Ellis)提出的关于情绪障碍的理论,这一理论特别强调认知的重要性。主要观点为:情绪不是由某一诱发事件本身引起的,而是由经历了这一事件的主体对这一事件的解释与评价所引起的。这一理论被称为情绪困扰 ABC 理论。其中,A 指诱发事件(Activating Event);B 指个体在遇到诱发后产生的信念(Belief);C 指在特定的条件下,个体的情绪及行为的结果(Consequence)。通常人们认为情绪及行为反应是直接由诱发事件引起的,即 A 引起 C。但 ABC 理论指出,诱发事件 A 只是引起情绪及行为反应 C 的间接原因,人们对诱发事件所持的信念、看法、解释 B 才是引起人的情绪及行为反应的更直接的原因。如,一个人因为失恋(A)而感到愤怒、自卑、伤心(C)。这是因为他抱有这样的信念(B):我是最好的,是他主动追求的我,我不可能被抛弃,否则就太丢人了。所以,要改变人的情绪及行为,必须从改变人的认知入手,而不是消除诱发事件。为此,帮助人们消除不良的情绪反应,最迅速、最牢固、最持久、最高雅的技术是促使他们清楚地发现自己不合理的观念与行为及情绪的关系,并教导他们如何主动地有活力地攻击、驳斥(D)自己的非理性信念(B)的方法,一旦攻击成功,便能产生有效的治疗效果(E)。

[资料来源] 岑国桢,李正云.学校心理干预的技术与应用[M].南宁:广西教育出版社,1999:208.

二、学校心理辅导的原则

(一)面向全体学生原则

学校心理辅导的功能在于通过对学生的引导、指导、协助和服务,来促进每一个学生的成长和发展。它不像心理咨询和心理治疗,以少数有心理问题的个别学生为服务对象,而是以正常学生为主的全体学生为辅导对象;以提高全体学生的心理健康水平、促进每一个学生潜能的发展为终极目标的。许多专业人士越来越认识到预防比治疗更重要。实践证明,从小抓起,开展面向全体学生的心理辅导,防患于未然,是有效的。"心理辅导要面向全体学生还因为当我们对全体学生辅导工作做得有成效时,个别学生的问题便较少发生,或更易于解决。面向全体学生原则要求我们在制订心理辅导计划时要着眼于全体学生;确定心理辅导活动的内容时要考虑大多数学生共同需要与普遍存在的问题；组织团体辅导活动时，要创造条件，让尽可能多的学生参与其中，特别要给那些内向、沉静、腼腆、害羞、表达能力差，不大引人注目的学生提供参与和表现的机会"。① 面向全体学生，关注个别学生已成为学校心理辅导的一个基本原则。

(二) 发展性原则

学校心理辅导的对象主要是处在身心迅速成长中的正常青少年，这就决定了学校心理辅导的核心是大多数学生的成长问题而不是个别学生的健康问题。贯彻这一原则，要求教师必须用发展的、变化的眼光来看待学生，要相信学生具有成长和发展的潜力，对学生的未来持乐观的态度，对学生身上出现的各种心理问题不必大惊小怪，更不必打上"变态、有病"的标签来怨天尤人。

(三) 尊重与理解学生原则

尊重，就是尊重学生的人格与尊严，尊重每个学生的个人价值，承认他是不同于其他人的独立的个体，承认他与教师、与其他人在人格上具有平等的地位，它是理解的基石。罗杰斯在其"以人为中心的治疗"中将"无条件积极关注"看作心理辅导的前提之一。理解，则要求教师以平等态度，按学生的所作所为、思考、感受的本来面目去了解学生，即站在学生的角度看问题，达到"感同身受"的理解。对学生而言，被辅导教师理解，能使他们感受到自身的价值所在，体验到做人的尊严感，产生一种"遇到自己人"的感觉，并由此增强对辅导教师的信任和自我改变的信心与勇气，也就有可能向辅导教师敞开心扉，从而使教师可以更好地与学生沟通，帮助其解决问题。

(四) 尊重学生主体性原则

学生主体性原则要求我们在心理辅导中以学生为主体，充分发挥学生作为辅导活动主体的作用。启发学生认识到自己不仅是接受知识的主体，更是心理发展的主体，让学生充分懂得提高心理素质、挖掘心理潜能、完善人格是自己的重要任务。否则，如果学生缺乏主动精神，缺乏受辅导的动机，我们强行对他进行辅导，则这种辅导必定会由于学生的抗拒、冷漠和敌意而毫无效果。这正如西方谚语所说：你可以牵马到河边，但不能强迫它饮水。只有当学生以主体的身份积极加入心理辅助活动时，它所要追求的终极目标——发展学生自我理解与自我指导的能力、自主地把握个人命运与独立地应付生活挑战的主体精神才能真正实现。

(五) 因材施辅的原则

"因材施教"历来是教育学生的一条基本原则，因为，学生的个别差异是客观存在的。正如世界上没有两片完全相同的树叶，更没有两个完全相同的人一样。每一个学生都是一个独特的个体，学校教育和心理辅导的目的不是要消除学生个人身上的这种独特性以及学生之间的差异性，而是要使每个学生的独特性、独创性在积极的方向上得到最充分、最完美

---

① 刘华山.学校心理辅导[M].合肥：安徽人民出版社，1988：40.

的体现。前面提到的"面向全体学生原则"是就心理的对象而言;这里所说的"因材施辅的原则"是就辅导的具体方法和内容而言,两者并不矛盾。实际上我们只有对具体问题作具体分析,个别化地对待每一个学生,才能给全体学生提供有效的服务。

(六)整体性发展原则

众所周知,学生的心理活动是由多种因素构成的有机整体。因此在心理辅导中,必须树立系统观、整体观,考察学生成长的各种相关因素,分析学生成长中出现的各类问题。在心理辅导中充分考虑学生人格的整体性发展。从社会价值取向看,它重视学生德、智、体全面发展;从满足学生自我完善的需求看,它注重学生知、情、意、行几方面协调发展。心理辅导的对象是完整的活生生的人,而不是人的局部、人的智能侧面或人的心理问题。

国内外教育界有识之士近年来对盛行于学校教育中的唯知主义(或唯智主义)思潮提出过尖锐的批评。例如台湾教育心理家张春兴近年来提出了"教育对象全人化"的观念,并以此作为指导思想构筑了富有特色的教育心理学理论新体系。他曾引用美国教育心理学家盖茨对教师提供的一条建议来印证他的"全人教育"的理念。该建议是:当别人向你询及类似"你是教数学的老师吗"的问题时,你最恰当的回答应该是:"我不是教数学的老师,我是教学生学数学的老师"。

由于目前多数学校仍以智能学习为教育重点,学生的情意成分除非干扰了学生知识的获得,否则它们很少受到重视。因此,学校心理辅导工作贯彻整体性发展原则就有了补偏救弊的特殊意义。

三、学校心理辅导的主要方式和途径

(一)学校心理辅导的主要方式

从我国各级各类学校目前开展心理辅导的实践来看,学校心理辅导的主要方式有两种:一是以全体学生为对象的团体辅导,它以预防辅导为主,着眼点在于发展学生良好的心理素质,维护和促进学生心理健康,帮助学生成长、成才。所以,也叫发展性辅导。如"我喜欢做个女孩(男孩)"的性识别辅导;"我的自信心在哪里"的自信心训练等是对所有学生都适合的发展辅导。二是以少数学生为对象的个别辅导,它以矫治辅导为主,是一种补救性的辅导。目的是为那些有各种心理问题的特殊学生提供专门的心理辅导或矫治,以缓解学生的心理困惑或压力从而使个人的心理得到健康发展。如经常逃学的学生、有学习障碍的学生等都需要个别辅导才能解决问题。

(二)学校心理辅导的主要途径

1. 独立开设专门的心理健康课程

心理健康教育与辅导有丰富的内容和独立的体系,需专门设置一个科目,使它能像其他课程一样有固定的时间来完成它艰巨的任务。从目前国内各级各类学校开展心理辅导的情况来看,这种专门开设的心理健康课程一般有两种形式。一种是以讲授为主的有关课程。主要开设心理学课、心理卫生课、心理健康教育课或举办有关的知识讲座,向学生传授、普及心理健康的有关知识，对于帮助学生正确认识自己、有效地调控自己心理和行为无疑是有必要的。在开展心理辅导工作初期，这种方式也比较易于为教师所掌握。但从解决学生身上存在着的实际问题来说，其作用还是有限的。因为心理辅导的作用不仅是要扩展学生的知识，而且还要改善学生情绪状态、转变态度、养成必要的社会技能等，所有这些单靠知识传授是难以奏效的。另外一种形式是开设心理辅导活动课。这是为开展心理辅导而专门设计的一种活动课程，一般都列入教学计划之中。其特点在于：形式上以学生活动为主，内容选取上充分适合学生的实际需要，活动组织上以教学班为单位，活动课的目的、内容、方法、程序，均是有计划、有系统地安排设计的。通过这一途径开展心理辅导的好处是：在专门组织的活动中可以对学生的认知、情感、态度、行为各方面有目的地施加积极的影响；学生活动，有利于发挥自己的主动性；以教学班为活动单位便于组织管理，且能使班级全体学生在辅导活动中受益；将心理辅导列入课程，也使这项工作的开展在人员、时间上有了保证，因此比较正规。只是如何在班级活动中考虑每个学生具体情况，实行个别化对待，则是要认真解决的问题。

2. 将心理辅导融于班级、团队活动之中

结合班会活动、课外活动、团队活动来进行，是这一途径的特点。心理辅导同学校、班级活动的宗旨是并行不悖的。从某种意义上说，学校心理健康教育与辅导还拓宽和加深了学校、班级的活动领域，提高了活动的科学性和有效性。例如，新生入学时的"中学学习、生活适应辅导"、高考前的"考试焦虑辅导"也属于这一类。尤其是班主任定期组织的主题班会最适合作心理辅导。班主任最了解学生，对学生的心理需要和心理问题最有发言权。如对刚接手的新生班，为了增进同学间彼此的认识，了解同学间和睦相处的重要性，可以组织一次主题为"我们都是好同学"的班会，通过同学间的自我介绍、情景剧表演等形式使学生相互熟悉，友好相处。这种活动既是一个新集体必须要进行的基本活动，也是一次人际沟通的心理辅导。其有利的一面是能把心理辅导与班级、团队活动以及学校的其他例行活动结合在一起，便于发挥这几项工作在统一的育人活动中的整体功能。但要注意的是，心理辅导仍须有自身的目标和内容，不要让心理辅导被班级、团队的日常活动所代替而丧失自己的特色。

3. 在学科教学中渗透心理辅导

学科教学是学校教育最主要、最基本的活动形式。学生获得知识、发展能力、形成品德、掌握方法主要是在学科教学过程中实现的。同样，在学科教学中渗透心理健康教育有时间和空间上的优势，使心理健康教育在学校里得以全方位的展开。几乎所有的学科里都有许多程度不同的适用于心理辅导的内容素材，教学过程中还会经常出现有利于实施心理辅导的教育情境。如学生在学习过程中产生的心理困扰，理应在教学过程中得到满意的解决，这是心理辅导的重要资源，教师在备课与课堂教学中应充分发掘这一资源，培养学生的健康心理。

4. 个别辅导

个别辅导是辅导教师通过与学生一对一的沟通互动来实现的专业助人活动，是对个别存在心理问题或心理障碍的学生提供针对性的辅导或矫治,以缓解学生的心理困惑或压力,并促使学生学会自我调节,从而使个人的心理得到健康发展。个别辅导也是最能体现因材施辅原则的方法,因此可以说个别辅导是一种不可替代的辅导方式。比较常用的方式有个别交谈、电话咨询、信函咨询、个案研究等。有些学校开展的"心理信箱"活动,就是信函咨询的一种形式。它有效地增加了师生间的沟通,也为那些不愿露面的学生提供了辅导。

5. 团体辅导

团体辅导也称小组辅导,指一组学生在辅导教师指导下,围绕他们面临的共同问题,通过讨论训练等一定活动形式,使团体成员之间相互启发、诱导,形成共识与共同目标进而改变团体成员的观念和行为。团体人数少则四五人,多则十一二人。其成员多为同年级、同年龄学生,且有类似的待解决的心理困扰。团体辅导适用条件是:学生的心理问题与人际交往有关,且团体成员愿意在团体中探讨他们的问题。一个团体通常要活动十多次,每次时间为一课时。上海市一些中小学在开展心理辅导时以班级为管理单位,但辅导活动的基本组织形式是小组。小组由学生自愿结合形成,推举热心于活动、态度热情、工作负责的同学当组长,每学期活动七八次,取得了较好的效果。①

总之,每一种学校心理辅导的途径都有它的优势和局限。因此,学校在心理健康辅导活动中,应多管齐下,多途径进行,才会收到更好的效果。

第三节　学生常见的心理问题与辅导

根据近些年心理学工作者们大量的调查,我国各级各类学校学生的心理问题虽然存在个别差异,但主要都表现在学习、适应、生活及生涯发展等方面,由于种种主客观因素的影响与制约,学生不可避免地会在这些方面遇到种种挫折,成为学生心理失衡的直接因素。因此,学校心理辅导的内容也集中在挫折教育、学习辅导、适应(包括青春期)辅导、生活辅导和生涯辅导等方面。在中学阶段,尤其以挫折教育、学习辅导和适应辅导最为重要。本节将重点介绍挫折教育、学习辅导、适应辅导里的青春期辅导和生涯辅导。

一、挫折与适应

在现实生活中,人人都有顺利和不顺利的时候,古人说:"人生逆境十之八九",即人人都会遇到挫折。古往今来,没有一个人能完全顺利地实现其动机和抱负,因此,人总会有挫折感。对于挫折,应寻求正确的心理对应,以维持心理平衡,这是保持心理健康的重要方法。

---

① 刘华山.学校心理辅导[M].合肥:安徽人民出版社,1988:53.

(一)挫折、挫折感、挫折承受力与心理健康

挫折(frustration)是个体在从事有目的活动的过程中,遇到障碍或干扰,致使个人动机不能实现、需要不能满足时的情绪状态。

挫折感指人对挫折的感觉能力。在现实生活中,人们面对同一挫折情景所产生的挫折感并不完全相同,如失恋对有的人来说感受到的是世界末日的来临;而对有些人只不过是生活中的小插曲。挫折感的强弱与每个人的动机水平的强弱以及挫折容忍力的大小有关。

挫折承受力是指人在遭受挫折时,控制自己、使自己免于行为失常的能力。挫折承受力的大小与挫折感成反向关系。也就是说,面对同样的挫折情景,挫折承受力大的人,产生的挫折感弱,挫折反应也小,消极影响少,不气馁不动摇,百折不挠;挫折承受力差的人,其挫折感必然强,常表现挫折反应大,情绪消沉低落。

由此可见,挫折对于挫折承受力大的人,不仅不会对其心理健康产生消极影响,还可以使其积累人生经验,磨炼意志,提高心理健康水平,在这方面,张海迪正是我们的楷模。相反,挫折对于挫折承受力小的人,必然会由于长期不能有效地应付挫折,不能缓解由此而产生的诸如焦虑、痛苦等负面情绪时,就会出现不同程度的心理与行为异常,甚至严重的身心疾病。可见挫折犹如一把双刃剑,它可以为我们所用,也可以使我们受伤,这要看我们究竟是抓住剑刃还是握住剑柄。

(二)影响挫折承受力的因素

心理学研究认为,一个人挫折承受力受许多因素影响,主要有以下几种。

1. 身体因素:身体强壮的人比体弱多病的人更能经受挫折。
2. 思想境界:有崇高理想和明确生活目标的人、具有良好道德修养的人,比缺乏理想信念、对人生持消极态度的人更能适应挫折。
3. 人格特征:乐观开朗、意志坚强的人,比消沉抑郁、意志薄弱、心胸狭隘的人更能应对挫折。
4. 生活阅历:生活阅历丰富、饱经风霜的人,比生活一帆风顺、涉世不深、知识经验贫乏的人更能承受挫折。
5. 资源条件:家庭和睦、人际关系协调的人,比那些人际关系紧张的人更容易获得有力的社会支持,如亲人的理解,朋友的帮助,从而有效地应付挫折。

此外,动机水平、对挫折的知觉判断和心理准备状态以及应对方式,都是影响挫折承受力的重要因素。

(三)挫折适应与辅导

挫折适应是指人在碰到挫折情景时,对引起挫折的种种因素,采取有效的策略。从前面的叙述可看出对挫折的反应方式,存在着积极型与消极型两大类。学校心理辅导要引导学生在遭受挫折时采取积极的反应避免消极反应,并帮助学生找出产生挫折的真正原因,予以克服,达到真正战胜挫折、取得成功的目的。即使不能如此,也要想办法避免挫折对学生身心健康造成损害。要做到这一点,学校心理辅导在进行挫折教育时重点可放在两方

面:一是提高学生的挫折承受力;二是教会学生积极适应挫折的方法和技术。

1. 提高学生挫折承受力的方法

(1)帮助学生树立正确的挫折观

挫折是客观存在、不可避免的。帮助学生树立正确的挫折观,教会学生对挫折有正确认识与思想准备,使其对在学习、生活中可能出现的挫折与困难事先有充分的估计,心理有所准备,就会减轻挫折感,增强战胜挫折的信心与勇气。可以通过开展一些活动课如"憧憬未来,面对现实"、"我的理想,我的现实"等进行讨论,让学生真正认识到"前途是光明的,道路是曲折的"。引导学生正视挫折,对挫折有充分的心理准备。

(2)帮助学生确定适当的抱负水平

青少年关于自己的理想或抱负有不同的水平,过高的抱负水平是产生挫折感的一个重要因素。由于青少年对于未来怀有热烈的向往,想象力比较丰富,往往离开现实条件构想自己未来的前景,形成"理想我"与"现实我"的巨大反差,挫折感便会油然而生。因此,教师可通过"自我标价"、"镜像自我"等辅导活动使学生正确认识自己、评价自己,根据学生的"最近发展区"帮助学生确定适当的抱负水平。

(3)适度感受挫折,锻炼挫折承受力

青少年正处在身心急速发展时期,心理脆弱、敏感,如经常遭受重大的精神打击和接连不断的挫折,就会严重影响其心理健康,因此学校和家庭要尽可能预测和改变重大挫折的情景和条件,以避免学生受到更大的心理伤害。但这不等于说要对学生过分保护,不让他们经历任何挫折。事实证明,适度的挫折经历,对于个人挫折承受力的锻炼和培养是十分重要的。也就是说,对挫折的承受也是要通过学习而获得的。所以,教师和家长可以有意识地提供或利用一些挫折情景,鼓励学生主动地在学习、生活实践中克服困难,战胜挫折,积累经验,不断成熟。如孩子跌倒了,鼓励他自己爬起来;遇到难题了,不要急于给他讲解,引导他自己动脑筋等。

2. 教会学生积极适应挫折的方法和技术

通过训练和有意识的辅导,帮助学生掌握积极适应挫折的方法和技术,使他们学会如何对挫折做出积极主动的适应也是挫折教育不可忽视的内容。适应可分为消极适应和积极适应两方面。常见的积极适应方式有:理智的压抑、升华、补偿、幽默、合理宣泄、认知改组等。

(1)理智的压抑(sane repression)。这是一种成熟的适应方式,指当一个人的欲望、冲动或本能因不符合社会规范或要求而无法达到、满足或表现时,有意识地去压抑、控制、想办法延缓其满足需要。比如,一个学生在家做作业,听到电视里正在播放自己最爱看的节目,就特别想看电视,可是一想,作业还没有做完,于是,强迫自己集中注意力做完作业,然后再看电视,得到满足。可以说,一个社会之所以能有序地运转,都是依靠每个人根据社会的规范理智的压抑来控制行为而实现的。越是成熟、有修养的人,越能有效使用压抑,使自己的行为更适应社会规范。这与病态的压抑不同,有些心理不健康的人,因过分压抑作用,把自己本来很正常且应有的欲望或需求都压抑下去,害得自己无法自由行动,形成一种病态现象。

(2)升华(sublimation)。泛指心理欲望从社会不可接受的方向转向社会可接受的方向的过程。当一个人意识到自己的某种欲望无法为自己接受、且与社会规范、伦理道德相悖时,为求得心理平衡,将其净化、提高,成为一种高尚的追求。如中学生将爱情的动机转向以求知、体育活动、音乐美术等形式抒发感情,使原有的动机冲突得以宣泄,消除因动机受挫而产生的焦虑、不安。这就是升华的表现。青少年年少气盛,受挫后容易产生攻击性行为,情绪极带冲动性。因此,教师应引导学生利用升华的作用,把这种冲动性转移到体育活动、学习及兴趣小组中,使之合理化,这样既可以使不正常的情绪得以合理转移,又有益于学生身心健康。

(3)补偿(compensation)。指个人所追求的目标、理想受到挫折,或由于本身的某种缺陷而达不到既定目标时,用另一种目标来代替或通过另一种活动来弥补,从而减轻心理上的不适感。许多在身体上有残疾的人,常采用这种方式来弥补与正常人之间的差距。我国清朝名臣刘墉因身体残疾被人称为"刘罗锅",年少时常被人耻笑,但他勤读苦学,聪明过人,最终成为一代名相,为世人所景仰,充分显示了补偿的作用。正所谓"失之东隅,收之桑榆"。

(4)幽默(humour)。指个体遇到挫折、处境困难或尴尬时,用一种机智、双关、讽喻、诙谐、自嘲等语言、动作的良性刺激,来化解困难,以摆脱内心的失衡状态。幽默是与乐观相联系的,幽默一笑解千愁。例如,苏格拉底的夫人脾气暴躁。一次,苏格拉底与学者、学生在议论学术问题,先听到夫人骂声,继而夫人提水经过庭院时浇了他一身水。学者、学生惊呆难堪,不料苏格拉底说:"我早就知道,打雷之后一定下雨。"夫人转怒为笑,大家也都从这尴尬的场面下解脱了。自嘲也是幽默的一种,如秃顶的人称自己是"聪明绝顶"。幽默恰当,可使人感到愉快,使生活增添情趣和活力,所以它是一种积极的适应挫折的方式。

(5)合理宣泄(catharsis)。指通过创设一种情景,使受挫者能自由抒发受压抑的情绪。人在受挫后往往会产生一些消极反应和心理压力,如果不及时排解将使心理健康受到影响,这时就需要把心理压力释放掉一点。如,将积压在心头的苦闷向亲人、朋友倾诉;把对他人的愤怒和不满写进日记;有时干脆痛哭一场,用眼泪冲走悲痛或委屈。也可到专门的"情绪宣泄室"去发泄一番。宣泄要注意合理运用,以不损害工作和他人为前提,切不可超越法制,违反道德规范。有的学生挨了老师的批评,就将怨气撒在比他弱小的同学身上或将宿舍的门窗砸坏、桌椅折断,以发泄愤懑。这都是不合理的宣泄方法,应坚决加以制止。

(6)认知改组(cognitive reorganization)。主体对挫折情景的认识评价如何,直接影响挫折感的产生。比如高考落榜是考生产生挫折的情景,如果改变对高考落榜严重性的认识,看到上大学并非唯一成才之路,通过自修下一年再考也不迟。这样就可以减轻挫折感。这种对挫折情景的重新认识与评价,称为认知改组。

以上讲的仅是几种主要的方法。教师在辅导中还可以根据学生的实际情况和自己的经验总结出一些行之有效的方法加以灵活应用。

二、学习问题及辅导

学习是学生的主要任务,也是学生生活最重要的内容。在谈到学生学习问题时,人们总习惯于从学习态度是否端正、智力水平的高低、学习方法是否得当等方面去寻找答案。然而心理学家和教育家们通过长期的研究却发现,除了人们早已认识的智力发展水平是导致学习差异的重要原因外,学生学习的迁移水平、学习动机、人格差异、教师心理、学习的反馈,乃至学校教育活动中的社会心理因素如学校中的人际关系、集体心理等都是影响学生学习的因素。当代认知学习理论强调认知因素(认知结构与认知过程)是决定学习结果和学习效率的直接因素的观点更是深入人心。依照认知心理学家奥苏伯尔的观点,如果没有预先存在的可利用的、可区分的、清晰稳定的认知结构,就不会产生有意义的学习。如果没有必要的基础知识和背景知识,就很难理解新知识的意义。学习时,只有善于把新知识和已有知识联系起来,进行深水平的意义加工,才能理解新知识,掌握新知识。因此,学习时认知加工的深度和策略是学习和掌握知识的必要条件。也就是说,学生"如何学"才是决定学生学习到什么知识以及学到什么程度的最关键、最直接的因素。其他因素,虽然也重要,但都是影响学习的间接因素。这些观点给我们从事学习辅导奠定了坚实的理论基础。

另外,学习状况如何,还将直接影响到学生的身心发展和健康。实际上,学生的许多心理问题就是源于学习的挫折、困难和失败。相对而言,学业成绩优良的学生在自信心、情绪、成就动机、同伴关系、社会处境等方面整体水平要优于那些学业成绩不良的学生。因此,学习辅导是学校心理辅导的重要任务之一。学校里的学习辅导主要包含两方面的含义:其一,发展性的学习辅导,其目的是开发学生自身的学习潜能;其二,特殊学习问题辅导,其目的是解决学生在学习过程中出现的心理上的困惑,通过辅导使学生乐于学习,学会学习。

(一) 发展性学习辅导

1. 发展性学习辅导的目标

研究表明人的学习潜力很大,目前我们还没有能力测算人类的潜能到底有多大,我们目前的教育教学方法没有能够使学生的学习潜力得到最大的开发。发展性学习辅导试图通过学习策略与方法的指导以及与学习有关的非智力因素的调动来开发学生的学习潜能。在态度上,变"要我学"为"我要学";在学习效果上要变"教学生知识"为"让学生学会学习"。

2. 发展性学习辅导的内容

发展性学习辅导实际上就是解决学生能不能学、爱不爱学、会不会学等问题,根据学习辅导的目标,学习辅导主要有以下内容。

(1)学习动机辅导

这是解决学习动力问题,也就是学生"想学"的问题。如人为什么要学习？我是为谁而学?学习动机是推动和维持学生学习的动力,分为内部驱力和外部诱因两种。内部驱力又包括认知内驱力(即求知动机,指对知识的好奇和渴望)和自我提高内驱力(即自尊动机,指个体对因自己的胜任能力或学习能力而赢得相应地位的需要)。这两类动机均属于内部动机。外部诱因指学生为了赢得家长、教师等的赞许或认可而表现出来的学习动机,它也被称做外部动机或附属内驱力。心理学家一致认为,学生学习不良的主要原因之一,在于没有养成良好的注意习惯,注意广度不足,学习动机对学习的促进作用主要是以注意的加强作中介的,尤其是内部动机对学习和注意的维持更为持久,使学习者有更大的主动性。很多学生学习成绩差其原因就是没有明确自己的学习动机,不少学生觉得自己学习只是为了满足父母的愿望或是为了应付来老师的压力,因此他们的学习往往是被动的。这个问题解决得好就能变"要我学"为"我要学"。在辅导中,可以通过心理辅导活动课帮助学生认识学习动机的重要性,自我澄清学习动机,激发学生的好奇心和求知欲,还可通过组织心理训练课来提高学生的自信心和自尊心,从而帮助学生产生自我提高的内驱力。如通过"自画像"、"夸夸我"等活动课增强学生对自己优点和长处的自我认识,从而提高自信心和自尊心,间接地增强学习动机。

(2)学习情绪辅导

这是解决"乐学"的问题。学习情绪是指个体对学习的喜恶感受和体验。它可分为良好的学习情绪与不良的学习情绪。良好的学习情绪指对学习所持有的喜爱、快乐、愉快、高兴的体验,是一种积极的情绪。不良的学习情绪则对学习产生厌恶、痛苦、不愉快的体验,是一种消极的情绪。研究表明,积极的学习情绪起积极的促进作用,有利于促进智力的发展。所谓"知之者不如好之者,好知者不如乐知者"。而不良的情绪则对学习起阻碍作用,妨碍智力的开发。许多学习落后学生的学习问题无不伴随着消极的情绪体验,而且,消极情绪既是学习落后的成因又是学习落后的结果。因此,学习情绪辅导的主要任务就是帮助学生形成良好的学习情绪以及调控不良的学习情绪。可通过让学生认识学习情绪对学习的影响、教会学生学会主动控制自己情绪的方法和手段、创设情景让学生体验学习与成功的快乐、消除考试焦虑等进行。值得一提的是,学生学习情绪的积极与否,很大程度上取决于教师,如教师的积极的教育教学情绪、教师对自己所教学科及对学生的热爱、良好的师生关系等对学生良好学习情绪的形成起着极为重要的作用。所以,学习情绪的辅导不仅对学生而且对教师同样重要。

(3)学习能力辅导

这是解决学生"会学、巧学"的问题。学习能力辅导是学习辅导的核心与归宿,因为有了较强的学习能力,学习才能事半而功倍。过去往往把学习能力差归因于智力落后,但近些年对学习落后学生的研究证明,特定的知识和技能的缺陷是导致学习能力低下的主要原因。因此,当学生的某一门功课学习吃力时,任课教师应勇敢承担起知识上查漏补缺和学习策略上有效指导的责任。可选用适宜的智力测验、知识缺陷和学习策略的诊断。这样,既能诊断出学习能力差的原因,也为辅导明确了目标或方向。学习能力培养是学校教育教学的重要目标,应成为教育教学的主要课程内容。学习能力辅导具体可通过自学能力辅导(如阅读的方法、做笔记的方法等)、思维能力辅导(包括集中思维、发散思维及逻辑思维的培养)、操作能力辅导(即动手能力,是一种解决问题的能力)及掌握学习策略辅导等来实现。其中,学习策略的辅导尤为重要,是学习辅导的核心,因为学习策略的学习是学生学会学习的关键(参见第九章)。

(4)学习行为辅导

这是解决学习习惯的问题。学习习惯是学习态度与学习方法相结合而形成的一种稳定的动力定型。它与学习态度相关,又与学习方法紧密相连,是学习态度和学习方法经常化的行为表现,是经过反复训练而养成的学习方式。从心理机制上看,习惯是一种内在的需要,如果不这样做,人就感到难受和别扭。它不需要别人督促和提醒也不需要自己的意志努力,是一种省时省力、高效率的自然动作。所谓"习惯成自然"。学习习惯包括良好的学习习惯和不良的学习习惯。它们对学生的学习起着促进或阻碍作用。在学校里我们经常可以观察到,那些成绩好的学生总是和上课注意力集中、课后认真做作业、学习有计划、时间安排得有条不紊、及时复习、喜欢课外阅读等良好的学习习惯相伴随;而那些成绩差的学生总会表现出上课不注意听讲、做小动作、课后不认真做作业或不交作业、学习无计划、不及时复习、懒得动脑筋等不良的学习习惯。因此,对学生进行学习辅导必须对学生的学习行为进行辅导。学习行为辅导包括良好学习习惯的养成和不良学习习惯的矫治。良好学习习惯的辅导可从学习计划的制订(包括学习目标、学习内容、时间安排、休闲计划等)、课后复习(及时复习及科学的复习方法)和课前预习(预习的程序和方法)三方面进行。不良学习习惯的矫治可从不良学习习惯危害的充分认识、不良学习习惯的矫治(可采用一些行为干预的技术,如消退、暂停、反应代价、橡皮圈拉弹等技术)和良好学习习惯的培养(如强化、代币制等)等方面进行。总之,良好学习习惯养成是学习辅导的重要内容,是解决学生"乐学"问题的关键。它不仅直接影响学生的学习效率和学习成绩提高,而且也和提高学生修养、完善学生人格紧密相关。正如培根所言:"习惯是一种顽强的巨大的力量,它可以主宰人生"。

(二) 特殊学习问题辅导

学校里的学习辅导除了重点关注全体学生的学习发展以外,对部分学生的个别问题也不能掉以轻心。如学习障碍、厌学症、考试焦虑等。这类问题由于个别差别大、程度较一般问题严重,涉及的辅导与咨询专业性与技术性较强,所以辅导难度较大。对这类问题,学校心理辅导的任务重在发现和识别,一旦确定,轻微的可和家长、学校专业辅导员、班主任联合起来,采取措施,进行帮助;如果问题严重,就要及时寻求专业人员或专门的心理咨询机构的帮助,千万不可任其发展。下面重点就考试焦虑及辅导做一简单介绍。

1. 考试焦虑及对学习的影响

考试焦虑是一种情绪反应,指学生意识到考试情景对自己具有某种潜在威胁时而产生的一种紧张的内心体验。它通常有以下三类特征:(1)以担心为特征的、由消极的自我评价所形成的意识体验。这可视为考试焦虑的认知特征。(2)同自主神经系统活动增强相练习的特定的情绪反应,如心慌、心率加快、呼吸加剧、肠胃不适、多汗频尿等,这可看作是考试焦虑的生理特征。(3)通过防御或逃避所表现出来的一定的行为方式,如多余动作增加、胡乱答完卷子早早离开考场等。这可视为考试焦虑的行为特征。

考试焦虑对学习的影响因焦虑程度不同而不同。总体来说,考试焦虑与学习之间存在着一种倒"U"形曲线关系。即焦虑水平过高或过低,都会使学习受到抑制。只有水平适当,学习和考试效果最好。焦虑水平的适当值受许多因素的制约,不同的情况下,值的大小是不同的。对中小学生而言,过度考试焦虑的危害更大,它不仅容易分散学生的注意力,严重影响学生学习的顺利进行;而且,长时间的过度焦虑,还会危及学生的身心健康,引起诸如多种类型的神经症、社会适应障碍、冠心病、胃溃疡、内分泌系统紊乱等身心疾病。因此,学校心理辅导要给予高度重视。

2. 考试过度焦虑的辅导

学生的考试焦虑是由多种因素相互作用而形成的,其焦虑水平也受多方面因素的制约,其中有学生自身的内部因素(对考试的难度与自身应付能力的评价、知识准备与应试技能、神经类型和人格特征等),同时也和学生生活的外部环境(学校、家庭对学生过高的期望和把考试成绩作为唯一的评价标准等)有密切关系。因此,教师应根据学生的实际情况,有的放矢地进行辅导。常用的克服考试焦虑的心理训练方法有调整自我认识法、自信心训练法、放松训练法和系统脱敏法等。

下面介绍一种简易的团体辅导法,它综合了多种克服焦虑的心理调节方法,简单易行,可供老师对班内考试焦虑较重的学生进行集体辅导。[①]

第一步,指导学生全身放松。指导语为:"首先尽可能坐得放松舒适些,然后开始放松全身肌肉,头和额部最先放松,接着放松脸部肌肉,上下颌也不要绷紧,颈部肌肉要完全松弛,肩膀上的骨肉也跟着放松,从肩膀到肘、到手指都要放松。紧接着是使胸部骨肉放松,先做深呼吸,再慢慢呼气放松,使紧张感慢慢消失,然后继续使腰、臀、大腿直到膝盖,再到小腿、脚踝到趾端都得到放松。"此时让学生稍稍地休息一下,多数学生紧张情绪可以得到缓解。

第二步,当学生的身体完全放松后,由老师生动逼真地描绘考试的情景,学生随之假想自己进入考场进行考试。当学生感到极度焦虑时,马上让他停止假想,然后再开始做前述的松弛运动,待全身放松后,过几分钟再描绘考试的情景……这样反复多次,直到学生在假想的考试情景中不再感到焦虑为止。

第三步,老师有计划地安排学生集中进行模拟考试。在模拟考试中,让学生有意识地放松,并默诵一系列的指令:"全身骨肉放松,不要紧张,考试没有什么可怕的,注意力集中在题目上;答题时保持冷静,想一想其他可能解决的办法;深吸气,再慢慢吐气,全身松弛,

---

① 林薇.学习的烦恼[M].北京:北京出版社,2000:88.

果断地去做。"

经过几次这样的辅导,学生的考试焦虑就会明显降低。

(三) 学习辅导案例

案例介绍:婷婷,女,初二学生。

婷婷的母亲是出版社编辑,父亲也是知识分子。家庭的文化氛围较浓,对子女的期望值也较高。婷婷上小学时就是班干部,学习成绩保持在中上等。这在很大程度上得益于父母的悉心指导及其自身的努力。可是,上初中之后,她明显地感觉到自己很难跟上,主要表现在数学学习中,几何学得最差,几乎每次都是不及格。爸爸妈妈也很着急,可是婷婷不再像小学阶段那样,遇到数学计算题或应用题多讲几遍就会做。她对几何几乎是一窍不通,常常连图形都分辨不好。父母带她做了一次智力测验,测验结果属于中等,言语智商明显高于操作智商。另外,在做学习能力测验时,发现婷婷的视—动统合能力明显低于同龄水平,主要表现在空间知觉差,对几何形体的特征不会做全面的、有条理的观察和归纳,造成对几何形体特征不全面的认识,从而影响她的学习成绩。

针对婷婷的测验结果,我们为她制定了一份训练方案:(1)培养形成概念的能力;(2)增强空间想象能力;(3)强化对图形的推理能力;(4)培训解题思路。具体做法是:

(1)培养形成概念的能力

对形状、数量、整体和部分的概念进行训练,主要通过图形选择来完成。如采用图形表示的非文字训练和字词训练等方式,让她通过观察分析材料,根据图形的形状、颜色、大小和数量、排列规律等进行思考,培养其形成概念的能力。

(2)增强空间想象能力

通过图形的空间方位的变化,要求她能根据规律进行想象,使平面的图形在思考过程中能立体化。

(3)强化其对图形的推理能力,增强其对变形图形的识别能力,如采用以下训练。

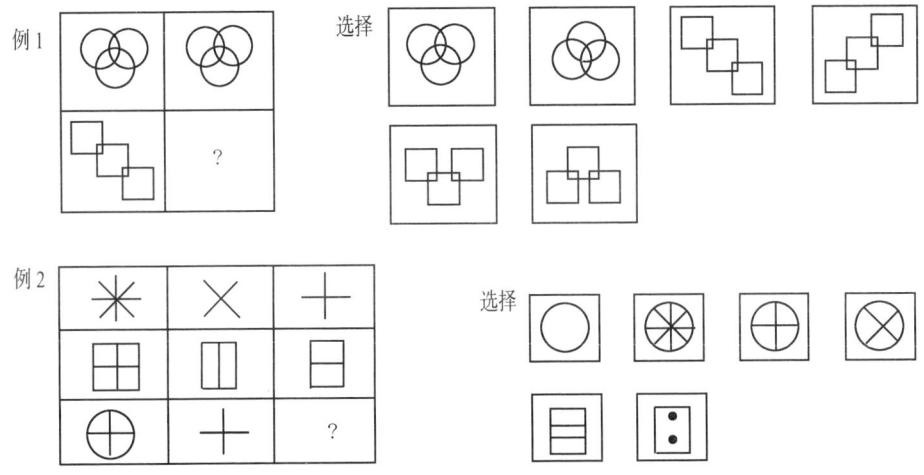

(4)培训解题思路

首先进行读题的一般性训练,要求她做到能正确读题,能读懂题意,了解题目的问题是什么;然后,进行列式、模仿性解题等基本性练习;最后进行认知性练习,要求她自己表达思维过程并归纳题意。

经过老师的细心讲解、启发,婷婷的解题思路有了较大改进。自我感觉也比以前好多了,她曾经对训练老师说:"我觉得现在一般的在数学上没有难题了。"她的学习成绩也明显上升,训练结束后的一次期末考试中,婷婷得到全班前10名的好成绩,几何成绩也有了较大幅度的提高。

三、青春期辅导

(一)青春期辅导的必要性

青春期,一般指11、12—17、18岁年龄阶段的青少年。由于发育期的迅速成长而带来的生理、心理及社会的负担使初出茅庐的少年人承受极大的压力。人类生命的三个基本维度(生理、心理、社会)突然膨胀,使各方面的问题突显出来,也使中学时期既丰富多彩又充满矛盾与困惑。青春期对于人生来说是一个极为特殊的时期。有人将这一时期称为"危险期"、"疾风暴雨期"、"心理断乳期"。无论人们怎么称呼,也无论这些称呼是否准确,总之青春期确实是一个很不平常的时期,这一时期的成长对于人生的发展是至关重要的。首先是在生理上,这一时期是少年性成熟的关键时期,同时伴随着的是身体的迅速增长和脑神经系统发育成熟;第二是由于生理的发育产生的心理的发展和变化,如智力的发展使得少年的抽象思维能力得到空前发展。性的成熟造成一系列的心理矛盾和冲突。

(二)青春期少年常见的心理、行为问题

青春期少年常见的心理、行为问题有以下几点。[①]

第一,过度关注自我。主要表现为对自己身体机能的异常关注以及对某些疾患的多疑和过分夸大,将注意力过分集中于自己,由于对自己生理的急剧变化不满意而极度焦虑,有时还要主观构想疾病或症状。如有的少年由于身体某些部位一时不适就开始怀疑自己得了严重的疾病,从而疑神疑鬼甚至惶惶不可终日。

第二,情绪的两极性。表现为情绪体验强烈而多变,经常失去平衡,而且他们的心境往往处于低沉状态。如果负性情绪长期得不到排解,抑郁、焦虑症状持续存在,烦恼与孤独不能释怀,少年特别容易产生自杀的意念和行为。

第三,性别角色混乱。男女性别上的差异不仅表现在其生理基础上,亦表现在其社会适应性和社会行为上。所谓性别角色混乱,即通常所说的男孩像女孩,女孩像男孩的现象。性别混乱经常出现在青少年中,我们发现有的女孩子把自己打扮成男孩子的样子,如果不仔细观察有时确实分不清是男是女;有的女孩子对月经等生理现象特别反感因而希望自己

---

① 刘维良,齐建芳.中小学心理健康教育[M].北京:华文出版社,2002:140.

是男孩子;有的男孩子也把自己打扮成女性,出现"娘娘腔"等问题。青春期是男女性别角色分化的关键期,如果在这一时期发展不好,就可能出现男性女性化和女性男性化等问题,如"易性癖"。

第四,人格冲突。青春期是充满矛盾的时期,如青少年出现反抗与依赖、勇敢和懦弱、闭锁与开放并存的矛盾心理,在人格特点上表现为逆反、偏执、走极端等特点。

第五,人际关系冲突。主要表现为青少年与父母等成人出现代沟,反抗成年人;与同伴交往的要求增加,但是由于交往技能的缺乏和自我中心,交往中往往矛盾冲突很多,产生心理压力;另外就是异性交往问题,经常以一些不当的方式进行交往。

第六,性心理问题。青少年性发育基本达到成熟,具备了生育的能力,出现了性的冲动。但是由于他们性生理心理知识的缺乏,经常产生性的困惑,如出现性渴望、性幻想,由于性好奇而发生性尝试等。如果不及时进行性教育,青少年性保健意识会很薄弱,出现异常性行为,如手淫、性罪恶感、性乱交等。

从以上分析可看出,青春期的问题虽然涉及各方面,但性驱力与社会规范之间的矛盾始终是最基本的矛盾,是引发青春期其他问题的根本原因。因此,青春期辅导的最基本的内容是性教育与辅导。

(三)性教育与辅导

如前所述,对处于青春期的中学生来说,性驱力与社会规范之间的矛盾始终是最基本的矛盾,特别是当社会的性行为规范本身正经历着剧变时,它给青少年带来的困惑就更严重了。青少年在这一时期寻求着性角色的确认,想尝试着享受成人具有的权利,但传统的与新潮的性规范或习俗、惯例往往相互冲突,甚至截然对立,使他们很难做出理智的选择。由此可见,青春期辅导特别是性教育与性心理辅导对于少年是非常必要的,特别需要一些训练有素的专业辅导人员,从心理辅导的角度对青少年进行专门辅导,使少年能够顺利度过青春期这一人生关键期。

1. 青少年性教育的内容

青少年的性教育包括:性生理教育——使青少年正确认识人类性发育的自然规律及其本质,克服在性问题上存在的神秘感和模糊概念;性心理教育——引导青少年正确认识自身的性心理变化、性意识的各种不同表现,尤其是异性交往问题;性卫生教育——使青少年了解性器官的卫生保健常识,养成良好的卫生习惯;性道德教育——启发青少年正确处理学习、恋爱和友谊的关系;努力克制自己的性冲动,将主要精力放到人生远大目标的追求上;性法律教育——引导青少年划清正常的异性交往与性罪错的界限,增强其在性问题上的守法观念。

2. 青春期常见的性心理问题

(1)性自慰行为

所谓自慰行为是指在没有异性参与时所有自我进行的满足性欲的活动。一般有性幻想、性梦和手淫三种形式。青少年时期适度的性自慰行为,有助于释放性能量,缓解性心理紧张度,有利于青少年的健康成长。然而,过度的自慰行为和因为自慰行为所产生的罪恶感往往困扰着不少青少年,甚至导致不同程度的身心伤害。

(2)"早恋"问题

近年来的全国性调查显示,中学生的早恋已占有相当大的比率。早恋的学生一部分是学习成绩优秀的班干部,因工作需要有更多的机会接触异性,有威信有号召力容易引起异性的注意和追求;另一部分是学习成绩较差及家庭不健全的学生,学习不好心理压力大,容易移情于两性交往,家庭不健全的同学缺乏父爱和母爱,感情饥渴,以寻求来自同龄人的关怀。早恋往往会分散学生大量的精力进而影响学业,也有可能使身心都尚未完全成熟的青少年陷入由于"越轨"导致的种种悲惨境地。

3. 青春期性心理辅导

(1)开展课堂教育,讲授有关性生理、性心理、性卫生、性道德和性法律的知识,培养青少年健康科学的性意识。

(2)提供异性交往的途径和机会,满足青少年渴望接近异性的正常性心理需要,将多余的性能量转移到其他活动中去。例如,2007年9月1日推广的《第一套全国中小学校园集体舞》就为青少年间的异性交往提供了轻松愉快的环境。

(3)开展个别辅导,对有早恋及其他性心理困扰的学生提供及时、专业的帮助与辅导。

(4)加强青少年的思想道德建设,抵御各种"黄毒"的不良影响,树立正确的价值观念。

四、生涯辅导

(一)生涯辅导的概念和内容

生涯辅导是在职业辅导的基础上发展起来的新概念。生涯的英文为career,也有事业的含义。在希腊,career被引申为个人一生的发展过程,也指个人一生当中所扮演的系列角色与职位。心理学家舒伯(Super,1976)对生涯的定义为大多数学者所接受。他认为:生涯是指与个人终身所从事的工作或职业等有关活动的过程,是生活中各种事件的演进方向和里程,统合了人一生中的各种职业和生活角色,由此表现出个人独特的自我发展(事业发展)形态。除了职业之外,还包括任何与工作有关的角色,如学生、退休者,甚至包含了家庭和公民的角色。① 生涯辅导是指一套有系统的辅导计划,在辅导人员的帮助下,引导个人探究、评判并整合运用相关的知识与经验,来规划个人的生涯发展。② 具体说生涯辅导的内容如下。③

1. 生涯规划及生涯决策能力的培养

生涯发展包括一连串的生涯规划与决策的过程,因此生涯辅导必须协助学生学习如何规划人生以及在面对各种抉择情景时的决策能力。如高考填报志愿时的决策能力。

---

① 沈之菲.生涯心理辅导[M].上海:上海教育出版社,2000:2.
② 冯观富.教育心理辅导精解[M].台北:台湾心理出版社,1993:205.
③ 同①:6.

2. 自我状况的了解及个人价值观的澄清

生涯规划与决策恰当与否首先取决于个人对自己价值观的澄清和自我状况的准确评价。因此生涯辅导不仅要协助个体澄清自己的职业理想、期望等和价值观有关的问题，而且还需要了解个体的能力倾向、兴趣、个性等情况。即解决"我最喜欢干什么"、"我适合干什么"等问题。

3. 做出合理的选择

在进行生涯规划与决策时，仅考虑个人的能力、爱好、兴趣还不够，还必须考虑可能性，即客观环境能在多大范围内为我们提供选择的自由。所以，必须协助学生对有关职业与生涯发展的资料进行深入的了解，对现实情景作实事求是的分析与评价。如比较各种选择之间的利弊，最后做出适当而合理的选择。它解决的是"我有可能干什么"的问题。

4. 自身潜能的开发

和所有的学校心理辅导一样，生涯辅导同样强调发现并挖掘个人潜能，给予个人充分的机会，以独特的方式去发展及表现个人的才能。另外，生涯辅导还协助个人适应快速变迁的社会与职业环境，考虑比较灵活和弹性的方式，以达到个体的生涯发展的目标。

(二) 学生生涯辅导的意义

生涯发展是一个贯穿个体一生的动态过程。在人生的不同阶段都需要有意识地进行生涯规划。青少年时期是人生发展的重要时期，自我意识的确立和理想信念的形成是这一阶段发展的重要内容。此外，确立今后发展的方向也是该时期重要的任务之一。对学生而言，学校的学习只是未来事业的准备，一份具体的职业才是个人发挥才华、服务社会的安身立命之所。因此，一个人逐步培养起自己善于规划人生路途、善于选择恰当职业的能力，就成为事业乃至人生成功的条件之一。为了做出恰当的规划和抉择，学生必须知己知彼，即了解自己的优势和劣势，尤其是自己的潜能，以便扬长避短；了解社会的发展和职业的需求，以便合理选择。这些都是我国传统学校教育、教学中几乎不涉及的内容，但它们却是生涯辅导所要探讨和解决的课题。因此，对学生进行生涯辅导将有助于实现素质教育和促进人的全面发展。

(三) 学生生涯辅导的内容

1. 帮助学生了解生涯发展的意义，协助学生建立生涯观念

通过多种形式的辅导活动，使学生了解个体发展的阶段性，明确各个阶段发展的特性和需要，特别是青少年阶段的生涯发展任务。培养学生积极主动地规划自我发展的生涯观念。

2. 帮助学生积极有效地开展生涯探索

一方面，通过心理测验等多种方式，使学生了解自己的兴趣、能力、性格和价值观以及所处的社会环境；另一方面，使学生了解一般的行业及其发展趋势和升学就业的机会等情况。

3. 协助学生做生涯规划与生涯抉择

帮助学生根据自己的兴趣、能力等特点结合客观环境的可能性做出生涯规划与抉择。

例如,考试填报志愿及专业等。

五、自我意识的发展问题及其辅导

(一)自我意识辅导的必要性

自我意识是个人对自己的自觉因素,是人的意识区别于动物心理的重要标志。自我意识主要表现为自我认识、自我体验、自我控制等形式。它们分别涉及个体对自己的认知、情绪体验和意志行动。自我意识的困扰往往表现为:不能正确地认识自己、不能悦纳自己、不能有效地调控自己的行为和态度。不健康的自我意识会影响个体的人际交往,也会导致个体长期陷入消极的自我体验,严重威胁个体的身心健康,甚至会导致人格障碍。青少年时期是自我意识发展的关键时期,在这一阶段个体面临着确立自我同一性的重要使命。"自我同一性"这一概念是由美国著名精神分析专家埃里克森提出的,它是个人关于自己的态度、价值、信仰及兴趣的连续一贯的组织系统,是个体关于自己"过去的我"、"现在的我"和"将来的我"的发展是否一致和和谐的一种状态。由于青少年身心发展的特点,在确立自我同一性的过程中,个体往往会产生身份和角色认同的危机。这种危机主要表现在两个方面:一是同一性混乱,即个体在寻找自我的历程中,对职业选择、学业倾向、理想和信仰等方面的问题还没有找到自己的目标和方向,即没有形成一种强烈的、清晰的自我同一感;二是同一性排斥,即个人在自我探索中缺乏主体意识,对个人的现实和理想问题往往依赖他人而不是自主选择,他们对成人尤其是父母的依从性太强,因而变得刻板、教条和顺从。即使有些需要他们独立作决定的事件或行为,由于自己缺乏价值判断的标准而感到茫然无措。如果个体不能成功地过这段危机,将很可能导致现实自我与理想自我距离过大、自主性缺乏或不足、自我菲薄与自我陶醉、沉湎于自我分析、极度的自我中心等问题。因此,关注青少年自我意识的发展问题,开展积极有效的辅导工作是学校心理辅导的重要任务。

(二)自我意识发展的辅导

1. 帮助学生设置适当的目标,使学生体验成功

成功的体验是良好自我意识最为重要的源泉。帮助学生根据自己的能力水平、性格特点、兴趣爱好设置适合自己发展的学习目标,使每个学生都有品尝成功喜悦的机会,从而建立起良好的自我意识。

2. 尊重学生,消除不良的教师期望

教师期望是影响青少年自我意识发展的重要因素。教师要克服偏见,不以学习成绩的好坏来衡量一个学生的发展;要尊重每一个学生,善于发现每个学生的特点与长处,帮助他们不断成长。

3. 开展课堂辅导,帮助学生建立良好的自我意识

通过讲授有关自我意识发展的心理学知识和开展形式多样的课堂活动,帮助学生有机会发现问题、解决问题,帮助他们建立良好的自我意识。

六、网络成瘾及防治

随着信息化社会的快速发展,人们对网络的依赖也与日俱增。一方面,人们享受着网络所带来的种种便利和这个虚拟世界所带来的全新感受;另一方面,人们也承受着这个新生事物所带来的种种弊端。网络成瘾便是网络时代出现的一个全新问题。青少年正值身心发展的重要时期,其心理发育尚未成熟,自我控制能力较差。面对网络世界的种种诱惑,很容易深陷其中无法自拔。

(一) 网络成瘾症状及危害

"网络成瘾综合征"(Internet Addiction Disorder,简称 IAD)是由纽约的一位精神医生 Goldberg 于 1994 年提出的,临床上是指由于个体对互联网过度依赖而导致明显的心理异常症状以及伴随的生理性受损的现象。"网络成瘾综合征"的主要表现,就是因过分依赖网络而失去对现实生活的兴趣。其最明显的症状有:在网络上工作时间失控,长时间使用网络以获得心理满足;使网络几乎成为现实社会的替代品,沉湎于网上的虚拟世界,"嗜网如命"而无法自拔;不惜增加网上停留时间,试图减少操作时间但难以自控。美国心理学家杨格提出诊断网络成瘾症的10条标准:1. 下网后总念念不忘网事;2. 总嫌上网的时间少而不满足;3. 无法控制用网时间;4. 一旦减少用网时间就焦躁不安;5. 一上网就能消散种种不愉快;6. 上网比上学做功课更重要;7. 为上网宁愿失去重要的人际交往和工作;8. 不惜支付巨额上网费;9. 对亲友频频掩盖上网的行为;10. 下网后有疏离感。只要具备上述10条中的 4 条,就可判定为网络成瘾症。

网络成瘾对青少年的身心健康产生了极大的危害性。首先,长期上网可引起植物神经功能紊乱和体内激素水平失衡,使免疫功能降低,引发心血管疾病、胃肠神经官能病等。此外也会导致视力下降、肩背肌肉劳损、生物钟紊乱等不良反应。其次,网络成瘾也可使青少年对周围现实环境感受力减退,心理闭塞,与现实疏离,久而久之导致认知障碍和人格障碍。再次,网络成瘾也严重影响青少年正常的学习生活和人际交往。由于长期上网导致的社会适应不良不仅使网络成瘾者长期陷入严重的心理冲突,更有甚者会引发青少年违法犯罪的恶性事件发生。总之,网络成瘾对青少年生理、心理和社会性发展危害极大。

(二) 网络成瘾的原因

青少年网络成瘾的原因是多方面的。首先,青少年面临着确立自我、获得性别角色、适应性成熟、适应成人社会等一系列社会化任务。在这个过程中,他们将承受来自生理、心理、学业等多方面的压力。如果他们不能很好地处理这一阶段出现的种种问题,就很有可能陷入自我满意感过低的心理困境。这时,那些低自我满意感的个体往往会为了摆脱现实生活中的种种不愉快而沉迷于网络。[①] 其次,内向、孤僻、敏感等不良的人格特征是诱发个体沉迷于网络的内在原因。面对同样的困境,那些具有不良人格特征的个体更倾向于逃避

---

① 杨玲,赵国军. 网络成瘾对青少年自我发展的影响[J]. 电化教育研究,2003(11):56.

现实、逃避问题,而网络便成为他们回避现实的"理想工具"。最后,对青少年使用网络的错误教育方式也可能导致青少年网络成瘾。

(三)网络成瘾的防治

1. 正确引导青少年的上网行为。老师及家长应当对青少年的上网行为加以监控,严格限制上网时间,有目的地培养他们良好的自控能力和上网习惯。在有条件的情况下,采取技术手段控制上网时间和网页内容,尽量为青少年营造一个良好的网络环境。

2. 帮助青少年设置合理的目标,创造更多的成功机会,进而提高其现实社会的自我满意感。

3. 开展丰富多彩的校园活动,提高青少年的现实交往能力,使得他们在现实生活中有机会宣泄不良情绪,感受到现实生活的美好。

4. 有针对性地开展心理辅导。对那些有社交恐怖倾向、孤独、抑郁、焦虑、对他人怀疑性强、缺乏自信等负性心理特征的青少年重点关注,开展心理辅导,防止负性心理特征的青少年沉迷于网络,产生网络成瘾。

5. 对于重症成瘾者可在心理医生的指导下采用认知行为疗法或脱敏疗法,并配合药物调整等,以改善大脑功能和心理状态,帮助青少年建立积极的心理防御机制,使他们的身心获得解脱。

【附录1】 生涯辅导案例:成功人士大家谈①

(1) 请找一个成功者的个案并回答下列问题:

　　他(她)是谁?

　　他在哪个领域(方面)取得成功?

　　他为什么会取得成功?

(2) 故事会:成功人士大家谈

【附录2】 心理健康测验:你需要心理咨询吗?

与大多数人一样,你在生活中,会出现这样或那样的情绪波动,或多或少都有一点躁动。那么,你怎样判定自己的情绪是否需要心理咨询呢?下面的20道题可以帮助你判断。请你在每题后面的括号中做出选择:A. 表示始终或绝大多数时间;B. 表示经常;C. 表示偶尔如此;D. 表示很少有过或从未有过。

1. 在新的环境中,如求职面谈或集会,你担心会遭到难堪或遇到不顺利的事吗?

（　　）

2. 别人要求你做某些你不愿做的事,你会拒绝吗?(　　)

3. 你是否会因某件事(比如你约的朋友因故来晚了)而勃然大怒,但事后则感到那件

---

① 沈之菲.生涯心理辅导[M].上海:上海教育出版社,2000:116.

事不值得那样生气?( )

4. 和朋友相聚时,你提出的建议他们都能听从吗?( )
5. 你在做决定时,如买一件新衣服或如何度过周末时总是犹豫不决吗?( )
6. 把你带到集体活动中去,你是否会感到孤独?( )
7. 你是不是每次都要得到别人的允许或鼓励,才动手做日常事物?( )
8. 别人占你便宜时,你能否表示不快?例如在食堂有人插队排在你前面买饭。( )
9. 你是否满意与你关系最亲近、密切的人?( )
10. 在求职面谈或参加聚会之前,你是否要喝杯酒或服一粒镇静剂,以增强信心? ( )
11. 你为自己一些难以控制的嗜好,如喝酒、暴食而心焦吗?( )
12. 在车厢里或狭窄的地方,你是否会有无法控制的恐惧或是被吓得不能动弹? ( )
13. 你出门之后,是否总是再回来一次,看看房门锁上了没有,电灯关了没有以及诸如此类的事?( )
14. 你和同学的关系常常不很协调吗?( )
15. 你是否要一个多小时才能入睡,或醒得比希望得早一个多小时?( )
16. 近年你的体重下降了吗?(A. 极少;B. 下降了近2千克;C. 下降了近4千克;D. 下降了近5千克)。( )
17. 你是否非常关心清洁,或怕被你接触的东西弄脏了或怕弄脏了你所接触的东西? ( )
18. 你是否觉得前途无望,或曾想伤害自己或自杀?( )
19. 其他人未意识到的事物,你看到、听到或感觉到过吗?( )
20. 你觉得自己有超人的力量或别人用了超人的力量对你吗?( )

答案及其说明:对这些问题的回答是无所谓"对"或"错",不过在通常情况下,适应性良好的人,多半会做以下的回答。

心理健康测验参考答案

1. C 或 D	2. A 或 B	3. C 或 D	4. A、B	5. C、D
6. C、D	7. C、D	8. A、B、C	9. A、B、C	10. C、D
11. C、D	12. C、D	13. C、D	14. C、D	15. C、D
16. A、B	17. C、D	18. C、D	19. D	20. D

问题1—10,评估你的憎感和自信心如何。如果你的大部分答案与上述不同,说明你的情感有些问题,或者说你自己不是很自信。如果你想改变某些情绪或行为,也许心理咨询会对你有所帮助。

问题11—14所提到的行为,通常都与情绪问题有关。如果你的答案与上述不同,并且觉得情绪问题已干扰了你自己的日常生活,那么最好找一位专家,听听他的意见。

问题15—20涉及你的行为方式。这可能是严重心理问题的早期信号。如果你的答案有某些或许多与上述不同,那么应该马上咨询,且越早越容易治好。

最后,你还要克服"不进行心理咨询"的心理。在国外,心理咨询很普遍、很流行,进行心理咨询的目的是为了更好地工作和生活,所以决不会被人瞧不起。如果女孩子听说自己的男朋友进行心理咨询,那么她会很高兴。因为她认为自己的男朋友事业心强,有上进心。因而我们一定要改变畏惧"心理咨询"的旧观念。大胆地去完善自己吧!心理咨询是绝好的精神调整方式。①

【主要结论与应用】

1. 新的健康观不仅指躯体健康,而是指"生理、心理、社会适应和道德品质的良好状态"。

2. 心理健康的标准涉及心理活动的各方面,即知、情、意、行几方面。心理健康是一个相对的概念,没有绝对的健康,也没有绝对的不健康。心理健康的标准只反映了社会对个体良好适应所提出的心理、行为的最一般要求,还不是心理健康的最高境界。最高、最健康的境界是一种无止境的发展状态。在界定人的心理健康标准时,应以人的整个行为的适应情况为依据,而不过分重视个别症状的存在。

3. 学校心理辅导是以全体学生为对象、以全体教师参与为特征、以挖掘学生潜能为目标的发展辅导为主的助人活动。心理辅导在辅导活动中要遵循面向全体、发展为主、尊重与理解、尊重学生主体、因材施辅、整体性发展等原则。心理辅导的途径包括独立开设专门的心理健康课程、将心理辅导融于班级、团队活动之中、在学科教学中渗透心理辅导、个别辅导、团体辅导等。

4. 各级各类学校学生的心理问题虽然存在个别差异,但主要都表现在挫折、学习、人格、生活及生涯发展等方面。因此,学校心理辅导的内容也集中在挫折适应辅导、学习辅导、人格(包括青春期)辅导、生活辅导和生涯辅导等方面。在中学阶段,尤其以挫折适应辅导、学习辅导、青春期辅导、生涯辅导最为重要。不管是哪方面的辅导,基本上都以发展性辅导为主,矫治性辅导为辅。

【学习评价】

1. 心理健康的一般标准是什么?
2. 联系实际谈谈心理健康的重要性。
3. 心理健康有哪几种评价方法?最简单的几个指标是什么?
4. 简述学校心理辅导在学校教育中的作用。
5. 简述学校心理辅导的原则与途径。

---

① 项新球,高桥. 大学生心理与心理健康[M]. 北京:中国建材工业出版社,2000:19.

6. 说说挫折适应辅导、学习辅导、青春期辅导及生涯辅导对个人发展的重要性。

7. 思考与练习

(1)我的自画像:我是谁?(自我认识与评价)

对自己的身高、体重、体型、外貌的评价:

对自己的智力、优点、特长的评价:

对自己的短处、缺点、弱点的评价:

我的座右铭:

我最欣赏自己的是:

我最讨厌自己的是:

我的烦恼是:

我最近一次流泪:

我的朋友:

我与家人相处:

我的心理是否健康:

(2)下面摘录的是麦克阿瑟将军关于爱子亚瑟的一段祈祷词,请你从中总结心理健康的一些要点。[①]

……教导我儿子在软弱时能够坚强不屈,在惧怕时能够勇敢自持,在诚实的失败中毫不气馁,在光明的胜利中仍能保持谦逊温和。

教导我儿子笃实力行而不从事空想;使他认识你——同时也认识他自己,这才是一切知识的开端。

我祈求你,不要将他引上逸乐之途。而将他置于困难及挑战的磨炼与刺激之下。使他学着在风暴中站立起来,而又由此学会同情那些跌倒的人。

求你让他有一颗纯洁的心,有一个高尚的目标,在学习指挥别人之前,先学会自制;在迈向未来之时,而不遗忘过去。

在他有了这些美德之后,我还要祈求你赐给他充分的幽默感,以免他过分严肃;赐给他谦虚,才能使他永远记着真正的伟大是单纯,真正的智慧是坦率,真正的力量是温和。

然后,作为父亲的我才最轻声地说:我总算这辈子没有白活。

……

【学术动态】

● 我国在1936年于南京成立了中国心理健康协会。因抗日战争于翌年爆发,工作被迫停止。

● 1985年9月,由北京安定医院牵头,重新举行了心理卫生协会成立大会,并陆续在全国大部分省、市、地区建立了相应的组织。2000年10月11日中国心理卫生协会在北京

[①] 张玲.心理健康研究与指导[M].北京:教育科学出版社,2001:35.

- 1999年8月13日教育部颁发了《关于加强中小学心理健康教育的若干意见》，提出："从2000年秋季开学起，大中城市有条件的中小学要逐步开展心理健康教育"。
- 2000年9月，中国心理健康教育网（www.sinyu.com.cn）正式开通。
- 2002年8月1日，教育部颁发了《中小学心理健康教育指导纲要》，对中小学实施心理健康教育的指导思想和基本原则、目标与任务、主要内容、途径和方法、组织实施，提出了明确的要求，指出"心理健康教育是提高中小学心理素质的教育，是实施素质教育的重要内容"。
- 2004年7月5日，教育部颁发了《中等职业学校学生心理健康教育指导纲要》，提出"在中等职业学校开展心理健康教育，是促进学生全面发展的需要，是实施素质教育，提高学生全面素质和综合职业能力的必然要求。"
- 2005年6月3日，教育部普通高等学校学生心理健康教育专家指导委员会成立，对进一步加强高校学生心理健康教育工作，充分发挥专家学者对高校学生心理健康教育工作的咨询与指导起到重要的积极作用。
- 2006年7月17日，教育部副部长李卫红在陕西省大学生心理健康教育工作座谈会上强调，高等学校要高度重视和大力加强大学生心理健康教育工作，不断创新工作方法，切实增强工作实效。
- 2012年12月11日，教育部印发《中小学心理健康教育指导纲要（2012年修订）》，以进一步科学指导和规范中小学心理健康教育工作，促进心理健康教育工作深入发展和全面普及。

【参考文献】

1. 王甦，林仲贤. 中国心理学[M]. 长春：吉林教育出版社，1997.
2. 顾明远. 教育大辞典[M]. 上海：上海教育出版社，1990.
3. 郑日昌. 学校心理咨询[M]. 北京：人民教育出版社，1999.
4. 章志光. 小学教育心理学[M]. 北京：中国人民大学出版社，1999.
5. 邵瑞珍. 教育心理学[M]. 上海：上海教育出版社，1997.
6. 黄希庭. 心理学[M]. 上海：上海教育出版社，1997.
7. 刘华山. 学校心理辅导[M]. 合肥：安徽人民出版社，1998.
8. 唐红波等. 中小学生学习心理辅导[M]. 广州：暨南大学出版社，1997.
9. 沈之菲. 生涯心理辅导[M]. 上海：上海教育出版社，2000.
10. 刘维良，齐建芳. 中小学心理健康教育[M]. 北京：华文出版社，2001.
11. 李咏吟. 学习辅导——应用性学习心理学[M]. 台北：台湾心理出版社，1993.
12. 刘晓明. 中学生心理健康与心理咨询[M]. 长春：东北师范大学出版社，1999.
13. 林崇德，申继亮. 大学生心理健康读本[M]. 北京：教育科学出版社，2005.
14. Turax and Carkhuff. Toward Effective Counseling and Psychotherapy. Aldine-Publishing Company 1967.

6. 说说挫折适应辅导、学习辅导、青春期辅导及生涯辅导对个人发展的重要性。

7. 思考与练习

(1) 我的自画像：我是谁？（自我认识与评价）

对自己的身高、体重、体型、外貌的评价：

对自己的智力、优点、特长的评价：

对自己的短处、缺点、弱点的评价：

我的座右铭：

我最欣赏自己的是：

我最讨厌自己的是：

我的烦恼是：

我最近一次流泪：

我的朋友：

我与家人相处：

我的心理是否健康：

(2) 下面摘录的是麦克阿瑟将军关于爱子亚瑟的一段祈祷词，请你从中总结心理健康的一些要点。①

……教导我儿子在软弱时能够坚强不屈，在惧怕时能够勇敢自持，在诚实的失败中毫不气馁，在光明的胜利中仍能保持谦逊温和。

教导我儿子笃实力行而不从事空想；使他认识你——同时也认识他自己，这才是一切知识的开端。

我祈求你，不要将他引上逸乐之途。而将他置于困难及挑战的磨炼与刺激之下。使他学着在风暴中站立起来，而又由此学会同情那些跌倒的人。

求你让他有一颗纯洁的心，有一个高尚的目标，在学习指挥别人之前，先学会自制；在迈向未来之时，而不遗忘过去。

在他有了这些美德之后，我还要祈求你赐给他充分的幽默感，以免他过分严肃；赐给他谦虚，才能使他永远记着真正的伟大是单纯，真正的智慧是坦率，真正的力量是温和。

然后，作为父亲的我才最轻声地说：我总算这辈子没有白活。

……

【学术动态】

● 我国在1936年于南京成立了中国心理健康协会。因抗日战争于翌年爆发，工作被迫停止。

● 1985年9月，由北京安定医院牵头，重新举行了心理卫生协会成立大会，并陆续在全国大部分省、市、地区建立了相应的组织。2000年10月11日中国心理卫生协会在北京

---

① 张玲.心理健康研究与指导[M].北京：教育科学出版社，2001：35.

召开会员大会，选举产生了第四届理事会。
- 1999年8月13日教育部颁发了《关于加强中小学心理健康教育的若干意见》，提出："从2000年秋季开学起，大中城市有条件的中小学要逐步开展心理健康教育"。
- 2000年9月，中国心理健康教育网（www.sinyu.com.cn）正式开通。
- 2002年8月1日，教育部颁发了《中小学心理健康教育指导纲要》，对中小学实施心理健康教育的指导思想和基本原则、目标与任务、主要内容、途径和方法、组织实施，提出了明确的要求，指出"心理健康教育是提高中小学心理素质的教育，是实施素质教育的重要内容"。
- 2004年7月5日，教育部颁发了《中等职业学校学生心理健康教育指导纲要》，提出"在中等职业学校开展心理健康教育，是促进学生全面发展的需要，是实施素质教育，提高学生全面素质和综合职业能力的必然要求。"
- 2005年6月3日，教育部普通高等学校学生心理健康教育专家指导委员会成立，对进一步加强高校学生心理健康教育工作，充分发挥专家学者对高校学生心理健康教育工作的咨询与指导起到重要的积极作用。
- 2006年7月17日，教育部副部长李卫红在陕西省大学生心理健康教育工作座谈会上强调，高等学校要高度重视和大力加强大学生心理健康教育工作，不断创新工作方法，切实增强工作实效。
- 2012年12月11日，教育部印发《中小学心理健康教育指导纲要（2012年修订）》，以进一步科学指导和规范中小学心理健康教育工作，促进心理健康教育工作深入发展和全面普及。

【参考文献】

1. 王甦，林仲贤.中国心理学[M].长春：吉林教育出版社，1997.
2. 顾明远.教育大辞典[M].上海：上海教育出版社，1990.
3. 郑日昌.学校心理咨询[M].北京：人民教育出版社，1999.
4. 章志光.小学教育心理学[M].北京：中国人民大学出版社，1999.
5. 邵瑞珍.教育心理学[M].上海：上海教育出版社，1997.
6. 黄希庭.心理学[M].上海：上海教育出版社，1997.
7. 刘华山.学校心理辅导[M].合肥：安徽人民出版社，1998.
8. 唐红波等.中小学生学习心理辅导[M].广州：暨南大学出版社，1997.
9. 沈之菲.生涯心理辅导[M].上海：上海教育出版社，2000.
10. 刘维良，齐建芳.中小学心理健康教育[M].北京：华文出版社，2001.
11. 李咏吟.学习辅导——应用性学习心理学[M].台北：台湾心理出版社，1993.
12. 刘晓明.中学生心理健康与心理咨询[M].长春：东北师范大学出版社，1999.
13. 林崇德，申继亮.大学生心理健康读本[M].北京：教育科学出版社，2005.
14. Turax and Carkhuff. Toward Effective Counseling and Psychotherapy. Aldine-Publishing Company 1967.